國家清史編纂委員會・文獻叢刊

張之洞全集

十

電牘

◎主編／趙德馨◎副主編／吴劍杰 馮天瑜

◎本册點校／吴劍杰 薛國中

武漢出版社

第十册編輯説明

本册收録光緒二十五年五月至光緒二十八年六月，即張之洞出任湖廣總督期間的電牘共一千三百四十六件（不含附件），包括底本《張文襄公全集》（北平文華齋一九二八年刊本）第一百五十八卷中的後十一件和第一百五十九至一百八十一卷中的全部電牘，計九百七十二件；另增補三百七十四件，其中除少量外，均録自抄本《張之洞電稿》（中國社會科學院經濟研究所圖書館藏）。凡增補各件，均在目録中相應標題的上方標示圓圈，并隨文分别注明出處。

本册由吴劍杰負責點校整理。薛國中參加了底本電牘部分的標點，張寧、黎浩參加了增補文獻的搜集。

第十册目録

電牘 光緒二十五年五月至光緒二十八年六月

光緒二十五年

光緒二十六年

光緒二十七年

光緒二十八年

光緒二十五年

致襄陽朱道台〔一〕 光緒二十五年五月初四日戌刻發

夏、冬二季，該道所屬各府、州、縣向須由道出具切實密考。兹查上年冬季，且係大計年分，該道並未有密考來院。究竟有無遺失，抑係疏漏，速即查明電覆。再，撫院前月飭該道密查所屬各府、州、縣，並未密稟本部堂查核，殊屬不合，並飭速即補稟。豪。

致總署 光緒二十五年五月初五日戌刻發

宜、施教案，原索賠欵四十餘萬，於三月杪與領事議結，减至五萬餘，立有草約，領事暨教士與我委員均已簽字。詎教士翻悔，持去年八月所買地契，當時因有轇轕，未經稅印者，到恩施縣立請稅契，明知必激衆怒，欲藉此翻案。地主及鄰近百姓果然不服，控縣作主。教士即電領事，謂施南大亂。領事即聽一面之詞，廢約另議，要挾多端，添索十三萬餘兩，實出情理之外。查宜、施滋事甫經平定，敝處正在設法開導百姓，以安民教，乃教士不知地方官保護苦衷，輒欲恃勢生事，已屬不合，更欲藉此小事翻悔前約，添索鉅欵，其平日之貪横，可想而知。若地方官過於偏袒教堂，抑壓百姓，徒爲教堂結怨，於教堂何益。况此買地小事，未毁教堂物業，未傷教士教民，無論誰曲誰直，亦只能就案論案，持平另結，斷不能翻前約而索鉅欵。當經敝處電請慶星使婉商外部，電飭領事照草約結案，買地事另議。旋委員往見法領事，據稱，外部已有電來，領事現亦已願照原議結案，惟全案已寄北京請示公使，須候批示，方敢定議云云。恐公使不知此事原委，上瀆鈞署，或竟批飭領事添索鉅欵，則殊難措手。務祈將以上情形婉告法使，囑其電飭領事照草約早日結案，至禱。至恩施買地事，敝處當另爲設法妥結。歌。

致上海義昌成樊委員〔二〕 光緒二十五年五月初十日丑刻發

黄仲韜學士現在請假回浙省親，日内必到滬，速往晤詢。如黄學士願來鄂，即由該委員墊送川資二百金，即匯還。速電覆。佳。

致上海義昌成樊委員轉交黄仲韜學士 光緒二十五年五月初十日丑刻發

頃聞請假省親回浙，想暫不回京。鄙意擬請閣下奉尊大人携全眷來鄂，于、梁、沈舊好皆在此，藉可快聚忘憂。即請閣下主講鄂省自强學堂，如不願，即請閣下入敝署辦筆墨，歲脩均千二百金，川資二百金，尊大人零用，僕當另送，務請轉稟，迅速隨侍同來，以慰積恩。切盼，至禱。即電覆。佳。

〔一〕 録自抄本《張之洞電稿·致本省電》。

〔二〕 以下二電録自抄本《張之洞電稿·致上海電》。

致荆州俞道台〔一〕光緒二十五年五月十一日午刻發

沙市焚毁關局案内，奏參驅逐回籍之革員張鴻澤，現聞仍復赴沙，句串洋人生事，已飭司委員張丞賡颺赴沙，會地方官密拏，并行知該道及府、縣矣。此人手眼甚大，該道即密飭江陵縣李令迅速嚴密掩拏務獲，不必再候張丞，俟省委張丞到後，添派委員，會同解省查訊，以便押解回籍。如不能拏獲，或漏洩致令脱逃，惟該道、該縣是問。真。

致襄陽朱道台光緒二十五年五月十五日酉刻發

襄陽馬隊久聞不能安静，動輒滋事有案，且不足額，無益地方，徒糜餉需。現當餉項支絀之時，擬裁撤馬隊二百名，只留一百名，留營官一員，哨官二員，似亦足資巡緝，藉可以節餉需。如此辦法，未識有無窒礙，該道密速妥酌電覆，勿延。咸。

致總署光緒二十五年五月十五日戌刻發

十三日駐漢比國總領事來見，援同治四年中比條約第十二欵，請在漢口日本界下給比國租界百丈。告以各國專界皆須有專約，同治四年之約，衹言比人在通商各口宜居住、宜建造之處，可聽其租地建造，並無圈劃租界歸比國轄字樣。若有約各國皆要專界，則盡漢口之地亦不敷分給，況美、奥、意、日〔二〕諸大國在漢口俱無租界，並非獨薄待比人。現與約明三條，比人在漢口如欲租地居住，則上有英、俄、法、德、日本各界，下有自日本界至鐵路中國之地，均爲宜居住之處，可聽各與業主議租。在他國租界，則遵守各界巡捕納捐各章程，在租界外中國之地，則遵守中國巡捕納捐各章程，不准自修道路，自設巡捕，亦不准抗違拏犯，一也。比商欲買何處，可向業主商議，彼此情願公平議價，照條約不得强壓，迫受租值，二也。有比商一家即議地一段，不能預圈空地一片歸比國管轄，以致暗中作成租界，三也。總之，日本界以下至鐵路之地，中國擬自修道路，自設巡捕，自收捐欵，此管轄之權斷斷不再予人。況德與日本兩國早有照會，言明此中地段不得給他國爲界，將德、日兩界與鐵路隔斷。條約如此，事勢如彼，只可由比商各自租地，斷不能劃一片之界等語。比領事辯論良久，無可如何而去。恐其嗾比使至鈞署嘵瀆，謹以奉聞。務祈内外堅持，勿任比人得成片專界，既免自失利權，且免德、日又生枝節，至禱。咸〔三〕。

致天津裕制台〔四〕光緒二十五年五月十九日巳刻發

删電敬悉。鄂鑄銀元計分五種，大元九銀一銅，半元八六銀一四銅，一角、二角、半角八二銀一八銅，均照奏定章程鑄造。惟實銀每萬中含雜質百四十兩上下，局章須經西人化驗，提净雜質方算十足净銀，然後按章配銅，此鄂局成色獨爲精足之由。銀元用局庫平，比湖北司庫平每萬大四十兩，出入一律。每大元成本連工炭火耗銅價，約合司庫平實銀六錢七分八九釐，此大較也。其釐毫細數，總須驗化來銀高低若干，始克有準，不能懸計密合。

〔一〕以下二電録自抄本《張之洞電稿·致本省電》。
〔二〕指日斯巴尼牙，即西班牙。
〔三〕此電同日亦致上海盛京堂。
〔四〕指直隸總督兼北洋通商大臣裕禄。

現計本省司庫每交庫平寶銀萬兩，鑄大元約付一萬四千七百二三十元，鑄半元約付合大元一萬四千九百六七十元，鑄一、二角約付合大元一萬五千三百元，外省託鑄付數準此，惟運保箱袋等欵，均歸託鑄自理。其半元一種，因工費過多，現已停鑄。據局員詳開前來，謹即電達。效。

裕制台來電 光緒二十五年五月十六日亥刻到

前奉寄諭，湖北、廣東兩省鑄造銀元，設局在先，各省如有需用銀元之處，均著歸併該兩省代為鑄造應用，毋庸另籌設局，以節糜費。等因。欽此。查北洋銀元行使已久，需用之處甚多，現既奉旨停鑄，專歸鄂、粤兩省代鑄。貴省如代北洋鑄造，每元成本并工炭火耗等項，須合庫平足銀若干，大小銀元是否一律，有無等差，請迅賜詳細電覆，以便酌辦。禄。删。

致廣州本任文昌縣劉曾枚〔一〕 光緒二十五年五月二十日亥刻發

鍾庶常之弟既願承辦紗廠，可即囑其速來鄂。號。

劉令來電 光緒二十五年六月十五日巳刻到

號電悉。鍾紳俟有成欵，當赴鄂議辦。新會期滿，請電懇滋帥調委。甥枚謹禀。真。

致上海義昌成樊棻轉寄温州黄仲韜學士〔二〕 光緒二十五年五月二十三日巳刻發

聞尊公仙逝，駭痛已極，舊友盡矣。閣下何日抵里。茲匯三百金，以助喪葬。今年能安葬否，祈示。并聞適徐宅令妹亦故，切望閣下勉節哀痛，以承先志。養。

致長沙俞撫台、岳州張道台〔三〕 光緒二十五年五月二十七日子刻發

頃英領事照會，有本國威拉小兵輪管帶參將銜巴，奉札飭前往洞庭湖上下游歷，擬至岳州後至湘陰、長沙等處，再行上駛至沅江、龍陽、常德、安鄉各地方，折回漢口，抵岸時巴管帶擬拜會各文武官憲。本領事特委副領事翟比南伴其前去，以便繙譯。請咨行南省，并飭沿途文武，遇該兵輪到時，妥加保護，以禮接見。該輪擬本月二十八日開輪，往返大約半月等語。除咨行外，特先電達，祈中丞飛飭沿途各處并各處礮船，届時妥爲保護，勿任驚疑生事爲禱，并由張道速委妥幹之員，沿途伴送，乘坐礮船即令該輪拖帶，或商巴管帶，即搭坐該輪同往，沿途照料。宥。

俞撫台來電 光緒二十五年五月二十七日亥刻到

茲以兵輪駛入内河，即内江小輪亦不通行之處，不惟驚衆，且與約章不符。現值長沙院試，岳州府試，考生雲集，易滋事端，實難保護，務求速賜照會英領事，向其力阻，斷不可乘兵輪入湘，是為至禱。廉。沁。

〔一〕以下二電録自抄本《張之洞電稿·致各省電》。

〔二〕録自抄本《張之洞電稿·致上海電》。

〔三〕以下二電録自苑書義等主編《張之洞全集》第十冊，第七八〇一至七八〇二頁，河北人民出版社一九九八年版。「俞撫台」指俞廉三。

致總署光緒二十五年五月二十八日酉刻發

昨接駐漢口英國胡領事照會，英國巴管帶乘坐威拉小兵輪，前往洞庭湖上下游歷，先至岳州，再往湘陰、長沙，後往沅江、龍陽、常德、安鄉等處，定廿八日開行等語。當一面電知湘省，一面阻該輪緩往。旋接湘撫覆電，以兵輪入内河有違約章，且長沙現值院試，考生雲集，實難保護等語，當再照會英領事力阻。據云，此係水師提督之事，領事未便阻止。據巴管帶云，必須往洞庭湖，至赴不赴長沙，尚未能定各等語。查條約並無兵輪准往内地之説，且湖南民情强悍，與他省不同，兵輪值試期前往，實恐生事。務請速商英使，迅電水師提督，轉飭該輪到岳州後即行折回，勿得冒險前進，致生事端，至禱。即祈電覆。勘。

致安陸史守并飛遞京山武令[一]光緒二十五年五月三十日亥刻發

唐心口隄工，汛防緊要，該守務須督飭武令，加意防護，是否需添派委員前往幫同防險，并即電覆。聞史守處尚存餘欵一千零二十串，並聞工次存有席葦器具甚多，務保無虞爲要。又，據胡令俊采言，渡船口情形甚險，惟有加築内幫長約二三里，方能穩固。該守、該令并即速勘確估電禀，以憑核定趕辦。督、撫。卅。

致長沙俞撫台、岳州張道台光緒二十五年六月初二日辰刻發

總署來電：勘電悉。現即函致英使，轉電水師提督，飭兵輪但至岳州，勿往長沙。得覆再聞。卅。等語。特轉達。冬。

致東京錢念劬光緒二十五年六月初二日巳刻發

豔電悉。革匠能先到鄂數月，將中國物料考究的確，開廠辦法面商妥協，再與面訂合同最妥。即詢覆。冬。

致江甯劉制台[二]光緒二十五年六月初四日戌刻發

奉寄諭，長江水師兵單，令五省不分畛域，扼要嚴防。恭繹旨，内有江面遼闊，港汊紛歧之語，似指水師而言，然究未敢臆斷。尊意擬如何籌辦，湖北、湖南應如何與下游聯絡，有何需用兩省協力之處，即請籌示，以便籌擬覆奏。至應否會奏，並祈示知。洞、霖同啟。支。

劉制台來電光緒二十五年六月初五日亥刻到

支電悉。剛相原奏，係因近有意艦游弋，沿江防務宜嚴。寄諭内亦有現值多事之秋，亟宜嚴防，以杜窺伺等因，自係指抵禦外侮而言。長江水師船小兵少，只能各適汛地，扼守港汊，勢難與外洋兵艦争雄。論防務以下游為重，自吴淞以迄金陵，業已層層布置，尚足以備戰守。惟事機難測，籌備亟宜加嚴，萬一有警，擬請上游各省派兵東下協助，以資策應，而固門户。業經恭録諭旨，並鈔原奏咨商冰案，即祈酌核示覆，以便具奏。至各省扼要設防情形，似以各歸各奏為妥，仍望卓裁。坤。歌。

[一] 録自抄本《張之洞電稿·致本省電》。
[二] 指兩江總督兼南洋通商大臣劉坤一。

致襄陽朱道台[一] 光緒二十五年六月初四日戌刻發

現委該道署荆宜施道，扎道署襄陽道。扎道未到以前，委襄陽府錫守暫行兼護。該道可早爲部署，一俟接札後，即由襄徑赴荆州接篆，不必來省，以省周折。到任後布置就緒，再乘輪來省一見可也。督、撫。支。

致長沙俞撫台 光緒二十五年六月初四日亥刻發

支電悉。正、副領事及兵輪管帶官來見，禮節均同，皆係以客禮相待。開中門，不放礮，主人迎送均於花廳院門内，令繙譯委員及關道迎送於暖閣後屏，門内設酒果待之。主人坐居中，客居右，或照中國禮居左亦可，但須與主人坐最相近，西禮以近主人者爲尊。彼若著禮服佩刀，則我宜常服掛珠，遇補服日仍補服，彼若便衣，則我當夏令免褂時，仍只著袍可也。再，弟曾照會此間英領事，囑其電上海英水師總管帶阻止，領事已照辦。上海無覆電，并聞。支。

致襄陽朱道台[二] 光緒二十五年六月初五日辰刻發

東電悉。馬勇遣撤，准給兩月恩餉。惟恩餉既加優，務須責成錢副將派弁認真押送回籍，如仍有逗留在湖北滋事爲匪者，定惟錢副將是問不貸。督、撫。歌。

致貴州王撫台[三] 光緒二十五年六月初七日丑刻發

湖北紗布局所出紗布，業將奏案咨明在案。昨據重慶分銷委員禀稱，松坎釐局，凡官局紗布，免布釐不免紗釐，且釐票不填官紗，仍填洋紗等語，甚所不解。查官紗不能免釐，已無以見信商人，且以土貨改填洋貨，與立局製造土貨，抵制洋貨之意相左，於官局銷路大有關礙。務請飭該局認明紗布局雙龍抱珠局牌，官紗即填官紗，勿與洋紗混填。遵照奏案，紗布均已完過正稅，概免完釐，以期土貨暢銷，稍塞漏卮，至禱。陽。

致長沙俞撫台 光緒二十五年六月初十日午刻發

總署來電，英使據政府回電函覆，稱巴管帶乘兵輪遊歷到岳州後，即行折回，礙難辦理等語。此事伊政府既堅執，希轉電湘撫設法妥爲保護，勿稍大意爲要。庚。等語。特轉達。蒸。

致上海盛京堂[四] 光緒二十五年六月十一日巳刻發

昨准大咨，送日本在大冶通易煤鐵合同。查大冶鐵産富饒，而中國焦煤短缺，以有餘之鐵，隨時酌易急需之炭，未始非計。故前此和田來鄂面談，弟囑其到滬與閣下妥商辦法。惟細閲此次所訂合同，不無過慮。合同以十五年爲滿，試辦之事爲期未免過久，設或佳鐵不多，豈不於自用有礙，一也。限定每年賣鐵石噸數，價值亦嫌太廉，操縱似欠自如，二也。以上二端，似均宜詳酌，略放活動，似先定三年或五年爲妥。此時合同已定，不知尚能設法更改否。又，此事有關大冶鑛山，似須咨明總署，以免局

〔一〕〔二〕 録自抄本《張之洞電稿·致本省電》。
〔三〕 指王毓藻。録自抄本《張之洞電稿·致各省電》。
〔四〕 指盛宣懷。

外妄議。尊意如何，並祈酌示爲盼。真。

致荆州俞道台〔一〕 光緒二十五年六月十三日未刻發

湖北應還本年第二期英德洋欵，期限五月二十日前解交江海關，司局、鹽道、江漢關各欵，均已於限前解到，惟宜昌關尚未報解，期限久逾，殊不可解。該道即趕解，勿再延，抑或文報有遺失，即查覆。元。

致上海盛京堂 光緒二十五年六月十五日酉刻發

昨江蘇候補道、前上海縣黄承暄來見，言及萍鄉煤鑛借欵事，云萍紳多不願，欲聞現在辦法，並已託人函致尊處探詢等語。弟當答以此事現正查商，尚未知實在情形，惟聞招商局每年用煤不少，以商局擔保借洋欵百二十萬，每年止還十餘萬，爲數不鉅，必能還清，商借商還，似尚無大礙。而以此欵擴充萍鑛，於地方生計大有利益，本地紳士儘可附股。現敝處正與盛京堂商議，爲本地紳富多留股分云云，黄道唯唯而去。查黄係萍紳，此次雖藉他事來見，但窺其意，似專爲諸紳探聽此事而來，必因萍鑛利厚，欲分餘利，若不多留股分，浮議必多。查來咨云將章程股票刊就，送江西撫、藩就近招股，以同樂利云云，辦法極妥。尊意擬留股分若干成，祈即酌示，以便早日覆奏，至盼。即祈電覆。咸。

盛京堂來電〔二〕 光緒二十五年六月十七日丑刻到

咸電謹悉。萍鄉股票擬定一百萬兩，鐵廠、鐵路、輪船入股五十萬。在三局本無餘力，因其需煤，不得不顧大局。其餘五十萬尚未招動，可先儘江西紳富入股，餘剩再向他省招集。但所認股分，須限六箇月繳足，以免觀望貽誤。乞匯入奏覆。宣叩。諫。

致巴東縣恩令〔三〕光緒二十五年六月十五日酉刻發

該縣前在車綫棚剿匪，陣亡團丁一名，係何名姓，即查覆。咸。

致成都王藩台 光緒二十五年六月十七日酉刻發

湖北宜昌鹽釐百萬全抵洋債，由部另行指欵撥補，内有無著者七十餘萬，焦急無措。外則京餉、洋欵必誤，内則兵勇譁潰，湖北危在旦夕。即欲另籌開源節流，數月之間亦來不及。不揣冒昧，妄擬一策：聞四川昭信票尚存七十餘萬，將來全數本利統由湖北認還，仍借撥四川昭信票三十六萬，擬照去年成案，決不累及四川，藉以暫救眉急。昨已具奏户部，現咨川省查覆，數日内當接到，原奏擬認還一半，今擬全數認還。尚祈俯念舊治，濟此艱危，實深感叩。如可行，祈先密電覆，當再電懇樂帥。洽。

致成都王藩台〔四〕 光緒二十五年六月十七日酉刻發

聞賞黄馬褂，殊恩逾格，開府在即，欣賀。余蠻事兩次戡定，具徵定識偉略，非閣下萬萬辦不到此，佩甚。惟賠欵甚鉅，如何

〔一〕〔三〕 録自抄本《張之洞電稿·致本省電》。

〔二〕 録自苑書義等主編《張之洞全集》第十册，第七八〇九頁，河北人民出版社一九九八年版。

〔四〕 録自抄本《張之洞電稿·致各省電》。

籌措，出自何處，祈示慰。宜、施教案，賠償撫䘏欵議定五萬四千五百兩，撫䘏教民在外，約須三數千金，較之川案，大小難易不侔矣。諫。

致來鳳經費局馬令[一] 光緒二十五年六月十八日午刻發

查來鳳經費，向來歲收約九萬、十萬金，關繫要需，本年侯令辦理月餘，亦收三千餘金。該令接辦二月半至三月，僅收二百餘金，四月九百餘金，雖税旺在下半年，不應上半年收數如此短絀，必是該令辦理不善。此乃要需鉅欵，即將詳情詳晰據實查覆，如稍有弊端，定干未便。嘯。

致宜昌電局黃守、來鳳經費局馬令 光緒二十五年六月十八日午刻發

佳電悉。查施、來養電費，每年需銀四千八九百兩，前經批准由來鳳經費局歲撥二千四百兩，不敷之費，由黃守、侯令於擬辦商務、礦務籌欵濟用等因。查侯令先後共撥銀三千兩，均係在經費局指撥，自應作爲經費局撥欵，計已撥至二十四年冬季止。前據該守説帖，以先撥二千兩，作爲侯令籌欵，後撥一千兩，作爲經費局撥欵。强飾無理，殊屬不合。所有該守、侯令原擬於商務、礦務内籌欵，并未據報撥有欵項。如實不能籌出，應即據實稟明，以憑另酌辦法，不得將經費局撥欵牽算。至經費局二十五年應撥費銀二千四百兩，即由馬令按季籌解六百金，不得延欠。嘯。

致沙市土税補抽局王令梓 光緒二十五年六月二十日午刻發

土藥行用，近兩年來何以總未解省，此兩年每年收數若干，已解至何年何月止，未解者尚有若干，均即電覆。號。

王令來電[二] 光緒二十五年六月二十一日午刻到

遵查卑局歷年抽收行用，除照章支銷，所餘錢文向係年終結算，次年解赴宜昌總局接收。二十三年收錢八千二百六十二串一百四十七文，支用外，解錢二千九百二十八串七百八十四文。二十四年收錢七千四百三十二串九百六十文，支用外，解錢一千五百六十一串四百八十八文。均如數解宜。本年正月至五月底止，共收錢二千九百六十三串七百三十八文，支用外，實存錢六百七十九串六百七十四文。卑職王梓謹稟覆。

致宜昌傅鎮台[三] 光緒二十五年六月二十一日亥刻發

剿匪受傷之宜鎮兵丁朱大盛、張書貴、宋文章三名，應咨部保奬，即將該兵籍貫、年歲、三代查明電覆，以憑咨奬。馬。

〔一〕以下三電録自抄本《張之洞電稿·致本省電》。
〔二〕録自苑書義等主編《張之洞全集》第十册，第七八一四至七八一五頁，河北人民出版社一九九八年版。
〔三〕録自抄本《張之洞電稿·致本省電》。

致利川俞道台、施南額守、利川蔡令、巴東恩令〔一〕 光緒二十五年六月二十五日辰刻發

頃總署來電，云法使稱，湖北利川、巴東、施南等處，教民處所被哥弟會燒毁搶掠，並被殺數人，施南府城亦危急云，希速查明妥辦電覆。梗。等語。前宜、施各屬教案并施南買地税契事，業與領事一併議結，近日利川、巴東、施南有無鬧教情事，法使所稱是否屬實，抑係教士捏報，務飛速查明，據實電覆，萬勿隱飾。如有其事，各該地方官務速實力彈壓。如無其事，亦須加意保護，萬勿再令滋生事端，致干重咎，切切。即刻電覆。敬。

致廣濟縣鄒令光緒二十五年六月二十七日酉刻發

現因籌餉緊急，擬更定土藥税釐章程。該令熟悉情形，速來省詢商一切，即啟程勿延。已商明撫院矣。即電覆。感。

致來鳳經費局馬令光緒二十五年六月二十九日寅刻發

據禀，撫州幫過局土藥，請從寬抽捐，以廣招徠，姑准暫由該令體察情形，酌量妥辦，以後能否有益，再爲酌核。不得令各幫援減，亦不得任別幫假託撫幫減抽，致滋流弊，與大局有礙。即將妥籌辦法禀覆。儉。

致總署〔二〕 光緒二十五年七月初一日戌刻發

奉梗電，當電宜、施各屬查覆。兹據道、府及巴東縣電覆，施南、利川、巴東均無鬧教情事，地方亦安静，當加意保護等語。查宜、施去冬教案，數月前已與領事議結，乃因賠欵數目未滿教士之欲，教士借施南買地小事，捏報施南大亂，領事遂翻前案。及后領事覺悟，仍照前議，於前十日收清賠欵，并照會聲明結案。數月來，地方均安静無事，必是教士知不能惑領事，而又捏禀法使耳。東。

致襄陽道、府、縣，劉游擊水金〔三〕 光緒二十五年七月初五日午刻發

速出示剴切曉諭，嚴拏冒教下毒之奸匪懲辦，一面將現在查訊實情電禀。總之，以安民釋疑，拏匪禁謡爲要，懔之慎之。即電覆。歌。

致利川蔡令、施南額守光緒二十五年七月初五日午刻發

勘、東兩電悉。四川教民放蠱事斷不可信。該縣所獲放毒之崔成方等，必係迷拐匪徒，因已被獲，故冒充身係教民，教堂授藥，藉爲護符，以爲如此則官不能治罪矣。前八年襄陽曾有洋教放毒井水之謡，起自川楚交界，致釀焚殺教民巨案，究竟毫無實據。此顯係四川奸匪狡謀煽惑，既可卸罪，又可驚擾地方，藉圖滋事，若稍不慎，必啟亂端。利川若再出教案，不惟該縣難當此重咎，恐利川良民亦必因此受累受害無窮矣。利川地僻民貧，甫

〔一〕以下三電録自抄本《張之洞電稿·致本省電》。
〔二〕録自抄本《張之洞電稿·致北京電》。
〔三〕録自抄本《張之洞電稿·致本省電》。

經匪亂，何能堪此。該縣速速出示剴切曉諭，嚴拏冒教下毒之奸匪懲辦，一面將現在查訊實情電稟。總之，以安民釋疑、拏匪禁謠爲要，懍之慎之。即電覆。歌。

致襄陽札道台、錫守、襄陽縣、劉游擊水金、南漳唐令襄陽飛送　光緒二十五年七月初五日午刻發

據南漳縣唐令稟，盜匪邵永發等聚石神山，黄營官帶兵往，未見賊而去。賊旋竄楊家集，張、黄兩營官帶兵偕至，又未見賊而去。近裁撤馬隊游勇與該匪合在南漳龍門集騷擾，現復匿石門集等語。查練兵所以緝賊，豈得以賊避輒去，以致賊匪益肆，實屬巧滑可恨。茲接寢電，知又派營官黄修發往捕，即責令嚴拏撲滅，如再縱賊，定即嚴參。並飭游擊劉水金帶勇一百名前往，會同營縣截拏，限一月内殲匪擒渠，如不得力，一併干咎。其馬隊撤勇，即責成副將錢永林查押回籍，如不趕緊一律遣回，遺留爲匪，定將錢副將參處。刻下情形即電覆。此電并呈提台一閱。歌。

致成都奎制台〔一〕　光緒二十五年七月初八日丑刻發

昨據利川縣蔡國楨電稟稱，近聞四川謠傳有放蠱者貽害鬧教地方，并在交界大張告白，人心惶恐。該縣派差密查，旋經東鄉團首拏獲川民崔雲章、崔成方兩伯姪，連藥包呈繳前來。崔成方等訊係教民，經奉節縣□國教士所使來利，沿途放毒入井等語，當經電飭該縣嚴訊電覆。旋據覆稱，前報拏獲蠱犯崔成方，供係奉節縣□國教士所使，卑職恐有不實，今再提訊，婉轉駁詰，始認賣藥之江北人楊宗國所使，現寓奉節大南門内過街樓十字街口陸姓熟肉店内。宗國因窘乏，令成方帶蠱藥四包，從南坪赴利城，沿途放入水井，俟毒發，賣解藥必獲大利，設被拏獲，硬認□國教士主使，決不深究等供。除移奉節協拏外，懇電咨飭拏等語。該匪冒教害民，狡謀狠毒，應請台端電飭奉節縣迅速嚴拏奸匪，并出示曉諭，免致造謠惑衆，又復釀成教案，實於川、鄂均有裨益，至禱。并祈電覆。陽。

致襄陽吴提台〔二〕　光緒二十五年七月初九日巳刻發

據南漳縣唐令稟，盜匪邵永發等聚石神山，黄營官帶兵往，未見賊而去。賊旋竄楊家集，張、黄兩營官帶兵偕至，又未見賊而去。近裁撤馬隊游勇，與該匪合在南漳龍門集騷擾，現復匿石門集等語。昨詢自襄陽河口回省委員，備悉盜匪猖獗，民心驚擾，官兵全不得力，已由歌電詳飭道、府、縣責成現派往之營官黄修發，並飭游擊劉水金帶勇會同截拏，其電令呈台端一閱。查此事前兩次營官帶兵往捕，均未見賊而去，實屬巧滑可恨。現既經台端復派黄營官前往，應請責令認真嚴拏，限一月内務須殲匪擒渠，悉行撲滅。查襄陽練軍千名，糜餉甚鉅，如區區盜匪亦不能剿除，可謂無用，定即奏明將練軍裁撤，以節餉需。除飭道、府、縣將馬隊撤勇嚴行押令回籍，並飭劉游擊迅速遵辦外，請嚴飭黄營官遵辦，免干重咎爲荷。洞、霖。佳。

〔一〕指四川總督奎俊。録自抄本《張之洞電稿·致各省電》。

〔二〕以下三電録自抄本《張之洞電稿·致本省電》。

致宜都李令、長陽竇令，宜昌傅鎮台、陳守光緒二十五年七月初十日午刻發

漢報言宜都縣屬滋邱村城守營兵與天主堂爲難，傅鎮派羅副將帶勇四十名前往彈壓等語。所傳是否屬實，刻下情形若何，速即據實電覆。佳。

致利川蔡令光緒二十五年七月初十日午刻發

頃據法領事照會：據宜昌司鐸電稱，利川縣將捉押滋事首犯石成台、牟奇遂等釋放，在外肆害，教民不能安生，與前月議結條欵不符，請電飭作速拏辦，以靖地方等語。教士所報是否屬實，務即明白電覆，萬勿隱飾。宜施教案甫經議結，教士屢欲翻悔，該縣務須妥慎，勿任藉口，至要。即刻電覆。蒸。

致岳州張鎮台〔一〕光緒二十五年七月初十日戌刻發

新隄會匪蠢動，望即刻派礮船二隻，速赴新隄彈壓爲荷。蒸。

致老河口土税局馮令并送均州防緝經費局委員祝慈望〔二〕光緒二十五年七月十三日丑刻發

馮令禀悉。均州經費局委員祝慈望，已札飭令歸河口專局管轄，該令自應秉公考核，推誠相待，如祝巡檢實有不妥之處，儘可據實禀明，乃該令禀請由祝巡檢自行報解，毋庸管轄，殊屬不合，礙難准行。馮令、祝巡檢顯係各存意見，應一併嚴行申飭。至均局應解鄖陽公費供支等項，仍應由河口局備文撥解，或轉解或劃撥，祝巡檢只管收銀解交河口局，不管别事。該令請添募什長、巡勇共二十名，又請調回均局勇十名，均局另募十名各節，豈非遽添三十名。現在欵項支絀，該局收數不旺，斷難照准。該局自去冬奉札裁減司事、巡勇之後，究竟實共節省各費若干，局勇現實存若干，另禀所稱今歲税收漸有起色，究竟有何憑據，今年已共收若干。以上各節，均即電覆。文。

致武穴速送廣濟縣鄒令光緒二十五年七月十三日寅刻發

考畢即速來省。現因籌餉，擬加土藥税釐，大約係奏明宜昌關與本省土税局一律並加，免致爲叢驅爵。如照原數加一半，可行否，速籌議，先電覆。督、撫。文。

致襄陽札道台、錫守光緒二十五年七月十六日戌刻發

尤電悉。宜城縣拏獲匪黨劉太平、夏正安，雖供認分充頭目，搶劫得贓，惟未接印禀供摺，未便即據電禀批辦。可即飛速録供禀報，以憑核明批示。該二犯並非首惡，即使因傷重先斃，亦不關緊要。督、撫。諫。

〔一〕録自抄本《張之洞電稿·致各省電》。

〔二〕以下三電録自抄本《張之洞電稿·致本省電》。

致長沙俞撫台[一] 光緒二十五年七月十九日亥刻發

頃據漢口法領事德託美照會，准湖南衡州主教來函，耒陽縣杉木橋地方天主堂被焚搶，該處教民物産亦統被搶毁，請飭迅速嚴拏究辦等語。又據耒陽縣陳令單禀，探得杉木橋教堂房屋一棟四扇三間，於六月十九夜被火，燒毁房屋不多等語，而未據報有搶毁教民物産之事。請速嚴飭該縣一面嚴密訪查，該教堂確係因何起火，該處教民有無被搶情事，迅速據實禀覆，勿稍飾隱，一面與教士妥爲持平辦理，勿任另生枝節，尤須將所有教堂加意實力保護爲要。效。

致西安魏撫台 光緒二十五年七月二十日亥刻發

冒名詐財之左孝彤，已遵電示拏獲供認，應如何辦法，祈示。哿。

致上海盛京堂[二] 光緒二十五年七月二十一日亥刻發

覆奏萍煤借欵一摺，奉硃批：知道了。欽此。除咨達外，謹奉聞。馬。

致上海義昌成樊委員 光緒二十五年七月二十四日午刻發

五月養電，託尊處代墊寄温州黄潄蘭通政莫敬三百金，交黄仲韜學士，至今未得覆電。究竟此項寄到否，如已寄，即日匯還。速電覆。敬。

致上海盛京堂 光緒二十五年七月二十六日未刻發

粤漢鐵路萬不可辭，無粤漢則蘆漢利薄，無人入股，更不能還債矣。且他人接手，則美約喫虧愈甚，無人接手則法國必自爲之，大局若壞，人又將歸咎蘆漢之作俑引寇矣。只有努力擔承，與夔帥切實商之。此鐵路安危關鍵，務望熟思，切勿自困，至要至禱。宥。

致長沙俞撫台[三] 光緒二十五年七月二十七日丑刻發

現有洋商瑞記請領護照，赴湘採運安的摩尼鑛石一百噸，是否可准，祈電覆。宥。

俞撫台來電[四] 光緒二十五年七月二十八日申刻到

安的摩尼應由本省鑛局收買轉商，以昭畫一，未便准他人向民間採買徑運。湘鑛局現能自煉，瑞記如欲交易，可以售銷湘局煉成之生銻，其價值數目，請飭該商來湘局面議。至於行運，宜用本省護照。伏候鈞裁。廉。勘。

致上海盛京堂[五] 光緒二十五年七月二十九日子刻發

聞漢口城後鐵路擬移向内，自循禮門入城，向西南抵玉帶門

〔一〕以下二電録自抄本《張之洞電稿·致各省電》。魏撫台指陝西巡撫魏光燾。

〔二〕以下二電録自抄本《張之洞電稿·致上海電》。

〔三〕録自抄本《張之洞電稿·致各省電》。

〔四〕録自苑書義等主編《張之洞全集》第十册，第七八二七頁，河北人民出版社一九九八年版。

〔五〕録自抄本《張之洞電稿·致上海電》。

等語。是否確實，已與比工程師商妥否，其自通濟門外迤西南至循禮門一帶之路亦須改否。假如城垣可拆，鐵路能即用城垣基址，由通濟門迤西直修至玉帶門否。祈速示覆。儉。

致上海盛京堂 光緒二十五年八月初一日戌刻發

豔電悉。漢口堡垣，洋人屢請拆通，如鐵路即以堡垣作基址，藉免洋人圖占，自屬可行。惟當年修造堡工所費甚鉅，將及銀三十萬兩。大約堡基外濠并餘地，共寬九丈以外，長十里以外，如鐵路公司用此地，自可酌量讓減。尊意每方擬給價若干，祈酌示。東。

致總署〔一〕 光緒二十五年八月初一日戌刻發

效電謹悉。查英商怡和有地一段在俄界内，俄領事以契載地名丈尺與地段不符，不認爲英商地。七月十六日，怡和前往圈地，被俄兵阻止。廿一日，英領事飭洋緐譯帶兵十二名前往硬築籬笆，幸俄領外出，當時未與争，然彼此當有一番争執。除飭委員暗中稽查防範，并飭關道照會英、俄領事，有事須和衷商辦，不得在中國境内以兵力相争，致違公法，而傷中國地主之權外，謹奉聞。東。

致上海江海關曾道台〔二〕 光緒二十五年八月初二日巳刻發

湖北工藝局購辦洋蠟燭等機，由瑞樂洋行運自外洋，約本月初旬到滬，届時祈飭放行爲禱。冬。

致岳州張道台〔三〕 光緒二十五年八月初二日巳刻發

東電悉。各處開埠，多係照洋關報結之始，未有由總署諏吉者。税司所言，自係照舊案辦理，但八月廿七爲期已迫，不知岳州諸事能趕得及否耳。岳州在湖南境内，事屬隔省，敝處難於遥酌，諸望請示南撫院主持可也。東。

致來鳳峽路經費局馬令如鑑〔四〕 光緒二十五年八月初四日亥刻發

申文悉。該局所收春夏二季經費，即速解省，不准俟至秋季并解，需用甚急。即覆。豪。

致上海江海關曾道台〔五〕 光緒二十五年八月初五日子刻發

湖北官絲局在滬購辦白繭，應照章免税，已於七月十五日咨明南洋大臣轉行貴署照辦。現在尚未放行，絲廠待料工作，請速驗放爲荷。支。

致襄陽札道台、錫守、劉游擊水金 光緒二十五年八月初五日辰刻發

豔電並劉游擊電均悉。該游擊捕匪認真，弁勇受傷，拏獲匪

〔一〕録自抄本《張之洞電稿·致北京電》。
〔二〕〔五〕録自抄本《張之洞電稿·致上海電》。
〔三〕録自抄本《張之洞電稿·致各省電》。
〔四〕録自抄本《張之洞電稿·致本省電》。

首邵永發等犯，甚屬可嘉。惟匪首雖獲，匪黨尚多，頭目亦不止一人，應仍責成該游擊會同各營、縣分投認真搜捕，以免羣匪復熾。此夥匪徒嘯聚已久，劫掠甚廣，必須將悍匪全數拏獲，重辦數十人，方能示儆弭患，勿得謂匪首已獲，遂遽撤隊了事，切切。南漳丁游擊大文向來辦事勇往，惟苦於無兵，唐令可酌量籌欵，令其津貼兵丁，并募勇數十名，會同劉游擊將此股土匪迅速深入追捕，不分畛域，務盡根株，事竣准開報一半。該道府飛速分別飭遵。督撫兩院。歌。此電并呈提台一閱。

致長沙俞撫台〔一〕光緒二十五年八月初六日子刻發

湘匪胡虎臣由沙防營拏獲，請以管帶該營游擊蔣聲耀列保，楊燮亭由利川縣協獲，請以該署縣令蔡國楨列保。歌。

致長沙俞撫台光緒二十五年八月初六日午刻發

函悉。請覲摺已回否，約何時行。來示擬令但道署藩，蔡道署糧，甚妥，請即照尊指辦理。語。

致户部〔二〕光緒二十五年八月初六日午刻發

前奉王大臣公電，已於二十四日電覆。道員王秉恩本定八月初六日起程，現因母病甚劇，擬稍緩旬日，俟病勢稍輕，即迅速北上，斷不敢久延。語。

致利川蔡令〔三〕光緒二十五年八月初八日巳刻發

前月據該令歌電，提訊蠱犯崔成方，供認爲楊宗國主使放蠱入井。除再詳訊另稟云云。迄今已逾一月，何以尚未據稟。究竟楊宗國已拏獲否，務速稟請懲辦，以靖地方。陽。

致河口土局馮令光緒二十五年八月初十日巳刻發

訪聞孫令蓉前辦樊局，於河口完税，土挑至樊驗票覆秤，土販多有夾帶私土，未貼印花，於大票斤兩亦不符，所報僅三四成之譜。孫令因令補完，乃該令以其察弊生嫉，復爲司事聳恿，捏詞電稟。又該令派司事駐樊驗票覆秤，不許孫令覆驗，樊局幾成虚設，無從緝私等情。以上各節，該令即明白詳晰電覆，不准諱飾。蒸。

致長沙俞撫台〔四〕光緒二十五年八月十一日辰刻發

佳電悉。所舉三員，皆所稔知，誠爲湘省賢能，曾向清弼方伯言之。所劾數員，既經考核，自必允當，均請照辦。惟所舉三員，敝處本擬保薦，因欲候他員，是以遲遲未發。此次摺内可否聲叙與督臣張某函牘往來，商論湘省吏治，督臣亦極稱此數員之賢，正擬登諸薦牘。至所劾數員某某等，與督臣往返函商，意見均屬相同云云，會敝處後銜具奏。如此辦法，可行與否，統聽尊裁。如以爲不便，則但於所舉數員加此數語，於所劾者則不加話，均無不可。鄙意在於所舉三員附此數語，則無須另作文字矣。祈

〔一〕以下二電録自抄本《張之洞電稿·致各省電》。
〔二〕録自抄本《張之洞電稿·致北京電》。
〔三〕以下二電録自抄本《張之洞電稿·致本省電》。
〔四〕録自抄本《張之洞電稿·致各省電》。

酌辦示覆。真。

致福州許制台[一] 光緒二十五年八月十一日辰刻發

函悉。上年日本大操，鄂派文武十一員往閲，南、北洋亦均派多員。後又派學生二十名赴東學習武備，每人歲約費三百元，川資在外。南、北洋各添二十名，浙派八名。東洋武備，實爲精能，多派人員往學，收效甚大，惟須二十人內外方可多得人材，以備將來挑選，似須福州人與漳泉人兼派尤爲有益。管見是否，請酌。又，前年曾延東人數名譯武備書，目録甚多，另函録呈。真。

致上海農學報館羅、蔣兩君電 光緒二十五年八月十二日午刻發

現奉旨催各省實力舉辦農工商務，鄂省向設三專局，宜更加振興，以副聖意。鄂商局已按旬出報，農局亦宜有報。貴館創立維持，深佩，惟經費支絀，不問可知。若能移館於鄂，併入農局接續出報，而分局於滬料理譯繪，所有經費贏絀概歸鄂認，貴館無籌費之苦，鄂局獲已成之績，似兩有裨益，請兩君酌電覆。文。

致杭州惲道台 光緒二十五年八月十二日午刻發

昨得滬上信云，英國探知意國政府已電其駐華水師提督，令不必候哀的美敦書，先擇便據中國海口，如台州等處，再肆要索。又言，查悉德、法與意有密議，令意在浙爲戎首，而法在粵、德在齊共圖舉動，以期各滿所欲云云。雖不敢盡信爲實，然敵情凶悍，實有出乎情理之外者。浙事深爲懸念，特密電奉聞，請轉達劉中丞，似宜不動聲色，密籌布置，有備無患，即使無事，亦固無妨。文。

致長沙俞撫台 光緒二十五年八月十六日辰刻發

來函示及左孝同被參各節，深爲駭異。去年湘省開保衛局，因保甲向有紳士，大府委左隨同辦理，一切皆黄遵憲主持，同國皆知。至主民權、改服色等事，尤無影響，湘報中從無左一語，是其確證。此皆鄙人所深知，湘省官紳所共見，可以飭查。其在滬上交遊，湘省自能辨其虛實。至其牽涉家事，種種支離，湘中諸紳更當深知。左文襄勛德名臣，而怨家必欲誣毁其後裔，真不可解。台端必能察訪確情，主持公道，代爲申雪，三湘士夫同深感仰。何時覆奏，祈示覆。諫。

致荆州祥將軍[二] 光緒二十五年八月十七日子刻發

翰電悉。練兵鹽斤加價，川鹽昨經開辦，尚未解有錢文到省。淮鹽昨甫詳定，尚未抽收。查此項加價，係奏明撥充挑練旗兵及本省練兵之用，應俟收欵集有成數，再飭道按成分撥解荆應用。銑。

[一] 指閩浙總督許應騤。
[二] 指祥亨。以下二電録自抄本《張之洞電稿·致本省電》。

致襄陽扎道台、錫守光緒二十五年八月十七日子刻發

寒電悉。匪首邵老五即邵永發，即行正法，梟示犯事地方，以免倖逃顯戮，仍録供補報備案。該匪首係叠據禀報有案，故據來電即飭正法，他案不得援以爲例。督撫兩院。諫。

致貴州王撫台〔一〕光緒二十五年八月十七日亥刻發

前接漾電，承檄飭松坎遵辦，至感。頃接重慶委員電稱，松坎雖奉文，仍不免釐，因思既承檄飭，該局何得故違，有無別情，速請查示。鄂局係官辦，他廠不得援例。一再奉煩，必蒙鑒原。洽。

致鄖陽樊署鎮〔二〕光緒二十五年八月十八日酉刻發

鄖西汛守備缺，何員堪署，即由署該鎮揀員請委。速電覆。嘯。

致沙市沙防營蔣遊擊光緒二十五年八月二十日巳刻發

有要事面商，速附輪來省，勿延。即電覆。號。

致宜昌土税局凌道台光緒二十五年八月二十五日辰刻發

該局夏季土税尚未解省，局中待欵甚急，務速解勿延。數若干，何日解，均即覆。有。

致宜昌傅鎮台、陳守、荆江前營張提督光緒二十五年八月二十五日亥刻發

現有英國下議院議員華爾敦者，游歷中國，查看商務，在京曾與總署王大臣接晤。昨到鄂來見，據云，即往宜昌，約初一二自宜啟行入川，至重慶、成都等處，請派礮船護送等語。除電川省外，該英員到宜，務派礮船沿途護送出境，送至萬縣，由川省派人接護，爲要。有。

致成都奎制台〔三〕光緒二十五年八月二十五日亥刻發

現有英國下議院議員華爾敦者游歷中國，查看商務，在京曾與總署王大臣接晤。昨到鄂來見，據云，即往宜昌，約初一二自宜啟行入川，至重慶、成都等處，請知照前途，并派礮船護送等語。除電飭宜昌府、荆江前營派礮船護送至萬縣外，請飭詢明由水由陸，酌派妥人自萬縣起接，護至成都，以免疏虞爲盼。有。

致成都汪朗齋主政光緒二十五年八月二十七日辰刻發

前閲閣下致雪岑觀察電，云賑捐集有鉅欵，感慰。欵現有若干，望速解。祈即電覆。沁。

〔一〕指王毓藻。録自抄本《張之洞電稿·致各省電》。
〔二〕以下四電録自抄本《張之洞電稿·致本省電》。
〔三〕以下二電録自抄本《張之洞電稿·致各省電》。

致江甯、上海探送廣西提台蘇〔一〕 光緒二十五年九月初一日戌刻發

勘電欣悉。寵眷優隆，練兵淮徐，曷勝欣賀。粤省界務緊要，麾下自宜速往。徐道家幹現有要差，爲鄂省得力之員，望勿調往爲禱。該道昨晚已赴甯謁見。東。

致户部〔二〕 光緒二十五年九月初五日巳刻發

江電悉。道員王秉恩現丁母憂。該道前數日知母病重，恐難赴京，擬有京城行銀元條議一件，當即馳呈，并請轉達慶親王、軍機王大臣爲禱。歌。

致京盛京堂 光緒二十五年九月初五日巳刻發

屢電悉。蘇龕奏准，欣慰。粤漢路事萬不可辭，美公司欲得鑛，似不妨許以粤鑛。若美約不成，必爲法踞，蘆漢多係法股，將來必不免干預，若南北幹路俱爲法占，大局全壞，閣下能辭天下責備耶。前數日英國議員威利敦來鄂接晤，力言蘆漢路歸法之大害，聞之尤爲悚然。日來與總署議論若何，望速覆。歌一。

盛京堂來電〔三〕 光緒二十五年九月十六日酉刻到

歌電言粤漢路美約不成，必為法踞，尊慮極是。惟美公司必欲得鑛。昨赴總署，查已照准法國所請，兩粤、雲南鑛務均歸法辦，無可挽回，可勝浩歎。宣叩。諫。

致京盛京堂 光緒二十五年九月初五日巳刻發

前承示如有要語，允爲代達，感甚。晤夔帥，務懇將鄂省艱窘實情轉達。宜昌鹽釐撥還洋債，户部撥補之欵，有七十餘萬無著，各省先後均經覆到，現擬奏請改撥。宜昌每年止能收約七十萬，即只請部撥補七十萬，部文堅云各省皆係有著之欵。擬請户部即將撥補鄂省欵内剔出三十萬，徑飭派撥之省勿庸解鄂，徑解甘餉，較之各省補還鄂省不至推諉，亦省周折，如此則於部無累，於甘餉有著，並不致户部爲難。此策是否可行，望切商速示，至禱。歌二。

致荆州朱道台 光緒二十五年九月十一日辰刻發

宜昌關撥欵太多，税收斷斷不敷撥解，玆擬奏請酌加土藥税以應急需。查宜昌關每年收土藥税約四十萬，少則三十八九萬，只此一欵，再無他税可收。凡經宜昌關之土藥，皆係直運上海行銷，與銷湖北本省及江西、安徽者無涉。部章每百斤抽銀三十兩，今擬每百斤加抽十五兩，共四十五兩，照此每年可收六十萬兩，或五十六七萬兩，則新派之撥補宜昌鹽釐十萬及鋼藥廠經費五萬，皆可取給裕如。或每百斤加抽十兩，即可多收十萬内外，亦甚有益。如慮税重貨少，此次擬奏明試辦一年。如收數加增，則以後照此辦理，如收數減於四十萬，則届時奏明體察情形，或量爲減

〔一〕指蘇元春。録自抄本《張之洞電稿·致上海電》。
〔二〕録自抄本《張之洞電稿·致北京電》。
〔三〕録自苑書義等主編《張之洞全集》第十册，第七八四一頁，河北人民出版社一九九八年版。

抽，或仍照舊案三十兩之數，如此進退裕如，並無窒礙。蓋土藥稅則增減，乃中國自爲政之事，不必與外洋各國商量，而總稅司赫德尤願我重徵土藥，斷不阻撓也。但恐宜關加税，則川土或多趨野三關及宜昌税釐局。此尤易辦，俟奏准加抽兩三箇月後，如宜、野兩局來貨過多，收數過旺，則令宜、野兩局酌量加收，令商人費用略與宜關相仿，不致大相懸遠，使其不致全行掣動宜關税額而止。緣宜、野兩局，不免減成抽收，只須飭其少減兩三成，即是加重，事甚易辦，無須奏咨也。惟此時宜、野税釐不便遽加，因恐洋關宜局同時加重，土商或全繞湖南、江西、廣東，或全歸峽路經費。捷徑既開，大局一壞，不可復挽。故此時只可先加洋關，如宜、野大旺，覈其收數，竟至將宜關之貨全掣歸宜、野兩局，則必是川土下行者熟計繞越他道不合算，除宜昌水陸兩路外，别無繞過之法。如此則宜、野兩局大可一律多加，兩路並堵，不歸於關，則歸於局，同爲湖北進欵，關局收數皆可大增，必而仍是均平相等，更爲幸事矣。故此時只可先以洋關加重，試探商情，較爲穩妥。此策是否可行，望即妥籌，速電覆。真。

致荆州朱道台光緒二十五年九月十三日戌刻發

文電悉。奏請酌加土税，自當聲明末棧與宜關一律照加，不使畸輕畸重。如總署議准，則商人雖到甯波、汕頭，亦須加納。儻止准宜關一處加抽，而末棧不准照加，則宜關亦儘可不加，照舊收此四十萬。商人既向在宜關完税，若宜關與末棧同時一律，當亦不致改弦易轍也。前真電頗慮商人繞越，若不肯捨輪就陸，似可更有把握。現擬關税則宜昌與末棧一律照加，局釐則少減一二成，使水陸均無避重就輕之處。望再詳籌，并密探商情，速覆。元。

致總署光緒二十五年九月二十一日午刻發

據江漢關道稟，准法領事照會，豐喊公司要在漢鎮通濟門外興隆寺地内修建火油池三隻，請飭保護。並聞德商咪吔在丹水池現造堆棧一大所，將來爲儲火油之用。德商瑞記現在丹水池造屋，亦係造火油池，計裝油之船須明秋來漢。查火油性烈有毒，最易失火，油池設有滲漏，及油船卸空刷洗，流毒長江，有礙億兆生民吸食，害不勝言。光緒二十年三月十八日，曾奉諭旨飭令查明設法阻止在案。今豐喊公司等欲在江邊興隆寺等處違約造火油池，恐民間臨時阻撓，必釀事端等語。除由該道照會駁阻外，查蓄儲毒烈之物，外洋各國均有嚴密防範章程。今洋商於長江上游修造油池，上礙中國自主之權，下關億兆人民性命。應請鈞署照會法、德兩公使，札飭駐漢領事，令其停止，毋庸修造，並請札行總税務司轉飭各關税務司，凡輪船裝有起油機器，不准進口，以杜後患。祈示覆，至禱。馬。

致京盛京堂光緒二十五年九月二十四日子刻發

禡電悉。尊意欲調鄙人赴京會議一節，萬萬不可。愚陋之見，豈能有補大局。且賤軀衰病日甚，今年更添氣喘、心跳、頭眩、眼花、脾不運化、夜不成寐諸病，數十步外需人扶掖，僚屬共見。往返數千里，實不能堪此勞苦。若勉强到京，困憊欲死，豈能籌畫議論。況次棠中丞久病未愈，鄂事付與何人，尤多窒礙，千萬奉求速將此説作爲罷論，叩禱叩禱。竊思練兵籌餉，自强大計，自可乘詢各省疆臣，令各抒所見，方臻周妥。如詢各省，洞必當竭誠覆奏備采，與在京面議無異。且各省亦必有可取之策，似此方是正辦。務懇與當軸婉商免調，感且不朽。若必請調，是害鄙人也。迫切之至，即望電覆。漾。

盛京堂來電〔一〕 光緒二十五年九月二十五日到

慶邸頗願調公，亦不僅為會議中外，實無解事人。公想亦見到此，故不願行。當軸亦未必皆願公來。俟與邸晤，再電聞。

致西安端藩台〔二〕 光緒二十五年九月二十六日辰刻發

新除大喜，欣賀。致節庵電領誦，欽佩。貴省所定銀元機係何洋商承辦，何廠所造，請飭經辦委員將該機清單圖様檢齊，迅速封送鄂局，如合用即當留存。機價清否，並祈電示。又，奉寄陝省及甘肅、新疆商報，前由王道交龔令維信帶陝，均係函送李方伯分致龔令，稟到時，請飭遝呈尊處分寄，至感。宥。

致上海趙竹君〔三〕 光緒二十五年十月初一日寅刻發

轉梁太史來函述滬報館人云，内問昌邑事於江、鄂，劉正諫，某騎墻等語，全無影響。不惟未問鄂，且未問江。國家大事，任意造謡，可恨萬分。望節、坦兩君代爲力辯，至感。卅。

致開封裕撫台〔四〕 光緒二十五年十月初七日丑刻發

據盧漢鐵路總局稟：鐵路總工程司沙多面稱，信陽北路至黄河南岸，現已派定洋工司李嘉和等四人前往測勘，請速派員伴護啟行。業經該局選派通判諸以泰暨繙譯等彈壓護送，一面照會沿途地方官妥密照料。惟豫省開辦伊始，民間見聞未洽，誠恐地方官或有疏忽，致妨要工等語。務請台端迅飭沿途州縣預行出示曉諭，於洋工司到境之日，多派兵差保護，以免意外滋事，實深感禱。除咨達外，特電達，以期迅速。祈示覆。語。

致京盛京堂 光緒二十五年十月初八日酉刻發

美使康貝來晤，勸其早定正約，勿過争鑛務，免爲他國所奪。康言總照草合同立約，草合同有鑛務語，不知確否，恐係勉强影射之詞。并云法約只言廣東、廣西邊界鑛務先儘法人，並未言全省歸法。又云此路美國家必辦，斷不能讓他人等語。日來在京議若何，總署能主持否，祈示。總之，閣下萬不可推，至盼。庚。

致長沙錫護撫台，岳州張道台、蔡道台、翟守 光緒二十五年十月初十日辰刻發

張道等疊電及開埠章程清摺均悉。所議各條，均尚妥協，惟第五條紅山角口平地准開散艙煤油池，月蟾州准開造裝箱煤油棧

〔一〕録自苑書義等主編《張之洞全集》第十册，第七八四六頁，河北人民出版社一九九八年版。
〔二〕録自抄本《張之洞電稿·致各省電》。
〔三〕即趙鳳昌。
〔四〕指河南巡撫裕長。録自抄本《張之洞電稿·致各省電》。

等語欠妥。煤油毒烈之物，蓄儲過多，貽害地方。油船卸空刷洗，遺毒江湖。光緒二十年三月十八日曾奉諭旨，飭令阻止築造油池。現湖北正在力阻洋商在漢口修造，岳州萬勿開端，張道等務與稅司斟酌，將此條删去爲要。蒸。

致長沙錫護撫台、但署藩台、蔡署糧道[一] 光緒二十五年十月十二日戌刻發

今年鄂省撥補鹽釐，部撥湖南漕項四萬兩，八月間已解到一萬，其餘三萬究竟何時可解清，望速確示。文。

致户部 光緒二十五年十月十四日寅刻發

江、佳、諫、效、冬五電均祇悉。連日與司道公同籌議，惶駭莫名。查宜昌鹽釐，旺淡不齊，酌中計算，每年約收錢一百四十餘萬串，合銀約一百一十萬兩。惟内中加課一項，須除去加課一半應解歸兩淮者約十三萬兩。籌餉加價一項，經貴部指撥還四國洋款十二萬兩，此款宜昌約收十萬兩，由四川代收一萬四五千兩，尚不敷五六千兩，且川款亦未解足。江防加價一項，歲約收十萬兩，奏定專供槍礮廠常年經費。是收旺之年可解稅司者，共止有七十餘萬兩，連緝私公費一併在内。若總稅司所言，每月短解四萬，數既不符，理亦難解。至加課一半，乃兩淮之款，鄂省不能扣留。解稅司四國洋款，籌餉加價，係貴部指撥四國洋款，已有不敷，斷不能扣舊債以還新債。槍礮廠之款，現屢奉諭旨擴充，京營調械，正苦事急款絀，尚須添籌，豈可減款。竊思貴部與洋人訂立合同，所指係萬户沱加價，此款每年約收十五萬，乃係兩江委員設局所收，與湖北無涉，歷年皆有奏案，甚爲分明。湖北江防加價，係在宜昌收，恐貴部誤以萬户沱爲湖北之款。合同内既經載明，自應請貴部飭江南解交稅司，以符原案。其加課解淮一半之十三萬兩，應否飭江南解交稅司，出自鈞裁。至四國洋款如何湊還，槍礮廠之款如何籌措，均請示以的款，俾有遵循。總之，湖北宜昌鹽款止有此數，全數悉索交與稅司，已屬竭情盡致，無以復加，今鹽務已非鄂有，反令每月添籌四萬以補鹽釐，委員無從籌措。查原約原奏俱言宜昌鹽釐抵還，今乃令於鹽務外添籌，似亦與原案不符。且淮鹽鄂、皖兩岸每年收數二百餘萬兩，止派還八十萬，湖北省川鹽每年所收不及百萬，而派還洋款百萬，又令每月添籌，似非情理之平。想大部總持全局，一視同仁，自必視各省原有之款爲派撥之多少，於各省斷無畸輕畸重。或是核計偶有錯誤之故，一誤以加課一半之十三萬爲鄂款，一誤以萬户沱加價之十五萬爲鄂款，務懇更正，感曷有極。至撥補之一百萬兩，湖南止解漕項一萬兩，允明年秋解平餘三萬兩，其餘湖南、四川、山西各款均已咨覆，全不能解。計外省無著者三十六萬兩，本省無著者節餉二萬，平餘二萬五千，漕項四萬六千，川鹽加價五萬，原撥加價不敷四國洋款五千，宜昌關十萬加入昭信股票，尾數尚存一萬五千兩，共無著者二十三萬餘。外省本省共確係無著者五十九萬餘兩。外省無著者，惟有懇請貴部改撥，以免貽誤。本省無著者，惟有請將甘餉、淮餉酌量暫時緩解若干，隨後補解，以資目前抵補，此外再行極力設法籌措，奏明辦理。總之，此時

[一] 録自抄本《張之洞電稿·致各省電》。「錫護撫台」指錫良。

鄂省尚須籌補本省無著者二十餘萬。現准大咨又添四國洋欵不敷鎊價二十四萬五千兩，尤爲束手無策，亦須另籌具奏。至赫税司所索每月添籌四萬，萬難遵辦。謹詳細瀝陳，統候裁示。之洞、蔭霖同覆。元。

致京盛京堂光緒二十五年十月二十日子刻發

鐵廠預繳官本，原議兩批解清百萬，嗣經閣下面允兩批解足五十萬。現查劃扣撥解各欵共解四十二萬兩零，尚短解八萬。現在槍礮廠待付外洋機價，需用十分緊急，務祈台端將此八萬速賜籌解，以濟眉急，切禱。如解足五十萬之後，餘欵即可緩也。并祈電覆爲荷。效。

盛京堂來電〔一〕光緒二十五年十月二十三日未刻到

商辦三年，虧折幾二百萬，債臺千級，四面逼索，實到山窮水盡地步。鈞電極蒙體卹，惟漢廠抵欠漢莊銀三十餘萬，歲杪尚不知如何過去。所商八數，總須先救錢莊，方能應命。宣叩。箇。

致京盛京堂〔二〕光緒二十五年十月二十一日巳刻發

電悉使命，大喜欣賀。所言赴德修改税則之德字，有無錯誤，是否德國，抑是英國。約何時啟行，祈示。大疏條陳各節，併祈電示大略。馬。

致總署光緒二十五年十月二十一日亥刻發

頃據江漢關道稟，准税司何文德函，奉總税司札，漢口德界修造江岸馬頭，需用外洋灰泥、轆轤、鋼軌等料，經德使商准總税司免納進口税等情。查前准德領事照請免税，當經該道以中國官辦工程，非奏明奉旨准其免税，均須照章完納。即俄、法各國在漢口建修租界馬頭，採辦木石，均完納税釐，駁覆在案。兹總税司遽准免税，此端一開，恐以後各國遇事藉口效尤，無所底止，於國税大有妨礙，務請飭總税司駁覆，以重税項而防效尤爲禱。即候示覆。馬。

總署來電光緒二十五年十月二十七日到

馬電悉。當詢總税司，據覆，上海成案，凡運物料修造馬頭不作別用者，均准免税。前經德使面詢，曾據成案函覆，並飭江漢關税司遵辦等語。希飭知。沁。

致上海道余道台〔三〕光緒二十五年十月二十四日亥刻發

湖北由日本寄來快槍一枝，軍刀四把，現存上海日本領事館，祈給免照，轉寄來鄂爲禱。敬。

致上海義昌成樊委員光緒二十五年十月二十五日亥刻發

鄂省現派員解槍二十枝赴京，并有藥彈四千顆，搭海輪至津，

〔一〕節録自苑書義等主編《張之洞全集》第十册，第七八五五頁，河北人民出版社一九九八年版。
〔二〕録自抄本《張之洞電稿·致北京電》。
〔三〕指余聯沅。以下四電録自抄本《張之洞電稿·致上海電》。

希先商明何船允裝，議妥速覆。有。

致上海道余道台光緒二十五年十月二十五日亥刻發

德商瑞記經辦三生、五生兩種快礮九尊，由亞白立輪船運到上海，希於船到日驗收入口，並准出口運鄂爲感。有。

致上海義昌成樊委員轉交北洋水師統領葉光緒二十五年十月二十六日酉刻發

頃得滬商局電，北洋已封凍，尊輪運南洋槍礮赴津，擬在何處停泊登岸，槍礮由何道轉運赴津。現既已封河，尊輪似不妨稍緩啟行，緣湖北亦奉旨解槍赴京，與滬槍比較，擬懇略候三四日，俟鄂槍初二三到滬，一併搭解赴津，感甚。即祈電覆。宥。

致岳州魯鎮、張道、翟守、周令[一]光緒二十五年十月二十六日亥刻發

養電悉。巴陵龍先敖等鬧教案，辦理甚爲妥速，仍飭周令拏犯，稟辦速結。宥。

致長沙錫護撫台光緒二十五年十月二十六日亥刻發

漾電悉。南嶽廟匪已經尊處派營往緝，當易撲滅，惟既派三將同往，賊勢想必甚大。該匪爲何起事情形，湘潭、衡山尚無稟到，仍希詳晰電示。宥。

致户部[二]光緒二十五年十月二十七日辰刻發

元電復陳宜昌鹽釐本無百萬，撥補又多無著各情，想早邀覽。現在京餉、荆州滿餉、甘餉待解甚急，祈速示辦法，以便遵行。之洞、蔭霖同肅。沁。

致總署光緒二十五年十月二十七日辰刻發

廿二日公電敬悉。道員劉祖桂已遵飭赴京，准十一月初二日起行。沁。

致上海義昌成樊委員轉交北洋水師統領葉[三]光緒二十五年十月二十九日申刻發

裕制台來電云：儉電謹悉。昨接葉提督來電，尊處有運津槍彈，由通濟兵輪裝運至北戴河起運，業已電飭照運。茲奉電，復飭葉提督知照，并飭津榆鐵路局俟槍彈運到時，由火車轉運。禄。勘。等語。特轉達。豔。

致總署[四]光緒二十五年十月三十日酉刻發

豔電敬悉。解槍委員係湖北試用通判胡得立，已飭其解赴武衛軍營務處呈交矣。卅。

[一] 以下二電録自抄本《張之洞電稿·致各省電》。
[二] 以下二電録自抄本《張之洞電稿·致北京電》。
[三] 録自抄本《張之洞電稿·致上海電》。
[四] 録自抄本《張之洞電稿·致北京電》。

致上海道余道台〔一〕 光緒二十五年十一月初一日午刻發

屢次奉旨催解鄂槍，兹派胡倅得立解槍二十枝，子彈五千顆，月杪附江孚來滬，由滬運津入都，望飭税司免驗，迅速放行，切禱。東。

致廣東佛山補抽釐局劉令曾枚〔二〕 光緒二十五年十一月初三日亥刻發

六月來電，云鍾紳承辦鄂省紗廠，俟籌有成欵，即來議辦等語。現又數月，鍾紳籌欵已否定妥，是否願辦，速確詢電覆。江。

劉令來電〔三〕 光緒二十五年十一月十九日亥刻到

江電委詢粤紳接辦紗廠，現有黄太史玉堂招成商股，已有眉目，據云十餘日後巨欵集妥再電稟，即赴鄂議辦。該紳素沐恩施，群情踴躍。甥枚謹稟。效。

致盛京增將軍〔四〕 光緒二十五年十一月初七日寅刻發

電悉。鄂省鑄錢機器不佳，近已經銀元局修改作他用，不敢移撥他省，以致誤事。尊處如欲鑄錢，務必定英國喜敦廠機器，方能適用。切要。語。

致京盛京堂 光緒二十五年十一月初十日亥刻發

前鐵廠歸商承辦，議定每生鐵一噸，繳官銀一兩。現日本歲購大冶鑛石五萬噸，商廠歲獲巨欵，此利益在鐵廠製造之外，似應地方亦同受其益，衆論方愜。擬援照生鐵例減半，每運鐵鑛一噸，由商廠分價銀五錢歸官，以昭公允。至煉鐵學堂，乃於鐵廠有益之事，似與地方無涉。除咨達外，特先奉商。再，湖北鑛質自應在湖北完税出口。前接六月翰電，亦有日本商輪赴石灰窰裝載，須由漢關報明估價抽税之語。大冶之下有武穴，係江漢關分關，應在此完一正税，不應至滬新關完税，并祈知照小田切爲荷。佳。

致京盛京堂 光緒二十五年十一月十四日寅刻發

佳、真兩電悉。尊奏請鑄一兩重銀元，尊意必有利國利民要指，斷不僅爲一權量起見。請示大略，始能熟權利害，電覆户部。記得去年台端談過，官發各欵即照一兩庫紋計算，民繳官欵則照舊章，將平色補足，此一利也。又通商銀行匯兑，若銀元重一兩，則匯兑便利暢行，此又一利也。查收發盈餘之利，須除洋債、購機及中國工程物料之外，或有盈餘。然發照十足庫紋而收須補水，則是户部顯然視銀元不如紋銀，輕重兩歧，商民安能通用，與古來中法、今日西法鑄幣之意均不相合，於行銷銀元大局有礙。至銀行匯兑之利，鄙人不甚了然，務祈再爲詳示。此外於公家尚有何項利益，均請明示。至赫德謂非一兩關不敢收之語，亦未甚解，

〔一〕 録自抄本《張之洞電稿·致上海電》。前電謂槍二十枝，彈四十顆。

〔二〕 録自抄本《張之洞電稿·致各省電》。

〔三〕 録自苑書義等主編《張之洞全集》第十册，第七八六一頁，河北人民出版社一九九八年版。

〔四〕 指增祺。

假如龍元重一兩，海關即按一兩庫紋收乎，此節亦請明晰詳示。鄙人本意雖願鑄一兩，然目前有無窒礙情形，不能不詳考熟計，如果有利無弊，必當力助尊論也。祈速覆。元。

致西安端護撫台〔一〕 光緒二十五年十一月十五日亥刻發

護院大喜，欣賀。廿八電悉，感甚。銀元機尾價，鄂省應付若干，祈酌示，自當遵照撥付洋行。其陝省已付之價，鄂省仍當如數補還陝省，祈電飭駐滬委員知照解鄂爲荷。再，據滬員來函，此項機器有候部提之説，確否，尊意是否解京，抑仍解鄂，統祈裁示。咸。

致京户部右堂陳〔二〕 光緒二十五年十一月十六日子刻發

公電祇悉。湖北鹽釐抵債，撥補無著者七十萬，加撥鎊價二十四萬，餉需萬緊，然總以籌餉而不病民爲主。清查税契一事，大指在嚴新寬舊，除州縣之中飽，杜胥吏之包攬，斷無加徵之事。來示指陳十弊，慮周藻密，但此間辦法章程似尚未盡悉，恐有訛傳誤會之處，目前尚未開辦。現飭司局再加詳細體察，務從寬簡，力杜擾累，斟酌妥善，再爲推行。日内當詳電奏達，是否擾累，當荷鑒察。洞、霖同覆。咸。

致長沙錫護撫台〔三〕 光緒二十五年十一月十六日亥刻發

查辦高聯壁案，應由尊處主稿，會敝處前銜覆奏。已咨達，祈示覆。諫。

致長沙錫護撫台 光緒二十五年十一月十七日亥刻發

感電及府、縣禀均悉。衡山匪首向道龍，逆書狂悖，實堪髮指。今逆首已誅，餘匪已平，甚慰。惟芷江新起之匪，似甚猖獗可慮。顔總兵帶勇往剿，是否得力，該府、縣集團是否有實用，近日有續報否，如何情形，祈速示。如匪勢過熾，兵機尚鈍，似宜添軍速了。管見請酌。洽。

致京盛京堂 光緒二十五年十一月十九日丑刻發

前比人請開租界，疊經嚴駁，詎薛領事在日本界下、鐵路站上，私與法商購地六百餘畝，送請江漢關税契。查所買之地，前年地方官及路局屢欲購置，祇因中國奸商刁民串通洋行擡價，抗不呈驗契據，致未買成。而年前曾出告示，聲明此時爲地方及路局自行需用之區，民間不得私相買賣。今竟不能自買，而爲比人全片奪去，於情理政體殊有不合。關道委員赴領事處查驗契據，竟有二十五年税契者，此等違禁私相買賣之地，豈能准關道蓋印乎。此外含混之契尚多，況薛領事買此大片之地，雖非准其開界，亦必暗作租界。前者德、日兩國早有違言，若竟准其税契，兩國必指爲失信，萬萬不能下臺。此時惟有由路局無論如何籌欵，向

〔一〕指護理陝西巡撫端方。録自抄本《張之洞電稿·致各省電》。
〔二〕録自抄本《張之洞電稿·致北京電》。
〔三〕録自抄本《張之洞電稿·致各省電》。

彼將此地收回，或將路局以下所買之地與之抵換。查此處正是鐵路馬頭精華所在，將來地價必漲至十倍，此時豈容外人全行奪去。且比領事買價亦不甚貴，共止十二萬三千兩，即由閣下自行籌欵購置，尤爲合宜，只須不歸外人，將來官斷斷不分，不過與外人争論，則以地方官爲詞耳。至比人居住及開設行棧，則照去年尊議，由公司借撥地若干，聲明管路、巡捕之權仍歸華官，自然比國不能指爲租界，三十年後歸還，辦法較妥。或酌選一二百畝讓與伊買，不令大礙全局，一面由敝處飭關道勿予税契，合力争辯，庶免精華爲外人所奪，長奸商抗官刁風，而貽德、日兩國口實。此事鄙人既爲德、日交涉，亦爲公司利益。閣下若堅持收回，別籌善法搪比人，鄙人必當竭力相助。特此奉商，祈即電覆。效。

致京户部右堂陳〔一〕 光緒二十五年十一月二十一日亥刻發

咸電想達。鄂省覆定清查税契簡明章程十條：第一條，光緒元年以前白契未税者，令領新契，免其照例罰半充公，並免其補税。元年以後未税者亦免其罰充，但令照章補税。此係遵旨酌定年限。第二條，舊契但有縣印而未粘司尾者，令換新契，並不再税。其地價在錢五十串以上者，繳契費銀二錢，百串以上者，繳契費三錢二分，地價再多，亦不加費。一户價在五十串以下者，領契免費。查税契定例應粘司尾，此等無尾之契，乃州縣放炮減價，田主已占便宜，今令换司契，法所當然。契費鄂省向係錢一串内外，新章極力減少，此費係契紙工本及局用，大約僅止敷用，如有餘，解省充餉。第三條，舊契已粘司尾者，免其换領新契，以省煩擾。既不換新契，其領契半費自然除免。第四條，祖産相傳田地房屋管業已久，或契據遺失，或兄弟分産，或山改爲田，或屋拆爲地，此類甚多，但有糧串及他項簿據、里鄰周知者，並不追究，其願補領新契與否，聽其自便，如願領，須有鄉鄰具保，只繳契費，不令納税。第五條，自己之地造屋者，無論城市鄉鎮，其地如已有契，房屋斷不另行查契。第六條，不派書差勒傳，亦不派紳士挨户清查，但出示曉諭，並令地保沿街鳴鑼傳知，不准入業户之門，自無騷擾。第七條，舊契無司尾者，但將新發司契粘貼舊契之前，其舊契仍在，將來業户買賣，自可查對，不至有謄寫錯誤、訛詐、滋訟諸弊。第八條，無司尾之契换新契者，限六箇月，爲期甚寬，或於完錢糧之便入城换契，或自來，或託親友，均聽其便。或有貧户、孤寡無人，距縣過遠，以致换契逾限者，該處紳耆查明屬實，禀縣從寬。第九條，四鄉向有徵糧分櫃者，准其託鄉櫃代換，意在便民，免其入城跋涉。其向無鄉櫃者，如鄉民嫌入城較遠，紳耆公議願在四鄉設分局者，州縣體察民情酌辦，由鄉局將原契送城查驗，印發新契，自願入城領契者聽。城局限次日發還，鄉局限十日内發還。第十條，應完正税應繳契費之外，如有官紳吏胥藉端需索者，告發嚴參罰辦等語。至尊電十弊，似屬過慮。其一，官刊契紙，湖北州縣向來多有，今一律用司契，專爲杜州縣私税匿報之弊，且江蘇現已奏行官格契紙有案。其二，出示令業户自行投税領契，税數視契價而定，似無報多報少之弊。且契税甚輕，少則一兩八錢，多則二三十兩，其一

〔一〕録自抄本《張之洞電稿·致北京電》。

契之税至五十金以外者，必須殷户沃産，連阡累陌，此等甚少，從前官不清查，不免希圖省費，今既奏明清查，似不至納私賄以省國税。若换契者，費止二三錢，更不值行賄矣。其三，因吏胥不免擾民，故用紳士。局紳乃助官清理契據，取其與民交接，其情易通，較官衙胥吏爲便，並不責令攻訐舉發，當不致歛民怨。且十室必有忠信，不至全無正紳可用。四鄉設分局與否，係爲便民，相地酌辦。此局不管他項公事，局亦不過四五處，並非徧處設官。其四，原議有司尾者换新契，意在澈查畫一，其契紙半費，只係紙墨局用工本，每一契由三分以至一錢六分而止，爲數甚微，並未令其再完絲毫之税，本無所謂徵，更何所謂加。今議令有司尾者勿庸换領新契，則并此半費而亦無之，庶免訛傳驚疑。其五，領契换契，城局限次日發還，鄉局限十日内發還，自無曠廢刁難之弊，前第九條已聲明。其六，兵燹亡契，本不深究，前第四條已聲明。其七，舊契簡質仍粘新契之後，其界址之全否，名氏之更否，一仍其舊，新契不過照原契照填簡明數語而已，絶不增改原文。此舉只是未税者令補税，無司尾者領司契，並非查核錢糧，亦非清丈地畝，無所用其挑剔。其八，己産造屋有無契券，新章並無查問之條，或只有地契，或别有他據，皆可管業。若係買他人之屋，自有房契，斷不至有所誣屈，前於第四、第五兩條已聲明。其九，田房税契粘用司尾，乃是定制，且例文應由縣將原契送省查驗。今恐民不便，並不拘執舊例，故將司契每縣多發若干張，存儲備用，將用盡時，州縣早已赴省續領，州縣斷不肯令無契可用，自損進欵，不能速售一節，尚可無慮。其十，原章續章均本無加徵之事，請詳閲自悉。總之，此舉於隱匿中飽之官，包攬侵蝕之吏，最爲不便。若從前漏税者補税，已寬其半年不税罰半充公之條矣，況光緒元年以前并正税亦免之乎。舊契無司尾者，領司契仍與粘司尾無異，所繳契費自二錢至三錢餘而止，較舊日司尾之費已省多，況地價五十串以下并契費亦免之乎。若謂取怨於官吏，則有所不敢辭，若謂爲害民，反覆思之，似尚不至於此。江蘇謬習，幾乎從無税契一説，乃十八省所罕有。鄂省小民其匿税者，及放炮省税不粘司尾者，雖亦有之，然該業户亦自知其非。今聞通省清查並不苛求，以後永免訟累。采訪輿情，其詳知章程者尚不以爲苦累，與江蘇情形不同。方今時勢艱難，餉需尤急，諭旨森嚴，部文緊迫，每年撥補無著者七十萬，加派鎊價二十四萬，叠次瀝陳，未蒙部允。追呼日急，羅掘俱窮。契税乃司庫奏銷國家固有之欵，不能不加清釐。洞、霖待罪珂鄉，無刻不以惠養小民爲念，日日思籌餉之策，然事事皆籌䘏民之方。台端關懷梓桑，洞、霖等職在司牧，勤䘏之隱，具有同情。遠荷指示，承教良多，區區於國計民生，力籌兼顧之苦衷，諒邀照察。貴同鄉諸公統懇轉致爲幸。洞、霖同啟。箇。

致慶親王、軍機處、户部光緒二十五年十一月二十二日午刻發

微、寒兩電謹悉。垂詢京師銀元應否改鑄一兩、五錢、二錢、一錢四種等因，疊與司道局員籌商，僉謂銀元必須仍鑄七錢二分者，適與墨銀相敵，收發一律，俱照市價，華洋商賈方易流通。外省一時斷難改鑄，其理甚明，不待煩言。至議者謂京師宜鑄一兩以下四種，其用意蓋有兩端：中國用銀向以兩計，權衡畫一。治世大經，中西所同，出納簡則吏弊少，平色同則商奸窮。此係

爲便民計，一義也。聞議者之意，擬請國家發欵，則將此一兩之銀元作爲十足庫紋，收欵則仍按市價計算，補水交納，歲可得盈餘巨欵，此係爲籌餉計，又一義也。前一説確論不刊，後一説思之未審。無論何項銀錢紙幣，必須收發一律，毫無歧異，方能通行。若發欵視爲十足，而收欵仍作九成，商民斷不行用，無論洋商矣。且京外各庫發欵，可以由官爲政者，大率指俸廉、兵餉兩端，歲約四千萬兩。銀元時價無定，姑以酌中計之，官鑄銀元除工火局用外，大元盈餘每兩不足一分，小元盈餘每兩不過三分，官局斷不能專鑄小元，官欵亦不能專發小元。若大小元各半兼鑄牽算，每兩盈餘不過二分，京局每年至多止能鑄銀二千萬兩，而止盈餘僅四十萬，此專論製造之利。若官局自發，不歸商銷，則兼有行銷之利，可共盈餘六十萬。迨鑄至二千萬，則內地現銀日艱，外洋銀條日貴，盈餘或恐略減。然交官可作十足，天下商民通用價必貴於墨銀，盈餘必更加多，此收發一律之説也。如此則利雖薄，而上下通行。假如按十足發，以九成收，且以大小元各半搭放，除俸廉可行外，兵餉勇餉實已扣減一成四分。今兵餉每名止一兩內外，勇餉少者三兩，多者四兩二錢，已不爲厚。方今練兵最爲急務，若扣減太多，各營必然嗟怨，壯士勁卒皆不樂爲，其弊必歸於羸弱缺額，無一兵可用而後已。且歲鑄二千萬，除工火外，盈餘亦止二百萬，利少害多。至於官買物料，官修工程，其工商議價核計甚精，若發九成八成之銀，彼必漲一成二成之價，於官仍無益也。且交官既不算紋銀式樣，又異於墨銀，商民不便行用，市面必更壓價，此十足發九成收之説也，如此則利似厚，而兵民商賈種種窒礙，斷難通行。竊謂京師創鑄銀元，自宜以一兩者爲正辨，而尤以收發一律爲宗旨。從古來鑄幣利權，國家操之，利之所在視乎權，權之所行，存乎輕重，國家重之則商民重，國家輕之則商民輕，果能出納有信，紙幣可行，何況銀元。若收發一律，是國家視九成八成爲十成矣，上重之則天下寶之，若收須補一二成之水，是國家視之爲九成八成矣，上輕之則天下賤之。或謂錢糧若以一兩銀元作十成，收不令補水，是爲損上益下，勢有難行。海關若以一兩銀元作十成收，是爲損中益外，理有不可，此核算之誤也。不知國家先已收錢糧十成之銀於民，收洋税十成之銀於關，而後鑄此九成八成之銀元以散之民間，是先已扣此一二成在庫矣。國家收發既皆作爲十成，市面視之即與十成庫紋等，華洋商民必用十成之銀，而後能購得此一兩銀元以納賦税，何損之有。此法若行，商賈有交易簡明之利，行旅有不受欺勒之利，民間交納官欵有杜絶浮索之利，銀行有匯兑暢旺之利。一政權，便民用，商民暢，遂國家已自有無形之利存乎其中。況將來天下通行，其價必漲，每年盈餘必不止數十萬，是利民之政，即爲利國之圖，正不必在目前之減省發欵以爲籌餉計也。洞管蠡之見，京師銀元局斷宜鑄一兩以下四等，而收發斷斷必須一律。京局所鑄者，出入均按庫紋一兩計算，明示天下，永無更改。銀元上須鑄明准作庫紋一兩交納賦税官欵、京外各庫收發一律字樣。至外省現鑄之七錢二分，暫仍其舊，其照市價亦仍其舊，俟京鑄暢行，政令足爲商民所深信，然後各省一體改鑄，方爲穩妥。若收發不能一律，新鑄一兩銀元尚未通行，外省斷不宜改鑄。遵示籌議，有當與否，伏候鈞裁。禡。

致江甯劉制台光緒二十五年十一月二十三日子刻發

聞蘇子熙有旨令回廣西，淮徐練兵已作罷論，江蘇新餉一百二十萬已無所用。公似可趁此時奏請留此欵購辦防江雷礮小兵船，訂妥後分五年付價，大約可購二十艘，少亦十五六艘。聞日本人言，該國船廠能造此船，造成運到必速，并可聘日本水師將弁管帶，必極爲我出力。此雖係特旨新籌解部之欵，然以江南之錢辦江南之防，保完財賦之區，即拱衛京畿之計。似宜趁此欵尚未指定用項之時，速電榮相，先將此意達知，免致部撥他用。如慮部欵不肯外用，或援蘇軍之例，聲明此船雖歸南洋大臣管轄，操練仍聽武衛軍大臣節制調遣，江南淮徐之陸軍可作武衛軍先鋒，防江之兵輪，不亦可遥隸京師作武衛軍水師乎，當年各省兵輪何嘗不歸海軍衙門節制乎。此乃不得已措詞之法，如不需此，自更簡净。因近日江海各省奉有備戰之旨，故敢越俎妄言。是否可采，敬候卓裁，並祈示覆。禡。

致長沙錫護撫台〔一〕光緒二十五年十一月二十四日子刻發

梗電悉。周漢病重，宜速取保調治，至要。漾。

致西安端護撫台光緒二十五年十一月二十六日午刻發

篠電悉。銀元機器仍撥鄂用，甚感。該機未付銀九千八十三兩三錢三分，查是尾批價值，按原訂合同條欵，應俟機到漢口後七箇月給付。此欵擬由鄂至期逕與洋商料理，貴省已付之頭、二批價值，計銀一萬七千八百二十兩零五錢，當於一年内分兩期匯還清欵。徑。

致江甯劉制台光緒二十五年十一月二十六日亥刻發

有電悉。購船事尊意既允向政府商辦，望速電李木齋星使，詢考此項防江小兵輪價值、尺寸、礮位大小爲要。宥。

劉制台來電光緒二十五年十一月二十七日戌刻到

宥電悉。頃接榮相覆電，蘇回廣西，徐淮照原議練兵，惟總統候旨揀派，蘇餉百廿萬未便作他用云。謹聞。坤。沁。

致京榮中堂〔二〕光緒二十五年十一月二十七日子刻發

鄂餉萬分竭蹶，先籌解武衛中軍餉五萬兩，本月十七日交合盛元號匯京，限臘月半交，祈飭收。以後當再續籌。宥。

致長沙但署藩台光緒二十五年十一月二十七日未刻發

湖南武員中有樸實勇敢，不染習氣，而又勤奮肯操練學習者，官階自游擊以至都、守，年須在四十歲以内。閣下在湘多年，必能深知，請舉數員電示，以便調鄂而加考校，量材器使。沁。

致杭州惲藩台光緒二十五年十一月二十八日丑刻發

聞意國前數日開議院，未言及向中國索埠事。又意國報有明

〔一〕以下二電録自抄本《張之洞電稿·致各省電》。
〔二〕指榮禄。録自抄本《張之洞電稿·致北京電》。

春擬調兵艦回國之説。事雖未見明文，情形確是已鬆，尊處有確信否，便中轉中丞。感。

致上海道余道台〔一〕 光緒二十五年十一月二十八日戌刻發

鄂省需用活字版排印公牘，已在滬購就，祈發免税單放行爲感。勘。

致上海道余道台 光緒二十五年十二月初一日亥刻發

由日本購定行軍雨衣二千件，背包二千箇，馬鞍三十六副，鞍囊一百三十六箇，臘月初七八可到滬，請速放行，望給護照。已派縣丞朱文瑞、千總張玉堂往運。東。

致廣州佛山釐局劉令曾枚〔二〕 光緒二十五年十二月初五日子刻發

效電黄太史玉堂招商接辦紗廠，十餘日後鉅欵集妥，即赴鄂等語。現已半月，想已集妥，望催速電覆，早日來鄂，切盼。即覆。支。

王道致廣州王丞秉必 光緒二十五年十二月初十日未刻發

帥諭紗布絲麻四局，有能每歲繳官息十一萬兩，商息四萬兩，共二十年計三百萬兩，又能於三年内分期還商本十五萬兩，如期付各局所欠機價二十萬兩者，於交付日，給諭二十年後，各廠均為商業，永不歸官。帥諭如此，望速與孔、黄、李、王四人速商，儘力招股承認。因日商三井告明日本外務省，來此議承，略有成説，帥意以日商用意難測，擬先儘華商，再議洋商。望速議妥電覆。雪。佳。

致廣州佛山釐局劉令曾枚 光緒二十五年十二月初十日未刻發

紗布絲麻四廠，俱可包辦，極爲輕快，詳細章程問王丞秉必即知。現有洋商及川商在此議辦，略有眉目，如粤商願辦，須早來，年内到鄂，遲則無及，務即電覆。蒸。

王道致李京卿電 萬縣電局專送鄰水柑子鋪李大臣 光緒二十五年十二月初十日未刻發

紗布四廠包商一事，公臨行有回家後重申前議之約。旋稟帥座，亦為欣許。昨奉帥諭，現擬四廠永遠包與商家，立一公司承辦，歸官保護。第每年須付官商息銀十五萬兩，以廿年為期，滿期後，所有地皮、機器、廠屋，全數作為商業，官不過問，廿年後官息商息俱勿庸再付。在商家每年雖較前議十一萬五千之數多出三萬餘金，以後官業變為商産，與前議暫租者辦法迥别。似此至大至久至利之事，誠所鮮遘，並諭舍弟在粤亦可招集股本，以期衆力共舉，事在必行。帥座以公氣魄才力足勝此任，故諄以相託，若屬他人，則不能享此利益，望從速籌商定議電覆。弟意公儘可承受，不必過事拘疑，致負帥座盛意。其餘一切辦法，俱如

〔一〕以下兩電録自抄本《張之洞電稿·致上海電》。
〔二〕以下四電録自抄本《張之洞電稿·致各省電》。

前議，祇須籌集存本四五十萬兩，即可承辦矣。秉恩。蒸。

致總署光緒二十五年十二月初十日未刻發

前因德、法兩國商人欲在漢口丹水池地方築造火油池，當於九月馬電，請鈞署照會法德兩使阻止，並札行總税司轉飭各關，不准起油機器進口，並由關道疊次照會領事駁阻。旋准德國領事照覆，瑞記、咪吔等商不過建有堆棧，存儲火油，至於修池，刻尚未定議，請飭停修，與現在商務無關緊要，儘可緩至將來再商等語在案。乃現據漢口代理税司稟稱，聞瑞記等火油池機器業由江海關收税，准其進口，現已運漢等語，殊堪駭異。查洋人在中國通商口岸界外買地任意興修行棧，已屬目無條約。然藩籬早破，不易收拾，今竟築造毒烈油池，貽害地方，雖屢次照會駁阻，竟爾置若罔聞，實難聽其任便。且漢口五方雜處，最易生風，儻一旦滋生事端，咎將誰歸。況漢口准造，則各處援例，中國沿江布滿油池，後害何堪設想。除飭關道力阻，並聲明丹水池並非停輪起貨之處，將來油船到漢斷不准在丹水池起駁外，務望迅賜照會德使，轉飭停修，地方幸甚。并祈電覆，至禱。蒸。

總署來電光緒二十五年十二月十八日到

接九月馬電，照會法、德兩使禁阻。德使覆稱，火油存儲池機並無險害，上海等處設立有年，可派員往查，如仍不允，是與章程不符，礙難照辦等語。法使尚未覆到。茲准蒸電，又照會德使，轉飭停修，應仍由尊處飭關力阻為要。巧。

致宜昌陳守、施南蔡令、長樂李令、長陽朱令、巴東馬令光緒二十五年十二月十一日辰刻發

李令初三電悉。約載應辦者係真正匪犯，非必按單拏辦，亦非以耳聞定案也。教士據教民開單稟報領事，領事據單照會，其中自必有誣攀妄指。是在地方官認真查訪，分別良莠，無辜者爲之剖白，稟明照覆，有因者分別輕重，傳拏懲儆，輕者枷責，重者監禁而已。豈有妄拏不審，冤民破家，遷延不了之理，殊屬誤會，可怪。若一味沽名推宕，教士久踞該縣不去，教民唆聳日多，蔓引日廣，該縣小民必將擾累不堪，是令教案遷延不了者，皆不曉事之地方官貽之累也。至令教民到案抵質，自無不可，現已飭關道照會領事矣。特此通電知之，務須認真持平妥辦，務令教案早了，良民安業爲要。真。

致上海黃道台小魯〔一〕光緒二十五年十二月十一日未刻發

銀機原訂在漢交貨，運保費包在價內，礙難交鄂輪運，且機件既多且重，恐小輪亦不能裝也。真。

致宜昌傅鎮台光緒二十五年十二月十三日丑刻發

董令次勛來電云，宜施一帶匪黨散布謠言，煽惑人心，復恐生事，請派兵巡查等語。去年巴、樂、利川匪擾貽害無窮，此時

〔一〕録自抄本《張之洞電稿·致上海電》。

不可不豫爲防範。該鎮速派妥弁帶勇百名，分兩路入山巡查彈壓，銷患未萌，俟來春三月再行撤回，切切。速遵辦，電覆。文。

致户部〔一〕光緒二十五年十二月十四日戌刻發

前奉貴部冬電，總税司稱宜昌鹽釐每月約短解四萬兩，令設法籌解等因。當於元電詳晰電覆貴部，聲明萬難遵辦在案，且查短解亦無四萬之多。兹迭接江督電，仍云税司言每月約短四萬，請催補解等語。總之，鄂省已將鹽釐全數交與税司，已屬無餘，實不能於鹽務外添籌此欵補解。應請貴部酌辦，電知江督、滬道，免致以此欵向鄂省催索爲禱。即祈電覆。洞、霖同啟。願。

致長沙俞撫台〔二〕光緒二十五年十二月十五日未刻發

大旆想已安抵長沙，念甚。署南撫標右營游擊劉高照，現已遵示委署南撫標中軍，篆務所遺，右營遊擊何人堪署，祈揀員電示照委爲荷。咸。

致户部〔三〕光緒二十五年十二月十六日子刻發

願電想達。前准勘電，萬户沱加價及加課解准一半銀兩，已電江督如數提出解交税司，未據電覆，希再與江督妥商辦理等語。查加價及加課一半，均係江省之欵，與鄂無涉，鄂省止能將本省鹽釐儘數解清，未便議及他省欵項，即與商辦，江省亦必推諉，無濟於事。其應如何撥補之處，貴部自有權衡。鄂省只能陳明鄂萬不能補解四萬實情，務懇貴部主持。示覆，至禱。洞、霖同啟。諫。

致長沙俞撫台〔四〕光緒二十五年十二月十六日子刻發

張道鴻順，已遵示令其具禀交卸矣。湘省人員，弟不深知，既經台端斟酌，自必妥善，即請酌委爲荷。諫。

致岳州張道台光緒二十五年十二月十六日子刻發

頃接俞中丞電，云十二抵湘後，與錫細商。新臬到尚早，張道鴻順既願請假，誠爲兩便。請囑令即具禀交卸，後必委一差等語。岳關事實在難辦，況又不見信於人，久任反恐受累，不如早自辭退爲妥。望即具禀，至要。即電覆。諫。

致總署光緒二十五年十二月十七日亥刻發

昨日英國參贊璧閣銜來見，云擬由湖南長沙取道常德、永順兩府入川，過酉陽州，抵重慶，查看地勢，以備將來建造鐵路，開通商務。因聞川江之灘既難開鑿，故尋由川繞湘入鄂之陸路等語。當以此路盡是大山，險僻萬狀，斷不能造鐵路，十萬金不能造一里路。且地多苗疆，向爲匪徒、土藥私販出没之處，商旅稀少，亦無驛站，信息不通，實難保護。勸其切勿冒險，不如遊歷長沙、常德後折回漢口，附輪赴宜，溯江入川，較爲穩妥。惟璧意甚堅，外間實難阻止。查凡洋人游歷入湘，所有護照均註明勿

〔一〕〔三〕録自抄本《張之洞電稿·致北京電》。
〔二〕録自抄本《張之洞電稿·致各省電》。
〔四〕以下二電録自抄本《張之洞電稿·致各省電》。

得前往苗疆瑶〔一〕峒，今璧參贊不聽勸阻，湘省風氣未開，苗瑶尤極蠻悍，保護實屬難周，萬一出有意外之虞，咎將誰歸。務懇切告英使，此一段川湘邊界鐵路，中國斷不允開，即開亦於商務無益，囑其速電璧參贊，切勿由此路入川。如必不聽，是自冒險，設遇事故，地方官斷不任咎，勿謂言之不先也等語存案。湘省民人深忌洋人，如英使必不允，務懇鈞署即電飭湖南認真保護，切禱。即祈電覆。霰。

總署來電 光緒二十五年十二月十九日亥刻到

霰電悉。川湘鐵路，英使并未提及。月初英使為璧函請護照，但繕明由上海赴川游歷，亦未涉及勘路。頃告英使速電阻該參贊，得覆再聞。效。

致長沙俞撫台〔二〕 光緒二十五年十二月十七日亥刻發

昨日英國參贊璧閣銜來見，云領有總署游歷護照，擬由湖南長沙取道常德、永順兩府入川，過酉陽州，抵重慶，察看地勢，以備將來建造鐵路，開通商務等語。當以此路僻遠險峻，斷不能通鐵路，中國亦斷不能允造。且沿途皆係苗疆，匪徒及土藥私販出没之處，商旅稀少，亦無驛站，信息不通，難於保護，極力阻之，勸其不如游歷長沙、常德後折回漢口，附輪赴宜，溯江入川。惟璧意甚堅，總不肯聽，其意甚悍，但云保護乃地方之責，不知其他等語。除電總署告英使如遇有事故，地方官不能任咎外，特先電聞。璧參贊到湘晋見時，務祈力阻，如必不聽，只好酌派妥幹弁勇，沿途保護，以免滋生事端。璧兩日内即赴湘，望即速覆。霰。

致北京楊梅竹斜街斌陞店湖北委員胡得立〔三〕 光緒二十五年十二月十九日午刻發

霰電悉。該倅應候回文，方可出京。造槍數目數日内查明算確，即電覆榮相。效。

致岳州張道台〔四〕 光緒二十五年十二月十九日午刻發

前日英國參贊璧閣銜來見，云領有總署游歷護照，擬由湖南長沙取道常德、永順兩府入川，過酉陽州，抵重慶，察看地勢，以備將來建造鐵路，開通商務等語。當以此路僻遠峻險，難以保護，極力阻之，惟不肯聽，日内即由漢口動身赴長沙見撫院，過岳想必登岸，屆時務望派員弁沿途妥爲保護。相見時如談及常德、永順一帶地方，務須力言此路艱險，阻之爲要，彼斷不聽，我姑盡其心力而已。效。

致長沙俞撫台，岳州魯鎮台、張道台 光緒二十五年十二月十九日申刻發

昨電想達。頃探知英國璧參贊，已於今晨七點鐘附英兵輪赴岳，到時務望酌派弁勇沿途妥爲保護，切要。即示覆。效。

〔一〕底本作「猺」。下同。
〔二〕録自抄本《張之洞電稿·致各省電》。
〔三〕録自抄本《張之洞電稿·致北京電》。
〔四〕以下二電録自抄本《張之洞電稿·致各省電》。

致户部[一] 光緒二十五年十二月二十日未刻發

陽電悉。湖北通省緑營奏明五年分裁，每至應裁時加發恩餉一年。又奏明將撫標兩營兵全裁，以督標兵撥補。自光緒二十三年九月裁起，每年裁一次，至光緒二十五年九月後，計已裁三年。現在實存馬步兵一萬三百九十二員名，藩糧兩庫每年共支兵餉并米折共銀十五萬九千七百餘兩，閏月加增，計五年裁竣，至光緒二十七年九月起，應實存兵七千三百二十八名，每年餉銀餉米共支銀十一萬六千餘兩。操防練軍七營，共官弁兵丁三千五百零七員名，每年共支練餉八萬五千七百四十五兩八錢八分，每年共支餉錢五萬二千一百七十六千四百餘文，閏月加增。通省勇丁步隊馬隊水師勇數，各營多少不等，共計二十六營一隊，官弁勇夫八千九百二十六員名，按六大建六小建算，每年共支餉項等銀五十二萬四千一百二十餘兩，閏月加增。洞、霖同啟。號。

致京盛京堂 光緒二十五年十二月二十三日丑刻發

鄂省督標練軍六百人，派駐大冶鐵山彈壓百名，上年因撫標裁撤，以督標二百名撥充，又挑出馬隊營兵一百二十名，現僅存一百八十人，向分兩營，人數過少，不敷操防之用。竊思大冶即用練軍，尊處亦需津貼，尚恐未盡得力，擬將大冶練軍調回，請尊處自募勇百名，自派員弁管帶，必更得力。或慮地方呼應不靈，即照淮鹽緝私營辦法，咨由敝處札派亦可。計尊處募勇每年需餉不過三千七百餘兩，擬由鄂省認每年三千兩，請即於鐵廠預還官本欵内每年扣銀三千作餉，自光緒二十六年起，十年爲限，十年後鐵多銷旺，即全歸商廠自籌，應即停扣。祈速示覆。禡。

致户部 光緒二十五年十二月二十三日丑刻發

沁、陽二電悉。光緒二十三年分，湖北收過境釐金約錢一百零三萬餘千，收落地釐金銀錢併計，約一百零三四萬千。光緒二十四年分，收過境釐金約錢一百零六萬餘千，收落地釐金銀錢併計，約一百零五六萬千。湖北地處腹省，上下四達，有此省之貨經過湖北完釐至彼省者，有本省此府之貨經過各釐卡完釐至彼府者，往來無定，端緒紛繁，進出難於分晰，故向無進口出口名目，統以過境二字賅之。又如他省本省之貨運至各市鎮起坡銷售者，統名爲落地釐金，别無中辦名目。合併聲明。洞、霖同覆。禡。

致總署 光緒二十五年十二月二十四日丑刻發

據岳州鎮、道電稱，英國璧參贊已不赴常德、永順，現登岸移税司寓，候昌和輪船搭往宜昌，而所乘小兵輪昨言演礮，鎮、道等未允。先言回漢，今又轉舵上駛，不言何往，又云赴湖打靶，殊無一定之語。該鎮、道派舢板尾綴而行，惟輪快舢緩，恐趕不及等語。除飭長沙、湘潭、常德等處預偵防護外，查該小輪係英新造淺水兵輪，喫水止二尺，早到漢口，共有二艘，其船主曾來鄂晤談，云係專爲由宜昌赴重慶之用，請飭沿途照料。今在岳游行無定，不過爲探湘省湖中及内河水道深淺。惟行蹤變幻，又演礮打靶，易致地方驚疑，恐生事端，大與約章公法不合。請鈞署速告英使阻之爲禱。之洞、廉三同肅。漾。

[一] 以下四電録自抄本《張之洞電稿·致北京電》。

致成都奎制台光緒二十五年十二月二十四日丑刻發

户部奏准加征土藥税三成，現飭湖北宜昌關照加，應請尊處飭重慶關一律加征。何日啟征，祈示知，以便宜關同時舉辦，免致參差。敬。

致長沙俞撫台〔一〕光緒二十五年十二月二十四日丑刻發

漾電悉。彼意不過爲探水，已會銜電總署矣。請速飭常德、湘潭、長沙等處預偵防護爲禱。漾。

致長沙俞撫台光緒二十五年十二月二十四日丑刻發

前令張道鴻順具禀交卸，昨據該道電覆，遵即上禀請辭，惟開埠借墊各欵，求年内發報銷即上等語。請就近飭查，如果該道借墊欵項實係因公開埠應辦一切工程物料，似應准領歸墊，免其受累。即祈酌核示覆。漾。

致成都奎制台光緒二十五年十二月二十四日丑刻發

英國參贊璧閣銜日内附商輪赴宜昌，由重慶到成都游歷。除電宜昌妥爲保護入川外，祈飭屬派幹弁在夔等候，一俟入境，沿途妥爲保護，以免滋生事端。璧參贊本欲由湘省常德、永順等處，過酉陽至成都，意在考查此路能否修造鐵路，經敝處以此路險遠荒僻，恐難保護，極力阻止，始改由宜昌入川。聞尚殷殷打聽此路險夷，心似未息，恐其欲由此路回鄂，務望設法阻之爲禱。漾。

致河口川鹽局鄭丞、鄖陽府許守〔二〕光緒二十五年十二月二十五日午刻發

潞私充斥，有礙官銷，現已嚴飭文武緝捕。惟此等私梟終難禁絶，必須分別籌辦。鄖陽以上，私鹽由許守酌議抽釐辦法，令本重不能賤售，自難别處灑賣。鄖陽以下、襄陽一帶，由鄭丞會商文武，設法嚴緝，以暢官銷，抑或襄陽一帶亦可酌抽潞釐之處，有無流弊，該守、該丞即分別籌議。速電覆。有。

鄭丞來電〔三〕光緒二十五年十二月二十七日戌刻到

有電祗悉，已會商設法嚴緝。惟梟風甚熾，文視泛常，武難得力，仍求嚴飭認真緝拿，并懇頒發禁私告示。至抽潞釐，襄陽一帶道路分歧，局卡難以密布，反恐繞道散賣，官私混雜，益難查禁。葆琛禀。宥。

致東京錢念劬光緒二十五年十二月二十五日亥刻發

農師月薪三百元，期三年，可照訂，但務須聘一實施者偕來，方有速效。中國初講農學，深者不如淺者之足以取信於衆也。至要。有。

〔一〕録自抄本《張之洞電稿·致各省電》。

〔二〕録自抄本《張之洞電稿·致本省電》。

〔三〕録自苑書義等主編《張之洞全集》第十册，第七八九二頁，河北人民出版社一九九八年版。

致湖南俞撫台、安徽鄧撫台、浙江惲藩台〔一〕 光緒二十五年十二月二十七日發

前月總署洽電，奉旨飭將關税、釐金、鹽課各欵裁去陋規，提歸公用之數若干，擬定章程奏報等因。湘、皖、浙省如何酌提擬章覆奏，祈詳晰示覆，盼禱。感。

致户部〔二〕 光緒二十五年十二月二十九日卯刻發

篠電祗悉。本年撥補宜昌鹽釐各欵無著過多，已遵貴部十月冬電，將上年撥補多收銀數留抵業已解充各餉，早經用訖，現實無欵解還兩江，應請貴部另行撥補江省。查鄂省川鹽正、加課往年約共收銀七十萬兩，去年川匪余蠻滋事，沿江商販梗阻，以致課收頓減一成有零。江省之萬户沱加價三文及一半加課往年亦收數較多，去年以鄂省正、加課比較，知江省萬户沱及一半加課上年約只收二十五萬兩。合鄂、江兩省正、加課、萬户沱三項，約共每年只有八十八萬，以之統抵洋欵百萬，亦尚不敷十二萬兩，應請貴部酌核辦理。總之，鄂省實無法再籌。今年鹽釐自三月底起至今日，已九月有餘，收數仍不旺，與去年等。至以後鹽釐擬自明年四月起，無論收數盈絀，鄂省自願認定湊足七十萬解税司，以免貴部核計爲難，無從豫籌。不足者由鄂另行奏明籌補，有餘者報部候撥，其不敷三十萬，鄂省斷難另籌。其由部撥補之欵，鄂省亦只須收銀七十萬。明年請貴部指撥湘省鄂省有著之欵如有不敷，由鄂省在漢、宜兩關税内撥足，請毋庸另撥他省，徒多虚懸，致誤要餉。又上年閏三月十一起至本年三月廿一止，西歷一年期滿，共解税司規元銀六十九萬三千零，合庫平銀六十三萬七千餘兩。上年撥補各欵，鄂省實多收銀三十六萬餘兩。今年奉撥百萬，除本省外省各欵無著者共六十三萬兩外，其餘本省及湖南各欵有著者共計三十七萬兩。惟有著欵内，内有目前並無實銀者，如湖南丁漕平餘，來咨議定明年秋後方解，本省丁漕平餘、裁兵節餉，須俟明年夏間奏銷時方有此欵，三項共十五萬兩。今年又加撥東北邊防五萬二千兩，而今年京協各餉、荆州滿餉等項均關緊要，按月須解，故輾轉騰挪，上年奉撥多收之三十六萬兩早已悉數用罄，仍多不敷。又舊案指撥四國洋欵加價短收，鄂、川共不敷一萬數千兩，明年又加撥鎊價不敷二十四萬五千兩，加撥東北邊防五萬二千兩，增欵將及三十萬，尤屬爲難，正苦無從設法。總之，鄂省抵還洋債獨多，情形尤難於他省。今擬自明年四月起認解七十萬，已屬仰體貴部藎籌，勉爲其難，此時實無欵撥還兩江，伏希鑒察。洞、霖同啟。豔。

致上海道余道台〔三〕 光緒二十五年十二月三十日子刻發

陝購銀元機器全數，現歸鄂用。件數若干，已電屈委員報明，希即放行。豔。

致總署、户部 光緒二十五年十二月三十日子刻發

部章土藥税加征三成，銷路當不致有礙，事本可行。其内地

〔一〕録自抄本《張之洞電稿·致各省電》。「鄧撫台」指鄧華熙。
〔二〕録自抄本《張之洞電稿·致北京電》。
〔三〕録自抄本《張之洞電稿·致上海電》。

陸路土藥釐徑路紛歧，加征必多繞越，各省情形不同，應另行籌酌議辦。至洋關所收土藥税，由長江輪船運銷，若上下游一律照加，無從繞避。查宜昌關税止有土藥一項，奉撥餉數太多，非加征不敷解欵。宜昌關擬即日遵辦，惟下游上海、天津、甯波、汕頭四關最要，必須同時舉辦。如下游别省不加，僅鄂省宜關獨加，土販繞道趨避，必致全無收數矣。請速催下游各關照加，並飭總税務司分電滬、津、甯、汕各税司遵辦，一律加征，以裨餉需。至内地陸路土藥釐，與洋關輪船土藥税，本是兩事，無論各省陸路是否一律加征，洋關儘可先辦。再，上游有重慶關，四川係産土之地，土商必籲懇從輕，其如何辦法，川省自必斟酌妥善。如川省一時尚未議定，宜昌關擬即先行遵章加征。合併陳明，祈示覆。盼禱。豔。

致京榮中堂 光緒二十五年十二月三十日酉刻發

勘電祗悉。查湖北漢陽槍礮廠自明年起，每年可出槍七千枝，彈三百五十萬顆，過山快礮一百尊，礮彈五萬顆。惟查快槍、快礮定式，每一快槍須配彈一千顆，每一快礮亦須配彈一千顆，方爲足用，合計須快槍彈七百萬顆，快礮彈十萬顆。今鄂廠因經費支絀，造槍彈之機器止能造至此數，即添設配彈機，而每年多造三百五十萬，鋼、鐵、銅、鉛、鎳、格、無煙藥各種工料增加甚多，所需甚鉅。快礮彈及銅殼、碰火各機，若每年造至十萬顆，所差尚不甚遠，而銅殼、碰火、無煙藥各種工料，所增亦鉅。至快槍又須配齊刀頭、皮背帶、皮腰帶、皮彈盒等，快礮又須配齊礮架及西式馱礮、馱彈藥、馬鞍、裝彈藥箱，照定法若干件，每一礮至少須馬鞍十具，彈藥箱十四箇，色色均須齊全，有一不備，或配不足數，即不得爲一槍一礮。鄂廠經費極絀，現已難支，若再添機、添工、添料，尤苦無措。竊思今日以練兵爲第一要政，練兵尤以製械爲第一先著，兵可一年練成，械不能數年造足。鄂廠製造軍械，本爲供京外各省軍營之需，至中堂所統武衛中軍尤爲重要，自應聽候調用。惟端緒繁重，製作精微，若不多造配全，則不能利用，若再擴充添製，則鉅欵無出。户部支絀，派撥湖北之要餉洋欵不敷太多，實難籌措。現在竊擬有專爲鄂省槍礮廠籌欵一法，日内即具摺奏陳，伏望中堂主持，免致户部挑駁，則中堂振興武備，功在大局，感激佩仰，豈可言喻。謹先電覆，敬候鈞示。豔。

光緒二十六年

致福州許制台光緒二十六年正月初二日巳刻發

儉電祗悉。立儲事，敝處擬接部文再奏賀。賀摺只寫跪賀天喜，不用駢文。惟此件賀摺究應俟何時發爲妥，仍祈酌裁見示，至感。元旦。

致湖南俞撫台〔一〕光緒二十六年正月初三日午刻發

鎮筸中軍游擊缺員，查有盧榮陞、蘇文揚、彭福星、黄顯榮、張清厚、解星德、李春和、龐國駿、張輔臣、何光瑞、劉映清、張毓元、宋紹貴、王仁瑞、王得勝、陳光照、湯葆元、彭昌庚十八員合例。乾州協中軍都司缺員，查有徐樹芳、鄒明魁、饒運筠、周燮、李心維、宋維週、張崇本、鄭連山、周鼎元、周藍田、羅樹勳、周定安、王金榜、陳友春、陳福星、張得勝、楊得勝、羅雲嵩、杜長明十九員合例。以上各員，年力才守孰優，何人曾著勞績，祈就近確加查訪電覆，以便酌補。盼禱。肴。

致安陸府史守、天門縣梁令〔二〕光緒二十六年正月初三日午刻發

鍾隄三工，上年冬月頤電催飭梁令選紳速辦，現已交春，梁令已否往辦，何以延不電覆，史守、梁令均應嚴行申飭。此隄關係緊要，梁令即速率紳勘估稟商，史守速籌解法，興工稟報，如仍延誤，定干重咎，懍之。一面先行電覆。督、撫。肴。

致安陸府史守、鍾祥縣徐令、天門縣梁令光緒二十六年正月初七日亥刻發

支電及各稟均悉。三工尹新廟淤有新灘，可省挽月鉅工，化險爲平，可喜。至巴家剅修石磯，現已趕辦不及，應如梁令所擬，將尹新廟下首一段隄身加高一二尺，自新淤沙灘至邢公祠、巴家剅、傅家窑、鎮灘寺等處，各築柴壩一座，史守督徐令即日興工。惟向來挑水總是石壩，今以柴壩挑水，事屬創舉，恐不可恃。今不得已作之，只可將柴壩略靠隄身，令其加長，微作斜形，稍逼溜頭向外，然大致仍是順水之勢，不可插入河心過遠，致令力薄難禦大溜。至尹新廟下首、巴家剅、傅家窑三處，僅築柴壩挑水，本係試辦，須圖萬全，若可無須内幫固善，如必須内幫，或擇要先築兩三處，抑或須全築，並由史守等妥酌稟辦，一面電覆。已飭藩司先發萬串矣。督、撫。陽。

致佛山釐局劉令曾枚〔三〕光緒二十六年正月初十日戌刻發

臘蒸電想接到。擬包辦紗廠之黄太史玉堂，望詢其是否願包，

〔一〕録自抄本《張之洞電稿·致各省電》。
〔二〕以下二電録自抄本《張之洞電稿·致本省電》。
〔三〕以下二電録自抄本《張之洞電稿·致各省電》。

問一確信。紗布絲麻四廠俱可包，如願，速來，租價到此當可商量輕減變通之法。即電覆。蒸。

王道致廣州三好堂光緒二十五年十二月三十日子刻發

帥諭四廠包商，前電云機價等項三十五萬兩，應承商繳付者，刻可酌分緩急，通融籌繳，大約第一年不過需十五萬耳。至前議每年繳十五萬，粤商來時，亦可商酌變通之法，并以密告粤商。現時情形何似，速電覆。雪。卅。

致東京錢念劬光緒二十六年正月十一日申刻發

立嗣乃本光緒五年懿旨上諭，京師並無他説，各使館亦具安靜。康黨造謡煽亂，誣詆慈聖，各報妄傳，深恨僕之攻駁康學，故於僕極口誣詆，謂京城有大舉，鄙人已允，駭愕已極。中國體制，豈有一外臣與秘謀之理。查天津國聞報、上海中外日報、便覽報、蘇報、滬報、漢口漢報，皆日本保護，閣下務訪其外部，并商近衛、伊藤述鄙意，與之婉商，言此各報多誤信康黨謡言，不知康黨逆謀有意危亂中國。中國亂，於日本亦不利，且非日本力助自强之意。務請其速電駐華公使及各領事，切告各報館，事事務須訪實，勿信逆黨訛言，刊報勿用康黨主筆，萬不可詆毁慈聖，有礙邦交。至鄂事必須考實。鄙人既承諸公不以爲謬，似不當聽逆黨捏誣之言，信口詆誣。事關大局，切禱。閣下宜緩行數日，此事必須商妥，方可回鄂。速覆。真。

錢守來電〔一〕光緒二十六年正月十六日未刻到

外部即電彼使，飭國聞、滬、漢三報慎言，餘無權。恂明日行，步、工兩大尉後一旬。恂。諫。

致長沙俞撫台光緒二十六年正月十四日巳刻發

支電悉。京城鎮定無事，各使館亦具安靜。滬電乃康黨所爲。來電所云聞孥遁藏者，乃聯名電總署之經元善等，非發此電之人。此外在滬真康黨有五六人，並未出名，每日在各報館主筆，造謡煽亂，捏造事實，誣詆朝廷，狂悖已極，兇很已極。其意欲各省立時大亂，各國立時瓜分而後快。因有無數狂躁文人、昏謬洋傭從而和之，推波助瀾。各處送逆報，投假信，湖北甚多，湖南想亦不少，此皆爲康黨所惑者。康黨讎鄙人尤甚，捏誣之語怪誕萬分，幾乎每日必有兇惔之熾，至此而極，但恐亦不能久耳。此電并送清弼一閲。鹽。

致長沙俞撫台〔二〕光緒二十六年正月十四日巳刻發

真電悉。賀摺只用跪賀天喜爲妥。摺須兩分。惟尊處是否俟奉文再遞賀摺，抑或此時即遞，祈示覆。鄂省尚未遞。張道已電催稟請交卸矣。鹽一

致岳州張道台光緒二十六年正月十四日巳刻發

頃接湖南俞中丞來函，云張道鴻順，細爲查訪，官紳均不謂

〔一〕録自苑書義等主編《張之洞全集》第十册，第七九〇一頁，河北人民出版社一九九八年版。

〔二〕以下四電録自抄本《張之洞電稿·致各省電》。鹿制台指署兩江總督鹿傳霖。

然，勢難久處，惟其辭稟報銷均尚未來，不知何意。用欵但合事理，必不使因公受累。儻該道遷延不決，只可以另有差委調省，蓋必須早換，懸宕恐致誤事等語。該道不辭必撤，自請交卸，較爲好看，何不明白至此，速具稟辭爲要。即覆。鹽。

致西安端護撫台 光緒二十六年正月十七日亥刻發

宙賀立嗣摺，尊處擬何時發，是否須候部文，祈示。洽。

致江甯鹿制台、福州許制台 光緒二十六年正月十七日亥刻發

宙賀立嗣摺，尊處究擬何時發，聞湖南擬即日發，似乎不候部文亦可。祈示覆，以便一律。洽。

致利川縣蔡令[一] 光緒二十六年正月二十日亥刻發

署來鳳縣武思睿，稟訐峽路經費局馬如鑑各款：一、扣減司巡康永垂、李平階等工薪。一、將練軍兼丁役事，練丁不願，即勒管帶、千總孫雲林責革捆送，練丁巡緝不給費，而報銷巡緝經費二百兩。一、借故開革保商勇，存留只五六成，人言謂其吞餉。一、過境土擔每挑私收秤水三分，每百兩加火耗五兩五錢，商民裹足，又將土客牟益德及吳南山等已完過境之土，謂其不即出關，偷漏落地釐金，送縣押罰。一、來鳳典史徐麟擅受，武令禁止，馬令代抱不平，委徐典史帶保商營右哨差。一、軍民大小事件，馬令輒准理詞批張貼，喜干預地方之事。又先據馬令稟訐署來鳳縣武令各欵：一、武令向馬令陸續借銀八百兩，復要挾借銀五千兩。一、縣役朱光裕搕詐煙幫，惡跡多端。一、來鳳縣收用毛錢詞費，每一費八串八百文。一、武令信用家丁李國昌。一、武令出示稱爲兼辦局務，致土商疑沮。以上各節，飭利川縣蔡國楨迅速馳赴來鳳，調集案卷人證，秉公詳細確查，一面稟覆，一面電覆，勿稍徇延。此外馬令、武令地方公論若何，一併訪查稟聞。督撫兩院。號。

致襄陽提標中軍楊參將 光緒二十六年正月二十二日丑刻發

寒電悉。吳軍門出缺，報文何日由幾百里發遞，約何日可到，速查覆。箇。

楊參將來電[二] 光緒二十六年正月二十三日丑刻到

吳軍門出缺，十六專丁呈，限六日到。龍章稟。禡電。

致濟南袁撫台[三] 光緒二十六年正月二十六日辰刻發

履新大喜，欣賀。昨接德國工程師錫樂巴自青島來電，云高密事，敝國欲以兵力剿辦。遠人謂中西振興商務，無論官民，總歸於和好。今遠人赴濟謁見袁撫憲，誠意說和，緣與撫憲未嘗識面，仰乞大人電致袁憲，玉成其事等語。查該工師人甚穩練，心

[一] 以下二電録自抄本《張之洞電稿·致本省電》。

[二] 録自苑書義等主編《張之洞全集》第十册，第七九〇六頁，河北人民出版社一九九八年版。

[三] 指山東巡撫袁世凱。録自抄本《張之洞電稿·致各省電》。

地亦好，前在鄂省辦事數年，甚爲出力，於中國人情頗能深悉，遇事亦能和平商辦。今既以誠意説和，赴濟晋謁台端，託鄙人代爲先容，似是真情，且聞尊處亦曾約該工師赴濟面商此事，用敢據情奉達。計該工師日内可到濟南，接晤時似可稍示籠絡，必能仰體尊意，和衷商辦，就我範圍。至應如何操縱，台端自能斟酌盡善也。晤商後情形若何，并祈電示爲禱。宥。

致京盛京堂 光緒二十六年正月二十七日亥刻發

襄河官隄坍刷危險，現擬修襄隄，自赫山起至槍礮廠止。此隄居鐵廠上游，利害相依，將來此隄安軌，在赫山以上造橋渡漢，與漢口鐵路銜接，則鐵廠轉運軌件便利極多。經槍礮廠與盛守春頤商明，現委宗令得福修隄，委盛守勸捐，飭汪守洪霆籌欵墊辦，俟捐欵歸墊。除咨達外，務懇台端切飭盛守妥速勸捐集欵，俾濟工需，盼禱。感。

致西安端護撫台〔一〕 光緒二十六年正月二十八日丑刻發

皓、有、宥三電感悉。賀摺兩江、浙、閩、湖南來電，均用跪賀天喜，黄面紅裏，兩分，敝處與于中丞亦照辦，已發。愚見似乎不用駢文亦可，仍望酌裁。餘事另覆。感。

致山東青島德國工程師錫樂巴 光緒二十六年正月二十八日申刻發

十八電悉。已電袁中丞，婉爲達意。頃已得覆電，俟赴濟接晤時，當可妥商一切也。二十八。

致來鳳經費局馬令〔二〕 光緒二十六年二月初四日辰刻發

東電悉。該局正月所收一萬五千兩，即速全數解省。董令到施南尚早，勿庸該令代籌。該局何以今年驟旺，其中必有故，速據實電覆。去年一年共收若干，并電覆。支。

致山西李署藩台〔三〕 光緒二十六年二月十五日子刻發

鄂省現有要案，據供係李姓，平遥縣人，家係富商，其妻父係原任山西平陽府知府候補道裕麒，其人係漢軍旗，於同治末年、光緒初年病故。請飭查同治、光緒年間山西道府中，究竟有無裕麒其人，速覆爲感。鹽。

李署藩司來電〔四〕 光緒二十六年二月十八日酉刻到

承詢故道裕麒，查問三日，并無其人。署司廷蕭敬覆。

致漢口江漢關岑道台〔五〕 光緒二十六年二月十五日子刻發

前面談函致上海丁副將，促其來鄂商議包辦紗布等局一事，

〔一〕以下二電録自抄本《張之洞電稿·致各省電》。
〔二〕録自抄本《張之洞電稿·致本省電》。
〔三〕録自抄本《張之洞電稿·致各省電》。
〔四〕録自苑書義等主編《張之洞全集》第十册，第七九一一頁，河北人民出版社一九九八年版。
〔五〕以下二電録自抄本《張之洞電稿·致本省電》。

已經多日，前途有無覆信，閣下之函於何日寄滬。除函達外，均先電覆。願。

致荆州兪道台 光緒二十六年二月十五日午刻發

總署鹽電：英使函稱，本國兵船有弁兵三人，駕小艇迷途，誤入松滋縣境之小河，忽來數隻民船，將該弁兵扯了綑打欺虐，經宜昌領事照會荆宜施道請辦，請飭該關道速行查明，將滋事華民緝獲嚴懲等語。希轉飭該關道查明辦結爲要等語。除札行外，務速查明妥辦電覆。咸。

致長沙俞撫台〔一〕 光緒二十六年二月十六日子刻發

據宜昌鹽局禀，澧州向有湖南釐局抽收川鹽釐金，請詢湘省最旺之年抽錢若干串，查明咨鄂，鄂省情願照最旺之數再從豐加多包繳，并籌給津市局、瓦窯河局、三汊河卡、石門卡四處常年津貼，託其巡緝等語。竊思鄂省願從豐包繳澧州川釐，此事似於湘鄂兩省均有裨益，是否可行，即祈裁酌示覆，至感。咸。

致京榮中堂 光緒二十六年二月十七日丑刻發

鄂省現有要案，其人供稱姓李，名成能，號在廷，山西平遥縣人，家係富商，情節閃爍。據供，中堂深知其來歷，去冬今春曾兩次專人函致中堂求救，去人均被扣留，未得回信等語。所供本屬荒誕，不足深信。惟案情重大，據供堅請電查，不能不據情代爲一詢。敢請速賜查明，是否確有此人函懇尊處。如有函懇求救之人，是否即係此名，抑或另有别名，自稱係何名號，何處人，係何職業。請速詳晰電示，至感至禱。之洞、蔭霖同啟。諫。

榮中堂來電〔二〕 光緒二十六年二月十九日巳刻到

接諫電，不勝詫異。不知李成能為何人，亦無兩次求救，扣留專人之事。究竟此人是何來歷，犯何案情，希詳悉電覆。禄。巧。

致襄陽襄防營劉游擊水金〔三〕 光緒二十六年二月十七日亥刻發

現有要事面詢，該游擊於李鑾帥過襄後，即速來省。即電覆。語。

致京城什錦花園前山海關副都統斌〔四〕 光緒二十六年二月十九日辰刻發

鄂省現有要案，其人供姓李，名成能，號在廷，山西平遥縣人，情節閃爍。據供，家係富商，與現住山海關之副將蕭仰溪有親戚。蕭係其母舅，若知李成能在鄂犯案，必來相救。蕭與閣下認識，求電達尊處詢蕭便知其詳等語。所供本未敢深信，惟據堅請電查，當發鹽電致詢閣下。旋接圖護副都統電，云閣下開缺回京，蕭仰溪去年銷差，不知何往，曾將鹽電轉致閣下，想已收到。

〔一〕 録自抄本《張之洞電稿·致各省電》。
〔二〕 録自苑書義等主編《張之洞全集》第十册，第七九一三頁，河北人民出版社一九九八年版。
〔三〕 録自抄本《張之洞電稿·致本省電》。
〔四〕 以下二電録自抄本《張之洞電稿·致北京電》。

究竟副將蕭仰溪現往何處，閣下知其人否，祈查詢該副將是否有親戚李成能，如實係親戚，該副將必知李成能現年若干歲，係何生業，素行若何。請速賜電覆，電費由鄂省照出。務祈詳晰示知，至禱至感。張之洞、于蔭霖同啟。效。

斌都統來電 光緒二十六年二月二十日未刻到

電悉。李成能不知其人。蕭仰溪前係山海關火車棧長，現住何處及與李是否有親，無從得知。斌杰覆。

致山西何護撫台[一] 光緒二十六年二月二十日巳刻發

昨接大咨，以晉省冬旱，災象漸形，奏請提還前借晉欵備賑等因。查前欵先後已解過息銀十三萬八千兩，因布局行銷不旺，成本難以遽提，曾經奏明分年歸本。嗣因巨欵難籌，復電達胡中丞止利還本，每年還一萬兩在案。現在棉價奇昂，獲利更微，實屬無從提還，擬請仍照前議辦理，每年還銀一萬兩。惟晉災需欵，實深懸念，誼應籌濟。再四思維，如果晉省開辦賑捐，擬俟鄂捐春間停辦後，即飭原辦各員代辦晉捐，巨欵不難立集，以應急需。俟尊處定議見示，再飭鄂捐局將辦法章程詳達，以資採擇。號。

致京盛京堂 光緒二十六年二月二十日巳刻發

鐵廠呈閱尊電具悉。現鐵廠與鐵局酌擬結稿，其文曰：實結得光緒二十二年四月十一日，漢陽鋼鐵廠改歸商等招股接辦，所有機器物件及各處廠屋，一律接收清楚，册報鐵政總局，詳報在案，並議定每煉出生鐵一噸，捐繳銀一兩。擬俟尋獲佳煤鑛後，共設煉鐵六爐，每年可出鐵約十餘萬噸，即每年可繳官欵約十餘萬兩，蒙湖廣督部堂張奏咨亦在案，並非不論出鐵多少，每年認繳十萬。計自商等接辦之日起，至二十五年年底止，共只煉出生鐵八萬四百七十一噸六百二十啓羅，俱有册報可稽，已照預提官本百萬奏案，遵預繳銀五十餘萬兩，隨時繳還從前官辦鐵廠所欠華洋各商緊要各欵，並劃扣槍礮廠所用鐵廠鋼鐵價值，並無餘存，是預繳銀數已較出鐵噸數多至數十倍。至現在出鐵噸數所以不能遽多之故，實因採購焦炭道遠價昂，僅開漢陽廠一爐，復兼爐座時常出險，停煉加修，致出鐵未能暢旺。須俟萍鄉煤鑛洋窿告成，運道通達，能以六爐齊開，出鐵噸數加增，捐數自可照案按噸多交，商等亦不致久受虧累等語。是否妥協，請酌定示覆。號。

致荊州濟將軍[二] 光緒二十六年二月二十一日巳刻發

台函祗悉。現飭鹽道撥解臘正兩月旗兵新餉六千六百兩，委中令樑解荊，餘祈在減平項下挪用一千四百兩，湊成八千之數，以資建營之需。洞、霖同啟。箇。

致歸州黃署牧 光緒二十六年二月二十三日亥刻發

洋人不能在內地開設洋棧，更不能買地，萬勿稅契爲要。所買地在何處，該洋商擬買作何用，係何人賣與洋人，速將詳細情形稟知。漾。

[一] 録自抄本《張之洞電稿·致各省電》。「濟將軍」指濟禄。
[二] 以下二電録自抄本《張之洞電稿·致本省電》。

致宜昌陳守、施南額守光緒二十六年二月二十三日亥刻發

宜、施教案，現據江漢關道禀，據法領事又與董委員面商，開例四條，請電飭照辦。一、各縣趕將要犯拏送府署收押候審。二、飭地方官示諭，認真招回各教民，耕種安業，並保護教士前往傳教。三、速按前約將施南城内地基買就，候教士到施交收，萬勿再延。四、各件辦妥，作速電禀，以便委員前往審訊，並會同教士往辦賠卹等情。查法領事所陳各節，前經札飭該府縣遵辦在案。茲特電催該兩府，務督各該縣迅速查照辦結，俾免藉口。漾。

致京榮中堂光緒二十六年二月二十六日亥刻發

巧、漾兩電均祗悉。此案係據水師田鎮營拏獲一人，名楊國麟，冒充職官，嚇詐生事，忽稱翰林，忽稱尚書楊姓之子，忽稱宗人府查事人員，忽稱親王，忽稱按察司。解交蘄州訊供，又稱是康有爲之弟。解省發審，又改前供，但云係宛平縣人，真姓真名不能説出，隨口變幻。甚至書寫一紙，自稱諭旨，索取庫銀二百兩，令送伊往龍虎山，尤爲狂悖可駭，而詞章鄙俚，直同戲劇。與監犯、禁役言，自稱天下一人。其情形似瘋非瘋，外間匪徒因之訛言四起。之洞、蔭霖因案情重大，督同兩司提案會鞫，一味狂誕閃爍。其語音固迥非京城人，亦絶非奉、直一帶語音。問以京城事體，茫然不知。訊其籍貫，忽南忽北。最後供係山西平遥縣人，名李成能，山西、奉、直店鋪親戚甚多，因游蕩破家，出遊各省，與山海關副將蕭仰溪、關外鐵路站長蕭鈺濂，皆係親戚，并與斌副都統認識，所有悖逆言語，皆係會匪教唆。又求電詢中堂，但寫成能兩字，自知其人，若各處覆電不知，任憑懲辦等語。因其堅執不移，故特奉詢。今接尊電及直隸裕制軍、斌副都統，山西、天津各電，所言皆無影響，是該犯狡詐支展，意圖緩死可見。近日武、漢匿名揭帖迭出，有自稱兵馬大元帥，糾衆爲亂，語多影射此案，以致衆情惶惑，顯有會匪藉端造謡生事。鄂省人心浮動，該犯悖逆狡詐，若不速爲懲辦，不足安靖人心。已照會匪定章，將該犯正法，當即具奏，並將悖逆字據咨送軍機處。謹先詳細奉覆。之洞、蔭霖同啟。宥。

致襄陽朱道台、楊參將〔一〕光緒二十六年三月初一日戌刻發

昨奉上諭，飭查已故提督吴鳳柱有無子嗣具奏等因。趁此時吴軍門眷屬在襄，即速詢明吴軍門子嗣共幾人，有無官職，將銜名年歲一面電覆，一面詳晰禀覆，以憑部文到日具奏。東。

致京盛京堂光緒二十六年三月初一日戌刻發

沁電及鐵廠呈閲尊函具悉。執事擬加結稿語，甚爲周妥，請照加，並請於一律接收清楚下，加逐件查驗物值，均屬相符，支用各項，委無浮冒字樣。不致久受虧累下，加所有物值均屬相符，支用委無浮冒，暨每年照案應繳銀數及預繳過銀數，合具甘結云云字樣。部文似令分出兩結，現擬統叙一結已足。請速酌定繕結咨鄂，以便分送三部。東。

〔一〕録自抄本《張之洞電稿·致本省電》。

致江甯鹿制台光緒二十六年三月初五日午刻發

李鑑帥奉命巡閲長江，於上月廿七到鄂。鑑帥意，擬請尊處派一兵輪，以便常川乘坐，往返巡閲，並請派輪於二十日外即來鄂迎候。祈電覆。歌。

致京盛京堂〔一〕光緒二十六年三月初七日戌刻發

接沁電，旋覆東電，請結内添逐件查驗物值，均屬相符，支用各項，委無浮冒等語，俾免另行開單。請速照咨，並電覆。陽。

致荆州奭道台〔二〕光緒二十六年三月初九日巳刻發

頃接四川奎制台魚電稱，前因英領函稱彼國兵輪川江水激灘險，難免撞碰滋事，並飭夏道查照内河行輪免碰章程，妥商英領。兹夏道轉據英領覆稱，川江情形本與大江大海不同，自應增訂專章，但如何免碰，如何設法，須問明輪船管駕與民船船户，方能熟習。兵輪管駕官現在宜昌，應由宜昌官員就近問明等語。查川江灘險，以歸、巴一帶爲最，請尊處電飭宜昌關道與英管駕妥爲商議，咨覆來川，以便會訂專章。但往返會議需時，該兵輪不日上駛，應先由宜昌關道與該管駕議一暫行辦法，以便遵守，仍希飭屬保護爲要等語。查川江船多灘險，輪船行駛殊多窒礙，雖有碰章，亦難免不測之虞。該兵輪既須不日上駛，勢難在宜即行擬就可資遵守之章程，止可電飭宜昌委員就近先行問明該兵輪管駕有何免碰妥善章程，一面詢訪民船船户意見。如何電覆，以便咨覆川省，俟該輪到川後，詳細商議可也。即電覆。庚。

致宜昌傅鎮台光緒二十六年三月初十日戌刻發

正月間，該鎮面稱，請調宜防營勇來省合操行軍隊，當即照准，何以至今未到。擬定十五日操，船價可由省局發給一半。究竟已動身來省否，速電覆。蒸一。

致宜昌傅鎮台、姜游擊成立光緒二十六年三月初十日戌刻發

前署宜昌鎮標左營游擊姜成立，當已交卸。現已委該游擊署武昌城守營參將，務速飭回省。即覆。蒸二。

致京許侍郎〔三〕光緒二十六年三月初十日亥刻發

去年敝處奏請賞給鄂省德國洋操教習何福滿寶星，奉旨交總理衙門議奏，至今未奉議覆之文，殊深惶悚。查該教習現兼充武備學堂教習，教練勤勞，著有成效，各省奏准賞寶星之案甚多，務望大力維持核准爲感。蒸。

許侍郎來電〔四〕光緒二十六年三月十二日午刻到

德教習奏案，查總署上年三月廿四奉硃批：着照所請。該衙門知道。欽此。容即補咨。澄。真。

〔一〕〔三〕 録自抄本《張之洞電稿·致北京電》。

〔二〕 以下三電録自抄本《張之洞電稿·致本省電》。

〔四〕 録自苑書義等主編《張之洞全集》第十册，第七九二三頁，河北人民出版社一九九八年版。

致宜昌傅鎮台〔一〕光緒二十六年三月十一日巳刻發

蒸電悉。操期現擬十六日，該營必須十五日到省。營勇想係坐民船，如此時方啟程，恐趕不及，秋間再調省閲看亦可。即電覆。真。

致京盛京堂〔二〕光緒二十六年三月十一日亥刻發

卦電悉。逐件查驗物值相等，支用各項委無浮冒等句，均照添入結内，甚感。尊電云出名商董頗畏虧累，尚慮部中苛求責還官本各節，册結内應如何酌加數語，以釋商慮，即請閣下酌添電示，盼禱。真。

致京許侍郎光緒二十六年三月十三日子刻發

真電悉。查章程内載，凡遇頒賞頭、二等寶星，奉旨後由總理衙門製造頒給等語。何福滿係奏請賞給二等第三寶星，日久未見發下。此項寶星是否由總署頒給，抑由外間製造發給，祈查明示覆爲感。元。

北京來電〔三〕光緒二十六年三月十三日亥刻到

嘉獎德員何福滿寶星，應由尊處製給，其執照即日由署發遞。元。

致宜昌傅鎮台〔四〕光緒二十六年三月十三日未刻發

現定操期本月二十二日，與操各軍須二十一口即出城紮營。宜防營勇如乘民船，能如期趕到，即仍速來合操。該鎮俟營勇啟程後，乘輪先期來省。即電覆。元。

致總署〔五〕光緒二十六年三月十三日亥刻發

官犯陳鼎、吴式釗均於初九遞至鄂境，各委文武二員分解前進矣。之洞、蔭霖同肅。元。

致東京李欽差〔六〕光緒二十六年三月十四日丑刻發

印刷局代造錢票，請於前定百萬張之外，照原式再印二百萬張，分期運鄂，需用甚殷，盼速成。望與訂明此二百萬張務於年内交清，能再早尤善，至感。元。

致長沙俞撫台光緒二十六年三月十四日巳刻發

毛牧來鄂詳看槍礮廠，據云，尊意擬派委員二人來漢陽廠學習等語，具見虚衷講武，佩甚。惟鄂省槍礮廠乃係創設，委員未習製械，工匠多係初學，尚未得其精微。雖造成槍礮尚可勝於他省，然較之德國所造尚隔一塵，往往造成各件擇其不盡合法者，時須修改。鄙衷爲此正深焦急，去秋已派武弁匠目多人赴東洋礮工廠學習。湘省如僅來鄂學習，恐無益處。如尊意欲講求此事，似宜派聰

〔一〕〔四〕録自抄本《張之洞電稿·致本省電》。
〔二〕以下二電録自抄本《張之洞電稿·致北京電》。
〔三〕録自苑書義等主編《張之洞全集》第十册，第七九二五頁，河北人民出版社一九九八年版。
〔五〕録自抄本《張之洞電稿·致北京電》。
〔六〕指中國駐日本公使李盛鐸。

明、識字、略通文義工匠數人，亦赴日本學習，若有通曉機器之員如曾昭吉者尤善。每人每年用費約三百餘元，官員則須加多，往返川資在外。鄂省現派有監督錢守恂在彼，可兼爲湘匠照料，無須另加薪水，如此方有實在益處。蓋槍礮理法極爲精深，非有機器即能造精械也。管見如此，竊自附爲謀必忠之義，是否，統望裁酌。鹽。

致户部〔一〕 光緒二十六年三月十五日丑刻發

效電敬悉。湖北向章扣收六分減平，奏明凑還四國洋欵，續於二十三年准部咨，令凡向不扣減平者一律添扣六分，另儲報部候撥。計自二十三年七月起至現在止，藩司、糧、鹽道三庫，及荆州滿營解司庫銀，共扣收五萬三千三百十餘兩，内除廿四年奏撥銀二萬四千兩凑還匯豐銀行外，實存銀二萬九千三百十餘兩。再，查舊案所扣減平，及歷年所收二成茶糖、三成菸酒釐金，均奏准全數截留凑解四國洋欵，並無另存聽候部撥之欵。又，新辦菸酒糖三税甫經開辦，尚無成數，已接貴部咨奏准留鄂供撥補不敷之欵矣。之洞、蔭霖同覆。元。

致襄陽蕭游擊〔二〕 光緒二十六年三月十六日辰刻發

十四日電悉。吴軍門存局槍百九桿，係何槍名，是否前年關外帶回之槍，均尚可用否。此項槍藥不便由吴府帶回，且帶回亦無用，或酌送銀若干吴府，較有實用，速查詢電覆。鹽道督銷局兩處應解提署春季緝私經費，已飭匯送吴宅眷屬查收，并望轉告。翰。

致利川蔡令 光緒二十六年三月十六日辰刻發

卦、翰電悉。已嚴電申飭馬令速將弁勇撤回。該縣仍將詳情禀核。督撫兩院。諫。

致來鳳土藥局馬令 光緒二十六年三月十六日辰刻發

據利川縣禀，該縣紅椿溝團首陳發茂，與黄憲章挾仇，勾引來鳳土局弁勇往拏，互相聚衆械鬥，又不移知地方，大爲驚擾等語。該令到局後，粗率謬妄之事甚多，此次越境妄拏生事，實屬荒謬，應速將弁勇撤回，倘任滋事，定即嚴參。即電覆。督撫兩院。諫。

致京盛京堂〔三〕 光緒二十六年三月十六日申刻發

張蘭階軍門春發來鄂，云在湘招勇四千來漢，擬包招商輪船裝至鎮江，以期迅速。分四次，每船裝千名，每次擬包水脚洋千數百元，至多二千元，託轉商台端等語。鄙意價雖較廉，然此係武衛軍之勇，恐未可與尋常搭客同論，似宜稍見情誼。祈酌定速覆，盼切。諫。

致總署 光緒二十六年三月十六日戌刻發

據江漢關道岑春蓂禀稱，代理江漢關税務司何文德自上年二月到任以來，稽征得力，籌畫盡心，華洋商民亦均翕然。現聞該代理

〔一〕録自抄本《張之洞電稿·致北京電》。
〔二〕以下三電録自抄本《張之洞電稿·致本省電》。
〔三〕以下三電録自抄本《張之洞電稿·致北京電》。

税司奉文調補廣西梧州關税務司，即須赴任。惟江漢關税務緊要，現值岳州開關，與江漢關諸多轇轕，極費辯論，此盈彼絀，出入甚鉅。一切交涉事件，正在籌商喫緊之際，未便更易生手，懇請電商鈞署轉行總税務司，准將何文德留辦江漢關，俾資熟手等語。該道所稟係爲慎重交涉税務起見，伏望俯准留辦，實深感禱。諫。

致户部光緒二十六年三月十七日亥刻發

冬電祗悉。鄂省洋貨抽落地釐，向係併同土貨籠統造報。連日飭局查核票根，土、洋成數無從分析。如爲加税免釐以後，此項洋貨短收，不敷支解，不能不請部撥補，尤未敢含糊率覆。奉電已飭各局自本月起分别開列，必須一年期滿，乃得確數，否則至速亦須半年後，旺淡互稽，以例餘月，方能約略大概。洞、霖同覆。洽。

致來鳳峽路經費局馬令〔一〕光緒二十六年三月十八日亥刻發

霰電悉。防勇撤留，均俟新派委員到時查明稟報，再行核辦。督撫兩院。嘯。

致京日本使署楢原參贊〔二〕光緒二十六年三月二十日辰刻發

春初承閣下電賀新年，感謝。錢太守恂近自貴國回鄂，據云，閣下曾言欲來鄂與鄙人一晤，趁渠在鄂時前來，談論較可詳盡，特此電達。錢守須中歷四月初四日回東，如願來晤，望於中歷三月底到鄂，藉領雅談。能來與否，統望斟酌電覆。十九日。

致荆州奭道台、舒守光緒二十六年三月二十日

頃據江漢關道稟，准法領事德託美照會，刻接羅總鐸來電，螺山地方教堂被毁，揚言即欲渡江毁臨湘縣鴨欄磯地方教堂。查螺山地方係監利縣管轄，與湖南臨湘縣鴨欄磯僅隔一江，請飭查明拏究保護等語。該道府等速飛飭監利縣趕緊查明，如果屬實，認真彈壓，嚴拏究辦，萬勿任其滋蔓，再生事端，一面將實在情形據實飛電稟聞，勿稍隱飾干咎，切切。即電覆。號。

致總署〔三〕光緒二十六年三月二十三日午刻發

前福建船政提調、直隸候補道徐建寅，前年奉旨督理農工商局。該員到京後，即奏請開去卿銜，裁撤農工商局。該道接奉軍機處交片，奉旨允准仍以道員交船政局差委，該道因病尚未赴閩。去年九月鈞署奏請求農工商一摺，請飭下南北洋、鄂省督撫派員繙譯有用之書，聘高材教習，如徐建寅、華蘅芳、傅蘭雅、金楷理之流，擇要刊行等語。奉旨依議。欽此。鈔奏咨行各省在案。鈞署此奏奉旨在後，自應遵照。該道在閩水土不服，擬不赴閩。竊思鄂省遵旨設農工商等局及武備學堂，正需譯書教習，徐道素來講求製造、化學、武備，於今日各局各堂最爲有用。竊擬遵照鈞署奏案，調該道來鄂差委，當經電商福州善署將軍。兹接電覆，稱船政提調早另奏派沈道接辦，徐道可以調鄂等語。是否可行，仍祈鈞署示遵

〔一〕録自抄本《張之洞電稿·致本省電》。

〔二〕〔三〕録自抄本《張之洞電稿·致北京電》。

電覆。漾。

總署來電〔一〕光緒二十六年三月二十五日酉刻到

漾電悉。徐建寅可由尊處奏調。發電仍宜從簡為是。有。

致京盛京堂〔二〕光緒二十六年三月二十三日亥刻發

真電請酌加數語，以釋商慮，想早已達覽。酌添後，祈速咨覆。望即電示。盼禱。養。

盛京堂來電〔三〕光緒二十六年三月二十八日戌刻到

真、養電准酌加數語，頗難著筆。部文又謂商辦三年，未將整興情形，如何歸還官本確切禀覆，豈任意遷延等語，商情更加焦急。查三年已墊本二百四十萬塊，無成效。現聘比人一為總核算，一為總監工，以李維格、馮熙光副之。想開兩爐，尚須添本百萬，或有轉機，只得盡情咨覆。世無真是非，如何是好。加税事行各省議覆。月初出京，即赴鄂。宣叩。

致安陸史守、徐令〔四〕光緒二十六年三月二十六日辰刻發

徑電悉。目前暫漲，以後或可暫退。鋪面石板，護脚碎石，仍須趕緊備辦，水勢稍退，仍可接作，以防伏汛。切切。宥。

致宜昌川鹽局陳道台光緒二十六年三月二十八日辰刻發

川鹽銷澧包釐及籌給各卡津貼事，致電商詢湘撫。兹接覆電及函，以津貼可毋庸給，湘釐八年內以二十三年爲最旺，歲收二萬四千二百九十八串，海防加價歲收四千八百五十餘串，至新餉加價尚無數，擬照海防收數加之，約計正釐同兩次加價併算，不過三萬四千串。鄂擬增認包釐三萬六千串，現仍電商湘撫，如覆准，當飭知該局即令委員開辦，并由該局將詳細辦法擇其可咨湘撫者，速叙妥詳請咨。嘯。

致京盛京堂光緒二十六年三月二十八日辰刻發

與日本互易煤鐵一事，去年承示合同，當以十五年之期太久，鐵數太多，電請詳酌，略放活動。其最要者尤在期限太久，至多似不可過三年、五年。若照十五年，每年五萬噸，共七十五萬噸，設或將來佳鑛不多，東人必須取盈，鐵廠轉無可用。況尊處正在推廣萍煤，興修鐵路，萍煤旺後，鐵廠自必添爐，需鑛更多。若煤旺爐增，而鑛石已罄，則鐵廠數百萬資本皆成虚擲，爲患過鉅，閣下獨不慮此乎。至價值多少，甚屬細事。鄙人爲此實深憂慮，是以遲遲，尚稽咨覆。昨准日船運鐵完税之咨，則一切似已商定，但不知期限已改幾年，原合同已更正否，已奏咨有案否。此等事合同雖定，若非奏咨有案，仍可再商。且合同有湖廣大憲之語，似即指鄙人而言，敝署並未咨覆定議，則此語鄙人實不敢貿貿承認。鄙意爲

〔一〕録自苑書義等主編《張之洞全集》第十册，第七九三七頁，河北人民出版社一九九八年版。
〔二〕録自抄本《張之洞電稿·致北京電》。
〔三〕録自苑書義等主編《張之洞全集》第十册，第七九三六至七九三七頁，河北人民出版社一九九八年版。
〔四〕以下二電録自抄本《張之洞電稿·致本省電》。

今之計，惟有嚴其噸數之年限，而稍寬其增價之年限，或許以照此噸數只先定五年，五年後再議。此五年内價值即照現議之價，此加彼減，日商或肯就範。弟專爲鐵廠利害計，即專爲台端計，祈鑒諒詳酌至幸。即盼電覆。嘯。

盛京堂來電〔一〕 光緒二十六年四月初六日申刻到

至年限，第七欵雖訂十五年，於第三論定價值之内，聲明訂立合同日起，二十七年十一月止，每噸定價兩元四角，期滿後，價值再行商定，特以此留操縱地步。此次回滬，當再摘録鈞電與原議之小田切商，令更改年限，以副憲廑。宣叩。

致宜昌土藥局劉道台〔二〕 光緒二十六年三月二十八日亥刻發

據北路土局歐陽令禀，北路抽收過境土税，本因商幫避重繞越陝境，變通減收，近因川中傳聞北路加税，商情觀望，已有二百餘挑改道繞陝，擬難與南路一律加税，擬請仍照舊章，以順商情而保餉源等語。查所禀是否可信，究竟此時應否一律加税，該道即確查妥議電覆。嘯。

致京盛京堂〔三〕 光緒二十六年四月初二日子刻發

廿八電悉。部中責還官本，總當查照原來奏案，以出鐵噸數爲準。現在六爐未開，鐵噸出不及數，即何能歲繳官本十餘萬。且商局預繳官本已逾現出噸額，弟前已詳咨户部，如部中必欲苛求，不過責敝處將已收到商繳之欵撥充别用，與商廠無涉。至商結應如何酌加數語，尊處儘可妥酌加入，速咨過鄂，以便達部。如部中仍責以歲繳十萬，弟仍可援案盡情咨覆。此官之累，非商之累也，請尊處斷不必慮。即盼示覆。何日出都，并示。東。

致宜昌鹽局陳道台〔四〕 光緒二十六年四月初二日子刻發

鹽釐包認三萬六千串，已接湘撫俞中丞電允，并詢包以何日爲始，以便飭知各卡届期停抽等語。該道即定期包辦速覆。此事因電商未定，故該道前次兩詳，尚未轉咨，該道可將現在辦法，即日另詳請咨。至湘撫前電以越界侵淮爲慮，詳内須聲明嚴飭禁止，以釋疑慮。東。

致宜昌鎮中軍羅游擊 光緒二十六年四月初二日巳刻發

據荆門州禀，當陽觀音寺育溪河，及荆門州屬郤家集等處，會匪聚黨甚多，到處强搶，爲害甚厲。現在匪仍未散，該州請兵彈壓，已由襄陽道移營兵百名往拏等語。會匪糾搶，日聚日多，恐釀巨患，必須及早合力緝拏。該游擊即速派妥弁撥練兵五十名，迅速馳往當陽，會同該縣及襄陽、遠安弁兵，不分畛域，合力嚴拏，擒渠散黨，勿令滋蔓。仍將遵辦情形電覆。沃。

〔一〕録自苑書義等主編《張之洞全集》第十册，第七九三九頁，河北人民出版社一九九八年版。
〔二〕〔四〕録自抄本《張之洞電稿·致本省電》。
〔三〕録自抄本《張之洞電稿·致北京電》。

致宜昌鹽局陳道台〔一〕光緒二十六年四月初三日酉刻發

包釐已電湖南俞中丞，從本月十六日開辦，飭知各卡屆期停抽，該局即速開辦。江。

致利川蔡令國楨光緒二十六年四月初八日巳刻發

支、歌兩電悉。該縣痞匪猖獗，恐釀巨患。惟由省派勇前往，緩不濟急。宜防營勇人地生疏，難期得力。准該令迅速添募壯勇五十名，將各匪嚴拏重辦。所需後膛毛瑟槍五十枝，已電飭宜昌鎮照撥。是否需用施南練兵協拏，亦即電覆，以便飭派。督、撫。庚。

致荆州兪道台光緒二十六年四月初九日丑刻發

英兵深入内地，自稱被毆一案，已將先後兩稟照咨總署，以備辯論矣。查此事彼兵無照深入百里之外，未免冒昧。鄉民先僅驚疑拖船，繼復邀往禮待，即是已經認錯。我又緝拏生事之人，照例懲責，並爲出示儆戒將來，已是力顧邦交。兵船返楚無期，豈能將貧民羈押久候。至若罰一鄉之銀，累及無辜，既非條約所有，亦於情理不合，斷難照辦。惟地保赴船代認不是一節，尚可允從。或令公安縣王令作一函與兵船官，交領事轉達，言該縣鄉民愚魯，不應拖船上岸，洋兵不免勞苦，該縣深爲抱歉抱愧，特專函代鄉民謝過，並送洋酒、牛肉或他食物，以犒洋兵，並言俟兵船回荆沙時，該縣當自赴沙市拜候該兵船等語。蓋地方官認過送禮，爲民免累，雖是顧全鄰誼，實則保護吾民，如此較爲得體可行。望切商英領事妥爲了結，如彼不允，聽其申報英使可也。庚。

致宜昌鎮標中軍羅遊擊〔二〕光緒二十六年四月初九日亥刻發

利川土匪滋事，已電飭該縣募勇五十名，需用毛瑟槍五十枝。現查廿二年二月，曾由省局撥交宜昌鎮營單響毛瑟槍一百六十枝，現即在此槍内就近提撥五十枝，每枝配彈二百顆，共一萬顆，迅解該縣應用。前年所發十響毛瑟槍帶去彈子甚多，其彈與單響毛瑟通用，并查明槍彈現存若干，與此槍是否合膛可用，枝枝均須試驗，至爲緊要。此項毛瑟槍彈現存之數，并即電覆。此槍及彈如何解送利川可期迅速，該遊擊速與蔡令商辦。即電覆。青。

致上海義昌成轉送錢念劬太守〔三〕光緒二十六年四月十一日亥刻發

卦電悉。小田總領事在華久，諸事相得，此次被命回國，未知何事。約何時行，是否暫回，仍來華否，實深馳念。擬邀其來鄂一談，有要語甚多，望即轉達。速覆。蒸。

致施南額守光緒二十六年四月十一日亥刻發

利川匪痞劫犯殺差抗官，聚衆至六七百人撲城，業經擊退，擒斬多名，現協兵到利剿捕，更當得手。惟此案究係何項匪徒，因拏犯如何滋事，其初團首僅請禁逐，何以數日輒聚數百人之多，恐未必俱係游勇會匪。蔡令來電情節太略，該府迅將起事情形詳細查

〔一〕〔二〕録自抄本《張之洞電稿·致本省電》。

〔三〕録自抄本《張之洞電稿·致上海電》。

明，據實電覆。督、撫。真。

致京盛京堂〔一〕 光緒二十六年四月十二日酉刻發

廷寄飭議洋貨加税免釐事，已於前五日奉到，限一月内覆奏，恐不能久待。尊意有何良策，速電示。文。

致上海江海關余道台〔二〕 光緒二十六年四月十二日酉刻發

鄂廠在滬局購辦無煙槍藥八千磅，礮藥一千磅，商由瑞安輪船裝運赴鄂，請尊處知會税務司驗放爲荷。文。

致宜昌川鹽局陳道台〔三〕 光緒二十六年四月十二日酉刻發

接俞中丞蒸電，云川鹽釐已分飭各卡停收矣。文。

致利川蔡令、施南額守、楊副將 光緒二十六年四月十五日丑刻發

五電悉。已飭募湘勇一百名，並撥宜防營勇一百名，乘輪馳往，并發槍三百枝，彈十萬。惟勇到尚早，該令速督率現勇聯絡協兵，激勵紳團，合力剿捕，懸賞購匪首，出示解脅從，并飭楊副將酌帶練兵親往督剿，迅速撲滅。經費由府籌墊。即電覆。督、撫。願。

致宜昌傅鎮台、羅游擊，施南額守、楊副將，利川蔡令〔四〕 光緒二十六年四月十五日丑刻發

連接蔡令蒸、震、元五電悉。利川匪尚未散，蔡令催發軍火，省槍解去太遲，該鎮可將宜昌所存單響毛瑟槍再撥五十枝，彈子一萬顆，迅速派弁兵送往，并電施南協派人接運。再，蔡令又請領前膛來福槍，所用之子藥需洋藥六十箱，銅帽三萬顆，鉛子一小桶，該鎮一併將宜昌所存者，照數先解送利川。此次所發毛瑟槍并彈及前膛槍之藥鉛，省局即日照發補還，并可多解槍三百枝，彈十萬，存儲宜昌，以備緩急。所需銀二千兩，已電飭來鳳經費局如數借發，速解利川。至請募湘勇一節，已飭蔣游擊聲耀即日派弁赴澧州代募一百名，就近由沙市馳往。湘勇到後，量減土勇，惟至速亦須一箇月外，方能到利川。此時宜防勇尚在省，即先撥宜防營勇一百名，明日由省乘輪回宜，由宜赴利川會剿。至此百名勇丁應派何弁帶往，留何弁帶所餘百名回宜，該鎮速酌定電覆。傅鎮、額守、楊副將、蔡令均即電覆。如傅鎮尚未回宜，即由羅游擊遵辦電覆。鹽。

〔一〕録自抄本《張之洞電稿·致北京電》。
〔二〕録自抄本《張之洞電稿·致上海電》。
〔三〕録自抄本《張之洞電稿·致本省電》。
〔四〕以下三電録自抄本《張之洞電稿·致本省電》。

致來鳳土藥經費局李令發宜光緒二十六年四月十五日丑刻發

速撥銀二千兩解交利川蔡令，爲剿匪經費。鹽。

致施南楊副將通純光緒二十六年四月十七日戌刻發

十六電悉。該副將已撥兵五十名至利川，自仍應親往督率爲是，可即速行。到利後，將實在情形電禀。洽。

致總署〔一〕光緒二十六年四月十七日戌刻發

據江漢關道禀，該關税司何文德函稱：接岳州關税司文，欲令江照小輪拖帶湖南裝茶民船，令在岳關完税。前奉總税司電，僅言湖南茶船暫准用江照小輪拖帶，並無由岳關收税語。旋據湖南茶商禀，岳州洋關無泊船之所，亦無受茶洋行、堆棧、茶箱，向裝民船每當茶市正值南風，茶船出湖下駛極速，到漢售後，裝輪出口，始由洋商納税。今若令在岳關請照，雇輪拖帶，躭誤時日，多費運資，實非商情所願。況貨未出售，亦不能代洋商完税，種種窒礙等語。查南茶税銀，湘收鄂收均屬國課，總以俯順商情爲主。該商等所禀茶船順風下水，無須輪拖，貨未出售，不能在岳關先納出口税銀，係屬實在情形。應懇鈞署轉行總税司，分飭岳、漢兩關税司仍照舊章辦理，以順商情。感禱，祈示覆。洽。

致上海日本總領事小田切〔二〕光緒二十六年四月二十四日巳刻發

兩電悉。承示二十六日來鄂，欣盼之甚，專候暢談。廿四日。

致宜昌土藥局劉道台〔三〕光緒二十六年四月二十五日丑刻發

土局委員世職樊廉，月薪廿兩，自本年正月起加給三十兩，月共五十兩，即借支六箇月薪三百兩，交該員查收，并即轉告該世職。有。

致總署〔四〕光緒二十六年四月二十六日亥刻發

馬電祗悉。當飭荆州、岳州道府確查，彈壓保護。兹據荆州道府禀覆，監利縣螺山地方，聖公會教民與天主教民互相齟齬，將天主牌像打毁，并未抄搶，天主教民人少避開，幸未滋事，業經團紳調處寢息。又據岳州道禀略同。臨湘縣境尚安静。除仍飭實力彈壓，勸釋前嫌外，謹電覆。宥。

致利川楊副將、蔡令光緒二十六年四月二十六日亥刻發

據蔡令徑電已悉。匪首顔明山，即派楊副將、蔡令覆訊。如實係帶隊撲城之匪，即行正法，具報録供，補報存案。積匪悍黨，必須趁此兵威查拏懲辦，總須分别良莠，不可濫殺，嚴切約束兵勇，萬不可擾害百姓，切切。督、撫。宥。

〔一〕〔四〕録自抄本《張之洞電稿·致北京電》。

〔二〕録自抄本《張之洞電稿·致上海電》。

〔三〕録自抄本《張之洞電稿·致本省電》。

致來鳳土藥經費局李令發宜 光緒二十六年四月二十六日亥刻發

委該令即日馳赴利川，確查此次匪徒起事攻城究因何事，是否盡係土匪，有無川匪在内，何以倡亂如此之速，鄉團有從賊者否，現在已解散否，匪首已獲否，兵勇是否得力，團練亦得力否，以後有何善後之法，該縣應留差勇若干即敷用〔一〕。確查情形，詳細電稟。督、撫。宥。

致蘇州鹿撫台 光緒二十六年五月初三日辰刻發

逕電悉。洋貨加税免釐，若照盛、赫原議，每年可增收二千萬兩，但恐各國未必全允，然每年亦必可增收一千萬兩，實爲鉅款，機不可失。至土貨冒充，斷無其事。土貨出口須完正税五分，若再冒充洋貨進口，又須完併徵税釐十五分，是共完二十分矣，斷無如此愚商。照此辦法，利權内操於户部則有之，利權外操於洋人則無慮。現在各關歲收洋税二千餘萬，銀存關道，撥聽户部，曷嘗操之洋人乎。此間曾見盛、赫密議節略，云加税議成後，可將洋債由關扣還，將七省釐金仍各還本省。此節略已進呈，想不能翻異。且加税之名甚好，若此事能辦到，不惟籌巨欵，且於國體大有光彩。或疑洋人何爲以大利與中國，彼乃圖收税簡易，則洋貨暢銷耳。目前中國局面粗安，故尚可議加税抵釐，若此時不辦，三年以後俄事日緊，各國乘機，或中國有内亂，則此事不能再辦，必至税不能加，而勒我免釐矣。敝處定計贊成此舉，日内即覆奏，並先電奏，統望裁酌。江。

致上海義昌成樊委員轉交王雪岑觀察〔二〕 光緒二十六年五月初三日戌刻發

所商事已有眉目否，何日北上。拳匪滋事，擾及蘆溝、豐台，猖獗已極。京津一路尚通，閣下宜速行，遲恐蔓延道梗。現住何棧，并覆。江。

致總署、榮中堂，天津裕制台 光緒二十六年五月初四日申刻發

疊接北路電，拳匪因鬧教滋事，勢甚猖獗，定興至蘆溝鐵路、機廠、車輛、料廠盡毁，實堪駭異。迤南保正鐵路以及保定料廠均屬可危，如進兵稍遲，必致全路俱毁，糜欵數百萬，如何修復，目前自以保全南路爲急務。聞聶軍已進長辛店，該匪必四散南竄，沿途毁路。擬請速調聶軍數營直抵定興，扼其南竄之路，并在沿鐵路之處擇要駐守，如有亂民肆擾，即行剿辦。此等匪徒抗拒官兵，戕殺武職大員，擾近都門，毁壞國家所設鐵路，法所當誅。大軍所至，多貼告示，聲明其罪，曉諭良民勿爲所惑，解散脅從，其無知附和者自然涣散。至於動手拆路焚屋之徒，按律亦當格殺勿論，應准官軍開槍轟擊。此乃藉鬧教而作亂，專爲國家挑釁。且鐵路與教堂何涉，可見實係會匪，斷非良民。若滋鬧不已，恐豫東義和團匪徒聞風響應，剿撫均難，且各國必以保護教士教民

〔一〕底本為「應用」，誤，其間脱「應」以下，七字，據抄本《張之洞電稿》補齊。

〔二〕録自抄本《張之洞電稿·致上海電》。

爲詞，派兵自辦，大局將難收拾。況近畿之地，亂匪橫行，尤於國威有損，於交涉他事關礙甚多。再，洋人於鐵路經過之地，皆欲自募兵保護，蓄謀甚深。漢口至信陽一帶，洋人屢欲自行募兵護路，洞極力阻止，現專派勇一營保護鐵路，渠始無説，然心終不願。若直隸官兵不能保路，則湖北鐵路，洋人必再申前説，自行募兵，無詞以拒之矣，將來自漢至蘆沿路皆設洋兵，中原尚可問耶。洞爲大局起見，難安緘默，故敢抒其管見，不僅爲蘆漢鐵路也。尚祈鑒原，俯賜裁酌。支。

致上海天順祥轉交晉升棧王雪岑〔一〕光緒二十六年五月初五日子刻發

日本銀元票價，何日交何銀行匯。速電覆。支。

致宜昌土税局劉道台〔二〕光緒二十六年五月初五日午刻發

聞宜昌、野三關、峽路經費自本年加增四兩後，收數大減，土擔未來者均繞道湖南，已來者改完正税，如果確實，必須變計。速即查明今年加增後，收數較去年、前年此數月是否短收，將確數分晰電覆。歌。

劉道來電〔三〕光緒二十六年五月初六日子刻到

峽費前年春季收一萬八千零，去年收一萬五千八百，全年收二萬四千七百。野局今年則無收，去年只收一百九十五兩，前年只收七百四十三兩。現在商情尚安，似又不必變計。保林叩稟。歌。

致利川蔡令〔四〕光緒二十六年五月初六日亥刻發

江電悉。頭批槍械若干，二批槍械若干，即分晰電覆。語。

致來鳳李令、利川蔡令光緒二十六年五月初七日亥刻發

李令魚電已悉。匪徒劫犯殺差，並率數百人攻城，情節重大，豈有除陣斬外全不誅一人之理，匪徒如何儆懼。務查確訊明劫犯殺差撲城之匪，録供稟請重辦爲要。陽。

致上海盛京堂光緒二十六年五月初八日戌刻發

總署來電：支電已進呈。初三日先已奉旨，飭令聶提督將蘆保、津蘆兩路電綫鐵道，專派隊伍妥爲保護，毋任再有疏虞。又准榮中堂知照，已電聶提督親自來涿一帶，并電保定中軍就近先護西關外料廠，兼護鐵路云。虞。等語。特奉聞。庚。

致東京錢念劬光緒二十六年五月初九日子刻發

續訂兩大尉，望速罷議。東人在此漸不馴，不可再添。佳。

〔一〕録自抄本《張之洞電稿·致上海電》。
〔二〕〔四〕録自抄本《張之洞電稿·致本省電》。
〔三〕録自苑書義等主編《張之洞全集》第十册，第七九六二頁，河北人民出版社一九九八年版。

致京許竹筠〔一〕 光緒二十六年五月初九日子刻發

署電已謹悉。惟匪愈熾，蔓愈廣，官兵未剿，洋艦已集，大局危矣。輔清滅洋旗號乃會匪故智，前年川、楚鬧教亂匪皆是此旗，若因此姑息，大誤矣。能避槍彈更是謡言，若因此畏怯，更大誤矣。憂心如焚，特奉達。朝旨如何，時論如何，速示。佳。

致宜昌川鹽局陳道台〔二〕 光緒二十六年五月初十日巳刻發

上年三月廿二起，至本年四月初二止，西歷一年期滿，共收正加課錢若干串，解交税務司合規元若干，折合鹽庫平銀若干，速分晰電覆。蒸。

陳道來電〔三〕 光緒二十六年五月十一日未刻到

上年三月廿二起，至本年四月初二日止，共收正、加課錢九十六萬三千四百二串四百四十文，解税司規元八十萬七百十九兩九錢五分一厘九絲四忽一微，折鹽庫平銀七十三萬七千九十六兩八錢五分四厘二毫四忽七微。職道兆葵禀。真。

致京許竹筠 光緒二十六年五月十一日亥刻發

佳電想達。此次長辛店拳匪三千，圍洋人廿餘兩日，忽使館來洋人男婦八人，持槍騎馬，突圍救出，匪不敢阻。前年沂州來德弁三人，團民三百圍之，德人開槍斃團民三，傷十餘，突圍去。看此兩事，拳匪焉能與洋兵戰。聞京城衆論，欲恃拳匪攻逐洋人，真大誤也。可否婉商雲門達當軸。焦急萬分，祈速覆。真。

致上海盛京堂 光緒二十六年五月十一日亥刻發

日本買大冶鐵鑛事，小田切來，鄙人正告之曰，此事我未咨覆，本難允准。但上看伊藤侯面子，下看貴領事交情，格外通融，暫允兩年，後仍當另議。以後須咨路鑛總局。小田切意在每年不限五萬噸，弟持不許，彼無詞。到滬必與閣下議，萬望堅持，并示復。商結咨文發否，并示。真。

致荆州奭道台〔四〕 光緒二十六年五月十一日亥刻發

土藥加税事，下游鎮江、津海、東海、浙海、甌海、粤海六關内，聞津海正月已開辦，未知其詳，應由該道電詢六關是否加征，何日開辦，得覆後禀聞，再行酌核飭遵。真。

致京袁爽秋〔五〕 光緒二十六年五月十二日亥刻發

拳匪大亂，外兵乘機，邪術豈能禦敵，大局危矣。剛相宣諭勸解，何日行。政府主見，都下議論，速示，以慰杞憂。文。

致東京錢念劬 光緒二十六年五月十二日亥刻發

文電悉。兩大尉已作罷，感甚，望向福島婉謝道歉。大原於

〔一〕 即許景澄。

〔二〕〔四〕 録自抄本《張之洞電稿·致本省電》。

〔三〕 録自苑書義等主編《張之洞全集》第十册，第七九六五頁，河北人民出版社一九九八年版。

〔五〕 即袁昶。

會宴西東教習日，因争坐次，拂衣徑去，令人難堪。後雖設法調停，勉就範圍，然跋扈之形已露，以後須加裁制。日内詳函奉達，擬請福島訓飭之。文。

致荊州濟將軍〔一〕 光緒二十六年五月十三日戌刻發

挑練閑散旗丁新餉，兹籌解二三四共三箇月餉銀一萬兩，委員日内行，餘詳函。元。

致户部〔二〕 光緒二十六年五月十三日戌刻發

蒸電悉。新海防捐現存庫銀二萬一千六百餘兩，即日儘數匯解。湖北局收土藥税，即他省所謂土藥釐，向係奏充槍礮局專欵。至落地土藥釐爲數甚微，向係併入百貨釐，隨時解善後局充餉，奏報有案，並無專存解部之欵。謹覆。洞、霖同啟。元。

致來鳳土藥經費局李令發宜〔三〕 光緒二十六年五月十四日亥刻發

該局保商勇，侯令在差實有若干名，馬令時實有若干名。保商勇餉自馬令接辦日起，至馬令交卸日止，共收捐銀若干兩，共發銀若干兩，速查確據實電覆。鹽。

李令來電〔四〕 光緒二十六年五月十七日丑刻到

侯令成保商軍陸續招至一百四名，馬令陸續革除十四名。馬令上年二月十五接辦起，今年三月底交卸止，除代還侯令借土商銀二百六十八兩，實收商捐三千九百五十七兩二錢，共發勇餉五千六百八十六兩六錢，扎沙灣操防營十名每月二十六兩在内，不敷借墊一千七百二十九兩四錢。卑職發宜。諫。

致上海晉升棧王雪岑、馮少竹〔五〕 光緒二十六年五月十五日戌刻發

小田切在鄂與鄙人面言：聞紗布兩局招日商議包辦，每年繳官欵十二萬兩，二十年後，兩局仍交還官，此事甚好，大約日商必願接。我云：現除絲麻兩局，官本約三十萬，繳官欵又可減少此數，惟昨日適接滬電，已有華商包妥。小田連云可惜，并云：此等局華商西商辦皆無利，日商必有利。我云：華商六月來看，始立約，如日商願辦，尚可商。小田云：初辦兩年必無利，如能將後兩年繳欵讓免方好。我云：可酌讓，但不能讓太多。小田云：可商。我云：局仍稱官局，員司參用華人，以免民間指爲洋廠，致生枝節。小田云可行。查小田所議，繳欵既多，且廿年後局仍歸官，此局並非爲洋商所得，尤爲名正言順。至釐税一節，華商洋商包辦者皆同，總須官爲主持。至局中允用中國員司，局面亦不至大改，保護較易。蓋洋商包辦，所慮不過三事，議論一也，保護二也，釐税三也。今期滿還官，議論無矣。參用華人，保護易矣。南洋奏，以後内地機器製造廠，皆須抽離廠税值百抽十，此事必不能阻，是以後機廠之貨，官商華洋皆同釐税一矣。

〔一〕〔三〕 録自抄本《張之洞電稿·致本省電》。
〔二〕 録自抄本《張之洞電稿·致北京電》。
〔四〕 録自苑書義等主編《張之洞全集》第十册，第七九六九頁，河北人民出版社一九九八年版。
〔五〕 録自抄本《張之洞電稿·致上海電》。

頃已電小田，令與閣下商，并速招原議兩日人來滬面訂。陸商章程與日商相去懸絶，且有無更變亦難料，必宜兼收博采，擇善而從，可速與小田議之。此電并與馮丞閱。如王道北上，可令馮接議。即電覆。咸。

致上海王雪岑 光緒二十六年五月十五日亥刻發

京城銀元局必宜辦成，有益大局，亦且得體。鍋爐務須新式極大者，或多備一兩副。朝廷決用，不患不行，既行不患無利。户部、藩司出納明給津貼，則吏胥自不能阻。收捐上兑，非銀元不可，發俸發餉，非銀元不用，則錢鋪爐房自不能不收，欲取先與，上兑照足銀計算，則價自擡高。惟必須鑄一兩重者，方爲國家銀幣。上下通行既久，則竟作足紋用，無平色可補矣，官錢票一紙尚可抵錢一千，況實銀九成哉。及至銀元可當足紋，則發餉可用銀元，兵亦不累。户部每年京餉八百萬，可歲省八十萬矣。大元既暢，小元亦可通行。至於去吏弊，省民累，其益無窮。閣下若留京，可援總署調楊樞、劉慶汾之例，令鄂籌薪水。如奏明薪水不能過多，仍可另寄津貼。此乃國家大計，閣下結主知、展才具之日，萬勿聽庸鄙之言，患同僚之多，慮京寓之窘也。要語奉告，高明察焉。咸。

致保定廷藩台[一] 光緒二十六年五月十七日戌刻發

近日京津電綫斷，畿輔情形緊急，實深懸系。鄂省擬派一偵探委員在保定坐探，隨時電告。敢請閣下於省城候補同通州縣中，擇一誠實明白者，飭令充湖北偵探委員。凡有關京畿要事確實者，隨時電稟鄂省督撫兩衙門，月給薪水三十金，由鄂匯付，電費亦由鄂給。拜懇，即望示覆。張之洞、于蔭霖同啟。洽。

致上海盛京堂 光緒二十六年五月十八日辰刻發

此間共派一營零一哨巡防鐵路，十六日已赴工。計添製軍裝馬匹，此四哨共費八千餘兩，馬步槍價、彈價一萬一千餘兩，共已費二萬金矣，而添募新練，種種爲難不與焉。鄙人於鐵路可謂不遺餘力矣，不審亦蒙鑒察否。望告沙多知，并請速具奏，請飭鄂省籌專餉練兵一千護鐵路。嘯一。

致上海盛京堂 光緒二十六年五月十八日辰刻發

霰電悉。京津路已經洋兵開通，何不速將電綫接通。綫雖阻，何不專馬馳寄，每日彙送兩次，何以津局遽不收寄京電，似非計，望速酌辦。再，赴津商輪果停否，英斷無概阻中外各國兵輪商輪之理。若獨阻俄，必有戰事。焦甚，確音速示。近日兩宮聖駕已還宮否，京城毁教堂，洋兵拒戰否，剛、趙宣諭，匪肯散否，均望示覆。嘯二。

致上海王雪岑[二] 光緒二十六年五月十八日辰刻發

李令鍾珏速令來鄂。即覆。嘯。

[一] 指直隸布政使廷雍。

[二] 以下二電録自抄本《張之洞電稿·致上海電》。

致上海日本總領事小田切光緒二十六年五月十八日辰刻發

十五日有汪荃台司馬鳳瀛寄閣下一電，已接到否，與王觀察晤談否。速示覆。湖北督院張。

日本總領事來電[一] 光緒二十六年五月二十一日發

兩電悉。布、紗局事，業經再三電詢本國殷商。頃據電覆：本報願商議，惟北方匪徒猖獗，長江一帶地方仍恐難計，請從緩議等語。刻下時局異常，敝商所言，自屬有理，乞體諒。切。

致江甯劉制台光緒二十六年五月十八日亥刻發

巧二電悉。拳匪事，五月初四日洞已電總署，進呈力請主剿，瀝陳外兵必來代剿，大局將危，未蒙采納。今尊示會奏請剿拳匪，鄙意相同，已電北洋，請挈銜馳奏。惟一意痛剿四字，擬改爲定計主剿，先剿後撫，兵威既加，脅從乃散十六字，蓋專説痛剿，恐更不允剿矣。且下有痛殺教民字樣，上用痛剿，恰與之對，亦似不宜。電尾旦夕等語下，擬添從來邪術不能禦敵，亂民不能保國，外兵深入横行，各省會匪四起，大局潰爛，悔不可追六句。統聽壽帥斟酌可也。并聞。嘯。

劉制台來電光緒二十六年五月二十二日寅刻到

皓電奏已由津設法專送，不識何時到京。稿附陳覽。總署鈞鑒：拳匪勢甚猖獗，各國紛紛徵兵調艦，大局危急。宣布勸諭，該匪未必遽散，散亦難保不復聚。即或遵諭解散，外人以西人及教民傷亡甚多，我未辦匪，遽行了結，羣相詰問，我將何辭以對。況就目下局勢觀之，斷難就撫。如再遲疑，不自速剿，各國兵隊大至，越俎代謀，禍在眉睫。此實宗社安危所系，不敢不披瀝上陳。擬懇明降諭旨，定計主剿，先剿後撫，兵威既加，脅從乃散，或可轉危為安。即此了結，將來商辦善後，已屬不易。若一面宣撫，一面拳匪仍痛殺教民，各國斷難忍耐。昨赫德電亦謂大局若無速轉機，各國定併力大舉，危亡即在旦夕等語。從來邪術不能禦敵，亂民不能保國。外兵深入横行，各省會匪四起，大局潰爛，悔不可追。機變甚速，間不容髮。請代奏云。坤。馬。

致安慶王撫台[二] 光緒二十六年五月十八日亥刻發

拳匪事，洞於五月初四日已電總署進呈，力請主剿，瀝陳亂民猖獗，外兵必來代剿，大局將危，未蒙采納。頃又與劉峴帥電北洋會銜馳奏，力請主剿矣。閣下電奏請剿，具徵忠悃，佩甚。嘯。

致上海盛京堂[三] 光緒二十六年五月十九日巳刻發

嘯電悉。昨又與劉峴帥電商裕壽帥會奏力請主剿，以救危局，不知聽納否。總署换人，董軍開衅，大局不可思議，恐非疆臣所能爲力矣，奈何。效。

[一] 録自苑書義等主編《張之洞全集》第十册，第七九七二至七九九七頁，河北人民出版社一九九八年版。

[二] 指安徽巡撫王之春。

[三] 録自抄本《張之洞電稿·致上海電》。

致濟南袁撫台光緒二十六年五月十九日酉刻發

敝處擬添兵二千，苦無營哨官。貴軍訓練精純，爲海内冠，素所佩仰。懇借撥訓練已成之官弁六人來鄂，擬派充營官，各帶哨官三員，每營二百五十人，分三哨，再多帶哨官數人備用，官階守備、千總皆可，至大不過都司，年歲須四十以下者。如蒙允許，將來楚軍精强，皆公之賜，感何可言。鵠候示覆。效。

致保定廷藩台光緒二十六年五月十九日戌刻發

巧電悉，感甚。即請派陳守公恕兼充湖北偵探委員，緊要確實事隨時電告，敬謝。洞、霖同覆。效。

致東京錢念劬光緒二十六年五月二十日戌刻發

效電悉。剿拳阻董，已屢次力陳。鄂擬添兵三千，吴鎮、張游擊等酌帶員弁速回。衣囊購二千分，能借現成者更好。長江彈壓需械甚多，如漢廠槍不敷時，擬購日本新槍并彈，能供用否，進口能無阻否，速商覆。號。

錢守來電〔一〕光緒二十六年五月二十日巳刻到

福島殷盼帥獻策，令董軍且退，則外兵但平匪，否則董、洋哄，大局難問。至沿江若自能弭亂，外兵即不入江。恂。效。

致荆州奭道台〔二〕光緒二十六年五月二十日戌刻發

本年湖北加撥俄法、英德借欵鎊價，限期緊急，司局、江漢關已墊欵，將二三月兩期應還鎊價照解，惟該關鎊價未解，務趕速設法籌解詳奏，毋稍再延，一面將土藥加税遵照前電，詢明各關情形，電覆。號。

致京榮中堂此電分致上海盛京堂、天津裕制台、保定廷藩台三處轉遞 光緒二十六年五月二十日亥刻發

皓電奏想已進呈。從古無一國與各强國開衅之理，況中國兵力甚弱，豈可激衆怒，召速禍。查拳匪乃亂民妖術，無械無紀，斷不能禦洋兵。董軍僅五千，勇而無謀，斷不能敵各國。即合各省兵力，餉缺械少，豈能抵禦羣强。今拳匪、董軍無故亂殺，是與各國一齊開衅，危殆必矣。且匪毁南北電線，阻京津文報，明是亂匪，决非義民。派各村供糧，何異寇盜，直隸灾區，民豈能堪。至助清滅洋旗號，乃會匪故智，川楚鬧教匪徒皆是此旗，萬不可信。且落垡一戰，洋兵一排槍，匪斃無數，如何能戰。在山東與官兵拒捕，臨陣並不能避槍礮，確有明徵。若恃邪匪以衛中國，恃董軍以敵各國，萬無此理。惟有請旨迅速剿匪，嚴戢董軍不准生事，方可阻洋兵不再入京，即已進京者，亦不過自保，將來不過索賠欵，責保護，不至決裂。匪烏合，無糧無械，官軍兩營可敵匪數千，一戰以後，羣匪瓦解，此外再無善策，宗社安危在此一舉，若兵衅一開，不可救矣。各省人心惶急，皆深惡拳匪貽害國家。京畿有變，各省將亂。中堂文武重臣，與國同休戚，天下仰望。惟望公一言救危局，存宗社，尤望請旨嚴飭直隸文武保護各路電線、驛遞、郵政，已毁者速修，以通詔命奏報。迫切，

〔一〕録自苑書義等主編《張之洞全集》第十册，第七九八〇頁，河北人民出版社一九九八年版。

〔二〕録自抄本《張之洞電稿·致本省電》。

叩禱。號。

致柏林呂欽差〔一〕光緒二十六年五月二十日亥刻發

請向德廠代購無煙槍藥一萬磅，礮藥五千磅，係三生七、五生三、五生七共三種，需用甚急，並催速運，能逕運漢口尤妙。價電示照匯。感禱。號。

致襄陽朱道台、安陸史守、天門縣梁令光緒二十六年五月二十日亥刻發

頃接英國領事來函，據楊教士稟，天門縣皂市地方向設有教堂醫院，於本月十八日有匪徒多人，將門撞開，擁入放火，本堂魏醫生并劉姓華人，不知下落。請飭地方文武彈壓查辦，如有未焚之屋，認真保護，並查訪魏醫生下落，將放火首要拏辦等語。現北省拳匪滋事，洋人正在藉口，長江一帶豈容痞匪再生事端。該道、該守速督飭該縣趕緊多帶兵役，親自馳往，實力彈壓，認真保護，速將洋人魏醫生救回，嚴拏首要各犯，從重治罪，勿得稍存玩懈，致干參咎，切切。即日電覆。號。

致上海王雪岑〔二〕光緒二十六年五月二十一日辰刻發

北事已潰，該道將槍買妥，即速回鄂。箇。

致荊州奭道台、舒守光緒二十六年五月二十一日辰刻發

皓電悉。前日已有廷寄，責成裕、聶力阻洋兵再入。各國兵艦集大沽者四十餘艘，不知能否阻抵。津南電綫又斷，焦灼萬分。沿江人心浮動，該道府務飛飭各屬，嚴緝匪徒，如有造言生事之人，立即從重懲辦。其有教堂之州縣，牧令宜於夜間親出巡查，並傳諭紳耆協力稽察，若稍滋事，惟該州縣是問。所有練兵防勇，亦當勤加操練，爲消萌之助。保安地方，是該道府之責。切要。箇。

致濟南袁撫台光緒二十六年五月二十一日辰刻發

號電悉。請派八營官、廿四哨官來鄂，尤望從速從海道來，感禱敬謝。大局已潰，尊意有何良策，盼示。箇。

致開封裕撫台、西安端撫台、太原毓撫台〔三〕、保定廷藩台、天津裕制台、上海盛京堂、江甯劉制台、濟南袁撫台光緒二十六年五月二十一日辰刻發

京畿擾亂，大局危急，東路由京至津、滄，西路由京至保定，電綫皆爲匪斷，諭旨奏報皆不通，北望焦灼。擬請嚴飭貴省電綫所過地方州縣文武設法巡護，如有匪截斷，立即重辦，以通京外消息，至要至禱。箇。

〔一〕指中國駐德國公使呂海寰。
〔二〕録自抄本《張之洞電稿·致上海電》。
〔三〕指毓賢。

致上海盛京堂光緒二十六年五月二十一日辰刻發

北事潰，鄙人近兩電奏已無及，北望痛憤。津綫斷，德州寄京太遲，不知煙臺至津官商船尚准入口否，或電至煙臺專人送津，津電亦送煙臺較速，如能行，望速飭辦。箇。

致長沙俞撫台、錫藩台光緒二十六年五月二十一日辰刻發

京畿騷亂，開釁各國，沿海震動，各國窺伺，沿江若稍有紛擾，洋人必入據長江，自爲保護，東南非我有矣。武、漢各省樞紐，民浮匪多，亟須添兵數千，以鎮上游，固危局。惟成軍必須一月後，緩不濟急。茲擬一權宜之策，請飭中書黃忠浩將所部全軍六旗暫借來漢口駐紮，以資彈壓，鄂軍募齊，即遣回湘，往返不過兩月，船價川資由鄂出。即以派來鄂練洋操爲詞，以免驚疑。地方安靖，洋人無恐，狡謀自沮，並非與外人開戰也。此舉於湘無損，於鄂有益，若鄂省擾亂，湘省會匪蠢動，商旅梗阻，亦難安全矣。此乃保安兩省，治本定亂上策，當年曾、駱東征，意正如此。兩公忠悃卓識，豈讓前賢。務望俯允速行，至感至禱。祈即電覆。箇一。

致西安端撫台光緒二十六年五月二十一日巳刻發

巧電具見藎慮深切。拳匪乃邪教，前日又電奏、電榮相，冀一剿辦，即解散，洋兵撤否，誠無把握，庶幾不再增耳。聯英、倭以拒俄，自是要著，惟拳匪仇洋，不問孰英孰倭孰俄，其毀鐵路電綫，并不辨爲中國爲外國也。聞董軍斃倭參贊，拳匪所戕教士及鐵路工程師，各國人皆有之，昨又將京城洋房焚毀，痛殺教民。彼方胡越同舟，雖欲聯絡，計將安施。前日廷寄，責成裕、聶力阻洋兵再入，各國兵艦集大沽者四十餘艘，意圖奪據礮臺。津南二百餘里電綫又被拳匪節斷，此後并消息不通矣。鄂省財匱兵單，人心浮動，惟有嚴緝匪類，保全地方，日來籌餉增兵，以備非常。然大局若有不測，恐倉猝殊難應手，北望焦灼萬分。箇。

致江甯劉制台光緒二十六年五月二十一日午刻發

敝處二十日電寄保定，飛馬馳遞北京榮相。電云，皓電奏想已進呈云云文見前，迫切叩禱等語。惟北事已潰，電恐無及矣。馬。

劉制台來電光緒二十六年五月二十二日酉刻到

馬電悉，語語切實，至為企佩。敝處亦兩電榮王，初次云拳匪勢熾，洋兵迭進，董軍又妄殺倭員，大局危急。晚屢電奏請速剿匪，想達覽。聞仍主撫，並禁洋兵進京，再來即由裕、聶力阻，顯與各國為難，必釀大變。一國且不敵，況各國乎。為今計，惟有電李使謝倭，安住各國，宣示剿匪，或可轉危為安。若仍信拳匪忠義，恃以拒洋，全局糜爛，不可收拾。公任天下重寄，宗社存亡在此一舉，千祈力陳。二次云聞剛、趙撫局已具結，並禁洋兵入都，是袒匪拒洋，已有明徵。各國兵隊大集，危亡即在旦夕，無論中國勢弱至此，即英俄等强國亦斷無開罪各國之理。祖宗創業艱難，無端家居撞壞，謀國者不得辭其責。務應切速陳奏，幡然變計，危局或可撐持，萬勿再保邪説，致悔莫追云。頃得盛電，榮已撤兵，事無及矣，奈何。坤。養。

致長沙俞撫台、錫藩台光緒二十六年五月二十一日亥刻發

箇電悉，感甚，敬謝。請飭黄中書帶三旗速來鄂，並代鄂另募一千人續來。千人分爲四底營，每營二百五十餘人，分三哨，每哨八十四人。勇須年在二十歲上下者，至大不得過二十一歲。此四營餉小口糧均歸鄂出，募費請暫由湘墊，即照還。統帶營官由鄂酌派，如湘省不需黄中書，則留黄在鄂自帶。箇二。

致長沙俞撫台、錫藩台光緒二十六年五月二十一日亥刻發

拳匪橫肆，西保定，東天津，北京城，到處焚殺教民，毁鐵路，壞電綫，派民間供糧，洋工師教士斃數名，董軍助之，殺日本參贊。京内東城洋房教堂全焚，殺教民數百，或云使館亦焚兩處。政府總不肯剿，京畿鼎沸，洋兵入京二千餘，在津數千，續到尚多。慶邸出總署，端邸進總署。各國兵艦到大沽四十艘，十九日奪據我礮臺，各國同時開釁。津保到京電綫均斷，大局危極。鄙人電署、電奏力請主剿共三次。特密告，望勿盡情宣布。箇三。

致宜昌傅鎮台、利川蔡令光緒二十六年五月二十一日亥刻發

上月撥宜防營勇一百名赴利川會剿，現利川已平，速飭該勇馳回宜昌，彈壓地方，認真巡防，各處教堂慎加保護，萬勿疏忽。箇。

致荆州夔道台[一]光緒二十六年五月二十一日亥刻發

號電悉。土藥加税，即於六月初五照加試辦，如税不旺，再復舊減收，可臨時酌辦，並無窒礙。馬。

致倫敦羅欽差[二]光緒二十六年五月二十二日辰刻發

漢口英領事法磊斯來，面述沙侯電，云北方拳匪滋鬧，如長江一帶布置彈壓，英國水師定當相助等語。沙侯好意感甚。前川省余蠻鬧教，擾及楚境，弟派兵立時撲滅。今北方拳匪滋擾，弟現已添兵數千彈壓，出示曉諭百姓，嚴札地方文武，嚴拏會匪，不容滋事，華洋商民教士一體保護，弟當身任其責。昨電商兩江劉峴帥，亦一律嚴防矣。中國會匪烏合，無紀律，無軍械，官兵若肯認真彈壓，儘有餘力，不須外助。若遽派英國水師入江，内恐百姓驚謡生事，外恐各國援照效尤，更難收拾。總之，長江以内，弟與峴帥兩人力任保護。若恐他國入江干預，則吴淞外有英水師，儘可攔阻，英不先進，他人斷不敢進。彼此處以鎮静，嚴密防範，自可相安無事，最爲上策。萬一有事，弟當與英聯絡，妥商辦理，峴帥亦極願與英聯絡，務請轉告沙侯放心。以上云云，已面告領事，渠亦以爲然。英領事法磊斯明達和平，與弟相處甚洽，聞將調他處。儻能留漢口，諸事易商，兩國交涉大有裨益，望切商沙侯留之在漢，爲禱。祈電覆。禡。

[一] 録自抄本《張之洞電稿·致本省電》。
[二] 指中國駐英國公使羅豐禄。

致江甯劉制台 光緒二十六年五月二十二日辰刻發

馬電悉。前日俄茶船載兵一百五十名到漢，尚未登岸，旋接該國電報，昨晨仍乘茶船出口，聞改赴北路。詢之，據云此兵本係附茶船回國，乃飾詞也，必是俄派陸兵入江干預，爲英所阻，故退出。昨英領事來見，云英政府電令渠來告，欲派水師入長江，幫助彈壓土匪，鄙人力阻之，謂鄂已添重兵，出告示，飭州縣禁謠拏匪，敢有生事，立即正法，所有洋商教士力任保護。並云已與台端商妥，意見與我同，長江以内上下游，有我與劉峴帥兩人，當力任保護之責，必可無事。若英水師入江，内恐民間驚擾生事，外恐各國援例效尤，轉爲不妙。若慮他國占先，吴淞外英艦甚多，英艦不進，他國不敢，似此鎮静密防，最爲上策，我與劉帥皆極願與英聯絡等語。英領首肯，已允轉告英政府。來示税司以俄兵詢台端，與英領之意正同，不審英艦將入江之説已奉告否。台端務宜速切告税司及上海道，轉達上海英總領事，力任保護洋商教士之責，以杜藉口窺伺爲要。近滬電屢云英水師欲據長江，若我不任保護，東南大局去矣。管見是否可采，敬候蓋裁。禡。

劉制台來電 光緒二十六年五月二十三日寅刻到

禡電悉。日前駐甯英領及税司來見，敝處所答正與尊指相同，即或照常游歷，亦不過一二艦，多則驚擾地方，渠亦謂然。現又電滬道密告英總領事，囑其一體電政府，並再將尊意詳告甯英領。坤。養。

致蘇州李欽差、鹿撫台〔一〕 光緒二十六年五月二十二日巳刻發

馬電悉。會電請剿，佩甚。津電雖阻，可發電至滬，寫明由滬走海綫轉津，盛京堂已有電奉達矣。京畿大亂，洋艦雲集，危在眉睫，北望焦灼，擬一會同電奏稿，少刻即録呈，請酌。禡。

致上海盛京堂 光緒二十六年五月二十二日巳刻發

箇電悉，當即添派漢陽練兵五十名駐鐵廠，萬不可停工。大沽礮臺究已被外人據否，前傳焚兩館、戕兩使之説確否，速示。禡。

致襄陽朱道台、安陸史守〔二〕 光緒二十六年五月二十二日酉刻發

英領事言，魏醫生已救出。該道該守仍督飭天門縣梁令嚴拏首要懲辦，以後實力彈壓保護，毋再滋事。禡。

致上海盛京堂 光緒二十六年五月二十二日亥刻發

今午知傳相内召，方喜事有轉機。沽口一戰，事無及矣，然趁此速與各國議和，總較入京後稍勝。尊意有何緩兵議和之策，速示。養。

致蘇州李欽差、鹿撫台 光緒二十六年五月二十二日亥刻發

一弱國無故開衅各强國，必無全理。頃據保定電，拳匪與剛

〔一〕指欽差巡閱長江水師大臣李秉衡、江蘇巡撫鹿傳霖。

〔二〕録自抄本《張之洞電稿·致本省電》。

相約三條：一、請撤兵。一、請殺新城、淶水兩令。一、請董軍率該匪攻洋人。遂無成議，剛已回京，可見董平日昏謬庇匪。此次開衅，皆其主使，罪不容誅。洞前電榮相，請旨嚴禁董軍。頃聞大沽礮臺已開戰，不可問矣。養。

致江甯劉制台 光緒二十六年五月二十二日亥刻發

養電悉。榮相撤兵，未解，豈撤榮兵權耶，抑撤兵保京城耶，速示。忠言懇切，佩甚。措手不及，奈何。養。

劉制台來電 光緒二十六年五月二十三日申刻到

養電悉。榮撤涿隊，大約是從前撫局。今沽臺被奪，北事潰爛，可勝痛哭。昨英領來，謂滬上流氓欲刦製造局，願代保護，弟婉卻之，並電滬道會局自速設防。坤。漾。

致漢口岑道台飛遞德安廖守、黄州魁守、漢陽施守，襄陽朱道台、錫守，安陸史守、鄖陽許守、荆門歐陽牧，荆州奭道台、舒守，宜昌陳守、施南額守 光緒二十六年五月二十二日亥刻發

現北方拳匪滋鬧，各國要挾，大局甚緊。湖北素多痞匪，愚民好信謡言，該道府務飛飭各屬，嚴密查緝匪徒，並傳諭紳耆，責成團董協力稽查，如有造謡生事之人，立即從重懲辦，勿稍寬縱。其有教堂洋人處所，尤須多派兵役，加意認真保護。此時萬不可生事，如稍有枝節，必致地方大亂，該州縣不能當此重咎，該道府亦不得辭其責。即將遵辦情形電覆。督、撫。養。

致荆州奭道台、舒守[一] 光緒二十六年五月二十三日辰刻發

禡電悉。即將鍾克偉、朱老么、黄學汶、趙東廷四犯籍貫、案由、簡明供詞電稟，以便即行核示，全電不可過二百字。督、撫。漾。

致宜昌鹽局陳道台 光緒二十六年五月二十三日巳刻發

部派江省還洋欵廿五萬，與鄂無涉，該局所收加課解淮一半銀兩，須留抵楚釐，萬不准解交税司，要緊。即電覆。漾。

致東京李欽差 光緒二十六年五月二十三日戌刻發

妖匪作亂，大局危急。合肥前已電召，内意必願議和，請公速密商外部，諷以各國吞華於日本最無益。董、拳開衅，本非上意，若舉動過猛，京城潰，乘輿危，畿輔、各省同時大亂，西國得九，日本得一，仍自蹙也。此時日兵最多，必可主持羣議，如能從中維持，寬緩定約，以後華感日德，必願事事聯絡，誰能阻之，此日本無窮之利。東半球利害關紐，在此數日，力勸其熟籌審處。前途語意如何，急盼速覆。漾。

[一] 以下二電録自抄本《張之洞電稿·致本省電》。

致荊州奭道台、舒守、張令、荊州參將、荊江水師後營張副將、沙防營管帶光緒二十六年五月二十三日亥刻發

大阪輪船公司來信，云沙市有哥老會匪多人，擬來省城劫軍裝局、火藥庫，請嚴防等語。務速飭文武密查，如有造謡聚會，形跡可疑之人，立即拏辦。諸事妥慎防範，恐其不到省而鬧沙市，其發愈驟也。即將遵辦情形電覆。漾。

致上海晉升棧王雪岑〔一〕光緒二十六年五月二十三日亥刻發

養電悉。泰來現存滬大口十響毛瑟五千枝，又現存滬小口新毛瑟一千枝，無烟彈五十萬顆，望即刻購，催其速運，已電上海道矣。如不能出吴淞，可由内河運江陰，但稍遲耳。現銀可允付，然一兩日内鉅欵難驟辦，務望設法與洋行及他票號議，或借或墊，半年數月固佳，即緩旬日亦好。惟大口十響毛瑟向係黑藥，與尋常單響毛瑟彈通用，前在江南買過數萬枝，今云無烟藥彈，必有誤。但其價甚貴，確係無烟彈之價，不可解。蓋無烟藥力大，非小口徑不能裝，豈此項大口十響者亦可配無烟藥耶。恐係該行蒙混，務望確查親驗，將彈藥取出看明試放，詳晰電覆。蓋大口十響毛瑟取其與單響毛瑟彈通用，各省能造，所以願買。此次所定之五千枝爲能裝單響黑藥彈，又能裝無烟藥彈，試放無弊，便可買。此彈之藥必須實係無烟，方可照此價，否則，照黑藥彈價。速覆。漾。

致上海余道台、晉升棧王道台雪岑光緒二十六年五月二十四日子刻發

鄂省令王道向泰來洋行買十響毛瑟槍五千枝，彈一百五十萬顆，又小口五響新毛瑟槍一千枝，彈五十萬顆，請迅速給照放行爲禱。漾。

致江甯劉制台、南昌松撫台〔二〕、安慶王撫台、長沙俞撫台光緒二十六年五月二十四日丑刻發

京城危急。頃洞、霖公商江鄂兩督、蘇皖西鄂湘五撫、巡江李欽差八人會銜電奏，力請剿匪，以便與各國商停戰妥議。其詞意皆與峴帥及洞疊次電奏同，諒與蓋懷相合。今夜即發，不及先送稿，少刻即録全文電呈。祈速覆。洞、霖同啟。敬。

劉制台來電並致于撫台 光緒二十六年五月二十五日酉刻到

敬電悉。會銜電奏，具徵忠悃。盛京卿電已傳拳匪入衛，舉動尤為駭異。望即刻發電至距京最近電局，用八百里馳奏，遲則無及，全局糜爛矣。再，内間始終袒匪，甚可疑。此次電奏，正與相反，慮有阻隔，祈妥籌上達之法為要。坤。有。

〔一〕以下二電録自抄本《張之洞電稿·致上海電》。
〔二〕指松壽。

致東京李欽差光緒二十六年五月二十四日寅刻發

養、漾三電悉，忠悃佩甚。昨鄙人漾電想入覽，懇與日外務商，各國暫停戰，我方能專力剿匪，俟合肥李相到，與各國妥商辦法。既召合肥，朝廷斷無與各國開衅之意。前年洞與日將神尾、宇都宫言，請日本勿索未批一萬萬，免致威海爲人踞，且免英以借欵干預長江，日政府未允，遂令英踞威海。今各國不停戰，我不能分兵剿匪，中國糜爛矣，日本能獨强乎。匪鬧以後，有旨撫恤日參贊否，開戰後有下旗回華之信否。鄙意萬不宜下旗回華，方有轉機，速示覆。敬。

李欽差來電光緒二十六年五月二十七日寅刻到

漾、敬兩電祇悉。昨向外部中人密述鈞意，彼極欽佩。據稱，傾華益歐，日斷不願，惟此次局面，日若不隨同各國，則亞權全屬歐人，聯合之局，實有不得已苦衷。此時進退非一國所能主持，惟望中國速平内匪，以免事機愈遲愈棘等語。前日員被戕，即赴外部慰問，似尚懟而不怒。福島領兵瀕行來面辭，鐸囑以宜平和辦理，維持亞局，彼以為然。沽口戰後，宫内省尚派員來慰，似日廷尚無他意。此次開衅與尋常不同，自不便下旗内渡。停戰一節，傅相屬商外部，尚未覆。容續陳。鐸。宥。

致荆州奭道台、舒守〔一〕光緒二十六年五月二十五日丑刻發

敬電悉。鍾克偉、朱老么、黄學汶、趙東廷四名，均即行正法梟示，録供禀報備案。督、撫。敬。

致華盛頓伍欽差〔二〕光緒二十六年五月二十五日未刻發

北方拳匪滋鬧，朝廷以爲愚民無知，未忍遽加痛剿，匪愈猖獗，各國陸續派兵入都。廿一日，各國攻奪大沽礮臺，俄、日各佔一臺，美艦未開礮云。現京津電綫均斷，然北方内遭匪亂，外逼强鄰，無辜良民必多受害，幸東南各督撫力任保護，各處添兵彈壓，尚屬安静。昨聞各國有議派艦入江者，未知確否。查古巴内亂一兩年，美國尚遲遲不肯進兵。今拳匪滋鬧旬日，各强國即加迫挾，使我措手不及。北方糜爛，商務已受大虧，東南大局現尚安静，若各國遽派船入江，内地必立生大亂，數百萬民人身家性命多遭塗炭，各國商務數萬萬資財亦歸烏有。素聞美人仗大義，持公道，不肯乘人之危，以衆陵寡，是以此次大沽之役，美艦未肯開礮，不勝感佩。特請轉達美總統及外部，懇其與各國切商，保全東南大局，不可遽派船入江。弟與劉峴帥當力任保護，認真彈壓匪徒，斷不容稍滋事端。即祈電覆。有。

致長沙俞撫台光緒二十六年五月二十五日未刻發

頃訪聞湘潭有毁教民房屋，搶物傷人事，不勝焦急。現北方潰爛，各國正欲派兵船入江，經峴帥與弟力任保護力阻，不知肯聽否。湘鄂若稍滋事端，彼族必更藉口，更難收拾。務祈嚴飭各屬，認真彈壓，多派兵役，將所有教堂實力保護，一面查明湘潭

〔一〕録自抄本《張之洞電稿·致本省電》。
〔二〕指中國駐美國公使伍廷芳。

事，嚴拏匪徒，從重治罪，勿稍玩延，至要至要。即祈電覆。有。

致長沙俞撫台、黄中書忠浩 光緒二十六年五月二十五日亥刻發

前託招湘勇千名，現計尚不敷分布，請飭黄中書代招足二千，愈速愈妙。至禱。有。

致蘇州李欽差、鹿撫台 光緒二十六年五月二十五日亥刻發

大沽失險，外兵猛進，我軍力薄，京師危急，兩宫震驚，事事措手不及，亟思一紓禍之策。因各國謂我不剿匪，致動衆怒。聞日本政府云，若肯剿匪，尚有轉機，故沿江欽差、督撫八人會銜電奏，請剿匪，並安慰各國，請其停戰妥議，此釜底抽薪法也。其實允剿與否，權在朝廷，但有此會銜電奏，令各國知中國公論不助匪，可望朝廷允從。沿江督撫不庇匪，則長江各省洋人均保平安，其憤稍平，其勢稍緩，乘輿可免危險，可容我君臣中外從容籌計，英艦便不急據長江矣。其文極冠冕平正，匪應剿罪四，一、邪教。二、抗旨。三、擾畿輔災區。四、毁國家電綫鐵路。不甚説洋人，亦未言董提一字。與于次翁商酌半日，于謂兩公意必合。今早已發，全文已電呈，即使事有變局，此奏絶無礙。頃王爵堂接京號電，董革職，剛署直督，則謡傳拳匪入衛之説，斷不可信。祈示覆。有。

致上海盛京堂〔一〕 光緒二十六年五月二十五日亥刻發

漢口洋人傳單言，李中堂將到天津，事已陸續就緒，不甚可解，滬上必有所聞，望速示。峴帥轉述尊電，云拳匪入衛，此何處傳來，是否保定電，必不確。爵堂接京號電，董革職，剛署直督，可見朝廷不庇匪。又，駕仍回淀園，造布篷，係何處傳來，何日消息，或信或電，均望速覆。比工百槍已發。有。

致江甯劉制台 光緒二十六年五月二十六日巳刻發

昨于中丞接李鑑帥電，云頃即起身，明日到江陰，籌阻英艦入，已與滋帥意同等語，不勝焦急。夫以中國之弱，江陰礮臺之陋，各國洋輪入江，止可設法善言勸阻，焉能以兵力相拒。幸公與弟力任保護彈壓，切商各國。昨得英國外部及駐漢各國領事覆，均詞意和平，並稱無派船入江之意。英國昨派兩船來蕪湖、漢口，亦不過游歷，平時常有之事，當不在禁阻之列。儻鑑帥不察，誤會阻之，豈不自速禍亂乎。萬望切實婉勸鑑帥勿得孟浪，致生枝節，並告滋帥轉勸爲禱。公謂然否，即祈電覆。宥一。

劉制台來電 光緒二十六年五月二十七日申刻到

宥電悉。鑑帥到澄，頗慮孟浪，已切實電阻，並密電李軍門勿自我開衅。復派員前往面告辦法，密授將領機宜。然總不放心，祈公再詳切電勸。至禱。坤。沁。

致襄陽朱道台、錫守、李令 光緒二十六年五月二十六日巳刻發

風聞襄陽習拳勇之人甚多，勃勃欲動云，未知確否。現北方

〔一〕録自抄本《張之洞電稿·致上海電》。

拳匪上累國家，下殃百姓，洋人正在藉口要挾，襄陽一帶不特會匪亟宜查拏嚴辦，即練習拳勇亦非安分之事，恐將來與拳匪勾結爲患，亦須一律嚴禁，要緊。該道府縣即遵辦電覆。督、撫。宥。

致襄陽朱道台、錫守、李令、提標中軍楊參將等，鄖陽鄧鎮台、鄖鎮中軍岳游擊秀光緒二十六年五月二十六日午刻發

北方拳匪滋事，京畿紛擾，恐蔓延至山東、河南等省。楚邊襄樊重要，素多伏莽，該鎮可即暫行帶印移駐襄陽，本部堂刻即奏明檄飭該鎮代理提督事務，所有提標各營將弁兵丁，俱歸統轄調度，日内即將提印送襄。如辦理得法，當即奏請署理，並迅速募勇一千名，上緊操練，彈壓巡防，遇有外省本省匪徒，立即稟明剿捕。此項勇丁，或募鄖襄人，或募河南人，或募皖人，妥酌速辦，以速爲妙，惟萬不可有拳匪，切囑。鄖陽鎮事務暫委中軍游擊岳秀代行，俟鄧鎮接提印後，本部堂妥酌一員委署鄖陽鎮，到襄後，即將鎮印交其帶往。即電覆。宥。

致漢口岑道台、德安廖守、黄州魁守、漢陽施守，襄陽朱道台、錫守，安陸史守、鄖陽許守、荆門歐陽牧，荆州奭道台、舒守，宜昌陳守、施南額守光緒二十六年五月二十六日午刻發

現飭善後局趕刻四言告示，遍發各處張貼，惟遠處發到需時，特將告示原文電知，務速飭照刊，先行遍發各屬張貼，以安地方。告示文曰：諭旨欽遵，緝匪安民，造謠鬧教，正法示懲十六字。上横寫督部堂、撫部院示七字。接到此電即速刊刻趕發，并將遵辦情形電覆。督、撫。宥。

致輪墩羅欽差、華盛頓伍欽差、東京李欽差光緒二十六年五月二十六日未刻發

請速將原電譯成洋文，轉送外部，務請配送華文，免失語氣。其文曰：北方拳匪違旨滋事，各國人口物業致遭損害，京内京外數百里華商華民財産焚毁億萬。至戕殺日本使館隨員，乃各官辦理不善之故，實非朝廷意料所及，致各國兵艦進佔大沽礮臺，大局恐成決裂。現在我皇太后、皇上已電召李鴻章來京，必係與各國妥商辦理，免致失和。惟李中堂抵津尚須半月，而各國日内進兵不已，設或再有戰事，將來更難轉圜，徒令各匪乘機肆惡，良民多遭慘害。今各省督撫並未奉有開戰諭旨，可見朝廷並無失和之意。務望婉商各國政府迅電天津各兵官，力勸各國暫行按兵停戰，俟李中堂到京請旨開議，必當妥爲了結，不啟戰禍，官兵方能專力剿匪。目下長江、沿海一帶，各督撫力任保護之責，諸國洋人均可無庸顧慮。若天津再有戰事，則南方必將牽動。事機危迫，務祈迅飭施行。各省督撫意見相同，亦即有電達各國外部矣。以上各節，請即刻轉商外部，感禱。祈速覆。宥。

致廣州李中堂[一]、德署制台，江甯劉制台、福州許制台、成都奎制台、蘇州鹿撫台、杭州劉撫台、安慶王撫台、南昌松撫台、長沙俞撫台、濟南袁撫台光緒二十六年五月二十六日亥刻發

拳匪作亂，致召洋兵，大沽失險，京城擾亂，兩宫震驚，大局危急。北望焦灼，赴援入衛均來不及。竊思惟有各省督撫聯銜電告各國外部，代朝廷表明並無開衅之意，請其按兵停戰，俟李傅相到京妥議，以紓兩宫目前之急。台端願列銜與否，望即刻電覆，以便發電。此電係請英、美、日三國勸各國，或應合俄、法、德三國外部一併電致，請中堂酌示，叩禱。之洞啟。其電文曰：英京羅欽差、美京伍欽差、日本東京李欽差，請速將原電譯成洋文，轉送外部，務請配送華文，免失語氣。其文曰北方拳匪諱旨滋事云云文見上。務祈迅飭施行，某某等同啟等語。即望電覆。

劉制台來電[二]光緒二十六年五月二十八日酉刻到

電悉。公電各國，坤願列銜。惟頃接東撫電，竟欲招拳匪御侮，電恐無濟，大事去矣。坤。勘。

李中堂來電光緒二十六年六月二十八日到

公電語意周妥。惟接楊使電，此事係俄領袖，調兵獨多。而在津紫竹林全被官軍、拳匪燒毁，斃洋人百餘，英提督聞在路被害。拳黨逐洋使，各國必大憤怒，決裂即在目前。鴻五次電奏，尚未奉覆。水陸梗阻，不能奮飛，焦急萬狀。電語請酌改，分致各國，似有益無損。

致成都奎制台光緒二十六年五月二十六日亥刻發

頃接駐英羅星使來電，云沙侯函，蜀江公司理德爾等三人，放賡公司哲克等四人，素在川省，祈公并奎樂帥優加保護，禱甚。等語。此時北方糜爛，大局危急，各國正欲派兵船入江，經弟與劉峴帥以力任保護阻之，尚未知肯聽否。若東南各省稍有疏虞，外人必更藉口，大局更難收拾，藎懷想亦籌及矣。務祈飭屬將該兩公司洋人妥爲保護，並望一面通飭各屬，將所有教堂、洋人一體實力保護，以免啟衅誤事，切禱。祈示覆。宥。

致長沙俞撫台、錫藩台光緒二十六年五月二十七日巳刻發

奉廿一日寄諭，匪徒燒搶京城，内外擾亂已極，著各省就兵力餉力，迅速派營星夜馳赴京師等因。欽此。又接山東袁中丞電，奉廿四日旨，以拳民剿撫兩難，衅端已成，將來收拾難逆料，飭各省籌畫保守疆土，接濟京師，互相勸勉，聯絡一氣，共挽危局等因。欽此。擇要電達等語。前旨係未失大沽以前所發，後旨尚未到，均係擇要先達。感一。

致長沙俞撫台、錫藩台光緒二十六年五月二十七日巳刻發

廿一日，六國合攻，大沽臺失，俄兵最多。廿二日，北塘、

[一] 指兩廣總督李鴻章。

[二] 以下二電録自苑書義等主編《張之洞全集》第十册，第八〇一九頁，河北人民出版社一九九八年版。

軍糧城均戰，津郡火光大起，不知是匪是洋。十七八九三日，拳匪將東城洋房盡焚，教民痛殺，攻交民巷，被洋兵擊敗。廿一日，匪將前門外珠寶市、大柵欄、廊房等街焚殆盡，東城停市，官民争逃。匪議合董軍再攻交民巷，尚未開仗。京城東西各門俱閉，出入由安定門。以上確報彙告。又聞裕、董俱革，剛署直督，不知確否，姑以奉聞。感二。

致江甯劉制台光緒二十六年五月二十七日午刻發

派營赴京之旨，頃亦奉到。尊處擬派何將，帶幾營往，祈示。再，張提督春發、陳臬司澤霖兩軍，想亦必奉榮相調。于次棠中丞意，擬請尊處奏請李鑑帥，帶張、陳兩軍北行。此事鄙人不敢贊一詞，只可代達。祈速酌示。感。

致西安端護撫台光緒二十六年五月二十七日午刻發

兩電悉。派軍入衛，忠誠奮發，欽佩萬分。鄂省亦擬派兵，惟漢口洋人多，彈壓緊要，尚未選定。昨潼關電綫斷，焦急萬狀。現在通京畿奏報消息，只恃此一路，尚可由保定馬遞專人到京，此電不通，京外隔絶矣，即兩宫起居，亦不能知，如何是好。務望速飭電局修復，如係匪斷，務請擒誅數人，并嚴飭文武防護。此關係軍務大計，萬望速行。感。

致蘇州鹿撫台光緒二十六年五月二十七日戌刻發

宥電敬悉，忠勇急難，欽佩無已。所帶將領何人，共幾營，由何路進發，軍械足否。北省災旱，又經匪擾，將入直境，必須多帶乾糧爲妥。地方殘破，台端紀律嚴明，必慰衆望。抵都時局面當略有收束，惟沿途遇大股拳匪抗拒，似宜遵初十日諭旨，痛加攻勦。此輩因仇教而殃及良民，名滅洋而實禍中國。京畿兵民傷亡無數，財産焚毁億萬。前奉不散即勦之諭，近二十四日旨有勦撫兩難之語，明係因該匪近在肘腋，爲所劫制，害生靈，危宗社，罪不容誅。若公能誅討，以伸國憲，非徒有功國家，實亦有德桑梓矣。行期盼示。感。

致長沙俞撫台、錫藩台光緒二十六年五月二十七日戌刻發

派兵赴京之諭旨，係寄各省督撫，湘省兩日内當接到。此軍到都門，大局安危已定，萬一不幸，便當扈衛兩宫聖駕耳。近日屢見外洋電，各國知召合肥頗喜，大約可歸和局。然臣子之義，此軍斷不可不派，假如旬日事定，儘可中途折回，總期與廿四日保疆土之旨無礙可也。鄂省擬派兵一千，湘省擬派何營，兵若干，鄂亦當照派。于中丞擬親率軍北上。竊思湘省派兵亦未必多，不成大隊，聲威不壯。妄擬一策：次翁病未大愈，軍旅似不甚便，若湖南有大員統率入衛，湖北擬附之以行。此次所派鄂軍，皆係湘勇，合爲一軍，便成二千人，稍成局面。假如每省千五百人，便成三千，聲勢更好。隊伍出師，遠離本省三千里，若兵少則氣弱，到彼不能獨當一面，處處受他軍陵轢，轉運通信亦多不便。陝西係派升臬司允統馬步八旗赴援，假如清弼方伯能暫離湖南，則南北兩省援軍全歸清弼總統，最爲鄭重得體。清弼堅强而又精細，軍行在途與入都瞻覲，甚至或行在扈駕，事事皆能應機合禮。

設途中遇匪，其應剿應撫，亦必操縱得宜。反覆思之，無以易此。惟清弼是否能離湘，及此外有無窒礙，未能遥度。特此奉商，敢請籌酌速覆，至禱。再，此議如可行，再與于中丞商。感。

致江甯劉制台、成都奎制台、開封裕撫台、西安端護撫台、安慶王撫台、南昌松撫台、長沙俞撫台光緒二十六年五月二十七日亥刻發

聞江南近已有奸民揭帖糾衆燒教堂，明係會匪附和北省拳匪，藉端煽亂，其意不亡中國不止。敝處業經出示，如有造謡鬧教之人，立即嚴拏正法。台端必早已籌及，如何辦法，祈示。今日國威未足，亂民太多，匪徒已起則難滅，民心已摇則難静，若北方警信傳至民間，不數日必多響應者，旬月之間便成燎原。北省又灾旱，必致拳匪變爲流寇，不可救矣。若亂萌初見，即誅戮數人，便可無事。豫、陝、川、湘、西、皖皆與鄂接壤，脣齒相依，利害與共，故不能不仰藉鄰光，若合力嚴辦，其風自戢。此時防禦外洋，不如先清内匪。若會匪不起，教案不滋，北洋雖已開釁，旬日後合肥李相到京請旨妥議，當可漸有結束。若東南各省再不能保護西人，則長江危矣。中原各省不能豫防拳匪滋蔓，則流寇成矣。憂焦萬分，幸惟賜教。沁。

致施南穎守[一]光緒二十六年五月二十八日子刻發

沁電悉。告示即由府代印。督、撫。沁。

致輪墩羅欽差光緒二十六年五月二十八日亥刻發

有電悉，已電川省優加保護矣。所有長江上下游，洋商、教堂、教民，劉峴帥與弟無論如何當一律實力保護，請告沙侯放心。勘。

致上海領袖大西洋總領事光緒二十六年五月二十八日亥刻發

上海租界歸各國保護，長江内地各國商民産業，均歸督撫保護，本部堂與兩江劉制台意見相同，合力任之，已飭上海道與各國領事迅速妥議辦法矣，請尊處轉致各國領事爲禱。廿八日。

致江甯劉制台、上海盛京堂光緒二十六年五月二十八日亥刻發

杏翁沁電、峴帥勘電均悉。請即刻飛飭上海道與各領事訂約，上海租界歸各國保護，長江内地均歸督撫保護，兩不相擾，以保全中外商民人命産業爲主云云。並請聲明敝處意見相同，如有應列敝銜之處，即請峴帥酌量轉飭。再，杏翁思慮周密，敢懇杏翁幫同與議，指授滬道，必更妥速，尤感。但恐各領事必須敝處派員，擬即派陶道森甲迅速赴滬與議。惟請告上海道及盛京堂先與速議，不必候陶。儉一。

盛京堂來電并致李中堂、劉制台光緒二十六年五月二十八日巳刻到

滬各領事接津電，津租界轟燬，洋人死甚衆，英提帶兵千餘

[一] 録自抄本《張之洞電稿·致本省電》。

歿於路，已各處催兵，看來俄、日陸軍必先集，指顧必糜爛。如欲圖補救，須趁未宣戰之先，峴帥、香帥會同電飭地方官上海道與各領事訂約，上海租界准歸各國保護，長江內地均歸督撫保護，兩不相擾，以保全商民人命產業為主，一面責成文武彈壓地方，不准滋事，有犯必懲，以静人心。北事不久必大壞，留東南三大帥以救社稷蒼生，似非從權不可。若一拘泥，不僅東南同毁，挽回全局即難。乞鈞示。宣。沁。

劉制台來電 光緒二十六年五月二十八日戌刻到

盛、袁沁電想達覽。盛請會飭地方官滬道與各領事訂約，上海租界准歸各國保護，長江內地均歸督撫保護，兩不相擾，以保全商民人命產業為主等語。是否可行，祈速電示。廿四廷寄敝處，今晨奉到。坤。勘辰。

致江甯劉制台、上海盛京堂 光緒二十六年五月二十八日亥刻發

廿四日廷寄，請録全文電示。上海製造局似須豫先密籌一保全妥法，有警即辦，方來得及。似可與各領事議明，此局軍火專爲防剿長江內地土匪，保護中國商民之用，各國不得阻止，併入此次滬道所議各節同議，請酌。儉二。

劉制台來電 光緒二十六年五月三十日戌刻到

儉電悉。茲事體大，公自應列銜。滬道所擬五條均可行，惟須照尊電加入製造局一條，及上海租界歸各國保護一節，已電令速商杏蓀，定今日三點鐘會議。陶道到甯，沈藹蒼亦來告以尊意，並加派沈幫辦。此事均令速商，仍電滬先議，不必候。至杏蓀處，昨經電託相助為理，得覆允辦。廿四廷寄：近日京城内外拳民仇教，與洋人為敵，教堂教民連日焚殺，蔓延太甚，剿撫兩難。洋兵麕聚津沽，中外衅端已成，將來如何收拾，殊難逆料。各督撫受國厚恩，誼同休戚。事局至此，當無不竭力圖報者。應各就本省情形，通盤籌畫，於選將、練兵、籌餉三大端，如何保守疆土，不使外人逞志，如何接濟京師，不使朝廷坐困，事事均求實際。沿海沿江各省，彼族覬覦已久，尤關緊要，若再遲疑觀望，坐誤事機，必至國勢日蹙，大局何堪設想。是在各督撫互相勸勉，聯絡一氣，共挽危局。事勢緊迫，企盼之至云云。廿五之件亦到，與袁電略同。會奏事若何，務祈迅即電覆，盼禱。坤。卅。

致上海道余道台 光緒二十六年五月二十八日亥刻發

接劉峴帥電，擬會同敝處託閣下與領事約定長江內地各國商民產業，均歸督撫保護云云，與鄙人意見相同，詳晰辦法，峴帥當已電知，請即費神速議示覆，至感。儉。

致上海日本總領事小田切 光緒二十六年五月二十八日亥刻發

本日電悉，感甚。拳匪擾害，可恨已極。保護長江上下游一帶各國商民性命物業，鄙人與劉峴帥當力任之，頃已電囑上海道及盛京堂速與滬上各領事妥議。大西洋總領事已電致矣。廿八日。

致荊州奭道、舒守〔一〕 光緒二十六年五月二十八日亥刻發

敬二電悉。省地重要，蔣聲耀正緊操練新勇，不能赴沙。荊州有沙防營及水師，兵力不爲甚少，該道府即督飭所屬各縣及水陸各營并紳團嚴密防範，查拏造謠匪徒，審實重辦，防患未萌，自可不重煩兵力矣。嘯。

致上海製造局潘道台〔二〕 光緒二十六年五月二十九日子刻發

頃接峴帥沁電，除先允撥鄂無煙藥五千磅外，現又承尊處代購一萬零五百磅，并允先由局凑撥萬磅，感甚，并祈代購礮藥五千磅，一併設法刻日運來，盼禱。望先電覆。勘。

致輪墩羅欽差、華盛頓伍欽差、東京李欽差 光緒二十六年五月二十九日辰刻發

廿七日洞宥電請轉達外部，暫行停戰，候李鴻章到，妥議各節，想已轉致矣。此時鴻章、坤一、之洞、世凱、之春、廉三等公商，意見相同，特聯銜電達。懇將宥電照録一分，用五人銜名，再與外部切商，並望示覆。鴻章、坤一、之洞、世凱、之春、廉三同啟。文中稱中堂處，改稱鴻章。豔。同莘按：宥電全文是日並致駐俄楊欽差、駐法裕欽差、駐德吕欽差譯送外部。

羅欽差來電 光緒二十六年六月初一日未刻到

宥電漢洋文列公銜面交沙侯，並切商，據云，竇使及英提耗絶半月，存亡莫卜，難停兵戰。如公能令盛杏翁探取内人確耗，沙處方有商量。豐。卅。

伍欽差來電 光緒二十六年六月初二日酉刻到

前力阻美，故大沽未開礮。遵有電晤外部，允暫不派兵入江。又奉宥電，妥譯送商外部，請總統示。頃面覆，京電斷，公使危，故派兵保護，並非失和。華兵先開戰，未便轉商各國電阻進兵，望中國力剿匪，勿與我兵為難。觀此美現無攻佔意，能通美使信息，先慰彼心，較易商。廷。豔。

李欽差來電 光緒二十六年五月三十日未刻到

宥電遵達外部。停兵事屢商日廷，似有轉圜之意，旋聞津兵攻租界，傷百五十人，事遂不肯。昨駐日法使密談，謂如將在京各國人送至近海無匪處，可商停兵，屬電傅相。但總署已照請撤使，恐終無益。總盼廷議翻然改圖，方能著手。保長江策，屬錢守密陳，尚乞鈞奪。豔。

李欽差來電并致李中堂、劉制台 光緒二十六年六月初三日辰刻到

豔公電遵達外部。頃晤青木面商，據稱各國派兵，係代華剿匪。現匪擾日甚，各使員蹤跡未知所在，停兵一節，各國斷難允，惟請鈞處轉商各帥力保東南為要著等語。反復陳説，皆不能動。北方戰局，恐難挽回。鐸。沃未。

楊欽差〔三〕來電 光緒二十六年六月初三日申刻到

豔電譯交副外部，並極力婉商。據云，俄主夙念華俄數百年

〔一〕録自抄本《張之洞電稿·致本省電》。
〔二〕録自抄本《張之洞電稿·致上海電》。
〔三〕指中國駐俄國公使楊儒。

邦交，極願保全中國，決不失和。歲前外部曾屢向貴大臣言之，沽役傷兵折將，我乃仍不作開戰看，調兵赴華，祇為保護公使人民，兼助剿匪，別無他意等語。查亂事初起，英法等國均以調兵需時，請俄保護在華人民。俄集兵既便，且受各國之託，已成東方領袖。沽役俄傷人較多，儻俄國易就範，他國便有迎刃之勢。刻下已成聯俄之局，捨此恐無良策。然此就目前而論，若各國大兵齊集，英俄勢難終合，恐有變局。頃俄户部面告，據鐵路武弁來電，盛京將軍現已備兵，意欲佔據滿洲鐵路，囑速切電，萬勿妄動。參崴、旅順重兵屯集，朝發夕至，俄欲護守路工，勢必進據滿洲，撤退無日，恐各國又將分據他省。儒聞言焦急萬狀，現正與俄密議排解之策，若再由滿洲與彼興兵，更誤大局。已切電增帥，阻其暫勿造次，乞諸公再致切電，以盡衆力。正擬覆間，忽接濟南轉來總署漾電，略謂各國水師提督欲收管沽臺，顯係首先開衅。本日已照會各使，於廿四點鐘内帶同護兵等赴津，尊處行止可相機酌辦等語，是政府决意開戰。惟電内無奉旨字樣，實屬可疑。現已八日，各使並無到津消息，性命恐均難保。以一國而攖衆怒，雖至愚亦知其不可，秉鈞者誤國殃民至於此極，天乎天乎。北望燕雲，痛哭流涕，挽回危局，端賴藎籌。請轉李、劉、袁、王、俞諸公。都秏並乞隨時電示。儒。東。

呂欽差來電 光緒二十六年六月初一日申刻到

遵豔電譯洋配華，已交外部。據云，德並無戰意，長江一帶如果力任保護商教，確有把握，決不派兵，現派兵艦係往北去。李中堂各國素所信服，均盼早日北上，容日覆信等語。長江有各帥威鎮，諒必無虞。傅相此行，關繫安危大局，早發一日，民難早紓一日。請電各處為叩，俟覆到再電。海。卅。

致江甯劉制台、濟南袁撫台、上海盛京堂 光緒二十六年五月二十九日午刻發

沁電悉。時事奇變，敝處惟有謹遵保守疆土，聯絡一氣之旨。至長江一帶，止有會匪，並無可恃義民，惟有遵照歷年奏定章程，嚴拏重辦。山東袁帥不聲張，極是。公有何救時良策，速密示。豔。

劉制台來電 光緒二十六年五月二十八日申刻到

力任保護，穩住各國，實委曲求全，保東南至計，而鑑帥意見未懌。頃又來電，詢水雷攔江各件，囑撥欵二三萬濟用。敝處電約其來甯面商，並派員赴江陰詳告辦法，欵從緩撥。如能水乳最善，若意固執，不得不另作計議。查鑑帥巡江，旨内並無督辦防務之語，沿江地方自是兩江、兩湖之責，擬會公電奏，請飭李毋得干預防務，以一事權，而免貽誤。時事至此，壞何足惜，保守東南，實顧全局，一涉孟浪，禍在眉睫。惟公同志，謹電密商，祈電示。坤。沁。

劉制台來電 光緒二十六年六月初一日子刻到

遵保守疆土，聯絡一氣之旨，極佩。敝處堅持力任保護，嚴拏匪徒辦法，斷不游移。廿五件亦未聲張。坤。卅。

致上海盛京堂、江甯劉制台、安慶王撫台[一] 光緒二十六年五月二十九日午刻發

沁電悉。洋人照會，欲主地丁兵權云云。敝處接保定藩署坐探委員電，皆係憑公牘有據之言，並無此語。前數日洋兵止數千，況正被羣匪攻擊，現尚不暇及此，必無此事。此乃匪徒激衆爲亂之謡，望告衆人勿信。豔。

致江陰李欽差、蘇州鹿撫台 光緒二十六年五月二十九日未刻發

此時北方擾亂，聞英人意尚欲保全東南商務，斷不遽踞地方，自行攪壞商務。日來上海道正在滬與各領事商議，偶派一兩兵輪或遊或駐，俱無關緊要，萬不必力阻，致生枝節。江陰臺止大礮七尊，前膛四、後膛三，快礮十二尊，洋造十二生口徑者十、滬造百磅子者二，餘礮皆小而劣。凡大後膛礮，大快礮，皆鄙人在江南所安者，從前并此無之。臺極劣，不合法，不能受敵擊，鄙人曾奏大修江南礮臺，被户部駁。此臺最大礮一點鐘止能放七出，次大礮放十餘出。鄙人親考驗過洋艦，最大礮一點鐘能放二十四出，次礮六十出，來攻必用十餘艦，輪番迭進，禦他國猶可，英艦最多，礮數十倍於我臺，彈藥運濟無盡。我臺上彈藥皆由滬局運來，不過支持半日，既與英失和，上海軍火彈藥不能出口，各礮成虚設矣，況各國艦同來，如何能支。此時英既顧惜長江商務，我只可虚與委蛇，不宜決裂，有損無益。留東南數省，尚可接濟京師，安靖北五省人心，即或西幸偏安，尚有地步。東南若潰，北方束手。如將來洋人必欲全吞中國，情形已露，彼時再作孤注，聊盡此心，此時萬不宜也。芻言冒昧，望俯采，并請滋帥力勸鑑帥。豔。

鹿撫台來電[二] 光緒二十六年五月三十日亥刻到

南洋各礮臺誠非洋敵，英如不强占，自不能先與決裂。特此亂已亟，後亦難保不奪踞。刻下商同保護，商務暫緩。目前鑑帥北上，昨已電達。又，泰來毛瑟，蘇省并未議購，滬上近日查禁甚嚴，議購者輒被拘拏，洋行願售亦不能，劉、李所探均同。霖。卅。

致東京錢念劬 光緒二十六年五月二十九日未刻發

大局難料，欲存中國，總須慈聖安穩爲第一義，不然中國斷不能久存矣。各國議論速覆。

致輪墩羅欽差、華盛頓伍欽差、東京李欽差 光緒二十六年五月二十九日申刻發

宥電文中拳匪二字，請改爲會匪二字。豔。

致安慶王撫台 光緒二十六年五月二十九日申刻發

承教極是，已將拳匪改爲會匪矣，因初十日諭旨屢有會匪附和之語也。電已發。豔。

[一] 録自抄本《張之洞電稿·致上海電》。

[二] 録自苑書義等主編《張之洞全集》第十册，第八〇三八頁，河北人民出版社一九九八年版。

致江甯劉制台 光緒二十六年五月二十九日亥刻發

勘電悉。會銜電奏稿極懇切，必不可緩，即請挈銜會奏。惟各國一齊開衅，國字上擬添一强字。重兵報復下，擬添俄、日兩國陸兵最多，其來最速十二字。英調印度兵下，添法調西貢兵五字。連德、法兩國，改爲連德國，删法兩二字，不下數萬，改爲不下八九萬。用兵日久，改爲鏖戰旬日四字。搶劫爲事之下，添口號皆悖逆之語七字。沿江防軍甚單下，添精械有限四字。無把握下，添一經宣戰，各國封我海口，滬局軍火不能運出，即使戰守奮勇，亦無彈藥接濟三十字。閩、浙、廣東兵力亦薄下，添甲午以後，存械無多八字。存械無多下，添從前法越之戰，日本之戰，開衅皆止一國，軍械彈藥尚可設法分購密運，勉支半年三十二字。一國或可堵禦，改爲故一國或可力戰七字。請酌定速發。豔。

致上海盛京堂 光緒二十六年五月二十九日亥刻發

勘電悉。粤漢鐵路事，伍使意極好，將來即照尊議辦。請電伍速畫押爲禱。豔。

盛京堂來電 光緒二十六年五月二十九日寅刻到

伍使電，北事危，外侮急，恐日後美公司藉端要索，續約似應准廷先畫押，候旨批准，如此一可成功，二可望美國助我，力保大局，乞酌云。粤漢續約，總署已閲過，似可即照請電伍畫押。乞示遵。宣。勘。

致上海樊委員[一] 光緒二十六年五月二十九日亥刻發

昨電想達。泰來想已接德領事電，槍肯賣否，何日運。其欵由樊委員設法暫借墊，槍到即匯還，斷不遲誤。王道何日行。豔。

致江甯劉制台[二] 光緒二十六年五月三十日子刻發

豔電想達。披瀝上陳下，擬再加再出使各國大臣此時請勿遽行召回，若使臣下旗回國，即是明言決裂，自認攻毁各國人命物産，以後更難轉圜，似宜仍令暫駐各國爲宜，合併瀝陳等語，共五十八字。請電袁中丞添入。豔。

致上海盛京堂、余道台 光緒二十六年五月三十日申刻發

豔、卅兩電悉，五條甚妥，請即照辦。應否請律法官，請酌辦，不必商。卅未。

致荆州奭道台[三] 光緒二十六年五月三十日亥刻發

槍礮局需料欵甚急，速將奏撥宜昌關之五萬兩刻日籌解。卅。

致蘇州鹿撫台 光緒二十六年五月三十日亥刻發

卅電悉。既無兵入援，便成空文。江蘇已有多軍北上，台端

[一] 録自抄本《張之洞電稿·致上海電》。
[二] 録自刊本《張文襄公電稿》卷三十五。
[三] 録自抄本《張之洞電稿·致本省電》。

似可奏明緩行，尊處宜派員在滬坐探，至要。卅。

鹿撫台來電 光緒二十六年五月三十日酉刻到

頃峴帥會奏，請鑑帥督張、陳兩軍北援，即日啟行趕赴。蘇無營可抽調，現添募勇營，急難成軍，尤乏將。霖先已電驛，並奏請北上，俟奉旨再行。霖。卅。

致江甯劉制台 光緒二十六年五月三十日亥刻發

卅亥電悉。會奏到京已無及，盡心而已。廿五之件亦到。此間擬秘密，尊見既同，望告西、皖。卅。

致上海製造局潘道台〔一〕 光緒二十六年六月初一日丑刻發

豔電悉。晋福已赴滬，所備無煙槍藥一萬磅并礮藥五千磅，請交該輪速運回鄂，如不能出口，即設法內運。事機正緊，幸勿稍遲。滬局每日能造無煙槍藥及礮藥各若干，礮藥價若干。北方軍火已難運，南洋需用無煙藥較少，滬局如能代鄂造運，多多益善，其價由鄂照繳。請詢上海道，能輪運出口最妙，否則由江陰運至長江亦可，鄂當委專員領運。三井槍藥，望速詢確能運否，若干日可到。均祈速示。卅。

致上海盛京堂、余道台，江甯劉制台 光緒二十六年六月初一日巳刻發

杏翁卅電悉。請峴帥酌定，即飭余道照會各領事。至電駐使商外部一節，是否有益，應如何措詞，統請峴帥酌定，挈銜發電，事急不必商。民心恫喝是要義，此時與領事議，即可以此立論。東。

盛京堂來電 光緒二十六年六月初一日巳刻到

卅會議章程呈核。一、上海道台余，現奉南洋大臣劉、兩湖督憲張電示，與各國駐滬領事官會商辦法，上海租界歸各國公同保護，長江及蘇、杭內地均歸各督撫保護，兩不相擾，以保全中外商民人命產業為主。二、上海租界公同保護章程，已另立條欵。三、長江及蘇杭內地各國商民教士產業，均歸南洋大臣劉、兩湖督憲張允認切實保護，現已出示禁止謠言，嚴拏匪徒。四、長江內地，中國兵力已足使地方安靜，各口岸已有各國兵輪者，仍照常停泊，惟須約束水手人等不可登岸。五、各國以後如不待中國督撫商允，竟至多派兵輪駛入長江等處，以致百姓懷疑，藉端起衅，毀壞洋商教士人命產業，事後中國不認賠償。六、吴淞及長江各礮臺，各國兵輪切不可近臺停泊，及緊對礮臺之處，兵輪水手亦不可在礮臺附近地方操練，彼此免致誤犯。七、上海製造局、火藥局一帶，各國允兵輪勿往遊弋駐泊，及派洋兵巡捕前往，以期各不相擾。此局軍火專為防剿長江內地土匪，保護中外商民之用，設有督撫提用，各國毋庸驚疑。八、內地如有各國洋教士及游歷各洋人，遇偏僻未經設防地方，切勿冒險前往。九、凡租界內一切設法防護之事，均須安靜辦理，切勿張皇，以搖人心云。宣叩。卅。

劉制台來電 光緒二十六年六月初三日未刻到

東電悉。各使處，已會銜發電。頃余道電，會商各領，將九

〔一〕録自抄本《張之洞電稿·致上海電》。

條再交。其意此次調兵，專攻拳匪，救官商，不獨大沽水師提督來電有此意，各政府亦同此意。東南果安靖，不致派兵入江。刻在江兵艦係安西人之心，非與中國為難。法、美、德三領首先聲明，英領亦同應允，並謂保護一層，租界内歸領事，租界外歸地方官，有南洋、湖廣力任保護，各領均深信，如何辦法，不干預。且照謂本應保護，不能另立細章，擬將辦法電稟政府，並備文照覆關道等語。謹聞。坤。冬。

羅欽差來電 光緒二十六年六月初八日酉刻到

東電九條同莘按：東電無稿，當是由南洋會銜發出。原鈔來電是年六月者，缺漏特多，故前後文義往往未能銜接。茲取李文忠電稿校補，以存梗概，附識於此。據沙侯云，其意甚美，自當極力體會，惟只能作為條陳，不能作為約章，因中有英國權利不便委棄，中國責成不便越俎，他國意見與英同等語。祈轉峴帥。豐。陽。

致上海盛京堂[一] 光緒二十六年六月初一日酉刻發

卅兩電悉。八條均妥。南路斷不停工，槍一百一十枝昨已交鄭道。東。

致上海製造局潘道台 光緒二十六年六月初二日辰刻發

貴局自造毛瑟彈現存不少，擬購一百萬，少則五十萬，價照前案。由内河達江陰有阻隔否。價在江陰付。祈速覆。沃。

致安慶王撫台 光緒二十六年六月初二日辰刻發

謠傳蕪湖匪徒滋事，確否，速示。銀元局因小元滯銷賠折，五月已停鑄。貴省機器請勿運鄂，鄂省槍無藥，急甚。本省用尚不敷，北援兵亦不能成行，無從協濟。若非如此緊急，彈可徐造，斷不吝也。歉甚，祈鑒原。沃。

致荆州竷道台、舒守，沙防營蕭都司貞福[二] 光緒二十六年六月初二日未刻發

豔電悉。蔣遊擊練兵甚要，實不能分身赴沙。據該遊擊力舉沙防營前哨哨官都司蕭貞福，幹練明白，辦事機警，即委蕭都司代理該營管帶，前派之姚紹基即勿庸代理。蕭弁務須認真彈壓巡緝，防患未萌。委札即發。冬。

致江甯劉制台，上海盛京堂、余道台 光緒二十六年六月初二日亥刻發

盛、余會冬電悉。此間並未奉到宣戰諭旨，無論北事如何，敝處與劉峴帥一力擔承，仍照原議辦理，斷不更易。沃。

劉制台來電 光緒二十六年六月初二日亥刻到

盛、余會冬電想達。現覆以並未奉到宣戰諭旨，無論北事如何，敝處與公一力擔承，仍照原議辦理，斷不更易云。祈公速電盛等，以堅各國之信。坤。冬。

〔一〕以下二電録自抄本《張之洞電稿·致上海電》。
〔二〕録自抄本《張之洞電稿·致本省電》。

盛京堂、余道來電〔一〕光緒二十六年六月初二日亥刻到

領袖領事允函，沅處已接到。正擬覆文，適見宣戰各明旨，與所議保護章程諸多窒礙。如鈞意堅定，仍可辦理。即請切實電示，備各領事詰問時出示，以堅其信。現聞西兵將次抵京。宣、沅叩。冬。

致上海盛京堂〔二〕光緒二十六年六月初二日亥刻發

東電悉。已飭局即日運龍元六萬元，分交滬部分銷，并速鑄矣。冬。

致上海道余道台光緒二十六年六月初二日亥刻發

先電悉。本日接盛京堂電，已飭局於今明兩日運龍元六萬元赴滬，交商發售矣，隨即趕鑄續運，以濟市面之急。冬。

致漢口岑道台〔三〕光緒二十六年六月初二日亥刻發

比、德兩使，確情未悉。冬。

致江甯劉制台，上海盛京堂、余道台

光緒二十六年六月初三日辰刻發

請速致意各國領事，如見廿八日宣戰上諭，不必疑慮。鄂、甯已奉到廿九、三十等日廷寄，有現在京城仍極力保護各國使館，及相機審勢，保守疆土等語，督撫自當恪遵此旨，執守滬約，盡力保護，以全東南大局。各領事意見若何，希即詢覆。江辰。

致荊州濟將軍光緒二十六年六月初三日亥刻發

冬電敬悉。前奉寄諭，飭各省督撫保守疆土，接濟京師。當經會商八省督撫，由兩廣李中堂領銜，電我駐各國欽差轉達外部，約明各國不擾沿江、沿海，各省督撫力任保護商教。旋會同南洋劉峴帥，與滬領事妥議辦法，一面電奏在案。嗣奉廿九日寄諭，在京各使館，我仍盡力保護，爾沿江、沿海各督撫，當相機審勢，竭力辦理。三十日寄諭，迅籌兵餉，力保疆土各等因，係在廿八日諭旨之後。若廿八日諭旨處處宣布，必致匪徒託名滋事，洋艦必入據長江，沿江各省兵力薄，自保不遑，東南糜爛，豈能接濟京師。電局請勿宣布，係遵旨相機保境，力籌接濟之意，祈鑒察。榮中堂覆沿江五省督撫電附呈覽，便知近日都下情形，並請致瑞、禄兩都統及奭道、舒守。江。榮相電文：來電敬悉。以一弱國而抵十數强國，危亡立見。兩國相戰，不罪使臣，自古皆然。祖宗創業艱難，一旦爲邪匪所惑，輕於一擲可乎，此均不待智者而後知也。上至九重，下至臣庶，均以受外人欺凌，至於極處。乃既出此義團，皆以天之所使爲詞，區區力陳利害，竟不能挽回一二。後因病不能動轉，假内上奏片七次，無已，勉强力疾出陳，勢尤難挽。至諸王、貝勒、羣臣，内對皆衆口一詞，諒亦有所聞，不敢贅述也。且兩宫諸邸左右半係拳會中人，滿漢各營卒中亦皆大

〔一〕録自苑書義等主編《張之洞全集》第十册，第八〇四九頁，河北人民出版社一九九八年版。

〔二〕以下二電録自抄本《張之洞電稿·致上海電》。

〔三〕録自抄本《張之洞電稿·致本省電》。

半。都中數萬，來去如蝗，萬難收拾。雖兩宮聖明在上，亦難扭衆，天實爲之，謂之何哉。嗣再竭力設法轉圜，以圖萬一之計，始定在總署會晤，冀可稍有轉機，而是日又爲亂匪將德國使臣擊斃，從此則事局又變。種種情形，千迴萬轉，筆難盡述。慶邸、仁和〔一〕尚有同心，然亦無濟於事。區區一死不足惜，是爲萬世罪人，此心惟天可表，慟慟。本朝深仁厚澤，惟有仰列聖在天之靈耳。時局至此，無可如何。沿江、海勢必戒嚴，尚希密爲布置，各盡其心。禄泣電覆等語。此電保定局三十日巳刻發。

致上海日本總領事小田切〔二〕 光緒二十六年六月初三日亥刻發

初二電悉。傳聞皖撫會奏云云，怪極。齊東野語，毫無影響，與鄙人平日見解、現在辦法正相反，閣下萬不可信。漢報妄刻，已令更正。再，漢報近刻有京城内變一條，尤爲可駭。此上海捷報捏造，望切囑漢報館勿信謡言，亂人心，有礙中外商民大局，此條宜速更正。以後來電尾，祈用韻目，以便記日期。初三。

致廣州李中堂、江甯劉制台、濟南袁撫台、安慶王撫台、長沙俞撫台〔三〕 光緒二十六年六月初三日亥刻發

楊欽差來電，云鹽電譯交副外部，并極力婉商。據云，俄主夙念華俄數百年邦交，極願保全中國，決不失和，歲前外部曾屢向貴大臣言之。沽役傷兵折將，我乃仍不作開戰看，調兵赴華，祇爲保護公使、人民，兼助剿匪，別無他等語。查亂事初起，英法等國均以調兵需時，請俄保護在華人民，俄集兵既使，且受各國之託，已成東方領袖。沽役俄傷人較多，倘俄易就範，他國便有迎刃之勢，然此就目前而論。若各國大兵齊集，英俄勢難終合，恐有變局。頃俄户部面告，據鐵路武弁來電，盛京將軍現已備兵，意欲占據滿洲鐵路，囑速切電萬勿妄動。參崴、旅順重兵屯集，朝發夕至，俄欲護守路工，勢必進據滿洲，撤退無日，恐各國又將分據他省。儒聞言焦急萬狀，現正與俄密議排解之策，若再由滿洲與彼興兵，更誤大局。已切電增帥，阻其暫勿造次，乞諸公再致切電，以盡衆力。正擬覆間，忽接濟南轉來總署漾電，略謂各國水師提督欲收管沽台，顯係首先開衅。本日已照會各使，於廿四點鐘内帶同護兵等赴津，尊處行止，可相機酌辦等語，是政府決意開戰。惟電内無奉旨字樣，實屬可疑。現已八日，各使并無到津消息，性命恐均難保。以一國而攖衆怒，雖至愚亦知其不可，秉鈞者誤國殃民至於此極，天乎天乎。北望燕雲，痛哭流涕，挽回危局，端賴藎籌。請轉李、劉、袁、王、俞諸公。都耗并乞隨時電示。儒。東。等語。洞轉。江。

致長沙俞撫台、錫藩台 光緒二十六年六月初三日亥刻發

東電悉。鄂亦派湘軍五營，方友升統，奏明歸錫清弼方伯總統。清弼約何日行，示知。洞、霖同啟。江。

〔一〕指慶親王奕劻、軍機大臣王文韶。
〔二〕録自抄本《張之洞電稿·致上海電》。
〔三〕以下二電録自抄本《張之洞電稿·致各省電》。

致荊州奭道台〔一〕光緒二十六年六月初三日亥刻發

湖北派方友升五營入衛，與湖南威字五營歸錫藩司良總統，他省亦多有派兵者。荊州浮動易生事，彈壓喫緊，該道萬不可來省，如有要語，隨時電稟函稟。北方警信變故多端，大約洋兵現尚在津，該道時常電詢藩司可也。督、撫。江。

致長沙俞撫台、熊鎮台、長沙協、撫中軍〔二〕光緒二十六年六月初四日子刻發

藍廷青請調用永鎮中游，先委該中營守備護理。長沙協委貴撫標中軍劉參將高照兼理，熊鎮令速回永州鎮本任。湍署藩，夏署臬，均請照辦。并飭熊鎮知。江。

致上海製造局潘道台〔三〕光緒二十六年六月初四日申刻發

礮係三生七至五生七，藥當可通用。閩定德杜田廠藥，此時如何能運，其合同包運到否，該行有何確實辦法，祈示。如有把握，擬附購槍藥二萬磅，礮藥一萬磅，但須刻期運到。三井有密運之法否，該行允何時可到，祈并示。支。

致江甯劉制台、成都奎制台光緒二十六年六月初四日申刻發

川東、冬，甯江電均悉。湖北本年鄉試自應展緩，即請挈銜電奏。至湖南應緩與否，請電詢俞中丞。洞、霖同覆。支。

歌。

劉制台來電光緒二十六年六月初五日申刻到

支電展緩鄉試，已會蘇、皖、西、鄂、湘、川各帥電奏。坤。

致東京李欽差、俄京楊欽差、倫墩羅欽差、華盛頓伍欽差、柏林呂欽差、巴黎裕欽差光緒二十六年六月初四日申刻發

前總署電各國駐使，云行止相機酌辦，自以不回華爲要，回則決裂矣。如無促歸之旨，萬望妥酌，勿遽回，以保大局。支。

致廣州李中堂、江甯劉制台光緒二十六年六月初四日亥刻發

接楊使東、沃兩電，俄外部稱，盛京有興兵毀路之舉，俄國身家在此鐵路，囑切電勿妄動。參崴、旅順重兵屯集，朝發夕至，俄欲護守路工，勢必進據滿洲，恐各國又將分據他省等語。查毀路想係阻其進兵之意，惟俄鐵路現僅修至恰克圖，此東三省之路僅造路基，未修成，行軍尚不便，崴、旅海道運兵不難，我若毀之，不過損其資財，不能阻其進兵，徒然結怨召禍。俄一據東三省，各國必分據各省，是立即瓜分矣。此事不知是否奉旨，抑係兵民之意。外意自宜速止，如係奉旨，似可據實奏明，戰局

〔一〕録自抄本《張之洞電稿·致本省電》。
〔二〕録自抄本《張之洞電稿·致各省電》。
〔三〕録自抄本《張之洞電稿·致上海電》。

未定，毁路暫可從緩，以保國家全局，請中堂速設法阻止。焦急，盼禱。支。

致廣州李中堂、江甯劉制台、濟南袁撫台、安慶王撫台、長沙俞撫台 光緒二十六年六月初四日亥刻發

楊欽差來電，云方籌挽回時局，忽外部稱盛京有興兵毁路之舉，俄通國身家在此鐵路，若滿洲有警，決裂無疑，大局安危在此一著。已兩電增帥力保路工，仍祈諸公切電加勁，千萬感禱。儒。沃。等語。轉。支。

致長沙俞撫台〔一〕 光緒二十六年六月初五日子刻發

四川奎制軍電商，請電奏展緩今年鄉試。湖北、江南均已定議請緩，尊意如何，如湖南亦願緩，望速徑行電致劉峴帥，由兩江會各省銜電奏。爲期已迫，并速示覆。支。

致上海製造局潘道台〔二〕 光緒二十六年六月初五日寅刻發

冬電甫到。軍火可出口，欣慰。晋福已到滬，大口毛瑟彈如貴局現存尚多，擬購七十萬顆，價照前案。此項彈用處多，貴局能設法添機多造否。再，無煙藥料甚難，如能將黑藥設法精造，用之於小口毛瑟、比槍曼里夏等槍，雖力減，較勝無彈，此策亦籌及否。祈覆。豪。

致成都奎制台、西安端撫台、福州善將軍〔三〕 光緒二十六年六月初五日申刻發

五月廿五日，長江五省督撫暨李鑑帥會銜，電請榮相代奏，力請剿匪，安慰各國，勿搆衆衅，俟李相到京妥議。榮相覆五省電云文見上。此電係保定卅日發，看此情形，可見拳匪布滿肘腋，兵民不遵法令，兩宫迫於人衆，榮相種種爲難。此是京城實情，讀之痛憤焦灼。廿一日以後，兵匪在津合拒洋兵，雖兩次獲勝，此由各艦陸兵尚少。旬日後俄、日、英、法陸兵大集，即使奮勇，彈藥用盡，如何能支。查洋艦奪我礮臺，是彼開戰衅，京畿焚害洋界洋人洋員，尋殺不已，是匪啟禍端。然各國聞召合肥李相入京甚喜，均望早爲了結。大沽口各國水師提督公同照會沿江沿海督撫，云此次專爲彈壓拳匪，救護在京津之各國洋人，並無他意。各領事云，此次不作爲開戰，但日久尚無轉機，終歸全局決裂。恭讀五省所奉廿九日諭旨，有剿撫兩難，及現在我仍盡力保護使館之語。卅日諭旨，內云義和團數月蔓延，不下十數萬，自兵民以至王公府第，處處皆是，與教爲仇，剿之則即刻禍起肘腋，只可因而用之。等因。欽此。而各電津匪劫軍械局，礮攻租界，焚署縱獄。京城自十七日後，亂燒亂殺，日攻使館，延及居民。前門外大街、東交民巷焚毁殆盡，足見兵匪混雜，不遵諭旨，恐目前戰和機宜，竟不能由朝廷作主，而且內變堪虞。三公有何善策，

〔一〕録自抄本《張之洞電稿·致各省電》。
〔二〕録自抄本《張之洞電稿·致上海電》。
〔三〕指善聯。

速賜示。歌。

致廣州李中堂、江甯劉制台光緒二十六年六月初五日亥刻發

昨支電轉楊使電，想達。細思奉吉毀路之舉，若係奉旨，固不可阻，即使出自兵民，關東拳匪素多，亦恐難禁。俄雖欲據地，日必力争，英思染指，攻津之俄兵必全撤，日兵必分大枝，英兵必分小枝，移禍關東，攻津稍緩。俄日交鬨，各國當有變局，或者有轉圜之望。京城危急重於遼東，或者竟移近戰爲遠戰，化衆敵爲一敵，亦未可知。此事利害，實難逆睹，不敢妄贊一詞，特此聲明。如致增、長兩帥電時，望勿提及賤名，至禱。并祈示覆。歌。

致西安端護撫台請轉寄天津巢委員鳳岡〔一〕光緒二十六年六月初六日子刻發

陝轉箇電，德州來養、漾、敬、宥五電均悉。以後來電，即送德州轉。在津拳會約若干人，實能戰否，在津兵係何營，能戰者係何軍何將，洋兵距津若干里，約若干人。近日天津情形，速詳電稟。歌。

致江甯劉制台，上海盛京堂、余道台光緒二十六年六月初六日子刻發

杏翁歌電悉，即照所擬速辦照會。至會電各駐使一節，即請峴帥迅速挈銜會電爲禱。語子。

致江甯劉制台，上海盛京堂、余道台光緒二十六年六月初六日巳刻發

公法極憤傷使，專看各使存亡，以爲辦法輕重，若得確信，吞裂必矣。萬不得已，或由江、鄂聯名致滬各領事，婉言慰問。如有出京到滬者，派專員挽留饋問，邀赴金陵駐息。如必不來金陵，務留其住上海，告以寄諭有現在京城各使館，我仍盡力保護之語，仰體聖意爲之，彼必願駐滬，不過措詞圓到而已。此代朝廷聯續邦交，有益無損。如以爲可，即請電滬道先達此意，一面電奏請旨，即本諭旨保護使館一語立言。大約各使存者不多矣，有此一邀，於東南大局必有益。至廿九、卅日諭旨剿撫兩難，兵民王公府第皆有，剿之則禍生肘腋，朝廷萬不得已之苦衷等語，暨榮相來電七奏面陳，衆人鬨脅各節，大意必宜婉達各領事知之，使知朝廷爲此輩迫脅，非出聖意，或可稍鬆也。請速酌示。語。

致西安端護撫台光緒二十六年六月初六日巳刻發

東電悉。招會禦侮一節，此間與北方情形不同，已會兩江奏言。長江一帶止有會匪鹽梟，並無可招義團。現會峴帥與各領事議定，長江各省各國人口産業，兩江、兩湖督撫均認保護，各國亦不派輪入江。領事電達外部，已允此辦法，已於卅日會兩江電奏。現出示嚴禁土匪滋擾，大意欽遵廿九、卅等日寄諭保守疆土，接濟京師，相機審勢，聯絡一氣四語辦理，並仰體諭旨中現在京

〔一〕録自抄本《張之洞電稿·致各省電》。

城我仍極力保護使館之語。蓋保安南省，方可接濟北方。且此日廣聖朝怙冒之仁，或可爲將來轉圜之地。惟津戰獲勝，鋭意決裂，恐亦非持久之計。拳戰雖勇，彈藥易盡，公使多斃，衆憤沸騰，事難逆睹，盡心盡力而已。卓見如何，祈教。再，升廉訪之策，其志誠壯，惟津沽門户爲人踞守杜塞，敵艦六十，我船存四，焉能越海襲旅，渡島攻膠。全力衛京不足，安有襲人之兵哉。語。

致江甯劉制台、蘇州鹿撫台、上海盛京堂

光緒二十六年六月初六日午刻發

杏翁歌電想入覽。盛因各領事生疑，恐礙東南之約，並阻軍火，擬請滋帥勿帶蘇軍北上。查陳鳳樓一軍聞先已派令北行，何不商滋帥，即以陳軍作爲滋帥軍，既免外人疑，且省籌餉械，又勝新募者，何如。抑或別有良策，祈速示。語。

劉制台來電〔一〕

光緒二十六年六月初七日未刻到

語電悉。滋帥處，弟已電請勿帶蘇、甯防營，恐未必允，礙東南約等語，亦難動聽，奈何。公曷為一言。坤。陽。

致江甯劉制台、成都奎制台、蘇州鹿撫台、安慶王撫台、南昌松撫台〔二〕、長沙俞撫台，上海盛京堂、余道台

光緒二十六年六月初六日申刻發

鄂省近日刊發通省告示録呈。其文曰：督張、撫于雙銜。爲遵旨保衛地方事。照得北方因匪徒滋事，以致各國生衅，人心摇動，大局攸關。本部堂、院奉到五月廿九、卅等日寄諭，有現在京城仍極力保護各國使館，及各省督撫務須相機審勢，保守疆土等語，自當欽遵此次諭旨，設法辦理。已會同兩江督部堂劉，詳加籌畫，將東南各省均行一力保全。現與各國領事商定，但使各國水師艦隊不入長江，則内地各省所有各國人口産業，均歸地方官極力保護。業經妥議辦法，電奏在案。此乃保衛地方百姓身家性命之至計。誠恐民間未知此次奏明辦法，土匪莠民藉端騷擾，致害全局，爲此亟行出示曉諭一切軍民人等知悉。爾等須知此次北方戰事，本非朝廷意料所及。此次諭旨，現在京城仍保護使館，與各省現在仍遵照歷年頒行約章，保護租界、教堂，同爲保全大局起見。現在各國既願歸我保護，水師艦隊不擾長江，則居民商務均可安静如常，土匪不致乘機作亂。其所以保全沿江内地各省百姓之身家性命者，裨益良多，斷不宜輕啟衅端，庶可仰體朝廷顧全大局之意。紳耆人等尤當剴切開導，如此所以保安國家完善之疆土，即所以益彰聖朝如天之至仁。既經此次示諭之後，如有揑造謡言，煽惑人心及聚衆擾及租界、教堂者，定即嚴密查拏，按照土匪、會匪懲辦。其有匪徒藉端騷擾，意圖蠢動者，各處均已駐有重兵，立行痛剿。如兵勇差役有滋事擾害者，即照軍法懲辦。務使商民安業，地方平靖，以仰副諭旨相機審勢，保守疆土之意。各宜懔遵勿違。切切特示。等語。謹奉達，祈察覽。洞、霖同啟。語。同莘按：告示全文在湖北境内亦先由電傳遞。

〔一〕録自苑書義等主編《張之洞全集》第十册，第八〇六八至八〇六九頁，河北人民出版社一九九八年版。

〔二〕指江西巡撫松壽。

致天津裕制台德州電局專差飛送　光緒二十六年六月初六日戊刻發

前聞大沽失守，不勝懸念。旋聞我獲勝兩次，略爲寬慰。頃接廿七來電，焦急萬分。湖北兵單匪多，已派五營入衛，但恐緩不濟急，奈何。津郡現共有幾營，何軍最得力，團民助戰者若干人，是否實能戰，抑專恃法術。聞近日漸少，確否。洋兵約共有若干，數日來情形，統祈電覆。再，公法最恨害使，各國公使不知現在何處，洋兵以救公使爲名，故力攻天津，尊處如能將各公使救回津，各國即可不必進京，將來議和亦較易商，此實救急之要策，祈并覆。語。

致長沙俞撫台、錫藩台，岳州顔道台

光緒二十六年六月初六日亥刻發

拳匪滋事，開衅各國，當經會尊銜暨沿江各督撫電奏，請剿匪徒，妥與各國商議。詎京津各處拳會太熾，廷寄内有王公府第，兵民皆有，剿之則患生肘腋之語，榮相電尤迫切。繹諭旨之意，是兩宫不免爲所挾制。弟遂與李傅相、峴帥暨沿江各督撫，仰體兩宫苦衷，謹遵相機審勢，保守疆土，接濟京師等諭旨，電外洋駐使，切商各國政府，暨派員在滬與領事會商，力任保護洋商洋教，囑其勿擾東南。現各國已允，如内地安静，實力保護洋人，定不擾及東南沿江沿海各省，然已頗費周旋。現各領事尚頗多疑慮，萬一長江一處稍滋事端，即立成變局，南北同時糜爛矣。是以各省會商，所有近日開戰賞拳各諭旨，一概暫勿宣播，内防奸匪藉端，外免洋人口實，顧全東南大局，方能接濟京師也。迨奉招集義和團禦侮之旨，更未敢宣布，并已會峴帥奏明，長江只有會匪，并無此項義民等語，蓋恐長江會匪藉端一起，大局立即瓦解。昨天津卅日探報，團民日見其少，民已窺其技，紳商設法懇請停戰，可見北省拳會並不可恃，兩湖會匪只能爲亂，更難望其效忠禦侮。昨接四川奎樂帥、陝西端護院來電，亦均欲保護洋教，以留後日停戰之地。并謂川、陝刀會鬧教有餘，禦侮不足，召會禦侮之策，一經宣布，禍端立起，極思秘密，深恐露風云云。詎頃接英領事來照會，接巴陵教士禀，巴陵縣及保甲局差人囑其速回漢口，并告以現已開仗，漢口已經燒燬，領事已逃，且示教士以集拳禦侮之廷寄及天津焚毁洋房電報兩紙，并云明日巴陵縣即將來電，曉諭闔城知悉，現該處謡説克復臺灣，索回賠欵等語，實深駭異。該令、該局將廷寄出示洋人，欵將電報播傳，摇惑人心，實屬不曉事體，若不速設法補救，東南太平之局定爲擾亂。務請嚴飭該縣、該局，切實加派妥當兵役，認真保護教士，儻有造謡生事不安本分之人，藉思蠢動者，立即嚴拏重辦，以靖地方，而維大局，至要。一面由敝處囑領事勸令教士暫回漢口，但只可善勸，不便驅迫，即望電覆。昨敝處所發雙銜保衛地方告示，已另電奉達。此係弟與湖北于中丞商定刊布者，如湖南地方俞中丞亦願會銜出示，請酌核會弟銜刊發，並請中丞譯出録示岳州道爲荷。語。

致岳州顏署道台、豫守〔一〕光緒二十六年六月初七日丑刻發

黄中書忠浩現統五旗來鄂，據報廿八日自長沙啟行，何日過岳，速覆。語。

致江甯劉制台，上海盛京堂、余道台 光緒二十六年六月初七日巳刻發

甯魚電悉。請即派余道隨時與領事會商，作爲江、鄂公派，并請盛京卿相助，作爲江、鄂公請，均託以全權，望速轉告定議爲荷。陶道聞現無差，擬調鄂差遣，并祈酌覆。會電駐使一層，尊處情形較熟，思慮周妥，務祈酌辦，挈銜速發。如必謙虛，請將電文示知，當竭愚慮斟酌奉覆，至感。陽。

劉制台來電 光緒二十六年六月初六日戌刻到

上海領袖總領事華，電請揀定一員，操全權，代貴大憲與領事公會商辦機務，以歸簡捷云。余道係地方官，各領信服，盛心細識優，可以相助，乃放心。陶係尊處派，此事如何合覆，祈速電示。坤。魚。

致上海盛京堂、余道台 光緒二十六年六月初七日巳刻發

兩公魚電均悉。頃已徑接上海美總領事來電，所言與余電相同。總之，彼此務須約定，無論將來事變如何，彼此均照所議辦理，斷不稍渝。昨敝處已明白出示，曉諭通省，并將辦法詳電湖南、四川等省，力陳此舉關繫重大，江鄂維持苦衷，力勸彈壓保護矣。告示原文已另電奉達，想已接到。告示措詞已大費躊躇，然只能如此，儻措詞稍不得體，官民不遵也。望將示文鈔録一分送美總領事，代爲婉覆。文内如洋人有不能體會者，并祈代爲解釋爲禱。美總領事處，弟即不另覆矣。即望電覆。陽。

致長沙俞撫台、錫藩台〔二〕光緒二十六年六月初七日午刻發

鄂委方前鎮友升統五營，咨文計已達覽。方鎮意擬請台端派兼充湘軍營務處，以期兩軍同行，呼應通靈，尚係爲有益軍事起見。方鎮夙有戰功，曾任實缺總兵，湘軍營官資望，想未必在方鎮以上。特奉商，是否可行，速示覆。再，鄂軍每名給青布小單號褂、單袴、領褂各一件，均黑色，對襟小袖。此係打仗時穿用，如能兩省一色，軍容較爲整齊。是否可行，均祈示覆。至羽毛號衣，係行路用，想湖南早已製好，只可各從其便。陽。

致濟南袁撫台 光緒二十六年六月初七日未刻發

上海泰來行有大口十響毛瑟五千枝，無煙彈千萬，乃蘇子熙既購而退者。蘇取大口槍鉛彈而令裝無煙藥，怪謬已極。驗試不差，但藥甚少，尚不致害槍。前月半事急，鄂與之議購，每槍一枝，庫銀六兩八錢，彈一百五十萬顆，每千庫銀四十五兩，貴極，急需只可購定。忽領事不准出售，現經劉峴帥與敝處同認保護長江，各領事稍喜。敝處有另買軍火，言係防土匪，已允放行，但

〔一〕〔二〕 録自抄本《張之洞電稿·致各省電》。

約明不能濟北方。尊處如願購，擬請公速商江南，遲恐有變。並示覆。陽一。

致濟南袁撫台光緒二十六年六月初七日申刻發

東、歌電悉。尊處前敵，精兵需械，誼應籌濟。惟曼里夏槍前數年購存二千枝，彈二百萬，去年被端邸提去，此外皆零星舊槍，然亦不多。鄂廠專造小口毛瑟快槍及彈，除疊次解京及武衛先鋒軍外，有槍無彈，藥廠未成，有彈無藥，藥係向滬局隨用隨購。現聞滬局因造藥物料用盡，昨日已停工。張軍械由鄂濟，待無煙彈甚急，日内尚未能解，此事焦灼萬分。此次鄂省入衛之軍，只可用大口十響毛瑟，取其有彈而已，自有小口槍而不能用，其難可知。無以應命，疚歉萬分。茲代籌一策，同日另電奉達。陽二。

致江甯劉制台光緒二十六年六月初七日酉刻發

頃會尊銜致榮中堂電，録呈其文曰：傷害使臣，公法最忌。現探詢各國議論，專候各使消息，以定舉動之輕重。傷彼數人，徒激衆怒，實屬無益。除德使被害外，其餘各使不知現在何處，尚有幾人。中堂如能將各使全數保護回津，爲將來開議地步，裨益國家，實非淺鮮。不然專人探明各使現在何處，實在情形若何，告知各國，以慰其心，亦不爲無益，祈即示覆，切禱。卅日保定轉鈞電讀悉。時事棘手，宫廷爲難，藎躬勞苦，曷勝憂憤。薄海臣民，惟有叩禱天祖，庇佑聖清。務懇將都下情形賜示數語，以慰下忱。坤一、之洞同肅。等語。知尊意必同，故未先行奉商，已於本日申刻發至保定，託廷方伯專差飛送矣。特奉達。陽一。

致江甯劉制台光緒二十六年六月初七日亥刻發

擬會台銜致駐英、美、日、俄、法、德六星使電，云現各國政府已允如能保護内地洋人，可不擾及東南各省。各國水師在大沽會議，亦謂專彈壓拳匪及自救本國之人等語。譯楊星使東電，各國既不直認大沽之役爲開戰，似只可姑與羈縻。署電内既有酌字，諸公藎謀，自必斟酌妥善，如能暫留各國以通聲氣，而知外情，且爲日後開議地步最好。但應請卓裁，自行酌定，坤等非敢越俎代謀也。坤一、之洞同啟等語。務祈核定酌改妥善，即由尊處發爲禱。陽。

致成都奎制台、重慶夏道台光緒二十六年六月初七日亥刻發

頃漢口英領事接重慶英領事電，重慶英領事等甚危等語。現各國大兵集天津，北事已難支持，長江一帶若能安静，保護洋人，各國允不南擾，儻一處稍滋事端，南北同歸糜爛，大局瓦解矣。萬望嚴飭重慶文武，無論如何，務須將該處洋人實力保護。如有痞匪藉端滋事，不妨嚴辦，務以安靖閭閻，保衛商旅爲要，切禱。即盼電覆。陽。

致開封裕撫台光緒二十六年六月初七日亥刻發

頃據英、美兩領事照稱，接福公司鑛師自開封來電，鑛師等十五人向南奔赴襄陽，請電達尊處保護等語。現探聞各國兵大集

天津，兵艦數十，尚有陸兵約十萬，陸續將到。而天津廿八日探報，拳民日見其少，紳民已窺其技，擬設法懇請停戰等語。是此次北方兵事不久仍歸和局，此時外間能保護洋人教士一分，將來議結即獲益一分。現各國議允，如内地能保洋人，則洋兵不擾中央南方各省云云。查長江五省前奉諭旨，保守疆土，接濟京師等因，若内地安静，則保守接濟諸事庶易辦理，於大局不爲無益。敝處已電襄陽道務請飭屬將此十五人認真妥爲保護出境，至禱。敝處已電襄陽道府派人迎護矣。即祈電覆。陽。

致江甯劉制台 光緒二十六年六月初七日亥刻發

頃致滋帥電，云蘇、甯風氣油滑，即湘、淮人久寓蘇、甯者，亦必染營棍習氣，不耐勞苦，臨陣斷不足恃。此次台端入衛，宜力向峴帥索陳鳳樓七營作爲部下。陳係江省軍，蘇撫本可調度，敝處亦電峴帥力言陳軍矣。台端似只可在蘇、甯挑選精壯親軍一二百名，並選帶可信營哨官若干人，並帶足餉械，一面電致徐州鎮道，代爲招募北方勇悍敢戰兵勇兩三營，一俟台端帶同營哨官到彼，即可成軍北上，似較迅速，亦更得力，且不致令洋人藉口改議，於保護東南大局尤有裨益。管見祈裁酌，並示覆等語。東南大局既不動聽，只可就其切己者勸之，然亦實在情形，未知肯聽否。竊謂滋帥入援兵少，便成空文，自必不願，陳鳳樓七營若能歸其節制，再加自募徐州勇兩三營，兵勢甚盛，蘇、甯防營當可不帶。且陳係江省軍，蘇撫本可統轄調度，名正言順，尤屬自然，此外恐無善策。務祈裁酌，分電滋帥、陳軍、徐州鎮道，免礙此間大局，實深盼禱。陽三。

致襄陽朱道台、錫守、李令〔一〕 光緒二十六年六月初八日子刻發

頃接英、美兩領事照稱，接福公司鑛師自開封來電，鑛師等十五人向南奔赴襄陽，約十二可到襄，請飭保護，并代雇船護送來漢等語。除電河南撫部院飭屬保護外，該道府縣速代雇船隻，多派穩慎兵勇差役，迎至河南境，將鑛師等十五人妥爲保護來漢。總之，各國人若無損傷，則東南必可不再開衅。事關大局，倘有疏虞，惟該道府縣是問。先將遵辦情形電覆。陽。

致廣州李中堂、江甯劉制台 光緒二十六年六月初八日午刻發

粤歌、虞兩電，甯微電均悉。敝處支電，詞未達意。此時遼東自以不毀俄路爲正辦，必待至各國力攻京城，決裂到底，大局已潰，不允議和時乃出此下策。早毀則有害，遲毀則害中求利。所云如奉旨不可阻者，恐係上意欲借衆憤以懾敵緩兵，萬一京城難守，或致歸咎奉天不早辦也。看港報情形，恐仍是衆憤，非内旨，兩公勸阻極是。敝處僅電詢增將軍係何情形，未覆。尊處如接覆電，祈示。庚。

致成都奎制台 光緒二十六年六月初八日午刻發

歌電暨語電録呈鄂省告示，想均已達覽。前讀尊處東電，川省人心浮動，若招民禦侮，恐此旨一宣，禍端立起，擬仍照舊保

〔一〕録自抄本《張之洞電稿·致本省電》。

護，據實具奏各節，卓見極佩，與鄙人暨峴帥均相合。卅日津電，拳會日見其少，紳民已窺破其技，設法懇請停戰，以保一城等語。查洋兵大集，拳勢漸衰，恐難持久，滬漢各領事、各國政府均議允，如我能保護内地，即不擾東南。是保護内地洋人教士，正爲遵旨保守疆土，接濟京師起見，且留他日轉圜之地。旨雖宣戰，似仍宜剴切勸諭地方免致紛擾，又蹈佘蠻故轍。應如何措詞，台端自有權衡。此後遇有應會奏關繫大局事，或商各領事之件，如願聯銜，當奉商。祈示覆。庚。

致江甯劉制台 光緒二十六年六月初八日未刻發

昨夜陽電擬公致六星使一電，想入覽。其前半各國已允，至姑與羈縻等語，應删去，只可自署電内既有酌字一句起，至非敢越俎代謀也止，祈速妥酌改定示覆。再，吕歌電頃已到，十分可駭，萬不可轉總署，誠如尊論。務請尊處急電李相、王、袁、俞等處，切勿轉署，並速電吕，切戒勿宣播，至禱。祈即覆。庚午。

劉制台來電并致李中堂、袁撫台、王撫台、俞撫台 光緒二十六年六月初八日午刻到

吕使電，外部覆云：文三電悉。中國待德使有違公法，德人被困甚危，現派兵遣艦，保護使館及德人，並要回向來分内任便之益。所有中國違法各事，須照懲償，故會同各國併力合辦，必欲得一切實把握，免再鬧事，德所注意在此。現中國政府辦事，既自置身公法外，各國即不能以公法相待。至各督撫既任保護西人為己任，辦法與北京自異，本部已立案，務望踐言，並請奏明。主望速離危機，惟華兵結匪黨合攻西人，德國在華應辦事宜歸統將主裁，本部不欲分其權，致掣其肘，故江、鄂兩督擬訂各節，礙難遝允。兩督美意儻能實踐，我國亦不忘情，當即轉達統將，於軍事無礙者皆可照行，併請轉覆酌辦云云。北事究如何，不勝憂憤，請轉總署並李、張、袁、王、俞。海。歌。云。謹轉達。坤。陽。

致江甯劉制台、廣州李中堂、安慶王撫台、長沙俞撫台、濟南袁撫台 光緒二十六年六月初八日未刻發

吕使歌電已閲悉。此電外部語多離奇，萬不可轉總署，必干朝廷震怒，且東南大局更將決裂矣。峴帥所見極是，望速分電皖、湘、東等省，將此電置之不論不議。切禱，並望迅賜示覆。齊。

致雲南丁署制台〔一〕 光緒二十六年六月初八日申刻發

支電悉。現各國攻津，兵艦集大沽者四五十艘，沽臺全失，洋兵已集津萬餘，續調者尚多，距京不遠，京城危急，將來不知如何收拾。貴省又出教案，國事艱危至此，邊省又生枝節，豈能顧及，焦灼奚如。聞係因焚毁教堂而起，竊謂允以嚴辦滋事匪犯，修復教堂，從優賠恤，似可了結。此時北事亟，大局危，尊處兵單械缺，斷不宜動兵，無論如何只可隱忍轉圜耳。道遠未悉細情，妄談祈諒。鄂省奉旨接濟京師，内防會匪滋事，連日添兵籌械，羅掘一空，各國又禁軍火進口，湘營入衛索械尚不能應，窘迫可

〔一〕指署理雲貴總督丁振鐸。

想，滇省萬難代籌，愧歉萬分，務祈鑒原。此教案起衅原委，近日滇中情形，并望詳示爲禱。庚。

致雲南唐督辦[一] 光緒二十六年六月初八日申刻發

前保定、津京一帶，拳會藉仇教爲名，襲會匪故套，豎輔清滅洋旗號，遍處焚殺，斃教民、教士及他項洋人甚多，毁電桿，拆鐵路，京官目爲義民，稱贊附和，遂蔓延京都。亂燒亂殺，不遵約束，前門外大街多焚，各國公使多斃，攻毁天津租界。各國集兵報復，不可收拾，京城宮禁及王公府第、各營兵丁，多係拳會，朝廷似受其脅制。廿一日以後，兵匪在津合力拒洋兵，獲勝二次，卅日天津探報，云拳民日見其少，紳民已窺破其技，擬設法懇請停戰等語，是拳會亦不足恃。又探聞大沽各國兵艦四五十艘，洋兵日調日多，聞續調有八九萬，奈何。此電祈送丁中丞一閲。庚。

致上海陶道台森甲 光緒二十六年六月初八日申刻發

昨已電兩江，調閣下來鄂，望即日來，爲盼。庚。

致上海日本總領事小田切[二] 光緒二十六年六月初八日酉刻發

電悉。已電調陶道即日回鄂矣。初八。

日本總領事來電[三] 光緒二十六年六月初八日子刻到

陶觀察來滬要公略已辦完，鄙人現有機密要務，不便函電，擬囑觀察回鄂密稟。是否電飭觀察趕緊回鄂之處，出自高裁。倘蒙依允，則幸。東。切。

致江甯劉制台 光緒二十六年六月初八日酉刻發

李使電當亦接到。伊藤所詢，未易答覆，中外殊俗，中國臣下不能專擅作主，彼所屬望於我者，實難測度。然若告以全無辦法，恐其失望，以後不與我商，無從知外國消息也。鄙意擬渾涵復之，云弟等之意約有三條。一望各國不攻京城，匪亂自平。二望各國不驚兩宮，天下人心自服。三望各國停兵在津，候李傅相妥議，當易結束。弟等當欽遵前奉諭旨，聯絡沿江沿海及内地各督撫，互相勸勉，相機審勢，力保疆土數語辦理。諭旨中既有相機審勢之責，是則凡有關保守疆土者，其事勢機宜當可隨時斟酌，遵旨聯絡各省，公同商酌辦理等語。拙思淺陋，别無奇謀要論，特就管見奉商，以備裁擇。公意中有何切實重要辦法可以答之，務祈詳晰明示，以便彼此商酌妥協，再行電李轉覆。事關中外交涉，非外間臣下所應妄議，答復後似應由電奏明爲妥。此等冠冕正大語，當無礙。即盼電覆。再，此次來電止詢我兩人而不提李傅相，亦屬可怪，我等應否會同李傅相覆之，亦祈酌示。庚。

李欽差來電并致劉制台 光緒二十六年六月初七日午刻到

昨伊藤來談，詢北方消息，答無確耗。伊云現在情形危迫，

〔一〕指督辦雲南鑛務唐炯。録自抄本《張之洞電稿·致各省電》。
〔二〕録自抄本《張之洞電稿·致上海電》。
〔三〕録自苑書義等主編《張之洞全集》第十册，第八〇八七頁，河北人民出版社一九九八年版。

願聞鈞意及辦法如何。請密示，由敝處轉達。囑電陳，乞鈞奪。鐸。魚。

致柏林吕欽差光緒二十六年六月初八日亥刻發

歌電悉。現内間正在主戰，外間與各國商議辦法，本是權宜之計，況外部語多離奇。尊電若轉總署，必干震怒，現峴帥與各督撫議定不轉去矣，萬望尊處切勿電署爲禱。外部若詢問，只可以渾淪語答之耳。庚。

致安慶王撫台〔一〕光緒二十六年六月初九日子刻發

電奏稿已讀，具見藎忱。惟此時各使俱未出京，存亡未卜，憤怨方盛，安肯受我空言羈縻。前日日本領事風聞尊處有聯俄之議，即來力阻，恐欲聯者未必助我，徒招他國之怨，謀我更急。且鄙人叠次電奏，俱未動聽，此時斷不敢再瀆，務望勿列鄙銜爲幸。庚。

致成都奎制台、西安端護撫台、福州善將軍光緒二十六年六月初九日巳刻發

諸公如有陳奏，萬望勿提及賤名，叩禱。榮相電尤不可説出，切禱。佳。

致濟南袁撫台光緒二十六年六月初九日巳刻發

現設有一法，可購小口槍萬餘枝，無烟彈約一千萬顆，其口徑與鄂廠所造大略相仿，遠勝大口十響者。價未議定，大約不甚貴，但非新槍耳。鄂正議購，尊處願購若干，當附入併議，一切與鄂一律，如購成，須尊處派人到鄂運。祈速示覆。千萬秘密，至禱。佳。

致廣州李中堂、江甯劉制台光緒二十六年六月初九日巳刻發

甯齊電悉。此事萬分爲難，洋債若爽約，各國必立據海關，沿江沿海危矣。查舊案，四國洋欵係二、五、八、冬、三、九等月，現六、七兩月尚非還欵期，暫可懸而不斷。惟新案洋欵，七省鹽釐五百萬必須按月交税司，或遲交旬日，或本月姑仍照案交，看北方大局如何，以後或合詞具奏，或與各國婉商，展緩一兩箇月，容我内外各省商定。或別有良策，均祈裁酌速示，鄂當隨同照辦，切懇。佳。

致成都奎制台、西安端護撫台光緒二十六年六月初九日午刻發

此時諸公條奏，最要以力保京城各使館爲第一要義。因亂匪亂兵攻打各使館，已經半月，已焚殺多人，聞止餘俄法二館，或云止一館，日來食盡，恐全斃矣。如能救得一館，減禍一分。此事各國公憤，將來不忍言矣。聞兵匪黨羽過盛，不遵法令，脅制朝廷，雖欲剿而不能也，須籌善策，請酌。佳。

〔一〕以下三電録自抄本《張之洞電稿·致各省電》。

致開封裕撫台光緒二十六年六月初九日午刻發

晦電悉。敝處沁電所謂應誅者，係指煽亂作亂之人，與尊電所謂假名拳會焚毀教堂者仍照常拏辦，用意相同。五月內亦屢有嚴禁作亂殃民之旨，敝處豈敢悖旨妄誅，尚祈鑒察。現在朝廷所嘉獎者，係同仇敵愾殺敵致果之義民。外省果有此項義民，無論是拳是會，如並不妄殺妄燒，但肯奮勇赴敵，遵官約束，自應遵旨嘉獎，收爲我用，豈有轉加誅戮之理。惟兩湖會匪口號悖逆，向係藉名鬧教，希圖搶掠，川楚近兩年屢有此事，致煩兵力。此輩作亂有餘，禦侮不足，故不敢不及早禁遏，免致造謠倡亂，殃及良民，因恐南方擾亂則不能接濟京師矣。公謂然否，并祈賜教。佳。

致江甯劉制台、安慶王撫台光緒二十六年六月初九日酉刻發

長江各省斷不可説聯俄，此英、日美所最忌，於東南大局有礙，望爵堂、中丞詳酌爲禱。爵翁如有確見，似只可單銜密奏。管見當否，祈示覆。佳。

致南昌松撫台[一]光緒二十六年六月初九日酉刻發

青電悉。湘、鄂兩軍取道河南北上。尊處所派若干人，何將統帶，約何時開行，擬取道何處，祈電覆。洞、霖。佳。

致雲南丁署制台光緒二十六年六月初十日辰刻發

今年鄉試，江南、江西、湖北、湖南、四川五省已會銜電奏請展緩試期，尊處曾否請緩。昨貴省主考伍太史銓萃行抵荊門州，電屬代詢。望速覆，以便轉達。尊處教案能否將就了結，法兵已至何處，約有若干，省城尚安静否，并祈示。蒸。

致江甯劉制台光緒二十六年六月初十日酉刻發

接日本來電，云外務得電，浙撫庇匪，恐礙東南局等語，未指明何匪何事。竊思浙省庇匪必無其事，惟傳言如此，當必有因。祈即發電婉詢浙江近日有何事，并切勸妥慎，萬勿稍滋外人口實，致礙東南大局。祈示覆。蒸。

致廣州李中堂、江甯劉制台光緒二十六年六月初十日酉刻發

峴帥青、蒸兩電悉，焦急萬分。此事既不敢遽奏，惟有託盛京堂、上海道與各領事婉商，微露內令停解之意，言若强違內意，必然東南局面大變，彼此無益，可否緩解一兩月，以後必然補足，不知可行否。或於電奏尾將收回成命句删去，另改數語，略云仰懇天恩，俯念此時保疆以練兵爲急務，籌餉以商賈釐税爲大宗，洋欵若停，牽動內地釐金，亦礙華民生計，轉於餉需有損，京餉及北上諸軍餉需，無從接濟，關繫尤鉅，負責尤重。可否飭下户部通盤籌計，俯准暫行仍照舊案解還，以保餉源，而作士氣。俟數月後體察大局情形，再行請旨辦理。某等未敢擅便，謹據實核計聲明，請旨遵行等語，似較圓活。而此電之前路，將外間如何籌防增營、獎軍

[一] 以下二電録自抄本《張之洞電稿·致各省電》。

敵愾等事，多發揮數十語，或與慎守封圻之嚴旨不致相戾。然究竟妥否，實不敢知，請傅相、峴帥裁酌速示。蒸申。

致東京錢念劬 光緒二十六年六月初十日酉刻發

各使至今尚未出京，所存各館無多，各國盛怒報復，勢必怨及朝廷，內間實情，不可不略告各國。夫以一國而敵地球各强國，攻使館而激衆怒，不待智者而知其不可，我兩宮聖明，豈肯出此下策。且京城已被亂黨焚掠鋪户街道甚多，豈朝廷亦願縱匪殃民。近日所爲，其爲亂黨迫脅，可想而知。且昨奉卅日諭旨，內有拳會其衆不下十數萬，自兵民以至王公府第，處處皆是，剿之則禍生肘腋等語。榮相卅日來電，亦云兩宮諸邸左右，半係拳會中人，滿漢各營卒中亦皆大半，都中數萬，來去如蝗，雖兩宮聖明在上，亦難扭衆。又云病中曾上奏片七次云云，其言尤爲沉痛懇切。務望密告外部，並告李星使爲要。卦。

致東京李欽差 光緒二十六年六月初十日戌刻發

佳戌電悉。德怒已知。外兵斷不敢言入京救使。前五日洞又與峴帥會電榮相專請救使，略言救使一人，減禍一分，尚無覆電。此真天意，人力恐難施矣，奈何。再，榮相前來電，發端有兩國交兵不罪使臣之語。電中又以方擬會議轉圜，德使忽斃爲大恨，是榮願保護各使之意顯然，請告念劬。蒸。

致廣州李中堂、江甯劉制台 光緒二十六年六月初十日亥刻發

頃蒸申電以後必然補足下，加認息二字。請詳酌。蒸亥。

致上海盛京堂 光緒二十六年六月初十日亥刻發

廷寄欲停洋欵，並欲停路工、索路欵，想已悉，尊處擬如何覆法。洋欵事，峴帥想與台端商，能向領事婉商緩期數月認利否，抑別有何法，速示。再，鐵廠商結事何以大咨總未到，此與台端決無累，但敝處趁此了結一件公事耳。盼覆。卦。

致江甯劉制台 光緒二十六年六月初十日亥刻發

滋帥電，帶一營十四日行，餘在江北選募。又云，陳鳳樓軍尊處已撥歸節制，然恐不可恃等語。望公切實電飭陳鎮，以慰滋帥之心。卦。

致上海製造局潘道台[一] 光緒二十六年六月初十日亥刻發

鄂藥廠工程喫緊，請代飭藥廠監工馮牧祖靄迅速回鄂供差。祈電覆。蒸。

致安慶王撫台[二] 光緒二十六年六月初十日亥刻發

蒸電悉。兩輪久停，三輪租出，三輪甫修，止餘一小輪江泰，難遠離，無以報命，歉甚。鄂、皖下水路近，貴省新軍由民船自行，當不甚遲。卦。

[一] 録自抄本《張之洞電稿·致上海電》。
[二] 以下三電録自抄本《張之洞電稿·致各省電》。

致雲南丁署制台、唐督辦光緒二十六年六月初十日亥刻發

法兵現抵何處，教案總宜善結。滇軍械缺，他省難濟，濟亦無多，惟廣東由廣西南甯水運至百色剥隘，或較易。粵尋常械亦較多，當可撥，望速商李傅相。蒸。

致雲南唐督辦光緒二十六年六月初十日亥刻發

教案起衅情形，現在法兵舉動，此間全然不知，祈電示。卦。

致東京李欽差光緒二十六年六月十一日巳刻發

北方兵事，確非兩宮本意。今匪徒肇禍太蠻，外艦攻臺亦太驟，各國以公使被戕，必盡其兵勢所至。今亂徒固不辨孰歐孰亞，各國亦莫分爲匪爲兵。惟日本深知中國情形，有共利共害之勢，有同洲同種之情，必能諒其内亂，解其外憂，將來辦法應與各國不同。如伊藤能示以大意，則南方督撫辦事宗旨更有把握，切望密詢示覆。真。

李欽差來電光緒二十六年六月二十日巳刻到

蒸、真兩電遵達伊藤，言遲日答覆。鐸。嘯。

致廣州李中堂、江甯劉制台、上海盛京堂光緒二十六年六月十一日巳刻發

洋欵事，具奏甚難，只可令上海道先與上海税務司、各國領事及匯豐商。現在江海人心驚惶，商貨減色，各關局税釐短絀，實不能按月解足，並微露内意擬暫緩各情，許以暫緩兩箇月，酌認利息。恭繹諭旨中本有暫字，告以各銀行，若苛責外省，强以顯違諭旨，必致沿江督撫均行更換，東南大局頓變，彼此無益。外國若强據海關，東南大亂，商税更少矣。彼既願保全商務，或肯遷就，亦未可知。請速裁酌，飭上海道並請盛京堂與之妥商，再看情形。祈示覆。真。

致荆州濟將軍、瑞都統、德都統光緒二十六年六月十一日亥刻發

虞電悉。尊處擬派兵入衛，具見忠勇奮發，敬佩莫名。弟等已委方鎮友升統武功五營北上，數日即行，霖尚擬再派兩營續行。惟就現派營數，籌餉已萬分爲難，若再添兵，餉更無出，且長途轉運，車馬尤難措辦，此節請即作罷論。荆沙爲湖北上游重鎮，人雜民浮，謡多匪衆，儻旗兵一動，誠恐愚民驚惶，匪徒造謡，必然滋事，關繫匪輕。武、漢勇營足資防緝，承商助守一節，亦可無須，統祈鑒察。仰賴三公威望，鎮撫上游，鄂省受惠不淺，曷勝企禱。洞、霖同覆。真。

致江甯劉制台光緒二十六年六月十一日亥刻發

頃盛轉來羅使電，有如傷使臣，要政府諸公抵償等語。詞太强悍，恐政府諸公見之，自恐他日不見容，更激成必戕各使而後快。此電能不轉否，如尊處轉署時，務須妥酌，令其語氣較爲平静，或作爲政府諸公是問，抑或改作他語，或竟不轉署，均請妥

酌速示。真。

致老河口水師張都司理玉、光化梁令〔一〕光緒二十六年六月十二日午刻發

頃接西安端護院來電，英國邵、梅二教士自陝歸國，取道襄、漢，此間已飭屬沿途保護。自荆紫關以下，非陝令所能及，請速電河口水師，速派礮船溯江口而上，沿途保護，安抵漢口等語。務速派妥慎幹弁，帶礮船兩三艘，溯江迎護，送來漢口。該令并派明白司事人役沿途照料，倘稍有疏虞，定惟該都司、該令是問。即電覆。真。

致襄陽朱道台、釐金局郭守、鄧代理提台光緒二十六年六月十三日辰刻發

鄧軍門暫招五百人，分作兩底營，需餉由襄陽釐局撥用，以便速募速練。督、撫。元。

致江甯劉制台光緒二十六年六月十三日巳刻發

洋欵事，傅相疊電，謂宜會奏緩宕，不宜商銀行，只可將原奏稿於拙擬增添數語外，再酌加增改，大略言中外兵事已開，某等惟有欽遵，力籌戰守，斷不敢存和字於胸中。惟廷旨之意，本因防亟餉絀，故俯爲各省籌畫，省還欵以充餉需。今暫停之信一播，各國股票驚惶，必致聳動該國立據各關，沿江沿海各省關局稅釐同時擾動，轉於各省籌餉有損，尤於京餉有妨。蓋停戰無期，則需餉尤鉅。既有必戰之志，必寬留籌餉之源，若江海一時姑與羈縻，軍餉尚可設法勉措云云。大意力任京餉及本省軍餉，或冀動聽。惟拙思枯澀，請尊處速加增改，其應添在何處，尊見所及，請隨宜酌添電示，以便定議會奏。再，目前六月滬道應交各欵之期，約在何時，能宕過此一月再奏否，并示。元。

致東京錢念劬光緒二十六年六月十三日巳刻發

震電悉。鄂省需兵需械，專爲彈壓土匪，保護地方，將來設或京城難支，董軍係西兵，拳首係陝人李來中，董及各匪必然西潰，擁衆横行，鄂若無重兵，憑何抵禦。且直隸省南數府土匪廿餘萬，到處殺掠，荼毒良民。現派兵北上，係奉旨調赴京聽用，未言何用，各省皆有。鄙意以扈衛聖駕爲主，假如外省若不遵旨，則朝廷不令在鄂矣，何從保全東南乎，此理甚明。藥事商辦在宣戰以前，務望婉商，仍照前議准運，總須二三萬磅。大倉組内山亦允辦藥及鋼銅各物，並望許之。槍事相同，並詢確音速覆。元。

致東京錢念劬光緒二十六年六月十三日巳刻發

英、日、美三國，關繫南方尤重，若長江各省力弱，勢必全爲英據。保全長江上下游，不獨中國之利，亦日本之利也。日本當道尤應助鄂，想見及此，似宜與各國有別。日肯助鄂，鄂亦能助日。欵想匯到。遼東匪徒蠭起，毁俄路，俄兵已與匪民鬬，俄必藉端據地，日必争之。情形甚急，速探示。元二。

〔一〕以下二電録自抄本《張之洞電稿·致本省電》。

致長沙俞撫台、錫藩台〔一〕 光緒二十六年六月十三日巳刻發

兩江劉峴帥叠電上游各省北上之兵，勿由清江行走，以免車馬擁擠，自是實情。惟湖南入衛五營如走湖北孝感、河南信陽州一路，路工洋人多至百餘人，土工萬餘人，恐必生事，大有妨礙，似須另走一路爲要。尊意擬由何路，速示，以便預派員照料。盼即覆。元。

致上海製造局潘道台〔二〕 光緒二十六年六月十三日午刻發

真電悉。杜田藥四箇月方到，緩不濟急，且先付半價，鄂餉支絀，亦難湊付，請作罷論，請尊處自行訂購可也，祈酌。來電另有存滬小口千枝，係何國何式，每枝價若干，配彈若干，祈速詢明示覆。元。

致江甯劉制台，上海盛京堂、余道台 光緒二十六年六月十三日未刻發

六月初八日申報力保安全一條，内有惟各國亦須遣兵北上剿匪一語，萬分可駭，豈非各督撫請洋人攻京城耶。照會内並無此語，顯係報館添揑，務祈速令更正，要緊要緊。又六月初七日中外日報傳諭報館一條，亦謂東南各督撫等亦同心抗阻云云，抗阻兩字萬萬不可，亦須更正，以免訛傳。祈即覆。元。

致廣州李中堂、江甯劉制台 光緒二十六年六月十四日寅刻發

各國最憤傷使，攻津洋兵俱以救使爲言。峴帥處接羅使電，若害各國使臣，要政府抵償。吕使電，德主甚怒，派鐵艦四，快船一，矢取北京。裕使電，若傷各國使館人員及商民，要政府抵命。上海英總領事霍電，奉外部電，如各國欽差及各色西人受傷害，必將其罪歸於北京主謀之人，語極凶悍，實堪髮指。德領事照會，奉德主電，如能救各國西人，每人賞銀一千，費用俱由德主給等語。彼各國既合爲一氣，公憤救使，若我不爲轉達，彼必歸咎於我駐使，大屬可危。且此時京城尚存兩館，或冀各使多避其中，如能救使一人，將來減禍一分，未嘗無益。惟有聯銜速電榮相，請其相機婉爲上陳，設法保護，此於戰事並無所妨。至各使及領事來電，應約略奏聞與否，請榮相妥酌，須懇其萬勿孟浪。恭讀五月廿九日諭旨，本有現在京城使館我仍盡力保護之語。蓋天津扼犯順之洋兵，自應竭力攻擊，以彰聖武。京城於束手之公使、商民仍可格外保護，以廣皇仁，似乎兩不相妨。但須於各國大兵未到以前，及早善處，或可減其凶燄，於大局不無裨益。然若轉總署，必更激怒，且恐不達。惟有速電榮相，請其設法。致榮電内，各使原電文照録，不必改，以知敵情，并囑榮相與諸公，言及時將各使來電字面應否略改渾涵，以免激怒，統請榮相斟酌。擬請李傅相領銜，會同兩江劉、四川奎、福建許、善，湖廣張、

〔一〕 録自抄本《張之洞電稿·致各省電》。
〔二〕 録自抄本《張之洞電稿·致上海電》。

山東袁、陝西端，即刻電達榮相。請峴帥速擬電稿，一面發簡明電，電商各省，覆到早則列其銜，遲則不候。奎、善兩公曾有電囑敝處，遇電奏，願挈銜，故可徑列渠銜也。請迅賜妥酌電覆。鹽。

李中堂來電并致劉峴帥 光緒二十六年六月十七日寅刻到

香翁鹽電極婉摯，惟救使事關重大。前接吕使、羅使、裕使各電，當將全文照轉樞譯，未請代奏，似亦不敢不奏，即激怒所弗恤也。尊處挈各督撫銜會電榮相轉達，並請奏令宋慶派隊護送各使赴津，更為釜底抽薪之策，鴻願列銜。日本兵二萬到津必北指。此電早發一日，早鬆一日，不必遲疑。鴻。

致上海盛京堂〔一〕 光緒二十六年六月十四日戌刻發

鐵廠商結大咨何日發，速示。此咨到後，諸事易辦，無葛藤矣。鹽。

致江甯劉制台 光緒二十六年六月十五日巳刻發

接盛元電，已與余道密商，洋欵事可暫宕從容覆奏，尊處想已接到，如此似甚妥。請酌。咸一。

致南昌松撫台〔二〕 光緒二十六年六月十五日午刻發

元電悉。尊處援兵需械，誼應籌濟。惟鄂省軍械本缺，鄂廠不能造藥，所造槍礮彈藥均係隨用隨購，造成彈子已隨槍解神機、虎神、武衛等軍，及武衛先鋒張提督軍。現因滬廠造藥物料用罄停工，無藥可購，各國禁軍火進口，外洋藥又不能購，不能造彈。張軍待彈甚急，尚未能解，正在萬分焦急。況近日鄂省派兵入衛，各處派兵彈壓，已將各種新舊槍械搜羅一空，無以應命，疚歉萬分，尚祈鑒諒。洞、霖同覆。咸。

致德國亨利親王 光緒二十六年六月十五日亥刻發

奉貴國大皇帝電，謹悉，具仰仁及各國。本部堂救在京西人之心亦甚切，曾屢次電達政府，並屢電北京探問，均無確音。鄂省奉五月廿九日我國上諭，現在京城使館我仍竭力保護等語，可見此次傷害貴國使臣，實非我朝廷意料所及，亦必深爲惋惜。且聞京城内外因各匪滋事，中國官眷商民無辜被害者，亦已不下千餘人。湖北距京甚遠，現在各國兵逼近北京，城内城外又亂匪充塞，敝處實難設法，焦急萬分。現又與各省督撫會銜電達敝國政府，請極力救護各國西人矣。正發電間，恭奉我國初三日上諭，略謂此次事機紛湊，處處不順，非朝廷意計之所及，不得已爲此，因應現在仍飭保護使館等因，已電由各駐使轉達各國矣，更足以見我朝廷慎重邦交之至意，當亦貴國大皇帝所見諒也。惟望從此公平商辦，勿過操切，以全舊日睦誼，而保無辜生靈，是爲至禱。貴國大皇帝處，本部堂未敢冒昧徑覆，謹將歉仄下忱，奉請轉達爲荷。咸。

德皇來電 光緒二十六年六月十一日申刻到

湖北制台：所有各洋人被困在北京者，如能救出一名全活送

〔一〕録自抄本《張之洞電稿·致上海電》。
〔二〕録自抄本《張之洞電稿·致各省電》。

交德國或各國官員，我即給銀一千兩。且所有因我此言而往救援，一切費用一併給還。國主之言既出，體面尤關，決不食言。威廉。

致襄陽朱道台、鄧軍門、錫守、李令

光緒二十六年六月十五日亥刻發

頃英、比兩國領事言，鑛路工司、教士人等，已行近襄陽，惟所有行李物件均已被搶，襄陽天主教堂已被毁等語，究竟該處實情若何，速電覆。此時大局危急，湖北境內不容稍滋事端，一有焚搶情事，務須實力彈壓嚴辦，以遏亂萌。鄧軍門尤須督飭將弁，率軍彈壓，儻稍事姑息，或致蔓延，定惟地方文武是問。鑛路工司、教士、洋人等，尤須多派可靠兵役，認真保護，勿稍疏虞。鄧軍門及該道府縣即刻電覆。咸。

朱道、錫守來電〔一〕

光緒二十六年六月十八日申刻到

昨奉咸電，敬悉。十三日，法國畢教士以阮三等在途辱駡，扭縣后教民被責，遂得勢糾差，毁堂搶物，教民傷重。正飭驗間，李令以民教口角，互責完案，堂内完好等情通禀，與教士所禀懸殊，是以不敢電聞。兩飭復驗，均未遵辦，教士不服。現另派員勘明，教民二名各有皮傷，堂屋完善，打壞什物。李令意仍偏執，請電示遵辦。鑛師、教士南陽被搶，次第到樊，派兵二十名并礮船護送，十六開行。煊、綸禀。篠。

致荊州探投雲南主考吴、伍同鑒〔二〕

光緒二十六年六月十六日子刻發

丁署撫台覆電，云鄉試初意亦擬請停，近因士子大半來省，與司道熟商，恐因停考，人心驚惶，别生事端，祈轉電伍、吴兩主考，仍遵道來滇等語。特達。咸。

致廣州李中堂、德制台〔三〕，福州許制台、善將軍，杭州劉撫台、成都奎制台、濟南袁撫台、安慶王撫台、西安端護撫台

光緒二十六年六月十六日未刻發

敵衆兵疲，械缺糧艱，京畿亂匪，慘殺横行，内外交訌，大局危急。兹擬會廣東、兩江、閩、浙、皖、川、陝、山東諸帥銜電奏稿云云，請慰帥斟酌妥協，繕摺馳奏。此奏務懇李傅相、劉宫保領銜。諸帥是否亦願會銜，或其中有應酌改之處，統請一面飛速電告袁中丞，一面電示敝處。盼禱。銑。

李中堂來電

光緒二十六年六月十八日午刻到

銑電所擬奏稿，正大周密，欽佩莫名。已電慰庭列銜速奏。鴻。

致江甯劉制台、成都奎制台、福州善將軍、濟南袁撫台、西安端護撫台、上海盛京堂

光緒二十六年六月十六日申刻發

擬會銜電致慶邸、榮相，云近日亂匪恣行殺掠，京城内外及

〔一〕録自苑書義等主編《張之洞全集》第十册，第八一一一至八一一二頁，河北人民出版社一九九八年版。
〔二〕録自抄本《張之洞電稿·致本省電》。
〔三〕指兩廣總督德壽。

直隸各縣慘害良民無數，輦轂之下，暴亂如此，十分可危，尚不在與洋兵戰之勝負也。擬請王爺、中堂可否自行奏請剿辦京城内外作亂之匪徒，以靖京畿，而安兩宮。能請明降諭旨，尤爲得力，使各國聞之，皆知京城中有威望素著之王大臣志在定亂剿匪，必將佩服仰望，將來彼族悔禍就欵，我亦有詞可措，有裨大局實非淺鮮。坤一等竊痛事機危迫，旋乾轉坤之力，莫不屬望於王爺、中堂，統請鈞裁，鵠盼示覆。坤一、奎俊、善聯、之洞、世凱、端方同肅。諫。等語。請慰帥詳籌妥酌。俟諸帥願會銜電覆到後，聯銜飛速分別函達慶邸、榮相。諸帥是否亦願會銜，或其中有應酌改之處，請一面飛速電告袁中丞，一面電示敝處。盼禱。諫。

上海來電[一] 光緒二十六年六月十六日子刻到

余道接滋帥函及程道、許道所述，頗以東南保護為不然。鑑、滋到京如速，難保無異議，雖有卅會奏作底案，其如團黨太烈何。請再將留東南、挽大局切實電奏，并電慶邸、榮相。名。翰。

致漢口岑道台，德安廖守、王令，黄州魁守、楊令，安陸史守、徐令，襄陽鄧軍門、朱道台、錫守、李令，鄖陽許守、曾令，宜昌傅鎮台、陳守、羅令，施南楊副將、額守、劉令，荆州奭道台、舒守、張令，荆門州歐陽牧 光緒二十六年六月十六日申刻發

恭閲六月初三日寄諭各國出使大臣，奉旨：現仍嚴飭帶兵官照前保護使館，恐直、東兩省教士、教民無遺，亂民相機自行懲辦，各該大臣遇有交涉事件，仍照常辦理，不得稍存觀望等因。欽此。是朝廷之意，現在仍應保護各國洋人教士，亦禁殺害教民，該鎮、道、府、營、縣速即出示，飛飭所屬州、縣、營汛，嚴禁匪徒藉端滋事，如有違旨滋事者，即按土匪懲辦，勿稍寬縱，並即將遵辦情形電覆。諫。

致老河口水師後營張都司理玉、光化梁令、水師左營周都司，襄陽朱道台、李令、鄧軍門、水師右營王提督，安陸水師中營謝提督 光緒二十六年六月十六日申刻發

頃又接西安端護院來電，陝省有瑞國查教士男女十人，又瑞國符教士等男女大小十五人，將歸其國，由襄出江，此間已派兵護送。自荆紫關以下非陝令可及，懇速電河口水師接護等語。現聞河南邊境不靖，教士人等多起過境，實恐疏虞。況昨恭讀初三日上諭，現仍飭帶兵官保護使館，亂民自行懲辦等因。欽此。仰見朝廷仍欲極力保護洋人，懲辦亂匪。該都司務速派妥慎幹弁，帶礮船溯江迎護，送至襄陽，到襄陽後各段水師營派船接護，送來漢口。該令並派明白司事人役沿途照料，儻有疏虞，惟該地方文武是問。即電覆。諫。

[一] 録自苑書義等主編《張之洞全集》第十册，第八一一五頁，河北人民出版社一九九八年版。

致長沙俞撫台〔一〕 光緒二十六年六月十六日申刻發

咸電悉。請照尊議，以藍廷青調署長沙協，藍遺缺請照擬一員委署，示知照委。諫。

致宜昌陳守〔二〕 光緒二十六年六月十七日巳刻發

咸電悉。該守與紳商議就地籌欵，召募團防營五百人。究係何欵，如無礙餉需，事屬可行，並准以舉人黄轂元管帶，歸該守節制。即電覆。督、撫。洽。

致東京李欽差 光緒二十六年六月十七日午刻發

元電悉，昨日敝處又會劉峴帥、袁慰帥及各督撫銜電奏，力請剿匪，並會銜另電慶邸、榮相，請力任剿匪。恭讀初三日寄各駐使上諭，有現仍飭帶兵官保護使館，此種亂民自行設法相機懲辦之語，此次電奏當荷俯允，京城内外匪徒必須就近諸軍剿辦，方能迅速。袁在山東既有地方之責，未經奉旨，斷不能分兵入京辦匪，且亦緩不濟急。此時惟有請日本外部商諸各國，暫停戰事，俾北京、天津諸軍可專心剿匪，最爲救急良策。即祈轉達，電覆。洽。

致長沙俞撫台〔三〕 光緒二十六年六月十七日申刻發

湖北飭姜縣丞思治赴湘潭縣募勇一百十名，餘三百名可不募，請轉飭李令照料，並告姜委員知照爲感。洽。

致河南裕撫台 光緒二十六年六月十七日申刻發

奉初九日旨，各省設局轉運，想已接到。現有湘、鄂兩軍十營，不日陸續北上，取道信陽州等處，所有軍火器械，應請迅飭南汝光道設局轉運。除另備公牘外，先此電懇。洽。

致廣州李中堂、江甯劉制台、濟南袁撫台 光緒二十六年六月十七日戌刻發

盛京卿咸、諫兩電想達。救使爲今日解厄紓禍第一法。擬於第一條保全尤多等字下加一條，云：一、各國舉動之輕重，專視各使之存亡。聞匪徒並不遵旨，仍然攻擊使館，意欲聚殲。查洋報德使被戕，德主已誓師報復。各駐使來電及各國洋電，上海各領事語，均謂今日惟以救使爲第一重大事，中國若能救使，將來諸事方有可議，别國方能排解，萬一匪徒將各使聚殲，衆憤難遏，後患將不可測。擬請明降諭旨，特派忠實大臣及有紀律之軍保護使館，囑各使將國書之意分電本國，使知攻使係匪徒所爲，救使係兩宮德意，各國方有排解之法等語。務請慰帥添入電内。四事字樣俱改爲五事，迅速繕摺馳奏。再，事機危緊，若此時各帥無會銜覆電到尊處，即請列傅相、峴帥、川奎、閩善、皖王、陝端暨成都將軍綽哈布，並尊銜及賤名九人，聯銜速發，即祈電覆。霰一。

〔一〕録自抄本《張之洞電稿·致各省電》。

〔二〕録自抄本《張之洞電稿·致本省電》。

〔三〕以下二電録自抄本《張之洞電稿·致各省電》。

致江甯劉制台、濟南袁撫台光緒二十六年六月十七日戌刻發

鹽電請尊處聯李傅相及各帥銜，將各國憤怒傷使及各駐使來電要政府抵償，各種凶悍危險情形電達榮相，請其相機婉陳，認真保護使館，想早已達覽。尊處已發電否。頃接盛京卿咸諫兩電、袁慰帥霰電，是董軍意欲違旨殲使，事機危極，即只三四人列銜亦可。祈發急電速轉袁慰帥，請其飛函馳遞，冀救萬一。切盼示覆。霰二。

致揚州、清江鹿撫台，阿城、濟甯欽差李鑑帥光緒二十六年六月十七日亥刻發

六月初三日寄各駐使諭旨，力言拳匪以神怪惑人，桀黠之徒託名仇教焚殺，中外開釁非意計所及，非不欲痛剿，剿之恐禍生肘腋，中國何至恃亂民與各國同時開釁。現仍嚴飭帶兵官照前保護使館，此種亂民設法自行懲辦等因。此旨想已得見。又，上海余道咸電，奉旨催李鴻章仍著懍遵前旨，迅速來京，無稍刻延。特奉達，即此可知朝廷爲難，大局可危情形。洽。

致上海盛京堂光緒二十六年六月十七日亥刻發

屢得四川奎樂帥、綽將軍，陝西端護撫、福州善將軍電，凡有關大局事，意見均同，并託鄙人挈銜。以後凡有要電，務祈一併轉電四處，俾諸公早知時勢情形，各抒所見，及早電奏。洽。

致襄陽鄧代理提台、朱道台、錫守、李令，穀城縣令襄陽縣飛送 光緒二十六年六月十七日亥刻發

頃法領事言：襄陽主教電云，所住地方被毀，官兵通同爲難，恐嚇之言到處皆有等語。初三日上諭，現仍飭帶兵官保護使館，亂民自行懲辦。等因。欽此。仰見朝廷現仍保護洋人，剿辦亂匪。蓋北方戰地則當極力戰守，此外內地自當照常保護，不可傷害。我中國在外洋官員甚多，商民尤衆，不下百餘萬。現雖中外開戰，我輩不仍望我華人在外國平安乎。外省自宜懍遵旨意，保護教堂、教士、教民，以靖地方。一有謡傳或稍滋事端，即行實力彈壓，方不致匪徒藉端作亂，擾害地方。貴軍門既有練軍，又招新勇，襄陽道亦有馬步兩營，保護教堂、教士及過境洋人，儘有餘力。遇有教士過境求見，不可疏忽欺侮。襄陽屬有南主教，素來明白曉事，如遇其來，尤當以禮接待，加以聯絡。穀城教堂，尤須嚴加保護。若不知大局危急，誤以害教士爲勝洋人，姑息膜視，任聽兵勇差役妄言滋事，甚至或有兵匪通同生事，將來滋蔓難圖，土匪乘機，恐軍門及道、府、縣諸君不能當此重咎也。至府、縣有地方之責，更不待言。現在實情若何，鄧軍門、朱道、錫守、李令即刻各自電覆，勿延。霰。

致老河口張都司玉理、光化梁令，襄陽鄧代理提台、朱道台、錫守、李令、襄河水師〔一〕光緒二十六年六月十七日亥刻發

頃接英領函：駐西安府教士邵滌源、敦崇禮、莫安仁、梅德立、白忠信、羅德貞、德教士等由西安起程回漢，請飭沿途地方官加意妥爲護送等語。前接西安端護院來電，有邵、梅二教士取道襄、漢歸國，當經電飭該都司及光化梁令妥爲迎護。玆據前情，想是一起，合再電飭該都司、該令，務懍遵前電，妥爲迎護。鄧軍門、朱道及該縣一併加派妥慎兵役，沿途照料。即由該道、府、縣傳知下沿各縣、襄河水師右中左前各營，沿途派船接護，勿稍疏虞，切切。即電覆。洽。

致長沙俞撫台〔二〕光緒二十六年六月十八日申刻發

洽電想已達覽。姜縣丞思治所募湘勇，擬令招足二百名。請飭李令照料，并告姜委員遵辦，勿延。嘯。

致開封裕撫台光緒二十六年六月十八日申刻發

頃法領事照會，河南安主教電稱，南陽府屬各地方匪徒亦起與教爲難，現在危急之至，地方官亦不彈壓保護，請電尊處保護，免釀巨禍等語。昨恭讀六月初三日寄各駐使上諭，現仍飭帶兵官照常保護使館，亂民相機懲辦。等因。欽此。仰見朝廷現仍以保護不預戰事之洋人，懲辦造謡滋事之匪徒爲急務。貴省地處中原，若匪徒藉仇教爲詞，聚衆滋擾，措手不及，即蔓延數省，東南糜爛，外侮即至，何能接濟京師。務祈嚴飭各屬，認真保護教堂，勿稍疏虞，至禱。祈即電覆。嘯。

致長沙俞撫台、湍署藩台、夏署臬台，岳州顔署道台光緒二十六年六月十八日酉刻發

恭讀六月初三日寄諭各國出使大臣，奉旨：現仍嚴飭帶兵官照前保護使館，恐直、東兩省教士教民無遺，亂民相機自行懲辦，各該大臣遇有交涉事件，仍照常辦理，不得稍存觀望等因。欽此。是朝廷之意，現在仍應保護各國洋人教士，亦禁殺害教民，交涉事件照常辦理。請俞中丞督飭藩、臬兩司，速即出示，并飛飭所屬道、府、州、縣、營、汛，嚴禁匪徒藉端滋事。如有違旨滋事者，即按土匪懲辦，勿稍寬縱，并飭各屬將遵辦情形飛速稟覆電覆。并盼示覆。嘯。

致長沙俞撫台、湍署藩台、夏署臬台，岳州顔署道台光緒二十六年六月十八日酉刻發

頃法領事向關道言：據華教士二人由衡逃至漢口面稱，衡州教堂初十被匪焚毁，堂内洋教士男女九人目擊意大利國教士二人被殺，有二人聞在他處遇害，二人被匪擄捉，其女教士三人不知下落。當未滋事之先，衡州府遣人告知教士，現有謡言，危險在

〔一〕録自抄本《張之洞電稿·致本省電》。
〔二〕録自抄本《張之洞電稿·致各省電》。

即，令教士迅速遠避。當派華教士赴府請問情形，該府拒而不見，回堂難作。該府既知匪將滋事，並不設法保護，但令遠避，是何居心。現除教民死傷不計外，已斃洋教士四人，該領事已電達本國政府，將來必須惟該府是問。如政府之意更有大於此者，再行關會。目下最爲急切者三事：一、救被捉二洋人及查明女教士下落，妥爲保護。二、將被害洋教士屍身起出，交堂收領安埋。三、保護被難教民等語。從來必先戢内亂，方能禦外侮。若地方官膜視鬧教，必致匪徒藉端焚殺，愚民附和，不可收拾。内亂一起，外侮立至，上則貽累大局，下則殃及良民，悔何及耶。務祈嚴飭各屬道、府、州、縣切實彈壓，勿稍姑息，致貽後悔。一面嚴飭衡州府照領事所請三事，認真妥辦，嚴拏首要，從重治罪，並將實在情形飛速稟覆，勿稍隱飾，是爲至要。即祈電覆。嘯。

致長沙俞撫台光緒二十六年六月十八日亥刻發

盛京卿霰電想已達覽。恭讀五月初十日上諭，鐵路原係國家所造，任意焚毁，是直與國家爲難，實出情理之外。等因。欽此。至電綫係國家軍報，毁者顯係作亂匪徒，即請會敝處銜明白示禁，飛速分飭醴、萍接壤一帶地方。不必會印，以期迅速，至禱。嘯。

致廣州李中堂光緒二十六年六月十八日亥刻發

此時北方外則洋兵雲集，已近京畿，内則亂匪亂兵，不遵詔旨，焚殺擾亂。此次中堂奉旨北上，定必兼帶重兵入衛，擬共帶幾營，調何處兵勇，何日自粵啟行，祈詳細電示爲慰。嘯。

李中堂來電光緒二十六年六月十九日午刻到

北上無兵可帶。廿一啟行，擬到滬後，看救使會奏有效否，再取進止。鴻。

致成都奎制台、綽將軍[一]，廣州德制台、開封裕撫台、福州善將軍、西安端護撫台光緒二十六年六月十九日寅刻發

洋艦連雷艇、運船至八九十隻，添調陸兵約七八萬，陸續可到京津。拳匪皆自言法破，催戰不戰。天津製造局武庫全爲洋踞，城内軍械局早爲匪劫，各軍彈藥無多。五月下旬連戰數次，殺傷相當，僅能抵禦，損兵已多。拳匪任意焚殺，劫掠居民行旅，死者無算，各河浮尸縱横，蔓延津南静、青、滄、南、鹽、慶、故城一帶，衆逾十萬，專害良民，並不赴津禦敵，此天津情形也。董軍素來驕誇，此次並未與洋兵一戰，既不克復沽臺，又不扼守津郡，盤踞京城，專與拳匪數萬合夥爲亂，先燒東城教堂，殺盡教民，隨即專攻各使館，除已焚殺外，尚餘兩館。董、拳合力圍攻使館，已逾兩旬，尚未攻破，兵匪死者甚多。現聞將用礮轟，大約難保。雖奉旨保護使館，董、拳抗不遵從，亦不聽榮相節制，聞竟將兵部署占踞。慘害良民，前門内外殺人無數，大柵欄一帶大街焚燒略盡，正陽門樓被焚，東城商民及京官住宅半爲董、拳所劫，此京城情形也。各國聯盟，併力以攻中國，德使既斃，德主憤怒，添派鐵艦陸

[一] 指綽哈布。

兵，誓取北京，以圖報復。各國來電，皆言若傷使臣，定要政府主謀者抵命，盡其兵力，不留餘地，不以公法相待，其言慘毒，至不忍言。現雖寄諭各駐使向外國辯説，託與國排解，催召李傅相，然使館不保，彼方恨我之不暇，誰能排解，誰與我議。現在各國議論，皆謂用兵專爲救使，若能救使，剿匪或有可商，此外國情形也。乃京城來電，言董、拳之意必欲攻破使館，聚而殲旃，此真亂賊妖孽，專欲覆滅中華，豈止京城萬難保全，宗社可危，兩宮可慮，寤寐焦灼。鄙人電奏暨電慶邸、榮相，前後已經九次，重複煩瀆，恐難動聽。諸公憂國，自有同心。此時保全大清宗社，只有先辦救護使館、遣出董軍兩事，餘皆無益。若董軍不離京城，西幸亦有大患。恐道遠未詳近情，特彙要聞奉達，即請迅速裁度電奏。一面并電慶邸、榮相，或單銜，或聯銜，早籌良策，遲則無及。擬請朝廷嘉獎董軍奮勇，派其迅速赴津拒敵，專派忠誠曉事大員責成保護使館，接濟食物，或派宋慶保護，或是一策。山西電綫爲招來拳匪所毀，電報到保須十日，德州以北電綫久毀，惟有電山東袁中丞代繕奏函，用六百里加緊馳遞，三日可達。再，由京至保定，由保定至山、陝，此一路電綫關繫緊要，望諸公速奏請旨，飛飭直藩、晉撫、盛宣懷轉飭電局，迅速修通，派兵保護，匪徒敢毀電綫者嚴辦，方能通京城消息。此次萬望勿會鄙銜，以表各抒所見，切要。祈速辦速覆。洽。

致廣州李中堂、江甯劉制台、濟南袁撫台 光緒二十六年六月十九日巳刻發

接慰帥霰電，知會摺已發，救使一條不及添。擬專發一電，奏派宋護使，係傅相來電。意請慰帥繕摺速馳遞，列傅相李、江督劉、川督奎、鄂督張、成都將軍綽、閩將軍善、皖撫王、東撫袁、陝護撫端九人銜名。奎、綽、善、端早商定，不必再商。效辰。

劉制台來電 光緒二十六年六月二十一日午刻到

慰帥皓電：接杏蓀諫電，已聯名繕函，飛致慶、榮。昨接香帥篠電奏稿，亦係力請救護各使，盛諫電似不必重複具奏，惟將明諭宋軍護送一層添入。張稿内即以傅相領銜，我帥及張、奎、綽、善、端、盛諸公並列會銜，乞轉告傅相暨會銜諸公云。謹奉聞。坤。

致成都奎制台、綽將軍，西安端護撫台、福州善將軍、廣州德制台、開封裕撫台 光緒二十六年六月十九日午刻發

昨洽電請諸公電奏救急，想已達。細思若由西安六百里加緊馳奏，五六日可到京，由開封六百里加緊，四日可到京，若電山東再繕摺馳奏，亦須五六日，且近日各電多託袁轉奏，亦嫌重複。仍以由陝、豫馳奏爲妥，祈速酌行。效。

致襄陽朱道台、李令 光緒二十六年六月十九日亥刻發

聞南陽教堂焚燬，匪勢甚熾。並據漢鎮商人傳聞，有戕官據城之事，是否確實。查該處與襄陽唇齒利害相關，該道、該令速派人赴豫境偵探確情，並傳知營、縣，一律嚴密防範，勿任匪徒

延擾。即電覆。效。

致成都奎制台光緒二十六年六月二十日辰刻發

盛嘯電想達。初三日寄諭各駐使，有保護使館，恐直、東兩省教士、教民無遺類，及交涉事件照常辦理等語，則内地不預戰事之洋商、教堂，自應仰體聖意保護，與戰事並不相妨。尊意如何，請裁酌，速電上海余道。哿。

致長沙俞撫台、岳州顏道台光緒二十六年六月二十日辰刻發

撫院效電悉。昨據江漢關道稟，法領事來言，澧州亦有匪徒鬧教之案，將該處洋教士捉去一人，不知存亡，并請電咨尊處，轉飭該州設法查起保護，一面拏犯懲辦等語。務請俞中丞一併速飭該州暨澧州牧、防緑各營，將被捉教士救回，極力保護，一面嚴拏首要重辦。如該州及該營不能認真保護辦匪，以致地方擾亂，定干重咎，至要。即祈電示署岳常澧道顏道，務即遵電嚴飭地方文武，查起保護，并即由電稟覆。號。

致老河口歐陽令[一]光緒二十六年六月二十日辰刻發

寒電悉。該局卡如果土幫實係踴躍，准暫照舊額募勇五十名，務須實額精練，不准缺額，查出定干未便。四、五、六三箇月收數若干，速電覆。號。

致宜昌陳守光緒二十六年六月二十日辰刻發

洽電悉。紳團捐助營餉，究係何欵，務詳晰電覆。勸捐總藉官力，關防似應歸官手，方免流弊，但議明斷不徵調可也。即酌覆。號。

致江甯劉制台光緒二十六年六月二十日辰刻發

咸電請還欵奏稿，十八日始接到，電内應添地方擾亂，丁漕亦必大減，各處增兵彈壓，所費愈多等語。受虧一千萬，應改爲二千萬以外。似不必由袁慰帥代奏，即由尊處發六百里爲妥。不知袁已奏否。如袁摺未發，務改爲二千萬。祈覆。號。

致貴州邵護撫台[二]光緒二十六年六月二十日亥刻發

删電悉。尊處援兵需械，誼應籌濟，惟鄂造槍械除連年解京，並發本省各營外，現又派兵入衛，及各處彈壓，搜羅一空。外洋軍火已不能購，藥彈尤缺，正在萬分焦灼，實無以應尊命，歉甚。至京津拳匪，自云法破，到處焚掠，殘害良民，洋兵日增，逼近津城，聶軍門陣亡，如確，大局甚危，憂憤曷極。洞、霖同覆。號。

致襄陽朱道台、錫守、李令[三]光緒二十六年六月二十一日丑刻發

李令支、問兩電悉。會匪余大螞蝗等，即由該道、府督縣覆審，其首要重犯審實後，即照稟正法，以靖人心，仍補録供詞稟

[一][三] 以下二電録自抄本《張之洞電稿·致本省電》。

[二] 録自抄本《張之洞電稿·致各省電》。

報。其餘情罪較輕之犯，另行確訊，妥擬稟辦，仍由該道、府嚴飭各屬會拏餘匪懲辦，勿任滋蔓。督、撫。號。

致襄陽鄧代理提台、朱道台、釐金局

光緒二十六年六月二十一日未刻發

諫電悉。查原照會，提標各營將弁兵丁俱歸統轄調度，專指提轄而言，於原駐襄陽馬步隊營向歸襄陽道節制者無涉。來電所稱襄舊有各營既歸調度，似欠分晰，茲特申明。其新募之五百人，專爲剿捕土匪，保護各屬教堂，並非應急遣禦大敵之用，慎勿誤會，將來如籌出巨餉時，再行添練大隊耳。餉章只能照襄防營月餉三兩例支給。此營即名爲武襄營，務須嚴約勤操，認真彈壓巡防。所請分別獎革，望即隨時秉公酌辦可也。箇。

致江甯劉制台、濟南袁撫台、安慶王撫台

光緒二十六年六月二十一日未刻發

京城需米甚殷，敵氛甚緊，外省陸運緩不濟急，擬請旨敕下户部，八旗都統、滿漢官員，將應領餉米俸米准其預支半年或三箇月，自行備車雇夫，赴通倉領運回城，以免資敵，一面由外省陸續采運補足，似尚是救急之策等語。請峴帥、爵帥、慰帥斟酌。是否願列銜，或有應改字句，望飛電山東。如願，即請慰帥列劉、張、王、袁、于五銜，繕摺馳遞。之洞、蔭霖同啟。箇。

致長沙俞撫台

光緒二十六年六月二十二日巳刻發

錫方伯到後，鄙人體察勁軍五營情形，似稍覺散渙，道遠多阻，弁勇生疏，長途恐甚費神喫力。清弼力言不知兵，在湘屢請專派統領，未蒙許允，甚覺無專設統將之爲難，深爲焦慮。出於至誠，當日弟商請清弼總統，取其係文職大員，到北後入覲扈駕，俱可妥酌。沿途可與督撫各帥行文商辦，可代于中丞北行，意謂勁軍自必仍有統領，清弼不過督率，即如升臬帶八旗赴京，原設統領仍在。清弼忠勇奮發，廉潔核實，然究未經兵事，料理營伍碎事，似亦太勞。查張慶雲近在長沙，兵事穩練，似不如派張慶雲爲勁軍統領，正與方鎮相配。錫照奏案仍爲兩軍總統，則營事有專責，清弼專管調度稽核，到北方後尤須將身子騰出，始能相機辦理，有益大局。張慶雲所帶係防營，委人接統較易。如一時思不得其人，則彭軍門楚漢、湯前司聘珍，均軍務熟手，帶駐防數營綽綽有餘。湯才優力强，志望開復，即或見解稍有不合，在台端左右，易於裁成。此外，湘將亦不乏，如蒙鑒允，無論酌派何員接帶張軍，刻日交接，令張迅速酌帶得力將弁數人，馳赴湖北，大約十數日可趕到信陽。河南車甚少，後隊必仍在信陽，整隊北行，諸事順暢。屢商清弼，欣愜已極，而不敢徑陳，瀝懇代達。湘軍入衛，必須事事得力，面面想到，若不專派本軍統領，必致湘軍減色，清弼受累。我三人共辦一事，情同骨肉，管見奉商，務望熟籌，速定速示，切禱。再，廿日帳棚始作齊給領，廿一日頭隊已開灄口，廿三、廿五續開，車夫已飭地方官趕備辦齊。養。

致東京錢念劬

光緒二十六年六月二十二日巳刻發

藥事既云即日議訂，盼即日運來。何日啟運，在何處交，務

示確音，恐係東人推宕愚我耳。如必不肯，亦望明告，以便酌用黑藥。槍事如允，亦須速。如大局既定，則斷不宜以巨欵購舊槍，不如以巨欵託造新槍矣。津陷後，彼意云何，速覆。

致江甯劉制台 光緒二十六年六月二十二日未刻發

箇電悉。尊意恐有人議東南保護約，請即擬電奏稿速示，以便酌妥，託山東馳遞。只可言章程，不可用約字。弟近日昏疲煩雜，不能細心，且恐遲誤，務請尊處費神擬稿，感禱。至應列幾銜，請酌。養。

致河南裕撫台〔一〕 光緒二十六年六月二十二日未刻發

駐漢瑞典國丁領事稱，該國彭小姐、彭明道、施牧師三人，在河南汝甯府福音堂，現值北方滋鬧，請妥護來漢等語。務祈迅飭該府暨沿途州縣妥爲護送爲禱。養。

致襄陽鄧代理提台、朱道台、錫守〔二〕

光緒二十六年六月二十二日申刻發

法領事照稱，據老河口天主堂楊教士電，穀城縣屬茶園溝有匪徒與教堂爲難，危急之至，係該處帶兵官飭兵民人等，謂可焚殺教堂教士，請飛飭地方官實力彈護，免釀巨禍，並責令該兵官不得再飭兵民滋擾教堂等語。諒非盡出無因，必係弁兵無知，妄言恐嚇，即委妥員馳往茶園溝確查禀復，一面酌派隊伍，迅往防護，如果有匪擾，即行拏辦，勿稍寬縱。責成該處兵官嚴飭兵勇，曉諭居民，勿與洋人挑釁干咎。速電覆。箇。

致雲南丁署制台〔三〕 光緒二十六年六月二十二日亥刻發

箇電敬悉。俟江省槍械運鄂，當即派員陸續接收解湘。官輪多裁停，擬裝民船，雇輪拖送，運費當墊發。祈電湘接洽。養。

致長沙俞撫台 光緒二十六年六月二十三日丑刻發

錫藩司統軍北上摺，已酌改會奏。至撥欵付餉，鄂省未經奏明某欵若干，湘欵亦未便敘入，委署湘藩、臬司一節亦删去，均應請尊處另奏。養。

致長沙俞撫台 光緒二十六年六月二十三日午刻發

嘯電想達。衡州教案，請速另派幹員迅速馳往確查，照法領事所説三條速辦。請即電覆，以便轉覆領事。養。

致長沙俞撫台 光緒二十六年六月二十三日午刻發

洋電天津已於十八日被洋兵攻踞，京城危極，大局危極。此次結局難料，恐不能如庚申、甲午之易了也。望切飭司道及省外道府，并告省城大紳，務須防護教堂教士，嚴拏毀堂殺華洋教士之匪重辦。其殺人者，例應治罪，請即批飭正法。凡此等事，我趁早將匪重辦，將來可省許多事，最爲要著。不然彼必歸咎於州

〔一〕録自抄本《張之洞電稿·致各省電》。

〔二〕録自抄本《張之洞電稿·致本省電》。

〔三〕以下三電録自抄本《張之洞電稿·致各省電》。

縣不保，大吏不懲，後患難測。且搶毀愈多，爲數愈鉅，必索賠無情無理之巨欵，責孥株累無數之平民，仍是累我湖南良民、湖南庫欵及各官耳。恐不曉事之愚民誤聽傳言，以爲兵團屢勝，洋人畏威，任意橫行，以逞積忿，將來如何結局。總之，萬不可再傷洋教士一人。此鄙人愚衷苦口，關愛湖南全省之言，祈鑒察速行。再，據英領事照稱，衡州教士來信，有人傳説現有上諭到衡，要將各堂封閉，以致衆人將堂拆毀，請查禁等語。此等僞造上諭之匪，必應拏辦，并須解釋並無此旨，方免奸民藉端生事。盼速覆。漾。

致杭州惲藩台 光緒二十六年六月二十三日午刻發

日本來電，其政府屢言貴省文告慮開教衅云。大局甚危，北方信息甚緊，全賴東南各省保全疆土，護固餉源，似不宜再出鬧教之事，使内匪乘機，外人藉口。可婉達劉景帥嚴飭各屬戢匪安教，以遏亂萌，全局幸甚。漾。

致江甯劉制台 光緒二十六年六月二十三日亥刻發

號、漾兩電悉。購米運京事，鄂省擬連買米價及運費共籌銀十二萬兩，自行采買，附入江南轉運局運京。惟運米到京，自今日起算，至速須一箇月。津郡失守後，敵情不知如何，如停兵待議，諸事尚可趕辦，設洋兵急於救使，旬日後即赴京，或者有西幸之舉，亦未可知，或陝或豫，未敢臆料。六師所在，需糧尤亟，假如乘輿西行，鄂米便應由襄陽徑運赴豫赴陝，豫則陸運，陝則水運，以免曠日糜費，臨時奉商酌辦。至江南之米，彼時或由淮入汴，陸運至開封入河。想清江之米購齊起運，或須旬日，北方情形當已知其梗概。總之，鄂省當一面買米，再定運道。尊處目前陸運，擬由何路，約幾日到京，祈速示。洞、霖同覆。漾。

致福州善將軍、上海盛京堂[一] 光緒二十六年六月二十四日丑刻發

號電、滬禡電均悉。星翁藎籌極妥，敬佩。惟聞鑑帥十七日已過濟南，先行赴京，張、陳兩軍尚在途，前據保定來電，言兩軍派駐保定，不知確否，亦不知有無更變。尊議請速會他帥電奏，或單奏，祈酌。敝處於靖匪保使事奏太多，嫌瀆，擬不附銜，乞諒。此電并奉達杏翁一閲。漾。

致福州許制台 光緒二十六年六月二十四日丑刻發

皓電廿一日亥刻始奉到，敬悉。前接慰帥電，銑電奏已於十九日繕發，未及會台銜矣，歉甚。漾。

致江甯劉制台 光緒二十六年六月二十四日寅刻發

漾電會奏救外使兼護商教稿讀悉，極爲妥愜得體，請即飛電袁慰帥速繕發，江督劉、鄂督張、川督奎、皖撫王、浙撫劉、護蘇撫聶，六銜會奏。奎昨日正與敝處商保護教士，王意見素同，均不必商。聶想亦必允，惟浙江似須商，催其速覆。請一面電袁，一面商劉，並將電稿知照奎、王、聶爲要。如浙久不覆，即不列

[一] 以下二電録自抄本《張之洞電稿·致各省電》。

其銜亦可。敬寅。

致濟南袁撫台[一] 光緒二十六年六月二十四日卯刻發

漾電悉。十八日會摺，另有旨，想是明發，如已見，祈速電示。日來有津探及京信否，裕壽帥現駐何處，敵兵作何舉動，尊處可否設探員探馬於青、滄一帶，隨時飛報德州發電，想已籌及，如能飭電局將電綫修至德州以北百餘里，派兵保護尤善。此事非公大力不能辦，盼禱。敬。

致江甯劉制台 光緒二十六年六月二十四日未刻發

尊意令陶商福島從中保全，將派陶赴津耶，抑發信發電耶，恐俱不便。此等大事仍政府作主，各使若皆存，患可稍減，不如與李星使商爲穩妥。但外人所出題目恐我等不能辦，奈何。今日只有懇其保兩宫一事可説，各國必歸咎中國政府，我等豈能置喙耶。敬。

致東京錢念劬 光緒二十六年六月二十四日亥刻發

廿一日明發上諭四條：一、保護各省洋商教士。一、惋惜德使。一、轉府尹、直督，查戰事外被害損失之洋人洋産，彙案辦。一、飭督撫、統兵大員剿害良民之亂匪。同日致德美法國書三道，託排解。又總署轉交在京美使洋文密電一件，令滬道轉電美國。又廿二日寄閩電旨，内有除德使外，其餘各國公使皆無恙之語，想是俱存。合肥廿一自粵行。敬一。

致襄陽提台、道府縣，宜昌鎮、府縣，荆州將軍、道府縣，鄖陽鎮、府縣，施南協、府縣，安陸府縣、德安府縣、荆門州歐陽牧、黄州府縣、大冶鐵路委員解守、應山宗令、信陽朱道台[二] 光緒二十六年六月二十五日巳刻發

山東撫部院袁電開：六月二十一日，内閣奉上諭：此次中外肇衅，起於民教之相鬨。嗣因大沽礮臺被佔，以致激成兵端。朝廷誼重邦交，仍不肯輕於決絶，迭經明降諭旨，保護使館，并諭各直省保護教士。現在兵事未弭，各國商民在中國者甚多，均應一律保護。著該將軍、督撫，查明各國洋商、教士在通商各埠及各府州縣者，按照條約，一體認真保護，不得稍有疏虞。上月日本書記杉山彬被戕，正深駭異，乃未幾復有德國公使被害之事。該公使駐京辦理交涉，遽遭傷害，惋惜尤深，應仍嚴飭勒拏凶手，務獲究辦。所有此次天津開戰後，除因戰事外，其因亂無故被害之洋人教士等，及損失物産，著順天府、直隷總督飭屬分別查明，聽候彙案核辦。至近日各處土匪亂民焚殺劫掠，擾害良民，實屬不成事體。著該督撫及各統兵大員查明實在情形，相機剿辦，以靖亂源。將此通諭知之。欽此。恭録照轉，請飭官民人等一體欽遵。有。

[一] 録自抄本《張之洞電稿·致各省電》。
[二] 以下二電録自抄本《張之洞電稿·致本省電》。

致老河口水師後營張都司理玉、光化梁令，襄陽朱道台、錫守、李令、鄧軍門、水師右營王提督，安陸水師中營謝提督、水師左營周都司 光緒二十六年六月二十五日亥刻發

據江漢關道稟，准瑞典副領事函：哪嘁國牧師稟，伊等三人由老河口動身，承地方官派礮船護送，不料行至百餘里外，該礮船不肯再送，今幸平安抵漢。現老河口尚有路得會教士男女九人來漢，務請派礮船護送來漢，切勿半途折回。又河南汝甯府福音堂有牧師三人，刻因無從致信，請飭襄陽道轉遞致汝甯府，囑該牧師等速回漢，如已到河，請一併保護回漢等語。所有過境教士，該道、府、縣等及水師各營，務須派礮船兵役，沿途妥爲護送，節節換船接護，勿任半途棄置，致有疏虞爲要。至汝甯府教士，即由該道致信汝甯府，囑該教士三人回漢，俟該教士入境，即妥爲護送爲要。即電覆。有。

致濟南袁撫台[一] 光緒二十六年六月二十五日亥刻發

聞已將北運河、永定河均挖決數口，滿地橫流，行旅甚艱。或謂藉此阻洋兵，不知確否。尊處必有所聞，祈確探示。有。

致上海李中堂 光緒二十六年六月二十五日亥刻發

台駕到滬，欣慰。能先商停戰，不攻京城否。擬由何路行，祈示。有。

李中堂來電 光緒二十六年六月二十六日到

有電悉。昨抵滬，體中微有不適，略為休養，取道運河北上。停戰無人可商，奈何。鴻。

致巴黎裕欽差[二] 光緒二十六年六月二十五日亥刻發

自北方鬧教，敝處恐痞匪藉端滋事，疊次出示禁謠鬧教，嚴飭各屬實力保護教堂、教士、教民，添兵彈壓。幸各屬均尚安静帖服。惟湖南衡州相去太遠，前十數日忽出有聚衆毁堂之事，實深惋惜。據法領事照會，有意國教士二人被害，而據衡州道、府、縣來稟，則未叙傷人，路遠未知孰是。現一面嚴飭該地方官，責其實力彈壓，嚴拏首要凶犯，務獲從重懲治，一面派大員前往督飭嚴辦，並查實情。務祈先將敝處歉忱並實力辦法，轉達外部，告以必爲辦犯，並撫卹教士、教民。如將來查有地方官縱容主使情弊，定必從嚴參處，決不姑寬，請其放心。並懇轉電柏林吕使，婉謝意國政府爲禱。即祈電覆。有。

致上海盛京堂[三] 光緒二十六年六月二十五日發

傅相到滬，想已見，宗旨如何，隨行幕僚何人，由何路何日行，能與各國先商停戰否，速示。

[一] 録自抄本《張之洞電稿·致各省電》。
[二] 指中國駐法國公使裕庚。
[三] 録自抄本《張之洞電稿·致上海電》。

盛京堂來電〔一〕光緒二十六年六月二十六日到

兩日與傅相密談，吾夢未醒，彼忿未泄，勢難停戰。既無開議憑據，難入津門，恐只能遵旨陸行。幕僚王子展、劉問芻、曾敬貽、徐次舟而已。津陷后兵匪盡散，無戰事。

致襄陽朱道台、李守〔二〕光緒二十六年六月二十六日丑刻發

前據管帶襄防營劉水金禀，該營哨官劉得功，於三月初九日會同該令拏獲匪首邵正道，交縣收審等情。查該匪首著名凶悍，當此土匪蠢動，如已問有確供，即行就地正法，以遏亂萌，并即禀報備案。有。

致廣州德制台〔三〕光緒二十六年六月二十六日巳刻發

頃接署直藩廷廉訪雍六百里遞來電稿，其文曰：廣東督憲德鈞鑒，宙密。頃奉軍機處札行本日奉諭旨，廣東碣石鎮總兵劉永福，著德壽飭令該總兵統帶得力隊伍，星馳北上，毋稍刻延。將此電諭德壽，速飭遵照。欽此。理合照録電陳。廷雍。刪。等語。洞轉。宥。

致江甯劉制台光緒二十六年六月二十六日巳刻發

頃接署直藩廷臬司雍六百里函遞電碼一紙，文曰：劉、張制台鑒：陽電敬悉，能留使臣，正是爲將來地步。無如自德使被戕後，英使威逼，將肅王逐出府邸，令教民居住，約有萬數千人。各國均聯爲一氣，逐日向外槍礮不絶，傷斃官民無數。四次撲犯東安門，均經董軍擊退。中興臺城上，彼族站據，日用槍礮向皇城内施放，宫内時獲礮子，武衛中、後軍亦不能不防守攻擊，而拳民又從中亂攪。區區欲作保護調停之計，出示教民，予以自新。二十九日大書奉旨保護使臣，不准開槍，彼此照會，其不但不理而仍施。日來陳奏留使臣者不少，苦於無法以通消息，奈何。事事不凑巧，兩宫亦無可如何，惟有竭盡人事，以待天命。公其何以教我哉，（禄）［祈］電覆。元。等語。照會下、仍施下，似有脱文。謹轉達。宥。

致荆州奭道台、宜昌陳道台〔四〕光緒二十六年六月二十六日申刻發

山東袁撫台來電：頃准軍機大臣字寄户部、山東巡撫袁，光緒二十六年六月二十三日，奉上諭：李鴻章等奏奉諭暫行停還洋欵，據實核計，請旨遵行一摺。據稱，洋欵若停，牽動内地釐金，亦礙華民生計，轉於餉需有害，京餉及北上諸軍餉項，無從接濟等語。初議停還洋欵，原因凑濟軍需起見，儻各海關如常收税，内地釐金亦不至短絀，即著照所請，仍照案按期解還歸欵，用昭大信。將此諭知户部，并由六百里諭知袁世凱，即著該撫轉電李鴻章、劉坤一等知之。原摺著鈔給户部閲看。欽此。遵旨寄信前來，謹轉達。凱叩。有。等語。宥。

〔一〕録自苑書義等主編《張之洞全集》第十册，第八一五六至八一五七頁，河北人民出版社一九九八年版。
〔二〕〔四〕録自抄本《張之洞電稿·致本省電》。
〔三〕録自抄本《張之洞電稿·致各省電》。

致濟南袁撫台，成都奎制台、綽將軍，廣州德制台，福州許制台、善將軍，杭州劉撫台〔一〕、安慶王撫台、蘇州聶護撫台〔二〕、西安端護撫台光緒二十六年六月二十六日酉刻發

傅相現已抵滬，累詔催令北上，並未指授方略，即調任北洋之説，聞亦子虛。隻身進京，何從措手。聞由内地行，緩不濟急。津郡已陷，洋兵豈能久待，匪特與大局無補，且恐入直境後爲拳黨所持。鄙意若能授以全權，先商令各國勿攻京城，如蒙俞允，方有辦法。現擬會奏稿，請諸帥酌核，如願聯銜，請一面飛電袁慰帥馳奏，一面即刻電覆江、鄂兩處，盼禱。坤一、之洞同啟。宥申。

致宜昌鹽局陳道台光緒二十六年六月二十六日亥刻發

宥電奉上諭，洋欵仍照案按期解還歸欵，用昭大信等因。欽此。想已接到。該道但須仍照舊案按期解交税司，萬勿向税司言及先有議停還之事，致生枝節。切要。宥。

致濟南袁撫台光緒二十六年六月二十七日巳刻發

昨宥申電，擬請派李傅相全權電奏稿，想已達覽。此事係峴帥來電稿，囑弟酌定奉達，僅改數字。此奏内萬望勿言洞主稿，千萬叩禱，蓋實非鄙人之稿也。若必言電稿係由洞寄尊處，則請勿奏，洞不敢列銜矣。明公解人，當蒙垂鑒，千萬切懇。感。

致西安端護撫台〔三〕光緒二十六年六月二十七日巳刻發

敬電悉，已嚴飭河口水師暨光化縣令妥速遵辦矣。沁。

致襄陽朱道台、府縣，老河口水師張都司理玉、光化梁令〔四〕光緒二十六年六月二十七日午刻發

頃接陝撫院來電：邵、梅二教士已抵荆關，礮船未來，請飛電河口礮船詣關接護，如丹沙水淺，礮船不能上駛，亦飭水勇登陸迎關妥護等語。查真、諫兩電，疊飭該都司速派幹弁帶船駛關迎護，該令并派司事人役沿途照料，何日久尚未駛抵該處，殊不可解。如確因水淺不能上駛，可迅派妥弁酌帶水勇登陸，會同縣派司役，沿途馳往迎護，送至襄陽。襄陽縣李令酌派妥人，轉傳各段水師營派船接護，萬勿誤事干咎。迅將現辦情形即電覆。沁。

致襄陽朱道台、錫守光緒二十六年六月二十七日午刻發

宥電悉。河南唐縣匪徒越境，將棗陽石佛寺教房打毀，實屬

〔一〕指浙江巡撫劉樹棠。
〔二〕指護理江蘇巡撫聶緝槼。
〔三〕録自抄本《張之洞電稿·致各省電》。
〔四〕録自抄本《張之洞電稿·致本省電》。

狂悍。此等明是土匪，豈僅鬧教耶。河南荒旱，飢民甚多，藉端滋事，聚而不散，後患不可思議。將來楚必受豫累，亟宜早爲防遏，不僅爲保護教士也。所稱商請提台派兵六十名往紮接壤，速照辦，並嚴飭棗陽縣查明該縣教堂多少，認真防護，勿得再有疏虞。并由該道速將昨電知六月廿一日保護洋商教士，剿辦土匪亂民之上諭，録刊小板，刷印萬張，發交襄陽縣，飛遞棗陽、光化、穀城各屬，及隨州、應山等處，遍送城鄉及邊界處紳衿大户，以期傳入河南，俾共知朝廷現仍以保教緝匪爲重，冀遏亂萌。板約寬尺餘，高七八寸。隨州、應山雖非襄陽所屬，以與該處相近，不妨就近發給。即速辦，電覆。沁。

致各省制台、撫台光緒二十六年六月二十七日亥刻發

頃接江甯電局委員廖壽熙電禀各省督撫一件，內稱：見十七、十八兩日報登常州孫保維上敝處書，備陳利害云云，想諸公亦經入覽。查孫保維不知何許人，向未識面，亦並無書來。檢閱十七、十八中外日報所登孫書，議論狂悖，直欲激成不測之禍，實屬悖逆之語。乃該委員膽敢爲之推波助瀾，冒昧妄瀆，通電各省，既云原書未足盡憑，又云酌采其説，若非喪心病狂，何荒謬至此。已電請劉峴帥、盛京堂嚴查撤參，恐諸公未悉其詳，特此馳告。此等狂吠之詞，幸共斥之，盼甚。沁。

廖委員禀各省督撫電〔一〕光緒二十六年六月二十七日未刻到

卑職見十七、十八兩日報登常州孫保維上張制軍書，備陳利害，倘蒙酌采其説，立簡各省精兵，半請李傅相統由海道勤王，半請張制軍統由陸路繼進，安宗社，固邦交，定如反掌。其各海疆，聯絡保守，統由南洋劉宫保領袖，庶南北兼顧，中外無虞。甯電局委員廖壽熙謹禀。

致上海李中堂、江甯劉制台光緒二十六年六月二十八日辰刻發

擬會中堂、峴帥尊銜，覆上海英總領事一電，其文曰：昨接來電承示沙侯電，不特英國無瓜分意，即他國亦未聞有此意，囑布告中國，以安人心等語，深感貴國有安輯中國民心之美意。惟究近年亂萌之起，皆由康黨布散謡言，離間我兩宫，誣謗皇太后。滬上華洋各報爲之傳播，人心惶惑，致生種種事變，不利於中國，兼不利於各國。甚至近日或疑朝廷袒匪，不知我皇太后訓政三十餘年，素多善政，尤重邦交，豈有袒匪之理，不辯自明。朝廷種種爲難情形，各國未能深悉耳。我中國以孝治天下，臣民共戴兩宫，無稍異視，不特臣民尊敬皇太后，亦如英人之尊其后。皇上又加有母子之恩，尤極尊敬皇太后，我皇太后之心不安，則我皇上之心亦無以自安。現東南各省極力彈壓，遵旨保護洋人，然假使各國不尊敬我皇太后、皇上，薄海臣民必然不服，以後事機實難逆料。昨遣委員與漢口英領事談論及此，英領事亦深以爲慮，並云近年各國多聽上海各報訛傳，幾信以爲真，不知中國真情如

〔一〕節録苑書義主編《張之洞全集》第十册，第八一六四頁，河北人民出版社一九九八年版。

此，已電達外部等語。英領事詞意甚爲真切，務請貴總領事詳察。須知康黨謠謗，全非中國之實事，尤非中國臣民之公言。嚴禁上海、香港及南洋各埠報館，凡有語涉謗毁我皇太后者，立飭查辦，並請於洋文報紙一律示禁。蓋我中國尊敬兩宫，並無異視，亦望各國於我兩宫均必尊必敬，則中國人心不至爲所激動，各國見聞不至爲所熒惑，禍亂之端或可稍戢。即望電達沙侯，并盼貴總領事示覆。鴻章、坤一、之洞同電等語。此係因英總領事來電，迎機而導，惟措詞是否妥協，務祈中堂、峴帥酌定速示。儉。同莘按：此電以六月二十九日會兩江銜致英總領事。

李中堂來電 光緒二十六年六月二十九日午刻到

儉電悉。昨過港晤該督，談次極盼皇上親政，與俄主國書同意。告以太后仁慈明哲，此次誤聽人言，致拳匪猖獗，責有攸歸，此固中外共知者。尊電一概抹煞，專咎新聞紙，似未足取信。既經漢口領事轉達外部，不必再致英總領事。若將各使護送赴津，自任剿匪，尚有辦法，否則大禍將臨，非百喙所能解。請商峴帥酌辦。鴻冒暑腹疾，須俟北信再行。豔。

致老河口水師營張都司、光化梁令〔一〕

光緒二十六年六月二十八日巳刻發

頃又接陝西端護撫院來電，有瑞國孫教士男女十人，由襄出江來漢，已派兵護送至荆紫關，請飭河口水師派船來接等語。可即酌派礮船泝江迎護，仍由梁令另派妥役隨同照料。如水淺，即會派兵役由陸馳往接護，并查照節次電飭，送至襄陽後，轉傳沿途州縣水師營妥爲護送來漢，勿稍延誤。儉。

致開封裕撫台、信陽州朱道台〔二〕 光緒二十六年六月二十八日巳刻發

頃據江漢關道詳，據美領事照稱，河南汝甯府有美國傳教牧師並其眷屬，另一西國小姐，共三人，現在十分危急，因地方官告知奉到京諭，不再保護西人，懇速電達尊處，迅飭派兵護送至信陽州，再由該州護送至湖北應山縣，交替接護來漢等語。恭讀六月廿一日上諭，仍飭各督撫保護洋商、教士，剿辦土匪亂民，仰見朝廷懷遠招携之深意。敝處現已通飭地方文武一體欽遵辦理，茲汝甯府美教士男女三人，祈迅飭該府州派撥兵役，妥爲防護，迎送至湖北應山縣地界，交替接護，俾免疏虞，盼禱。請即示覆。儉。

致西安端護撫台 光緒二十六年六月二十八日巳刻發

有電悉。嘯字係洽字之誤。洽電想接到，此事尊處已否電奏，祈示。沁。

致西安端護撫台 光緒二十六年六月二十八日巳刻發

有電悉。瑞國教士由襄出江，已飭老河口礮船赴關迎護矣。儉。

〔一〕録自抄本《張之洞電稿·致本省電》。
〔二〕以下四電録自抄本《張之洞電稿·致各省電》。

致濟南袁撫台光緒二十六年六月二十八日未刻發

茲有致欽差李鑑帥要信一函，請慰帥俯賜代繕，附驛馳遞，或便差遞，不知已到京否，祈飭探投。文曰：鑑堂仁兄大人閣下：逕啓者，五月廿五日會奏請剿匪電奏一件，辦法均係與于次帥面商，電稿經次帥改定數次，廿四、廿五兩日反覆斟酌，始行定稿。此事關繫宗社國家大局，他位皆係先商明願列銜者，想公必同志，故擬亦列尊銜。本欲電商尊處，候覆電再發，但恐日期躭延，次帥云經我酌定，鑑帥必以爲然，不必再問，事機緊急，先發可也等語，故遂一面發電，一面録稿電達，已於五月廿五日有電詳達在案。竊思此件電奏反復再閱，於事理似尚無不合，大指不過謂邪術不可信，亂民不能戰，必先安內乃能攘外，殺教士、攻租界不足爲武，各國調兵無窮，我軍彈藥有限，不能持久，似尚不悖於孟子以一服八，如鄒敵楚，聖人不殺一不辜之訓。竊意公與次帥相知最深，次帥既云不必詢問，故遂遵次帥之命先發，請公再電詢函詢次帥自悉。特是弟此舉究屬粗率，悚歉難名，然實非未與公商而擅列尊銜，實由次帥指示。特再詳布，尚祈垂察爲幸。敬請勛安。愚弟張之洞頓首等語。因鑑帥已過德州，不能通電，寄函太遲，不得已奉瀆，千萬鑒宥俯允。感叩。僉。

致江甯劉制台、濟南袁撫台光緒二十六年六月二十八日未刻發

讀廿三日寄諭，救使事不宜屢言。前日峴帥會奏救使臣護商教一電，不知慰帥已奏否。如已發，則亦無妨，如未發，務祈勿奏。請峴帥另擬奏稿，或即以遵旨護商教，力阻兵輪，保守疆土，並籌餉濟北立論。疊次諭旨保洋商教士，照案還洋欵。諭內又有儻各海關仍可如常收税語，似內意亦願東南安謐。祈即覆。勘。

袁撫台來電光緒二十六年七月初一日子刻到

峴帥會奏救使臣，護商教一電，已於廿五日由驛馳遞，摺由用遵旨相機審勢，妥籌辦理，以彰威德，而維大局等因。稍籠統，未審合否，謹電覆。世凱。豔。

致濟南袁撫台、江甯劉制台光緒二十六年六月二十八日未刻發

東沁兩電、甯勘電均悉。尊論佩甚。請派全權一事即作罷論，請峴帥會列洞名覆各省。僉。

致濟南袁撫台、江甯劉制台光緒二十六年六月二十八日亥刻發

勘電會奏稿悉。此事細思，仍以速奏爲是。慰帥增改處極妥，謹擬於遏剿下，將與決勝負四字删去，於授以全權下，添示以機宜四字。祈酌定速發，列江督劉、楚督張、粵督德、閩軍善、浙撫劉、東撫袁、皖撫王、護蘇撫聶八銜會奏。八人皆已有願會銜之覆電到者，餘人如有，可添列，請峴帥酌添。僉。

致濟南袁撫台、江甯劉制台光緒二十六年六月二十九日辰刻發

請派全權事，昨夜僉電奉覆請奏，想已達。惟發端處以間敵謀而紓國難，擬改以間敵謀而裨京防。玉帛兵戎，本可並行二句，

擬改自古用兵之道，本可操縱並行十二字。又慮需時下，擬添若旬日以後，洋兵已逼近京城，局勢又變十六字。紓國難之下、爲主之上，擬添安兩宮三字作總。以間敵謀，紓國難，安兩宮爲主。此三字尤要緊，冀可邀允。峴帥如有酌改之處，亦望速電山東，統請慰帥酌定速發。豔卯。

致宜昌陳守〔一〕光緒二十六年六月二十九日辰刻發

箇電悉。團防營既歸該守節制，文牘均可鈐府印，似無須另給關防。可再妥酌電覆。豔。

致福州張藩台〔二〕光緒二十六年六月二十九日巳刻發

沁電悉。自沽臺失後，拳匪不赴前敵，不守製造局，不奪回武庫，不克復沽臺，日攻租界終未能克，專以殺教民害良民爲事，拳匪蹤跡從未過紫竹林一步。津陷時荼毒甚慘，兵潰團散，器械一空。裕退北倉，司道駐楊柳青。各國添兵將到，李鑑帥過山東，滿口主戰，力詆劉、張，詆張不當請剿匪，向來所佩服大臣止徐相、崇公二人，所贊大將止董福祥一人。此三人去年到京皆往拜，餘人皆不拜，乃在鄂面說。今端、慶、徐、崇已派督辦軍務處，董又恃眷跋扈，鑑帥到京，志同道合，不知又有何怪論，必鬧到宗社已危而後醒悟，鄙人實不敢再謂此老能安內也，可痛可恨。接京信，晤京來人，兵拳雖亂，慈聖若堅定必辦之，事仍可主持。欲挽大局，宜悟聖聰。祈轉達善星翁，望并告橘州。豔。

致長沙俞撫台光緒二十六年六月二十九日巳刻發

前准大咨，奉廷寄飭派湖南錠字四營、威字五旗北上，交余虎恩統帶一案，昨准榮中堂咨，同前由，並令敝處催行，已飛咨冰案。查錠字想是勁字之訛，威字旗自即黄忠浩所帶，今勁軍已奏派錫藩司統帶北上，黄忠浩所部威字旗尊處擬如何辦理覆奏，速示覆。威字旗如飭北行，自難截留，若不復遣，擬商請將該中書並所部三旗留鄂操防，餉改歸鄂給。祈酌定，速示。豔。

致長沙俞撫台光緒二十六年六月二十九日巳刻發

漾電悉。永州鎮中軍遊擊，即請照委儘先參將黄昌接署。豔。

致濟南袁撫台光緒二十六年六月二十九日申刻發

宥電奏，甘督魏、陝撫端均願列銜，據云已徑電達知。豔申。

致濟南袁撫台、江甯劉制台光緒二十六年七月初一日卯刻發

兩豔電悉，請派全權摺仍應奏。發端改爲戰事方殷，催召重臣，謹合詞敬陳管見，以速行程，而裨京防。安兩宮爲主下，加其緊要重大情節，仍應請旨裁定。因屢奉旨催該大學士北行，仰見聖懷焦勞。然陸行到京，至速須兩旬以外，若有奉旨與各國商辦事件名目，即可在滬與各國通電，設法暫阻各國赴京兵勢，一

〔一〕録自抄本《張之洞電稿·致本省電》。
〔二〕以下四電録自抄本《張之洞電稿·致各省電》。

面或可與美國商用兵船送到山海關登岸，到京迅速，可以面授機宜等語。大指歸於令李速到，與近旨尚合。請慰帥速繕發，不必再商。惟奏内安兩宮三字最要，若無此三字，恐難邀允，洞亦斷不敢列名，務祈俯鑒。再，此電已足，盛電會稿可作罷論，萬不必再重出，切要。八銜即可，他人有願附名者，請酌。奎、綽頃有電，不願列銜。東寅。

致濟南袁撫台〔一〕 光緒二十六年七月初一日巳刻發

東寅電想達，惟安兩宮三字萬不可改，其餘字句請慰帥酌，不必再商。盛勘電與鄙意不盡同，此奏似可不列盛銜。東巳。

致上海盛京堂 光緒二十六年七月初一日酉刻發

豔電悉。鄙人前電台端，言鐵路斷不停工。近日鄂境一律安靜，亦毫無謡言。近有教士、鑛師多起自山、陝、河南回漢，抵漢即由領事函謝，稱一入鄂境，深蒙地方文武保護周妥等語。至敝處於保護鐵路尤爲實力，費財費心，無以復加，鄭道實可謂盡心之至。現又添派勇丁一哨赴鐵路，將前派各哨遞次移營，進紮信陽。乃比工司人等無端自相驚恐，實屬可怪。聞有一人膽力堅定，極不願停，有一人驚怪特甚，屢請停，務望切責沙多，聲明如彼工匠無端棄置路工，將來賠修及延閣喫虧，一切須彼自認，敝處斷不任咎也。再，漢口英、法、德、美、日各國領事，均深信敝處實力保護，見地方民情安静，均鎮定如常。惟比總領事人甚陰險，諸多挑剔，每欲嗾各領事要挾，幸各領事未以爲然。此人不去，終恐於路工無益，特此密布，祈探沙多有法可設否。祈即電覆。東。

致上海盛京堂 光緒二十六年七月初一日戌刻發

聞此次傅相到滬拜各國領事，而各領事未答拜，確否，祈密示。再，傅相北上擬坐何國船，抑仍陸行。聞有旨令坐俄國信船，是否已與俄國議定，祈確探示。近日滬上各領事有何議論，并望電覆。朔。

盛京堂來電 光緒二十六年七月初三日未刻到

傅相未拜客，法、美、日領事已晋謁。並無航海意。宣叩。冬。

致上海盛京堂〔二〕 光緒二十六年七月初一日發

洋報播弄是非，可恨之至。鄂境一律安静，所有勇營，無不聽從約束，武、漢并無猜忌洋人之事。前月漢口洋人曾有礮對漢口之謡，妄誕可笑。旋邀英領事過江閲看各營壘，現洋人均已釋然。祈告各領事囑該報更正，以後切勿刊刻無稽謡傳爲禱。祈即電覆。

致上海盛京堂〔三〕 光緒二十六年七月初一日發

勘電擬請派全權，詞意極警切，惟此事甚難着筆。弟於前兩

〔一〕録自抄本《張之洞電稿·致各省電》。
〔二〕録自抄本《張之洞電稿·致上海電》。
〔三〕録自盛宣懷《愚齋存稿》卷三十八，第二頁，武進盛氏思補樓一九三九年刊本。

日已會同峴帥擬稿，與慰帥商酌，經慰帥將稿改完，今晨必已繕發，措詞委婉，與尊指略有不同。特奉聞。

致長沙俞撫台光緒二十六年七月初二日辰刻發

李相已調直督。前兩日鄙人與峴帥、慰帥公商電奏，請派李相爲全權，意欲令其在滬先與各國電商緩兵之法，並可向美國借船由海道速到京，昨已由慰帥繕遞。盛勘電專言不宜戰，欲久留李相在滬議，與鄙人宗旨不同，應勿庸議。以後台端如願聯銜陳奏，望先將大指示知，何事願會銜，何事不願，以便臨時將奏稿大意電商。事機緊急，不能久待也。冬。

致廣州德署制台、劉鎮台永福，江甯劉制台〔一〕光緒二十六年七月初二日巳刻發

粵豔電悉。鄂既派兵北上，屢次嚴旨令保守疆土，本省又須添營，軍械缺極，正患無槍，尤患無彈，萬萬無從設法。粵省槍彈廠晝夜併工，日可出彈萬餘，軍儲素裕，惟有仍請由粵籌備軍火餉項，隨帶北行，至轉運多費，此時似可不計矣。劉鎮軍請代籌餉暨軍火，鄂窘極，萬難代籌。均祈垂諒。蕭。

致西安端護撫台光緒二十六年七月初二日巳刻發

英領事照會：接西安二十五日電報，距西安五六十里營家舖地方教堂被毁，有教士數人不知存亡下落，請咨查等語。祈飭屬查明，妥辦見覆，以便照覆英領事，切禱。祈即電覆。沃。

致河南裕撫台光緒二十六年七月初二日巳刻發

英領事照會：賒旗店地方教堂被毁，聞係南陽鎮主使，并令搜殺教士。現在教士究不知存亡下落，請咨查等語。查痞匪鬧教，地方官猝不及防，致教堂被毁則有之，至主使焚毁搜殺，斷無其事。惟英領事懸念教士甚切，務祈飭屬查明下落，妥爲保護，迅賜電覆，以便照覆英領事，切禱。沃。

致襄陽鄧提台、朱道台、釐金局郭守光緒二十六年七月初二日巳刻發

近日豫匪竄擾，邊防緊要。鄧軍門仍照原議募勇一千名，除前募五百外，速再募五百。望即精選精練，以備防剿，需餉由襄陽釐局撥用。督、撫。沃。

致襄陽朱道台、錫守、李令、鄧署提台、老河口水師營張都司，光化梁令，棗陽皮令光緒二十六年七月初二日亥刻發

頃奉電傳六月二十八日上諭，又嚴飭保護洋人。茲法領事照稱，楊岡、太平鎮、馬公山、坪嶺田等處教堂及教民房産，被匪焚搶罄盡，顯係地方官有心縱害。老河口天主堂現在亦有危險，請飛飭彈護，嚴拏究賠等語。查茶園溝、石佛寺、胡家樓等處肇事後，節經電飭嚴密彈護，何以楊岡、太平鎮、馬公山、坪嶺田

〔一〕以下三電録自抄本《張之洞電稿·致各省電》。

各處又被匪擾害，以上數處係何縣屬境，即查明電覆。鄧軍門、朱道、錫守速即分別酌派弁兵營勇，會同各縣、汛兵役、團丁，實力巡防，如有匪徒鬧教，無論土匪外匪，即行相機剿捕，勿稍遲誤。襄陽縣即責成李令，老河口即責成光化縣梁令、張都司理玉，穀城縣即責成章令、新署令，棗陽縣即責成皮令，認真保護。嗣後各屬教堂教士如再有被擾情事，是該地方文武各員並不遵旨，定行撤參勒賠，並派該處紳民分賠，不能累及庫欵。即由朱道、錫守飛飭襄陽、棗陽、光化、穀城及其餘各州縣，一體懍遵，並即電覆。蕭。

致江甯劉制台、上海余道台光緒二十六年七月初二日亥刻發

六月廿五日同文滬報載厦門函述第三節京中惡耗一條，實屬悖逆不道，意在陷害。鄙人從來未有如此怪謬，可駭者實不能形諸紙筆，請查閲自悉。據云譯自字林西報。查字林報每多華人捏造僞託。查近日各國致我中國皇上國書及外部來電，詞氣仍然顧念邦交，並無不講情理之語，可見此條字林報所言，西人斷無此語，顯係康黨捏誣。務懇尊處迅飭滬道會商英、日領事，於各該報館捏造誣罔之詞，婉切阻止。如有華報僞託，亦切囑其據實告知。須告知此等語適足激成奇禍，勢必累及南方亦不能常保安靖，關係中外大局，實非淺鮮。並請飭查字林西報有無此條，係何人捏造，示覆。如該報館再不悛改，只有遍告各省，以後各省均不准售賣購閲同文滬報矣。務祈隨時設法防阻，千萬叩禱。盼示覆。沃。

致江甯劉制台光緒二十六年七月初二日亥刻發

昨接勘電，當遣員詰漢口英領事。據云，英艦多入江，必無其事。該領事當電詢滬總領事，頃送來覆電，亦謂英艦多入江之説不確等語。似此東南之局不致驟變，即有一二艦入江，亦不過查看情形，安洋商之心而已。沃。

致上海盛京堂光緒二十六年七月初二日亥刻發

先電悉，豔電已於東兩電奉覆，想已達覽。鄂境一律安静，近日自漢口回滬者，皆係山、陜、河南教士、鑛司，路過鄂境者皆云，一入鄂境，深蒙地方保護周妥。于公雖稍拘迂，但北方事起，尚未掣肘，招拳匪之件並不宣布，裕公於過境洋人皆派馬隊護送，可見並非不認保護。近南陽鬧教，或因邊遠稍未留意，猝不及防，然各洋人早已由豫回漢，當不致傷人。至湘省初得津郡訛傳，及招集義民之電，湘人素悍，譁然思動，致有衡、澧之案。及敝處將京津確情及保使保商諭旨轉知，亦甚認真彈壓，長江上游斷斷不至有事。所可恨者，滬上造謡之人太多，西人尤甚，惟望見領事、税司及中西官商時，告知此處實情，囑其勿輕信謡傳爲幸。漢口英、德、美、法、日各領事均無猜疑，英、德尤爲相信，亦深恨中西造謡之人，極力相助息謡傳而安人心。電謂領事恫喝，當是比領薛福德，此人有心作梗，恐難寛慰。昨電已達，務祈設法爲要。即祈電覆。沃。

致漢口岑道台、德安廖守、黃州魁守，襄陽朱道台、錫守、棗陽皮令、光化梁令、安陸史守，鄖陽許守、宜昌陳守，荆州奭道台、舒守，施南額守、利川蔡令，荆門歐陽牧光緒二十六年七月初三日巳刻發

六月二十八日奉上諭：劉坤一等奏相機審勢，妥籌辦法一摺。朝廷本意原不欲輕開邊釁，故曾致書各國，並電諭各疆臣及屢次明降諭旨，總以保護使臣及各口岸商民，爲盡其在我之實，與該督等意見正復相同。現幸各國使臣除克林德外，餘均平安無恙，日前並給各使館蔬果食物，以示體恤。一面將坦懷相與之意，宣示各國領事，共籌補救之方，以維大局，不得輕聽浮言，致多疑慮，是爲至要。將此由六百里各諭令知之。等因。欽此。合亟恭録電知，即刊小板刷印多張，遍送城鄉紳衿團首人等，及河南、四川沿邊地方紳民，一體欽遵。仍將遵辦情形速覆。江。

致長沙俞撫台[一]光緒二十六年七月初三日巳刻發

黃忠浩究竟可留鄂否，尊電語意含蓄，未能領會。祈明示，以便斟酌此間添營多少，切盼。江。

致河南裕撫台光緒二十六年七月初三日午刻發

山東袁撫台來電，六月廿八日奉上諭：劉坤一等奏相機審勢，妥籌辦法一摺。朝廷本意原不欲輕開邊釁，故曾致書各國，並電諭各疆臣及屢次明降諭旨，總以保護使臣及各口岸商民，爲盡其在我之實，與該督等意見正復相同。現幸各國使臣除克林德外，餘均平安無恙，日前並給各使館蔬果食物，以示體恤。如各國恃其兵力進犯，各省自應保守疆土，竭力抵禦。即使目前相安無事，亦應嚴密籌備，以防意外之變。惟總不欲兵釁自我而開，一面將坦懷相與之意，宣示各國領事，共籌補救之方，以維大局，不得輕聽浮言，致多疑慮，是爲至要。將此由六百里各諭令知之。等因。欽此。謹奉閱。講。

致長沙俞撫台光緒二十六年七月初三日午刻發

六月二十八日奉上諭：劉坤一等奏相機審勢，妥籌辦法一摺。朝廷本意原不欲輕開邊釁，故曾致書各國，並電諭各疆臣及屢次明降諭旨，總以保護使臣及各口岸商民，爲盡其在我之實，與該督等意見正復相同。現幸各國使臣除克林德外，餘均平安無恙，日前並給各使館蔬果食物，以示體恤。如各國恃其兵力進犯，各省自應保守疆土，竭力抵禦。即使目前相安無事，亦應嚴密籌備，以防意外之變。惟總不欲兵釁自我而開，一面將坦懷相與之意，宣示各國領事，共籌補救之方，以維大局，不得輕聽浮言，致多疑慮，是爲至要。將此由六百里各諭令知之。欽此。此旨不知電局已傳否。鄙意全文只可密行司局，另將中段自如各國起至而開止，節去此數語，爲飭文武大員密籌守備而設，與民間無涉，故可不全録，既昭嚴密，且免歧誤。即將此節録之諭旨，一面出示

[一] 以下二電録自抄本《張之洞電稿·致各省電》。

曉諭，一面刊印多紙。篇幅尺寸宜小，廣爲傳播，以免此後愚民會匪再藉口滋事。謹電達，祈酌行。江。

致開封裕撫台光緒二十六年七月初三日午刻發

據法領事照稱，河南淅川天主堂房産統被該處匪徒焚搶一光。南陽教案未辦，淅川效尤，請電咨尊處飛飭各地方官，實力彈護，將各要犯嚴拏究賠，免再釀巨禍等語。又據英領事照稱，在河南彰德府内黄縣等處，教士男女二十三人，因地方官不肯保護，只得將教堂房産撇下，各帶隨身細軟會合同行。比至南陽府新店地方，即有多人圍鬧擲石，打壞車騾，傷及人口。及出南陽不遠，經過各村莊，後車五乘迭被搶劫，婦人身藏首飾珠錶等物亦被搜搶一空，沿途雖派有兵役護送，往往中道輒返，於匪擾時絶不救護。請電咨尊處札行彰德府，查明教堂房産，官爲收管保護，並將南陽被劫各物嚴飭地方官趕緊起獲，以省將來索賠巨欵等語。除咨達外，特先電聞。現屢奉諭旨保護各省洋人，遍致各國國書，託其排解，詞意婉切，且内有幾于衆怒語。屢次電旨催李中堂到京，聖意昭然，仁至義盡。乃愚民取快一時，任意毁搶洩忿，不知將來總須賠欵辦犯，且重咎地方官。若此時損壞洋人物産過多，甚至傷害洋人，將來必爲地方官之大累，且爲該處百姓之累，不可不早計及。恐各府、縣、營、汛未想到此，故護送兵役不甚出力。此後洋人由直、晋、陝西來過豫境者，當尚不少，尚祈藎籌，飛速示諭官民紳團爲要，令其能會此意，便可少許多事矣。鄙説是否可采，統祈裁酌辦理。示覆。講二。

致上海李中堂、盛京堂，江甯劉制台、濟南袁撫台光緒二十六年七月初三日午刻發

慰帥欲以剿匪阻進兵，與法、美兩國回書、楊使電均合。如各國能允，自是上策，但恐内意或患肘腋之禍變不敢剿，或懾諸老之高論不肯剿。鄙意若欲剿匪，惟有聯銜奏請降密旨與各督撫、統兵入衛大臣合詞奏請剿匪，因而降旨允之。仍戒分别良莠，勿得株連，怨歸於外臣，德歸於朝廷，或不致有肘腋之禍。外匪一剿必敗潰歸農，京匪聞知鄉里被兵，自然恐懼逃散，由外入京之匪既散，旗兵、庵寺斷不敢以匪自居矣。總之，各國若肯因剿匪而停兵，則辦法尚不甚難。或即聯銜電致李星使，以此意詢之日本外務，各國公使即可在東京會議，電覆甚速，俟得覆再奏。此乃託我駐使探詢各國之意，欲其勿攻京城，理極平正，似不必有全權也。如諸公以爲可行，即請中堂、峴帥擬稿電示。尤要者，法國回書初二日必呈御覽，内有歸咎端邸大臣之語。若見此書而震怒，則決裂到底。若見此書而悚然，則轉圜可望。且其時諸老盛氣高談，皆發舒無遺，故必須見初三日以後諭旨，則朝局瞭然，方可設法。管見當否，請裁酌速示。講午。

致江甯劉制台、濟南袁撫台、上海盛京堂光緒二十六年七月初三日未刻發

近日慰帥驛遞摺是否仍走由濟通津之東驛路，抑走景州、獻縣、河間之西驛路。洋兵據津，必四出蔓延，以後若驛遞，或須繞路，到京恐遲，宜急奏請旨敕山西巡撫，速修西路電綫，責成保定、山西、陝西一路大吏官軍，專心保護電綫，若綫再被匪斷，

文武嚴懲。事急，西路信息尤關重要，祈慰帥酌擬一稿，會劉、張銜馳奏。爲時已促，不可再遲。盼覆。講末。

袁撫台來電并致劉制台、盛京堂 光緒二十六年七月初六日巳刻到

香帥講電悉。現驛由西路尚可通，遵擬摺會奏。惟聞晉省電已全毀，豫毀大半，修通甚難，如能保全現存者即甚幸。東省已正法數人，始暫可保。而近日直、東交界各屬竄匪甚多，德州已有大股犯城，已遣隊捕剿。北援兵已派去四千。外侮内訌若此，殊形拮据。凱。微。

盛大臣來電光緒二十六年七月初三日未刻到

各國以煙、滬電報恐我阻其軍信，屢次饒舌，現聞各國議自設海綫。頃據滬電局禀，東北公司已將海綫輪船開駛煙臺，旬日即可接至大沽，約一月設至吴淞，與其海綫頭相接。若請江督、東撫以力阻之，恐搆衅又增一端。查此路海綫自同治九年奏准威妥瑪所請，光緒八年經宣懷訂立合同，設法阻止。不料此次因各國開衅，乘機攘我權利，審時度勢，目前難以力争，只可俟事平復，再由電局與彼商議補救之法，能不致權利全失，已屬萬幸。乞代奏。宣懷謹肅。冬。謹録呈。

致江甯劉制台、安慶王撫台、蘇州聶護撫台光緒二十六年七月初三日申刻發

請派全權會摺，慰帥電初一日已繕發。爵帥朔午電所慮全權著迹及先與一二國議結，籌策極細。但此次羣强合力，大沽各艦稱爲聯合軍，一國先結斷不肯，或分別諷勸則可。爵帥如有卓見，望先電峴帥、慰帥處，臨時備用較迅捷，仲帥擬令各使通信於滬領事，以堅其信，極是。請峴帥裁酌轉達，講。

致江甯劉制台光緒二十六年七月初三日申刻發

浙江惲藩司來電：漾電謹悉。遵已婉致撫帥矣。初由於誤行招集義民之文，致人心浮動。嗣温州啟守擅撫拳匪，僞造撫批出示，幾釀大患。刻下温州、紹興均無事，而金、衢、嚴三府匪徒揭竿蠭起，勢甚披猖，江山縣失守，不知即能解散否。浙中營務廢弛已久，緩急難恃，深爲焦慮。祖翼禀。東。等語。特奉聞。江。

黄學士致西安端護撫台[一] 光緒二十六年七月初三日酉刻發

亥聞有密定西巡之説，是否入關，約何時啟鑾，公處必有確信達。師屬代詢，請速覆。鄂署電報房忙極，造費迄未查出，現方事殷，尊處似可徑辦。鈐。江。

致上海盛京堂[二] 光緒二十六年七月初三日發

濟南冬電悉。二十八日諭旨共籌補救一語，上承宣示各國領事，下接聽浮言多疑慮。所謂共籌補救者，似是指與領事共籌而言，或可以互保爲共籌耶。若二十八日某公已到京入對，則共籌

[一] 録自抄本《張之洞電稿·致各省電》。
[二] 録自盛宣懷《愚齋存稿》卷三十八，第八頁，武進盛氏思補樓一九三九年刊本。

勿疑慮，或是指督撫。請詳譯見教。總之，有策則籌，不在此一語也。

致成都奎制台、綽將軍，福州許制台、善將軍，廣州德制台、蘭州魏制台〔一〕、雲南丁制台、蘇州聶護撫台、安慶王撫台、南昌松撫台、杭州劉撫台、濟南袁撫台、西安端護撫台、長沙俞撫台〔二〕 光緒二十六年七月初四日卯刻發

六月廿九日，敝處與劉峴帥會銜致上海英總領事電一件，其文曰：昨接來電承示沙侯電，不特英國無瓜分意，即他國亦未聞有此意，囑布告中國，以安人心等語，深感貴國有安輯中國民心之美意。惟究近年亂萌之起，皆由康黨布散謡言，離間我兩宮，誣謗皇太后，滬上華洋各報爲之傳播，人心惶惑，致生種種事變，不利於中國，兼不利於各國。甚至近日或疑朝廷袒匪，不知我皇太后訓政三十餘年，素多善政，尤重邦交，豈有袒匪之理，不辨自明。朝廷種種爲難情形，各國未能深悉耳。我中國以孝治天下，臣民共戴兩宮，無稍異視，不特臣民尊敬皇太后亦如英人之尊其后，皇上又加有母子之恩，尤極尊敬皇太后，我皇太后之心不安，則我皇上之心亦無以自安。現東南各省極力彈壓，遵旨保護洋人，然假使各國不尊敬我皇太后、皇上，薄海臣民必然不服，以後事機實難逆料。昨遣委員與漢口英領事談論及此，英領事亦深以爲慮，並云近年各國多聽上海各報訛傳，幾信以爲真，不知中國真情如此，已電達外部等語。英領事詞意甚爲真切，務請貴總領事詳察，須知康黨謡謗，全非中國之實事，尤非中國臣民之公言，嚴禁上海、香港及南洋各埠報館凡有語涉謗毁我皇太后者，立飭查辦，並請於洋文報紙一律示禁。蓋我中國尊敬兩宮，並無異視，亦望各國於我兩宮均必尊必敬，則中國人心不至爲所激動，各國見聞不至爲所熒惑，禍亂之端或可稍戢。即望電達沙侯，並盼貴總領事示覆等語。謹奉達。江。

致山東袁撫台 光緒二十六年七月初四日辰刻發

各使在京無恙，各國總未能深信。漢口税司何文德擬致赫總税司一電，請電由尊處設法轉致赫德，冀得各使平安覆電，以示西人，免致仍懷疑懼，添調洋兵，用意尚好，特爲轉達。請尊處録電咨呈軍機處，請其酌核可否飭送赫德，索一覆電，以便傳示西人，不爲無益。支。洋電附後，北京赫德云云。

致上海李中堂、盛京堂，江甯劉制台、濟南袁撫台 光緒二十六年七月初四日辰刻發

頃接上海道電：日領小田切面告，彼國派兵赴津京，專爲保使剿匪，便調停云云，所言既帶有京字，恐彼族目下即將進兵赴京矣。津距京二百餘里，若果進兵，危險已極，目下必以緩兵勿逼京城爲急務。論理固須我先送使、剿匪，他事方易商辦，然假

〔一〕指陝甘總督魏光燾。
〔二〕以下二電録自抄本《張之洞電稿·致各省電》。

使我等奏請送使、剿匪俱已邀允，而各國兵仍不停，又將奈何。反覆焦思，惟有請中堂單銜急電各星使，向各國外部詢明，要我如何辦理，彼方肯停兵，勿攻京城。儻得各國覆電，云送使、剿匪即可停兵，則迅速據以會奏，陳明利害，當可邀允。讀廿七日催中堂進京之旨，有云各國使臣亦尚在京云云，明係欲中堂進京與各使商議，此時即無全權，亦可先行電致各國，探詢情形，有益無損。況中堂爲國家重臣，此次係特召，與各督撫不同，詢商各國勿攻京城，斷斷無妨。務祈迅速分電各星使，萬勿遲疑。即祈電覆。支。

李中堂來電光緒二十六年七月初五日到

講、支電悉。弟昨夜電慰廷摺內，聲明係鴻章主稿，勿得改添一字。救焚拯溺之時，無暇瞻顧，准否聽之。至英、美、俄已電各駐使，如奉旨允，即請該政府傳諭停兵，未便先商允再入奏也。鴻。

致安慶王撫台光緒二十六年七月初四日申刻發

江電悉。豫匪擾邊，皖省亦旱，匪徒藉鬧教滋事，若不早爲剿平，必釀大患。閣下才略必能綏靖江北，屬調李宗棠即飭赴皖。質。此電並轉金陵，呈峴帥一閲。

致濟南袁撫台，上海李中堂、盛京堂，江甯劉制台光緒二十六年七月初五日辰刻發

傅相、杏翁、峴帥支、紙五電均悉。會奏四條，洞願列名。四銜即可，不必再商他處。惟此奏内有河南焚殺教堂、教士無數，係巡撫所使等語。豫省教案，法領皆託敝處轉咨轉電，屢次照會、面談，但言豫焚堂，未言殺教，或湖南之誤。湘確已斃三教士，實非巡撫主使，湘民悍地遠，防護不及耳，現已嚴札嚴示，撤地方官，拏辦首要，非主使可知。至李鑑帥兼程云云，如稍有疑似，必應與豫、湘一併辯明，免致廷臣藉口大閧，要緊。此次會奏不便臆改，但此係據各領事所説，且有再三力解語，小有錯誤或無礙。擬附一片，照上文意聲明，言李未攻堂，豫未殺教，湘非主使。此乃轉述領事之言一面之詞，原未可盡信。總之，各省教堂現仍被匪擾害，敵忿愈深，合併聲明等語數行即可。如附片來得及，請慰帥酌定，即繕附發最好，不必再商。如摺已發，則請於今日内趕發一請修電綫摺，即請慰帥定稿繕發，列劉、張、袁三銜。摺内附片，照前聲明，萬不可少。國家多難時，若分門户，危亡之道也。如傅相、峴帥以附片爲然，請即刻徑電慰帥。均祈速覆。歌辰。

盛京堂來電并致劉制台、袁撫台　光緒二十六年七月初五日寅刻到

奉慰帥冬電、峴帥沃電，佩甚。傅相以停兵無把握，誠然。惟邸、樞兩兩相持，聖意莫衷一是，所賴疆臣合詞陳奏，尚可補救一二。剿匪停兵，雖難著筆，姑將臆見所及，謹擬四端，如合鈞裁，乞分電各帥會奏。略曰：爲遵旨共籌補救，恭摺覆陳，仰祈聖鑒事。竊奉六月二十一日電寄諭旨：朝廷誼重邦交，仍不肯輕於決絶，該將軍、督撫，查明各國洋商、教士，按照條約一體認真保護，不得稍有疏虞。至近日各處土匪亂民焚殺劫掠，擾害良民，尤屬不成事體。著該各督撫及統兵大員，相機剿辦，以清

亂源。等因。欽此。又奉六月二十八日電寄諭旨：朝廷本意原不欲輕開邊衅，飭令嚴密籌備，以防意外之變，惟總不欲邊衅自我而開，一面將坦懷相與之意，宣示各國領事，共籌補救之方，以維大局。等因。欽此。臣等遵將朝廷恩意向各國領事剴切宣示，相與籌維。各領事縷述北方起衅，皆由亂軍與土匪合為一氣，仇教攻洋，焚殺無忌，外邦亦知非出聖意，故各國復書，祇求保使剿匪實際，不難妥商了結。惟近有數事大不相符，一、使館尚在圍中，除康格通一電外，各使並無安好信據寄出，是按照國書保護使館不實也。二、近日李秉衡帶兵行抵景州，攻燬教堂，殺法教士二人，教民千餘人，山西、河南兩省焚殺教堂教士無數，皆係巡撫所使。是按照條約保護教士不實也。似此情形，各國調兵日多，實難共籌補救等語。臣等再三力解，而無以示大信也。聞俄因黑龍江起衅，已派兵部尚書統兵來華，不久各軍分路雲集，兵薄京城，追奔逐北，共圖雪忿，俄、德尤為狠毒，至其時臣等萬死何足塞責。自古知幾尤貴争先，恭繹此次諭旨及各國往來國書要義，擬請速定大計四端。一、請明降諭旨，飭大學士榮禄派文武大員帶兵護送各使赴津，以示寬大，而泯疑怨。如慮沿途護送為難，該使等不欲冒險，應先撤去圍館之兵，專派保護之兵，優加體恤。美廷電謂各使通信，方易商辦，應一面准其通信本國，彼此停兵，各派全權商議善後，無論在京在津，總須先釋使臣，蓋停兵方能補救，釋使方能停兵。業已激成公憤，若至變生不測，恐使臣亦所不顧，脅制在所不受也。一、請明降諭旨，各省將軍、督撫以及入衛統兵各大員，應即懍遵六月二十一日諭旨，各國洋商、教士仍按照條約一體認真保護，不得稍有疏忽，並不得輕聽誤會，縱容亂兵土匪藉端焚殺。迭次被害之洋人、教士，及損失物産，將來彙案撫恤賠償，已屬不貲，儻再任性逞一時之忿，連累國家，伊於胡底。一、請明降諭旨，各督撫及各統兵大員應即懍遵六月二十一日諭旨，各處土匪亂民，焚殺劫掠，擾害良民，即行相機剿辦。近來匪徒倡亂，託為義團，志在搶掠。天津之戰，擊斃拳民數萬，尸横遍野，黠者可恨，愚亦可憫。各國悍兵所至，必欲殺無遺類，難免殃及無辜。至各省州縣會匪蠢動，商民輟業，於餉項尤有關礙。應飭無論何處土匪以及亂軍散勇，均即認真剿辦，以清内亂，而弭外衅。一、請明降諭旨，畿輔荒旱，赤地千里，民不聊生，應即專派大員，會同順天府尹、直隸總督，趕緊籌款，廣籌賑濟，并請皇太后、皇上賞撥帑銀漕米，以賑為撫，俾脅從良民各歸本籍。以上四條均即仰懇全允，以符迭次諭旨、國書要義，示以無欺，庶期就範。目前各國添兵以救使、剿匪為詞，聲明天津之戰非與我國家開衅，尚不致有非常之禍。若遲之又久，而使臣不出，土匪不静，其兵到齊，遏之不止，宫闕受驚，官民荼毒，且恐一國變其宗旨，各國悍然不顧，禍在眉睫，莫可補救。臣等冒死瀝陳，是否有當，伏祈聖裁等語。宣叩。支。

李中堂來電并致劉制台、袁撫台 光緒二十六年

七月初五日寅刻到

杏蓀代擬會奏稿，均屬切要，略删字句，由杏轉達，即請慰帥速照繕發，峴帥、香帥當無異詞。鴻。支。

致長沙俞撫台、端署藩台、夏署臬台

光緒二十六年七月初五日亥刻發

衡、澧各案，疊據領事照會，有教士被殺被擄，又有男女教

士不知下落多名。迄今兩旬，總未據該道、府、縣查明被害教士幾人，被擄者幾人，逃亡者幾人，現在何處，如何設法救護。而漢口英、法領事，香港意大利領事，疊來催問，敝處實無詞以對，領事遂指爲地方官不肯出力之實據。今日法領事來云，奉彼政府電，將來必歸咎於地方大吏，此時以救被擄教士，查明下落爲最急等語。而昨日李中堂來電，上海領事告李云，內地焚教堂，殺教士，皆巡撫所使云云。查現在各國添兵，逼近京師，山海關已被俄兵占踞，大局危險已極。近日屢奉上諭，嚴飭保教保商，剿辦亂民。又有致各國國書，託其排難解紛，委曲求全，而各國要挾日甚，凡言教案，則專欲歸咎地方大吏，告以必撤參衡州地方官，彼尚未滿意，將來如能議約了結，已是萬幸。然很惡可想，與歷次議和局面大不相同，所參斷不止地方官，而地方官亦非參革所能了事也。務須飛速嚴飭各屬，趕緊確查被害教士幾人，被擄及逃亡者各幾人，查明現在下落，速懸重賞，設法救出，勿再傷害一人。其首要各凶犯，務速拏獲數名，就地正法。匪徒猖獗者，派兵彈壓，一面查明衡州道、府、縣中何人最不得力，即將此一人迅即先行撤任。蓋先辦犯，先劾有司，便是中國先占地步，方好。若北事愈壞，已落後著，不知須累多少官，害多少百姓矣。仍望方伯廉訪飛速將此電大意要語，嚴札各屬，嗣後儻各地方官仍不知大局艱危，違抗諭旨，膜視釀禍，定當即日嚴參，不能稍待矣。即祈電覆。歌。

俞撫台來電光緒二十六年七月初六日亥刻到

歌電謹悉。湘境教堂教士及游歷洋人，前於六月十四日札發告示，飭屬保護。廿日又會台銜示諭，欽奉廿一日上諭，復會銜出示。七月初三日將弁齎到會銜大小告示，即日通頒。計先後由湘刊發告示三次，一次單銜，兩次會銜，已將刊本先後咨送，計日可到。衡州教案，率兩司另電呈覆。澧屬教士，該州及防營稟覆，僉稱委無被捉情事，所云係屬傳聞之誤。廉。魚。

致襄陽鄧軍門、朱道台光緒二十六年七月初五日亥刻發

頃法領事來見，云南陽府城外主教在該處教堂被圍，不敢逃出，而糧食將盡，求代設法救護等語。查現在大局危急，屢奉諭旨，嚴飭保護洋商洋教，並有國書致各國望其排難解紛，可見朝廷委曲求全之意。此時內地少一教案，則將來國家即少一賠累，況凡有教案各國，皆歸咎於地方大吏，與尋常局面大不相同。該道速函致南陽鎮、府，將現在大局情形告知，並將廿一、廿八日上諭兩道各印數十張，選派明白幹練文員武弁各一人，帶兵役數名，將函及印刊上諭，交其帶去，切勸南陽鎮、府，務須將教堂實力保護。如主教願回漢口，多派兵役妥爲護送至鄂境。如該主教不願逃出，即酌送糧麪食物，好言屬該委員等，一面往見主教，好爲安慰。如彼願逃出，即差人馳回稟知，該道商同鄧軍門由襄陽添派馬隊及得力兵勇，往南陽會同南陽兵役妥慎護送至鄂境，即由鄂省派人派船護送回漢。如該教主教不願逃出，只好聽之，亦由襄酌送糧食接濟，以免多出一案，將來國家受累，地方官任咎，百姓受害。南陽一帶刻下實情如何，並飭委員查明電覆。歌。

致襄陽朱道台、釐局郭守、劉游擊水金光緒二十六年七月初五日亥刻發

劉游擊速添募襄防新營勇丁二百五十名，另作一底營，派游擊劉高義爲管帶，精選勤練，分防襄陽、棗陽等處，餉由襄陽釐局撥用。督、撫。歌。

致長沙俞撫台〔一〕光緒二十六年七月初六日丑刻發

廿一日、廿八日上諭兩道，均言保護事，由電局轉傳，已奉到否。敝處刊印會銜告示，由輪船專差寄，已札發張貼否，均望即明示。再，前按六月語電，云魚電示稿當酌叙，擬會銜刊布等語。係如何酌叙，何日刊布，并祈將全文録示，尤盼。歌。

致濟南袁撫台、江甯劉制台、上海盛京堂光緒二十六年七月初六日巳刻發

慰帥歌電悉，是極是極。支稿會奏摺萬勿發，如傅相必發，洞不敢列銜，即刻有續電詳陳。語巳。

致濟南袁撫台、江甯劉制台光緒二十六年七月初六日未刻發

支電會奏摺既不發，則附片代李、豫、湘辯明一件，萬不可發，切切。請修綫摺亦可稍緩，日内必有會奏摺，再附陳可也。至傅相主稿之摺，除弟不列名外，其德、奎、綽、善諸帥亦望萬勿列銜，因電内有豫撫語，而豫實未殺教，且未經會商諸帥，斷不願列銜也。語午。

袁撫台來電并致李中堂、盛京堂、劉制台　光緒二十六年七月初六日辰刻到

支電悉。戰事初起，顯貴謂人心可恃，天意默佑，故毅然決裂。今見日敗，頓痛悔，然仍有不戰必亡，戰未必速亡及斷不可束手受縛，拱手授人等語。前經相機委婉進言，始有轉機。現海城初一入覲，高談者氣復少振，此時措詞總以婉轉易入、與事有濟為主，如過激烈，恐反到底拚與決裂，前功盡棄。杏翁稿痛快切要，但字句間或有過激及稍涉語病者，可否酌加潤色，再行繕發。凱非敢顧忌，實期言之有益無損，庶裨大局。乞示。凱。歌。

袁撫台來電并致劉制台　光緒二十六年七月初七日午刻到

請飭各省修復電綫會稿，已於本日繕發。稿如下：為軍情緊要，請飭各省修復電綫，以通消息，恭摺會陳仰祈聖鑒事。竊維電綫之設，速於置郵，而當軍務孔熾之時，尤關重要。近自津郡失陷，洋人馬隊四出游弋，難保不擾我驛道，阻我消息，而土匪亂民無知妄作，亦往往掘桿竊綫，藉圖漁利。現值北方用兵之際，軍情瞬息千變，惟賴電信無阻，消息靈通，方可協籌。因應迅赴機宜，相應請旨，通飭各直省將軍、督撫，轉飭地方營汛文武員弁，一體認真稽查，實力巡護。儻再有掘斷毀壞情事，除勒限緝犯嚴辦外，並將防範不力之文武員弁，分別懲處，以專責成。再，查直隸保定地方，及山西、陝西一路電綫，關繫尤重，而被毁尤

〔一〕録自抄本《張之洞電稿·致各省電》。

多，應請一併嚴飭各該省督撫，飭屬查明地段，將已毀者立即設法修復，未毀者酌派兵弁嚴密保護，務期節節通達，音信靈捷，庶於軍務時局均有裨益云云。謹電聞。凱。魚。

袁撫台來電 光緒二十六年七月初七日亥刻到

語已、午兩電均悉。傅相主稿摺昨已繕發，除峴帥會奏外，餘均未列銜。修護電綫摺昨亦會列尊銜及峴帥銜繕發，並將摺稿電寄尊處矣。凱。虞。

致襄陽朱道台、鄧代理提台 光緒二十六年七月初七日午刻發

頃英領事函：接荆紫關教士稟，荆紫關協、鎮以未奉上憲保護之文，不敢保護等語。查荆紫關爲陝、豫入鄂大路，時有洋人教士過境，必須地方官知現在朝廷意在保護教堂教士，方免疏虞。河南省城與關不通電報，文報定必遲滯，或尚未行到，該道可即速作一函與荆紫關協戎，將六月二十一、二十八等日上諭各印刷數十張寄與之，婉切勸其認真保護該處教堂教士，以維大局。此係遵旨之事，各省一律，萬勿遲疑過慮。以後遇有西省過境教士，均由老河口或襄陽派弁兵迎至荆紫關，將各洋人迎護入境回漢。頃已電請陝西端護院，飭令弁兵送到荆紫關後，務須候鄂省弁兵到關接替，方可折回矣。即電覆。陽。

致成都奎制台〔一〕 光緒二十六年七月初八日子刻發

貴省滬運快礮抵鄂，已派員幫同照料，將礮位裝昌和輪船運宜，昨晚開行。藥彈碰火另裝民船，代雇輪拖，恒委員因價太昂不用，約四十日可到。謹奉聞。陽。

致西安端護撫台 光緒二十六年七月初八日午刻發

頃英領事函：接荆紫關教士稟，荆紫關協、鎮以未奉上憲保護之文，不敢保護，乞轉請飭令保護等語。除電飭襄陽道恭録六月廿一、廿八等日通飭各省保護教堂教士，及剿辦亂民之上諭，送與荆紫關副將，勸其切實保護外，查尊處迭次派護回國洋人，該洋人等到漢，皆極口感謝。惟豫省既不著意，鄂省迎護兵役必須與陝派弁兵接替方妥。嗣後務請飭護送弁兵送到荆紫關後，候鄂省兵役到關接護，方可折回，以免疏虞，至禱。祈電覆。庚。

致濟南袁撫台 光緒二十六年七月初八日亥刻發

張軍門春發所部，想已過德州。敝處有續解張軍槍彈，故欲知其行程也。閲日報，謂張軍沿途逃散過半，諒係謡傳，尊處見聞較確，祈將該軍現抵何處暨實在情形，迅賜示覆。庚。

致信陽朱道台 光緒二十六年七月初八日亥刻發

鄂省方鎮友升統帶入衛之武功五營零兩哨，係分三起開行。惟叠奉上諭嚴催，該軍抵信陽後，擬分兩起前進，兼程北上。該營并帶有解京餉械，需車甚多，務請設法早備。明知尊處難備多車，而軍行緊急，諭旨嚴切，不得不重費藎籌，俾得軍行迅速，曷勝感叩，并祈示覆。庚。

〔一〕以下四電録自抄本《張之洞電稿·致各省電》。

致濟南袁撫台光緒二十六年七月初九日辰刻發

庚電駭極。係因何事，必知大略，務速示。佳。同莘按：此指許竹篔侍郎、袁爽秋太常被害事。袁中丞會録此事硃諭電覆。惟是年十二月有旨，將矯擅各旨提出消除，是硃諭原文業已撤消，茲不録。

致江甯劉制台光緒二十六年七月初九日未刻發

聞英提督西摩昨日到金陵，想晤談，其語意情形如何，何日到鄂，祈即示覆。佳。

劉制台來電光緒二十六年七月初九日戌刻到

佳電悉。英提督兩次晤談，情詞欵洽，因屬其攔勸别國兵輪勿入長江，英亦不可再添，並聲明拳匪滋事，朝廷剿撫兩難，渠深以為然。初欲來鄂，以天熱路遠，且恐人心驚疑，止之。已經辭行，於明日回上海矣。坤。青。

致濟南袁撫台〔一〕光緒二十六年七月初十日丑刻發

魚電悉。署既不准發洋文電，何稅司電即不宜代轉，請將原電註銷可也。佳。

致成都奎制台光緒二十六年七月初十日午刻發

敬、東兩電均悉。屬撥快礮彈，誼應籌濟，惟前造礮彈藥皆滬買洋買，除疊解京城各營暨湖南、北援軍外，存藥有限，外洋禁運軍火入口，快礮無烟藥，無從購獲。本擬設法密購，故回電稍遲，茲仍難覓，無以報命，歉甚。繼思尊處由滬運回之快礮多尊，礮彈碰火齊全，似可電飭委員截留數尊，徑由荆襄取道河南運付援軍之用，程途既省，且平坦易行，惟道遠礮重，亦不能多運。至敝局前撥之快礮，若礮彈過少，亦屬無用，似可留備川防，俟敝處將藥造煉稍精，即裝彈候示撥濟，如必不能精，本省防營即用黑藥亦可，一轉移間，庶爲兩得，祈鑒察酌行。丁統領入衛軍由何路北上，并示。蒸。

致大理馮宫保〔二〕光緒二十六年七月初十日未刻發

陽電悉。與外洋各國一齊開衅，最苦是彼之軍械無窮，我之彈藥易盡。公奉旨統軍入衛，時艱宏濟，仰望曷勝。屬助六營槍礮子藥，誼應力籌。惟鄂省局存廠造軍械，除解京營及湖南、湖北兩省北上諸軍並發本省防營外，現遵旨保守疆土，多添勇營，需械甚多，藥彈尤缺，難敷分給，心急如焚。外洋不比廣東、江南，購儲較富，且上兩次止法、日兩國開衅，軍火尚可購買，今各國俱戰，軍火入口已絶，實屬無法可設，方命歉仄，祈鑒原，並望及早另行設法籌備爲幸。蒸。

致長沙俞撫台、岳州顔署道台〔三〕光緒二十六年七月初十日亥刻發

據江漢關道禀，美領事文稱，據根本論會白牧師禀，在湖南

〔一〕以下二電録自抄本《張之洞電稿·致各省電》。

〔二〕指雲南提督馮子材。

〔三〕録自抄本《張之洞電稿·致各省電》。

常德府東門外有教堂一所，又宣道會在西門外有教堂一所，西門内有分堂一所，該牧師離堂時雖將該三堂交給地方官，不定認真保護，故三堂器具現已受傷，照請迅飭保護，受損定惟地方官是問等情。請飭府、縣先行派人看守保護，俟該牧師等派人到縣，即將各堂器具會同點驗具報等語。常德一府幸未有毁堂之事，此事亦甚小而易，該道務嚴飭常德府、縣實力保護，驗收看守，免添枝節，若此小事不能妥帖，人將議中國政令不行也。蒸。

致上海盛京堂〔一〕光緒二十六年七月初十日發

頃聞有人接合肥幕友密電，派楊莘伯坐日本兵船進京謁商慶邸，面奏慈聖，先送使出都，俾與各國議和等語，想非子虛。合肥行期定否，均祈速示。

致上海盛京堂、余道台光緒二十六年七月十一日子刻發

頃接四川奎樂帥真電：據夏道電稱，初九英、美兩領事暨醫商六十餘人，由重慶乘肇通輪船東下，經夏道挽留不住，已將房屋交縣收管。又聞英、法、日三領事不日亦將東行，問其何意，據稱川省保護極力，甚爲感激，惟本國總領飭令官商教士一概同行。又在川屬英、美教士三十九人，俱到重慶，陸續言歸，並聞其知會成都、打箭鑪、保甯等處教士回國等語。查長江以内，約明各不相擾，我已力任保護，彼復何所畏懼，看此情形，恐和局棘手。不知貴屬西人是否亦皆赴滬，税司能否留住等語。查漢口西人雖間有送眷赴滬者，其男子則皆照常安業，並未離漢。四川樂帥保護亦周，該處洋人均感，何以總領事忽令官商教士一概逃避，豈真有難測之意耶，抑有别故耶，祈探詢英總領事暨各國領事及税司，並察探近日水師有何舉動，密速示覆爲禱。真。

盛京堂來電光緒二十六年七月十三日巳刻到

承樂帥真電，明詢英、美，再覆。川中卻無互保明文，難免見疑，似可請樂帥徑電重慶各領事，勸令勿動，否則漢上亦恐牽連。西摩回滬，述見峴帥甚契，勸其勿赴上游，免使兵民猜疑，亦推誠允從。今午英總領事面談，英政府仍持保護定見，但因許、袁之變，深恐兩帥或有變動，則東南和局立散云。宣叩。文。

致長沙俞撫台〔二〕光緒二十六年七月十二日午刻發

頃准山東撫部院電開：七月初八日奉上諭，前因中外衅端未弭，各國商民教堂之在華者，本與兵事無涉，諭令各督撫照常保護。現在近畿大兵雲集，各路統兵大員亦當仰體此意，凡洋商教士，均當設法保全，以副朝廷懷柔遠人之意。至教民亦國家赤子，本無畛域可分，惟自拳教肇衅以來，該教民等多有盤踞村莊，掘濠立壘，抗拒官軍者，此等跡同叛逆，自不能不嚴行剿辦。第念其實係迫於畏罪之心，果能悔禍自新，仍可網開一面。昨據宋慶報稱，實坻縣夜薄甸教民經該軍剴切曉諭，該教士等均願呈繳軍械，平壘填濠，自行解散，各就村屯居住，是該教民等非盡甘心

〔一〕録自盛宣懷《愚齋存稿》卷三十八，第二十三頁，武進盛氏思補樓一九三九年刊本。

〔二〕録自抄本《張之洞電稿·致各省電》。

爲匪，亦可概見。所有各教民如有感悔投誠者，著該將弁及該地方官一體照此辦理，不得概加殺戮。其各處匪徒假託義民尋仇劫殺者，即著分别查明，隨時懲辦，以清亂階。欽此。七月初十日。申。東撫院發。等語。謹奉達。祈速會敝銜恭録刊刷告示，分發各屬，徧張曉諭，並通行文武各衙門一體欽遵辦理。道遠不必會印，請即辦示覆。文。

致廣州德署制台，長沙俞撫台、劉鎮台永福西南電局探投，江甯劉制台光緒二十六年七月十二日子刻發

前奉旨：飭令各省保守疆土，與領事共籌補救。等因。欽此。當經峴帥與弟疊商各國領事。領事之意最重内地安静，每聞北上之軍，輒懷疑懼。前者湘軍由漢口北上，洋商紛紛遷眷逃避，蘆漢鐵路幾全停工，經敝處多方解説調停，甫略安静。頃接劉鎮永福來電，七月十二日帶六營由粤起程，望湖南進發等語，不勝焦急。查湘粤民情素不相洽，粤勇向來不易彈壓，今粤勇過湘，萬一滋生事端，不易收拾。且漢口洋商甚多，蘆漢路工甚巨，若再聞將有大軍過漢，且係福軍，洋人稱爲黑旗，素所深忌者，必更驚懼，將必漢口洋商盡行赴滬，鐵路洋人全數停工，鐵路數萬工人失業，内亂立起，漢口洋人逃空，外侮立至，關繫東南大局非淺。查江西驛路較湖南直捷，劉鎮係奉旨迅速北上，斷不宜繞路耽延。且九江渡江過黄梅入皖，洋人耳目尚不甚衆。務祈德静帥速電劉鎮，飭令取道江西，萬勿由湘過漢，致礙大局，切禱。一面請俞廙帥備文派弁迎遞劉鎮，切實阻其入湘，至要，并祈電覆。元。

致西安端護撫台〔一〕光緒二十六年七月十三日午刻發

冬電、歌電文纔到，即飛飭河口、襄陽等處妥速迎護。此後貴省再有教士由荆紫關回漢者，請於致敝處電時，添入老河口水師營張都司、光化梁令、襄陽朱道字樣，俾奉電即行遵辦，免致展轉耽延，敝處已分飭各該員知照矣。元。

致濟南袁撫台光緒二十六年七月十三日亥刻發

真電悉。初九日寄諭，飭峴帥及敝處機器局趕造各項銅帽、鉛丸等因。查銅帽、鉛丸係前膛槍所用，旨云各項，則所包者廣，又似兼指後膛槍礮而言。陳臬司借撥之軍火，及李鑑帥咨尊處所開需用數目，或係前膛，抑係後膛。究係何種槍礮，所需之銅帽、鉛丸，尊處原奏如何聲叙，祈詳晰電示，以便趕辦。元。

致廣州德制台、劉淵亭鎮台，江甯劉制台、長沙俞撫台光緒二十六年七月十四日辰刻發

昨元電想達。劉鎮永福若無故繞道，由湖南過漢口北上，粤勇素悍，必然與洋人生事，過湘亦必騷動，鄙人實無彈壓之法，東南大局，立時摇動。請劉峴帥、俞廙帥迅電德静帥，務令改由江西、安徽驛路北上，以期迅速。如劉必不聽，則湖南、湖北境

〔一〕以下五電録自抄本《張之洞電稿·致各省電》。

内斷不應付船車。特此切實豫〔一〕聲明，務請静帥俯鑒，飛飭劉鎮遵照示覆。峴帥、廙帥均盼示覆。劉鎮接此電後，亦即電覆。鹽。

致長沙俞撫台，岳州魯鎮台、顔署道台、秦參將光緒二十六年七月十四日未刻發

法領事照會，臨湘縣沙灘、聶市地方，教堂先後焚搶，沅潭、新興庵等處，教民有被逼背教等語。岳州鎮、道、營將，務速飭縣、汛實力彈壓保護，嚴拏懲辦，并即電覆。願。

致廣州李協台先義光緒二十六年七月十四日申刻發

北事未靖，鄂省毗鄰川、湘、豫、皖，土匪太多，鄂械缺極，擬購前膛槍多枝，廢槍亦可，以多爲貴，鄂省可改造，以防會匪、土匪。祈速代覓，能購若干，每枝價若干，問明電覆，至感。鹽。

致上海李中堂、盛京堂，江甯劉制台

光緒二十六年七月十四日申刻發

慰帥電云：京師時論，云不戰必亡，戰尚可不速亡。敝處見京來人，語亦同此，大誤也。不戰何至必亡，怪極。利害看翻，大病根在此。病根不去，無藥可醫。津陷次日，尚報吕、夏大捷，可歎。試問李、宋、馬、董、吕、夏、張、萬，即使人人皆是韓、白良將，至多不能逾十人，好兵至多不能過兩萬，縱每戰必勝，一戰必傷兵數百，耗彈數十萬，連戰一月，兵械俱盡。各國兵械永無窮期，孤注有輸有赢，此則有輸無赢，並非孤注矣。此時緊要關鍵，須將不戰可以不亡之確據説透，自然轉圜。有話方敢透説，允准者方肯實辦。鄙意俄吴〔二〕已致傅相電，專視送俄人之舉，以定用和平、勢力兩策云云。伍使轉美外部電，送使、剿匪，迄無實據，各國將不認國書爲實，剋期北犯，無可調處云云。吕使電德外部言，不懲償，不查明切實辦法，不能遞國書云云。李使電外部言，勢圖北犯，外軍報怨，蹂躪各地，連戰累軍云云。此數電最緊確，擬請傅相單銜速發一電奏，備述各電，力言戰雖勝，仍不能救亡，不戰則雖弱而不亡，將此兩層痛切發揮，冀悟聖聽。至結尾點題如何説法，有何辦法，應請傅相籌酌，他人斷不能如此透説。惟傅相係特召，與他人不同，尚可進言，務懇迅籌早奏，幸甚。祈示覆。峴帥有何卓見，并示。鹽。

李中堂來電光緒二十六年七月十五日戌刻到

鹽電悉，透切之至。目下情事又變，十三電旨授鴻全權，令與各國外部電商停戰。洋兵甫進，北倉大戰，我軍潰退海城，未必敢進楊村，即進亦必挫敗，彼有風利不得泊之勢，該外部未必諭停，且各國未派專使，無從會議，仍望籌示機宜。鴻。咸。

致信陽朱道台速轉錫方伯〔三〕光緒二十六年

七月十四日申刻發

會奏錫統軍北上，請准專摺奏事摺，本月十三日奉硃批：知

〔一〕「豫」字下似脱一字。
〔二〕指俄國親王吴克托穆。
〔三〕録自抄本《張之洞電稿·致各省電》。

道了。欽此。特電達，請欽遵。錫方伯現抵何處，請朱觀察將此電六百里排遞。仍盼覆。鹽。

致信陽朱道台、統領武功軍方鎮台友升光緒二十六年七月十四日申刻發

頃滬探電，各國在津之軍於十二日進兵北犯，方鎮務速挑選精健步隊，每人帶槍子一百二十顆，星夜兼程北上。方鎮及頭隊務於渡黃河以前趕上勁軍，其後步隊務於直隸欒城縣趕上勁軍，與錫方伯合軍齊進，勿稍違誤。方鎮現抵何處，請朱觀察將此電六百里排遞，並懇飛飭沿途多備車輛人夫，以利軍行，俾得各營同日進發，不至分起續行，方免遲誤，尤爲叩禱。盼即覆。鹽。

致襄陽朱道台、錫守、李令光緒二十六年七月十四日亥刻發

初四日李令禀悉。河南所傳驅遣教士回國諭旨，係六月初六日事。以後疊准山東撫院電咨，奉六月二十一日上諭：著督撫查明各國洋商、教士，按照條約一體認真保護，各處土匪亂民焚殺劫掠，擾害良民，著各督撫相機剿辦。六月二十八日上諭：總以保護使臣及各口岸商民，爲盡其在我之實。七月初八日上諭：各國商民教堂之在華者，本與兵事無涉，令各督撫照常保護，其各處匪徒假託義民，尋仇劫殺者，即著隨時懲辦各等因。欽此。此皆在六月初六日以後，皆力言保護商教，懲辦匪擾，業經恭録電知，亟應欽遵照辦。教士願行者即妥爲護送，願留者仍設法保安。該道、府、縣務隨時剴諭紳團，切勿誤聽他省流言，致遭波累，一面於教堂所在盡力防護。鹽。

致上海李中堂光緒二十六年七月十五日丑刻發

咸電悉。救使、剿匪，均未見實際，固難遽就範圍，然轉危爲安，全賴鼎力，想已分電各國外部，如得覆電，似可照轉，俾知外情，或有轉機。此次日本兵多，頗能主持議論，似可加電力託日本政府切商駐日各使，轉達各國。日本與我有同洲同種之誼，或較他國尤易入手。各國如何覆電，乞速示。翰。

致江甯劉制台光緒二十六年七月十五日丑刻發

鹽電悉。請即主稿會電羅使，請外部切囑師船勿得在長江生事，勿派多船入江，以免驚疑，致礙東南太平之局。電稿請發後見示，勿庸電商，以免遲延。翰。

劉制台來電并致李中堂、盛京堂 光緒二十六年七月十五日辰刻到

據陶道密禀，有日本人向伊力言，英將西摩欲立功長江，以洩楊村敗績之恥等語。此説固未敢遽信，然近日英人舉動可疑者確有數端。重慶洋官税司洋人紛紛東下，內地商教亦多赴滬，可疑一。若擬紮兵上海，聞已電調數千人，未免太多，可疑二。日前英雷艇入江，向其詰問，多方掩飾，繼又謂赴鄂送信，何以不用電報，可疑三。英艦分泊各口，日見其多，淞、申所泊洋艦廿餘艘，英為多，統計已不下二三十艦，可疑四。應否會電羅使向外部相機進言，陳説利害，我保疆土，我保商務，毋為武員所愚。祈卓裁，速電覆。坤。鹽。

致長沙俞撫台[一] 光緒二十六年七月十六日子刻發

咸電悉。湖南兩主考抵鄂後，恭録諭旨咨照，昨已起程折回赴漢口。鄂省院、司、道公送程敬，每位百金，陝省端中丞電，公送本省兩主考各千金。湘省應否酌送，祈裁酌。洞、霖。咸。

致廣州德制台、劉淵亭鎮台，長沙俞撫台、江甯劉制台 光緒二十六年七月十六日辰刻發

静帥、劉鎮刪電均悉。福軍既不能走九江，只可過湘，惟千萬不可到岳州、武、漢。蓋漢口領事近日已屢來探詢。峴帥電既云可派艦在潯邀截，即可派艦到漢邀截，於淵亭甚不便，且必致漢鎮洋商驚疑遷移，鐵路洋人停工，長江立時紛擾，有關大局。惟有請静帥切飭福軍，到長沙後折赴常德，過沙市，由荊門州、宜城趨襄陽，此係驛路。由襄入豫，他軍未行，此途車馬較多，不至壅滯，轉覺便捷。劉鎮宜微服輕騎，先到荊門州稍候，大隊在後，陸續進發，沿途萬勿自稱爲福軍，勿自稱爲黑旗，或稱他統領之軍，或某營官所帶即稱某軍。沿途紀律尤須嚴肅，秋毫無犯，方爲穩妥，祈酌。儻必須到岳州、武、漢，則湖南、北兩省斷不能代備車船。祈電覆，以便飭沙市、荊門、襄陽一帶預備人夫車馬。此係爲大局計，實爲淵亭計，望詳察妥酌。諫。

致江甯劉制台，上海李中堂、盛京堂 光緒二十六年七月十六日未刻發

杏翁翰電悉。擬四人聯銜致各國外部電稿極妥，請峴帥速發。諫。

盛京堂來電并致劉制台 光緒二十六年七月十六日巳刻到

峴帥鹽電，囑會電羅使。頃商傅相，法、美領事既請本國商阻，我似宜分電各國，以期牽制。略曰：滬租界雖各國公同保護，自滬至長江我力任保護，斷無匪類混入。現泊洋艦廿號，英居多。又聞印兵二千將到滬，商民驚徙，恐致市廛一空，各埠難保不誤會生事，商務大礙。請速商外部勸止。鴻、坤、洞、宣。乞峴帥裁發。宣。翰。

致長沙俞撫台、湍署藩台、夏署臬台，岳州顔署道台[二] 光緒二十六年七月十六日未刻發

文電恭録七月初八日上諭，請刊示頒發，想達覽。茲英領事商稱，諭内涉及民教一段，恐愚民誤會生事，請加解釋等語。擬請於告示内，將惟自拳教肇衅以來，至不得概加殺戮一段節去，如已刊發，速請追回。祈酌辦示覆。銑。

致長沙俞撫台 光緒二十六年七月十七日未刻發

頃英領事函稱，有在貴州省教士一起多人，由大路至湖南，入沅江過洞庭來漢，懇電尊處飛飭沿途地方官遇該教士過境，妥爲照料護送等語。謹奉達，祈照辦，候示覆。篠。

[一] 録自抄本《張之洞電稿·致各省電》。
[二] 以下二電録自抄本《張之洞電稿·致各省電》。

致江甯劉制台、鎮江黃提台、安慶王撫台光緒二十六年七月十七日亥刻發

接盛杏翁電，大通匪徒焚搶起事，爵堂中丞、芍巖軍門想已派兵剿辦，能不致蔓延否。竊謂地處濱江，水師制勝，若有礮船二三十號，兵輪一兩艘，迅速馳往，當易撲滅。想諸帥必已籌畫周詳，現如何辦法，祈示慰。幹綫相離太近，關繫長江上下消息，務望派兵防護，並示覆。洽。

王撫台來電光緒二十六年七月十九日丑刻到

十四夕接大通報，土匪突起，十五早即派兩營馳往，一由民船，一由商輪，到通已擊散。現教堂、税司無恙，只燬鹽、釐兩局，掠去舢板八隻，搶去錢店銀五千奪回，被拏匪八人竄青陽。一面飛飭大通援軍跟蹤追剿，一面添營由池州分路並進，以保幹綫。餘俟探報續陳。春叩。巧。

劉制台來電光緒二十六年七月二十一日子刻到

大通之亂，實康梁餘黨用富有票煽動兵民所致。現經黃芍巖及王世雄拏獲三人正法，内有彭姓，即彭桂生之弟。聞彭桂生包辦長江放票之事，業經携帶票數千張來鄂，蹤跡詭秘，即祈嚴密查拏，以杜滋蔓。謹電。坤。號。

致上海盛京堂光緒二十六年七月十七日亥刻發

湖北各屬均通電，惟德安一府未通，殊多不便。查鐵路電綫由漢口已造至信陽，由此路之王家店報房西至德安府，不過數十里，祈飭局將此一段速接通，工料各費均由鄂出。祈電覆。篠。

致成都奎制台、重慶夏道台〔一〕光緒二十六年七月十八日亥刻發

前接真電，當詢英領事，并電滬探詢，均復云因川省路遠，恐有不測，故領事囑令回滬，並無他意等語。頃漢口英領事函稱，重慶教堂電，情形危急求救等語。祈飭重慶道、府、縣實力彈壓保護，有滋事者嚴辦數人，當可稍戢。夏觀察接此電後，請即密查嚴防爲望。均祈電覆。嘯。

致長沙俞撫台光緒二十六年七月十八日亥刻發

巧電悉。此次告示，不貼最妥。望即全數追回爲禱，并告兩司。嘯。

致上海李中堂、盛京堂，江甯劉制台光緒二十六年七月十九日午刻發

盛嘯電想接到。駐日李使之篠電不知寄何人，想係寄傅相者。朝廷既派傅相全權與外部議停戰，此等事自應由傅相斟酌電奏爲妥，他人不便插入此事。應如何具奏，應如何措詞，應如何辦法，統請傅相速酌辦，洞不敢會銜。峴帥卓見如何，并示。效。

〔一〕以下二電録自抄本《張之洞電稿·致各省電》。

致上海李中堂、盛京堂，江甯劉制台、濟南袁撫台光緒二十六年七月十九日酉刻發

傅相效巳電悉。西幸洞不諫阻，拳匪護送則洞必諫阻。究竟有人勸上西幸，令匪護送云云，是何人勸，洋兵邀截云云，是何處信，務望密示，方好斟酌抒其管見。惟阻拳匪扈駕則可，阻西幸則不可，匪扈固須防傕、氾之禍，不西幸又須防懷、愍之禍。若阻西幸，洞不敢附名。中堂當有良策。總之，此時無論在京或西幸，總須令聖駕與拳匪離開方好。請速將電奏稿電示，以便酌覆，切盼。再，此電前漏兩江劉峴帥銜，祈速補電。效。

李中堂、盛京堂來電并致劉制台、綽將軍、奎制台、袁撫台　光緒二十六年七月二十二日寅刻到

小田切密告，聯合軍恐拳黨擁駕西行，已分兵間道截擊。羅使電，沙侯仍准酌派洋兵，用白旗停戰，至京都城外接使，不入京城等語。效電會奏，遷不遷關係存亡大局，實有證據。諸帥皆救時同志，宜無不願列銜，但危急已至極處，若稍拘泥延誤，恐主權旁落，東南亦亡。閩、粵、蘇、浙、皖均願列名，請峴帥、香帥速電慰帥，即可繕發，綽、奎兩帥前奏願列而不及，可請慰帥繕入速遞，迫不及待，必蒙原諒。鴻、宣。效。

盛京堂來電并致劉制台　光緒二十六年七月二十日未刻到

香帥兩效電、峴帥號電謹悉。聖駕本不欲行，袒匪數公請行，護駕其名也，護黨其實也。尊慮洋兵進截，必致到處擾亂，誠然且兩宮豈堪受此驚嚇。聖駕在京，照沙侯説洋兵至城外不進京，自能使拳匪四散，一剿即了。如此奏能動聽，傅相即擬航海赴京，勿驚兩宮，勿礙宗社，看各國來電，似可做到。會稿本應請兩帥酌改，但洋兵將進，若再挨延，禍不旋踵，是臣子拘小節，君父受大禍，誠何忍哉。香帥如另有所陳，可否請速電慰帥列名，仍單銜另奏，庶免擔誤。乞速覆。宣叩。號午。

劉制台來電光緒二十六年七月二十日未刻到

鄂效申、酉，滬效及效酉各電均悉。此次事變，始終誤於主持拳匪之人，與匪相依為命，而挾至尊自重，無論在京西幸，萬難離開。歷觀各國回電，兵不到京不止，不得主持拳匪之人不止，然決無侵犯至尊意。為彼設想，此説尚屬可信。若千里蒙塵，則意外之禍，豈獨外兵追襲已哉。事已至此，尚何顧惜，賤名已附。香帥負中外重望，仍祈電袁會奏，共挽危局。名。號辰。

袁撫台來電光緒二十六年七月二十一日子刻到

尊論甚佩。聞洋兵已逼近，西狩與否，內當早有定見，恐無及。此奏關繫太重，無甚把握，故亦不敢附名。杏公電催甚急，已繕發。劉、善、劉覆列銜，聶不列，此外諸帥無覆電。傅相、杏公迭電囑照列，不及待覆。凱叩。號。

致濟南袁撫台[一]光緒二十六年七月十九日酉刻發

滬電聞有人勸上西幸，拳匪扈蹕，確否。何人所勸，扈從約係何人，尊處必知其詳，請即刻密示覆。效申。

[一] 以下二電録自抄本《張之洞電稿·致各省電》。

致濟南袁撫台光緒二十六年七月二十日戌刻發

號未電想達。除賤名斷斷不敢列外，奎、綽、善、端四帥似須俟其接閱奏稿後，覆電允許，方可代列銜名，恐不知是諫阻西幸也。關繫利害太大，恐致招怪，會奏亦不在多此數人也。哿戌。

致上海李中堂、盛京堂，江甯劉制台，成都奎制台、綽將軍，福州善將軍、西安端撫台、濟南袁撫台光緒二十六年七月二十日亥刻發

傅相效電奏稿讀悉，大意力阻兩宮西幸，由京速派重臣，添派赫德議止戰，准洋兵到城下接使耳。惟諫阻西幸一節，乃傅相萬不得已出奇解懸之策，誠非庸俗人所敢出，但未免近於萊公孤注之舉。查前接吕使電，述德外部語，矢取北京，望奏朝廷速離危機等語。是外部尚以北京爲危，我豈可反以北京爲安。西幸誠非上策，尚可暫避其鋒。此次洋兵非進京城不止，各國之兵至少一萬，必然固守皇城，索閲詔奏，逞威洩憤，即云不加干犯，陵侮難堪，震驚可想。況亂匪亂兵，稍有生事，彼必肆行開礮，宫禁之内難保平安。此次攻天津，英國用毒藥礮傷人甚慘，俄兵殘殺尤甚，恐所謂不干犯之説，洋兵亦自無把握。且兩宫身入圍中，將來議約，惟所欲爲，焉能立國。查咸豐庚申聖駕北狩熱河，和約係留京王大臣議定，是西幸以後仍可議約。若一面西幸，一面止戰接使，似較穩便。至瓜分與否，但看數大國宗旨，似不在遷與不遷。惟拳匪隨行，誠慮洋兵追擊。如籌有善策，奏陳利害，可令拳匪與聖駕離開最善。祈籌示。如猝無善策，且盼聖駕出險再與各國商辦。總之，兩宫不出，萬分危險。鄙見愚昧，實覺惶駭不安。此奏洞萬萬不敢列名，請慰帥務將賤名删去，并請示覆。至諸帥應請傅相再與詳商，候其覆電允許方可列入，尤望中堂賜教，盼禱。除電甯、滬、東外，謹飛達。哿。

李中堂、盛京堂來電并致劉制台、綽將軍、奎制台、善將軍、許制台、德制台、聶撫台、劉撫台、王撫台、端撫台、袁撫台光緒二十六年七月十九日亥刻到

洋兵十二已抵楊村，各國皆以送使剿匪迄未辦到，商令停戰，諸多推諉，恐兵不到京不止。傳聞乘輿有西幸之謡，兩宫即無此意，難保左右畏神者不加慫恿，而洋兵已預備截劫。事關安危大局久計，外臣雖不應與聞，到此地步，不得不竭盡愚誠，以冀少回天聽。謹擬會奏稿，鴻當領銜，宣亦附名，即請慰帥立刻照繕，由六百里加緊遞寄，並請諸公願列名者，乞覆敝處，並速電慰帥備案。文曰：奏為事機日逼，關繫安危，恭摺密陳，仰祈聖鑒事。竊據山東探報，七月初八日北倉被陷，十二日楊村失守，兵退蔡村。臣鴻章於十五日遵旨，電致各國駐使與外部商議停戰，已將先後接到日本、美、德覆電，轉軍機處、總理衙門代奏。頃接李盛鐸篠電，陸軍參謀次長寺内正毅自津歸告知府錢恂云，中國須從速特有威望重臣，曾辦交涉，素為外人推服者，面承諭旨，隨帶員弁親赴前敵，與聯合軍總統晤商，宣布朝廷議和之意，並商辦送使事件。據伊看來，各國當可允停戰，然後各派全權議欵，非此辦法，停戰恐難。從前德、法之戰，亦是先派大員止戰，另派全權議欵等語，並囑電陳。聞戰事歸陸軍主持，故外部不便明

説云云，與美國所言兵已前進，未便遥制，請由京派員就近與援師將帥籌商，按照國書第三條辦法，語意相同。如果兵至城下，必須就近派員商辦送使停兵各事，但能早一步好一步。可否請照美、日所擬，即飭總理衙門王大臣速與駐京各使臣妥商，先派明幹委員帶同繙譯赴前敵投書，所派重臣續行前進。儻能特派赫德同行，似更得力，但恐此次攻燬交民巷，赫德亦在其内，非優加恩詔褒勉，難以勸行。揣度各國電意，總以援使剿匪為詞，始終未易。德有戕使之隙，覆電亦稱深知兩宫十分為難，並無仇視意，請勿多慮等語。此次衅起八國，論戰則寡難敵衆，論和則互有牽制，我已竭力保全各使，即德使被害，亦出無心。彼以公法自守，有國家者非同草寇，決無干犯至尊之理。近有人自京來，傳聞在京臣工有請乘輿西幸者，皇太后、皇上以宗廟社稷為重，諒不出此，但難保獻此説者不作危詞聳聽。設有播遷，則瓜分之局，自我迫之使成，兵馬錢糧或致歸彼執掌，彼乃振振有詞，以後偏安之局斷難久支，秦隴貧窮，何能自興。中國地大物博，保守大一統自主之權，雖迫於事機，不得不彌縫遷就，苟能仗祖宗之靈，得人則理，猶可以為善國，故乘輿之遷否，大清之存亡繫之，即兩宫之安危亦繫之。如其不遷，各國有言在先，尚有可議之約，可轉之機，國不亡也，兩宫不危也。如其遷矣，朝廷不自剿匪，而團衆必擁衛而行，聞各國已預備陸軍向西截擊。千里蒙塵，中途波折，自蹈危機，何堪設想。即幸而輦轂蒞止，局促偏隅，强鄰外攻，草莽内伏，從此無復昇平景象矣。國家既危在旦夕，兩宫亦何以自存，此誠存亡危急之秋。臣等相距較遠，不能親提一旅星夜奔赴，罪該萬死。北望宫闕，深思君父宜處萬全之地，静則安，動則危，千百年不拔之基，即在此旦夕幾微之念。臣等見聞所及，冒死瀝陳，如蒙聖明俯納芻言，即日特令重臣就近與前敵各軍商辦停戰，臣鴻章仍與各外部相機商辦，以期補救於萬一。臣等謹合詞急切具陳，伏乞皇太后、皇上聖鑒。謹奏。即請慰帥速繕，候至明日即發。事機萬緊，不可遲誤。鴻、宣。效巳。

致信陽朱道台，總統湖南、湖北各軍錫方伯，統帶武功營方鎮台朱道台飛遞

光緒二十六年七月二十一日午刻發

嘯電悉。入衛各軍，現又奉旨嚴催。錫軍現抵何處，方軍何日可趕上同行，餉械到否，武功左營於何日自信陽開拔，所有鄂、湘兩軍及餉械共需車輛若干，分幾起行，能否同日并進，或只分兩起行，祈開單飛飭前途各州縣，照數寬爲豫備車輛。如各軍到而車輛不齊，將來京中查詰時，責在州縣，將弁兵勇斷不任咎。務請切飭，拜禱拜禱。聞各國兵已到河西務，北事萬緊，錫方伯暨方鎮務須趲行，何日渡黄，不可稍遲。望朱觀察電覆，錫、方飛稟覆。箇。

致開封裕撫台、德州電局交洪道恩廣加封六百里排遞保定廷藩台[一]

光緒二十六年七月二十一日未刻發

疊次奉旨，嚴催各省援軍迅速北上，湖南、北之勁字五營、武功五營，奏派錫藩司良總統，於六月二十一日分起陸續開行，

〔一〕以下二電録自抄本《張之洞電稿·致各省電》。

槍礮子彈極繁重，需車極多，因鄂省無大車，小車亦少，故間日開一起，現已早過信陽。惟該軍所帶餉械并護送解京餉械甚多，所需車輛柴米，應由經過各州縣寬爲豫備，如各軍到而車輛不齊，則責在州縣，將來京中查詰時，將弁兵勇斷不任咎。北事萬緊，軍行宜速，祈飛札轉飭經過各州縣寬爲豫備，俾該軍得以迅速北上，實紉公誼。千萬叩禱，并候電覆，或由驛函覆。箇。

致濟南袁撫台 光緒二十六年七月二十一日申刻發

河西務各軍，是否即海城所統之張、陳、夏、萬四軍，抑尚有他軍，究竟與洋兵曾否接仗，其衝散情形若何，後路何處尚有重兵駐紮，董軍豈始終未與洋兵接仗耶。聞洋兵有十九日到通州之説，確否。目下京師必大震，兩聖近在大内，抑駐蹕頤和園，有西巡之議否。尊處必有確聞，望密速詳示。箇。

致濟南袁撫台 光緒二十六年七月二十二日辰刻發

滬電楊村無日兵，恐是分兵邀截他處。探報亦有日本分兵抄截保定之説，尊處當有所聞，速示。如確，尊處想必已馳奏，無待鄙言也。禡。

致濟南袁撫台、張藩台〔一〕 光緒二十六年七月二十二日巳刻發

鄂省派有探員巢鳳岡，現在濟南，尚需赴德州偵探。該員月薪無處電匯，如有需用，祈張方伯暫爲墊給，俟有便人寄還。即候電覆，感荷。養。

致河南裕撫台 光緒二十六年七月二十二日午刻發

頃法領事照稱，南陽育嬰堂、教堂有教士、貞女多名，懇特達尊處派員撥勇妥爲護送來漢等語。謹據情奉聞，祈照辦示覆。此等事瑣瀆太多，祈鑒諒。養。

致廣州德署制台、劉淵亭鎮台 光緒二十六年七月二十二日午刻發

兩江轉静帥霰電悉。劉鎮既肯到長沙後折赴常德，由襄入豫，船車自必飭地方妥備。惟劉鎮擬改稱何人所統之軍，祈速詢定明白電示，以便行文沿途州縣備辦車船照料。盼速覆。養。

致長沙俞撫台、湍署藩台、夏署臬台 光緒二十六年七月二十三日辰刻發

藩、臬兩司賀電悉。前衡州道、府禀稱，由縣細查，絶無一洋人被殺被捉，可見全是掩飾。案情重大，若不將地方官先撤一人示儆，恐外人滋爲口實，而各屬於教案仍漫不經心。現既查明洋士確斃三人，該道、府、縣前既疏防，後仍膜視，罔顧大局，咎實難辭，應就該道、府、縣中擇其平日不得力而此事貽誤捏飾者，先撤一人，以示薄懲。據領事言，此事誤在道、府，未便臆斷，請中丞酌辦。望示覆。漾。

〔一〕以下二電録自抄本《張之洞電稿·致各省電》。

致江甯劉制台光緒二十六年七月二十三日辰刻發

昨夜會台銜致上海英、法、俄、德、美、日本各國總領事電，云頃接煙臺電，聯軍十九據通州，擬攻東直門等語。查現在並未得我兩宫出京確信，如聯軍果攻京城，礮火所至，勢必震驚宫禁，萬一有意外之危險，全國人心憤激，從此將不知禍之所止。況南方保護之局，各督撫均係奉旨辦理，儻各國不顧兩宫，則何以處南方之各督撫。萬望貴總領事飛電聯軍各兵官，切實詢明如何辦法，萬萬不至震驚我皇太后、皇上之實據，使南方各督撫及各省民心不至激成大變。務望二十四點鐘内電覆，萬急至盼。劉坤一、張之洞同電。二十二日等語。謹奉達。漾。

盛京堂來電并致劉制台 光緒二十六年七月二十三日亥刻到

袁電兩宫潛行已確。今早致領事電，情勢已殊。頃聞各領事會議，有云兩帥電文係屬恫喝各國，有云電外部轉聯軍廿四鐘不及回覆，似是有意為難。現已各電外部，定啟猜疑，即令兵艦入江要挾，必竭力慫恿。可否乞兩帥再電各領事，云昨電所請貴領事飛電聯軍不致震驚兩宫，急盼兩日電覆，係天下臣民急切盼望之意。頃閱出使大臣來電，各外部均允送使出城，聯軍可不入京，是兩宫可以平安。南方各督撫聞之萬分感慰，東南保護之約，各督撫仍必盡力自任，請電貴國政府知照云云。乞速酌辦。宣叩。漾。

致西安端撫台〔一〕 光緒二十六年七月二十三日未刻發

頃法領事照稱，漢中府甯羌州燕子坪地方，教堂及教民房屋什物統被焚搶一光，西教士被殺一名，教民被殺二十餘名，現該處匪徒仍在滋擾，尋殺教士教民，地方官亦不保護，懇電尊處迅速派兵彈護，嚴拏懲辦等語。謹據情奉達，祈速飭查妥辦示覆。漾。

致上海英、法、俄、德、美、日本各國總領事光緒二十六年七月二十三日亥刻發

昨電請貴總領事飛電聯軍不致震驚兩宫，急盼兩日復電，係天下臣民急切盼望之意，並無他意。頃接出使大臣電，各外部語意均甚好。并接出使日本李大臣電，日本政府已允保護兩宫，想各國篤念邦交，用意亦當相同。是兩宫可以平安，南方各督撫聞之萬分感慰，東南保護之約，各督撫必當盡力自任，請速電貴國政府知照爲感。劉坤一、張之洞同電。廿三日。

駐滬美國總領事來電光緒二十六年七月二十六日酉刻到

本總領事奉本國政府諭，實告貴部堂，美國意見以體念未仇害西人之華人為主，美國當按照分位，尊敬中國皇太后、皇上。美國於西七月初三日曾致各國書，云美國意見係為求一辦法，可使中國永遠平安，並可保中國土地及政治完全者等語。美國仍持此意。古那。

駐滬德國總領事來電光緒二十六年七月二十七日亥刻到

本月二十三、二十四等日接准來電，均已轉電本國外部。茲

〔一〕 録自抄本《張之洞電稿·致各省電》。

奉電覆，現在德國於中國舉事，僅為保護德人，暨防北京佔權之臣并其同黨，蓋因此次開釁，係伊等之罪，本國與平民並無異心。南方各督撫若不開端失和，本國亦敦睦誼等語。合將此電轉致，以慰貴部堂廑念也。德總領事克。

李中堂來電并致劉制台 光緒二十六年七月二十七日酉刻到

頃接日本領事小田切函稱，頃接外務大臣來電，謹密告中堂暨兩江、兩湖總督，外務大臣告知貴國駐東京李公使，日本保護中國皇太后、皇上各節，全係出自日本政府本意，請中堂速行電達兩江、兩湖總督為幸。鴻。沁。

致安慶王撫台[一] 光緒二十六年七月二十四日巳刻發

接漾電，知剿匪大捷，欣慰。聞此匪旗幟係保國會字樣，確否。既奪獲其旗，務祈查明示覆。敬。

致濟南袁撫台 光緒二十六年七月二十四日午刻發

漾電悉。承示廿日接滋帥餉解山西文，係在何處發。滋帥曾否到京召見，現駐何處。洋兵廿一進京，是否攻入，抑係開城令進，留京王大臣係何人，祈得信後飛示。敬。

致長沙俞撫台、岳州顏署道台 光緒二十六年七月二十四日亥刻發

頃據英總領事函，鈔録巴陵縣出六言告示，云粵軍劉帥永福，統領六營進京，現已行文到此，岳州路所必經云云。妄出告示，摇惑人心，請查辦等語。查福軍過湘係不得已之舉，前已商令取道常德、荆襄北上，議定不准經由岳、漢通商口岸，并令改用營名，以免張揚，别生枝節。費盡無數心力，始克議妥，當經電達尊處，正爲欲地方居民安静耳。乃巴陵縣前月播傳訛電，并將廷寄出示洋人，已屬不合，今復無端張貼此種告示，於議定不行之事，捏稱已有文到，自謂安民，實則驚擾，糊塗萬分。務請一面嚴飭該縣將告示撤銷，一面請中丞斟酌，此人務須調開，以免多生枝節，地方受累，切禱。祈電覆。敬。

致蘭州魏署制台、西安端護撫台 光緒二十六年七月二十四日亥刻發

英領事函，有蘭州教士一起，由陝回漢，頃接老河口電，此起教士在途遇害，未知確否，請電咨見復等語。祈飭查明此起教士在蘭州何日動身，現在行抵何處，有無被害，迅速覆鄂，并嚴飭沿途各屬實力保護，至爲感禱。祈電覆。敬。

致西安端護院 光緒二十六年七月二十四日亥刻發

漾電悉。已電襄陽道、府、縣暨老河口水師、光化縣，派撥礮船兵役，妥爲接護矣。敬。

致江甯劉制台 光緒二十六年七月二十四日亥刻發

漾電悉。前夜致各領事電，因聞攻東直門之語，情形迫急，

[一] 以下五電録自抄本《張之洞電稿·致各省電》。

素仰我公公忠，必願領銜，故未及電商遝發。至滬電内廿四點鐘一語，未免過急。昨日亥刻已會台銜照盛漾電意，再電各領事，申明並無他意，已録稿電達，計午前當入覽。如字句有不妥處，請尊處速電上海電局，或盛杏翁處酌改，或由尊處單銜致各領事一電解釋之。此後會電自當商定再發。敬。

致上海李中堂、盛京堂，濟南袁撫台

光緒二十六年七月二十四日亥刻發

洋兵入城，是否攻入，抑係説明接入。此層關繫最鉅，滬、濟想已知。慶邸留京議欵之説，確否，隨扈大臣何人，已知否。慰帥奉十九日硃批，請查排單由何處發。五日始到濟南，似非京城發矣。祈速示。敬。

袁撫台來電

光緒二十六年七月二十五日巳刻到

聞洋兵係由三門攻入。煙臺電均謂力取。十九日硃批由京發。廿日後無隻字，亦無人來，尚無他聞。凱。有。

致長沙俞撫台

光緒二十六年七月二十四日亥刻發

東撫探報，十四日董軍出城，未聞戰事。十六日洋兵攻河西務，諸軍皆潰，李鑑帥受重傷，次日因傷故。十八日洋兵據通州，二十一日洋兵入京城。宋軍紮長新店。聞兩宮有西幸五臺之説，未見明文。慶邸留京議欵。康黨勾匪煽亂，兩江來電已訊有確憑，並有黨魁潛來漢口，散布票據，名爲富有票，洋紙石印，式甚精緻，上書取錢一千文，鈐有立大字號、日新其德等圖章。皖撫王電，其告示係康逆口吻，有保皇會字樣，此間已密飭地方文武設法掩捕。湘省確有匪黨勾煽，且甚多，有人傳説赴湘句煽者，挾巨貲，持多票，係一江西人。務祈不動聲色，嚴密籌防緝捕，免致滋蔓。胡臬司即日起程來湘矣。敬。

致信陽朱道台、武功左營管帶方參將中和〔一〕

光緒二十六年七月二十五日辰刻發

箇電想達覽。鄂解京餉及軍械已過境否，方鎮前本擬留礮隊兩哨護餉械，何以竟留左營一營，其礮隊已先行否。如軍械已到，請先飭左營迅速開拔，即或京餉後到，沿途向有護送勇役，不可停兵久候。如必需營勇，或酌留一哨半哨護餉，祈朱觀察酌奪，與方參將商辦。聞洋兵廿一入京，慶邸留京議欵，鄂軍萬不可再緩。何日開行，械何日到，餉何日到，均祈朱觀察電覆，感盼，并飭方將電覆。敬。

致江甯劉制台、上海盛京堂

光緒二十六年七月二十五日未刻發

峴帥有電悉。盛敬電代擬致羅、李兩使電稿，内有議約、剿匪、迎鑾等語。現在西幸未見明文，況外省督撫豈能率行自任與留京全權各大臣籌商議約。茲將原稿酌删數語。其文曰：昨因聯軍入京，電滬領轉請各國勿驚兩宮，急望兩日内電覆，以慰天下臣民，別無他意。現聞兩宮先行，東南保護之約各督撫仍當盡力自任，請達外部云。羅電末加並轉楊、呂、裕、伍使七字。查二

〔一〕録自抄本《張之洞電稿·致各省電》。

十三日用盛擬漾電，意電滬領事，聲明並無他意，已請速電各國政府知照。茲再電駐使轉達外部，自更周到。電文如能照删，即請峴帥挈銜由江南電發，否則請峴帥單銜發遞。候覆。有。

劉制台來電并致盛京堂 光緒二十六年七月二十六日申刻到

鄂有電悉。已由敝處會鄂銜照删定稿分電羅、李使。坤。宥。

致長沙俞撫台[一] 光緒二十六年七月二十五日亥刻發

有電悉。敬電之江西人，即文也。康黨、孫黨，大同小異。漢口電，必係該匪黨聞風託名，電囑逃避，機械陰險可畏。漢口電是否係徑電尊處，抑致何人，文到湘後有何舉動，想查有端倪。均祈電覆。有。

梁太史致長沙俞撫台光緒二十六年七月二十六日午刻發

督部張公出示尊電，駭極。其偽有四。一、識公後，書問往還，惟未曾通電，萬無第一電即託此等事之理。二、身在武昌，萬無在漢口發電之理。三、公與彼向不相識，且彼有案，萬無託公轉告之理。四、彼書信久斷，在湘住址，向來不知，萬無託公送信於無住址人之理。凡此四者，其偽立見，必係漢口匪黨捏造假傳，意存傾累。祈公明察，感甚佩甚。芬。徑。

致長沙俞撫台光緒二十六年七月二十六日子刻發

頃接東撫袁電，十八日探報，駕尚在京，昨奉硃批，係十九日自京發，是西幸尚未定，祈萬勿宣播。有。

致信陽朱道台光緒二十六年七月二十六日子刻發

前傳説駕西幸，慶留京，不確，萬勿傳播，切要。有。

致上海李中堂、盛京堂，江甯劉制台

光緒二十六年七月二十六日午刻發

各國兵已入京，各使已安。兩宮雖西行，聞榮相扈蹕。拳匪此時情形斷不隨往，解裝四竄，剿之甚易。以情理論之，各國即當停戰議約，以踐前言。傅相既膺全權，望速電各國外部，先請停戰，如京城已派有王大臣議欵，公法固不應進兵，即或尚未派全權大臣，應暫以議約自任，力阻各國萬勿進兵追襲聖駕，免致生靈塗炭，枝節横生，中外各國俱屬無益。此乃天理公法，想不能不許。祈傅相速示覆。宥辰。

李中堂來電光緒二十六年七月二十七日午刻到

宥電悉，已電各駐使轉商外部，先行停戰，并派全權議善後。尚未得覆留守。聞追擊矣。鴻。霰。

致上海李中堂、盛京堂，江甯劉制台

光緒二十六年七月二十六日午刻發

統團民之大臣皆留京，義團必不隨駕矣。寢。

[一] 以下四電録自抄本《張之洞電稿·致各省電》。

致上海李中堂、江甯劉制台、濟南袁撫台，成都奎制台、綽將軍，蘭州魏制台、西安端撫台、雲南丁制台，福州許制台、善將軍，廣州德制台、安慶王撫台、蘇州聶撫台、杭州劉撫台、長沙俞撫台光緒二十六年七月二十六日申刻發

盛轉楊運司宗濂自保定發漾電云，兩宫十九日由易州赴晋，留端、莊、剛、徐、崇守，趙已到此等語。此信自確，惟日前滬傳慶邸留京議欵，尚無確音，焦急萬狀。兩宫出險固可喜，然京城無人議和，則大可憂。西例雖至兵敗都破，但有大臣求和，雖在瓦礫上猶可議。若無人與議，便是無主之國，任便施爲，將來京城不能還我矣。此時擬請傅相領銜，合各將軍督撫聯銜電奏，大意如此。諸帥如别有良策請添，有不妥處請改，望即刻覆，請慰帥由六百里加緊馳遞。摺首發端處數語，須斟酌妥協。忩迫未及備擬，請傅相酌擬電告慰帥爲禱。各省覆電到後再發，過明日午刻則不候，宥辰。此電請傅相録送盛京堂。

致長沙俞撫台[一] 光緒二十六年七月二十七日丑刻發

漢口電，係第幾號，何日何時由漢發出。祈查閲電底示覆，以便根查，爲盼。宥。

致濟南袁撫台，上海李中堂、盛京堂，江甯劉制台光緒二十六年七月二十七日寅刻發

探報參差，楊運司漾電未盡確。敝處今晨所發宥辰電奏稿關繫重大，未便遽發，必須候傅相將全摺暨摺首酌定，諸帥商妥，届時洞當再與慰帥商酌。務祈慰帥暫勿繕摺，并望電覆。感。

致濟南袁撫台，上海李中堂、盛京堂，江甯劉制台，成都奎制台、綽將軍，蘭州魏制台、西安端撫台、雲南丁制台、廣州德制台，福州許制台、善將軍，杭州劉撫台、蘇州聶撫台、安慶王撫台、長沙俞撫台光緒二十六年七月二十七日巳刻發

宥辰電奏萬不可發，請即作罷論，切禱。盼即覆。感巳。

盛京堂來電并致劉制台 光緒二十六年七月二十八日丑刻到

香帥宥奏三條，傅相極佩，願領銜，乃感電罷論，想因楊運司兩電之故，然一誤何堪再誤。肇事以來，惟疆臣合詞尚動聖聽一二。頃傅相擬將首段酌改，仍請電慰帥繕發。若端、莊、剛、徐留京，行在無人阻撓，正值宵旰憂焦，必能俯納。宣叩。沁。

[一] 録自抄本《張之洞電稿·致各省電》。

致長沙俞撫台、岳州顔署道台〔一〕 光緒二十六年七月二十八日子刻發

感電悉。已派武愷營，並委知府盛春頤馳往蒲圻一帶剿捕矣。感。

致江甯劉制台 光緒二十六年七月二十八日巳刻發

頃接東勘電，焦急萬狀，是西巡與否尚無確信至。探確後或僅具摺請安，或須派員前往，以何爲宜，祈斟酌示覆，以便仿照。儉。

致成都奎制台、重慶夏道台〔二〕 光緒二十六年七月二十八日午刻發

漾電並夏道養電均悉。已飭岑道婉商英領事，告知貴省極力保護之意，請其電宜，將兵調回。英領荅稱，緣渝關英領事及税務司均擬由宜仍坐肇通商輪赴渝，聞川人欲與此輪船爲難，故派翟副領事帶洋兵十名，兵頭一名護送前往。該兵至重慶並不許登岸，船泊一二日即行下駛，當不致猜忌生事，無須調回等語。察其語言，專爲保護此輪，似無他意，十名洋兵不至有他虞也。儉。

致沙市荊州奭道台、舒守、張令、沙防營蕭營官 光緒二十六年七月二十八日酉刻發

昨夜在漢口捕獲會匪頭目唐才常等二十餘名，供認謀逆不諱，並稱沙市亦有黨羽散布，約日内起事等語。可立派勇役迅速偵訪該黨匿跡所在，馳往掩捕務獲，切勿漏洩令逃，切要。勘。

致開封裕撫台、信陽朱道台〔三〕 光緒二十六年七月二十八日亥刻發

頃法領事稱，據南陽教士電禀，承河南撫院飭地方官保護，現尚安静，惟教士、貞女多名時常驚恐，託轉請派兵護送來漢等語。祈飭信陽朱道迅派妥幹文員，先與教士商明，即酌帶弁勇護送至湖北交界處，由襄陽道派兵接護來漢，敝處已飭襄陽朱道遵照矣。何日由南陽起程，希信陽朱觀察電覆。勘。

致岳州魯鎮台、顔道台、岳州釐局、巴陵縣寶塔洲釐局汪倅 光緒二十六年七月二十八日發

頃訪聞有富有票匪於四五日前，由漢口運粽箱十三口，搭載回空煤船赴湘，其箱甚重，有謂係軍械火藥者，其船已開行，該鎮、道、縣暨釐局速即嚴密稽查，并飛達寶塔洲釐局一體認真稽查，如實係軍火，即將人、物一併扣留飛禀。感。

致上海盛京堂〔四〕 光緒二十六年七月二十八日發

濟南巢委員鳳岡電云二十日駕始離園。袁慰帥勘電云兩宫十

〔一〕〔二〕 録自抄本《張之洞電稿·致各省電》。
〔三〕 以下二電録自抄本《張之洞電稿·致各省電》。
〔四〕 録自盛宣懷《愚齋存稿》卷三十九，第二十六頁，武進盛氏思補樓一九三九年刊本。

九仍在京，與楊電、巢電均不符。究竟已否西幸，扈從何人，榮相是否隨行，獲咎之説確否。慶邸是否留京，派辦何事，曾有明文派令議欵否。均祈電詢保定楊藝翁。速覆。

致信陽朱道台〔一〕 光緒二十六年七月二十九日丑刻發

鄂省前派武弁楊汝欽、葉芳林、周恩貴、邱玉崑分赴光山、羅山、正陽、商城四縣募勇，已於七月初二日五百里飛咨河南撫院，並行知尊處，請轉飭所屬遵照在案。頃楊弁禀稱，光山縣以未奉明文字様寫入招募告示，致民間疑惑攔阻，幾釀事端。除再巡札該四縣，並備公牘行尊處轉飭外，務懇迅飭光山縣暨羅山、正陽、商城等縣，趕緊出示，幫同招募，妥爲照料。即祈電覆，至感至禱。艷。

致保定廷藩台德州飛遞 光緒二十六年七月二十九日辰刻發

徑電讀悉。兩宫廿一日西幸，想已見明文。現已抵何處，啓鑾後有寄諭與各省督撫否，尊處奉到否，有何要語，扈駕王大臣係何人，留京王大臣係何人，扈衛共有幾軍，想均有明文。洋兵入京後情形若何，近畿尚存幾軍，現紮何處，尊處必知其詳。洋兵於京外擾及何處，保定尚無敵氛否，聞護理直督，已接篆否。均望飛速賜示，六百里加緊馳遞德州轉電，盼禱。艷。

廷藩台來電光緒二十六年八月初六日酉刻到

艷電敬悉。榮相、崇公二十六日來保，始知兩宫倉猝於二十一日西狩，出居庸關，赴宣化，入晉。今晋撫達榮相函，有廿三日軍機大臣字寄，奉上諭：朕暫奉慈輿，巡幸山西，著通知等因。隨扈係慶、禮、端、莊四邸，剛相，王、趙二尚書，董、馬兩軍門。留守十二人，聞亦皆出京赴行在。崇公前宵自經榮相即擬帶隊赴行在。留直兵數本省不滿二十營，客軍潰遣無存，惟盼武功、勁字到時擬留省防，餘由榮相遣回防。洋兵入都，焚戮不堪。雍二十四接護督篆，省城雖無敵氛，而潰勇躪我地方，拳教藉故四擾，糜爛不堪矣。雍。江。

致濟南袁撫台、德州速送保定廷藩台〔二〕光緒二十六年七月二十九日巳刻發

致湖北提督張軍門春發行營一電，請兩公均加封六百里馳遞，以冀有一路先到，感禱。艷。其文曰：聞鑑帥殉節，痛惜焦急。貴軍現紮何處，此時招集整理，尚存幾營，軍械有損失否，奉旨令防何處，改歸何人統，他軍如宋、馬、吕、夏、萬、陳，陝臬升、甘藩岑諸軍俱紮何處，何營尚能成軍，祈示覆。兩次共解槍彈六十萬，頭批想甫到，二批早抵清江，恐到直尚早。祈將近日情形電示。艷。

致岳州魯鎮台光緒二十六年七月二十九日午刻發

新隄土匪滋事，聚衆二三千，鄂省已派營乘輪往剿，并派礮船迎截。該鎮速在陸溪營就近調撥礮船十號，即刻駛往新隄，合力剿辦，不可稍延。此時匪勢未熾，速到可立時撲滅，稍遲則其

〔一〕〔二〕録自抄本《張之洞電稿·致各省電》。

餘已張，難於收拾矣。望速辦，電覆。豔。

致西安端護撫台[一] 光緒二十六年七月二十日午刻發

英領事函稱，平陽府有教士十一人，於六月二十日起身，擬繞道陝西赴鄂，經潼商道阻，令走河南，由南陽至樊城，允派兵護送，迄今月餘未到，亦無消息，懇電請飭查等語，謹代達。祈飭查此起教士何日送至豫境交替，曾否電豫飭屬接護，現抵何處，如能電豫挨查，至感。盼覆。卅。

致開封裕撫台 光緒二十六年七月三十日午刻發

英領事函稱，有山西來漢教士，告知荆紫關教堂内封存衣箱什物二百餘件，自巴教士起身後，被兵役搬搶一空，未審確否，懇電尊處飭查等語。謹據情代達，祈嚴飭該關副將確查妥護，并望示覆。卅。

致岳州魯鎮台 光緒二十六年七月三十日午刻發

鄂省派利運輪船裝武愷營、威字營勇，於今日黎明開往新隄。該鎮就速專差馳赴新隄，傳知利運輪船管事柳哲藩，俟勇登岸後，迅即駛回省城，另有要差，切勿稍緩。望電覆。卅。

致上海盛京堂 光緒二十六年七月三十日亥刻發

請飭電局速將電綫接至新隄、蒲圻縣、羊樓峒三處，費由鄂出。卅。

致上海盛京堂、江甯劉制台、安慶王撫台、南昌松撫台，九江鎮台、道台，長沙俞撫台、荆州奭道台，宜昌傅鎮台、陳守，成都奎制台，襄陽鄧提台、朱道台 光緒二十六年七月三十日發

富有票會匪謀在漢口作亂，定期廿八日起事，發覺擒獲二十餘人，渠魁三人，唐才常、林圭即林述唐、向聯生皆擒獲，供認不諱，已將三匪首暨夥黨十餘名正法。內有真日本人一名，已交領事，另有假冒日本人二名。餘匪分路查緝，武、漢安靖。蒲圻、臨湘兩省交界處會匪蠢動，湘、鄂兩省已派水陸數營會剿，當可撲滅，祈布告勿信匪徒謠傳煽動。惟據供富有票匪甚多，兩湖及沿江各省皆有，文人不少，確鑿可信。人數雖衆，軍火尚缺，注意首在刧軍械，務請分路嚴速防範查拏爲要。卅。

致上海李中堂、盛京堂，江甯劉制台 光緒二十六年八月初二日丑刻發

傅相卅電、峴帥東電均悉。傅相單銜馳奏，極是。日本外部所言甚見關切，各國如肯照日本所言，即可開議，中國尚有生機。惟諭旨奉到不知何時，殊爲焦急，洋兵不知又佔據幾處矣。至令鄙人隨同與議，不勝驚悚。國事至此，豈敢推諉，但各國要挾，必有難於上陳者。洞望輕才庸，豈可濫附諸元老之列，將來尚須

〔一〕以下三電録自抄本《張之洞電稿·致各省電》。

懇辭耳。沃。

李中堂來電并致劉制台　光緒二十六年七月三十日戌刻到

頃日本李使豔電云，頃青木面談，聯軍入京後，日廷即商各國可否停兵。除美廷答電外，餘皆不答，意可概見。鈞處奉旨在前，現外兵入京情形迥異，須另行請旨，並多派王大臣如慶邸、榮相，劉、張兩帥，皆須派入，劉、張兩帥不必與各國面商。又旨內須有引過辭意，如此各國當可開議。現難遽派全權，又謂將來議欵，甯償費，勿割地。償欵如何籌抵，伊別有策，現暫難明言等語。以上各節，青木並囑秘密，乞鈞奪等語。青木言甚當，請香翁擬稿見示，應照所指添派王大臣，銜名勿漏，鴻領銜繕發，徑遞行在。乞速核示。鴻。卅。

劉制台來電并致李中堂　光緒二十六年八月初一日申刻到

傅相卅電悉。事局至此，何敢推諉。惟自請派入全權，殊於事體有礙。擬請傅相單銜具摺，請添派各銜名，若聯奏，坤未便列銜，香帥想謂然。坤。東。

劉制台來電　光緒二十六年八月初二日申刻到

傅相覆電：東電悉，極知公與香帥不便列銜，已據各國電覆並日本電，單銜繕奏，即日馳遞行在，不知何日能達，即轉香翁云。坤。冬。

致濟南袁撫台，上海李中堂、盛京堂，江甯劉制台　光緒二十六年八月初四日辰刻發

慰帥江電悉。西幸旬餘，尚無辦法，誠恐大局潰決。補救之法，似不外迅與議約。榮相幸在保，能電奏留之否。慶邸大約隨扈，如允派慶，太原到保至速須八日。傅相據各國及日本電馳奏到行在尚早，覆旨亦遲。各國既無停戰之語，德兵大至，任意橫行，各國效尤，愈難收拾。此時有何補救良策，或一面向日本外部商，云已照李使所言具奏，電綫久斷，奉旨須旬餘，囑各國少候，或兼向英、美、德商，或別有辦法。如有急應上陳之事，或一面聯銜電奏驛奏，統請傅相、峴帥、慰帥速籌見示。即請傅相主稿電示，當與諸帥公同商妥速行。再，聖駕初六日到太原，則電陝轉晋不過四五日，較驛遞爲速，祈酌。支二。

致上海李中堂、盛京堂，江甯劉制台，福州許制台、善將軍　光緒二十六年八月初四日辰刻發

杏翁江電悉。厦門乃日本所屬意，今日兵上岸，顯係在厦武官乘此未議停戰之時，藉端生事邀功。惟有一面電厦門道萬勿開衅，並託上海英、美、德總領事速電厦門英、美、德領事，務設法調停，一面請傅相領銜，會峴帥及洞銜電駐日李使，轉達日本外部，切囑其諸事妥慎，和平商辦，勿令他國藉口，致礙亞東大局。至應否會許、善兩帥銜，請傅相酌。盼示覆。支。

盛京堂來電　光緒二十六年八月初四日丑刻到

厦局電，厦日教堂欠房租，廿九搬空，自放火。初一，日兵

携洋槍車礮上岸，經廷道會英、美、德領事往商，日本領將兵退落艦，而日領謂，斯事外部作主，他無權。現日兵登岸數百名，深入內街，將車礮上扼要害，民人驚疑，紛紛搬走，土匪趁機搶劫云。厦為日本屬意，有意尋衅，似宜慎重。宣。江。

李中堂來電并致劉制台、許制台、善將軍 光緒二十六年八月初五日子刻到

香帥支電屬列台銜電日駐使李，云聞厦門有日兵登岸，未知何故。此次各國聯兵入都，承日政府先有保護兩宮之言，我國臣民實戴日皇厚誼，今日兵忽在厦門上岸，或因上年立界舊衅，欲以兵威壓服土人。但界已議定立約，自無異説。或武將邀功，致有此舉。惟力保東南和平，似未可稍見兵端，啟各國覬覦。請切商日政府，暫令止兵，和平商辦。仍希速覆等語。除挈發外，俟覆到另聞。鴻。支。

致東京錢念劬 光緒二十六年八月初四日巳刻發

李使電合肥云，日本外部青木言中國若認過，並派慶、榮、（李）［劉］、張與議，各國當可停戰開議，並云劉、張不必與各（帥）［國］面商。合肥已照此具奏，但不知允否。且批旨奉到尚早，各國能稍候否，此旬餘實爲可慮。且此次條欵非同尋常，必有難於上陳者。鄙人與議，實多爲難，然國事至此，豈能推諉。外部所謂不必與各（帥）［國］面商者，想係謂兩人須仍在本任，不宜離開。此層甚要。假如劉、張離江、鄂，則長江大亂，大局變矣。望婉詢前途，速覆。支一。

致東京錢念劬 光緒二十六年八月初四日巳刻發

權、琨令歸者，恐拳黨之譖，不得已也。成城諸生，鄙意總願留，以聯交誼。閣下尤不宜歸。酌覆。支二。

致長沙俞撫台，岳州魯鎮台、顔署道台 光緒二十六年八月初四日亥刻發

魯鎮冬電、顔道江電均悉。查獲富有票匪逆信，此次漢口匪徒謀亂，全恃新隄爲應援，是新隄、蒲圻乃大枝匪巢，嘯聚最多，蓄謀最久。此時各匪不過暫時避匿，其全夥二三千人，全數具在。昨據寶塔洲釐局禀，有屯聚老灣之説，若不跟蹤搜捕，擒渠解脅，則兵去復聚，後患無窮。現已嚴札北省各軍，即赴老灣等處，實力分投追勦搜捕，首要務須殲擒，附和繳票免罪，務拔匪根，亦散匪黨。各營如無擒獲之匪，又無收繳之票，不准銷差。所謂票者，上等係富有票，他票次之。祈俞中丞嚴飭南省各軍一體懔遵辦理，勿稍敷衍。魯鎮、顔道並將此電照録，專差飛傳新隄、蒲圻之湖北各營，下水專差較爲迅速。豪。

致上海日本總領事小田切 光緒二十六年八月初五日辰刻發

連接盛京堂兩電，云接閣下函開，聞厦門文武官送書兵船，云請速向口外開去。厦門之事，派兵登岸，實不得已，如硬求退兵，恐開衅端。請速電閩省，並達李、劉、張三帥，退兵一節，相機辦理，此時無須硬求，方能維持局面等語。查此事敝處昨已電閩省，切囑萬勿開衅，並會同李相、峴帥公電李木齋星使，轉

懇貴國政府和平商辦，斷無硬行之事。尊意擬如何方能維持局面，當設法商辦。望速示覆，至感。初五辰。

盛京堂來電光緒二十六年八月初六日申刻到

小田切稱，厦門一節，頃奉外部電，已飭撤回保護書院之兵，其餘相機撤回等因，足見本國政府重大局之意。請即電達江、鄂兩督，並請電閩督，嗣後設法彈壓匪徒，照約保護，免蹈前轍云。宣。魚。

致上海李中堂、盛京堂，江甯劉制台、濟南袁撫台光緒二十六年八月初五日亥刻發

前日德領事禄理瑋照會，奉政府電，德兵只爲防仇害洋人及佔權之臣，各省督撫若能保地方平安，願仍敦睦誼等語。昨禄領事來晤，云將赴滬謁德新派欽差，有何要語可代致。洞云望其勸德新使早日開議。禄云聖駕已行，此事難議，須請回京方好議。洞云駕赴晋陜，恐難遽還，何不即與全權大臣李相議。禄云李全權是端王所派，各國恐不願與議，聞李是端黨。洞云此大誤矣，李相領銜會督撫奏請剿匪救使六七次，見解明與端不合，且李相之全權，實係東南督撫十人會奏請派，旨遂允准。禄聞此語，爽然曰，若李之全權係東南督撫所奏請，各國或可與議。洞云，西例有地主則可議，李相係實缺直督，順天、直隷皆直督轄，聖駕雖遠，順、直現有地主，何爲不可議。禄無説。洞云李相已奏請添派慶邸、榮相同議，冀有親臣，易於邀允。禄云榮軍攻使館。洞云榮力諫開釁，曾苦奏七次，拳匪太多，各軍皆有，武衛中軍新募，人雜其中，難免有通匪妄爲者，實非榮意。洋繙譯官云，榮部下軍豈不能管。洞云拳匪勢熾，挾制朝廷，諭旨尚有患在肘腋，朝廷種種爲難之語。禄云兵多約束不到，事或有之。洞云山東袁中丞明事理，能剿匪，貴欽差諸事可與袁商辦，必於彼此有益。禄云德員在山東因鐵路事屢與袁商，又云中國大員明事理者能多幾人就好了，語氣似尚好。禄云，貴部堂所説各節，能徑與德新使通函電詳説更好，德新使可與各國商等語。此時要在先認全權，先認地主。渠既有督撫公舉可認之語，不知可信否。地主亦須極力自任，可否即由傅相將此意探詢德新使。謹飛達，餘續陳。祈覆。歌。

致上海李中堂、盛京堂，江甯劉制台、濟南袁撫台光緒二十六年八月初六日未刻發

歌電想達。西例國君不在京，便是無主之國，任敵兵施爲。若留有大臣求和，雖坐於瓦礫之上，猶可開議。傅相既奉全權大臣之旨，是留有大臣求和也。傅相係直督，是已奉旨留爲地主也。此時惟有傅相速發電札多件，飛馬寄保定，請廷方伯代繕代印，遍發通省。一係札飭順、直兩司，各道、府、州、縣各盡職守，照舊辦事，不准擅離，不准縱匪擾民，曉諭居民辦團防匪，勿得廢棄耕穫，自相驚擾。一係札飭各營統領，凡在順、直境者，無論本省兵外省兵，聖駕既行，榮相若赴晋，傅相既爲北洋大臣，又係全權大臣，均應暫歸節制。各軍駐營何處，現有幾營，餉械是否有著，據實飛禀，當爲酌核奏明辦理。嚴禁搶掠、焚殺、逃潰。一係札飭各軍統領暨順、直兩司，各道、府、州、縣，遵旨剿匪，凡聚衆抗官者，糾夥焚殺者，即係土匪，官軍民團均即剿

捕，格殺勿論。並須咨明廷護督及榮相、崇公，亦發電託其代繕。咨廷者託臬司代繕，並加密電，言明此乃自任地主，冀可杜外人無主之説，以便催其開議，乃不得已之舉，並非欲遥干其權，婉切言之，榮、崇、廷庶可不忌。若我稍存有地主局面，傅相執定，即係留直議欵大臣，總有數分益處。總之，此舉振畿輔殘軍之勢，收畿輔難民之心，乃我本分應辦之事。祈裁酌速辦，示覆。語。

李中堂來電光緒二十六年八月初七日午刻到

語電代籌各節，思慮周密，悉協機宜，洵是當官之責，奚敢諉延，已電廷護督照辦。德新使尚未晤，或有成見，不便先施。鴻。陽。

致上海李中堂、盛京堂，江甯劉制台、濟南袁撫台光緒二十六年八月初六日未刻發

昨歌電德領事照會云云，係撮上海德總領事暨漢口德領事函電大意，簡略過甚，恐失語氣。茲將原電原函照録詳達。上海德總領事克納貝七月廿七日來電云：本月廿三、廿四等日，接准來電，均已轉電本國外部。茲奉電覆，現在德國於中國舉事，僅爲保護德人，暨防北京佔權之臣并其同黨，蓋因此次開釁，係伊等之罪，本國與平民並無異心。南方各督撫若不開端失和，本國亦敦睦誼等語。合將此電轉致，以慰貴部堂廑念也等語。又克總領事七月三十日來函云：現有本國水師提督已抵滬，承面囑，云本提督來滬之意，不過爲自己察看情形，該礮船不久即入長江。并謂本提督甚喜各督撫與各國共敦睦誼，以致長江一帶近來均甚平静，本提督將來亦願照此辦理。至於礮船入長江一事，亦只爲和睦之意，并幫助本國駐漢領事等語。又漢口德領事禄理瑋八月初三日來函：頃奉本國駐滬總領事札飭，本領事告知貴督部堂，本國政府之意，甚不願在中國起釁，即北方開戰，不過防在京害權之人及其同黨而已。本國新簡駐京欽差大臣現已莅滬，本領事擬明晚附輪前往謁見，面陳要公。如貴督部堂有緊要事件，必需代達者，本領事定於明日渡江趨晤，面請指示等語。特詳達，請體察詞意，是否可信，以便速籌。語。

致上海李中堂、盛京堂，江甯劉制台、濟南袁撫台光緒二十六年八月初六日未刻發

杏翁歌電悉。請將釀難者處分謝天下一節，疆臣不敢言，惟傅相全權尚可言耳。請降明旨一節，必應加入各省交涉事件，仍遵前旨及條約辦理。請駐太原一節，尚須酌。鄙意擬請傅相設法與德新使晤談，照敝處歌電婉達，看其是否肯認爲全權，速示再籌。總之，第一節不能言總無辦法。麻。

盛京堂來電并致劉制台、袁撫台 光緒二十六年八月初六日卯刻到

香帥、慰帥支電，峴帥微、歌電敬悉。傅相擬俟初三摺片批回。查添使剿匪，即香帥擬奏三事之二，目下疆帥所可公言者，一、請慶邸速回京，榮相留保定，即為留守，便宜行事。一、請傅相北上，會同慶、榮議欵，並先接直督印，將在直主客各軍統歸節制，責成剿匪，方能説到停戰。一、請暫駐蹕太原，不必再行入陝，須詔西幸，俟欵成匪靖，仍可回鑾。各督撫應各守疆土，如有匪徒藉端蠢動，即著剿辦。另片請將誤信邪匪致釀國亂諸臣，

分別處分，以謝天下。此所謂盡其在我者，方能與人啓齒，否則德、俄兵將大至，分裂定矣。聞各國將自議條欵，不允傅相全權，而磨我日月，待其兵力足時，内外皆不能不曲從。德使到滬數日不進京，欲另立武功，山東尤危。名心叩。歌。

致武穴陳丞 光緒二十六年八月初六日亥刻發

本日電悉。已派江安營一營即日乘測海兵輪前赴武穴駐防，即令測海停泊該處。該輪大礮甚多，水陸可互爲援應。明日準可到防。督、撫。麻。

致長沙俞撫台 光緒二十六年八月初六日亥刻發

頃英領事照稱，衡州府所屬各教堂全被拆毁，教民統被拘拏，勒逼悔教。耒陽新市街教堂最巨，奉教者被逼，凌虐尤慘，請電尊處飭查保全等語。大局如此，尚逼教民悔教，地方官當愚不至此，然任聽民教相凌，不爲查禁，未免膜視時艱，罔顧後患。祈速飭嚴禁妥護，懲犯追賠。此時爲此等事勞神，真是無謂，特無可如何耳。望曉諭紳民，此時毁堂易，將來賠欵難也。語。

致上海李中堂、盛京堂，江甯劉制台 光緒二十六年八月初七日辰刻發

傅相魚電悉。俄肯先撤兵甚好。全權議事，鎮守自是慶、榮。惟鐵路有公司承當一語未解，祈明示。至請駕回京，萬難邀允，且恐政府動疑。楊電已參活筆，只可聲明此據外部語轉陳，側重在迅派全權議事。鎮守之人雖請派慶、榮，務須叙明會同傅相，以免誤會，此事不可自謙誤事也。請傅相主稿，迅速電示，以便酌陳管見，由傅相核定電陜驛奏，峴帥及洞自必列銜。此外督撫將軍，請傅相酌，若告撤兵請派議，願列銜者必多，傅相似可發簡電知會各省。或謂請暫駐太原，距京較近，但晋糧極貴，拳匪極多，運道艱，電報梗，種種不便，地主又別有見解，奏報供億俱不如陜，故留晋幸陜，俱不敢請，只可敬聽聖裁。目前議欵以奏旨捷速爲第一義，各國允開議後方敢籌計駐蹕之所，此層並請裁酌。陽辰。

李中堂來電并致劉制台 光緒二十六年八月初七日寅刻到

頃接駐俄楊使歌電：自聞洋兵内犯，車駕蒙塵，心膽俱裂。連日奔走外、户兩部，力籌挽救，均稱事已至此，實乏良策。刻下北京無主，各武員便宜行事，勢難遥制。其意蓋因屢次代我設謀，均未照辦，不免怏怏也。嗣經迭次懇言，並告以我深知中俄邦交有逾歐美，無如華洋各報議論，均言俄心叵測，隱圖中國，我甚惡之。此次進兵本為救使，今已保全，俄兵何妨先撤，以作榜樣，全兩國數百年交誼，慰中國數百萬人心，以示實情，而箝衆口。反復勸解，彼意稍動，始允設法轉奏。頃擬面告俄主，已允即日將兵隊、公使、人民一併撤至天津，以示真心見好。至東省之事，鐵路有公司承當，將帥請中國懲辦，俄決不據尺寸土地。飭詳告貴大臣，此係勉副傅相與閣下再三之請，切勿誤為畏怯。一面速請太后、皇上回京，或先迅派合例全權議事，遲則恐德統帥到華，別有舉動。並請傅相與南省督撫之負民望者，會奏辦理等語。户部辦事明決，肝膽照人，俄主言聽計從，外部不稍掣肘，

此絶大轉機，不可再誤。儻各國均肯照辦，京師必須妥籌鎮守，萬一民變復作，孑黎更遭塗炭，且又與人以可乘之機，不可不慮。乞轉峴、香諸帥通籌，迅速奏辦。儒叩。云。據此確是轉機，請峴、香二帥酌奪，由香擬稿，電由鴻轉陝撫，由驛六緊代奏。至請兩宮回京，摺内宜參活筆，迅派合例全權議事、鎮守，無逾於慶、榮，但恐未必遽回耳。乞速籌覆。鴻。魚。

李中堂來電并致劉制台 光緒二十六年八月初八日子刻到

陽電悉。東省鐵路合同本係俄華銀行承辦，户部微特暗為主持，將來修理只費欵耳。外人尊敬兩宮，自應叙入。議事、鎮守，鴻斷不推諉，但難獨任其責。兩公會銜，此外不必遍商，免需時日。大稿即電示，鴻有所陳亦當核入。駐蹕一節，應隨後相機商奏。虞。

致江甯劉制台，上海李中堂、盛京堂 光緒二十六年八月初七日午刻發

甯豔、卅電悉。駐漢英領事亦有照會，云奉外部電，將來議結之時，至於本國國家必向兩江、湖廣二位督部堂請詢意見若何，本國國家亦必以二位督部堂之意爲重等語，並附有外部洋文電底。細繹洋文語意，似係因我兩人保護長江，特先告我，將來議結，英國不肯撇開我兩人，容我等亦發議論，以顧我等局面，以堅我等保護之心，並非此時專欲我兩人主議也。然此意即甚好，自不宜推卸，留爲後日説話地步。此時最急者，停戰開議。茲擬一會銜電復上海英總領事，其文曰：甯、漢英領事函稱、照稱，奉貴總領事及貴國外部電，將來議結之時，貴國國家必向兩江、湖廣二位總督請詢意見若何，國家必以江鄂兩督之言爲重，並附外部洋文電底等因，具見貴國敦睦誼、顧大局、安靖長江之意，曷勝感謝。查北方匪亂以來，長江各省貨滯商虧，中西商民同受其害。北京警信後，人心震動，各處哥老會匪藉保國爲名，紛紛起事擾亂，焚殺劫掠，雖經三江、兩湖各省派兵剿辦查拏，而和局一日不定，人心一日不靖，商務愈難振興。英在華通商五十餘年，沿江沿海始有此繁盛局面，若非英國倡首，聯同各國趕早調處，設或匪擾愈甚，必將各埠攪壞，即如天津情形，恐非數十年不能興復。查甲午中東之役，英國不肯早作調停，致落人後。此時俄勢甚熾，德大隊將到，固知英國必不願中國分裂，但恐遲疑觀望，事變百出，長江之局，江、鄂極力維持，若久不停戰，以致各省匪徒乘機四起，全局糜爛，塗炭生靈，徒遂他國瓜分之計，知必非英國之本願也。夫兩國交戰，彼此勢均力敵，則大勝之後或不肯遽然停戰。今以七八大國之强，敵一中國，雖停戰數月，實亦無礙。素知英國不利我土地，而重商務，且承外部厚意，詢及江、鄂兩督意見，故敢密布腹心。美日之意似與貴國相同，即他國文電，其語意亦皆不願決裂，鄙意謂此時但患無倡議者耳。望貴總領事電達貴政府外部，速商美、日兩國，倡議停戰，邀請各國速派全權與李傅相即日開議，實感睦誼，並請向外部道謝。仍盼電覆。劉坤一、張之洞同電等。諫。請峴帥斟酌，應增應減應改，統請裁定即發，不必再商。陽巳。同莘按：致英總領事電文，鄂省於八月初八日亥刻用單銜發。

劉制台來電 光緒二十六年八月初八日酉刻到

陽巳電悉。英領函不便久延，於初一覆函，云接函深感貴國政府厚意。中國保疆為要，貴國保商為重，彼此相交，睦誼最洽，

故自北方拳匪滋事，李中堂、張制台與本大臣等均以力保商教為先。目下國是艱難，至此已極，亟盼貴國顧全大局，排難解紛，李中堂與張制台、本大臣同此願望。今函知貴國政府電，足見關懷之誼。月前奉旨派李中堂全權，原與各國和商辦法，此時深冀貴國商勸各國，各派大員會商停戰議欵，本大臣與張制台仍力保東南商教。與各國會議，須全權大臣主持，李中堂與本大臣、張制台彼此一心，與貴國商議，必能妥洽。現北方商務停頓，惟願和局早定，商務復興。尚祈代達云。初六又續致一函，云前函知貴國政府電，當將感忱，並就鄙悃函請代達。尚有未盡之懷，為再奉布。北方匪亂以來，長江商貨停滯，市面敗壞，迄今三月，不獨中國商民喫虧，即各國商民亦隱受其害。現北京不守，人心震動，各處會匪多有借保國偽名，乘機竊發。雖沿江督撫懲辦，和局一日不定，人心一日不甯，商務愈難振作。貴國在華通商五十餘年，逐漸經營各口商務，始有此鼎盛局面。若貴國不早倡議，聯同美、日兩國趕為調停，設或到處匪徒滋鬧，就各省兵力雖不難撲滅，而地方人民市面被擾，必更凋敝，恐非數十年不能規復，揆之貴國重商之意，亦屬失算。前聞甲午中東之役，貴國不早調停，曾經貴國商民議論。在中國此時排難解紛固為貴國是賴，貴國為中國代籌亦即自保商務。承貴國政府厚意，用布腹心，祈轉致霍總領事代達貴國政府，不勝盼切云。敝處兩函與尊電相同，應請尊處單銜電覆，以示彼此之意不約而同。坤。庚。

致上海李中堂、盛京堂，江甯劉制台

光緒二十六年八月初八日巳刻發

傅相虞西電悉。敝處陽電係請傅相主稿，挈峴帥及鄙銜會奏。今來電仍令敝處擬稿，似有誤。洞百事冗迫，心思枯澀，且叙俄事亦不清楚，豈能擬此奏稿。務請傅相主稿速奏，不可謙讓，不可再遲，切禱。峴帥有卓見，即請電商傅相叙入。至前杏蓀有歸咎釀難諸人之語，此乃自生枝節，萬不可添，若添則洞斷不敢列銜。庚。

致上海李中堂、盛京堂，江甯劉制台、濟南袁撫台

光緒二十六年八月初八日酉刻發

此次摺尾，擬附數語，曰：懇速頒諭旨，飛飭各省將軍、督撫，言聖駕暫時西幸，已派王大臣等與各國妥爲議結，各省將軍、督撫務須照常辦事，鎮静民心，勿令擾亂，保守疆土，勿稍疏虞。於交涉事件仍遵疊次諭旨，按照條約辦理。遇有各種匪徒藉端生事，嘯聚焚殺，意圖乘機作亂，立即派兵剿平，勿任滋蔓，擾動大局。各省官民見此明諭，人心自靖，内地自安，免致重貽宵旰之憂等語。請傅相、峴帥核定酌叙。至禱，并示覆。庚酉。

致上海李中堂、盛京堂，濟南袁撫台、江甯劉制台

光緒二十六年八月初八日戌刻發

濟支電、甯陽電悉。慰帥忠悃懇切，深明大局利害，又恐偏見者固執，意欲各省合詞奏懇，早定大計，迅圖轉圜。鄙意固所甚願，惟須擬有實在辦法。查請派慶、榮全權一條，現於李傅相奏俄願撤兵摺内已請矣。又請明降諭旨，飭各省保疆安民，交涉照常，頃已電傅相請添入矣。此外有何辦法，請速示。至少須有三條方能成篇，或不分條目亦可，但勿重複。請峴帥擬稿電示。庚酉。

袁撫台來電光緒二十六年八月初五日寅刻到

山窮水盡，勢難再戰，然隨扈諸公意見難矣。慶、榮甚孤，未必能主。九重驚恐之餘，想無定見，宜趁此由各督撫聯名會奏，痛陳艱危，冀可以多勝少，堅迴聖衷。且各國以救使剿匪為詞，現使已救，而匪仍未剿，晋、直遍地皆匪，晋又多殺教士，洋兵犯晋並分擾各省，均在意中。晋不保，秦必難支，各省裂，餉源必竭，偏安之局必亦難成，縱使幸成，而經營締造何所取資。至宗社、陵寢、八旗子弟，兩宫豈忍遽棄，而億萬生靈久沐高恩，又詎忍任其塗炭。奏懇早定大計，迅圖轉圜，上慰列祖列宗在天之靈，下慰億兆蒼生之望，乞酌採。凱。支。

致上海李中堂、盛京堂，江甯劉制台、濟南袁撫台光緒二十六年八月初八日戌刻發

頃庚酉電想達，請通諭各省保疆安民，交涉照常一節，此旨此奏均必不可少，似不如即於此次俄願撤兵摺内叙入，當易邀允，祈傅相酌核添叙，速發，并示覆。庚戌。

李中堂來電光緒二十六年八月初九日戌刻到

庚電悉。已擬會奏摺、片各一，又覆奏廿五寄諭一片，内抄俄户部廿一、廿九兩電，有歸咎執政縱匪釀禍之語，卻非出自我意，既由鴻主稿，自當獨任其咎。今晚由六百里加緊馳奏。另電陝撫就近代繕驛遞，以期迅速。會稿即咨送。德兵將大至，聞其注意在掊擊政府，無從豫杜。鴻。佳申。

致保定總統湘、鄂軍錫藩台德州電局飛遞保定探投　光緒二十六年八月初八日亥刻發

勁軍全隊，日來計已抵保。方軍前隊到否，全營現抵何處，焦念。昨准湘咨，七月十九日奉旨指催，祈閣下飛飭方軍星夜兼程前進。惟聖駕西巡，湘、鄂兩軍或駐保留防，或率隊馳赴行在，請閣下就近稟商榮中堂及廷護院酌定。其應如何具奏之處，統請斟酌。惟方鎮一軍因所帶軍火較多，河南歲荒車少，沿途車輛十分艱難，勢不能不分起趲行。敝處前飭方鎮輕裝帶隊馳赴，想可先到，務望將車輛爲難情形轉達榮中堂、廷護院，至禱。入奏時尤望代爲陳明切懇，並希轉請廷護院飛檄經過各州、縣，寬備車輛柴米，尤感。即盼電覆。庚。

致上海李中堂、濟南袁撫台光緒二十六年八月初八日亥刻發

聞潰軍紛紛南下，多到德州，所有槍械若非携去爲盜，便是賤價售賣。似宜在直、東兩省分途設局攔截收買，酌給川資，勒令回籍，既益軍資，亦弭隱患。望中堂與慰帥速籌之。齊一。

致濟南袁撫台光緒二十六年八月初八日亥刻發

此次天津之戰、北倉之戰，各國議論以爲華軍勇猛，亦解戰法，爲意料所不及。傳聞聶、馬兩軍最好，練軍次之，但不知帶練軍者何人。諸軍雖殘存者，皆是精鋭，洞擬收集此等弁勇百餘人，或數十人亦佳，擬派員携欵往德州以北收之。應如何辦法，望公籌示，至感。吕本元、梅東益現在何處，梅開缺後尚帶營否，

夏辛酉究竟如何，已還東否，均祈示。齊二。

袁撫台來電光緒二十六年八月初十日亥刻到

兩齊電悉。到東潰兵，已在德州設卡收槍資遣。張、陳兩軍各有統帥，收隊南歸，現已粗有頭緒。聶軍改歸馬統帶，現同宋軍隨扈西行。練軍聞歸呂本元帶，現同夏辛酉駐保定，梅東益帶三營駐滄州。惟各軍均潰亂，精鋭者隨營不便收，落逃者為匪不可用。請緩辦。凱。灰。

致上海盛京堂光緒二十六年八月初九日亥刻發

鐵廠洋員全數求去，究因何故。恐鐵路及各局廠洋員相率效尤，牽動全局，關係極大。務請速查明情由，設法勸阻，會匪恫喝煽動之言，萬不可聽。若各國有何秘謀，亦望速示。近日謠傳各國議南北四路追拳匪，想係憤激之詞，或不至此。盼即覆。佳。

致荆州奭道台光緒二十六年八月初九日亥刻發

南洋大臣電催八月洋欵，此事萬不可失信。該關八月分派欵，務依限如數起解，勿稍延誤，並將起解日期電覆。佳。

致上海德國駐京欽差穆大臣〔一〕光緒二十六年八月初十日申刻發

昨漢口禄領事來見，謂貴大臣已抵滬，當即面告一切。領事云，如鄙人有意見，可徑達尊處。查自北方亂匪滋事，敝處疊接柏林吕星使及上海德總領事來電，均謂貴國外部云貴國深知我兩宫爲難，並無仇視意，各省督撫若不開端失和，貴國願敦睦誼。貴外部又云，李中堂各國素所信服，均盼早日北上各等語。又接貴國亨利親王來電，傳述貴國大皇帝意旨，亦甚和平，具仰貴國大皇帝寛厚爲懷，曷勝敬佩。兹又特派貴大臣來華，續修前好，益見敦睦之誠，尤爲欣幸。惟望貴大臣上體貴國大皇帝之德意，下念中國良民之無辜，即日倡議停戰。聞英、俄、美、日四國均有此意，若貴國倡議，定必允從。查此次北方匪徒滋事，害及貴國使臣，開罪各國，實出我兩宫意外。我大皇帝已致國書婉謝，並早派李中堂爲全權，專候各國停戰開議。近日滬上洋報多有毁謗中堂者，此悠悠之口，均不足信。查自起事之初，李中堂即屢次力奏保使剿匪，與沿江沿海各督撫意見相同，故各督撫聯名會奏，請派李爲全權，奉旨允准。洋兵入京後，中歷七月廿五日又奉特旨，派李爲全權，催其迅與各國籌辦，是李中堂確係我朝廷所特派，且係沿江沿海督撫聯名奏保者，毫無可疑。此時若再遲疑，不與李議，似與貴國初心不合。且洋兵入都，大旨有二，一曰救使，一曰剿匪。今洋兵已入京，各使已出險，拳匪亂兵已逃散四方，若再窮兵黷武，天下騷然，一日不停戰，則各省人心一日不定，何所底止。雖曰剿匪，而真匪未必可獲，良民實受其害。况我兩宫此次蒙塵西幸，艱苦備嘗。直隸一省數千里之内，亂匪亂兵焚殺劫掠，流離失所者不下數十萬户，中國所損實已多矣，貴國又何忍延及他省乎。務望早日倡議停戰，與李中堂開議，俾中國可自行從容剿捕真匪，以謝各國爲禱。再，山東撫台袁，保護洋人最爲實力，亦與各督撫同心，亦望貴大臣於山東諸事，與

〔一〕指德國新任駐華公使穆默。

袁和衷商辦，當能彼此有益。十數年來，鄂省辦事所用洋人，德人最多，故深知貴國人慷慨仗義，又承貴國亨利親王不棄，訂爲交好，故於貴國之情，極爲親切。際此中國國事孔艱，調停一切，惟貴國是賴。用敢縷陳，尚希鑒察示覆。初十日。

致西安端撫台 光緒二十六年八月初十日亥刻發

車駕駐晋，專恃西路電綫傳達詔奏。潼關電綫可通至山西何縣爲止，祈示。所有自陝東至太原綫斷之處，請迅商毓佐帥、李護院飭局趕緊修接，派兵按段巡護，勿令再損。欵局開議無日，事變難知，若消息遲滯，貽誤甚大，萬分要緊。且上月曾奉旨飭各省修護電綫，望公切商速辦，期於必成，至禱。卦。

致上海盛京堂 光緒二十六年八月初十日亥刻發

前知尊處已飭德州至保定電局設馬撥，惟近接保定電止有一次，兩日到德，餘皆四五日。請再電飭設法多備健馬，優給經費，限兩日内必到方好。京畿情形甚要緊，必須詳知，況榮相現在保定，惟德保綫可通信息也。盼覆。蒸。

致上海盛京堂 光緒二十六年八月初十日亥刻發

佳電悉。此時以開議爲最急，各國不開口，我何從知其最注意之所在。小田述日本外部電，專言須兩宫回京，方可辦事，尚是飾詞。德新使繙譯葛爾士既與台端相見，盍諷該繙譯力勸德新使與傅相相見，切告以見解與端迴異，有屢奏剿匪可證。今晨敝處致德新使電已録呈，大意言傅相全權係由各督撫奏請奉旨，且又於七月廿五日奉旨派全權，似無不合例之處。總之，德使能見面，方有轉機，彼明説要如何乃肯停戰，方有辦法。無論辦到辦不到，傅相當可據以轉奏，中國君臣尚可籌思應付之法。祈速覆。卦。

盛京堂來電 并致劉制台、袁撫台 光緒二十六年八月初十日子刻到

峴帥庚電，德兵將至，狡謀難測，詢設法預杜。昨德新使繙譯葛爾士來晤，謂德主英武，必欲换一班政府，則諸事可商。傅相全權端〔一〕所派，不能認。詰其何所據，則云並無皇帝印文，總署（便）〔使〕端總辦。昨傅相奉懷來所發廷寄：昨已派榮禄、徐桐、崇綺留京辦事，恐未能遽與開議，該大臣即迅籌辦法，為國家捍此大患，朕不勝翹盼。等因。傅相覆奏，仍催添派慶、榮，臣即赴津京，相機會同商議云。慰帥支電、香帥庚電，請各省合詞會奏，早定大計，似不必分條目，亦不妨重複，以見詢謀僉同。朝廷似無成見，但非挑撥不動耳。俄請派合例全權，恐行在無熟悉西例者，會奏中可否提及，乞酌。宣。佳。

致東京李欽差 光緒二十六年八月十二日午刻發

俄已撤兵，日本能率他國同撤，中國深感日，自不親俄。想公已早籌商，能行否。各國必欲回鑾方開議，難解。甫離危險，似難遽回。聞某國不認李全權，日本認否，究竟如何方可開議，必有確情，能明詢之否。聞德有險謀，英、日何以不能牽制。均

〔一〕指端郡王、總理衙門大臣載漪。

盼速籌示。文。

李欽差來電[一] 光緒二十六年八月十五日到

撤兵議未定。日當同英。前青木言，他國多不認李全權，須再請旨并添派大臣，或可開議。傅相已奏，不識能邀允否。德派海軍十萬噸，陸軍近三萬，意不僅在山東。俄、德合謀，恐他國難制，聞德主謂瓦提督，任汝係俄主意，各事宜與俄商云。昨有電本交君立兄。續當密陳。鐸。元。

致江甯劉制台、開封裕撫台、清江轉運局惲道台光緒二十六年八月十三日未刻發

前各省接濟京米及鄂省遵旨購運之米，此時自應解赴行在。無論赴晉赴陝，水運陸運，皆須取道中州。似應酌定水陸道路，仍即急速起運，即日前趕運，及到行在，已需四五十日。惟以後各省應解糧餉、貢物、軍械，尤爲繁夥，豫省歲荒車少，一省之力必不能支，似應由各省協濟。敝處現經電奏，擬請旨敕下江、皖、西、浙、閩、川、湘、鄂、廣東、山東、山西十一省會商，分別協濟運費，峴帥意以爲何如。如可行，鄂省除購米十萬石外，仍願認協河南運費。竊謂此時宜迅飭清江轉運局惲道籌定道路，及早陸續發運爲妥，祈峴帥籌示，入豫後請壽帥豫爲寬備車船。至要至禱。除奏稿另咨外，謹奉商，祈藎裁示覆。洞、霖同敂。元。

致荊州奭道台、江陵張令光緒二十六年八月十三日申刻發

文電悉。昨聞匪竄朱河，即電飭駐新隄之漢靖營邱提督俊鳳拔全營，並派武愷營曹參將鳳儀分撥勇隊，馳往會剿。十一日，又飭威字營營官王總兵榮勝派勇前往。茲據黃中書電稱，已派兩哨潛往朱河。茲又電飭黃中書添派哨勇，即日渡江，合力剿滅，勿任竄逸。該道又派沙防營百名往，如各營能早到，兵力已不爲薄。朱道已乘津利開行，未帶勇，茲派黃守邦俊率宜勝營勇一營，乘利運駛赴尺八口登岸會剿。元。

致長沙俞撫台，岳州魯鎮台、顏道台、張統領慶雲光緒二十六年八月十四日午刻發

探聞崇陽縣境有匪徒數百人，定本月十八日起事。鄂省相距較遠，已派駐紮新店之愷字營勇一百名馳往剿捕。因新店匪蹤未散，不能多撥，若欲續派，實難速到。該縣距岳較近，請中丞電飭該鎮、道統領速於南省各營内酌量抽撥二百人，派幹弁飛馳前往剿捕，勿任滋蔓。黃中書各營勇現均已改歸鄂省發餉，即係鄂軍。該營現紮岳州，係代湘省辦剿捕之事。崇陽則鄂省兵力不能迅及，而於湘境較近，故望湘軍協助鄂省剿辦崇陽之匪。竊擬以後沿江之匪，如岳州、臨湘濱江等處，則鄂助湘，兩省交界山内之匪，如崇陽、通城、羊樓峒等處，則湘助鄂。鄂有兵船，湘路較近，兩省各用所長，合力互助，匪自易平矣。藎籌以爲何如，務望中丞迅即電飭照辦，感禱。擬派何營，岳州并速電覆。鹽。

[一] 録自苑書義等主編《張之洞全集》第十冊，第八二七〇頁，河北人民出版社一九九八年版。

致開封裕撫台、太原李護撫台、西安端護撫台光緒二十六年八月十四日午刻發

七月十五日奉寄諭，通飭各省責成地方文武，實力保護電綫，並飭山、陝等省查明被毁地段，設法修復等因，當早已奉到欽遵。茲准盛京堂電，重造晋綫，材料頭批已到襄陽，因龍駒寨水小，已赴南陽雇長車直運至侯馬，恐沿途不靖，請飭經過各州縣妥爲護送，俾免延誤等語。除飭襄陽道、縣迅速溜知下站一體妥護外，希即飛飭沿途各州、縣，派撥兵役，妥爲照料護解，並嚴飭有電各地方文武，遵旨實力保護綫路。時事危急，電諭電奏關繫極大，度蓋慮必已籌及。盼示覆。鹽。

致上海李中堂、江甯劉制台、濟南袁撫台光緒二十六年八月十四日亥刻發

張提督春發、陳臬司澤霖兩軍潰後，現俱到德州。張自云尚存七成隊，奉榮相札，回防訓練等語。陳軍必亦奉札回防。傳聞兩軍實存將及五千。查兩軍北行，餉需、軍火、輜重轉運，耗費無算，始到畿輔，今又遣回淮、徐，何也。現在川粤援軍仍向北行，在北之軍似不必又令南下，且畿匪擾亂已極，若不將匪剿平，豈能結局。竊謂不如將兩軍暫留德州，遏直境之拳匪，相機漸進至景州一帶。該兩軍禦外不足，剿匪有餘。德、景靖則山東之匪不作，山東安則淮、徐自安。查張、陳兩軍均係江南供餉，其軍械則江供陳軍，鄂供張軍，似不宜徒勞跋涉，置之閒地。此事是否可行，敢請裁酌。尊意如以爲然，擬請中堂、峴帥電阻張、陳暫勿南下，暫駐德州，但須奏明并咨榮相耳。祈示覆。鹽。

李中堂來電并致劉制台、袁撫台 光緒二十六年八月十六日申刻到

香帥鹽電商留張、陳兩軍在直剿匪，峴帥删電所論甚當。陳軍騷擾，本係家法，應由峴帥奏咨回南，早遣為妥。張已南行，亦毋庸議。直省現苦潰兵擾掠，拳匪肆行，祇須將現兵整頓嚴辦，尚可敷用。鴻。諫。

致上海李中堂、盛京堂，江甯劉制台、濟南袁撫台光緒二十六年八月十四日亥刻發

傅相元、寒，甯鹽、濟元電均悉。旨云便宜行事，榮相函云斷無異議，極爲欣慰，但恐近臣不知各國要挾何事耳。榮相致慰帥書有云，惟有按李相所奏辦理，或可轉危，不知所謂可照中堂所奏者，係指何事，祈示。總之，當道看議和太易，奈何。鹽。

袁撫台來電光緒二十六年八月十四日丑刻到

頃接榮相十一日自正定來書，謂同崇、徐留京，係照例事，無留守議和字樣，擬赴行在，免夜長夢多。現事已至此，總以停戰議和為急要。現在辦法，惟有按李相所奏辦理，或可轉危，否則期於必亡而後已云。凱叩。元。

致荆州濟將軍光緒二十六年八月十四日亥刻發

文電悉。西幸請安一節，昨因奏事業經帶叙。茲擬專派道員馳赴行在，賫摺恭請兩宫聖安，尊處安摺似亦應派大員賫呈。派兵一節，似可不必矣。洞、霖同覆。鹽。

致上海李中堂、盛京堂，江甯劉制台、濟南袁撫台光緒二十六年八月十六日巳刻發

頃接駐滬德國新派穆使十五日發來洋文電，譯其文曰：昨接貴部堂本月初三日發來惠電，内開德國宜先倡議停戰，并即與奉命全權大臣李中堂開議，辦結事宜云云。諸承不棄，惠賜直言，本大臣接讀之下，實深感佩。惟本大臣尚望長江各督部堂恪守前與各國所訂之約，實力保護，各國亦甚願實心保全大局。是以我國大皇帝按照英、法兩國辦法，特命德國兵一隊駐紥上海，以資保護。至來電所請使北方停戰及開議一節，目前本國政府實礙難照允，如欲辦理此事，必俟中國朝廷先將有罪諸人嚴行懲辦。本大臣意謂此次事發，某王及某大臣實爲罪魁，必俟中國朝廷明降詔書，切實諭示聲明其甚惡既往之事，以昭信實，而保將來，如此則姑可望有開議之端。本國政府望中國大局早定之心，亦如貴部堂之心同爲殷切。惟目前大局所繫者，即在各督撫能力任保護。想貴部堂願顧大局，必能實心實力照辦。所謂保護者，非特指長江一帶，但凡有各國人民及産業之省，亦必須保護，如山東一省尤爲緊要。本大臣既承貴部堂不棄，將來彼此協力同心，必能將中國目前紛擾之事辦理妥協，使我兩國仍歸於好，而百姓得享太平之福，是本大臣之至願。穆電。等語。特照録原電奉覽，祈察核，可稍知德國議論端倪耳。諫。

致上海李中堂、盛京堂，江甯劉制台、濟南袁撫台光緒二十六年八月十六日申刻發

照録德穆使覆電，想已入覽。頃滬電，和使自京來，密告傅相云，各洋人近日議論揣測之談，亦不外此。惟所云准第二節，乃可删第一節，是否確有語氣。細繹德穆使電，語意雖堅强，要求雖甚奢，大約第二節若辦得好，或可商删第一節。竊揣自洋兵入京，各使暢所欲言之後，各國頗含忿怒，其情形口氣，較七月前似稍變，欲圖轉機，惟盼俄、日極力排解，乘機協助。俄、日究係從前多一番聯絡，故與他國稍不同耳。楊使託俄勸德，俄主若允，當可有益。鄙意此時各國即不肯明許開議，然彼等志得氣盛，亦未必十分秘密，旁敲側擊，要義自見。望傅相速電日李使、俄楊使，密詢外部，並囑人在滬密叩小田，詢其最要最難大端，言明汝須告我，我方好籌商了事之法。一面亦電囑羅使、伍使，密詢英、美。如俄、日真願了事，當肯露出最要宗旨，我即可籌備對答之法，先與商酌，是無開議之名，而有豫行密商之實，俄、日兩國當可行之。請傅相速籌酌辦并示覆。銑。

盛京堂來電并致劉制台　光緒二十六年八月十六日辰刻到

昨和使由京來滬，密告傅相各使欲請歸政，嚴辦庇匪諸人，始肯開議。相答以皆非臣下所敢言。大約准第二節，乃可删第一節。名叩。咸。

致上海李中堂、盛京堂，江甯劉制台、濟南袁撫台光緒二十六年八月十六日申刻發

竊擬一釜底抽薪之法，擬各省聯銜，遵求直言之旨，條陳兩事。一、力劾董福祥大言欺罔，通匪開衅。該軍又不能出外禦侮，在京在外，縱兵劫掠，誤國殃民，請立予罷斥治罪，解其兵柄，

派董部下數營官分統其軍，歸宋、馬節制，令駐紮直隸地方。附一密片，言朝廷如有爲難之處，或即念其扈從微勞，格外從寬，交部嚴加議處，飭令即日回提督本任。至其軍仍派人接統，不准帶往。一、請明旨痛剿拳匪，瀝陳拳匪邪教惑人，橫開巨衅，在直在京，糾衆藐法，脅制朝廷，妄行殺戮，劫掠官商行旅，與髮、捻無異，畿輔人民恨之切骨，罪大惡極，若再不剿平，直隸數千里良民將爲荼毒無遺。請飭直隸及各省督撫臣，各省入衛之軍統兵大員，分路認真剿辦。並請諭旨内提明拳匪字樣等語。默揣行在情形，悔禍懼敵而無解法，厭董惡拳而無辦法，得各省公疏以爲朝廷助，董或可罷，拳或可剿。且懼禍自危者，將歸罪於董，以謝外人希冀，此外即可不究，亦必力爲贊成。董軍散弱則拳匪無依，拳匪竄匿則朝廷得行其意。此舉實爲安兩宮起見，且亦略寓謝過之意，於時局不無小補。此似是穩著常語，請中堂、峴帥、慰帥籌示。如可行，即請中堂、峴帥主稿領銜，再邀各省聯銜，以多爲貴。盼速示。再，正發電間，據保定十三日探電，慈聖深惡團衆，沿路驅散云。諫。

劉制台來電并致李中堂、袁撫台　光緒二十六年八月十七日戌刻到

香帥銑、諫各電均悉。默察現在情形，商德最為棘手，有戕使之嫌，而未得獨遂其欲也。由俄、日兩國入手，探詢意指，自是善策，然大要不外和使所言第二節。穆使固已明言，亦即從前如各使被害歸咎政府之意。如俄、日指請懲辦某某方肯開議，中堂到北晤商慶邸，當可酌量辦理。劾董請解兵柄極要，請中堂領銜，香帥主稿，會各省並挈敝銜密奏。事機甚緊，可勿再商。至剿匪一事，中堂已有此奏，尚未奉旨，度無不允之理，能再申前請，亦可加勁，並祈香帥酌辦。鄙見剿匪本督撫應辦之事，中堂到任後必當放手為之，但能得一明旨，庶可稍謝外人耳。坤。洽。

致上海李中堂、盛京堂光緒二十六年八月十七日申刻發

中堂何日麪程北上，祈示。此後事機日急，北方消息難速，且南北應商之件極多，電綫不通，實恐誤事。現有何法可將京綫接通，抑商借聯軍電綫，不知彼族肯否，即肯亦恐只能發明碼，請中堂、杏翁妥籌速辦，示覆。篠。

李中堂來電并致劉制台　光緒二十六年八月十八日午刻到

香帥銑電用意細密，但謂懼禍自危者將歸罪於董，以謝外人希冀，此外不究。各國主意要我換政府不自今始，今更挾持有具，非一董所能謝過也。袁篠電較切實，亦天下公憤，只粤德、秦端各有私交，不便列銜，餘當無不願。即請香帥主稿，會各省並挈敝銜密奏。鴻擬廿一登舟，此後電驛皆阻，不及會商，諒之。嘯。

李中堂來電并致劉制台　光緒二十六年八月十九日酉刻到

現商杏蓀，嗣後批旨及各路電報，均為設法轉遞。接通京綫，或借聯軍綫，俟到北察看商辦。齊、遼電由德至津，已設馬撥亦可轉遞。鴻。效。

致岳州黄中書光緒二十六年八月十七日申刻發

删、銑兩電慰悉。該軍捕匪得力，可嘉。惟此股悍匪多，滋事久，總須痛加懲創，擒誅百餘人，方免復熾。洪水港、九都、觀音洲、荆河腦等處，某處係某縣屬，距荆州約若干里，距監利約若干里，距朱河約若干里，某處濱江，某處距江約若干里，均即刻查明大略，速即電覆，以便派隊分路追剿，以絶根株。並專差將此電轉告在朱河之愷軍、邱軍、威軍。篠。

致宜昌傅鎮台、中軍羅游擊、陳守，巴東馬令、利川蔡令光緒二十六年八月十七日戌刻發

頃四川奎帥來電：巫山聚匪千餘，藉名仇教，已經川東鎮遵調派弁勇馳往，並由夔安委員赴縣會同拏辦。該匪現在兔兒坪，與巴東等處連界，必須兩省兜捕，以免旁竄等語。查現在長樂匪勢漸散，巫山匪勢方熾，傅鎮即速酌派宜防勇一二百名馳往巴、巫界上，並委羅游擊暫行兼帶荆江水師前營，即日速派得力哨弁，率礮船五六號，上駛駐巴東以上。蔡令即調前派防黄匪之勇助巴東縣防剿，擇要進紮。水陸兵勇均須紮至邊界，探明匪蹤，迎頭攔擊，如能越境與川軍會剿尤善。能剿境外川省上游之匪，則兵威自振，宜昌、巴東下游一帶，自獲平静。且宜昌如將來有緊要情形，或需勇營彈壓，省城尚可派營乘輪馳往，不在此一二百人也。速將探訪確情暨辦理情形電稟。洽。

致宜昌傅鎮台、陳守、羅游擊，荆州奭道台、巴東馬令、利川蔡令、施南額守光緒二十六年八月十八日亥刻發

川東夏道巧電稱，巫山匪聞兵勇四集，盡行逃散，暫留營勇巡緝等語。惟此等匪徒，兵來則散，兵去又聚，必須趁此擒誅數人，方保以後安靖。昨飭傅鎮所派之宜防營，可只派一百人前往巫山境内會緝，蔡令之勇可探明匪蹤，如竄至距利川在百里内外，仍酌派馳往會緝。總之，楚軍能到川境一巡，益處甚多，須令山鄉見有無數官兵到此，以後便不敢再萌亂志，此實經久之策。至羅游擊派往之礮船，有三四隻即可，並飭接壤巫山境之各州縣，嚴防密查，勿任逸匪竄匿。嘯。

致上海李中堂、盛京堂，江甯劉制台

光緒二十六年八月十九日午刻發

傅相霰電悉。回鑾似難遽允。昨聞人轉述日本當道語云，有誠心悔過諭旨，即不回鑾，亦允開議。果能如此，好極，望速電李木齋星使，詳詢外部，是否確實。各國之意，如何措詞方是誠心悔過，并可託伍使商美，問確後即可懇切馳奏。大約須提明不應戕使攻館、天津燬租界、直晋殺教士耳。如必須回鑾，或擬一調停之法，議定洋兵撤至天津，回鑾暫駐保定，此説不知可行否。惟保定至京，電綫須速接通，只須有綫料，分段晝夜趕造，七八日可畢。拳勢已衰，聞廷護院亦漸懲辦，傅相到直，保護不難。此外有何通電之法，并望籌示。又聞日本人言，各國極盼速了，奈我未切實求和。不知如何方爲切求，亦望詢李使，然大約亦可

臆揣耳。效辰。

致濟南袁撫台光緒二十六年八月十九日未刻發

諫電照録。德新派穆公使覆敝處電奉達，想已入覽。彼於東省尤注意。藎籌作何置覆，祈速示轉達，以慰其意。效。

袁撫台來電光緒二十六年八月二十日子刻到

諫、效電拜悉，愧甚。六七月間東省拳匪竄擾，業經隨時派兵剿治，先後誅斃四千餘人，現頗安静。仍當竭力治理地方，查照約章，力任保護德人利益産業，斷不負穆使保全大局之盛意。請酌達穆使，幸勿疑慮。凱。皓。

致上海李中堂、盛京堂，江甯劉制台

光緒二十六年八月十九日申刻發

連日詳詢英、德領事並小田覆電，德並無窺伺長江意，似屬可信。惟杏翁電聞德欲踞徐海，事勢頗爲近之，必須和局早定，方免生波。頃讀陝轉八月十五日寄諭，朝廷之意，蓋以二十六日罪己之詔，即爲謝過之旨。竊謂二十六日之詔，是告臣民語，似非告外國語，海内臣民讀之痛心疚悚，無地自容，然説此次開衅，語似較少，恐各國尚不以爲真心謝過，奈何。祈傳相籌思之爲幸。效。午。

李中堂來電并致劉制台 光緒二十六年八月二十日未刻到

香帥效電悉。楊使篠電，俄外部謂俟各國全撤，即准還官。諭旨云抵太原後，體察情形，再定進止，是回鑾一節，似可不必擬議。德、法正在添兵，無速了意。求和更不願，和不如不和矣。鴻。號。

劉制台來電并致李中堂 光緒二十六年八月二十日戌刻到

鄂兩效電悉。罪己須向各國竭言，方克有濟。請中堂飛電榮相一併獨對密陳，與前事一同宣發，益覺切實，措詞亦易。至回鑾尚宜從緩，此時兩宫必不願回京，若為俯允各國之請，在保與在晋似無異也。德窺伺徐、海如確，戰恐為黑龍江之續，不戰將為膠、澳之續。卓見若何，祈速示。為東南計，正為全局計。盼甚。坤。號。

致東京錢念劬光緒二十六年八月十九日亥刻發

嘯電述東人語，問和後如何立國，不知其意所指。或是問如何治理之法耶，姑舉數條。一、頑固黨萬不可用。一、取士改章。一、省文法，吏、户兩部尤甚。一、農工設專官，即以糧鹽道爲之。一、釐税改章。一、行印花税籌餉。一、京外各省官民出納皆用銀元。一、各省練兵，定畫一章程營制。一、練兵取之本省良民，州縣族鄰保結，練三年退爲民兵，州縣就地籌欵養之，餉減半，有大戰事於此民兵内選募添足。一、各大省分設槍礮廠數處，式一律。一、派王大臣及大員子弟及京外官、武官游歷，未出洋者不得爲政府總署及各部院堂官，不得爲御史、小軍機、道府，武職不得爲營官。一、東三省須趁此立約章，公同保護，不令俄國獨占。一、各省趕修鐵路，自設兵護路。一、議定限制教

堂、教士之權，不得干預公事，欺平民。一、繁要城鎮立保甲新章。一、長江設雷礮船。一、各省遍行郵政。共十六條。然須各國此次和約不甚狠毒，容我國尚有根基，方能舉辦。若箝制太緊，剥削太盡，無可爲矣。就湖北言，至少須練兵一萬，船十艘，但須户部准留此餉，此事外人無從相助也。究竟彼意所指是何事，望先探詢速示。效。

致上海李中堂、盛京堂，江甯劉制台

光緒二十六年八月二十一日卯刻發

頃聞日本人密告，述日本外部語，云議和大旨，剛、董治罪，某王罷黜管束，賠欵，改政四事。未提歸政，不必回鑾，不欲割地，但須諭旨明言此事爲某某某三人庇匪所誤，以致干衆怒，釀巨禍，今已悔悟，必嚴懲，求各國恕過允和云云。語須切實誠懇，即可開議。各國雖不甚滿意於榮，亦不拒榮與議等語，如此似尚有辦法。惟傳此語者，切囑鄙人密之。此事鄙人斷不敢干預，既有所聞，不敢不飛達，請傅相籌度，可否即日向小田密詢之，或電木齋密詢，至要。今日晤德穆使後，渠語意若何，並望示覆。箇卯。

致上海李中堂、盛京堂，江甯劉制台、濟南袁撫台

光緒二十六年八月二十一日巳刻發

峴帥號電悉，深佩忠讜。滬號電亦到。恭繹須分先後之諭，似於各國注意先辦之事，尚未深悉。但鄙意此事若由疆臣言之，不如請傅相據各國電文言語原文上達爲妥。若據各國語轉奏，總宜由全權大臣言之，既合分際，亦有力量。上意既專倚傅相，悚以存亡繫之，責以旋乾轉坤，所言雖難辦，亦不以爲忤。況全權未派江、鄂，上意自有斟酌。設畏罪者以外臣挾制之語行其讒，更難轉圜矣。頃見一旗籍守舊謬人致鄂省同寅舊人函，痛詆東南督撫，尤奇者竟指爲皆係新黨，語意甚險。久聞京官旗籍此議論甚多，不可不慮。若傅相奏而不行，大局益壞，當再合疏助之。再，外人未指責天水，似可緩，或爲作一陪筆耶。若諸帥欲論某某，則必須劾董。各省公疏劾之極嚴，若朝廷稍予從寬，彼自不至爲亂。昨保定探，隨扈軍統領有岑、馬無董，或不在太原。昨錫藩電，兩奉廷寄，調原派駐正定之湘、鄂兩軍赴行在，日内計已到，似有深意。如必慮董妄爲，頃已電詢晋、陝，得覆再辦亦可。惟各國不肯開議，語太平淡，須直言不肯停戰，方能動聽。此摺似宜傅相單銜。管見未知是否，統請峴帥、慰帥裁酌，鄙人未便列銜，祈鑒諒。頃箇卯電想達，盼覆。箇辰。

李中堂來電并致劉制台、袁撫台

光緒二十六年八月二十二日子刻到

晤德使，必欲嚴辦主持拳黨諸人，方能開議，與香帥接德使電同意。各國增兵，恐改宗旨。峴帥所商先發制人，存亡所繫，實難再緩。加劾數人，係按裴式楷所稱各使開單指名請辦者，尚有毓、董，隨後再議。鴻即登舟北上，親自草奏，不及先將電稿會商，已於午刻發電，仍由午帥代繕，六緊馳遞行在，密呈御覽。文曰：全權大臣、大學士臣李鴻章，南洋大臣、兩江總督臣劉坤一，湖廣總督臣張之洞、山東巡撫臣袁世凱跪奏。為事機萬緊，

恭摺密奏，仰祈聖鑒事。竊俄允商各國撤兵，而必欲兩宫回鑾。德新使致臣之洞電，必欲先辦主持拳黨之人，而後開議。臣鴻章在滬晤德使、荷蘭使及副總税司裴式楷、各國總領事等，所言皆同，是知各國公憤所在，斷難偏護。若遷延不辦，恐各國變其宗旨，愈久愈不可收拾。臣鴻章本日已將登舟北上，適接臣坤一等電，均稱伏讀八月十五日電旨罪在朕躬，悔何可及，不禁感愧涕零。實則罪在臣下，中外皆知，無可掩飾。欲求救急了事之法，惟有仰懇聖明立斷，先將統率拳匪之莊親王載勳、協辦大學士剛毅、右翼總兵載瀾、左翼總兵英年及庇縱拳匪之端郡王載漪、查辦不實之刑部尚書趙舒翹等，先行分别革職撤差，聽候懲辦。明降諭旨，歸罪於該王大臣等，以謝天下，以昭聖德，臣鴻章即可宣告各國，與之尅期開議。是否有當，伏乞皇太后、皇上宸斷施行。事關宗社存亡，不敢稍避嫌怨。謹合詞電由護理陝西撫臣端方繕摺馳奏。冒死瀝陳，不勝迫切待命之至。謹奏。光緒二十六年八月二十一日云云。鴻、坤、凱。馬午。鴻。馬未。

劉制台來電并致袁撫台、盛京堂　光緒二十六年

八月二十二日申刻到

鄂東、滬各箇電均悉。香帥所慮亦是，傅相已發電奏，祇合聽之，然甚佩其魄力沉毅，第不若慰帥電意之婉轉，恐致留中耳。坤。養。

致上海李中堂、盛京堂　光緒二十六年八月二十一日午刻發

前聞傅相初到滬時向人密語，謂到京當引洞入要地云云，聞之駭急。然語係展轉密傳，不便辭免。今相節將行，迫不得已，只可冒昧瀝陳。洞兩年來衰病日甚，心血耗盡，夜睡僅五六刻，午睡僅三四刻，且甚艱難，久成怔忡之症。一日止有十數刻尚屬清楚，餘皆昏疲恍惚，説話至二十句，見客至五六人，即口舌枯强，不能言語，喘息不屬。閲牘改稿，至兩三行即心慌不止，忽則眩暈欲傾，忽則目花無睹。自去臘起，因勉强乘馬，忽得腿疾，兩足軟弱無力，時常酸痛，治之半年無效，已成痼疾，行步需人扶掖，僚屬共見。加以脾傷運滯，每飯一甌，仍不消化，不敢云食少事煩，直是食少事廢矣。負乘曠官，久應乞罷，爲經手事所牽絓，不能上請。春間本擬入覲，以病軀爲難，竟未成行，曾將此情託人轉達榮相。五月後時局猝變，只可力疾支持。鄂省輕車熟路，尚可黽勉從事，但盼大局早定，即當瀝陳求退。似此病軀，作外官且不可，況於當要差辦大事乎。即入都一行，海道風濤簸盪，陸路跋涉兼旬，亦斷不能支，到京即須卧病牀蓐矣。至於才具庸闇，性情粗疏，斷不能勝要差之任，更不待言。且幸而欵議就緒，外人必要挾改政，出無數新奇花樣，下才豈能辦此。況京朝門户已成，悍戾不改，洞命坐磨蝎，最好招謗，必受此輩之害。伏望傅相閔此病夫，赦此廢物。惟視大鈞斡運，上契天心，轉危爲安，四海蒙福，洞得伏處田野，放浪江湖，以盡餘年，受賜多矣。千萬，叩頭奉求。如一言虚誑，有如皦日。恭送旌節，不盡依馳。馬午。

致德安廖守、王令江漢關道飛遞，荆門歐陽牧，安陸史守、徐令，襄陽鄧提台、朱道台、高守、李令并録咨南陽鎮、府，荆州將軍、奭道台、舒守、張令，宜昌傅鎮台、陳守、羅令，施南額守、劉令，利川蔡令，岳州魯鎮台、顔道台，長沙俞撫台、藩台、臬台飛速分行各屬文武，信陽朱道台光緒二十六年八月二十一日未刻發

八月十六日承准軍機大臣六百里飛遞知會，光緒二十六年七月二十六日内閣奉上諭：前據劉坤一、張之洞等奏，沿海沿江各口商務照常如約保護，今仍應照議施行，以昭大信。其各省教民良莠不齊，苟無聚衆作亂情形，即屬朝廷赤子，地方官仍宜一體撫綏，毋得歧視。等因。欽此。除恭録咨行外，希即欽遵。又本月二十日接盛京堂電稱，頃接慶邸來電：盛大臣轉各省督撫，洋兵進京，兩宫西狩，本爵奉便宜行事諭旨，會同李相議和，即須開議。宗社安危，關繫重要，希嚴飭各屬竭力保護在華洋人及教堂教民，如有匪徒滋擾，立即盡法懲治，勿任再生枝節，致誤大局。慶親王。咸。宣轉。號。等語。除咨行外，希即懔遵辦理，並電覆。箇。

致西安端護撫台、蘭州魏制台、成都奎制台光緒二十六年八月二十一日未刻發

午帥遇電因西幸囑解餉，合電因旱災囑助賑，均係義不容緩。鄂省京餉有兩批在途，現在駕駐太原，繹十五日諭旨意，恐到陝遲早未定，已電飭解員在豫探明路程，解赴行在矣。至賑欵擬協銀一萬，惟路遠解遲，票號停匯，不能濟急，請公設法與陝省富商或官場商之，如有肯借匯者，各家湊集，每家數千兩，三家即一萬矣，匯費鄂認。此外有何匯兑法，務望多方與官商籌之，以備車駕幸陝，稍籌急餉之用。或鄂匯川、川再匯陝，鄂匯川、川匯甘、甘匯陝。陝販購川土，甘商購川茶，均必須帶銀至川，似可商匯。盼覆。馬。

致太原錫藩台西安飛遞　光緒二十六年八月二十一日未刻發

召對時言及大局，兩宫聖意若何。如非密諭之語，可告人知者，望賜示。扈駕共有幾軍，董軍在何處，望詳晰速示，以慰懸悃。湘、鄂兩軍車艱病疫，懸賞趕程情形，務望陳奏。現已抵太原否，紮何處。榮相當已見，今派全權，已赴直否。行在需餉急，鄂餉在途，不能速達，漢口票號不肯匯兑，焦急之甚。閣下在晋久，與紳民熟，務望設法與平、祁、太各富商籌商，勸以大義，借匯若干，十餘萬固佳，三五萬亦好，函陝電鄂，三日内必交。該號如允匯，即請閣下代奏，解交行在户部，作爲鄂京餉。千萬拜懇，望速覆。洞、霖同啟。馬。

錫藩司來電光緒二十六年閏八月初二日戌刻到

馬電謹悉。本司召對，蒙諭隨扈。聖意似欲西幸。宋軍三十

營，董軍十餘營，岑軍六營，旗皆從，董軍尚有十餘營駐獲鹿一帶。直境車缺，湘軍到晉甫有兩營，鄂軍擬令由豫赴陝，以期早到，憲台急切催進情形，已經上陳。鄂餉詳前兩次電稟，晉票商全停，借匯未允。山東、蘇、皖解到京餉廿餘萬。本司錫良謹稟。勘。

致濟南袁撫台、保定廷護制台[一] 德州飛遞

光緒二十六年八月二十二日未刻發

頃接敝鄉南皮縣紳耆公函：南皮一帶冬春旱荒，飢民困苦。自六月以來，拳匪日衆，各村設壇，到處劫殺，勒索錢米，四鄉大擾，民不聊生。辦團無費，駐縣無兵，鄰近各縣，大略相同，懇請咨商大府派兵拯救等語。查自夏間匪亂音梗，屢接探員來電，滄州以南，拳匪橫行妄殺，蔓延南皮、鹽山、慶雲一帶，已漸擾及武定所屬。今接公函，情形與探電相同，倍深憂憤。方今國事如此，何有於鄉，然亂匪荼毒畿輔，波及山東，亦關大局。昨幸已奉剿辦拳匪之旨，德州探員來電，聞有直、東兩省夾擊之説，是津南剿匪已在藎籌之中，擬懇兩公派兵赴南皮一帶會剿。惟南皮距保定較遠，而與山東連界，京西、保定一帶需兵甚多，或恐不敷調撥，擬請慰帥由德州等處迅派營勇越境進剿，兵到立即瓦解，數日即可肅清，一面請邵帥派就近勇營前往夾擊。聞滄州駐有勇營，可否於剿畢後仍請酌留，或一營，或二三哨，分紮南皮一帶彈壓，不惟救畿輔之難黎，且可保東境之完善，感佩實深，叩禱。切盼示覆。養。

致長沙俞撫台

光緒二十六年八月二十二日亥刻發

昨法領事照會，衡州道、府出示，以毀教爲義忿，逼民悔教，兩月之久，毫無辦法，應請參辦等語。頃英領事照會，衡州教案，地方官不肯拏究辦理，如不辦結，將來必歸併議和大局辦理等語，并將告示鈔送。查教堂、教士、教民，疊奉諭旨保護，七月廿六日，聖駕在宣化正值播遷之際，猶有各省教民一體撫綏，毋得歧視之訓。昨慶親王來電，有希嚴飭各屬，竭力保護在華洋人及教堂、教民。匪徒滋擾，立即盡法懲治，勿任再生枝節，致誤大局等語。聖諭諄切，時局艱危如此，乃該道、府事前不善防維，事後三月，毫無辦法，且竟出此等告示。玩其詞意，一若教堂被毀，洋人被殺，可不追究，從此教士可不回衡，教民盡可勒令悔教者，糊塗荒謬極矣。務祈嚴飭將所貼告示全數撤銷，一面將道、府撤參，一面飭將此案戕教士之犯拏獲重辦，安撫教民，從速了結。望速切實酌示，以便轉覆領事，切禱。養。

致黃州魁守、楊令，武穴謝提督、岳參將

光緒二十六年八月二十三日申刻發

謝、楊、岳三電均悉。武黃一帶俱關緊要，即派測海上下游弋，巡歷彈壓，間一日開一次。譬如廿四日由黃赴武，廿六日又由武赴黃，廿八由黃赴武，三十又由武赴黃，以此類推，兩面兼顧。岳將速即遵辦，均電覆。漾。

[一] 指護理直隸總督、布政使廷雍。

致信陽朱道台、護軍營謝營官澍泉光緒二十六年八月二十四日亥刻發

聞確山有土匪蠢動，確否。尊處現募勇營確否，究竟此匪實在情形若何，人數若干，距信陽若干里，信陽安靖否。如有警，謝營官可即速調駐北新店之乙營第一哨開赴信陽，協同防截，其分駐路工一二三段營哨，即挨段前進填紮。若此乙營兩哨尚不敷用，當察看情形，再飭甲營各哨隊陸續進紮，所空第一段或兩段，當由省添派哨隊馳往填紮。總期前鋒在信之軍足以剿匪，免致燎原，擾及鄂境爲要。一切進止機宜，該營官即就近會商朱觀察酌辦。朱觀察暨謝營官均迅即電覆。敬。

致西安端撫台光緒二十六年八月二十四日亥刻發

幸陝已定行期否。頃德州探電，慶邸回京拜各使署，惟德不請見。保定探電，各國洋兵欲攻保定，以剿拳爲辭，慶邸力阻，由直督自辦，若不早允停戰開議，終難阻止。德新使到滬，與傅相不相往來，旁人設法在他處一見，語意堅很。德統帥月内必到滬，臨時議行止，聞將有踞海州斷江北之意，滬上洋人、日本人皆如此説。不開議者，即不停戰之謂也。若不速開議，聯軍必然西向，續到各軍未經戰陣，人少械雜，萬不足恃，焦急萬狀。近日廟謨如何，有何定見，尊處如知梗概，速示。董軍究剩幾營，現在何處，均速示。馬電盼覆。敬。

端撫台來電光緒二十六年八月二十六日午刻到

敬電讀悉，焦急同深。近得廷寄合肥諭旨，均經電呈冰案，此外未有續聞。惟據晉學使函及委探稟，閲之不禁涕零。聖駕步出神武門，有入值數車載之而出，僅蔽體單衣，奄豎數人而已。初兩日御膳不充，至懷來始備供張，至宣化始製衣服。岑方伯由昌平扈駕，董尚有馬隊十二殘旗，又馬軍門及神機、虎神等營皆陸續隨行。初六，駕至大同，派岑前路糧臺，董為沿途總查，不論滿漢各營旗，員弁勇丁如有騷擾，以軍法從事。初十，由大同啟鑾，十七，抵太原，以撫署為行宫。蘇撫鹿先到晉，湘藩錫十七至，宋宫保十八至。獲鹿以次，潰勇土匪，專務搶殺，行旅裹足等語。謹電聞。端方。有。

致上海盛京堂、江甯劉制台、安慶王撫台、濟南袁撫台光緒二十六年八月二十四日亥刻發

滬敬轉陝養電、濟兩敬電均悉。鄙意現有要義四條：俄允撤兵雖空言，然致謝亦空言，仍無妨先以此羈縻之，并託其勸德，庶可允。此一事也。近屢聞日本人言并李木齋星使電，德有窺海州圖江北意。頃善將軍電，厦門英領事云，宜趁德隊未全到，先請旨將被戕之德使優卹。此事自無不可，惟西例如何優卹之法，請傅相與慶邸、榮相速商酌辦，知照德使及聯軍。此二事也。聯軍現欲赴保定，若不早開議，恐難終阻洋人。傳説和局不定，聯軍必欲西向，無論遠近，皆須深入。此三事也。前聞洋人述日本外部言，若有誠心悔過之諭旨，即不俟回鑾亦可開議，箇卯電即是此事，昨接駐日李使胥電亦同。廿一日傅相會奏，即是誠心悔過。回鑾最是難事，若奏明此節，他事或可邀允。此四事也。總之，必有切實辦法，各國方允開議，空言無益。蓋不開議者，即

不停戰之謂也，若僅云不開議，似尚渾涵。以後電奏摺奏，似須將不停戰開議五字連説聲明，以見事機萬緊。請峴帥主稿，公電慶邸、榮相、李相，洞當列銜。慰帥、王灼帥似均可列銜。一面電慰帥六緊馳遞傳相行轅，或詣慶邸府投，或京或津，請慰帥酌辦。一面電滬，請杏翁商小田能代發此密電否。如允，託北京日局交慶王府尤速。此外，有要語應添或應删或改，請峴帥斟酌。發電後告敝處，不必商，濟、皖請徑覆江甯。敬亥。

袁撫台來電并致劉制台、盛京堂　光緒二十六年八月二十四日申刻到

聞聯軍將攻保定云，但保奉旨方分派諸軍剿匪，如進攻保，各軍必無暇分剿，徒使悍匪久稽顯戮，荼毒生靈。且近日百計補救，甫有頭緒，如復進攻，人必謂各處奏議皆屬空言，難保不激生他變，而和議更遲。請熟籌，公電傳相，向各國力阻。是否，乞覆。凱。敬。

致江甯劉制台光緒二十六年八月二十五日亥刻發

有兩電悉。致各駐使轉達外部勸停戰，阻攻保，恐非我等言語所能動聽，然當有益無損，請主稿發電爲要。有。

劉制台來電并致袁撫台、盛京堂　光緒二十六年八月二十五日戌刻到

德兵將至，開議尚未有期，攻保之説果確，益難挽救。英艦在淞甚多，又屢調陸隊來滬，無非覬覦。德如用武，英豈肯坐視，全局將不可問。似可會電各駐使，各就邦交立言，密探外部，阻止攻保，並勸停戰，雖允否難必，總有益無損。如香帥謂然，祈速電覆，即由敝處發電。吕使處難通密電，德亦難商，似可勿須致吕。並酌示。坤。有。

致江甯劉制台、上海盛京堂、濟南袁撫台光緒二十六年八月二十六日卯刻發

滬徑、濟有電悉。德必須與商，萬不可漏。密電可由楊轉，徐、海必應渾言，包括在内。望速發，示覆。宥寅。

劉制台來電并致袁撫台、盛京堂　光緒二十六年八月二十六日亥刻到

鄂有、滬徑、東三有電均悉。鄂四條，昨會鄂、東、皖銜電慶、李、榮矣。末二條略删改，三主速商停戰，四主速辦禍首，立言。此事若不行，將不可收拾，焦急萬分。仍祈慰帥多發西探，隨時電示，俾各商酌一切。專使謝德一節，亦祈杏兄電知傅相留意為禱。致各使商外部停戰開議，勿擾各口，勿再進兵，頃已會香帥銜發電，渾涵措詞。吕處亦並致，由楊轉，第恐未必動聽耳。坤。宥。

致上海盛京堂光緒二十六年八月二十六日卯刻發

晤德使後情形速示。傅相何日到津，何日到京。此等明電，洋綫似可代發。保定到京綫，如各國允修，總宜趕修，能接至蘆溝亦好，京中信息，四日可到滬，如無電則多窒礙。此非尋常洋務，不能以磋磨行之。停戰自是第一，恐空言難停。宥卯。

盛京堂來電并致李中堂、劉制台、袁撫台 光緒二十六年八月二十七日丑刻到

頃德使面謂：華兵戕我使臣，故與各國不同。德王訓條，若非交出四凶，不准停戰開議。再四與商，乃云惟有光緒皇帝親自電致德國皇帝，將使臣克林德被害切實惋惜，優加禮恤。答以六月曾致國書惋惜，穆云措詞輕率，且非專件。現在此著係我私語，因貴大臣請我設法，故以直告。如此電能得體要，國王或可稍息憤怒，漸有轉機。此言核與善將軍所述英領事言先請旨優恤德使相合，應請中堂主稿，速會劉、張各帥銜電奏。如有國電，請軍機處電滬，以便一轉呂使，一交德穆使代遞。彼謂兵戕已有實據，前國書諉為亂民傷害，彼決不允，似以含渾為妥。宣叩。宥。

盛京堂來電并致李中堂、劉制台、袁撫台 光緒二十六年八月二十七日午刻到

傅相已到津，電報由海綫轉大沽，設法送甚難。此間各領事已接聯軍回信，京、津、保不容設綫。宣叩。

致江甯劉制台、上海盛京堂、濟南袁撫台 光緒二十六年八月二十七日辰刻發

甯宥、滬兩宥三電悉。峴帥會電四條一件，暨電致各使商外部停戰一件，請速將電稿電示。再，速辦禍首乃全權大臣所奏之事，我等如有所聞，只可就外國情形議論原文轉達三全權，若我等徑説屢説，不合體裁分際，恐朝廷誤會，以爲此非外國要挾，乃疆臣力請，轉致激成變局，箇電已詳陳。此電若有措詞未周妥處，務請電李傅相追改。若不蒙采納，以後不敢會銜。切盼即覆。感辰。

劉制台來電并致袁撫台 光緒二十六年八月二十八日丑刻到

鄂感辰電悉。致各使電文曰：聯軍到京，本以救使剿匪為言，現使已救，又有旨剿匪。保定、正定教士已由護直督妥送長新店、蘆溝橋，交洋兵接收。慶、李、榮現正會商開議，請公各就邦交立論，力商外部，踐前言，不再進兵，勿擾各口，早派全權會議，保全大局云。致慶、李、榮電文曰：慶王爺、李中堂、榮中堂鈞鑒。欸局須速開議，遲則生變。目前要義，計有四端，一、俄允撤兵雖空言，然致謝亦空言，無妨以此羈縻，並託其勸德。二、屢聞德有窺海州圖江北意，李木齋亦有此電，善將軍電廈英領謂宜趁德隊未全到，先請旨將德克使優卹云。西例應如何優恤，請速商酌辦，知照德新使及聯軍。三、各國謂和局不定，聯軍必西追，無論遠近皆深入，現已有攻保定説，宜早商停戰，免致不可收拾。四、日本有言，若有誠心悔過諭旨，即不回鑾亦可開議。廿一傅相會奏即是誠心悔過，若奏明照此辦法，可勿回鑾，前奏庶可邀准。總之，無切實辦法，各國難允開議，不開議即不停戰，即禍無底止，停戰開議確是一事，請連説聲明，以見事機萬緊，統祈鈞裁云。電内似無窒礙處，請香帥酌核，如有不妥，即逕電盛追改可也。坤。沁。

致上海盛京堂、江甯劉制台、濟南袁撫台 光緒二十六年八月二十七日辰刻發

端中丞來電，初八，六百里上諭：固原提督鄧增督帶隊伍，

迅赴行在，刻日起程。欽此。又適得魏帥電，廷旨仍催馬安良帶隊入援。又晋探，隨扈王大臣多主戰，上意頗動。又晋探，上意主幸陝，而從臣多請回鑾，西巡之舉尚無定議。又八月初七上諭，端王授軍機大臣。宥。等語。謹轉達。沁。

致信陽朱道台光緒二十六年八月二十七日巳刻發

徑電悉。確匪既平，甚慰。鄂哨隊即不添往。感。

致西安端撫台光緒二十六年八月二十八日巳刻發

茲有緊要電奏一件，祈午帥代繕，六百里馳遞，其文云云。祈速發，並照録咨行廷護院、錫藩司。感叩。勘。

致開封裕撫台光緒二十六年八月二十八日巳刻發

聖駕駐蹕太原，欸議尚無把握，軍情瞬息千變，行在諭旨及各省奏報，全賴電綫處處聯接，消息靈通，方不至貽誤事機。西安至太原用六百里排遞，亦須四日，如遇有緊急事，斷難久待。現查造晋綫材料，頭批車運二萬餘斤，已入豫境，餘車隨到隨運，務懇飛飭經過州、縣，多備車輛，兼程趕運，多派兵役護解，俾可迅速興工，關繫甚鉅。貴省運道總匯，電報亦要，綫桿損壞止二百餘里，修復尤易。昨已電囑盛京卿趕辦，但須尊處有保護明文，電局方敢興修。尊意如何，祈酌示之。儉。

裕撫台來電光緒二十六年閏八月初三日戌刻到

儉電敬悉。晋電材料過境，前奉鹽電，即已飛飭沿途文武妥護矣。豫省電綫，專候盛京卿委員携料來豫修理，一俟委員到境，即派營保護。長。朔。

致江甯劉制台光緒二十六年八月二十八日午刻發

沁電悉。致各使電甚妥。致三全權電四條仍是原稿，僅止刪句節字，自不必改。因尊處宥電云後兩條大意云云，未提不必回鑾一節，尤爲鄙意所重，且又屢次明言請懲，似不合未派全權之分際，故擬請追改耳，祈鑒。袁電德派專使往謝一節甚好，尊電未添入，似可請杏翁電傅相酌商。儉。

致長沙俞撫台光緒二十六年八月二十八日亥刻發

宥電想達。衡州一案，尚未奉覆，盼甚。今日英、法領事又來催覆，語意甚急，指有四條。一、嚴飭將告示即日全數撕净。二、另出保護告示，安撫教民，令其回家安業，不得逼令悔教。三、將道、府分别撤參。四、速拏焚殺首要懲辦。竊謂犯必拏辦，而難猝獲，惟有先撤道、府，則見我無庇護凶匪之意。速令教民安業，則無唆聳領事之人。至於撕毁告示，更屬易辦。先辦此三事，則尚可自解，若易辦者尚不辦，真無詞以對領事矣。再，法近有兵船來漢，云係爲保護教堂而來，此案若不速了，難免不開往岳州，必致地方驚擾矣。大局所關，盼即電覆。儉。

俞撫台來電光緒二十六年八月二十九日未刻到

宥電敬悉。衡州自教堂被燬，疊經嚴飭文武速拏首要，盡法懲辦。因人數衆多，急切難得主名，現獲四名，一已正法，餘三名尚在磨供。至道、府所出告示，早飭揭毁，斷不敢續貼，刻復委員四處搜毁，務使净盡，並出示安撫教民，各歸安業，並禁匪徒擾累。因犯久無獲，與兩司商定，撤道及縣，留府勒限緝犯，如此辦理，期犯必獲。請先覆英、法兩領事為禱。廉。黇。

俞撫台來電 光緒二十六年八月三十日子刻到

黇覆宥電後，適奉儉電。刻當兩粤兩衛軍萃至衡州，必待過境後，撤道參縣各節方能揭曉。廉。黇。

致江甯劉制台 光緒二十六年八月二十九日申刻發

端中丞來電，頃據探報，派橚貝子帶兩營北上，探詢慶邸開議情形，奏聞後，聖駕再定行止。沁。等語。特轉達。黇。

致福州善將軍 光緒二十六年閏八月初三日未刻發

傅相卅電，德人攻陷房山，奪北塘。查房山乃西山出煤之總口。又保定、大沽探電，俄、德擬攻保定。又李使電，德欲窺海州，圖江北。各領事言，各國兵皆備冬衣等語。又各國洋人早有無論乘輿至何處，皆必追躡之説。急趁此時開議，未失之地不再攻，已失之地猶可復。且聞日本外部言，若我誠心悔過，即不回鑾亦可開議。若再耽延，貪暴之國更有藉口，愈入愈深，愈占愈多，各國宗旨必將全變。乃昨陝電云，隨扈諸王大臣仍力主戰，萬分可駭。當京、津未失之前，猶謂有兵有將，有拳民數十萬，尚可一戰。今拳匪已技破竄散矣。素練敢戰兵，如宋軍、馬軍、聶軍、吕本元之練軍，已於大沽、北倉等處苦戰，傷亡殆盡矣。略有虚名，尚望能戰之兵，如張春發、夏辛酉、萬本華諸軍，已於河西務見敵而潰矣。其大言欺人，首禍殃民之董軍，殘毒京城，從未與洋兵一戰，寇逼時出城大掠而西矣。其餘各營，更不足數。現隨扈諸營，或敗將殘卒，或新募烏合，或跋扈叵測之悍將耳。且津局之械，京營之械，援軍之械，盡以資敵，此時購無從購，造不及造，無兵無將無軍火，不知將何以戰。各省軍民雖有忠義，無械豈能攻擊，晋陝雖有山險，無械豈能拒守，此萬萬無可徼幸者也。近已有幸陝之旨，似議戰諸臣又將以遠避爲可戰者。竊謂晋較貧瘠，陝較安舒，西巡暫駐，原無不可，若謂幸陝乃可再戰，則大惑矣。我能往，寇亦能往，不畏三萬里之海，豈畏二千里之陸，愈遠則讓地愈廣而已。況此次再戰，則外而沿江沿海處處占奪，内而各省會匪紛紛嘯聚，加以陝、晋、豫大荒糧貴，斗米三千，行在之糧餉亦不知如何供億，大局將不可救矣。此時議和，京城必復，天津必還，東三省必退，雖或暗據形勢，不能明言侵吞，即使要約多端，國體尚存，尚可休養支持。若一誤，再誤，三誤，全局糜爛，逼成瓜分，將位置兩宫於何地。不知此輩傲很怙非之人，何苦必欲將大清二百數十年之宗社，廿二省數萬里之疆土，擲之不顧，碎之不遺，此真可爲憤懣氣塞，痛哭流涕者也。惟此次會摺留中，内意實難揣測，鄙人實不便再瀆，恐取厭而無益。公忠忱篤至，可否由尊處與閩、粤、川、陝及他省會銜，將此時萬不可戰，萬不能戰，以及不開議即不停戰，不停戰則洋兵必西追，愈入愈深，愈遲愈壞各層，透切陳明，以冀啟悟聖聰，破此怙非禍國之説，以助三全權之力，宗社幸甚。祈電覆。江。

致福州善將軍 光緒二十六年閏八月初三日未刻發

頃接駐晋廿六探報稱，前聞疆臣有因拳匪起事，爲親王及軍機辦理不善，以致誤國，聯銜奏請分别懲辦者。昨日召見軍機時，皇上面飭端邸及莊邸、瀾公、瀅、濂各貝勒，傳聞聲色俱厲。皇太后默而不言，惟語王中堂，祗你是好人，便可擬旨。諸臣跪至八刻之久，聖意究意如何，不能揣測等語。謹電聞。端方。卅。謹照轉。江。

善將軍來電 光緒二十六年閏八月初六日子刻到

江電忠懇周摯，誠宗社至計。惟聯處無可糾約，徒延時日。竊意專陳不開議不停戰之害，於前奏當無復瀆，擬請由憲台率聯名，聯會各省，會銜痛陳，冀動天聽。此事非憲台主稿，與峴帥為登高之呼，難望速成。乞裁奪。聯。微。

致德安廖守 光緒二十六年閏八月初三日戌刻發

迭據英領事照稱，安陸、隨州、雲夢各屬教堂被擾，教民被搶被毆，並有痞棍捏造諭旨，訛傳電報，誇張拳匪，並有毀教極惡之揭帖，均經關道嚴札，飭令查禁謠言，勒拏匪犯，妥速辦結在案。乃該府、州、縣一味延宕，時閱兩旬，毫無辦法。本部堂屢次嚴札，諄諄告誡，置若罔聞。似此膜視時艱，實堪痛恨。豈知京津拳匪肇衅，坐致北方糜爛，卒以自取滅亡。至東南各省良民所當引爲鑒戒，全賴地方官明白曉事，剴勸紳士，嚴約愚民，務使民教相安，共維危局，藉以自保身家，豈容再縱無知匪徒逞忿生衅。除嚴札飭遵外，電到該府，即飛飭各該州、縣，查照關道節次札行事理，辦犯安教。搶毀各案，妥議賠償，限半箇月一律完結。如再違誤及續有教案，定將該府、縣立即撤參。襄陽道所派馬步弁勇，亦即設法聯絡，認真防護，如有疏虞，並干重咎。該守即將遵辦情形，即日電覆。江。

致濟南袁撫台 光緒二十六年閏八月初三日亥刻發

湖南拏獲富有票匪目李英供稱，康有爲、孫文派人會合大刀會，孫文已到山東，約會義和團等語。祈飛飭各屬，密查嚴拏。前聞富有票匪有混入北援諸軍之説，此供似相符合。江。

袁撫台來電 光緒二十六年閏八月初四日未刻到

江電悉，遵即分飭嚴密查拏。再，前遣兵會剿鹽、慶、南皮一帶拳匪，迭據報稱，連破堅寨，現已肅清矣。凱。支。

致襄陽朱道台、李令 光緒二十六年閏八月初三日亥刻發

疊據法領事函稱，襄陽府出示逼民悔教，請予參辦。查七月間李令有出示事，即經電飭趕將前示銷毀。旋據稟覆，係出示勸教民悔過，並非逼令悔教等語。茲法領事屢以爲言，並面告係襄陽府李姓所爲。是否錫守亦出有此種告示，必係誤以襄陽縣爲襄陽府也，務即查明電覆。現在時局豈能令教民悔教，只有勸諭民教相安，方免外人口實。蓋官有悔教之示，民自生鬧教之心。李令前示本屬多事，如尚未銷毀，應即嚴行申飭，朱道立飭該令速將前示盡數銷毀，並另行出示，安撫教民，令其解嫌釋怨，彼此相安，各安生業，嚴禁匪徒搶毀。一面將前次毀搶各案，妥速追賠議結爲要，此時則賠少，將來歸和局併議，則賠多也。如意在沽名，仍敢違延，致生枝節，該令豈能當之。即使無大波瀾，而令彼日來纏擾，有妨政事，亦屬不值。作好官者，在辦實在利國利民之實事，不在博庸俗之虛名。試看今日召衅誤國者，將來有何令名乎。朱道、李令均即自行電覆。江。

致保定廷護制台、濟南袁撫台、上海盛京堂光緒二十六年閏八月初四日辰刻發

直、東會剿，拳匪必然立即消滅，德州至保定電綫可安設否。此事關繫緊要。榮、李兩相此時計皆到京，若保德綫通，内外消息方靈。拳匪既平，此次新設之綫，兩省一律嚴禁拆毁，違者立誅，當不敢犯，一面商請盛京堂飭局備料趕修。祈速籌示。支。

致濟南袁撫台、上海盛京堂、江甯劉制台光緒二十六年閏八月初五日未刻發

濟微電悉。若一決裂，大局難救，宜速電告李傅相。歌。

袁撫台來電并致劉制台、盛京堂　光緒二十六年閏八月初五日午刻到

頃接晋探馬：會奏件，六人皆知〔一〕。某相廿八銷假，條陳幸秦，仍主戰。飭董添兵，調鄧增同赴前敵，馬玉崑、程文炳守潼關。已飭多備車輛，有初八幸秦説云。名叩。微。

致長沙俞撫台光緒二十六年閏八月初六日巳刻發

豔電悉。兩粤軍何日全過衡，祈示。尊意撤道參縣，似未盡妥。英、法領事皆咎道、府，從不責縣，以出鬧時，教士詣道、府求護，道、府不管，故深恨之。彼重在殺教士，至毁堂尚輕，參縣毫無益處，道、府終不能免，不過多賠一員耳。近日領事頗怨台端，謂不肯劾屬員，謂將歸併議和大局辦理。鄙人已代閣下力辯，前兩電已詳，務望詳酌早計，切禱。盼覆。語。

致東京李欽差光緒二十六年閏八月初六日巳刻發

八月初一日傅相電奏，請添派全權慶、榮、劉、張，並聲明劉、張各有疆守，儘可電商等語，係照尊電述日本外部之意如此，據以具奏。初七日上諭，著即派劉坤一、張之洞隨時函電會商。等因。欽此。慶、李皆到京，榮想亦到，而京至大沽電綫不通，京沽止有聯軍電綫，我不能用。保定至晋綫久斷，至德州入東境後方有綫。刻下事緊變多，江、鄂與京城一綫往返須七八日，焉能會商。可否仍商外部，如劉、張寄慶、李、榮之電，能代我轉至京否，京城覆電亦然，俾得隨時商酌，免誤危局事機。祈速切商示覆。語。

致上海盛京堂、江甯劉制台、濟南袁撫台光緒二十六年閏八月初六日未刻發

濟歌電悉。以回患阻幸秦，實防千里草〔二〕耳，蓋謀極佩。惟鄙意且極言殘兵無械，萬不能戰，有險無械，亦不能守。再力言董徒大言跋扈，曷嘗一戰。加以陝多回近俄，董部多回，馬安良軍皆回，拳回又仇，乘輿肘腋萬分可慮，大意只是不可再戰，不可近回兩義耳。各國要挾及京城勿棄各節，皆不必説，但抱定諭旨一誤再誤，悔之無及兩語，言此時再戰則誤，後加誤深入回

〔一〕似指莊親王載勳、協辦大學士剛毅、右翼總兵載瀾、左翼總兵英年、端郡王載漪、刑部尚書趙舒翹等六人。緣本年八月二十二日李鴻章曾以統率「拳匪」之罪奏請將其撤差懲辦。

〔二〕「千里草」，指甘肅提督董福祥，時率部隨扈兩宮西幸。

中，則悔外有悔，實不忍處兩宮於至危之地等語。以此立言，願聯銜者必多。似須候傅相京津續電，並探各國見冬電旨後語氣，酌量措詞，較爲緊切。頃陝歌電想已見，此奏應遲應速，統請裁酌，示覆。語。

袁撫台來電并致劉制台、盛京堂　光緒二十六年閏八月初六日子刻到

前聞京津陷時，回民著峨冠為俄兵内應，以俄隊多蒙古人，甚相親密。近日直境鹽山、慶雲，東境海豐亦有回民被拳匪擾害，因聚馬步多名，攻殺拳匪，繼擾平民，是拳與回亦難相處。今將幸秦，調鄧增、馬安良詣行在，西境空虛，而長安素多回民。儻有拳匪煽動，民回羣起相仇，俄人乘之，將進退維谷。似宜會奏飭下陝、甘、新疆各督撫，嚴防拳匪句煽撫回，令各相安，以杜生患。再，刻下幸秦與平時異，各國以車駕遠幸變計，不退畿輔，則宗廟陵寢及八旗子弟，安所倚賴。如能就西多回民，亦非樂土，委婉諷動，得阻幸秦，大局幸甚。凱叩。歌。

端撫台來電光緒二十六年閏八月初六日午刻到

據探稟，聞何副憲乃瑩、彭御史述，奏請兩宮暫緩西幸，王大臣亦續有疏諫，初八啟蹕之説，未知准否等語。謹聞。端方。歌。

劉制台來電并致袁撫台、盛京堂　光緒二十六年閏八月初七日申刻到

鄂語電悉。諫阻幸秦，必由傅相酌量措詞，方緊切動聽，兩宮方能放心。濟、鄂兩電，皆慘淡經營，祈杏翁轉傳相察酌辦理，坤當列銜。陽。

致上海盛京堂光緒二十六年閏八月初六日亥刻發

聞慶邸入京，從人所帶刀械盡爲洋兵搜去，到京後，洋兵守護其府。如確，殊於局面有礙。傅相到京，想各國相待不至如此。何日到京，祈探詢日期情形示覆，惜不能在津議耳。月。

致上海盛京堂、江甯劉制台、濟南袁撫台光緒二十六年閏八月初七日亥刻發

頃峴帥陽電，欲將敝處語電請杏翁電傳相酌辦云云。查昨語電所言，草率紕漏，本意全未説明，措詞亦甚不妥，且鄙意亦不堅阻幸陝，恐傅相略采數句，參以衆人議論，必失其真，萬萬不宜，務請杏翁勿電傳相。如已轉電，務請再速發一電，將前語電塗銷，叩禱。現擬有一電奏全文，録請峴帥、慰帥、杏翁詳核酌示再定。盼杏翁示覆。遇。

致江甯劉制台、濟南袁撫台、上海盛京堂光緒二十六年閏八月初七日亥刻發

謹擬密電奏一件，劉、張、奎、綽、許、善、德、丁、王、袁會銜。其文曰：臣某某等跪奏。爲開議可望，戰議不宜再誤，衛軍宜加慎選，以安兩宮而定危局，恭摺密陳，仰祈聖鑒事。竊臣等伏讀七月二十六日上諭，有云庶幾不遠而復，天心之悔禍可期。仰見聖明虛懷克己，上念宗社，下恤生靈。鑒於前事之失，力圖挽救之方。謹按：周易曰，不遠復，無祇悔，元吉。又曰，迷復，凶。蓋凡事措置失宜，致生灾患，早思變計則吉，終於不

改則凶，此久已在聖諭鑒照之中者也。計大學士李鴻章到津已久，當已入京與慶親王、榮祿接晤，與各國籌商，開議大局似有轉機。乃近日傳聞隨扈諸臣，仍有力持主戰之議者，臣等不勝焦慮。當京津未失之前，猶謂有兵有團，尚可一戰。今拳匪已技破竄散矣。素練敢戰之兵，如羅軍、宋軍、馬軍、聶軍、吕本元之練軍，已於大沽、天津、北倉等處苦戰，傷亡殆盡矣。略有虛名尚望能戰之兵，如張春發、萬本華、夏辛酉諸軍，已於河西務見敵而潰矣。其大言欺罔、首禍殃民之董軍，殘毒京城，從未與洋兵一戰，寇逼時出城即大掠而西矣。其餘各營，更不足數。現在隨扈諸營，或敗殘士卒，或新募烏合，或跋扈叵測之悍將耳。且津局之械，京營之械，援軍之械，盡以資敵。此時購無從購，造不及造，滬、鄂兩局所出有限，斷不能遍供諸軍。現在隨扈及新調之軍，約計每槍一枝，斷無彈子五百顆，只開一兩仗，立即束手。既無軍火，將何以戰。各省軍民雖有忠義，無槍豈能攻擊。晉、陝雖有險隘，無礟豈能拒守。若欲再挑强敵，此萬萬無可儌幸者也。又聞車駕因欲幸陝，特調馬安良一軍，似議戰諸臣殆將以遠避爲可戰，以回軍爲能戰耳。不知我能往，寇亦能往，不畏三萬里之海，豈畏二千里之陸。敵入愈深，占地愈廣。況董福祥所部半係回兵，馬安良所部盡係回兵，西安回民素多，甘省向係回藪。猶憶五月三十日諭旨有禍起肘腋，朝廷苦衷等諭，臣等至今思之，猶爲痛心。今若乘輿幸陝，而又多調回軍，養虎自衛，誠恐乘輿肘腋之間，無非回人，是在京爲拳匪所挾制，出京又入回軍之掌握，誠如諭旨所云一誤而再誤矣。此時若再開戰，俄變前議，則據遼東，陵寢阻隔矣。德變前議，則攻保定，畿輔淪胥矣。外而沿江沿海，處處占奪，內而各省會匪，紛紛擾亂，加以陝、晉、豫歲荒糧貴，賦税無多，必資外省接濟，若曠日持久，各省皆戰爭紛擾之餘，行在六軍之糧餉設有不備，臣子之心何以自安。此時欵議早成，京城必復，天津可還，東三省可退。雖或分據形勢，不能全數侵吞，即使要約多端，國體尚存，尚可休養支拄。儻再挑强敵，逼成瓜分，養虎自衛，後患難測。此輩怙非大言之人，絕不爲大清二百數十年之宗社計，不爲廿二省數萬里之疆土計，不爲兩宫之安危計。此臣等所以焦灼急迫，不敢不痛哭流涕，瀝陳於皇太后、皇上之前者也。竊謂洋兵未能盡撤，回鑾固爲險著，若回軍布滿左右，則幸陝尤屬危機。總之，無論在晉在陝，扈衛諸軍宜專選忠純馴良之將。聖躬既安，則天下臣民之心皆安，然後廟謨默運，可以熟計通籌。臣等合詞迫切密陳，謹電由護陝西撫臣端方繕摺馳遞，伏祈皇太后、皇上聖鑒。謹奏。等語。請三公詳審妥酌，從實删改，可用則用，不可用則止。能電寄津請傅相酌定領銜最善。候示覆。虞。

劉制台來電 并致袁撫台、盛京堂　光緒二十六年閏八月初九日子刻到

鄂虞電悉。初二諭旨，懲處王大臣并致俄、德、日國電，似不致再主戰。香帥之意殆慮馬安良回軍奉調與董軍合，恐有劫制，蹈拳匪覆轍耳。疏稿纏綿悱惻，大臣謀國固應如此，然與目前局勢究有不同，若諫阻幸陝，止調回軍，則宜另行措詞，亦總以傅相酌奏，兼叙北事，方能切實。祈詳酌。坤。庚。

袁撫台來電 光緒二十六年閏八月初九日子刻到

虞電拜讀，剴切痛快，欽佩莫名。擬僭加數處，乞裁酌。仍有力持主戰之議者下，加夫以一國殘敗之卒，當各國聯合之師，

强弱勝負，較然易明。其猶力持戰議者，殆不過内怙前非，外託讜論，為旦夕自保之計，非真能熟權利害，憂國如家者也。臣等遠道聞之，不勝焦慮云。臣子之心，何以自安下，加江海各省之要隘萬一有失，疆臣效死，又何補大局云。馴良之將下，擬指名加如提督宋慶等，量予事權，責成約束云。熟計通籌下，加臣等仰承高厚，固不敢稍涉畏葸，辜恩溺職，尤不敢徒託大言，欺君誤國。謹合詞迫切密陳。電由云。其餘各營更不足數八字，似涉榮軍，請删去。入回軍之掌握一語，或改在外又將為回軍所把持。誠如諭旨所云句，擬改為誠如八月十五日諭旨所云。傅相注意回鑾，此奏有回鑾固為險著，及無論在晋在陝等語，恐未必盡合其意。三公酌定，即可約各省電端繕遞，似無須電傅相，致延時日。是否，請詳核。凱。齊。

盛京堂來電并致李中堂、劉制台、袁撫台　光緒二十六年閏八月初八日亥刻到

仁和歌電：四衢箇電，深契聖衷，已照行由尊處轉。聖心洞澈利害，當即天心悔禍之機。惟慈意決計西行，求止不能，求緩不得，已定初八啟鑾，能不致因此決裂否，殆亦有定數存焉等語。香帥擬奏在京為拳匪挾制，出京又入回軍掌握，一誤豈堪再誤。鄙見無論啟鑾與否，總可入奏。宣。庚。

盛京堂來電并致劉制台、袁撫台　光緒二十六年閏八月初九日午刻到

甯庚、濟齊電悉。頃晤德、俄領事，均稱既辦禍首，即可回鑾，了事較易。若仍遠行，恐尚非真心議欵，必啟各國猜疑。仁和所慮頗確。刻接陝藩庚電，幸陝尚無的期，先有初八啟鑾信，又聞暫緩。趁此活動，會摺即請速發。香帥因聞有人主戰，故如此説，實則聖慮洋兵西犯耳，非主戰也。或請香帥酌删即發，切勿因此擱起。傅相赴京，長電難達。星垣來電，請列其名。宣。霽。

致東京李欽差光緒二十六年閏八月初七日亥刻發

勘電外部謂中國須更換舊政府，另立一新政府，各國方能議和語。請尊處徑電傅相爲禱。陽。

致江甯劉制台、濟南袁撫台光緒二十六年閏八月初八日亥刻發

昨虞電奏稿，擬删去阻戰，專言防回，並劾董，先罷其兵，徐議其罪。究以如何處置爲妥，請酌示。即另擬稿呈核。庚酉。

致江甯劉制台、濟南袁撫台、上海盛京堂光緒二十六年閏八月初八日亥刻發

謹另擬密電奏一件，其文曰：臣某某等跪奏。爲任將不宜再誤，衛軍宜加慎選，以安兩宫而定危局，恭摺密陳，仰祈聖鑒事。竊臣等伏讀七月二十六日上諭，有云庶幾不遠而復，天心之悔禍可期。仰見聖明虚懷克己，鑒於前事之失，力圖挽救之方，曷勝欽悚。謹按：周易曰，不遠復，無祇悔，元吉。又曰，迷復，凶。蓋凡事措置失宜，致生灾患，早思變計則吉，終於不悟則凶，此久已在聖諭鑒照之中者也。竊惟此次肇衅誤國之由，實以董福祥爲禍首，平日大言欺人，自謂能與洋戰。五月半間首戕洋官，六

月以後專攻使館，其軍半與拳匪勾通。拳匪焚殺，董軍刼掠，狼狽相倚，殘毒京城。既不聽大學士榮禄節制，并不遵諭旨調遣。及外患日急，大沽、天津、北倉諸軍苦戰數旬，傷亡殆盡。河西務諸軍雖然潰敗，究屬見敵。惟此欺罔跋扈之董軍，並未與洋兵一戰，出城後即大掠，滿載鼓行而西，京畿人民言之切齒。聞該軍隨扈太原，尚有二十餘營。又聞車駕因欲幸陝，特調馬安良一軍，此必董福祥乘國家危急之時，妄言回軍能戰，冀以廣樹黨羽，挾制朝廷。查回性很鷙，向不馴良，董福祥所部半係回兵，馬安良所部盡係回兵，西安回民素多，甘省向係回藪。猶憶五月三十日諭旨，有禍起肘腋，朝廷苦衷等諭，臣等至今思之，猶爲痛心。今若乘輿幸陝，而又多調回軍，養虎自衛，誠恐乘輿肘腋之間，無非回人，將來朝廷一切措置，皆不能徑行其意。是在京爲拳匪所挾制，出京又入回軍之掌握，誠如八月十五日諭旨所云，一誤而再誤矣。蓋董福祥自知罪惡多端，不僅爲各國所深仇，實爲天下臣民所共憤，以故增兵自衛，便其私圖。似此欺罔肇禍，始終怙非，絶不爲大清之宗社計，不爲兩宫之安危計，若不及早慎防，誠恐後患難測。此臣等所以焦灼急迫，不敢不披瀝直陳於皇太后、皇上之前者也。竊謂洋兵未能盡撤，則回鑾實爲險著，若回軍布滿左右，則幸陝尤屬危機。總之，無論在晋在陝，扈衛諸軍，宜專選忠純馴良之將，可否請旨將董福祥交部嚴加議處，罷其兵柄，所部各營令宋慶、馬玉崑、岑春煊、錫良四人分統之，分爲四軍，其勢自戢。部署略定以後，分别撤留，能守軍律者留之，桀驁擾民者裁之。其馬安良一軍，尤懇不再徵調。聖躬既安，則天下臣民之心皆安，然後廟謨默運，可以熟計通籌。臣等合詞迫切密陳，謹電由護陝西撫臣端方繕摺馳遞。伏祈皇太后、皇上聖鑒。謹奏。

等語。請裁酌改定，僅言防回劾董，似可不商傅相領銜矣。盼覆。齊戌。

劉制台來電光緒二十六年閏八月初九日亥刻到

鄂齊戌電悉。疏稿甚佩，擬請將實以董福祥為禍首八字，改為董福祥不能辭咎七字。自謂能與洋戰六字，改為自謂足以敵洋六字。疏内未阻幸陝，今日杏翁電俄德領事言，若西行必礙開議，萬一各國變其宗旨，以自棄京城為詞，佔據京津及東三省，仍逼成瓜分局面，偏安豈是長策。似諫阻幸陝必不可少。祈香帥酌添速發，不必再商。坤。佳。

致東京錢念劬光緒二十六年閏八月初八日亥刻發

聞湖北學生頗爲康黨及南洋學生煽惑，私立一會，議論悖謬，皆與唐才常宗旨大略相同，實堪駭異，務望訓之以正。蓋唐、傅等散放富有票，勾結哥老會匪作亂，起獲富有票、軍械、僞印、僞札、逆簿、逆信甚多，各省獲匪供詞、票據皆同，種種實據實事，華洋共見，各國皆鄙惡之。此等事中國固不容，外國亦不許，務飭諸生等猛省悔悟，勿爲身名之累，勿貽父母之憂。所以獲唐者，因皖、湘、鄂富有票匪蠭起，查知漢口租界有會匪謀逆巢穴，遂捕得二十餘人，起獲種種票據、軍械，内有一人即唐才常也。唐到案直供，毫不推賴，乃外人尚稱唐爲志士。其規條章程，大率皆戕官據城，焚戮劫掠等語，其簿信勾串者，皆哥老會匪，種種皆盜賊土匪舉動，此豈志士之所爲乎。地球萬國有戕官據城，焚戮劫掠而不誅者乎。又其規條云，指定東南各行省爲新造自立之國，不認滿洲爲國家。此規條搜獲數十紙，洋巡捕持去數紙，既已自立一國，不認滿洲爲國家，將置我皇上於何地，此豈保國保皇者之所爲乎。各種情節，想閣下不知，東人不知，學生亦未必盡知也。有詳細告示，日内即寄。盼即覆。此電可呈李星使一閱。庚。

致東京李欽差 光緒二十六年閏八月初八日亥刻發

聞湖北學生頗多有爲康黨所惑，他省學生亦有。其始創爲勵志會，各省學生與康黨皆入其中。初則數日一會，近則或每日一會。每會必有演説，議論悖謬，大約皆欲效唐才常所爲，實堪駭異。務望切實訓戒諸生，諭以順逆，曉以利害。唐才常等勾結會匪，謀逆作亂，實事實據，確鑿彰明，華洋共見，各國皆鄙惡之。除告錢守考察切戒外，錢守力量較薄，務望飭諸生猛省悔悟，勤學報國，勿爲邪説亂人所惑。切禱，至感。盼示覆。庚。

致東京錢念劬 光緒二十六年閏八月初八日亥刻發

聞閣下在東與諸生言，因持論喜通達時勢者，諸生不免誤會，失其宗旨。近來諸生行止議論，多有悖謬，於是此間衆論多歸咎於閣下。傅慈祥臨刑時大言曰，我爲錢監督所誤。又閣下致善後局信函，面寫南清湖北省字樣，見者駭然，羣議大譁，并歸咎於鄙人。務望格外謹慎，勿爲好奇之談，勿爲憤激之語，以免流弊。萬一被人指摘，閣下固受其累，且從此出洋學生之路絶矣。千萬采納，并即電覆。齊。

致江甯劉制台、濟南袁撫台 光緒二十六年閏八月初十日卯刻發

幸陝已見明旨，初八已啟鑾，此時恐難阻，即阻亦須另作一篇，專據各國議論立言，此須全權説，方能切實動聽。果具東歸，雖到陝仍可回鑾也。鄙意此奏内無論在晋在陝，扈衛諸軍云云，語意活動，將來阻與不阻，均無妨礙，只可另商另擬矣。至處置董之法，慰帥擬令回任，峴帥極言不可令回任，鄙意不宜操之過蹙，先以能罷其兵爲主，只可姑請回任，以羈縻之，餘俟以後酌辦，便不甚難。并擬附片一件，其文云云，内有如不便，則俟聖駕到陝後再辦一語，爲慎處董，非勸幸陝。因乘輿在途，不能不格外慎重，殊少良策。究應如何爲善，請妥籌酌改。總之，無論傅相如何奏阻，回鑾無論久暫，此奏到已距陝不遠矣。是否有合，望即刻速示。卦子。

致江甯劉制台、上海盛京堂 光緒二十六年閏八月初十日午刻發

擬會峴帥銜致各駐使一電。其文曰：東京李欽差、彼得羅堡楊欽差、巴黎裕欽差、輪墩羅欽差、華盛頓伍欽差。聖駕幸陝，爲太原甚苦。晋省旱荒糧缺，又經毓撫引來拳匪，擾亂數月，商民逃避，省城一空，故不得不幸陝暫駐，決非遷都。且陝省電與滬通，奏報請旨甚速，議欵較晋爲便，此皆實在爲難情形。況蘆漢鐵路必須修成，枝路接修至陝，盛京卿久已定議，豈陝省各國人不能到乎。暫未回鑾者，因洋兵未撤，不免憂慮，此是人之常情，當蒙各國體諒。其實在陝與在晋同，並非以遠避拒和議。務

望轉達外部，免致猜疑變計，至禱。並轉呂星使。劉坤一、張之洞同電。蒸。等語。公如謂然，請酌核改定，速電滬發。如尊見不同，亦請速覆，洞當單銜發。藥巳。

致江甯劉制台、濟南袁撫台、上海盛京堂光緒二十六年閏八月初十日未刻發

回鑾萬不可行，幸陝萬不能阻，其實決裂與否，全不在此。能將各國屢次明言力索之事速辦，則幸陝彼亦不管。若不肯辦，則允回鑾亦無益。此時已啟鑾，既不便回太原，中途平、蒲皆是窮苦空城，不到陝，將駐何所。況陝電靈通，於開議亦實有便處。慶邸到京，搜盡刀械，洋兵守護。傅相到津，洋人看守，屬員不准衣冠。假如兩宮回京，試思當是如何景象，我等豈忍出此。傅相陽電某某果撤樞輔，恐無其事，嚴加二字尚無，何論其他。慶邸、傅相專請回鑾，阻幸陝，似不可解。總之，若專阻幸陝，洞斷不敢列銜。望深思俯鑒。藥午。

致江甯劉制台、濟南袁撫台、福州善將軍、安慶王撫台、上海盛京堂、天津李中堂光緒二十六年閏八月初十日未刻發

慰帥青戌電、杏翁佳戌電論榮事均悉。若欲榮相回行在，必須榮與慶、李晤商後，此時自必有種種爲難，必須面奏事件。三全權會奏請回固合規矩，亦是開議實情。慰帥所籌，精密自然，是極是極。應請杏翁將慰帥電意速電傅相，此外再無辦法，斷無各疆臣會請之理。若疑及求援，更多妨礙，且當日據日本指名請派，今無實據而云各國不願，尤屬不可，將來再有據各使來電入奏之事，朝廷尚肯聽耶。此事萬分不妥，洞斷不敢列銜，并望傅相及諸帥、杏翁詳酌勿發，切禱。卦午。

盛京堂來電并致劉制台、王撫台、奎制台、綽將軍、袁撫台、劉撫台、許制台、善將軍　光緒二十六年閏八月初九日戌刻到

傅相陽電：瓦、穆〔一〕均到，尚未晤。俄使奉國命來津，約初九到。榮相日本使允保護照料，已派員接來津，或一同入都。剛、趙果撤樞輔，非榮回不可。會奏已發否，希轉峴帥。諸帥云，前擬請奏榮相回行在，慰帥擬推傅相會慶邸奏，今相電仍請峴帥會諸帥奏，似同奉全權，不便言。乞示代擬，候定。宣。佳。

袁撫台來電光緒二十六年閏八月初十日戌刻到

滬佳電悉。榮相回行在事，仍俟與慶、李晤商後，託為有必須面奏事件會奏請回，最為穩妥，亦無不允。如諸帥會陳，恐涉嫌疑。求撤極難措辭，且前請加派，復請撤回，亦乖體制。凱。青。

致江甯劉制台、上海盛京堂光緒二十六年閏八月初十日戌刻發

今晨藥巳電想已達覽，務請將決非遷都四字及況蘆漢鐵路至不能到乎三十二字均删去，以省枝節。究竟峴帥尊意如何，祈速

〔一〕指聯軍總司令德將瓦德西，駐華德使穆和德，亦作穆默。

示。藥戌。

劉制台來電光緒二十六年閏八月十一日戌刻到

鄂藥巳、戌電悉。致各使稿甚好。洋兵未撤上，加京城二字。不免憂慮下，加並以兵燹後有瘟疫八字，餘照辦。請杏翁速發，坤列名。真辰。

盛京堂來電光緒二十六年閏八月十二日卯刻到

駐使電已照甯加十字，鄂删卅二字，宣又代删變計二字，發訖。真。

致西安端撫台光緒二十六年閏八月初十日亥刻發

茲有會銜密電奏一件，密片一件，請午帥代繕，六百里加緊馳遞。應加官銜與否，請酌。其文云云。此摺片已商各省諸帥會銜，如諸帥有願列銜者，當續電尊處，請添入。尊處繕就後，候至明日酉刻，過時則請速發勿候。因語涉幸陝，故未便請尊處列銜。坤、洞、聯、凱同啟。藥。

袁撫台來電光緒二十六年閏八月十一日酉刻到

各國欲圖德州，是將截我運路。山東當有戰事，而各營大半在東路，調動甚難，恐難久支，貽人口實。劾董會奏如未發，請酌去賤名，請無瑕者承之。凱。真。

端撫台來電光緒二十六年閏八月十三日卯刻到

藥電讀悉。摺首照奏摺條例多人會奏，以不書銜為是，願附名者魏午帥、王爵帥、劉景帥、聶仲帥，均已列入。袁慰帥名遵諭不列。謹代繕。密摺於文日辰刻由六百里加緊馳遞。端方。文。

致上海盛京堂、天津李中堂、江甯劉制台、濟南袁撫台、安慶王撫台光緒二十六年閏八月初十日亥刻發

杏翁佳電代劉、張、袁、王致傅相公電，實深惶駭。洞斷不敢請回鑾，亦不願阻幸陝，更不敢請調回榮相，三事皆與鄙意不合，藥午、卦午兩電已陳明，斷不敢列銜。乃杏電云電商意見相同，又云請傅相迅速轉奏，萬萬不可。務望傅相勿列洞名，杏翁速電津，將洞名删除。若已發電，洞只有自行電奏，聲明此件意見不同，並未與聞。叩禱，祈鑒。盼傅相及杏翁電覆。藥亥。

盛京堂來電并致李中堂、劉制台、王撫台、袁撫台光緒二十六年閏八月初十日子刻到

峴帥電，諫阻幸秦，必由傅相措詞，方緊切動聽，兩宮方能放心。慰帥電請榮相赴行在，只可慶、李、榮三銜，局外不便列入。頃傅相電詢樞輔，非榮回不可。會奏已發否。查兩端均不可緩，莫如由諸帥電請傅相單奏較速，若照沁電由傅相叙各帥電語轉奏，尤周妥。今代峴帥、香帥、善將軍、慰帥、灼帥電傅相，云恭閱八月初二日上諭，仰見聖明洞澈，當即天心悔禍之機，天下臣民莫不欽服。現尚有二事關繫大局，不敢不直陳。一、聞俄、德各國皆請迎鑾回京，中堂答以洋兵未退，礙難迎請，但聞聖駕定期西幸。彼謂處分禍首，即可議約，若仍遠行，恐尚是緩兵之計，於停戰有礙。應請兩宮暫駐太原，以待和議如何，再定行止。一、聞各國使臣以此次拳匪攻圍使館，實有榮中堂所統武衛軍在内，其所獲旗幟、號衣、洋槍，皆有某軍字樣，執為確據。故此次派為全權大臣，除日本外，各國均有不願與榮會議之説。如實

有此情，與其俟各使阻我全權入議，莫如自行調回，以尊國體。況樞垣主持參贊，尤屬需人，似應由中堂約榮到津，或同赴京與慶邸會商大概，即請榮中堂先赴行在，以紓兩宮宵旰憂勞。以上兩事，坤等往返電商，意見相同，應請中堂迅速轉奏，請旨施行云云。如諸帥謂然，請速電傅相馳奏，遲則赴京後長電難寄。宣。佳。

盛京堂來電光緒二十六年閏八月二十三日子刻到

傅相咨電：鄂藥電以杏佳電未協，與鄙見同。各國與慶邸等堅請回鑾，均未允。榮相已由鴻電奏呈行在，未覆。昨在京商同各使開議，惟俄、德在津未回，須稍待。德主國電，請嚴辦罪魁，美外部亦同，均轉奏。聯軍已赴保定接教士，若善待之，或免禍，尚無入東意。都中蹂躪不堪，除宫殿外，無一免者。停戰退兵，早遲難必，奈何。鴻。咨云。宣轉。養。

致襄陽鄧提台、朱道台、高守、李令光緒二十六年閏八月初十日亥刻發

風聞北省拳匪有自南陽闌入襄境之信，此語是否屬實，務速探查，於邊岸派兵勇截拏。即電覆。蒸。

鄧提督、朱道、高守來電光緒二十六年閏八月十二日子刻到

蒸電謹悉。襄陽先有拳匪闌入，當飭皮令查拏，當竄散。襄境尚平靜，已嚴飭地方文武各於邊界截拏。峰叩。煊、瀛稟。尤。

致西安端撫台光緒二十六年閏八月十一日辰刻發

頃接東撫袁蒸電稱：德州來電，接津探，初六，有德、俄等兵萬餘過良王莊，分路一由青縣攻保，一由運河至四女寺剿匪，且恐到德駐紮，初八已至唐官屯等語。查唐官屯在天津之南一百二十五里。請由陝六緊電奏。真辰。

致長沙俞撫台、統廣西入衛軍張臬台，岳州顏道台光緒二十六年閏八月十一日申刻發

蒸電悉。初六日，已奉西幸長安之上諭。頃晉撫錫中丞電，初八日啟鑾，西幸長安，應解貢物餉銀等項，請飛飭改道，以期迅捷。陝撫岑中丞電，糧速由襄河運龍駒寨。清江惲道電稱，山西撫憲電，樞廷諭，此後餉米運長安，勿庸解晉各等語。是幸陝業已啟鑾，所有運解之件，皆須改道，以期迅捷。廣西張臬兩營，自應由常德徑趨沙市至襄陽，陸路則取道河南新野，赴潼關，水路則自襄陽舟行至老河口，至龍駒寨，登陸赴西安，方能迅速。若繞道漢口，再行西上，並非應行驛站，未免迂迴延緩，殊於現在時勢情形不合。且漢口至信陽車輛極缺，數月以來運兵運械，近日運餉運貢物，運江蘇等省之米，絡繹不絶，州縣疲累不堪，雇車十分爲難，勢將束手，正苦無從設法。入豫境後，信陽一路亦深以爲苦，南汝光朱道屢言之，再添兵差，實多窒礙。況漢口華洋雜處，漢口北至信陽，正在鐵路興工，洋人甚多，六、七、八三箇月屢有波折，百計防維，日夕惴惴，此時若兵勇過境，設稍滋事端，必致有礙大局，鄙人實不敢任其咎。查入衛之軍，自宜速到，望轉告張廉訪，務即由長沙改道常德、沙市、襄陽一路，

方符迅捷之義。即將到岳州，亦望萬勿至岳，即在中途折赴常德。鄂人當飭荊州、襄陽一路州縣妥備人夫車船，斷不令其缺乏。若繞至岳州、漢口，是本直者改迂，應速者反遲，州縣車船有缺，鄂人亦無辭以責之，故不敢應允應付車船人夫也。若爲有京餉匯在漢口兑取，似可專派委員，持據來漢，即可兑銀，敝處當派輪船護送至岳州，亦不必全隊兩營來漢也。請俞中丞迅即派員趕及粵軍，面陳力阻。顔道派員溯流迎張廉訪，據實勸阻，至要至禱。並盼電覆。真。

俞撫台來電 光緒二十六年閏八月十二日酉刻到

張臬司已遵電飭營由陸赴沙市、襄陽前進。廉。

廣西黄撫台來電 光緒二十六年閏八月十七日到

奉旨：張廷燎所帶兩營，著即折回，無庸前來。欽此。槐。篠。

致江甯劉制台、上海盛京堂、天津李中堂、濟南袁撫台 光緒二十六年閏八月十一日亥刻發

茲擬會峴帥銜電致上海各國總領事，託其轉致北京各公使及聯軍各統領，并由各總領事一面電達外部。其文曰：探聞德、俄、印度兵已過天津南下，沿運河剿匪，現已到天津南一百數十里，將近滄州，並有赴德州之説。查自拳匪作亂以來，山東袁中丞保護租界及教士教民最爲出力，既剿東境拳匪，又派兵越境剿直境拳匪，共誅戮數千人，拳匪終不能過德州一步。袁中丞前已屢次奏剿匪，近日又兩次聯名請懲首禍，此皆山東顧全大局，力沮戰事之明證。朝廷已極意願和，雖未開議，漸有轉機，而德州屬在山東境内，各國出兵以剿匪救使爲名，素不仇視山東，似無侵入德州之理。如德兵果有此意，必係憤氣未平，請各總領事速發電轉懇各欽使及聯軍各統領，或一面電達外部，顧念山東無辜生靈，不應爲直隸拳匪所累，致受兵火之禍，共持公義，出爲勸阻，使德、俄兵勿至德州，則非獨山東數百萬良民心感各大國之義，即南方各省聞之，亦曉然共知各國毫無遷怒無辜之舉。和局一定，嫌怨盡捐，豈非盛美。坤一、之洞因山東保護商教，與長江各省事同一律，故不能坐視不言。務望迅速轉電，仍希電覆。等語。請峴帥酌定後，迅即電上海各總領，並請杏翁先將此意探商各總領，能否代爲轉達，迅賜示覆。至慰帥處，可否亦將此意詢商煙臺各領事及膠州德官，并請慰帥斟酌。真亥。

袁撫台來電 并致劉制台、盛京堂 光緒二十六年閏八月十三日丑刻到

香帥真亥電悉。苦心孤詣，顧全大局，東省官民感銘刻骨。惟迭得續探，聯軍大隊由静海渡河而西，傳警將赴保定，分兵千餘至唐官屯，搜查拳匪，即折回云。似為旁護隊，防匪斷後，非有意南向。且聞各國均有兵同行，惟德兵較多。致各總領電似宜稍緩，俟探確果南圖再發。乞酌。凱。文。

致上海盛京堂、江甯劉制台、濟南袁撫台 光緒二十六年閏八月十二日亥刻發

濟文電悉。致各總領電，言德州事當遵慰帥電從緩。請飭電

局暫勿譯送，如已送，請告各總領暫勿轉電聯軍、外部，或索回。請峴帥斟酌電杏翁爲禱。文亥。

致江甯劉制台、濟南袁撫台、上海盛京堂光緒二十六年閏八月十三日卯刻發

德教習自滬回鄂，據云已見德統帥，素知其人極老成穩重，決非用武生事。叩以前有圖海州之説，近有駐德州之説，堅云謡言，斷勿信，並述德統帥語云，膠州以外，斷不占一地等語。當即囑其轉電德統帥勿擾海、德。彼族所言不占地，未敢深信，或不致突然各處蔓延耳。問。

致上海盛京堂、江甯劉制台、濟南袁撫台、福州善將軍光緒二十六年閏八月十三日卯刻發

傅相電云某某如果出，峴帥電云某某似已撤，未免奢望。千里草添營，十八子〔一〕送部，餘事可以例推，看六君子湯〔二〕何如耳。新陝撫岑電，只有和局大難四字。各國日增毒計，途中已盼佳音，事事看得太易，如何是好。今房山已失，西山出煤之總口斷矣。北塘繼失，天津出海之旁門塞矣。山海關已危，由京赴遼之要路斷矣。此時已非完璧，再遲則逼成瓜分。各國明出題目，而我不答，寬留期限，而我不知，總由一人怙非，以至於此，不知須待何時天心方轉。鄙人愁急萬狀，更甚於京城初陷時也。元丑。

盛京堂來電并致江甯、安慶、武昌、成都、杭州、福州、濟南各督撫、將軍光緒二十六年閏八月二十九日卯刻到

傅相敬電開：鄂元電悉。到京後即會慶邸，將美外部嚴辦罪魁某某，德覆電執政所犯罪應論死轉奏，並聲明若此時自行懲辦，當可止西犯，否則應將致亂者分别從嚴治罪安置，萬不可仍隨行在，使其藉口，致稽開議。計月初應奉電旨，昨奉十四寄諭，召榮相回行在，入直辦事，榮到能助力否。現約在京各使廿七會議，恐因未齊緩期。聯軍赴保定，廷藩擬牛酒犒師，雖非空城，或不攖怒。瓦帥來京，恐有詭計，若再往正定，意在生擒毓賢，恐引其深入耳。回鑾明知不允，中外望切，祇得切實密奏。希轉各帥。宣轉。勘。

致濟南袁撫台、江甯劉制台、安慶王撫台、上海盛京堂光緒二十六年閏八月十三日午刻發

濟奏、江片，均佩忠悃。竊謂陝文電初八啟鑾，初十到平遥，收回幸陝成命一説，此時不必再進。管見不請回鑾，但請明諭終必回鑾。不阻幸陝，而阻遷都於陝，且力言遷陝不和，仍不能存，何如。

〔一〕「千里草」指董福祥。「十八子送部」似指優恤李秉衡并加賞其子孫。

〔二〕上月二十五日，李鴻章、張之洞等奏請將隨侍兩宫西幸的載勳、載瀾、剛毅、載漪、英年、趙舒翹等六名王大臣革職拿辦，此謂「六君子湯何如」云云，似指朝廷如何發落此六名釀禍大臣。

且速其亡。宗旨與兩公略同，而措詞稍異。少刻擬合兩公奏片，參以鄙意，併爲一稿，電請兩公酌定，如以爲可，鄙人當附名。且六使公電十四日必達御覽，須看此奏到後如何處置，或俯從或激怒，再行相機進言，則語較緊切。此時但請杏翁電傅相先告各使，幸陝確係暫局，非常局，想傅相早已言之矣。總之，彼族之動靜喜怒，專在懲辦之輕重，不在巡幸之遠近也。駐陝之久暫，專看怙非者之能否自保，各國要挾，有無萬不能允、萬不敢言之條，不在言京畿之關繫也。欲免要挾萬不能允之事，即專看懲辦之輕重，庶可爲悔過之實據，而後可與各國力争婉商也。可否稍待一兩日再發，統請裁奪，速覆。覃午。同莘按：是月十四日，有電奏稿致各省商酌，即此電。所謂合兩公奏片，參以鄙意，併為一稿，而下文、所稱之鹽已電也，此稿已佚，幸會奏摺片具在。以下文改定字句考之，猶可得原稿大概耳。

袁撫台來電并致劉制台、盛京堂　光緒二十六年

閏八月十二日卯刻到

甯、鄂各卦、蒸電悉。洋兵不退，斷無回鑾理。現已啟鑾，折回自非易。茲代宮保僭擬一稿，乞誨正。如可採，即電各省約聯銜。粵、浙已覆電，願列名。香帥縱不肯聯銜，不妨斧正，且多襲公文。慈聖孝仁，以陵廟為説，當可動聽。文如下：奏為偏安必不可成，京師必不可棄，籲懇降旨明示轉圜，以定人心而安大局，恭摺瀝陳，仰祈聖鑒事。竊自拳匪肇亂，搆衅列邦，津京相繼失陷，遼東因亦不守，以致宗廟震動，乘輿播遷，薄海臣民，皇皇失措，莫不謂拳黨釀禍，貽誤國家，疾首痛心，同切憂憤。迨疊奉明詔，車駕暫幸太原，剿治匪徒，議及親貴，天下士庶，又莫不感激悦服，鼓舞歡呼，是我皇太后、皇上前者之苦衷，今者之英斷，仁至義盡，早為中外所同欽。方冀畿輔廓清，指日回鑾，上慰九廟在天之靈，下遂億兆蒼生之望。日昨恭讀電傳本月初六日諭旨，現定閏八月初八日啟鑾西幸長安等因。欽此。臣等至愚，鰓鰓過慮，有不得不直陳於我皇太后、皇上之前者。伏查自昔遷都，出於全盛之時則易而安，迫於多事之秋則難而危，宋臣蘇軾論之詳矣。蓋臨幸雖在一時，而基業實繫萬世。苟徇偏安之説，權宜遷徙，未有不積弱不振者也。況陝西地方荒瘠貧苦，古稱天府，今非雄都，又與新疆、甘肅為鄰。新疆近逼强俄，甘肅尤為回藪，内訌外患，在在可虞，較之京師，難云完善。即就目前言之，各國方以新勝之師，聯合圖進，我能往寇亦能往，不畏數萬里之海，豈畏二千里之陸，恐山川之險，未可憑恃，即偏安之局，不可幸成也。且京師根本重地，四方所拱極而朝宗者也，宗廟宫闕，列祖列宗之神靈所式憑者也，二百餘年來邦基固矣，一旦棄之，不但失臣民之望，度亦非聖心所安。前聞各國曾請退兵迎鑾，不佔土地，無論所請果否出於至誠，正可藉回鑾之説，以速其撤兵之議。儻西幸愈遠，是拂各國之請，而阻就欵之忱，萬一激變宗旨，洋兵不撤，京疆從此淪胥矣。遼東不復，陵寢從此阻隔矣。一國變計，各國争先，外而沿江沿海，處處侵佔，内而奸宄生心，紛紛擾亂，瓜分之勢成，糜爛之禍亟，人心愈摇，餉源益竭，而朝廷徒局促偏安，為閉關自守之計。夫以秦隴之瘠苦，供應扈從之萬衆，久將不給。以一隅之兵力，抗禦諸國之精鋭，勢必難支。存亡關鍵，實在於此，臣等萬死奚足補救。伏乞皇太后、皇上追念列祖列宗創垂之艱難，俯恤滿洲八旗生齒之蕃衍，外順各國迎駕之請，内慰臣民戀闕之心，擬請聖裁，收回幸陝成命。若乘輿已發，距陝伊邇，勢難折回，亦乞明降諭旨，布

告天下，具言此次幸陝，亦係暫計，俟畿輔稍定，即行回鑾。並由京簡派王大臣致祭宗廟，恭謁諸陵，示天下以朝廷不忘宗廟陵寢之重，斷無終不回鑾之理。一面飭令全權大臣等婉告各國使臣，果其退兵，示以必返，庶足以定人心而安大局。臣等愚慮所及，不敢不昧死瀝陳，謹合詞電由護陝撫臣端方繕摺具奏，伏乞皇太后、皇上聖鑒訓示。謹奏。凱。真。

劉制台來電并致袁撫台、盛京堂 光緒二十六年閏八月十三日子刻到

東真電悉。疏稿詞意肫摯，極佩。洋兵未退，既不敢遽請回鑾，西幸長安，又慮各國梗議。乘輿已發，詎能折回。欲圖補救，惟有先請諭旨，事定回京，庶可杜外人之口。此奏甚有關繫，即祈慰帥電商各省，聯銜電陝入奏，坤當列銜。初七又有啟鑾通諭，擬附一片，文曰：再，臣等正會商電奏間，續奉本月初七日諭旨：太原荒歉，供億維艱，且電報不通，輾轉延誤，不得已西幸長安。等因。欽此。仰見天心仁愛，體念民生，並以時局急迫，深慮要件或有遲誤，故為此不得已之舉。既駐蹕長安，可暫不可久，已在聖明洞鑒之中。顧臣等鰓鰓過慮者，則以宗社為重，深恐各國以自棄京城為言，變其宗旨，分佔要地，開議無期，大局不可收拾。仍懇俯如臣等所請，明降諭旨，以慰臣庶之心，以遂各國之望。謹附片具陳，伏乞聖鑒。謹奏云。祈一併裁酌電商附發，為荷。坤。文未。

盛京堂來電并致劉制台、袁撫台 光緒二十六年閏八月初十日未刻到

楊使公電開，請代奏，密呈御覽：時事急迫，亟宜速籌議和，以挽危局，而杜後患。現各國推原禍始，咸謂偏信拳匪，輕絕舊好，欺奏肇亂，誤國殃民，任咎於李秉衡、毓賢、徐桐、剛毅、趙舒翹、端郡王、莊親王、瀾公、董福祥等諸臣，或釀禍於事前，或袒匪於事後。除已死者免究外，若不嚴辦，未便休兵等語。德國挾殺使之嫌，通告各國，須索交罪首，方肯開議。惟美國復稱，應由中國自行懲處，餘國均允照辦，蓋將併力要索，期於必行。竊以德統帥現已到華，各國之軍統歸節制，意在非開議不停戰，非懲惡不開議。曠日持久，不特佔據都城，且將肆擾北省，牽動東南，甚或大舉西向。外侮不休，內亂可慮，大局益難支持。為今之計，惟有請皇太后、皇上，上念祖宗締造之艱，下孚中外臣民之望，搜索罪首，立予嚴懲。與其脅制於人，授彼駢誅之柄，何如黜陟自上，存我自主之權。否則無以明中朝悔禍之心，無以謝數萬生靈之命，且無以杜諸強有挾之求。安危存亡，在此一舉。禍魁就罪，和議可成，宗社幸甚，天下幸甚。謹冒死瀝陳。楊儒、吕海寰、裕庚、李盛鐸、羅豐祿、伍廷芳謹奏。虞。除代遞外，佳轉。

致東京錢念劬 光緒二十六年閏八月十四日亥刻發

佳、震、問、願四電悉。抽薪法極是，須俟頑固撤出，方能設法。僕未派全權，無須辭旨，但令函電會商，鄂斷不能離。伊藤言必須北上，是何故，未解，望示。德擬十二條，繹洋報文義，係報館私議，非政府明條。除重大數條不敢置議外，限兵械臺斷不能允，果爾華必亡，東亦危矣，日本當助中國爭之。陝電初八日啟鑾，行甚緩，中途如有佳音，擬由平陽折向汴回京等語，是

幸陝斷非久駐。願。

致上海盛京堂[一] 并致江甯劉制台、濟南袁撫台等

光緒二十六年閏八月十四日發

慰帥奏稿正大懇惻，佩甚。僭改數語：遼東因亦不守，擬改遼東亦多失守六字。仁至義盡，早爲中外所同欽二句擬删。親貴下句，改爲仰見我太后、皇上前者之苦衷，今者之明斷，雖外人尚未滿意，而天下士庶已莫不欽仰感動，鼓舞歡呼四十一字。蓋朝廷已加懲儆，無如各國尚不滿意，不肯停戰。傅相蒸電正在焦急，自昔遷都至不振者一段，擬改但查自古國多難之時，亦有遷都之舉，然敵人必須不能懸軍深入，即深入亦不能持久，我始能立國圖存。今日聯軍謀堅勢衆，實與古來不同五十六字。洞平生極佩蘇文忠，惟此論大謬，周東遷四百年，晉南渡百餘年，宋南渡百五十餘年，若三朝不遷，早爲犬戎、劉曜、金人所滅矣。靖康時，何栗引蘇論以誤徽、欽，崇禎時，光時亨阻遷都以誤懷宗，故蘇説萬不可引也。荒瘠貧苦句，擬改自宋金元明至同治以來，屢經兵災，商稀民瘠十八字。京疆改京畿二字。餉源益竭句，改餉源愈竭，運道愈梗八字。夫以秦隴六句，擬改夫以偏僻雕敝之秦隴，供萬乘百官之資糧，久將不給。以屢次挫失之兵，欲抗合縱聯横之强國，勢必難支四十一字。因一隅之兵力句本甚好，惟隔上文較遠，恐挑剔者謂各省不救也。至收回幸陝成命句，似非啟鑾後語，然改之則摺似與片復，或即不改何如。峴帥片稿極周妥，分占要地句下，擬加停戰無日四字。管見擬另附一片，既免夾雜，且較醒目。其文曰：再，接使俄大臣楊儒江電述外部之語，曰勢必大舉西向，恐未定咸陽之居，又將稅蘭州之駕等語。臣等所聞各國議論大率皆同，今日幸陝之舉，議者必以爲秦中隩區，遠於海口，又有黄河、潼關爲限，險隘可守，敵來較難，拒敵較易。不知古今兵事實有不同，八國環攻與一國構釁又不同。今日戰斗須憑槍力，守御須憑礮力。潼關、同州等處之黄河，僅寬三四里，愈上愈狹，外國陸路行營快礮七生口徑者，可擊六七里，九生口徑用馬拖運者，可擊七八里，新式長田鷄礮，可隔山遥擊數里，中國皆無之。僅憑土礮、小洋礮，豈能守河、守關。各省槍少彈缺，自造無多，假使敵兵深入，中原運陝必須梗阻，不過數戰，彈子即罄，雖有忠義軍民，徒手亦難御敵。蓋一國則深入難，八國則接濟易，此陝省拒敵之難也。又，查外洋通例，凡係有和約之國，必駐公使，若其國爲公使所不能駐者，即不視爲與國，不立和約，即使遷都各國别無疑議，亦必各遣公使來陝駐紮。經此次變故以後，使館必派洋兵保護，距海愈遠，洋兵愈多，且山西、河南、直隸一路，必節節皆駐重兵，是無論遷都何處，必有使館洋兵，徒使中原數千里皆爲洋兵盤踞，此陝省定都之難也。總之，陪都之計全在平日經營，若戰敗以後，則敵人必又責言矣。守險遠海，亦御外之一策。若海口既已屬人，内地素無守具，則險者失其險矣。各國并力，各省分擾，彼有接濟之便，我無持久之方，腹背受敵，跋前疐後，則遠者失其遠矣，此須俟事定以後從容籌之。遇一國生釁之時，必先結援數國。移蹕陪都，軍械充

[一] 録自苑書義等主編《張之洞全集》第十册，第八三三四至八三三五頁，河北人民出版社一九九八年版。

足，礮臺周密，再行開戰，最爲要着，然非所論於此時也。以上各情恐議者或未詳考，不敢不據實上陳，以備朝廷裁度。謹合詞附片上陳，仰祈聖鑒。謹奏。等語。請峴帥、杏翁及諸帥細酌改定速示，諸帥以爲然否，請徑電陝及敝處。

致俄京楊欽差發後分致駐日李欽差 光緒二十六年閏八月十五日申刻發

江電悉，深佩忠悃。奉、吉、江三省確失幾處，直隸除房山、北塘之外，有聯軍占踞者否，山海關如何，外部必知，均望速示。此各節行在皆不詳知，公能將敵人各國占地日多情形，及各國刻下擬如何舉動，或各國商定之計謀，或一國自存之意見，詳晰電奏，或電傳相、江、鄂，設法入告朝廷，必亟圖轉圜，似亦補救大局之策。盼速覆。咸。

致上海盛京堂、江甯劉制台、濟南袁撫台光緒二十六年閏八月十五日申刻發

慰帥鹽電悉，所改甚妥。應否先達各總領，請峴帥電商杏翁酌辦。防回摺，陝十二辰發，慰帥不及列銜。咸。

李欽差來電并致劉制台、盛京堂 光緒二十六年閏八月十三日酉刻到

有人密告，俄、德兵越京南，與袁軍相近，將擬挑戰，藉口以攻山東。現欵局漸近，如果開仗，和議頓罷。請速電慰帥斟酌，飭各軍少避，勿輕戰，以保大局等語。乞酌奪。鐸。震。

袁撫台來電并致劉制台、盛京堂 光緒二十六年閏八月十五日丑刻到

李使來電，證以津探，犯東一説似非無因，然尚無形跡，頗難措詞，待有形跡恐又無及。現似不必指明德、俄，亦不必專指德州，謹照香帥原電文增易數處，乞核正，復轉囑杏公，或先達各總領，看其如何回覆。文如下：傳聞聯軍將赴津京以南，尋剿拳匪，並有往山東地方之説。查自拳匪作亂，袁中丞首先嚴禁，保護租界及教士、教民，最為出力，既剿東境拳匪，又派兵越境剿直邊拳匪，共誅戮數千人，境内現均平靖，在東各國洋商、教士及他處避亂往東者，此次未傷一人，實為東北各省所未有，想為各國官民所共諒。袁中丞前又屢次奏請剿匪，復又迭次聯名奏請救使，並請懲首禍，此皆山東顧全大局，力阻戰事之明證。朝廷今已極意願和，雖未開議，漸有轉機，而山東境内實無匪可剿，即偶有蠢動，東省兵力足可彈壓。各國出兵以剿匪救使為名，素不仇視山東，似無侵入東境之理。萬一傳聞非虛，恐宵小乘間竊發，地方糜爛，必將甚於直境，非數十年不克復元，與各國利益亦大有損礙。請各總領事電達各欽使及各外部，顧念山東無辜生靈，保全中外利益，不應為直境拳匪所累，致受兵火之禍，共持公議，設法勸阻，請聯軍毋往東境，則非獨山東數百萬良民心感各國之大義，即南方各省聞之，亦曉然共知各國並無遷怒無辜之舉。和局一定，嫌怨盡捐，豈非盛美。坤一、之洞因山東保護商教，與長江各省事同一律，故不能坐視不言。望迅速轉電，仍希電覆云。統祈酌之。世凱。鹽。

致西安端撫台、馮方伯，江甯劉制台、濟南袁撫台、上海盛京堂光緒二十六年閏八月十六日巳刻發

遵閩許帥意，雄都下、較之上，改爲又與甘肅爲鄰，素爲回藪十字，將原文又與新疆至可虞二十八字塗去。遵皖灼帥意，第二片改各國肯允句，爲各國別無疑議六字，改不許我三字爲有責言三字。遵鄂于帥、東袁帥意，摺首不可棄下，改爲籲懇明旨，事定回京八字。遵江劉帥意，收回成命句不必改。又查出奏稿明斷下，應作雖外人尚未滿意，然已漸有轉機十三字。屢次挫失之兵下，落一械字。第二片七生口徑者下，落可擊二字，均應添。潼關黄河實無四五里，請午帥、馮方伯查明，或作二三里，或作三四里，據實改正。此外均照鄂鹽巳電改本，祈詳查，千禱。各件均已商妥，不必再改，請速繕發。江劉、川奎、綽，閩許、善，廣德及將軍壽，鄂張、甘魏、浙劉、東袁、鄂丁、皖王、京卿盛、蘇聶十五人，均願列銜。如諸帥有續電到陝願列銜者，請添。繕就即馳遞，不必再候。諫辰。

致東京李欽差光緒二十六年閏八月十六日午刻發

聞尊意欲薦鄙人入政府，駭極。五不可之外，此時又添一條，有六不可，問念劬即知。千萬叩頭，求罷此議。盼即覆。諫一。

致東京李欽差光緒二十六年閏八月十六日午刻發

咸電悉。峴帥與鄙人豈能離長江，即使各國認保長江約，假如不能自保，奈何。務望善爲解說。且各國亦未必願。前途倡此議究是何意，各國之意如何，並祈確示。諫二。

致江甯劉制台光緒二十六年閏八月十六日午刻發

駐日李欽使來電，云語電遵商外部，轉商陸軍。據稱，傳電事關各國，難獨允。查沽、滬西人水綫已通，彼京、沽軍用綫旋修旋斷，仍係遞津轉發。頃接慶邸蒸電，由外部交來，五日方到，與設法自遞，遲速無殊。若間有要件，由敝處商外部，電赫德轉交，彼自當允，以報我代傳密電之惠。若欲彼明允，轉多窒礙。惟晤外部次官暨伊藤，皆言各國欲公與峴帥至京。愚見必須有妥人接手，各國肯認保江約照舊，方可北上，否則不宜輕動。所關甚重，乞鈞奪，並轉峴帥。鐸。咸等語。謹轉。祈速示覆。銑巳。

致江甯劉制台、上海盛京堂光緒二十六年閏八月十六日午刻發

峴帥咸電改致各總領電稿極妥，囑勿洩勿登報，尤要。請杏翁照辦爲感。銑。

劉制台來電并致盛京堂、袁撫台　光緒二十六年閏八月十五日酉刻到

東鹽電悉。電各領稿首先嚴禁下，加一並字。出力二字，改為認真二字。實為東北各省所未有九字可删。足可彈壓下，加此次二字。以剿匪救使為名七字，改為本係剿直匪救公使八字。素不仇視山東六字可删。似無侵入東境之理八字，改為似不致侵入東境七字。必將甚於直境六字，改為必為直隸之續六字。請杏翁裁酌，俟香帥電到，即飭局分譯，送交各領，並囑局勿洩勿登報

為禱。仍盼電覆。坤。咸。

駐滬德總領事來電光緒二十六年閏八月二十日子刻到

十五日聯銜來電已轉達本國。茲奉本國政府覆電，聯軍並無往山東之意，特電札本總領事轉致貴部堂查照。德領事克。

致太原錫撫台[一] 光緒二十六年閏八月十六日未刻發

鄂解神機、虎神、武衛中軍快礮槍彈，前因直隸廷護院屬解保定，當經電請尊處奏明請旨。嗣因李傅相有電，密屬廷護院將保定庫欵挪存河間或定州等因，復由敝處電由陝撫具奏究應解往何處，請旨定奪。茲原摺遞回，奉硃批：即著解赴行在。欽此。除咨達外，謹先電聞。祈迅飭查明解員毛鴻輝、李元吉等行抵何處，即令遄程改解陝西行在交納爲要。並希電覆。諫。

致東京錢念劬光緒二十六年閏八月十六日亥刻發

庚、齊兩電言訓戒學生、諭以逆黨實蹟，閣下如何辦法。前一電已送李星使閱否，速覆。清議報爲唐才常事極口誣詆鄙人：一、朝廷電詢廢立於鄂，我允之。一、鄂電請誅戊戌六人。一、于中丞、梁星海及鄂官五十人諫阻立嗣，我力阻之。可駭可怪。閣下在京在鄂久，果有此事耶。此康黨所爲，聞學生亦有所惑而信之。務速曉諭，並覆。銑。

致江甯劉制台光緒二十六年閏八月十七日卯刻發

諫申電悉。要兩人至京，奇甚，斷斷不可。今晨已電覆，力言無益有損，請尊處再徑覆爲要。此舉恐非各國意，或係亂黨之謀，煽惑當道，欲令富有匪遂其擾亂長江之計耶，未免可疑。尊意如何。洽子。

致江甯劉制台光緒二十六年閏八月十七日卯刻發

銑電悉。美使到鄂，當力勸之。緩回鑾似可行，不懲惡則斷不行。尊電聽其自爲之詞一句，未解，祈速示。洽丑。

劉制台來電光緒二十六年閏八月十七日子刻到

昨日美使柔克義來甯，談間出示美外部與慶邸書，大指先請兩宮回鑾，而後開議，庶遇事可以就近請旨，不為諸奸把持。慶邸則以轉奏覆之。坤喻以兩宮由晉幸秦，因太原湫隘，不足以容萬乘，西安規模較大，且通電報，請示更易，不過暫時駐蹕，並非遷都。無論兩宮本無遷都之意，且中國目前安得有此物力，各國不必過慮。唯因聯軍入京，是以車駕出巡，今聯軍未退，斷無遽請回鑾之理。雖各國可信無他，而事變靡常，中國何能無慮。請其代懇美總統及外部，從中斡旋，務須先行開議，一面撤退聯軍。而後由我肅清京城，迎回聖駕，方為穩著，方是正辦。柔使頗以為然，許即密電美廷。蓋外洋最忌遷都，此層必須說透。最恨拳黨，因示以初二上諭，聽其自為之詞。將來柔使到鄂，再得鼎言開導，事必有濟。謹先電聞。坤。銑。

劉制台來電光緒二十六年閏八月十七日亥刻到

洽子、丑電悉。聽其自為之詞上文示以初二上諭，蓋欲各國

[一] 指山西巡撫錫良。

援引此旨，催請懲惡，我輩不便再奏耳。木齋處，尊處電覆極妥，敝處似勿須再覆。坤。銑。

致行在軍機大臣鹿尚書[一] 光緒二十六年閏八月十七日巳刻發

入樞大喜，欣賀。佐聖撫危，曷勝仰望。近日朝廷有轉圜之意否。董軍跋扈，添營最可慮，有何措置之法。隨扈諸軍有幾營可恃。榮相因各國不接待，奏請赴行在，十六日自保行，由豫赴秦。同列諸公，與何人最相得。均祈詳示。霰。

致荆州濟將軍、奭道台、舒守、江陵張令 光緒二十六年閏八月十七日申刻發

准護理山西撫部院李咨送邸鈔，内開：光緒二十六年八月十九日，内閣奉上諭：朕欽奉慈禧端佑康頤昭豫莊誠壽恭欽獻崇熙皇太后慈輿暫時西巡，所有與各國應議事件，已派王大臣等妥爲商辦，各省將軍、督撫務當照常辦事，鎮静民心，勿令擾亂，保守疆土，勿稍疏虞，於交涉事件仍遵疊次諭旨，按照條約辦理。儻有各種匪徒藉端生事，嘯聚焚殺，意圖乘機作亂，著即派兵立即剿平，勿令滋蔓，擾動大局。各該將軍、督撫受恩深重，自當共濟艱難，消弭隱患，用副朝廷諄諄誥誡至意。欽此。除恭録咨行並出示曉諭外，謹奉達。篠。

致上海盛京堂轉李中堂、江甯劉制台、濟南袁撫台 光緒二十六年閏八月十八日未刻發

頃接日本十六日來電，山海關初八失，奉、吉、江俄兵四支，數逾四萬，一由琿春占甯古塔，一沿松花江占三姓，逼伯都訥，一由愛琿占墨爾根、齊齊哈爾，一由旅順占復、蓋、海、牛、營，均向奉吉省城。此兩旬前事，月内恐全失。又十七日來電，奉天已失等語，駭急萬分，特飛布請籌如何挽救。速示。嘯。

致上海盛京堂轉李中堂 光緒二十六年閏八月十九日辰刻發

相節到京必已見各使，彼議論大指若何，必如何方能開議，中堂曾會慶邸具奏否，祈速示。效。

盛京堂來電 光緒二十六年九月初一日戌刻到

傅相勘電開：鄂嘯電、江效電均悉。前會慶邸，電奏請將首禍諸臣治罪安置，尚未奉旨。俄使已回京，聞德使將繼至，似不久可開議。彼此各有數條，惟賠欵甚巨，實無辦法，諸公能豫籌覆為要。至東三省由壽山倡率開衅，相繼畢失，壽死不蔽辜。俄廷無久佔意，只議約喫虧耳。蔭軒、文山、延茂及所謂正人，皆自盡，將來或有更新之望。希轉致云。宣。東。

[一] 指鹿傳霖。

致保定廷藩台德州飛送 光緒二十六年閏八月十九日巳刻發

湖北委員毛鴻輝等所解槍彈快礮，務望立飭該委即刻遵旨解赴行在。諫電已經奉達，現保定有警，務懇飭速行離省爲妥。效。

致江甯劉制台、濟南袁撫台、上海盛京堂光緒二十六年閏八月十九日午刻發

聖駕不日即到潼關，從此電綫可通，消息較靈，即蒲州、華州、渭南亦可暫添報房。如能與各使商移至天津開議，則請旨往返迅速。此策能辦到否，望杏翁電商傅相，并飭各處暫添報房。盼覆。效午。

致江甯劉制台、濟南袁撫台、上海盛京堂光緒二十六年閏八月二十二日亥刻發

保效、濟箇、甯兩養電均悉。此時德兵雖到保，必不攻城踞地，蓋德主覆國書已到該使處，必已告其統帥停兵候信，若肯照來書略加懲辦，雖辦不滿意，亦可不攻。但不允即時開議，必又催逼重辦，尚可推延旬日，若二次還價太遠，則必攻矣。此時已有轉機，惟盼上意立時轉圜耳。禡。

致江甯劉制台、上海盛京堂光緒二十六年閏八月二十二日亥刻發

陝箇電廿日寄諭想已奉到。恭繹再三，不得其解。慶邸前已派全權，何以又派，一也。並准便宜行事六字，在劉、張均著會商辦理之下，似此語指劉、張而言，僅止通函通電，似無可行之事，二也。諭云折衷一是，勿得兩歧。竊思此時江、鄂即有所見，不過電達邸相，並不能見外國議約諸使。所謂一是兩歧，未詳何指，三也。或指將來開議後條欵耶。此旨必有所因，或係邸相有奏，或係洋人有言，杏翁知之否，祈峴帥、杏翁詳思速示，以豁愚蒙。能移至津議最妙，可捷速，免延誤，望商傅相。養。

致江甯劉制台、上海盛京堂光緒二十六年閏八月二十三日申刻發

敝處另接端中丞專電，廿日諭旨應議事宜下，係劉坤一、張之洞均著仍遵前旨會商辦理，並准便宜行事。該親王云云，並無脱誤。特奉達。漾未。

致潼關行在軍機大臣鹿尚書光緒二十六年閏八月二十四日午刻發

廿日廷寄，令與慶、李會商辦理，內有並准便宜行事一語，是否指慶邸言，抑指劉、張言。又毋得內外兩歧一語，所指何事，語必有因，祈示，俾有遵循。于、裕互調，因豫緊要耶，抑因鄂無旗員耶。裕在豫招拳未妥，朝廷知之否，須陛見否。聞浙臬榮銓疏詆東南督撫，內意如何。剛相係何病，能愈否，現從行否。各省公疏言陝不可都，廷議以爲何如。洋兵已到保定，時局日緊，天意已轉圜否。焦急，祈示覆。敬。

致江甯劉制台、上海盛京堂、濟南袁撫台光緒二十六年閏八月二十四日亥刻發

美柔使〔一〕昨到，今行見三次，力勸早結。問鄙人意指，答云，奉託美國邀同英、日勸各國開議。柔云，切盼回鑾。張云，洋兵未撤，不免憂慮，不便回鑾，幸陝非遷都，事定必回。陝電捷速，於議約便。柔云，拳黨未懲辦，皆在左右，如何議得成。張云，朝廷必將拳黨懲辦，但輕重則不敢知。柔云，南京亦如此說，但至今未辦，總未能進一步，如何勸解。張云，如何方是進一步。柔云，須令拳黨遠離聖上之側，令人看管，不干預政事，不與廷臣通氣，如此當可開議。張云，旨令其離開，自不能干預通氣，不必看管。柔云，我當電告美外部、京康使。張云，各國必欲離開君側者係何人，須明告我，方能會商具奏，不然我如何揣度。柔云，我當告各國開出姓名。張云，貴國既願速結，甚感，惟京沽函電須四五日始到，豈不遲誤，懇貴國將行軍綫借我通密電。柔云，可行，當即電告康使。又云美總不變宗旨，各國今日情形變否難料。臨行時，云到滬即赴京，既能進一步，我必爲辦成一事，我之言語即是英國言語。等語。柔使禮和意厚，叩以各國事，微露而不深說。美國分際向來如此，以離開爲進一步，亦不可解，姑切託之，未知各國意如何。至允借行軍電，却甚要緊，不知未開議以前辦得到否。謹奉達。請京卿轉邸相。敬亥。

致江甯劉制台、濟南袁撫台、上海盛京堂光緒二十六年閏八月二十七日亥刻發

擬會峴帥銜，電軍機處代奏。其文云云。惟邸相請辦王大臣三人，而我等别請處毓一人，似嫌兩歧。然事機過急，只可結尾處聲明數語，請三公裁酌速覆，并請杏翁轉邸相。洞。感二。

劉制台來電并致袁撫台、盛京堂 光緒二十六年閏八月二十八日亥刻到

鄂感二電悉。報敵情，劾毓賢，極要，稿亦妥善。數十名下加教民無算四字。請鄂挈銜速發，並請杏翁轉京。劾首禍摺，奎、綽亦願列銜。此件能即發，則與邸相不致兩歧矣。盼鄂電，甚切。坤。儉申。

致江甯劉制台、上海盛京堂、濟南袁撫台光緒二十六年閏八月二十七日亥刻發

甯沁電悉。致邸相爲榮剖白電，洞願列名。堅不任鬩下，擬添有意挑釁害國六字。若狂下，擬添董軍助匪攻館，榮相持令禁止，董不聽，立殺其差官兩員。此事各使在京可查。拳黨謂榮相爲漢奸四人之一，此語京城士夫皆知五十字。所私下，擬添洞與榮素不相識七字。請裁酌速發。沁戌。

劉制台來電并致盛京堂、袁撫台 光緒二十六年閏八月二十七日亥刻到

滬宥電悉。聯軍將榮相、剛、董並論，駭極。擬電邸相，向各使及聯軍為榮剖白。請杏翁轉京。香帥若聯名尤得勁。再候鄂信至明日辰刻止。如鄂無電，即照發。文曰：慶王爺、李中堂鈞鑒：閱盛京堂轉孫鍾祥電，有聯軍詢及榮相、剛、董如能嚴辦，

〔一〕指美國特使柔克義。

或可止兵等語，甚為駭異。榮相雖統武衛軍，而庇匪攻館實非其意。當拳匪初起時，榮相主剿，奏請七次未允，六月初有電可查，曾經登報，中外共知。董福祥堅不任剿，致釀此變。維時京津鼎沸，舉國若狂，上有擅權之王公，下有跋扈之將領，同儕排擠，幾蹈危機。榮相孤掌難鳴，苦心調護，始終以保使為要。匪兵攻館不下，將用開花大礟，榮相堅阻乃止，是榮與剛、董居心行事迥不相同，何能相提並論。且行在政繁，樞垣責重，榮相尚知大體，正思賴以斡旋，各國要索人數日多，轉慮不能辦到，如其榮果袒匪，亦難卻外人之請，無如榮、剛水火，前事具存。在朝廷宜懲真禍首，以明是非。在各國亦以辦真拳黨，乃為公允。務請王爺、中堂向各公使及聯軍剴切為榮剖白。若將孫鍾祥電入奏，亦請勿列榮名。坤與榮非有所私，事體所在，更未可將政府在前諸人概行劾罷，致行在乏人辦事，轉令真誤國者藉以倖免。關繫至鉅，伏候鈞裁云。並祈杏翁向各領事力為分剖，囑其各達公使，以全大局。盼電覆。坤。沁。

致江甯劉制台、上海盛京堂、濟南袁撫台 光緒二十六年閏八月二十七日亥刻發

甯宥、濟沁、滬兩宥電悉。峴帥奏稿極好，惟聖駕廿六到潼關，慶、李電奏係廿五自滬發，亦應廿六早方到潼關。昨日見奏，必有辦法，我等之奏，似須候兩三日再發方有益。若慶、李奏已准行，則我等之奏已成重出贅文。若慶、李之奏不准，或略准而尚不合法，我等此時之奏既不能針鋒相對，仍是無益。不如候兩三日，請杏翁一面電詢王夔相有無下文，如竟留中，則我等之電奏速發，洞當將柔使語添入，並加緊要語數十句。如雖有旨而分量仍不足，斷難了事，則相題行文，酌改口氣，酌添要語，仍必速發。總之，未得信以前，暫不必奏，以免虛費此奏。鄙意擬將東三省、山海關全失，洋兵赴定州西迫各節，由劉、張聯銜電奏，並請將毓賢調赴他處，勿令守固關，以免引敵，其餘皆不說。擬稿另電録呈酌定。感一。

盛京堂來電并致江甯、成都、福州將軍、督署，杭州、安慶、濟南撫署 光緒二十六年閏八月二十六日巳刻到

頃慶邸、李相皓電奏：閏八月十八日鴻章抵京，正與奕劻晤商。適接駐美伍使真電：美外部文稱，電傳初二諭旨，茲奉總統諭，中朝懲辦諸王大臣，足見推誠相待。惟細繹旨意，仍多疑慮。各駐使僉稱端王罪魁，若不嚴懲，無以謝各國。剛毅、趙舒翹亦釀禍首惡，重治方足蔽辜。當電康使確查此次未及查辦者，尚有幾員，并查明奉旨懲辦諸人有無徇縱。至如何懲辦，應使各國皆知果然確辦，方是核實。廷芳得文後，即詣外部宣朝廷德意。外部稱，中朝須嚴放流竄殛之典，方免列邦漸侵内治自主之權。美與中睦，故以情告。并云，兩宫早日回鑾，諸事方有主裁，亦免意外生變，務請轉奏等情。查嚴辦罪魁各節，不獨美主此意，俄、法、英亦以此迭相詰責，況德王覆電已明言執政王大臣并各省大小臣工所犯之罪，原應論死，如能定其應得之罪，始足以折服各國之心，并欲准受害各國所派之官，幫同查辦。議和之時，須雪無辜受害各人員，抵償各罪，是各國異口同聲，不加懲辦，斷難就議。聞德統將仍令聯軍往攻保定，難保不意存追襲，必欲得禍

首而甘心。若能此時自行懲辦，當可止其西犯。縱不能盡如所請，亦應將致亂諸王大臣分別從嚴治罪安置，萬不可仍隨行在，使各國有所藉口，致稽開議，伏乞聖裁。請代奏云。除轉行在外，聞各國非有辦罪實據，決不停戰。前六駐使公奏尚留中，兩全權既有此奏，存亡呼吸，諸帥休戚相關，似應由甯、鄂領銜，迅速會奏慈聖，納言惟取衆同，正可副閏八月廿日折衷一是，勿得內外兩歧之旨意。願列銜者請速電甯、鄂。名心叩。徑。

袁撫台來電并致劉制台、盛京堂 光緒二十六年

閏八月二十六日酉刻到

諸人縱庇拳匪，遺憂宗社，即無各國要索，亦應從嚴治罪，以彰國法。況各國協力以請，必得甘心，治之則宗社可保，天下可定，諸人亦未必全死。縱之則大局必裂，全國必亡，諸人終必同歸於盡。利害相形，昭然易辨。如慶、李再不中，惟望兩帥率各省為繼耳。凱。宥。

劉制台來電并致袁撫台、盛京堂 光緒二十六年

閏八月二十七日丑刻到

頃照杏翁電擬奏稿奉商，請酌改。各省有願列銜者，即照列。既有折衷一是之旨，香帥必須會銜。稿如下：奏為密陳大計，以救危亡，恭摺仰祈聖鑒事。竊以此次拳匪肇亂，中外搆兵，馴致決裂不堪，實為千古所罕見。各國因聽各駐使之言，歸罪於誤信拳匪之王公大臣，必欲嚴速懲辦，方可議和。臣坤一、臣之洞每晤各國領事及經過洋員，剴切開導，示以閏八月初八日諭旨，囑其轉達外部，催令開議停戰。而各國以事未施行，疑係空言搪塞，固執前説，衆口一詞。觀於德、日所覆國書及美總統之言，其情可見。若不迅速懲辦，現在聯軍已抵保定，並聞將趨正定，似此深入不已，萬一漸引而西，斷非程文炳、董福祥等所能敵，亦非百二河山所能阻。不得不仰懇宸斷，立將該王公大臣分別治罪安置，毋令隨扈，以平各國之憤，以釋各國之疑，當可早日開議。該王公大臣誤用拳匪，或出一時愚忠，惟各國嘖有煩言，勢將憂及宗社，即應以身任咎。古來當國輔臣，每遇水旱盜賊，輒以佐治無狀，自請罷斥，義固應爾，史册可徵。況輕開鄰衅，乘輿播遷，該王公大臣應亦體量及此。且由我速辦，尚存自主之權，去可復還，奪可復予。若遷延日久，時局日非，深恐將來要索益堅，轉非該王公大臣之福。此外各省有釀成拳禍，殺戮無辜之員，應行重懲，朝廷自有權衡。臣等自五月以來，驚魂欲斷，血淚將枯，自維待罪疆圻，何敢妄預內政。第事關存亡大計，不得不冒死瀝陳，伏乞皇太后、皇上聖鑒。謹奏云。此奏若發，未可再遲，擬即電陝藩具摺密陳。候電覆。坤。宥未。

盛京堂來電并致劉制台、袁撫台 光緒二十六年

閏八月二十七日巳刻到

慰帥擬俟慶、李不中再會奏，似不及。同時並舉，方能折衷一是。日來英、美領事密告，如各帥不能自請辦理，恐聯軍一面正定而西，一面假道長江，由襄陽入陝，只拏禍首，並請鑾駕北返。惟念長江有約，不便用武，可否與兩帥説明，並無惡意，不過假道等語。當告以長江為入陝門户，督撫斷不能允假道，雖明知不勝，亦必效死。各省糜爛數十年，難復元。近日洋人多以此相詢，雖多方解説，仍恐水陸兵多，久則必變。可否請峴帥候鄂電即將全奏電陝藩代繕，應列銜者，速電商列。宣。宥。

劉制台來電并致袁撫台、盛京堂　光緒二十六年閏八月二十八日戌刻到

鄂感一電悉。所論極是，惟事機萬緊，挨一日壞一日，宜急圖之。若慶、李奏到，聖意尚在躊躇，得此亦可加勁。若已辦，重出何害。儻所辦不合分際，或別有要言，仍可續陳。鄙意即發為宜，望速裁示。東三省等事電奏甚佩，請香帥速主稿電示。坤。儉。

致行在軍機大臣鹿尚書潼關飛送　光緒二十六年閏八月二十八日巳刻發

慶邸、李相皓電奏請懲辦拳黨，計廿六日可到，有無明旨及寄諭，祈速示。此事爲大局存亡之機，洞係會辦人員，故敢奉詢。聯軍已過定州，到新樂，即赴正定，將攻山西。東三省、山海關全失。如未詳知，可問夔相。切盼電覆。儉。

致上海盛京堂、江甯劉制台、濟南袁撫台　光緒二十六年閏八月二十八日午刻發

請速轉邸、相。文曰：王爺、中堂鈞鑒。聯軍西行，攻晉必速。此時正定有宋、馬、董履高諸軍，獲鹿、井陘一帶有方友升一軍，兵少械缺，如何能禦，不戰既不可，然一戰之後，必藉口攻城占地，晋省全棄，不可收拾矣。馬玉崑良將，棄之亦可惜。此事十分爲難，實無善策。查前撫毓賢已開缺，不應禍延晋省。中堂、王爺奉便宜行事之命，務望婉言力阻聯軍，允以嚴懲毓撫，痛剿晋匪，且緩數旬聽我辦法再進兵不遲。至直、晋諸軍，應如何辦理，鈞懷想已妥籌辦法，并望一面電告錫中丞。祈速電示。坤一、之洞同肅。儉。等語。峴帥願列銜與否，請速電杏翁。再，杏電兩路西追一節，兩月以前早知此謀，近日英派小兵輪入襄河量水，敝處力阻止，此非到日久決裂，不至出此。此時不慮長江、漢口，慮山西耳。儉。

致江甯劉制台、濟南袁撫台　光緒二十六年閏八月二十八日午刻發

京官苦極，去留不能，將成餓殍。況行在無百僚隨扈，庶政無人分理，且通達事理時勢之人太少，大有關繫，雖欲奔赴行在，限於無力。鄙意擬合江南、山東、湖北三省共湊四萬金，江、鄂各萬五千，東一萬，如慰帥願多出或願少出均可，由匯豐匯京，交李傅相查明分散，言明專指京堂、翰詹、科道、部屬、閣中書數項，每人給一百五十金，爲出京赴陝盤費，言明務須赴行在，不赴陝者，止給百金。大約不滿三百人。此舉不特作功德也。近見自行在來人談及隨扈、迎駕兩項人員，皆屬寥寥，其議論皆是一派舊話，於時局一切茫然，憂焦萬分。若京員多到行在，諸君身受困厄，必能瀝陳利害，上啟聖心，下贊樞府，實裨大局。此舉擬由我三人爲之，不約他位。如允，祈即寄款，當由鄂先墊款交匯豐寄京，並擬公電致傅相呈教。請速覆。勘午。

袁撫台來電　光緒二十六年閏八月二十九日酉刻到

勘午電悉，極善。聞京官多匿城外四鄉，應請傅相訪勸。但由京西行，沿途洋兵、土匪梗阻，勢不能行，或由傅相商明各國，由船送滬、襄西上較便。京官在東者亦不少，每位送百金。勸令

西行，而稍明通者，均以首禍尚在，多不願往。東省自六月後，京津來者，公私籌助計逾三萬，嗣後仍須接濟，此舉遵湊一萬，請先墊即撥兑。昨京來人述啟、崇兩公被洋兵執，崇得保釋。京官食力者多云。凱。豔。

致太原錫撫台光緒二十六年閏八月二十八日午刻發

李傅相電、保定探電，均言聯軍萬餘到保定，前隊已到定州、新樂，將攻山西，其來必速，專爲毓中丞招匪殺教，必欲甘心。查毓已開缺後，是否仍駐固關。方友升軍是否已到獲鹿、井陘，二千餘人如何能禦聯軍大隊，一戰之後，彼必藉口晉軍與戰，攪壞和局，攻晉有詞，晉省全棄矣。此時方軍如已到獲鹿，似宜速撤至固關以内，平定一帶晉兵太少，藉以自固。如未到獲鹿，似可移紮趙州一帶。留此一軍，洋兵慮我有兵議其後，或尚遲疑。照此兩辦法，此軍尚有用，若駐獲、井，徒棄之耳。並請即刻遵旨出示痛剿拳匪，認真派兵拏辦多人，飛速移文正定告聯軍，並言方軍專爲剿匪，至要至要。此爲晉省計，請裁酌速辦。至擡槍當撥濟二百枝，解到太緩。毅軍兵殘械缺，無力協濟，敵來甚速，解亦難到，到亦無益。毓中丞現在何處，切盼速示。方軍九月以後三箇月餉已起解，到營須九月下旬，務望暫借應急，至感至禱。均望電覆。之洞、蔭霖同覆。儉辰。

錫撫台來電光緒二十六年九月初六日子刻到

電悉。承訓示，感甚。方軍已入井陘，湘軍張道到固關分紮，内外氣相聯，餉可通融。毓中丞已赴晉，民弱不敢生事。拳匪多客民，良到任嚴拏正法，餘遠颺。洋教士、教民加意保護，並撥勇附近彈壓，洋兵應無可藉口。儻竟欲來，派員接以禮貌，婉勸折回，萬不肯輕開衅端，致礙和局，然亦萬不能放敵入關，上貽君父之急。如彼輒動兵戈，勢難束手以待，實逼處此，應為共諒。貴提夏等軍在晉南，層層扼紮。灾祲迭報，庫空如洗，萬難支持，協濟擡槍，叩謝。李傅相在京開議如何。剛相廿四侯馬作古。錫良。江。

致長沙俞撫台光緒二十六年閏八月二十八日未刻發

唐才中可不殺，以招羣匪，此是要著。兄弟駢首，實有不忍，如能痛發逆謀，勸解匪黨，即可自贖。此却有實用也，望速酌示覆。與諸紳會議若何。此事似無他辦法，密查嚴防，誅渠寬脅而已。儉。

致江甯劉制台、上海盛京堂、濟南袁撫台光緒二十六年閏八月二十八日亥刻發

濟勘、江勘戌電均悉。遠離晉省下，已加但不宜調赴行在，更增各國口實十三字。僅調毓，雖不能止兵，或可緩攻晉，因此人爲歷次聯銜奏及，此次慶、李奏所未及，正可補其缺，似乎有益無損。遼關全失，雖有滬私電，未必即進呈也，或候聯銜請懲首禍之奏，同發何如，請裁酌速覆。聯銜請懲稿，即刻當酌添數語電達。儉亥。

致江甯劉制台、濟南袁撫台、上海盛京堂光緒二十六年閏八月二十九日寅刻發

會奏請懲摺，擬改數處。聽各駐使之言六字，擬删去，不必添。誤信改信用。經過洋員，擬改美新使柔克義六字。抵保定下，加前隊已到新樂六字。正定下加攻山西三字，萬一兩字必宜删。迅速懲辦下，加無以彰兩宮之本意，無以杜回鑾之要挾十六字。所能阻下，加欵議多延一日，洋兵多進一步，佔地愈廣，賠費愈鉅，和議條欵愈苛二十六字。體量及此下，加當不忍使二百數十年之宗社，二十二省之疆域，數萬萬無辜之生靈，舉以同殉三十一字。去可復還二句，與慶、李太兩歧，究有窒礙，擬删去可復還句。於復予下，添罪可復赦，開議以後尚可婉商十二字，仍是峴帥意較活耳。擬附一片，文曰：再考外洋各國通例，懿親有罪，亦不加刑，可較平人稍輕。臣等密探日本之意，似已許可，并以密陳。至尚書趙舒翹一員，各國雖亦指名請懲，其語氣尚不在最爲切齒深恨之列，或可稍分等差。臣等既有所聞，合併附陳，以備朝廷裁度，伏祈聖鑒。謹奏。等語。片內放鬆趙者，乃實情，且使朝廷易辦。各國最重者端、剛、毓、董也。鄂撫于頋列銜等語。正發電間，接滬勘密電，尊處想亦接到此奏，萬不可發，只可將全稿清出備查。既令慶、李擬議，旁人更難置喙，只可相機另籌補救之法。三公有何良策，祈示。報敵情，調毓撫一電，是否尚可發，或應酌改，請籌示。豔子。

致江甯劉制台、濟南袁撫台、上海盛京堂光緒二十六年閏八月二十九日未刻發

劉、張雙銜報敵情、調毓撫一摺，仍擬速發，首尾中間俱已改爲奏摺語氣。教民無算四字已照添。攻山西下，添且聞洋兵意在生擒毓賢，假使真有此事，殊於國體有傷二十二字。遠離晉省下，加但萬不宜調赴行在，更增各國口實十四字。明旨下加暨電旨三字。八九日改爲十日。並附一片，請馮方伯代繕馳遞，片即昨日摺內所擬之片，此時亦有用。其文曰：再，各國云云，伏祈聖鑒。謹奏等語，已電請馮繕就以待，請峴帥酌定，速電覆，並請徑電告馮處。再，頃聞剛故，此摺片仍有用，並請杏翁照改本轉邸、相。全文另咨。豔。

致江甯劉制台光緒二十六年閏八月二十九日戌刻發

豔午電想達。江、濟四豔電均悉。目下以報敵情尤爲要著。調開毓撫有益無損。若待慶、李擬奏奉旨，洋兵入晉矣。此摺似仍應發，尊意若何，祈速電覆。已電馮方伯處代繕，候至明日未刻。至會奏請懲摺，此時斷不可發，容再籌商。豔。

劉制台來電光緒二十六年九月初一日申刻到

豔午酉電悉。報敵情、調毓撫即照發，另片斷斷不可。既有旨飭邸、相密擬，則我輩萬難置詞，坤不敢列銜。已電馮發摺留片。東。

致西安馮藩台光緒二十六年九月初一日亥刻發

聞毓賢病故，確否。如毓已故，則江、鄂摺片均不必發，請即塗銷爲禱。切盼示覆。先。

致江甯劉制台、上海盛京堂、濟南袁撫台光緒二十六年九月初二日午刻發

江鼇電請傅相詢商各國，極是。事定回鑾，先行宣示。公疏雖未邀允，然諭内有長安原係暫行駐蹕一語，是將從前杜詩一句已漸化去。鄙人所附之片，想力贊都秦之諸公總不能不入覽動心。鄙人本言不勸回鑾，不阻幸陝，專爲附此一片，説破險遠無益。諸公之意亦只爲先行宣示，以免敵人西追。今若都陝之意漸改，則此疏似亦不爲無益。沃。

致上海盛京堂轉李中堂光緒二十六年九月初二日午刻發

英、德新約結尾處甚不佳。伊藤秉政，與山縣、青木殊旨。人全我全，人分我分，總之，專看俄人。中堂深知俄情，楊使極能出力，惟望鼎力挽回，令其不變宗旨。盼示。冬。

盛京堂來電光緒二十六年閏八月二十九日申刻到

羅使儉電，英、德於本月廿三日互换保護中國商務土地照會四欵：一、中國沿江沿海以及英、德權力所及之處，無論何國，一體通商惠工無阻。二、英、德並不乘機而取中國土地，均俾令保守中土無闕為政策。三、如他國乘機取地，英、德另行商明保守權利之法。四、英、德將此約告明奥、法、義、日本、俄、美六國，請其照辦云。除轉京外。宣。鼇。

致上海盛京堂轉李中堂光緒二十六年九月初二日午刻發

到津入京以來，折衝維持，力爲其難，曷勝馳念。電旨想已覆奏。惟京城與長江往來電信，或三日到，或七日到。事機萬緊，開議以後，美、日兩國均允借用其行軍電綫，此時如早能商借，益處實多。如能商移在津議，似尤便，不知可行否。勘電祇悉，各國數條，望先密示端倪，以便籌度備采。籌欵實愧無術，敬讓諸公。來示有更新之望，是否各國有勸我行新政之意，大端係何事，祈密示。某某雖孱，有明機者仍少，運會使然，不能逆覩。冬。

致東京李欽差光緒二十六年九月初二日亥刻發

聞各國已有成議，限制中國兵械礮臺，駭極，永無自强之望，且不成自主之國矣。此事與他國説無益，日本同洲而鄰俄，中國稍能自立，尚可爲日本之助。望公速探商伊藤及外部，務設法改去此條。聞各國有公約，有分約，日本想亦必有分約，係何欵，尤望探示。沃。

李欽差來電光緒二十六年九月初六日亥刻到

法人倡議限制臺、械，他國不盡謂然。諸國每有擬索條欵電商他國之事，無所謂公約，惟英、德有約，另電詳陳。鐸。語。

李欽差來電光緒二十六年九月初七日酉刻到

東報載俄外部所擬辦法六條：一、中國政府須保護各國在華人民平安。二、義和團頭目須嚴辦。三、償欵。四、京沽鐵路須歸各國管理。五、直隸省交各國為質。六、償欵由荷蘭都城弭兵

會議定。法廷照會各國，擬欵五條：一、各使指索之主謀者須嚴辦。二、嗣後禁兵器運華。三、償欵。四、各使館須駐防兵。五、撤去大沽礮臺之礮。除第二欵各國不盡謂然外，餘多允從。又英德私約四條：一、中國各地准各國任便通商。二、英德不得乘此割地，須籌保華之策。三、如外國割地，英德為保護本國利益，須籌商臨機應變辦法。四、須勸各國贊同此議等語。合電陳。鐸。魚。

致廣州德制台光緒二十六年九月初二日亥刻發

聞惠州匪勢甚熾，或云供出係康有爲黨，或云係孫文黨，確情祈示。劉鎮永福現已自長沙折回，如電催其速回粵當可助力，蓋慮想已籌及矣。沃。

致荊州朱道台、奭道台、黄守邦俊，宜昌傅鎮台、陳守光緒二十六年九月初二日亥刻發

逆東所謂上游約期聚亂，此語似有可疑。近接湘撫俞中丞電，獲逆信四封，匪黨又派人寄款來，堅謀報復，恐是岳、常、澧匪徒將攻荊沙，故誘我撤兵西防，乘虛而入耳。黄守自應西上，且止兩營往，原無礙，但沙市須速加密查嚴防，至要。并告傅鎮、陳守知。沃。

致西安鹿尚書光緒二十六年九月初二日亥刻發

東三省全失，山海關亦失，俄踞開平煤鑛，德早踞房山，係爲扼西山出煤總口。聯軍欲攻山西，一爲欲生擒毓賢，一爲欲據山西全省之煤。前數日晤美使云，晉煤可供地球四百年之用。聯軍大隊萬餘，已踞保定，分兵到河間、阜城、景州，前隊到正定，即將攻晉。再聞各國通例，懿親可不加刑，不知待中國肯用此例否。附聞。並望告夔相。沃。

致江甯劉制台、濟南袁撫台、上海盛京堂光緒二十六年九月初三日辰刻發

陜撫岑電，劾董，上意不以爲然。講。

致西安鹿尚書光緒二十六年九月初三日巳刻發

榮相何日可到西安，有確信否。陶子方告病准否，想已晤，精力究竟如何，聞尚能支持，似不宜許其退休方好。假如政府以後添漢員，鄙意陶子方最好，清廉儉樸一也，熟悉外事二也，正而不迂三也，中外漢員無出其右者。樞廷重於兩廣，看近數月情形，似德靜山尚可勝任。假如添滿員，端方最好，忠愛懇摯一也，通達時勢二也，才敏文優三也，中外滿員無出其右者。可否相機與榮相商之。鄙人爲大局，爲薦賢，毫無私意，祈鑒。再，假如有議及鄙人者，務懇代爲辭免。康黨會匪現謀大舉報復，鄙人一離鄂，兩湖立時大亂，衆論皆同，實非虛語。去年曾言有五不可，此時有六不可。千萬叩頭奉懇，感德無極。盼電覆。江。

致江甯劉制台、濟南袁撫台、上海盛京堂光緒二十六年九月初三日巳刻發

上此時決無回鑾之意，且實不可回鑾，恐各國强我以必不能行之事耳。德報議論，各國多有同者。第一難行之事，俄、英、日似可設法婉商。第二難行之事，外意内意皆難商矣。第三難行之事，京留洋兵太多，津駐洋兵太近，内外皆不易解説，看傅相有何良策矣。至限制武備尚不在内。慶邸又請回鑾者，迫於各國怵逼，親見洋兵日進，不得不屢次籲請，實無成算也。傅相電但慮籌欵，豈竟不憂此三條乎。第三條或可以陝豫速修鐵路推宕之，前兩條不議妥，和局能成乎。步步棘手，憂未艾也。覺。

致江甯劉制台、濟南袁撫台、上海盛京堂光緒二十六年九月初三日未刻發

此次會奏懲惡摺，峴帥擬稿極好，寬博得體。慰帥加數句，更爲周密。此稿若上，聖意必平，趙必自求罷矣。從前七月廿一日，傅相在滬發馬午會奏，惜行程急促，措詞微覺直率，不能用峴帥意叙稿。緣峴帥大旨只説三人，内有諸人應爲國任咎，爲主分憂等語，與此奏意同。若由甯擬稿，見效必較早。所以馬午電留中，直待沁電方略予處分，何也，以奏内全述外省四人，電有不回鑾亦可開議一語耳。此次奏不能上達，真可惜也。前數日甯電，文章家急脈緩受之説，誠然。覺午。

劉制台來電光緒二十六年九月初六日戌刻到

現在情形不同，拙稿似不用，如會奏必不可少，即請尊處另擬一篇，按照時勢立言，庶幾易於動聽。目下事機稍活，意見未融，並請密致樞垣，不可恃險主戰，一誤再誤，補救益難。秦、鄂毗連，得信較易，以後一切因應，悉仗賢勞。若需會銜，無不唯命。坤。魚。

致江甯劉制台、濟南袁撫台、上海盛京堂轉李中堂、并鈔送上海各國總領事光緒二十六年九月初三日申刻發

頃陝撫岑電，剛毅廿五日死、毓賢吞金死均確端不准隨扈等語。祈速告各使，晋匪我自痛剿，勿攻山西。速轉邸、相，並告各國總領事速電北京各使。覺未。

致東京李欽差、柏林吕欽差、輪墩羅欽差、巴黎裕欽差、彼得羅堡楊欽差、華盛頓伍欽差光緒二十六年九月初三日申刻發

陝撫電，剛毅廿五日死、毓賢吞金死均確端不准隨扈等語。望速告外部，晋匪我自痛剿，聯軍勿攻山西。祈覆。請楊使轉吕使。江。

致江甯劉制台、上海盛京堂、濟南袁撫台光緒二十六年九月初五日亥刻發

全權摺八日可到陝，已明言不置重典，尚屬可商。又加致仁

和兩電，摺鬆電緊，力量已足。假如我等會奏，若意在請輕，斷無此理，若意在請重，恐上誤會語意，則大不妥矣，自不宜再行會奏。惟此次斷不允將端圈禁，擬商邸、相，若此次處端太輕，各國不願，則電奏改爲看守陵寢、嚴加管束、嚴加約束等字樣，或易行。追革剛、毓，誠是，此等零碎事，會奏無味，亦只可電請邸、相電奏。若追革李鑑堂，萬萬不可。敵國兵争之際，斷不可刻戰死之人，且六使電奏各國，尚言徐、李已死免究，豈有疆臣自請追究之理。若事定以後，有人推論此次大局之壞，實由於徐、李、董三人文不知國勢，武不曉軍火，獎率邪匪，妄言浪戰，以致剛、端有恃，廷臣附和，貽禍國家，藉以儆悟現在無數昏謬之人，則是有益文字矣。餘詳另電。再，馮電未譯，適聞毓死，前摺已作罷論。并聞。歌。

致上海盛京堂轉慶親王、李中堂光緒二十六年九月初七日申刻發

王爺、中堂鈞鑒：昨與峴帥電商，因邸、相原請有圈禁字樣，恐上意必爲難，又多周折，若再輕又恐各國不願，故妄思一解圍之法，或聲明各國意欲如何辦法，今擬設法通融，或用約束管束字樣，於中國體制較好，或亦可搪塞外人。本俟峴帥電覆商妥，再電達京城備采。此係商而未定之語，非敢妄參末議也。至此説有無妨礙，究竟應如何酌擬，如何措詞，自應聽候邸、相裁酌，朝廷聖斷。至外人是否願意，更不敢懸揣，萬望勿以鄙説爲據。至禱。陽。

致上海盛京堂轉李中堂光緒二十六年九月初八日辰刻發

歌電悉。英、日所勸之新政係何條目，此節甚關緊要，當不止代理財、代練兵兩條，祈示。聯軍聞前隊已到獲鹿，能止其勿攻山西否，并示。丹綫已通海綫，想是丹綫已通京城，果爾，以後京、陝電可速。祈杏翁速覆。庚辰。

盛京堂來電光緒二十六年九月初七日寅刻到

傅相歌電囑轉致江、鄂帥云：冬電悉。子通與俄商，先交收三省城，現奏請派明白曉事者，頗難其人。各國數條，重在賠欵、留兵。英、日勸行新政，代為理財、練兵，有礙自主，難允。董、毓續請重辦，當可開議。回鑾固多難處，外兵藉詞久佔大府，亦將分據。瓦帥竟住儀鸞殿，無法過問，如何結束。軍綫遲速不等，丹綫已通海綫云。宣。魚。

致太原錫撫台、江甯劉制台、濟南袁撫台、上海盛京堂光緒二十六年九月初九日未刻發

昨接李傅相電，聯軍西趨，意在生擒毓賢，晋省極危。正深焦灼，適接陝撫岑中丞冬電，云毓吞金自盡，確。趕即電達慶邸、李相，轉告各國公使，並電達我各駐使轉告外部，毓死忿洩，勸勿攻晋。兹接駐英羅使微電覆稱，據沙侯云，英廷現無攻晋之意，並願日後可免此舉。駐俄楊使陽電復稱，外部云俄無意攻晋等語。其餘各國尚未回電。乃台端未電，云毓中丞已赴西安，不勝詫異。此信得自何處，聞之何人，是否確實。如毓果未死，則須速電邸、

相及外洋各國更正，庶免疑爲欺彼，致失憑信。究竟毓死未死，祈飛速電示。佳。

致江甯劉制台 光緒二十六年九月初九日未刻發

楊欽差來電：江［電］悉。君側稍清，事機大轉。外部謂俄方籌撤兵，保守之師即未能必，更無意攻晋云。數日未接北電，聞開議展期。儒因俄意見好，故與商先交還東三省，尚順手，惟吉、江兩將軍新放何人，前詢傅相無覆，甚盼。儒。陽。轉。佳。

致上海盛京堂、江甯劉制台、濟南袁撫台 光緒二十六年九月初九日亥刻發

昨讀寄羅使電旨，語意平淡，大約到陝以後，隨扈大小臣工必以安宅可恃之説進，尚不如在晋時有急迫恐懼之意矣。以後悍謬護前諸人繼起者，恐尚不少，心實憂之。三路西追，由漢口、襄河進兵之説，八月内早已聞知，即杏翁來電所云也。不必攻陝，但使截斷長江，關中安有糧餉。會奏摺片已言及此意，因長江疆臣不便屢以此説上陳，請杏翁將此實情詳電夔相。其時邸、相電奏亦到，有益大計非淺。盼電覆。青。

致江甯劉制台、濟南袁撫台、上海盛京堂轉李中堂 光緒二十六年九月初九日亥刻發

洋兵步步加緊，令人難堪，邸、相日來不知已電奏否。竊謂峴帥前豔電詢商各國之法最妥，且正與宥電旨渾言泛指，反覆詰責開議無期之諭相合。計邸、相摺奏必已到陝，若無電奏，恐又多周折，急甚。佳亥。

盛京堂來電 并致劉制台、袁撫台 光緒二十六年九月十一日巳刻到

頃奉傅相佳電云：江、鄂陽電悉。各使合請將十一人[一]正法，已死者尚不深責。此事竟無辦法，徒費時日而已。又接傅相齊電轉樞廷云：廿六電旨未便遽覆，因各使會商，欲將前旨王大臣九人及董、毓均須正法，尚在磋磨商減，始可覆奏議處。摺到，如能將董、毓一併發落，亦先發制人之計等語。冬、江兩電亦已改寄樞廷。昨有交邸、相電旨，令阻洋兵前進，速籌開議，并商停戰，免誤大局。至釀禍諸臣處分，疊諭該親王等秉公復覈，擬議密奏，著一併速行電覆等因。電旨迭催電奏，而相謂未便遽覆，實則江電及會稿已覆廿六電旨也。凡説重話之電，皆相單銜。邸素謹慎，不肯會奏。聞岑電云，果置諸臣於重典，能否即定欵議，雲帥咫尺天顔，想能仰窺聖意。香帥可否囑堯階私電一詢，如能即定欵議，能否酌辦數人。按兩次電旨催議，指為釀禍諸臣，天心似已悔禍，臣下疑為偏袒，或是誤會，亦未可知。峴帥、香帥同是便宜行事，雖未便奏劾，似宜切實公電邸、相，折衷一是。行在極慮洋兵西逼，當以敵之進止視此為衡。疊言簡要，必蒙俯納。名叩。軫。

[一] 本年九月初五日，各國駐華公使一致通牒要求懲治載漪、載勳、載瀾、溥静、剛毅、徐桐、趙舒翹、英年、李秉衡、毓賢、董福祥等十一人。

致濟南袁撫台、江甯劉制台、上海盛京堂光緒二十六年九月初九日亥刻發

慰帥江電所謂老去悲秋，强自寬耳。如此議和，斷不能止爭賠欵。愈久愈難，中國不可爲國矣。惟第一難行之事或可化去。德無窺東意。泰。

致輪墩羅欽差、巴黎裕欽差、彼德羅堡楊欽差、柏林呂欽差、華盛頓伍欽差、東京李欽差光緒二十六年九月初九日亥刻發

八月廿三日奉到行在初七日旨：李鴻章電奏閱悉，即著派劉坤一、張之洞函電會商。等因。欽此。同日又奉行在十四日上諭：李鴻章疊次電請添派王大臣會辦欵議，除已命慶親王奕劻星馳回京，並與劉坤一、張之洞函電互商外，即著添派榮禄會同辦理，並准其便宜行事。等因。欽此。閏八月廿二日又奉行在八月二十日旨：慶親王奕劻著授爲全權大臣，會同妥商應議事宜。劉坤一、張之洞均著仍遵前旨會商辦理，並准便宜行事。該親王等務當往還函電會商，折衷一是，勿得內外兩歧，致多周折。等因。欽此。謹恭録電聞，即祈轉達外部，請其電告駐京公使知照。佳。

致楊欽差電知照句下，加請轉呂星使五字。

致江甯劉制台、濟南袁撫台、上海盛京堂光緒二十六年九月十一日亥刻發

濟蒸、真，甯尤、兩真，滬眕均悉。陝電，鄙人愚昧，未能窺測，無從答覆，反詰萬萬不可，會覆尤不可。氣魄如此，彼必具奏。假如朝廷又反詰諸臣：爾等若能擔認，欵議即日可成，洋兵即日全撤，津、沽、關、遼即日全還，賠欵不得過三千萬，一切政權不得干預，朝廷即照各國所請重辦，將如何覆奏耶。滬電既有阻洋兵催擬議之旨，不宜多生枝節，已囑介弟將會奏內敝處所擬諫阻都陝之附片電陝，此即所以覆也。公電邸、相一節，有損無益，若傅相措詞太鬆，然後公電以堅之。今傅相齊電實已盡情傾吐，辦法已極重，人數已過多，又將冬、江兩電改爲公寄樞廷，可謂極緊，正是透過一步説法。誠如甯電所云，試思再有何話可説，豈江、楚兩督其力大於德、法兩君乎。況敝處前聞洋人言必欲重懲者，止端、剛、毓、董四人，尚不如各使所請十一人之多，如何能置議乎。竊謂不必。軫亥。

致江甯劉制台光緒二十六年九月十一日亥刻發

盛電促江、楚公電邸、相，意欲傅相將江、楚之言叙入電內，以厚其力耳。傅相江、齊兩電已用師子全力，全權之職自當如此，且亦無妨如此。慶邸尚不敢列銜，而以三漢大臣請誅王公多人，有此體裁否。如果添叙江、楚兩人之意，必致激成猜疑，無從補救矣。此公電萬不可發。尤亥。

致江甯劉制台光緒二十六年九月十二日卯刻發

前因久不開議，各洋報紛紛猜擬，究不知各國政府實在要指。恐其强我所難，必歸決裂，特於前月中旬約漢口英領事來見，囑其電達外部，探詢大指，有無萬不能行之事。閱數日，漢英領來，

出示外部英文覆電，云英國並無傷犯皇太后之意，惟專意相助兩宫除左右惡黨等語。旋於二十六日接尊處宥電，轉甯英領述外部電云云，蓋即漢英領所接外部復電也，惟甯領有修飾潤色之處。兹特將原委奉達，並照譯外部覆電備考，俾知原來語氣。錫子。

致輪墩羅欽差光緒二十六年九月十二日午刻發

湖北省破獲富有票逆匪唐才常一案，供出係康有爲主使，擾亂沿江沿海地方，搜出匪單内列邱菽園爲正龍頭。湖南省緝獲唐才常弟唐才中，供稱邱菽園寄居新嘉坡，康有爲常寓其家，唐才常與康信札即交邱轉寄，此次滋事邱曾捐洋五六萬元等語。查邱菽園係福建舉人，在新嘉坡經商，家道殷實，何致甘心附逆，自覆宗邦。必因在外洋年久，不知中國實在情形，誤信康黨造謠捏誣之詞，以爲康黨真爲保中國，保皇上起見，是以慨助貲財。豈知康黨此次作亂，實係勾結會匪，妄覬非常，攪壞東南商務大局。其往來逆信中，於皇上蒙塵西幸，目爲西竄，有此時此機萬不可失等語。搜出洋文規條，有指定東南各省爲自立之國，不認滿洲爲國家之語，各國領事人人共見。搜出康有爲密札，又有欲圖自立，必先自借尊皇權始之語，借字可惡，明説是借保皇爲名，以作亂矣，悖逆詐僞，何嘗絲毫有爲皇上、爲中國之心。今詐謀敗露，逆蹟昭彰，中外皆知。現又在廣東惠州作亂，供出確係康黨，諒邱菽園亦有所聞。務望台端迅飭新嘉坡領事官立傳邱菽園，告以康黨之狡詐欺人，剴切開導曉諭，萬勿爲其所愚。若以好義之心，反誤爲助逆之事，殊爲可惜。並令領事官轉告諸華商，嗣後勿再容留康黨，接濟巨資，擾亂中國，至要至禱。餘另咨詳達。祈即電覆。文。

致江甯劉制台、濟南袁撫台、上海盛京堂光緒二十六年九月十二日戌刻發

軫電想達。擬罪係派邸、相密奏，全權以外，斷無妄干之理。若多方開悟聖心，會辦自當助力。擬請峴帥速將前會奏未發之稿，酌量添改，加入兩意。其一曰兩宫西幸在途艱苦情形，臣等聞自晋來者言之，憤恨涕泣，無地自容。聞到陝後仍復日夜憂焦，懸望欵議，臨朝輟食，還宫需襟。若不早圖定局天下，爲臣子者問心何以自安。從前在京肇衅之王大臣，目睹兩宫遭此困厄，當亦有所不忍等語。其二曰近見各國國書，接晤各領事、公使，仍是諄諄以懇請回鑾爲言。此時洋兵雲集，京城危險，如何可回。然彼族多方要請，總執此節爲詞，計惟有早懲首禍，或可以此抵制回鑾等語。至西趨晋豫，截斷長江，占盡畿輔，多增兵費等語，從前所無者，亦須添入。雖有忠義效死之軍民，實無戰守可恃之槍礮等語，從前已説過者，仍須敘入。其發端處及中間，均就現在情形另改。此奏不提如何懲辦之法，但云除釀禍諸臣，罪名已由臣某某等遵旨磋磨商减，酌擬密奏請旨外，此外有應添要義及重複疏漏之處，請峴帥酌添酌改。慰帥卓見，亦請賜示。稿妥後速電傳相，擬請於邸、相兩銜覆奏外，另具一電奏，邸、相、江、鄂四銜同時發電。若邸、相謂不宜會銜，則江、鄂兩銜具奏，或摺或電，悉照邸、相擬覆之件約定，總以同日進呈爲度，他省似不必列銜。近日寄諭惟當謹守疆土，接濟行在，語意甚明也。傅相江、齊兩電，文骨已足。此奏專補文情，以冀稍

助萬一。但擬添兩意，只是大意如此，並非即照此詞，務須另行改妥。是否，均請示覆。錫申。

劉制台來電并致袁撫台、盛京堂　光緒二十六年九月十三日戌刻到

鄂錫申電悉。江、鄂另具一奏，以助全權，自是有益無損。提空立論，亦合會辦分際。香帥擬添各節，文情悱惻，必可動聽。此奏與邸、相似異實同，一係直諫，一係婉諫，所有重筆均可删除。務請香帥大筆酌改，萬勿客氣。此等重大文字，只以大意為主，字句不必過於推敲。為時已迫，勿須再商，發後電示可也。邸、相不列銜何如。坤。覃。

致上海盛京堂轉李中堂、江甯劉制台　光緒二十六年九月十二日亥刻發

考外洋各國通例，懿親不加刑，似可援此例相商。想中堂已言之矣。錫酉。

致江甯劉制台　光緒二十六年九月十三日午刻發

八月間張、陳兩軍南潰，傳相言陳軍早遣爲妥，台端八月咸電有酌量裁併之語，甚佩卓識。頃聞人言，陳軍自謂人數齊全，仍索全餉。查陳軍北上之時，沿途逃散，缺額已多，敗潰爲盜，南歸無幾，人人共見，此時另湊亂人數千，有何用處。且當日路過景州，攻打教堂，浪費無數槍礮藥彈，死一提督反自詡爲奇功，大言報捷，已屬謬妄，而因此洋兵深恨，必欲來景州報復，貽禍景民，其罪多端。此時似宜多發餉銀，責令遣散，以省巨餉，而除後患。至張提督自較陳爲勝，其營勇尊意擬留若干，祈示。此因當日鄙人有勸留兩軍在直、東之語，今悉其謬，故特亟亟更正前日之誤，非無故越俎也，祈鑒。究應如何辦法，想台端自有衡奪耳。元午。

致江甯劉制台、張次珊京卿　光緒二十六年九月十三日未刻發

英領前請派小輪入襄河量水，係照總署奏案洋輪准行內河之條，敝處已阻止之矣。聞次珊告人言鄙人令英輪入襄河，乃係訛傳，請勿信。元未。

致江甯劉制台　光緒二十六年九月十三日亥刻發

覃電悉。鄙人數日來憊極煩極愁極，神思頗昏，不能作長篇文字，務懇公擬全稿電示。再，十數年以來，鄙人若爲人畫策屬稿，亦有見效之時。若自行具奏，易者亦難，通者亦塞。事關大計，不敢不以實告，望勿遜讓延緩。頃讀滬轉文密信，愁煩又加十倍。邸、相覆奏尚早，此電奏可詢明傅相，約期同遞。元亥。

致上海盛京堂轉李中堂、江甯劉制台、濟南袁撫台　光緒二十六年九月十四日辰刻發

致傅相電，云京官苦極，去留不能，行在無百僚隨扈，庶政無人分理，其欲奔赴者，限於無力。茲江南、湖北、山東三省共湊二萬五千兩，由上海余道交道勝銀行匯京，請傅相轉交陳御史璧、朱學士祖謀、喬主事樹枏，查明京堂、翰詹、科道、部屬、

內閣中書數項，以二萬分濟留京者，儘數酌送，以五千儘數分濟赴陝者，作赴滬到鄂川資。其赴陝者似宜託名回籍，請傅相轉商英、美、日照料送滬，由盛京堂備船赴鄂。其赴陝川資，於過鄂時由洞計人數酌送。江南、湖北、山東三省尚備有公欵，如出京赴滬川資不敷，請電示續寄。統祈酌辦示覆。此舉與救濟會無涉，合併聲明。坤一、之洞、世凱同啟。鹽。

致輪墩羅欽差、巴黎裕欽差、柏林呂欽差、彼得羅堡楊欽差、華盛頓伍欽差、東京李欽差光緒二十六年九月十六日子刻發

前接陝撫岑電，云毓吞金自盡，確，等語，急以奉聞。頃續得陝撫岑電，毓事近無所聞，前信恐不確等語。然聞毓確已離晉，晉撫錫力任剿匪。茲特電達，祈速告外部，將前説更正，以免疑前電爲相欺。至要。咸。

致上海盛京堂、江甯劉制台、濟南袁撫台光緒二十六年九月十六日辰刻發

甯咸、滬兩翰悉。會奏萬不可發，洞斷不敢列銜，請峴帥亦不必發。十一人全未擬滅，太重難行，一也。洞斷不請回鑾，全權所奏正與鄙見相反，二也。前兩日既令楊使等商滅，又不候覆，三也。奏尾云請俯聽全權，大不妥，請俟下次再相機協助。祈覆。諫辰。

劉制台來電并致袁撫台、盛京堂 光緒二十六年九月十六日子刻到

鄂元亥電悉。香帥既再三見委，自應勉擬一稿。竊謂此奏命意，一在破主戰之惑，一在助全權之力。應辦何人何罪，均可不必明言，方是烘托之筆。拙稿奉呈鑒正，即存杏翁處，候邸、相電奏到日，一同電陝，不先不後，庶可得勁。香帥如肯酌改，亦即逕電杏翁照辦為禱。奏稿如下：行在軍機處鈞鑒。此次與各國議款，首以懲辦釀禍諸臣為請。業奉電旨，飭令慶親王、大學士李鴻章與之磋磨，密擬具奏。該王大臣自必竭力商辦，覆奏到日，朝廷具有權衡。顧坤一等鰓鰓過慮，則以洋兵日西，事機萬緊，有不得不再瀆宸聽者。陝西古稱天府，今非雄都，時勢固自不同，戰事亦各有異。洋兵乘勝鋭進，連横而來，不畏數萬里之海，豈畏二千里之陸。以北京士氣之新，軍械之利，尚難資以禦敵，豈陝西大河之限，潼關之隔，即可恃以無憂。且入陝之路歧出，備多力分，斷難抵禦，此地利不足恃也。鑾輿駐陝，需用浩繁，西北力有難支，東南責無旁貸。目前沿江沿海各省暫示羈縻，尚可妥籌運濟，一有決裂，恐難任我轉輸。近接各處電音，備述各國意指，有謂宜分攻晉豫者，有謂宜進兵襄樊者，甚且欲以留還洋款為詞，禁我運解京餉。和局若變，戰艦即來，各省專顧籌防，關中將成坐困，此接濟不足恃也。各（國）［省］伏莽潛滋，會匪遍布，大局未定，竊發時虞。即以沿江而論，如湖北漢口、安徽大通之案，可為前鑒。幸經派兵速剿，不致蔓延。若值敵艦來侵，何能兼顧。和議一變，各國分路進兵，匪徒乘機起事，外患內訌，天下騷然，將有瓦解之虞，適激瓜分之禍，此又時局之大可憂也。

總之，以一國而敵八國，强弱異勢，衆寡相懸，和戰機宜，無待蓍蔡。坤一、之洞聞自晋來者，歷述兩宫西幸在途艱苦情形，蕪亭豆粥，滹沱麥飯，憤恨涕泣，無地自容。並聞聖駕抵陝後，仍復日夜憂焦，懸望欵議，臨朝輟食，還宫霑襟。若不早圖定局，天下臣子問心何以自安。從前在京肇衅之王公大臣，扈蹕西巡，目睹兩宫遭此困厄，當亦有所不忍，自應為國任咎，為主分憂，更何忍以二百數十年之社稷，二十餘行省之人民，舉以同殉。況慶親王、大學士李鴻章公忠體國，休戚相關，既奉諭旨磋磨，若非舌敝唇焦，商酌至無可再減，亦何敢據以上陳。古來聖帝明王，每遇陽九之厄，往往委蛇求濟，隱忍圖存，上懼宗社存亡，下憫生靈塗炭，不惜一時之屈，但期百世之安。屈可復伸，衰可復盛，史册昭垂，斑斑可考。我皇太后、皇上量同天地，澤沛華洋，伏願俯聽全權大臣之言，以平各國之憤，以聯各國之情，庶幾早日開議，挽救危局，不勝迫切待命之至。請代奏云。坤。咸。

劉制台來電并致袁撫台、盛京堂　光緒二十六年九月十六日戌刻到

邸、相奏十一人均正法，恐難辦到，且云楊使等商減未覆，此奏到日，亦未必有諭旨。慰帥葉電慮激變，自在意中。昨擬會奏，香帥以邸、相所奏意見不同，未可發，極是，或稍遲再相機陳奏。前稿暫存，屆時再請香帥酌改。坤。銑申。

致江甯劉制台、濟南袁撫台、上海盛京堂光緒二十六年九月十七日未刻發

十一人全誅，斷辦不到，且亦不可。傅相致滬電，言必須辦三四人，似須透出此意，方不激怒，然邸、相電奏並不提明，未解一也。楊使等覆電，或可輕減某某數人，或全不輕減，似均須奏明，二也。董固當誅，但現握重兵，須爲朝廷籌出辦法。似可與各國明言此人允以必辦，須容我稍緩罷其兵後再辦，各國或可允。或傅相别有可辦之策，亦當即行密奏，三也。請回鑾，專爲挾制起見，宋徽宗已脱復還，古今殷鑒。不知重辦罪魁，雖暫不回鑾，亦可開議否，傅相似須向各國切商確詢爲妙，四也。若各國嫌辦人太少，或設法將已死者湊數，剛戮尸，徐桐、徐承煜、裕禄追奪，崇綺撤卹典，譚文焕重辦。此外擇次等庇拳有據，如端、剛、李、毓等部下之員，查明奏辦數人，則合計已有十餘人，或可搪塞，五也。請三公籌度，如有可采，或别有了事法，或有善處董之法，速示，再當妥酌。公電傅相，此時先不必電。篠。

致江甯劉制台、濟南袁撫台、上海盛京堂光緒二十六年九月十七日未刻發

陝電榮相廿日可到，又探電，陝撫岑昨奏毓賢請治罪，升允開戰衅，請遣戍，留中。竊意必俟榮相到，楊使等覆電亦到，再定辦法耳。榮到後，或上意已回，允准重辦，或上意激怒，調東南各省兵助豫戰，均未可知。如再戰，大事去矣。惟有請峴帥飛電榮相，分寄潼關、西安兩處，大略言不重辦斷不停兵，斷不能阻西進，斷不開議。若西進斷無一軍能戰，即人人死戰，中國斷無許多之彈藥。辦首禍所以爲兩宫計，辦董所以爲榮相計，若再延緩，恐更强我以難行之事等語，須痛哭流涕言之。請榮相先籌畫，後召對，或不致再誤三誤，直誤到底。此爲最要第一著。請

峴帥速電，亦望慰帥速電更好。餘事少刻續陳。洽午。

劉制台來電并致袁撫台、盛京堂　光緒二十六年九月十八日申刻到

鄂篠、洽午電悉。全誅固辦不到，商減亦恐難允，辦董尤費手，回鑾則萬不能行，湊數搪塞徒費脣舌，何能了事。局勢相逼，一有決裂，不可收拾矣。邸、相奉諫電旨，必切實覆奏，約計各星使亦可覆到。兩宮果堅持和議，何惜此數人，惟董握兵柄，恐致激變。若能商緩較妥，第慮難允耳。榮相處當密致一電。昨商電奏事，必不可緩，盼香帥速電覆。坤。巧。

致江甯劉制台、濟南袁撫台、上海盛京堂　光緒二十六年九月十八日卯刻發

霰旨想已見，必俟楊使覆，榮相到，方能決計。洽午電請兩帥分致榮電最要，先發榮電，再議其他，不然萬言無益。會奏自不可少，已改一段，添一段，少刻即電呈。陝已轉圜，榮能助力，可望有二三分功效，若榮亦憤，大局全翻矣，何論轉圜乎。致榮電，務懇其勸上忍氣，不可顧虛面子，不可代臣下受累，不可再講磋磨。我自堅持，人自進兵，雖催不理，此係正其誤兩宮禍宗社之罪，非媚敵人。兩帥分電最好，候覆。洽亥。

致江甯劉制台、濟南袁撫台、上海盛京堂　光緒二十六年九月十八日卯刻發

合肥前十日有電奏，言楊使電稱，俄願交收東三省，請派綽接收，故綽調黑龍江，想尊處已知。此次文奏又言電楊使等商減未覆，却又執定十一人，此磋磨就範、合持力辯旨所由來也。和局未定，遼東如何能交，合肥此奏自鬆自緊，未解其意。事急爲難，老筆亦有疏漏耳。篠亥。

致西安岑撫台[一]　光緒二十六年九月十八日卯刻發

保定删電：德、法、英、意出有告示，云廷雍及城守尉奎文，縱庇拳匪，罪尤應殺。沈臬職小罪輕，擬以革職等語。屢接錫中丞電，毓賢微服赴豫，至河北道，應如何辦法，應請豫撫示，或問政府，不敢妄議。洽亥。

致江甯劉制台、濟南袁撫台、上海盛京堂　光緒二十六年九月十八日酉刻發

擬改會奏稿全文云云。應增應減，請峴帥斟酌，逕電滬速致，一面見示。慰帥、杏翁如有卓見，亦請酌示。要緊在結尾與軍機大臣榮禄等從長計議兩語。妥否，祈詳酌。嘯申。

致江甯劉制台、濟南袁撫台、上海盛京堂　光緒二十六年九月十八日亥刻發

嘯申奏稿想達。與榮相等從長計議一語宜删，仍請峴帥酌，目前諸軍改爲董福祥、程文炳諸軍。此文用意專在速懲首禍，抵制回鑾，此數語萬不可删，要緊要緊。餘皆聽峴帥酌改，電滬即

[一] 指陝西巡撫岑春煊。

發，不必再商。請杏翁設法催電局速轉，遲則明日不能到陝矣。巧酉。

劉制台來電并致盛京堂、袁撫台 光緒二十六年九月十九日申刻到

鄂嘯、申巧酉兩電悉。拙稿一經斧削，頓覺改觀，欽佩之至。請杏翁速發，並照巧酉電删改字句辦理為禱。坤。效未。

盛京堂來電并致劉制台、袁撫台 光緒二十六年九月二十一日未刻到

鄂嘯奏得甯效電，已照巧酉删改代發。此奏必能得力，刻即函寄邸、相。宣。效。

致東京錢念劬光緒二十六年九月十八日亥刻發

巧電悉。非新都不能改，正與鄙意合，足下真解人也。日政府是否亦有此意，速示。襄陽狹陋，萬難駐蹕，鐵路修通，陝亦非遠。日本若真願中國改政自强，必當諒我助我。巧。

致西安鹿尚書光緒二十六年九月十九日子刻發

洋兵已逼大同，不重懲首禍，斷不停兵，斷不能阻西追，斷不開議。董、程斷不能戰，即人人死戰，斷無許多之槍礮。每槍斷無彈子五百顆，一戰即罄。潼關、黄河並無礮臺，斷不能守。無論幸蜀幸甘，必致我往寇往。磋磨之法，此時難行，我自堅持，人自進兵，雖催開議，置之不理。親貴亦係臣子，此舉本屬罪人，君國爲重，罪臣爲輕。合肥電云十一人即不能全辦，亦必須多誅數人等語，斷非誅一毓所能了事。總之，辦首禍所以安兩宫，辦董所以保榮相，若再拖延，恐更强我以難行之事。今日已會新甯痛切電奏，不知蒙采納否。中外諸臣，死不足惜，兩宫可憐，宗社可惜。公受特達殊恩，務望切商諸公，設法回天。此時惟有忍氣暫屈，顧全宗社。榮相將到，或有轉機。此電望並呈榮相、夔相閲。嘯。

致江甯劉制台、濟南袁撫台、上海盛京堂光緒二十六年九月十九日午刻發

擬會峴帥銜致軍機處。電云：頃會奏，力請懲辦首禍，以挽危局。繼思八國乘勝要挾，毫無顧忌。廷雍之事，不合西法，與尋常時勢大不相同，欲求輕減，固不可得，即既辦首禍之後，亦不敢必其不再要求。竊謂允許重懲，必宜從速，以阻進兵，而實在辦罪，則可稍緩，以防無饜，蓋求輕則必不允，求緩或尚可行。儻上意果允重辦數人，似可請旨先令慶邸、李相轉告各使，議定十一人已全褫職，聽候查辦，容俟審明情節，即按其情罪重辦數人，議定約辦若干人數，决不食言。但各國務速停兵開議，萬不可堅執必須回鑾方議，藉口拖延。候各國照允，我即重辦數人，以昭大信，較爲穩妥。管見上陳，敢請鈞裁詳酌。坤一、之洞同啟。等語。尊意以爲然否，祈妥酌速覆。效辰。

致江甯劉制台、濟南袁撫台、上海盛京堂光緒二十六年九月十九日午刻發

擬會峴帥銜電奏云云，尊意以爲如何，祈妥酌改定速示。以便即發。效巳。

劉制台來電并致袁撫台、盛京堂 光緒二十六年九月二十日戌刻到

鄂效辰電是前奏補筆，預跨一步，以免駁詰，可謂苦心孤詣。惟既辦首禍，亦不敢必其不再要求等語，適令頑固者有以藉口，恐他語概置不問，專注重此二語，則前奏又成贅文。商緩亦是搪賬法，此時恐辦不到。如上意照此辦理，外人仍不允，又費無數時日，西入愈深矣。或電邸、相酌裁，自是有益無損。效巳電請頒國書，甚善，亦須由全權電奏，甯、鄂會銜，方合體裁。卑詞卑字，究不宜用，統祈香帥裁奪。如照此兩電致邸、相，坤當列名，請由鄂逕發。號。

致江甯劉制台、成都奎制台 光緒二十六年九月十九日亥刻發

頃接樂帥嘯電，擬請將明春鄉試改至秋間，恩、正兩科併舉，恤士節費，極善，各省想俱願。請峴帥電商定後，領銜具奏。效。

致西安岑撫台 光緒二十六年九月十九日亥刻發

榮何日行，廷雍事聞後，慈聖意若何，擬決裂乎，速了乎，究竟肯誅數人否，政府意若何，是否候榮到定計。事機危緊，彼族如何聽我磋磨，慶、李如何能以空言阻兵。董現在何處，共有幾營，回兵若干，分紮何處，其部下分統營官有回人否，有確知其性情純實者否，廷議擬如何安置，望密示。如令赴豫，恐引洋兵，蓋慮極是。馬安良幾營，現在何處，鄧增等何以遣回本任。祈覆。效酉。

致西安岑撫台 光緒二十六年九月十九日亥刻發

尊處需槍礮，誼當協濟。惟此間有槍無彈，一日止能造一萬粒，數月來撥解張春發軍、京營、鄂省援軍、錫軍、于中丞赴豫軍，費絀料缺，百計搜羅，晝夜加工，趕造不及，本省防營尚屬缺如。刻下晉電催械，寄諭催械，尚未湊足，尊需當竭力趕製，必有以報命。惟疊次解運餉械西行，洋人屢欲阻止，極力辯論，乃得無事。目前惟有密運，以後尚未可知。效。

致潼關、西安榮中堂 光緒二十六年九月二十日午刻發

相節馳驅，藎勞備至，馳念實深。時局一變至此，中流砥柱，惟賴中堂一人。洋兵西趨，禍機愈緊，慶邸、李相空言辯論，斷難阻止。今各國仍堅請回鑾，事理自是萬萬不可，惟有速籌抵制，方可免彼要挾回鑾。今日不比尋常，議約可以持久，磋磨拖延愈久，將來條欵愈很，必致中國不能自立。近日上海洋人昌言將斷東南接濟。伏思兩宮播遷以來，已經備嘗艱險，若各國宗旨漸變，大局立將不支，疆臣雖死，豈足塞責。惟望中堂大力回天，力勸朝廷息怒忍氣，從長計議，以安兩宮而保宗社。洞不能爲國家捍患分憂，咎責憤疚，豈可勝言。近遵旨屢與劉峴帥會商會奏，冀補救萬一。因不知行旌近到何處，故不能肅函。謹電陳愚衷，仰祈藎鑒。帑。

致華盛頓伍欽差、俄京楊欽差、東京李欽差、北京美國柔克義大臣光緒二十六年九月二十日申刻發

聞聯軍在保定殺直藩廷雍等六人，又聞洋兵到各縣有因殺縣令者。雖洋報有廷雍前曾縱拳之説，然自七月以來確已悔過，派兵剿匪。況洋兵到保定及各縣，廷藩并未率兵拒戰，且出城迎接，牛酒犒師，可謂以誠相待。乃先未明言欲殺，又不聲明其罪，請中國自辦，徒令仇視洋人者以後愈加激憤，主持和議者以後難於開口，實深焦急。美國和平信義，欲全中國自主之權，此次與各國商允，由中國自辦首禍。今保定所爲，與美國意指兩歧，當不以爲然。但此事已往，不必深論，可慮者洋兵尚在四出，不知將復何爲。務請切商美國政府，力勸各國切勿再逞兵威，安定人心，免添枝節，庶令贊成和議者易於措詞，民間不致怨恨不服，則和局早成，農商早得復業。不勝企望，祈電覆。號。致美使電文內，美國字樣均稱貴國。和平信義句，貴國字上加素仰二字。

楊欽差來電光緒二十六年十月初八日酉刻到

號悉，當即切電外部，請俄力勸各國止兵安民，以速和議。外部改日可歸，未知肯先覆否。保定之師，俄即不與，逞兵四出，俄亦不謂然。但彼曾云，中國果早謀了結，必無此枝節，若仍復因循，恐亂於和局，成否在己不在人，俄實愛莫能助等語。各國雖不欲久延和局，然懲前毖後，侵我主權，皆在意中。若不早決變宗旨，户部前曾密談，恐各國有來春截秦運道，或改立政府之意。勢成騎虎，胡不可為，曠日愈久，出計愈奇，勿以彼不貪地之言為可恃，現在難允之欵，恐終於一允。各政府均授權各使暨統帥，未肯遥制，轉圜之計在內而不在外。儒兩次電疏，已痛陳廷議之害，同此焦急，公有何旋轉良畫。儒。漾。

伍欽差來電光緒二十六年九月二十四日酉刻到

迭商美廷，據覆，中朝降旨懲治禍首，只望確實懲辦，俾足蔽辜。美既撤隊，別國逞兵難勸阻，恐散大局。廷。

致江甯劉制台、濟南袁撫台、上海盛京堂轉李中堂光緒二十六年九月二十一日亥刻發

善將軍來電：和議久未定，聞洋兵分支西進保定，文武被戕。行在尚有阻和之人，鈞處有確音否。倭墨使室田前過閩，語意詭狡，似預圖厦島，又畏列國知覺。筠帥許以如有變，准其兵船在厦口外游巡，並准陸兵登岸，將致厦提督函稿送伊酌定，僅未立約。竊意和局不定，各國必不預爲之地，日本此舉別國又多一藉口矣。聯。效。等語。此舉可駭，謹照轉，請傳相迅速設法挽回。箇戌。

致江甯劉制台光緒二十六年九月二十一日亥刻發

辜人傑係最大頭目，無論在押在保，均請解鄂審辦。尊意如欲貸其一死，俟解鄂後自當酌辦。現在康黨時圖大舉報復，昨得廣藩來電，廣東轟炸撫署，訊係康黨所爲。非多辦緊要匪首，不足以靖兩湖，即不足以保長江。兩湖既亂，三江斷不能獨完，故辜人傑一匪，更不能以自首而寬之也。此次國會〔一〕中前列查出

〔一〕指本年七月初唐才常等八十餘人在上海召開的「中國國會」，推嚴復、容閎為正、副會長，以保全中國自主、創立新自立國及請光緒帝復辟等為宗旨。

各省文武官紳甚多，鄙人不肯株累，一綫可原，務從保全，若逆亂之尤，確有實蹟者，不敢不極力訪拏，以杜再舉，而保大局。諒蒙鑒察。馬。

致上海盛京堂轉李中堂光緒二十六年九月二十三日子刻發

議約爲難，實深馳繫。此事似須有精明洋人兼通中外情形者爲助，如中堂有思慮不及處，或可贊助一二。美國人最好，但倉卒難尋。查担文精幹多謀，在華年久，若許以重金，令其迅速北上赴傅相處，以資采訪參酌，當有裨補。雖英人心必爲英，但謀議在彼，聽否在我，惟此人必須厚幣。事關大計，鉅欵不足吝也。是否，祈酌覆。養亥。

致太原錫撫台光緒二十六年九月二十三日子刻發

頃上海英總領事電稱，請電達山西各地方官，代出賞格曉諭，如有人能將教士尋獲一人，護送至通商口岸者，即謝洋銀五萬元等語。特電達，請即飛速通飭全省，並出示懸賞訪尋，如能尋獲數人，於晋省大有裨益，并望將示稿賞格擇要電覆，以便照覆。鄙意似可由官出賞銀一兩萬元，餘銀歸領事出。總之，晋省所存洋教士斷不能多矣。再，晋省拳匪必須趕緊痛剿，尊處如已剿辦，并望將現在辦法，已正法若干名，及札飭告示，摘要電示尤妙。望速酌辦。速覆。梗。

錫撫台來電光緒二十六年九月二十八日申刻到

梗電悉。各國教士在晋無多，良到後疊飭妥為保護，並安輯教民，痛懲拳匪，訊明正法者，亦八十餘人。遵旨嚴示，以後不准再有義和拳名目，有即重辦，幸早遠颺解散。茲令平陽等處詢教士，如願歸，當派妥員護送通商口岸，川資晋給，無須賞銀，一面通飭懸賞訪尋，容續報。錫良。宥。

致江甯劉制台、濟南袁撫台、上海盛京堂光緒二十六年九月二十三日丑刻發

吕使電既催覆，若商邸、相，往返又須數日，恐國書已發，豈能接連通書。此舉有益無損，不過條陳，不礙全權之職，正所以助全權也。況邸、相近奏仍力請回鑾，與此奏立説不同，如何肯照辦。茲仍擬甯、鄂會奏，將原電前半增改，皆照原稿語氣，似並不鬆，仍是以緩回鑾一節催重懲也。如有應改處，請峴帥改，由鄂發。禡。

劉制台來電并致袁撫台、盛京堂光緒二十六年九月二十三日亥刻到

鄂禡電悉。改本甚善，坤當列銜。日來西安電報未提保定一字，或尚未知，深慮激怒有變，擬於即非真心願和等語句下，加保定戕害廷雍，不合公法，然戰勝之後何所不至，豈復有情理可喻廿六字，下接竊思聖人之道云云。請香帥裁酌逕發，不必再商。坤。漾酉。

致江甯劉制台光緒二十六年九月二十三日亥刻發

頃德領事來見，云奉德使電：本大臣告慶邸、李相，傳聞長江兩制台有調動之説，惟劉、張均係會議和局之人，若有更調，

各國斷不允，請慶、李預爲奏明。該領事務將此情面告制台，並告以奉本國政府諭，兩制台如有急需，德國水師必相助，但須兩制台需用，告以要調船，方派船入江等語。惟滬總領事與江甯無密電碼，想尚未轉達，請代爲電達尊處等語。鄙人答云，好意感謝，但兵船尚可不需用，兩江當代達等語。近日英、德各領事屢以滬上謡傳長江督撫有更調之説，來詢敝處，答以並無所聞。而彼以長江緊要，恐有更動，至累商務，總不放心。德使所言，前一段似尚是好意，惟後一段師船相助一層，不知是何用意，或係藉詞派船入江斷接濟耶。然又諄諄聲明，待江鄂要調船方派船來，實不可解。台端深識，當能推測其故，請示覆。漾。

劉制台來電 光緒二十六年九月二十四日戌刻到

漾電悉。敝處昨接滬德領電，廿六偕提督來甯，已撮要電尊處，來意難測，如與漢德領所言同，當照公因應各語答之。師船相助，祇能道意並現在無須謝之。儻不即回滬，隱斷接濟，亦惟有相機設法婉勸。已熬半年，當握定堅忍二字，公謂何如。坤。敬申。

致江甯劉制台 光緒二十六年九月二十三日亥刻發

頃英領事來函，英提督西摩擬於一兩禮拜内來鄂，問敝處願其來否等語。不知西摩入江是何用意，已知會尊處否，尊處如何答覆，務祈即刻示覆，以便照覆英領事。漾。

劉制台來電 光緒二十六年九月二十四日酉刻到

漾電悉。前次西摩請由甯來鄂，經弟勸止，此次入江，敝處未准知會。昨法總兵乘鐵艦來甯，並言改坐小船來鄂。頃又接德總領電，該領奉本國政府札令來見，德水師提督亦願同來，廿六可到，聲明小作勾留即回滬，請擇相近敝署之衙署，俾稍憩息等語，未知何意。如議及禁止接濟西省，何以答之，祈速覆。英提來鄂，就情勢似難阻，聽之何如，仍望詳酌。坤。敬。

致上海盛京堂 光緒二十六年九月二十四日寅刻發

電旨到滬、京者，電奏到陝者，均必先過漢口，若到滬再轉，多遲一兩日。擬請台端轉飭武、漢兩局，如有上下官報，於過境時先送敝處一看，以便早籌，且免奏事參差貽誤，密者斷不先洩。敝處擬派一小委員駐漢局經管此事，薪水火食雜用皆鄂出。此時機要，鄙人似可與聞，務祈飭局照辦。至禱。漾亥。

致江甯劉制台、濟南袁撫台、上海盛京堂 光緒二十六年九月二十四日卯刻發

陜探電，董在西安統廿五營，分紮臨、渭、二華，内回兵五營等語。馬、丁均留晋，程赴彰、衛、懷，鄧增回固原，專留董在肘腋，一若董自安排者，其中必有故。此事十分可駭，百思不解。又陝電，廷事已聞，無激意。日來消息甚惡，山海關本係八國旗，現已專插俄旗，西摩將入江來見，以後難料。養旨尚未見，急悶。漾。

致西安岑撫台 光緒二十六年九月二十四日卯刻發

箇電悉。關内專留董軍，極可駭，係何意，祈示。各國消息甚惡，謂中國拖延太久，宗旨漸變。英水提西摩將入江來見，山

海關忽專插俄旗，日亦圖廈，此外奇聞尚多，將糜爛矣。榮相到後，大局當有卓見，速密示。敬丑。

致江甯劉制台、濟南袁撫台、上海盛京堂光緒二十六年九月二十四日午刻發

養旨已見，會奏不對題，恐國書亦無益。致邸、相電已改好，更用不著，以後恐專逼回鑾矣。敬巳。

劉制台來電光緒二十六年九月二十四日申刻到

辦首禍已揭曉，恐未滿外人意，然在我未便再請加重，應候全權與各使商酌辦理。惟回鑾一節，目前萬不可行，各國雖仍以此為請，必須婉商，勿强我所難。兩宮由槍林彈雨中倉猝出都，前奉諭旨，讀之泣下，何忍再以萬乘之尊，蹈不測之險。保定廷雍之事，不合公法，令人寒心，更何敢以兩宮作孤注。擬會公分電各星使，向外部婉為商勸，先行開議，俟和局大定，再請回鑾，似是有益無損。若能與國書並到，更可得勁。請酌覆，即由敝處擬電逕發。坤。敬。

致江甯劉制台、濟南袁撫台、上海盛京堂光緒二十六年九月二十五日卯刻發

陝要電：榮到，請誅一毓未允，其餘可想等語。近事多不可解。禁端必是榮力，何以反不能誅毓，並不能黜趙，一也。廿一日催邸、相速擬電覆，何以廿二不候覆奏即揭曉，二也。即使畏董任董，何妨多留衛兵，今外軍分防晉豫，陝軍盡遣回防，獨留一董，若惟恐有他軍，則董有顧忌者，護董而不自護，不解三也。此時欲盼一綫轉機，只有開悟榮相一法，勝於懇求外部。請峴帥、慰帥再飛電榮相，懇其電覆數語，略得端倪，方有思路。定興、嘉州敝處已屢電，發揮盡致，究難得真際。若必西追，兵難戰，險難恃，無槍礮，斷接濟，抵回鑾等語，昨奏已說盡，再奏無益，反延時日。祈速酌覆，餘詳次電。敬戌。

盛京堂來電[一]并致江甯督署、濟南撫署 光緒二十六年九月二十五日午刻到

榮相歌電：時事危迫至此，已往不足復論，各國連兵入都，驅除拳匪，安輯居民，宗社磐安，百官無恙，朝廷感佩，一意言和。試觀聯軍赴保，而我牛酒郊迎，代除館舍，中國之銷兵悔禍，列邦當共鑒此心。來電謂首禍十一人，必戮三數人而後開議，以彼狂愚召亂，至於二聖蒙塵，衣冠涂炭，此曹誠何足惜。惟事須宸斷，非臣下所敢質言。鄙人亦知和議一日不成，天下一日不定。昨抵秦後，恭謁行在，反復開陳，兩宮英明，立頒嚴詔，各罪人俱加重譴，其次亦分別降革有差。朝廷舍己就人，列邦似可止兵釋忿。足下洋情洞悉，受國厚恩，當諒朝廷之苦衷，急君父之危難，晤各領事時，亦宜曲陳利害，務釋猜嫌。前者使館頗，中國已經引咎，及聯軍入保，我無一矢相遺，而藩司以下文武被戕者六人，以暴易暴，已足相抵。而我又不護親貴，或永遠圈禁，或遣戍極邊，若猶不肯言和，固屬中朝之憂，亦豈列邦之利。越海

[一] 録自苑書義等主編《張之洞全集》第十册，第八四〇一至八四〇二頁，河北人民出版社一九九八年版。

駐兵，勞師糜餉，不利一。和局不定，商務不興，不利二。逼人太甚，朝廷誠不肯失和，而愚民悍黨尚多，鹿鋌走險，獸困猶斗，我不能制，彼不勝防，不利三。何如及早議和，留中國自主之權，保列邦無窮之利，環球輯睦，永固邦交。足下聰明，其善達此意云。欲以廷藩等相抵必不允，領事毫無議事之權，擬即據實電覆。帥有高見，乞示。宣。敬。

致江甯劉制台、濟南袁撫台、上海盛京堂光緒二十六年九月二十五日卯刻發

大局險極，辦法窘極，此時惟有請邸、相迅速切直電奏，如邸不允，請相單銜。江、鄂一面電樞，或電榮，瀝陳英添兵，美、日袖手，三國提督入江，敵輪逾百艘，舊式臺礮不能拒，在北陸兵逾十萬，晋、豫兵不能敵數層説透，不能顧門面。昨會奏雖已説過，文繁未必細看。此電削膚存液，或較醒目。請樞相機開陳，俟邸、相覆到後，赶緊補救。總之，今日大病在最淺一事，實由文武大小臣工將領罕有知槍礮爲何事者，即董福祥亦不知也，以爲人多即能戰，地險即能守，不知戰守皆憑槍礮，非徒手勇夫也。又不知藥彈有減無增，藥彈用盡則有槍礮與無同也。鄙人體驗數年，深知主戰諸人受病之根，實在於此。近見某公請防晋、豫摺中，有安設礮位一語，不知土礮止鐵彈一枚，擊遠半里，不能算礮也。又不知敵船上礮能擊陸軍，陸槍行礮不能打一寸鋼板之船也。以爲中國人多，不知人多非兵多，且今日各省雜湊之勇，亦並不多也。奏内不便瑣瀆，電樞似可詳言。以上各語，如要人肯看完想過，自無主戰之説，卓見以爲然否。再，德書已覆，措辭漸懇切。至他國通書，擬俟一二日。外人有語氣，傅相有覆電，或樞有覆電，再加切題語，請速發，較得力，免空文惹外人厭。如兩日無他信，亦即電奏，即改擬奉商。再，由滬電京，由京電滬，究竟須幾日。此層甚緊要，務望杏翁速示。敬。

劉制台來電[一] 并致濟南袁撫台、上海盛京堂

光緒二十六年九月二十六日亥刻到

鄂兩敬、濟有電悉。榮愛董實不可解。敝處致兩電均未覆，豈密碼遺失耶。已電詢，俟得覆當再致電説明。董係榮用，儻有變，天下後世不能諒，宜速圖之，盡吾忠告而已。人多地險不足恃，前已詳奏，此時只能電樞，不可再奏，請香帥酌辦。至請頒國書，俟邸、相或樞府覆電再辦，極是。日内邸、相如有電奏，請杏翁速示。濟有電末段，或俟與各提督晤面，或即敘入致樞電内，統祈香帥卓裁。坤。宥。

致江甯劉制台、上海盛京堂，杭州劉撫台、惲藩台光緒二十六年九月二十六日子刻發

洋人紛傳各國以衢案久未辦結，將派洋兵入浙剿匪，實於大局有礙。似宜速自派大員，帶重兵赴衢認真嚴辦，以免藉口。無論如何，總勝洋兵入浙。務祈詳酌，并將現在情形示慰。衢被害教士，係英、美兩國人，儻聯軍果有此舉，江、鄂似可會電上海英、美總領事，告以我自派兵嚴辦，勸其切勿壞東南之約。如峴

[一] 録自苑書義主編《張之洞全集》第十册，第八四〇三頁，河北人民出版社一九九八年版。

帥謂然，請即挈銜電杏翁，轉勸領事爲禱，盼示覆。傳言滬領事有照會與峴帥，不知有無其事，如確，峴帥如何答覆，并示。有戌。

劉撫台來電光緒二十六年九月二十七日巳刻到

有電敬悉，極感。衢州城内亂民戕教士七人，即戕西安吴令之匪。城外被戕教士四人，係土匪所為。土匪先後剿殺將二千人，但戕教之匪，無從質證。城内亂民戕教戕官，先經將鎮、道、府一律撤换，旋即奏請革職。是時匪亂於外，民變於内。堂一面責成新任敖鎮天印剿匪，一面責成新任徐道士霖捕兇。土匪經敖鎮督營剿清，惟城内首從各犯，徐道獲解寥寥，迭經嚴札催辦，均未報。現已將該道撤任，即日委郭道式昌前往，勒限獲兇了結。堂於此案竭盡心力，求公及峴帥將此情形公電盛京卿，轉勸滬領事，是所至感。樹堂。寢。

劉制台來電并致盛京堂、劉撫台光緒二十六年九月二十七日巳刻到

鄂有戌電悉。洋兵入浙，雖未必確，不可不慮，總以自了為是。請景帥照鄂電速辦，以保東南大局，一面請杏翁密訪，如果有派兵入浙意，當再會鄂公電。坤。宥。

致江甯劉制台光緒二十六年九月二十六日子刻發

運局設漢後，南餉南漕踵至，洋人嘖有煩言。鄙人告以此係京餉漕米，不能不解，我固願遵旨保護外人，尤不能不接濟朝廷。惟兵械則彼大不願。昨于中丞赴豫，帶親軍千餘，械不少，彼來問，力解乃已。西摩來，自應見之。德水提晤後情形速示。有亥。

劉制台來電光緒二十六年九月二十七日戌刻到

有亥電悉。昨下午德提、總領來見，請間入内，亦以銀米解陜為言，疑為專養董軍。喻以兩宫在陜，官員兵勇雲集，安得不辦接濟。次問江、鄂有無調動之信，如果調動，德廷決不允行，現備兵輪若干入江阻截，並慮出自董意。喻以中朝頗知江、鄂辦法甚是，並不調動，董更無此權力。嗣即切詢北事如何措置，方能了局，喻以親王永遠圈禁，法無可加，惟毓未辦死罪，將來不難嚴懲。至董現統重兵，不可操之過急。彼亦深以為然，而堅請設策速辦。又喻以董為天下切齒，苦於近在肘腋，下手為難，惟有先行開議，撤退京城聯軍，而後迎還車駕，董必不敢同來，留陜無可挾持，則易制矣。彼即同來，不許多帶甘軍，亦易為力云云。該總領等欣然，許即電知公使以及外部，未知究竟何如。德提等辭行回滬，似無來鄂意。該繙譯謂德望和議速成，以保商務，與法人言同。濟南宥電，聯軍多回天津，或有悔禍之機耶，尊處當有確音，尚祈電示。坤。沁。

致西安湖北糧道譚道台光緒二十六年九月二十七日寅刻發

疊次函電均悉。計今日可抵西安，欣慰。貢物箱簍擦損處，祇須略爲收拾，務於一二日内進呈，不必過求精緻，免再耽延。宥。

譚道來電光緒二十六年九月二十三日申刻到

感、勘兩電，信、許二稟，計均呈覽。守廿一抵潼，山路崎嶇，銅布箱外包不無擦損，餘無恙。廿六可達秦，當俟修整後進

呈兩宫。前月廿六南渡，船飾錦繡，賞賜頗豐。廿七幸華廟拈香，初一未刻駐蹕長安，改北院作行宫，規制華麗，約費十萬餘金。車駕所過，每站約用一二萬金。聖躬均安，隨扈僅那王、瀾公等，雖同行，已置閑散，各堂除政府外，到只二三人，司員亦寤寐，内廷一切悉雲帥照料。樞廷惟王、趙、鹿三公。榮相廿一可抵行在。端邸聞赴甯夏探戚。莊邸聞在臨潼。剛、毓故。陳桂生尚書亦歿於潼。夏軍紮韓侯嶺，鄧軍回固原，宋軍駐太原，程軍門統五省援軍紮彰、衛、懷。昨經途遇董軍門，現駐長安。各省解到餉銀約一百四五十萬，蘇、豫解到米約九百石。長安麪價需七十餘文。二麥未種，盼澤孔殷。餘到秦詳稟。宇叩。馬。

致江甯劉制台，杭州劉撫台、惲藩台，上海盛京堂光緒二十六年九月二十七日巳刻發

洋兵將入浙，乃鄙人廿五日親聞一緊要洋人言。該洋人囑勿言是渠説，故渾言洋人紛傳，蓋洋報亦有也。若不早了，彼必藉端攪壞東南之局。此事非空言所能搪抵，必須認真拏辦。聞衢州事甚棘手，然專派大員帶兵前往似不可少。至於到彼辦法，自可飭令斟酌妥辦，蓋我派兵，正所以杜彼派兵也。管見妄陳，請景帥裁酌。感辰。

致江甯劉制台光緒二十六年九月二十八日酉刻發

木齋有電：各使擬索各欵，其撤沿海礮臺，禁軍火進口，京沽沿途駐兵最爲狠毒。果確，是有自主之名，而無自主之實，且照此如何回鑾，必須力争，萬不得已亦須有年限。惟傅相向不願預商外間，若與各使議定後再將全約寄來，囑我兩人畫押，此時依違兩難。似宜及早會電邸、相，請其隨時將各欵先行會商江、鄂，再行答覆各使，免致徒有會議之責，而無會議之實。尊意謂然，即請會電邸、相爲禱。儉申。

盛京堂來電并致榮中堂、劉制台、袁撫台光緒二十六年九月二十七日子刻到

李木使有電：東報載倫敦電駐京各使會議擬索各欵：一、為克林德立記念碑，派親王使德慰謝。二、廢總署。三、懲首禍各王大臣。四、撤大沽及直隸沿海礮臺。五、禁軍火進口。六、肇亂地方停考試五年。七、按各國通例改覲見儀注。八、留兵保護使館。九、京沽沿路酌駐兵。十、償欵。另稱，第二條當是改為外部，止設大臣一員云。乞轉榮相云。宣。宥。

盛京堂來電并致榮中堂、劉制台、袁撫台光緒二十六年九月三十日亥刻到

聞各國續增數欵。因教案罷斥人員不得任用，係美國提議。重定現行條約，係英國提議。派員監理中國財政，備抵償欵，係義國提議。傳聞各使自行會議，廿八可畢云。鐸。豔。宣轉。卅。

劉制台來電光緒二十六年九月二十九日亥刻到

儉申電悉。此次事變為從來所未有，各國索欵亦必出乎意計之外，勢使然也。木齋有電果確，改覲儀、設顧問兩條多流弊，然尚可争，餘則各國所最注重，固知邸、相必争，恐亦徒勞。惟有定年限一策，稍資補救。償欵必鉅，非加税斷不能支，請公擬稿會電邸、相為禱。各欵請先商，免將來為難，極是。第相距太遠，全權答覆恐有迫不及待者，須如何方妥，祈再酌。坤。豔。

致巴黎裕欽差光緒二十六年九月二十八日酉刻發

聞中國和議，各國在巴黎會議，不知確否。查江、鄂均係奉旨會議和約，尊處如（可）［有］所聞，務祈隨時電示。至感。儉。

裕欽差來電光緒二十六年九月三十日未刻到

巴黎會議，未聞其説，俟有聞再陳。庚豔。

致太原錫撫台光緒二十六年九月二十八日酉刻發

宥電悉，即當轉告英總領事。惟教士存者必無多，能尋獲一二人亦好。請通飭各屬，查明各處教堂財産匯欵，官爲經理點收，外人必咸頌德政。緣今夏以來，晋省曾飭票號，凡洋人匯欵皆不准交，故望查明著落也。儉。

致杭州劉撫台光緒二十六年九月三十日卯刻發

寢、勘、儉、豔五電悉。洋人重在辦犯，即戕官巨案，亦須多辦數人。果能多獲真匪，道、府亦未必真欲苛求。台端親往查辦，深仰藎勞。聞衢案之匪多在城内，雖不能不藉兵威，然恐難用兵力。似可飛速切諭紳董，曉以利害，令其自行公議，舉出真匪送官，以保全闔城生靈，浙省全局或可早了。蓋派兵以杜外人之口，責紳以爲拏匪之實。惟此係鄙人遥度臆揣，妄獻芻蕘，是否對題，統請裁酌。豔。

致長沙俞撫台光緒二十六年九月三十日卯刻發

哿、感兩電均悉。衡案獲犯五人，然教案既出以後，道、府出示均甚謬，足見心地欠明晰。近聞浙江衢州教案，鎮、道、府均已革，因獲匪太少，英擬派兵前往，勢甚汹汹，並請將道、府駢誅，語極悍暴。劉景帥甚急，現雖由浙派兵往捕，並解匪數人，英領尚未鬆口，目前敝處正與江南調停此事。前數日法領事亦有派兵赴衡之謬説，如不將地方官參處，勢必不行。兹擬將道、府均開缺留省另補，以示薄懲。即由尊處具奏，會敝處後銜，使外人知係台端所參，將來教案較易商量，不宜會敝處前銜也。再，衡州現有勇營，何以不彈壓，其咎重於文官，必應併參，請查明速覆。和局尚未開議，危險已極，各省教案賠欵，恐不能包括在内。豔。

致太原錫撫台光緒二十六年十月初一日卯刻發

邸、相電，懲辦禍首電旨，各使譁然，不日備哀的美敦照會，不允行，禍將莫測。西陵已派兵看守，又分兵往東陵、張家口，力難勸阻等語。德提督到金陵，英提督、法水師副提督到漢口，其語意皆欲截斷東南接濟。再，各國意，端、莊圈禁已可，餘人太輕，董、毓尤不行。撮要奉聞。先寅。

致長沙俞撫台光緒二十六年十月初一日午刻發

豔電想達。衡州教案，法領催辦甚急，著重道、府處分。前電請將道、府奏參開缺，揣其詞意萬不能允。浙江衢州教案，道、府已革，尚請駢誅，劉景帥來電擬將鮑道再參發遣。現在時勢危急，彼族凶燄方張，且該道、府既不能防範保護，而所出告示又復輕信謡傳，怪謬惹事，若不嚴參，無以杜法領之口。兹改請將衡州道、府奏參，均以同知降補，仍由尊處具奏，列敝處後銜爲禱。祈示覆。東。

致江甯劉制台光緒二十六年十月初一日午刻發

卅西電悉。孫領事言，會奏劾董若照辦，即開辦等語。開辦之辦字，是否議字之誤，祈查明速覆，當即擬議辦法奉商。東。

劉制台來電光緒二十六年十月初一日寅刻到

頃英領孫德雅來稱，董爲禍首，外人切齒，各駐京公使已照會全權，請速將董調開嚴辦，並電令該領商兩江、湖廣，會奏劾董，若照辦，即開辦等語。欵局已有端倪，似不值因董一人再有決裂。觀榮致盛電及袁轉陝友電，即再電榮，恐亦無濟，似不若據領言，由我兩人再行電奏，盡此心力。如公謂然，即請主稿，挈銜電發爲禱。坤。卅西。

劉制台來電光緒二十六年十月初二日子刻到

東電悉。昨電是議字。今晨閱邸，相兩奏，局勢益急，已擬具會奏電稿呈鑒，望核改速發，切禱。坤。東酉。

致江甯劉制台、蘇州盛京堂、濟南袁撫台光緒二十六年十月初二日寅刻發

先已電會奏稿讀悉，擬於不肯放鬆下添一段，文曰：近日漢口英領事法磊斯來之洞署，問及回鑾日期。當告以聯軍未撤，京畿未靖，如何遽能回鑾，臣下亦斷不能請，並詰以必請回鑾是何意。該領事云，回鑾則可離開董軍，免其挾制朝廷。之洞因告之曰，必俟回鑾，爲期較遠，未免躭延和議，若只爲離開董軍，此時我若將董軍調至他處，能即開議否。該領事詞氣似尚許可，答以當即電告公使。英領事語意，蓋欲先令董遠離聖駕，以便懲辦其餘，與坤一所聞大率相同。共一百六十一字。蓋此是近日實在籌商辦法。鄙意欲以離董抵回鑾，不能不敘入也。又立正典刑擬改爲必置重典四字，方與鄙人所議調開之説不相背，亦與尊稿下文或暫難嚴懲不相背。奪其兵柄上，加設法二字。中外之疑句，中外改各國二字。請酌定挈銜速由金陵發。東亥。

致江甯劉制台光緒二十六年十月初二日寅刻發

漢口洋人紛傳各國將斷接濟，德領事昨日來問英有照會到否。王世雄帶械太多，至襄河口向須過載換船入漢，必然漏洩。禁阻萬萬不可，務祈稍緩數日，妥籌善策，至要。盼覆。沃丑。

致雲南丁制台光緒二十六年十月初三日丑刻發

銑電悉。兩宮西幸，江甯、安徽均有貢品，湘貢九品，鄂貢十二品，衣料、食物、用物兼配，未拘方物。冬。

致上海盛京堂轉李中堂光緒二十六年十月初三日未刻發

諫電云赫德節略，此次賠欵，四五十年內每年須籌出三千萬等語。照此核計，似共須賠欵十五萬萬兩矣。又聞人言，赫德擬賠欵四千萬鎊，合銀不過三萬萬餘兩，一説參差未解。然則赫德所言每年三千萬兩，想是連以前洋欵在內。是否如此，祈速示。

講。

致江甯劉制台光緒二十六年十月初三日申刻發

蕭、江辰電均悉。西摩初四到鄂，約初五見，如有派兵入江意，自當力阻。請尊處即刻挈銜電羅使密查勸阻爲要。講未。

劉制台來電光緒二十六年十月初三日子刻到

西摩、霍領明日計抵鄂。該提上次來甯，即擬赴鄂。弟告以恐地方驚惶，勸其回滬，此次必有深意。凡我兩人應答各提、領語，不可兩歧。懲辦罪首，親王至永遠圈禁，無可再加。毓遠戍苦差不還，不為不重。董握兵柄，近在肘腋，急慮生變，須緩圖。若欲回鑾，非速開議撤聯軍不可，否則臣下不敢請，亦必不允。鑾輿駐陝，隨從雲集，東南理應籌解餉米軍械，方符率土之義，並非接濟董軍。如各國派兵至漢，斷我運道，是欲與江、鄂為難，恐與保護之章有礙，且河南、山西、四川等省仍可運濟行在，亦非扼漢即可困陝。和議漸有眉目，總宜設法速了，不可再起波瀾。敝處之言大概如此，祈公相機因應，晤後詳速電示，以便西摩來時照答為荷。坤。蕭。

劉制台來電光緒二十六年十月初四日酉刻到

講未電悉。羅處擬俟尊處晤西摩後，如有派兵入江意，再行會電商阻，若事前致電，設彼無此意，轉恐去電漏洩，啟彼窺伺之心。晤後情形，盼電示。坤。支。

致江甯劉制台、濟南袁撫台、上海盛京堂光緒二十六年十月初三日亥刻發

江辰、巳電悉。滬道所言是否確實，祈示。再，前兩日德領事以漢口謠傳，來詢英領事有無照會，并云德并無他意等語。今日見法副提督，語極和平，言願和局早成，中外共享太平之福云云。德、法既不生波，英何至獨爲戎首，或是訛傳耳。若英人以將斷長江接濟之語來相恫喝，要我速勸朝廷速定和議，則勢所必有，自當極力勸止。講亥。

致西安鹿尚書光緒二十六年十月初四日寅刻發

近日各國擬議條欵，駐日本李使已三次電達榮相，想已得知。其中惟派員監理中國財政一條最不妥，必須駁改。禁軍火入口一條，已經美國議駁，云或定期限，或議定管理章程等語，幸未嘗禁我自造。撤直隸沿海礮臺一條，恐費脣舌，看慶邸、李相如何商辦耳。江。

致西安鹿尚書光緒二十六年十月初四日寅刻發

將來究竟肯回鑾否，如必不肯回鑾，鄙人擬有一策，祈密示後奉陳。近日託英領事密詢英政府，據覆云，並無萬不能行之事。探詢日本人，語意相同。以上兩節，均望密達榮相。覺。

致東京李欽差光緒二十六年十月初四日寅刻發

三電悉。鄙人久擬託日本工廠代造新槍，每禮拜日代中國造，

已議有端倪。將來如他國將與中國尋衅，鄙意擬趕購日本各械。今條欵禁軍火入口，大不便。又撤直隸沿海礮臺一條，查此次係各國開衅，各國聯合，故設此條，假如以後有强大而最近之國與中國尋衅，京畿全無防守，於中國固損，於他國亦未見有益。此兩條能與外部密商勸阻否。又，顧問官議設幾人，在何衙門，并示。講。

致上海盛京堂轉慶親王、李中堂光緒二十六年十月初四日寅刻發

見李使電述各國擬索條欵，派員監理中國財政一條，最有害，恐藉此漸奪我自主之權。是否如税務司章程，抑別有辦法，似必須商改，總令賠欵有著爲妥。又禁軍火入口一條，據李函云，美擬改爲或定期限，或議定經理章程，不知如何經理，德、日均可售械，英可售船，似可諷德、英、日三國阻之。如必不允，或有一法，彼並未禁我自造，或議明可募外國人在華内地設廠製造，專售與中國，則亦無妨。又撤直隸沿海礮臺一條，查此次係各國聯合，利害共之，故設此條，假如以後或與一國失和，京畿全無防守，於中國固損，於他國亦未見有益，似可以此與之辯論。又設顧問官一條，係設在何衙門，如彼堅不肯改，似議明聘用美國人較妥。又條欵與哀的美敦書同來，最爲强很，事關永遠利害，期促難於籌商，望先與婉商，並託美國勸阻，萬勿發此照會。再，賠欵總數務祈賜示。以上各節恐開議後期限急迫，豫陳管見，是否可采，祈鈞酌示覆。江。

致上海盛京堂轉慶親王、李中堂光緒二十六年十月初四日午刻發

此次衅由民教相仇而起，若不籌良法，終難永久相安。似應與各國婉商，專設一條，妥議章程，令教士不得干預公事，教民不得横行。美國既增教案被議人員不准復用之條，亦應籌民教相安之法，方爲探源，亦昭平允。此條似宜託美使商之。管見備采，祈鈞酌。支。

致東京李欽差光緒二十六年十月初四日午刻發

函電均悉。此次法倡議，英、美、意續增，不知德有續增欵否。前閱德報所列最難行諸條，想已化去，祈探示，至禱。日本雖亦略勸，語意平淡，不知能實爲中國稍助力否，並示。黄以霖到否。支。

李欽差來電光緒二十六年十月初十日丑刻到

講、支電悉。礮臺、軍火兩條，遵商前途，據稱，日廷極力斡旋，各國意見太深，恐難勸阻。總之，此欵事宜速了，彼此再商辦法，若太推敲，必延無了期等語。顧問較參謀體優而權薄。頃聞此條已删。餘詳另電。鐸。霽。

李欽差來電并致榮中堂、王中堂、劉制台　光緒二十六年十月初十日寅刻到

頃外部密告，法議六條外，一、為克林德立碑，遣王貝勒赴德謝過。一、為被毀教堂墳墓立碑。一、整理財政。一、商改現行條約。一、改總署章程。共十一欵，均經各使議定，電達各政府，候核准即與全權開議。此外各條，大半删去。惟各政府意見

難測，如有參差，恐須分國定約，中國受虧必大，難免割地，甚至久延不結。又，懲禍首一欵，日廷倡議請各國放鬆，聽中國自辦，勿過逼勒，致令為難等情。美極贊成，俄稍附和，此外多不謂然。將來能否辦到，尚不能定等語。屬電陳。鐸。齊。

致江甯劉制台光緒二十六年十月初六日辰刻發

微電悉。電裕阻法兵赴晉，聊盡此心。請速挈銜逕發。語。

劉制台來電光緒二十六年十月初五日亥刻到

讀江電旨，大約辦毓總可得。請擬會公電裕使，如法果派兵赴晉，即以請辦毓死罪商阻，可否，祈速示。即由敝處逕發。坤。微。

劉制台來電光緒二十六年十月十五日丑刻到

魚會銜致裕使電：毓賢任晉撫，暴戾殘殺，罪在毓不在晉，已辦遣戍。聞仍擬派兵赴晉，必致生靈塗炭。西逼愈深，恐更滋枝節，請探外部，如確，務商阻。弟當會全權劾毓，置重典以保和局，維全晉。祈電覆。又陽致裕電：晉事急，昨電請轉呂一同速商阻，盼切。又陽致羅、楊、李、伍電：毓賢任晉撫，暴戾殘殺，罪在毓不在晉，已辦遣戍。聞法仍派兵赴晉，必致生靈塗炭，受害在晉不在毓，失聯軍本意。西逼日深，恐滋枝節，請速商阻，救全晉，保和局。弟等當劾毓，置重典以謝外人。盼電覆云。坤。寒。

致江甯劉制台，杭州劉撫台、惲藩台，上海盛京堂、濟南袁撫台光緒二十六年十月初六日巳刻發

西摩晤兩次，與滬霍領、漢領法同見。寒暄及空論不述外，西云，擬派小輪入襄河口，探水道，許否。張云，漢口領事秋間說過，謂總署章程許小輪行內河，當告以此時襄河水淺沙多，小輪入口止能行六十里，斷不能到襄陽，探亦無益。且今日時勢不同，尚未開議，必致訛言繁興，長江驚擾。若欲探水，須俟明年四月，漢水漸漲，彼時和局已定，自無妨礙。西云可明年屆時當再商，語氣和平，尚不爲難。西云，近日運陝之銀、米、兵械甚多，係何省所運。張云，東南各省皆有。西云，餉械既多，得非接濟董軍乎。張云，聖駕所在，扈從官員兵丁甚多，陝省又荒，義應接濟，豈爲董軍。且董屢經江、鄂奏劾，濟之何爲。西云，西安各物足用，朝廷或無意講和乎。張云，我知朝廷真心願和，且願速了，内外大臣亦願早定和局，與英國及各國同。西云，董能調開乎。張云，江、鄂已會奏，請調開嚴辦，但其部下兵多，須分兩層妥辦，朝廷當可允調開。西首肯。西又云，董能爲變亂乎。張云，董性凶悍，回兵亦橫，將來若重懲，難保無他，但離開聖駕則無礙矣。西云，何時可回鑾。張云，未見明旨，不能妄揣，但前已有旨，和議定，洋兵撤，即回京，惟必須京城整理，畿輔安靖，方能定期，行程亦須數月，若待回鑾始開議，太遲，彼此不便。西云，洋兵在津沽少至若干，即可回鑾。張云，愈少愈好。漢領法磊斯云，昨日已奉本國政府電諭，只須調開董即可開議，不必俟回鑾。西云，有久都西安之意否。張云，未聞，但

各國必欲請聖駕回北京何意。西云，各國公使駐北京久，風土相習。按，此乃飾詞，實爲近海，又通鐵路。張云，此情我所深知，但今日建都之地必須朝廷穩便，外交便利，兼而有之，方爲合宜。按，此乃隱隱對針撤直海礮臺、津沽駐兵而言。前已屢與英領言，鐵路修通，各使到陝亦便，何必回京。蓋恐朝廷終不回鑾，故留此地步，以見我非欺誑也。西云，蘆漢鐵路已修若干，何年可畢。張云，明年秋可修至信陽，此段工最難，既須築隄，又須開山，路雖止四百餘里，核計黄河南岸工程，實已得半，後年冬可畢。西云，黄河造橋乎。張云，原議造橋，但經費太鉅。張又問之云，貴提督意以西安建都爲何如。西云，此事未奉政府諭，此乃私議耳。西又云，湖北近省有兵幾何，張云，七千。張又云，貴提督顧全東南大局，中外商民同受其益，感謝。西云，此乃貴部堂保護之力，感謝之至。滬領云，亂黨在滬者，我已令其速離開。張稱謝。浙事力言，已允不派兵往。另電詳。麻卯。

致江甯劉制台，杭州劉撫台、升任惲藩台，濟南袁撫台、上海盛京堂 光緒二十六年十月初六日午刻發

浙衢教案事，英提西摩、滬領霍必瀾甚忿，極言團練慘殺，鮑道有兵三千不救，真匪未獲辦。張告以兵出外剿匪，官不自保，已續劾拏遣，又派大員帶兵捕匪。西、霍謂，景帥不應通行殺洋逐教之件，入約在後，浙江太鬆，兵力不能辦，現擬派兵往自辦。張告以衢距省七百里，洋兵深入，全浙驚擾，杭擾則蘇擾，蘇杭亂則東南大局散矣，萬萬不可。至通行之件，浙去北方遠，不知京城情形，先因奉旨，不得不行，繼知爲端、剛之意，旋奉保護諭旨，即欽遵極力保護，尚望原諒。景帥於此案甚認真，本擬督兵親往，現正審解到之犯，必得真匪嚴辦。江、鄂當再催勸速辦了事。西允不派兵，霍道謝。謹奉達。麻辰。

致上海盛京堂轉慶親王、李中堂，江甯劉制台、濟南袁撫台 光緒二十六年十月初六日午刻發

聞法兵將赴晋，自係爲教士雪仇。查晋民素性謹懦，前此殘害教士，皆毓賢一人主使，今朝廷必將毓嚴辦。至新撫錫中丞，保護教士，懲辦匪徒，不遺餘力，並無開罪之處，諒法兵亦不忍遷怒。若必深入，徒使良民受禍，似非聯軍用兵本意。務祈鈞座婉詞勸阻，容我確查當日隨同妄殺之人懲辦，以保全晋生靈，無任叩禱。並求賜覆。月。

盛京堂來電并致劉制台、袁撫台 光緒二十六年十月初七日卯刻到

鄂月電已轉京。頃錫帥江電：近日洋兵四逼，晋防萬急。良承毓後，萬死奚辭，惟乘輿再驚，生民塗炭，如大局何，千祈鼎力補救，仍阻西趨云。除轉電邸相外，計惟有奏請速辦毓賢，不俟各國照會，並由兩帥徑電各駐使直陳外部。因在京諸使懷恨已極，若坐俟其使臣條陳本國，無不火上加油也。宣。魚。

劉制台來電并致袁撫台、盛京堂 光緒二十六年十月初七日酉刻到

滬魚電悉。晋事危急，昨會鄂電楊、呂、李、羅、伍，一同

商阻，救全晋生靈。能否有濟，姑盡心力。錫撫謂承毓後，亦知罪在毓，公論可見，請香帥主稿挈銜劾毓，速置重典，陳明毓罪當誅，不僅為謝各國，冀可允行。示覆。坤。陽。

致太原錫撫台光緒二十六年十月初六日午刻發

江電悉。法兵窺晋，焦急萬分。已電邸、相，請向各使及聯軍婉詞勸阻，以保全晋生靈，聽否不可知，俟得覆即馳聞。峴帥亦電邸、相矣。洋兵入江斷接濟，雖有其謀，尚未舉動，若和局再延，則難料。語。

致濟南袁撫台光緒二十六年十月初六日申刻發

濟卅、兩支、微電悉。先懲首禍，全局自活二語，極佩。實做全權恐是指條欵言，非指懲罪言。毓係外臣，以毓爲禍首，外人必不允，以剛、董當之或可。毓立辦，董允稍緩必辦，剛戮尸，餘圈禁、永禁，徐桐、徐承煜、裕禄、裕長追革，再查爲從最著者，永戍數人，又次者，褫革不叙數人。若絶書未到以前，照此辦法，當有數分可望。然此時斷不便言，必致廷臣譁然，待法輕敵駁時再言之，則無大益矣。姑發憤以告公。月。

致江甯劉制台、濟南袁撫台、上海盛京堂光緒二十六年十月初六日申刻發

江、濟致榮三電，均佩直諒，濟續電尤宏偉，實爲諸罪人定案。假如用爲電奏，更足驚悟盈廷，昭示天下矣。董調開後，將來必有各省聯銜請重懲一疏，望兩帥先擬稿備用，須歴數其焚殺都城，劫掠畿輔，士民切齒，其數營過晋滿載劫贜，州縣備大車百餘輛，是爲害民。其軍駐京本爲護駕，城陷後擁兵西行，並不在城外候扈，到大同始接駕，致兩宫多受危險，是爲負恩。此二罪不關外國仇恨也。甘民感董從亂，洋人恐斷不信，吕使電告外部言，稱諸罪魁爲保國忠臣，於懲辦亦小有妨礙語。

劉制台來電并致袁撫台、盛京堂光緒二十六年十月初一日亥刻到

邸、相致榮電，可冀出力。現亦再致榮一電，盡此忠告。文曰：凡自北京及行在來者，莫不謂董跋扈，不受節制，擁兵輦轂，跡近挾持，深慮釀禍，以貽宗社之憂，於公亦有不利。現在由鄂解陝銀米以及軍械、軍火，洋人疑為接濟董營，屢欲攔截。香帥百端解説，總未釋然。此次王世雄所帶岑中丞洋槍太多，尚須設法轉運。北京迄未開議，始終以董為嫌。似此中外切齒，何故曲予優容。儘可别調一差，令其去陝，以釋羣疑衆怒，或尚可以瓦全。彼若稍有人心，未必遽生反側，否則所部必不從逆，取之何難。董為公所提拔之人，務祈及早圖之，以謝天下之責。芻言有無可采，伏候卓裁，仍賜電覆云。坤。先。

袁撫台來電并致劉制台、盛京堂光緒二十六年十月初二日亥刻到

甯冬電悉。榮電已發，文如下：電悉。國勢危急，中堂竭力維持，宗社幸甚。惟聞各國仍嫌辦輕，尤恨毓、董，將具哀的美敦書。如仍堅拒，和議從此決裂，再戰必亡，路人皆知，宗社生靈，何堪設想。各國又有另立政府之説，使中國自相殘殺，無一寸浄土，計甚兇狡。現今要計，惟在保存宗社安全，兩宫當師句

踐屈以求伸，何可以宗社、兩宮之重，下殉諸謬。且宗社阽危，陵寢驚擾，兩宮播遷，百官流離，士夫破亡，生民塗炭，誰肇其端。即令諸謬自擬罪名，亦難未減。毓倡興拳匪，濫殺多命，董首戕日員，激成巨衅，皆為中外切齒。人以董蒙識拔多，疑中堂庇縱，時為剖白，仍疑信參半，如入直後董仍典兵，致危宗社，天下後世，詎能相諒。請設法補救，力扶危局，列聖在天，當亦感慰，薄海士庶，更不待言。迫切直陳，敢乞鑒納。世凱叩。冬。

袁撫台來電并致劉制台、盛京堂 光緒二十六年十月初四日午刻到

續致榮相電列下：從來敵國相爭，必有主名，著於史册，具可考見。此次諸謬縱庇拳匪，搆衅全球，議無可稱，名本不順，殃民誤國，罪實難辭。如因優容罪人，再啟争端，尤為無名之甚。近聞直屬官民，大半牛酒迎敵，甚有請敵保護者，人心亦可概見。固由勢力難抗，亦由諸謬敗壞大局，尚未明正其罪，不足維繫人心耳。諸謬為國賊，為民蠹，即無各國要挾，亦應嚴辦，以伸國法。剛毅雖死，亦應暴其罪狀，追奪職銜，庶國勢雖弱，而賞罰猶存，紀綱猶立，尚可以服敵國而慰天下。昔晋為盟主，猶殺涉沱以謝衛人，漢當全盛，猶誅鼂錯以謝七國。韓侂胄搆衅金人，宋斬之以首畀金。自古輕挑衅端，至僨國事者，無不置諸重典。當其時聖君賢相，亦必有許多為難，然皆不愛一人以謝天下，尤不愛一人以救萬民。古人有言曰，蝮蛇螫手則斷手，螫足則斷足，非不愛手與足也，以不斷則禍連腹心，利害相懸，故不敢姑息。況諸謬徒逞私忿，輕敵五洲，以宗社至尊為孤注，自古無此謬人，棄之復何足惜。至諸國聯合圖我，固難測度，惟有盡其在我，杜人口實，安我人心，始可相機結束。前電未盡，故復續陳。凱。江。

致江甯劉制台、上海盛京堂、濟南袁撫台 光緒二十六年十月初七日丑刻發

麻卯電想達。西摩詞和而意很，反復數百言，大指不過曰若再不和，必斷長江接濟矣。暫不入江者，非有愛於長江也，礙於德、俄、法也。德領、俄領聞西摩來，均來問意，頗不悦。德領言，德無入江之意，賴此得稍緩耳。過甯問答速示。前奏尾有續陳語，自須會奏，但措詞須簡括商妥。麻亥。

致濟南袁撫台 光緒二十六年十月初七日丑刻發

月電想達。懿親不加刑，雖有通例，似只可爲端邸一人解免，彼豈不知中國有端華、載垣之例乎。若餘人，必不爲各國所容，則優其後裔，多封支庶，帶礪無窮，有何不可。官員優卹後嗣，辦法更多，彼即作爲國捍患，臨戰捐軀，觀朝廷亦照此意待之，豈非君臣兩得之道。剛毅若用函首送金例，似亦可算重辦一人，若用此法，董亦可感動一二，於將來辦法亦稍有益。旋乾轉坤者不言，將如之何。前電未盡，故補之。語亥。

致西安鹿尚書 光緒二十六年十月初七日丑刻發

微電悉。回鑾恐受制，此理顯然，鄙人深知。惟慈聖意是否決意回京，或決意不回京，抑或看津沽駐洋兵之多少，直隸沿海礮臺之撤否再定。若駐兵不少，礮臺必撤，究肯回京否，祈密確

示，以便籌擬辦法，各國洋人來詢商時，相機應答，若文不對題，必致誤事。各國以此事爲最重，常來探詢，三日内已見英、法兩提督矣。與外國議事，不能以空言推宕，必確知朝廷意指，始可相題行文，與之商辦。再，各國意僅辦毓一人斷不行，謹密告。語。

致太原錫撫台 光緒二十六年十月初八日寅刻發

電綫通省，稍慰。陝電有洋兵到大同之説，急甚，恐不確。紫荊已退，宣化未陷，如何遽到大同，或是電碼誤，速示。昨與峴帥分電邸、相，合電楊、吕、李、羅、伍各使，同商阻，恐皆無益。敝處致邸、相電，有婉詞勸阻，容我確查當日隨同妄殺之人懲辦等語。近奉初三日電旨，已允將毓賢置重典。若尊處速電奏除毓一員聽朝廷懲辦外，晋省當即確查當日贊成附和隨同妄殺之官弁兵勇團民，重懲若干人，決不食言，并由晋省富户籌捐銀數十萬，以作撫恤。請將此辦法速頒電旨，飛飭慶、李速告各國公使止兵，勿入晋境。照此辦法，或有兩三分可望暫阻，然已是第二三策。總之，各國之意最重在懲首禍，屢次國書及各使屢言懲罪即可停戰開議，邸、相、江、鄂已屢奏矣。若朝廷肯將首禍立誅數人，洋兵即日可停。不但不攻晋也，以鄙意揣之，大約辦死罪三四人，餘人俱重譴，僅免其死，即可停戰。至端邸已辦圈禁，必可不再苛求。但恭繹初三電旨語意，毓賢以外，似不欲再重辦他人。前有旨，令邸、相擬諸人辦法。邸、相九月底奏，只言洋人欲將十一人全辦死罪，亦未分别擬奏，鄙人惟有焦灼急迫，無從設策矣。竊謂諸人誤國，罪本不輕，今日爲保宗社計，若將諸人重辦，乃是諸人爲國紓難。諸人自處即可作陣亡觀，朝廷視之亦可與陣亡等，將來格外優恤其子孫家屬，無論如何優厚，均無不可。不知有人能將此意密勸首禍諸人，并密商樞廷否。如何如何。陽。

致江甯劉制台、濟南袁撫台、上海盛京堂 光緒二十六年十月初九日寅刻發

請誅毓奏，似宜緩。蓋一毓斷不能抵羣罪，若毓誅而敵不饜，以後我等難進言，誠如慰帥所慮。若局外人條陳，内肯先辦亦好，敵憤稍洩，再將餘人商減，或可措詞，不然彼必執定十一人全辦，不容開口也。邸、相總不擬奏，專候哀的美敦書同來，自走窘步，不解其故。擬會電促邸、相速擬奏，務趁美敦未來之先。尊意以爲何如，祈覆。霽戌。

致江甯劉制台 光緒二十六年十月初九日寅刻發

晤西摩，似可微言探詢之，若重辦幾人，即可了事。究竟此語便否，請斟酌相機。霽亥。

劉制台來電并致袁撫台、盛京堂 光緒二十六年十月初九日亥刻到

西摩與霍總領事六人昨下午來署，旋往答拜。相見兩次，詢以法兵赴晋何故。西云，并無此事，有則必先知會各國，我等斷無不聞。喻以中朝擬重辦毓賢，並將董福祥調往甘肅，若法兵赴晋，恐董要挾兩宫上隴進川，事更難了。西以為然，惟慮董不肯行。告以董決不敢抗旨。西云，聞沿江添礮添臺，洋商不免疑懼。

答以各處並未添礮添臺，唯天氣漸冷，礮臺弁勇不能不蓋房棲止，不可誤會。日前法、德兩提督相繼來甯，所坐兵輪又大，是以軍民驚慌，爭請堵塞長江各處陸路，當經嚴行申飭，不准妄言。南洋決不無端用兵開釁。所慮法、德來擾長江，莫不能阻，則沿江各軍不能不協力抵禦，以盡職守，萬無聽其長驅直入之理。西頗動色云，德提督於入江前夕見我，自言來甯拜望，並無他意，此外則責西於七八月調兵來護租界，以致各國亦調兵來，莫不能禁。西謂祇有德、法、日各調兵數百名，均甚安靜等語。西不認法兵赴晉，似有匿情，應請香帥照在鄂問答，緊切會銜電奏為荷。坤。佳。

致江甯劉制台、上海盛京堂、濟南袁撫台 光緒二十六年十月初十日卯刻發

擬致邸、相公電，文曰：各國以懲辦首禍列爲條欵，又與哀的美敦書同來，此舉萬分險毒。昨江、鄂會電伍使，請美勸阻美敦書，不知各國聽否。讀鈞座魚電，有俟照會到即電達之語，竊以爲萬萬不可。前奉旨令鈞座密擬諸人罪名辦法，前讀鈞電，尚有禁戕商滅之説，近讀鈞電，只言各國欲將十一人全置重典，自由和議愈延，敵情愈憤。竊思若十一人全誅，朝廷斷不能允。十一人全不誅，各國斷不能允。管見可否請鈞座體察外情，遵旨酌量擬奏，看朝旨如何辦法。若肯重辦數人，彼意雖未滿，憤可稍紓。必辦數人後，立即通發國書，婉遜商懇，或允酌減數人。若此時一人不辦，彼必仍執十一人全辦之説，商無從商，減無從減。待彼照會既來，限期緊迫，條欵緊要，欲酌條欵則不能減諸人一律之罪名，欲商減罪則無暇爭國家萬年之久計。稍一遲回，立成決裂，必致欵亦不能駁，罪亦不能減。懲罪太遲，則重辦彼亦不感。許欵太率，則以後如何立國，實爲非計。蓋此時先擬先辦，中間有數日從容，尚可探各國之意指，勸朝廷之曲從，罪名或可減數人，條欵必能商數件，期限必能寬數日，先後之間，大有區別。三提入江皆晤，其意即爲斷江漢接濟，全局萬緊，宗社將危。管見是否，仰祈鑒裁，速賜籌辦，至禱。坤一、之洞同肅等語。請峴帥酌定，增改均可，如意同詞異，不必再商，逕電滬發。如辦法不同，亦望速示。并請慰帥、杏翁酌示。至擬奏係全權事，江、鄂不便列銜。如邸、相奏而不允，江、鄂必當照邸、相意速奏，請杏翁并將此意電達傅相。再，鄙意擬將此稿一面電樞廷，俾胸中先有成竹，邸、相奏到，或可贊上采納。或用原文，或改口氣，請三公酌示。佳戌。

盛京堂來電 并致劉制台、袁撫台 光緒二十六年十月十一日未刻到

鄂佳擬京電先自辦罪，本是各國原請，嗣因彼請全誅而不誅一人，全權恐決裂，出此下策。始終不自擬者，多則內不允，少則外不允也。逐董誅毓，內外已合，仍不敢請者，恐一毓不了也。長安猶有待者，恐得步進步也。實則外人只要洩忿，斷不因我辦得爽快，添出枝節，徵之東南互保之局，可知梗概。若依愚見，先辦必好，然必欲全權擬請，全權不敢保也。近來敝處曾致政府電，不請代奏，亦多上達。或請兩帥酌擬辦法，逕電政府，作為商酌語氣，一面電致全權，何如。宣。卦亥。

致江甯劉制台、濟南袁撫台、上海盛京堂光緒二十六年十月初十日卯刻發

勍董正續稿讀悉，佩甚。篇尾似須略擬辦法。鄙意宜請降明旨，即將董部分爲數軍，即令其營官、幫統之類，擇較純實者分領之。明諭以罪止董一人，與全軍無涉。該軍有官有餉，必不至隨董爲亂。或有他善策，亦請籌示。總之，此時先催調董明文，此奏宜緩一步，乃備用耳。泰。

致江甯劉制台、濟南袁撫台、上海盛京堂光緒二十六年十月初十日卯刻發

擬會峴帥銜電奏，其文云云。請峴帥、慰帥酌改，速示覆。佳亥。

致長沙俞撫台光緒二十六年十月初十日亥刻發

頃又據英領事照會，衡屬衡陽、清泉、衡山、常甯、耒陽、安仁六縣城鄉各處，大小教堂三十餘所無不被燬，教民無不被搶。地方文武紳民縱匪虐教，教民被逼無處逃生，延至四月之久。地方官仍然巧辯謊稟，未見認錯，亦無道及抱歉之語。一處教堂未曾修復，亦不見議賠給分文。只得將此案詳報欽差，咨明本國政府，以便考核湖南官憲之心術行爲等語。議論咄咄逼人，若不從速妥議，賠償了結，恐又別生枝節。除原文飛咨外，先撮要電聞，務祈從速參出，電咨敝處，並嚴催各屬趕緊妥議賠給，切勿再延，自貽伊戚。又湘潭縣輪墩會教堂，請飛札該縣啟封，交收保護，至禱。望電覆。蒸。

致東京李欽差光緒二十六年十月十一日巳刻發

齊、霽兩電悉。欵議自不可延，惟日人所言事宜速了，彼此再商辦法，若太推敲，必延無了期等語。使約已議定，許其撤臺禁械，此後何能再商。且照此恐更難遽回鑾矣。前途之語意未甚解，祈示。黄守寄告示稿、勸戒文到，各務懇散布各學生，開導訓飭，考察區別，至懇至禱。真。

李欽差來電光緒二十六年十月十四日戌刻到

真電祇悉。外部曾言，俟事結後，日廷尚有與中國商辦之事，此時暫不能説。所謂再商辦法者，殆即指此，似非專指撤臺禁械而言。又謂，各使會議國太多，意見太雜，每議一條，數日不決。若欲更改，勢必再議，則全權開議無期，各國進兵不止。其不願和者，正可藉此拖延，或至各國分議，所謂無了期也。前電稍減，致未明晰，乞諒。黄守未到。鈞函咨奉到告示、戒文，已分給學生，雖經開導，面從心違，恐終不免，若大半撤回，似礙邦交，乞鈞奪。鐸。元。

致上海盛京堂、江甯劉制台光緒二十六年十月十一日申刻發

江、鄂會催邸、相擬奏電，峴帥覆電已允，請即刻發此電，有益無損。并覆。真申。

致江甯劉制台、上海盛京堂、濟南袁撫台光緒二十六年十月十二日未刻發

滬申、甯真申悉。峴帥意，擬奏請於美敦未到之前懲辦，以中中國之法，以存自主之權，極是，洞願列銜。哲美森所言，將禍首由我拘住，聽候查辦，此舉甚惡。查辦者，審辦也，如廷雍等故事也。前日李使齊電言，日廷倡議請各國放鬆，聽中國自辦，勿過逼，美贊俄和云云，亦不是大轉機。自辦者，勸中國自誅也，非輕重由我也。恐政府不解此意，則毓外必不辦一人矣。此兩層必須照鄂説詳晰解釋奏明，若不奏則達知樞廷，轉陳聖聽，至要。論此時辦法，自宜於挨的美敦未到以前速誅數人最有益。然以情勢度之，全權未擬奏以前，決不肯即行誅毓。即全權奏到，而美敦未到，亦決不肯於毓外再誅一人。然誅毓逐董，餘人皆有罪名，雖不重辟，亦必有益。此次會奏，似宜先照甯電所云，諸臣誤國，中律應辦，非因外人，不宜待要求損大權云云，發揮透切，但只可渾言請朝廷裁酌嚴辦，以救危險。至毓賢已蒙朝廷允辦，然非辦毓一人所能了事，千萬勿待美敦，蓋美敦未來，或可少辦數人，美敦既到，則十一人恐均難商減，且必致累及他項條欵。全權所以至今未擬奏者，蓋因各國欲一律從嚴，口氣未鬆，明知辦毓一人斷難了局。結尾處或云：如聖意於他人未肯遽行重辦，即請先將毓置重典，餘人除已圈禁外，一律褫職，或圈禁，或監禁，或遠戍。總之，十一人皆有罪名，外人意雖未滿，憤可稍紓。請迅即明降諭旨後，一面速通發國書，婉詞切懇各國勿來美敦書，希冀衆怒稍解，條欵較輕，限期較寬。然若無重辦之人，或毓外餘人全無罪名，則國書亦無益等語。但照此又似代全權擬奏矣。應如何措詞，或改爲公電樞廷，統請峴帥酌定，改妥速覆。並望滬、濟酌覆。錫午。

劉制台來電并致袁撫台、盛京堂　光緒二十六年十月十三日亥刻到

鄂錫午電悉。會奏事，既奉調董赴甘諭旨，本可不發，然降調革留諸臣尚無後命，仍以電奏為是。香帥所論哲美森及木齋齊電兩節，鄙見哲談内間未知，木電雖並致榮王，所謂自辦，正與此奏相合，似可不必辯正，轉添痕迹。奏稿擬就，請斧正，由鄂逕發。此奏發後，即可將慰帥所擬劾董摺速商各省續發矣。同莘按，劾董摺未發。奏稿如下：行在軍機處鈞鑒。近聞洋兵西逼，已抵井陘，太原戒嚴，宣化、居庸等處洋兵不少，晉防萬緊。坤一、之洞迭電各出使大臣、各外部，勸阻彼族，均涉推宕。連接各處電報，外人總以懲辦禍首未能滿意，毓賢、董福祥尤為各國所切齒，聞已預備哀的美敦書，允之則必有為難，拒之則立致決裂，時局至此，恐終歸於不能不允。坤一等竊謂此次議欵，當握定不失自主之權為第一要義，賞功罰罪，中朝自有權衡，本非外人所得干預。肇禍諸臣縱匪滋擾，貽害國家，得罪於宗廟社稷。乘輿播遷，備嘗艱險，得罪於皇太后、皇上。大局阽危，生靈塗炭，得罪於天下人民。圍攻使館，妄殺洋人，得罪於海外諸國。種種罪戾，擢髮難數，即令諸臣自思，當亦無顏再生於堯舜之世，即無各國要索，當亦不能倖逃於祖宗之法。聖朝忠厚，兩宫仁慈，或念其隨扈微勞，不忍遽置重典，似不宜令其再竊高位，再誤國是。擬請斷自宸衷，明降諭旨，將載瀾、趙舒翹、英年一併革爵革職。剛毅查辦拳匪，語多縱庇，雖已病故，仍請革職。毓賢、

董福祥情節最重，法無可貸，請立正典刑。董福祥現在調回甘肅，或俟抵甘後再行治罪。伏候聖裁。一面速發國書，措詞務從謙婉，切懇各國迅發訓條，和平開議，或冀早就範圍。與其待彼書到，迫以必辦，損我國體，何如趁書未到，先行自辦，伸我大權。事機危急，諸臣罪有應得。坤一等不敢狥外人之好惡，不敢不為朝廷整紀綱。謹冒死瀝陳，請代奏。劉坤一、張之洞同肅云。坤。元未。

致江甯劉制台光緒二十六年十月十二日未刻發

此次罪魁，除端、剛、毓、董外，惟瀾公最重，招拳甚多，與端角立。然七月二十一日晨，洋兵已入，瀾入宮報信，慈聖急命召聖上，倉卒無車，慈聖即乘瀾車疾趨出城，瀾持洋槍跨轅扈從，數日皆然。既有扈蹕脱險之勞，恐難重辦矣。事事湊巧，如何如何。錫未。

致江甯劉制台、濟南袁撫台、上海盛京堂光緒二十六年十月十三日辰刻發

濟、滬真、江、濟文均悉。劾董宜電奏，勝於電樞，惟結尾必略有辦法，恐董陽請罷而隱以部衆怵政府也。衆建少力，似是穩著。元老分尊事繁，但辦法宜參活筆，仍請敕樞臣妥籌，只算條陳備采耳。諸公如別有良謀，不用此策亦可，或俟明旨調開後再發，或此時即發，統請峴帥斟酌。元卯。

致西安鹿尚書光緒二十六年十月十三日辰刻發

各國最注意者，端、剛之外，董、毓最爲切齒，凡洋人皆言必欲殺之。但疊據合肥電，各國總言十一人全置重典，不鬆口。以鄙意臆揣，惟端邸可援懿親不加刑之例，餘人不知有區別否，容詳考再覆。昨英滬領哲美森自京回，言各國意欲令我將禍首拘住，聽候查辦。此舉甚惡，查辦者各國審辦也，如廷雍等故事也。前日李使盛鐸電言，日廷倡議，請各國放鬆，聽中國自辦，勿過逼勒。美贊俄和云云，亦非大轉機。自辦者，勒中國自誅之也，非可從輕也。頃聞各國條欵已議妥，交駐北京公使，數日内即與挨的美敦照會同來。美敦者，西語絶書也，必有限期甚促。美敦既來，更難商減，此時若速辦毓，嚴處董，餘人皆予極重處分，或圈禁，或監禁，或遠戍。一面速即通發國書，婉詞切懇，勸其勿來美敦，最爲要著。各國雖不能遽允，當可商少辦數人，且可暫止美敦矣。蓋各使受害忿極，要脅必很，與其懇各公使，不如懇各國主。然不令國主之憤稍洩，則國書無益。假如諸人肯作臨陣殉難觀，朝廷亦以殉難待之，事定以後，優賞後嗣，或是兩全之法。總之，毓外不辦一人，且仍居高官，各國斷不能釋憤，慶、李斷不能爲力，國勢恐有危亡之禍。妄抒管見，不知是否，惶恐之至。望密達榮相。元寅。

致江甯劉制台、濟南袁撫台、上海盛京堂光緒二十六年十月十三日辰刻發

陝探文電，董今日陛辭歸里，其軍何人接統，尚不知。又聞有誅毓意等語。此電非要人，然不甚虛。峴帥、錫午申法保權會

電，須速奏，較電樞爲勝。惟鄙意注重於在餘人一律全予罪名，以便發國書，止美敦。若餘人不罪，美敦斷不能阻。或聲明若全權擬奏，必不止請重辦一人。某等此奏不過爲暫救眉急，藉覘各國之情狀，則與全權有別矣。抑或如何措詞方周妥有益，統請峴帥酌定速發，不必再商。元寅。

致江甯劉制台、濟南袁撫台、上海盛京堂光緒二十六年十月十四日丑刻發

申法保權奏已發國書下，酌改爲措詞務從謙婉，切懇各國迅發訓條，和平開議十八字。元亥。

致上海盛京堂[一]光緒二十六年十月十四日發

有人於九月間出京來鄂者云，傳聞各國議索誅十一人外，尚有次等十六人須流遣。確否，閣下必有所聞。如知其詳，祈將十六人姓名電示。至十一人爲誰，亦望開示。此似漏泄無妨，務請即電覆。

致上海盛京堂光緒二十六年十月十四日發

元辰電詢傅相，十一人中，各國最注意必誅者有幾人，係何人。此係有人托問，故云非閑話。問亥電似未會鄙銜，仍望速電傅相。

致長沙俞撫台光緒二十六年十月十六日丑刻發

電想達。參摺已發否。賠欵必須湘出，不能歸入條約。賠償各欵即一時不能議定，亦必須有切實認賠語，或可阻其苛求。抱歉謝過語尤不可少。望速示覆，以便轉告領事。翰。

致江甯劉制台、濟南袁撫台、上海盛京堂光緒二十六年十月十六日丑刻發

甯擬會奏稿極簡潔，措詞如此，自異全權，前夜已照發電達。添圈端固不可删，誅董亦不必，下文尚有或俟到甘一句。總之，仍待邸、相擬奏。盡心而已。本日旨，崧蕃調甘督。衆銜劾董，斷不宜急，俟擬奏有下文再酌。翰。

致濟南袁撫台光緒二十六年十月十六日丑刻發

寒電悉，馳繫。以閏八月德政府電各督撫聽信外間謡言，殊堪詫異云云證之，似不至入東境，必是燬景州，以報陳澤霖之役。翰。

袁撫台來電[二]光緒二十六年十月十五日戌刻到

洋兵突至東光，近逼德州，已電穆使、邸、相及在東德員囑阻維持，尚祈籌辦。再，洋兵意向尚未確悉，請毋遽入奏。凱。寒。

[一] 以下二電録自苑書義等主編《張之洞全集》第十册，第八四四六頁，河北人民出版社一九九八年版。

[二] 節録自苑書義等主編《張之洞全集》第十册，第八四四七至八四四八頁，河北人民出版社一九九八年版。

致鄖陽許守、曾令光緒二十六年十月十七日巳刻發

咸電想達。鄖陽由水路至商州若干里，舟行須幾日，此時水小，尚能行船否，由陸路至商州若干里，陸行須幾日，騾易雇否。商州抵西安陸行須幾日，騾易雇否。再，鄖陽至興安府水路若干里，舟行須幾日，船易雇否，每船能運糧若干石。惟興安至西安省有大路否，騾易雇否，民夫易雇否，行旅安靜否，經過何州縣，須走幾日程。現奉旨采辦雜糧，擬即在鄖陽各屬采買，何縣雜糧多，並擬分兩路分運西安省，一路由鄖陽運商州，達西安省。一路由鄖陽運興安府，達西安省。合較運商、運興兩路，何路途較平，騾較多，到較速，費較省。鄖陽與興安相較，何處糧較多，價較賤。若興安歲豐糧賤，或即派員持銀至興安收買起運，則運所省甚多，到陝省亦速。務訪鄖、陝官商，查核詳確分晰，迅速電覆。霰。

致上海盛京堂轉李中堂光緒二十六年十月十八日未刻發

滄州以南拳匪，早經梅東益會同山東兵剿平。前聞中堂與聯軍相約，不犯滄州以南。茲山東來電，滄南鹽、慶等州縣均陷，已逼東境，恐不免滋擾，至良民受害。請商各國公使，速向聯軍阻止，以踐前約，叩禱。即祈電覆。嘯。

致長沙俞撫台光緒二十六年十月二十日丑刻發

效電悉。英兵輪赴湘，昨飭關道商阻，未允。英領事已電覆尊處，並將電稿鈔來，言如不能到省，則在岳與蔡道會商等語。若到省，宜優欵，庶易就商。洋人性多愎，愈欲遠之，彼逼之愈緊。鄙意宜聽其便，能在岳會議固佳，即赴省亦不宜再阻，優而柔之，想台端自有斟酌。法案尤重，恐非在漢所能議結，姑令關道往商再覆。效。

致開封于撫台[一]光緒二十六年十月二十日寅刻發

兩函、霰電悉。董革留，帶五營回甘提本任，不知啟程否。各國暫可允，終不甘也。毓聞有重辦意。尊函責令區區維持大局，鄙人九月十月三次電奏，請調董離陝，請誅毓、董，請懲黜餘人，發國書阻美敦，僅允調董耳。近日保浙、保晋，洋艦將入江，小輪欲入漢，皆力向外人勸阻，力止於此。京尚未開議，亦未擬奏。聞條欵極很，暫不攻山西。浙撫劉因教案開缺，新放惲藩，邸、相奏英使又以惡西人，請屏退。曹、汴電綫接通否，若豫不認費，商局不修也。鄂省奉旨辦雜糧，運陝賑饑，與惲道運局另是一事，欵竭騾少，焦急束手。兩京蹂躪，三陵震驚，京僚死辱，畿民糜爛，不審西安政府知之否。聞人云，政府視和局甚易。效。

致西安岑撫台光緒二十六年十月二十五日申刻發

鄂省前奉旨采米十萬石，係一省獨辦，惲道采米十萬石，係六七省合購，非一省之欵，甘苦似已不均。茲鄂又奉旨，令湖北籌欵采運雜糧，誼當欽遵籌辦。惟鄂餉久竭，苟可支持，何至借貸洋欵。現在各營勇餉俱無欵可發，計至年底，各欵尚欠實銀五

［一］指河南巡撫于蔭霖。

十餘萬兩，焦灼無策。此項運糧需款過鉅，萬難獨任，即勉運若干，糧數無多，亦於灾民無濟。約計雜糧一萬石到陝，糧價、運費需銀約十萬兩，萬難多購多運。竊擬糧價由鄂籌，運費由江甯、江蘇、安徽、江西、浙江、廣東、福建、四川八省分籌，統解鄂應用，衆擎易舉，活民較多。如蒙俞允，當可運糧三萬石。敢請台端裁酌，即由尊處奏明，如需會敝處銜則雙銜會奏亦可。此不獨恤鄂，實爲拯陝。諒蒙明察，至感。祈電覆。有。

致西安岑撫台光緒二十六年十月二十五日亥刻發

徑電悉。董是否回任，抑係回籍，祈示。四川廣元縣距西安十五站，爲川陝孔道，其地殷富，鄙人屢到，雜糧饒多，附近各縣皆膏腴，收買數萬石甚易，驛路易通，雇騾不難。若廣元之糧運陝，并可赴甘境雇騾，爲陝計，似宜兼令川省在廣元買雜糧運陝，或由陝委員到廣元設局購運，糧多而到速，且糧價運費必較鄂省爲省，較之搜索興安山僻者亦遠勝。鄂並不推諉，川、鄂可並辦耳，望台端裁酌。如謂然，似可奏辦，但勿言出自鄙説。有。

致東京李欽差、俄京楊欽差、柏林吕欽差、巴黎裕欽差、輪墩羅欽差、華盛頓伍欽差光緒二十六年十月二十八日巳刻發

鄙人奉旨會議條款，極欲與各國籌一永遠相安之道，而久候不得的確消息，無從籌計，焦急萬狀。務祈切懇外部將各國所擬條欵速即詳示。雖各國尚未互相議定，然亦可密以告我，俾得預籌。萬望勿如洋報所言，俟各國議定，以挨的美敦書照會，限期應允，使我措手不及，辦理失當也。條約關繫遠大，必須極爲平允，方能持久，儻或稍偏，必致此國喫虧，彼國終亦無益。盼速詳覆。儉。

李欽差來電光緒二十六年十一月初一日子刻到

鈞電遵達外部，據稱，所議條欵前已備述大概，現無甚增改。昨各使又會議一次，雖未得電，度亦無關緊要。開議一節，實因有一兩國未發訓電，以致稍遲，並無他意。至索閲底稿，彼此交誼雖密，然日本既與各國聯合，不能不視中國為敵國，却辦不到等語。傳聞英廷不以寬辦首禍，償欵數目為然，未飭開議。應否電羅使切商，乞鈞奪。餘另電密陳。鐸。豔。

李欽差來電光緒二十六年十一月初一日午刻到

昨詢外部，條欵内有無歸政一節，彼答雖無此欵，然各國深願以後皇太后頤養深宫，皇上專政，庶辦事畫一，彼此無猜。鐸謂即如此説，萬勿列入款内，有礙中國顔面，外部唯唯。合密陳。鐸。卅午。

楊欽差來電光緒二十六年十一月初三日寅刻到

俄主卧疾黑海，外部屢愆歸期。儉電撮要加函，切懇速覆。和議大旨，除户部密談業於勘電由峴帥轉陳外，屢探外部，彼但稱俄願持平速結，惟須折衷羣議，各使商妥，必逕達全權等語。查各使初議欵目，美、俄、日三政府斥其太過，德、英氣沮轉圜，現更議勿强人所難從，勿作挨的美敦，罪首聽我自懲，賠欵務期核實，軍火暫禁入口，視前似稍和平。惟彼但求真無異議，不容我贊一詞，否則各使在京會議，全權固應預聞也。聞現係開議大綱，尚須續議細約，彼時必可彼此酌核平允。外部有覆，當續電。

儒。卅。

呂欽差來電光緒二十六年十一月初六日子刻到

儉電敬悉，卓見甚佩。據外部稱，西廿一，各使可交中國，當必行知，勿庸再開。各使均得全權訓條，其各欵内如何詳細聲明之處，即本部尚未知悉。至各欵總綱，洋報已宣，中外皆知云，切商終不肯明言。城下之盟，恐多要挾，曷勝焦憤。海。卅。

伍欽差來電光緒二十六年十月三十日戌刻到

儉電悉。各使列欵嚴厲，迭商外部，允改原議列欵，不作哀的美敦，禍首由中國嚴懲，賠欵暫不列數，軍火暫停採購，照會各國均允。前請傅相轉電，計登覽。頃外部謂，議欵大致如前，尚未盡妥，不便先録。查目前和議早成，中外蒙福，各欵争得一分，固受一分之益。然自强之道，尚待藎籌。廷。豔。

劉制台來電并致盛京堂 光緒二十六年十一月初四日戌刻到

裕使電，儉劻已遵致外部，云係欵業由各使畫押，日内當可照會全權，内開各件係各國妥定決行，無可商改，惟望中國一概照允，切弗推延，和局始可有成云。並祈轉慶邸、李相。庚冬云。請杏翁轉京。坤。支。

致上海盛京堂[一] 并致劉制台、袁撫台 光緒二十六年十月二十八日發

楊來昭係何處人，何以膺此要差，杏翁必知。閣部限人，乃陳言，必不確。監政恐是專指財政，立明裔亦是恫喝。但聞愈增愈多，愈想愈狠，并聞忽有萬難行之事，惟俄不願云云，萬分焦急。至回鑾方簽約，大是難事，然竟不回鑾，各國難允。請峴帥、慰帥、杏翁將卓見賜示，再陳鄙説。

致西安鹿尚書光緒二十六年十月二十九日午刻發

聞何乃瑩奏請幸蜀，各國譁然。如有此事，務望諫阻。若地方僻遠，各國公使不能到，即不立和約，不認爲與國，此乃地球通例，前已電奏瀝陳。近日慶、李徑電奏，内有英外部言須戮王公數人語，慈聖意若何，仲相、夔相議論若何，祈密示。豔。

致太原錫撫台光緒二十六年十月三十日丑刻發

頃法領事照稱：山西自毓撫殺害洋教士後，教民被殺被搶，致伊等奔避不敢回家，常懼匪知，復來殺害。查陝省蒙奏請頒發諭旨，從此教民甚屬平安。茲晋省亦請咨明奏頒諭旨懸掛，以彰朝廷保護實意，俾杜後患，而便議和等語。特據情電達，望即照辦，電奏尤佳。彼所謂陝省奏者，係岑中丞初到陝時奏，奉有明旨。若閣下有此奏，必於地方有益。即盼示覆，以便照覆。法領事聞洋兵抵東天門，旋退，甚慰。昨日據保定電，各國言不到山西，未必即可深信。然晋地險阻，和議早開，則必不攻晋矣。電綫已通井陘否，方軍駐何處，并示。豔。

[一] 録自苑書義等主編《張之洞全集》第十册，第八四五五頁，河北人民出版社一九九八年版。

致上海盛京堂、江甯劉制台、濟南袁撫台 光緒二十六年十月三十日丑刻發

今日見自陝來人，言西安京外官紳士多言敵不能深入，若添足董軍一百營，必能破敵，京津破敗，皆漢奸爲之等語。今日又見自湘來人，言湘紳多言必須戰勝，方可和，由鄂省昌言保護兩湖平安無戰事，以致湘人勇猛無從施展，電報局於洋勝則報，華勝則諱，皆是漢奸等語。可歎。湘論不過執迷不悟，有礙將來，陝論必致熒惑政府，梗阻大計矣。豔西。

致上海盛京堂〔一〕 光緒二十六年十一月初一日發

敝處前電，因滬轉保定電有閣部、督撫勿用旗員之説，竊恐有礙自主之權，故謂外國與其限我用人之籍貫，不如勸我變法，變法則自然相安也。意謂如各國真有此條，我可以此説搪抵之耳，非此時勸朝廷變法也。法宜變，但未有機會，如何能説。濟兩電、滬電似説會甯艷電囑將變法詳告，容續達。

致上海盛京堂并致劉制台 光緒二十六年十一月初一日發

襄陽李令及其弟妄爲，已電道、府查覆核辦嚴飭，斷不准擾電局，并派員弁到局彈壓矣。此事由轉運分局發電而起，望一面電惲道，速查覆。聞惲道在常州。

致上海盛京堂 光緒二十六年十一月初一日發

頃致襄陽提、道、府、縣電云：據電生禀，李令每日仍令多人在局滋擾恫喝等語。李令謬妄益甚，可駭可怪，豈發狂耶。鄧軍門、朱道、高守速派員弁勇役到局彈壓，不准襄陽縣有一人到局。李令靜候查辦，若再妄爲，即日撤參。前日飭該道、府查實情形，速電覆。東。等語。特奉聞。

盛京堂來電 光緒二十六年十一月初一日到

據襄陽電局禀：襄陽縣李祖蔭屢因公務强發一等，局員遵章不允。本日有李令三弟祖培又勒發一等，未許。李公即發火，簽其弟親帶勇役百餘人，各持軍械，擁局打毁機器，抄失衣物，將生等沿途毆打，抓至縣署收卡，幸道、府派員彈壓放出等語。查一等報奏明有案，豈縣局所能强發。李令暨弟李祖培親帶勇役毁局毆打，請從嚴懲辦，以儆不法等因。查奏定章程，督撫、將軍、欽差始能發一等報，李令何得派勇毁局，妄拏無辜，實屬任性妄為，荒謬已極。朱道、高守先將李令嚴加申斥，并查明實情，電覆核辦。此後因要公發電，只能作為官電，以期迅速，仍給全費，以符向章。其電費又各官先墊付，准向善後請領。

致上海盛京堂 光緒二十六年十一月初二日發

敝處近電各駐使，托向外部詢條欵，以便預籌。兹羅使電云：儉、勘兩電遵致瀾侯。據云各國所擬照會，已飭薩使詳電台端，并無哀的美敦限期字樣。中計十二欵，大綱雖在決行，詳目尚可商略云。伍使電云：儉電悉。各使列欵嚴厲，迭商外部，允

〔一〕以下五電録自苑書義等主編《張之洞全集》第十册，第八四五七至八四五九頁，河北人民出版社一九九八年版。

改原議列欵，不作哀的美敦，禍首由中國嚴懲，賠欵暫不列數，軍火暫停采購，照會各國均允。前請傅相轉電，計登覽。頃外部謂：議欵大致如前，尚未盡妥，不使先録。查目前和議早成，中外蒙福，各欵争得一分，固受一分之益，然自强之道，尚待藎籌等語。特照轉。

致華盛頓伍欽差、俄京楊欽差光緒二十六年

十一月初四日子刻發

現由京城李傅相在洋人處傳鈔各國所擬十二欵，内有大沽撤臺，津京沿途設洋兵卡，使館永遠紮衛隊，專供戰務之材料禁止進口數條最很。尊電係言軍火暫停購。此所鈔無暫字，若不酌量删改，都城永受洋兵挾制，中國無從自防，無論最小之國，隨時隨事任便恫喝，無論何事，中國永不能自主矣。且此次因聯軍公議，曲從太過，以後各國意指未必能永遠相合，中國與諸國各有交涉，或從或違，亦必互有參差。設一國有獨自要挾之事，於華有損，於諸國亦有礙，中國亦只可曲從，恐各國亦未爲得計也。聞各國均已照允，惟美使奉其國電，尚有增減。尊電既云並無不容商改之説，務祈再懇美廷電商各國，將使館衛隊、沿途卡兵人數均減至極少，年限須近，務將永遠二字删去。戰務材料只可指明槍礮、彈藥，勿將機器、銅、鋼等類包括在内，並聲明暫時停購，年限須少。至大沽礮臺，可否聲明俟幾年後，大局平定相安，仍准復設，切禱。此次議欵，美最和平，皆賴鼎力，若能再將以上各條删改，厥功偉矣。即盼示覆。江。

楊欽差來電光緒二十六年十一月初九日午刻到

儉電外部覆稱，各國均准駐使便宜行事，條目議定，當逕達全權等語。江電深佩藎慮，禁運材料無永遠字様，即是暫禁，其禁止年限與衛隊卡兵人數年限之類未載，現若應與明訂細約。至衛隊宜删永遠字様，或料不宜括機器、銅、鋼，大沽礮臺宜准復設之類，應删改。現稿開議磋磨，諒可妥訂細約，或另立聲明文件，力争主權，冀延命脈。一面照尊電切懇外部，未知肯照辦否。適陳管見，由京轉達。末條與公見略同，想入鑒矣。儒。虞。

致江甯劉制台、濟南袁撫台、上海盛京堂光緒二十六年十一月初四日丑刻發

樞廷東電，囑江、鄂催全權速議，勿吞吐顧忌。峴帥、杏翁擬如何電催，慰帥有何卓見、辦法，均祈速示。講。

盛京堂轉行在軍機處來電并致劉制台　光緒二十六年十一月初三日子刻到

兩宫切盼和局，擬議妥後，定計回鑾。迭次諭旨，令慶邸、李相如有為難之處，不妨據實直陳，許以便宜行事，朝廷不為遥制。近慶、李來電，詞意仍多吞吐，其中有無别故，尊處當有所聞。貴督等本奉有會商之旨，貴京卿往來傳電，久經洞悉，即希電催慶邸、李相從速開議，毋再躭延，致誤事機。前據慶、李電奏，聞條欵尚無必不可行之事。嗣又云英使又復反齒，欲重辦王公數人，未識究竟是何情形。弟等籌畫挽回大局，實已不遺餘力，即上意亦權利害之輕重，可允即允，並無成見，是在諸君子曲為

體會，共扶危局。事機急迫，務祈切告兩全權從速辦理，萬毋意存顧忌為要。祿、韶、霖。東。

致江甯劉制台、濟南袁撫台、上海盛京堂 光緒二十六年十一月初四日丑刻發

擬江、鄂會銜電邸、相云：樞廷東電，上意權輕重、無成見，囑電催尊處速開議，勿存顧忌等因。竊揣上意，殆以多辦則不能，少辦又恐彼不滿意，且所辦者，或非彼注重之人，仍來要挾，故多爲難。究竟英使意必欲重辦何人，孰最重，孰較輕，昨日已開議，似可密問英使，請其指明。即使彼欲一律從嚴，不肯遽從輕減，其語氣亦必略分等差，即據其語氣之輕重，密奏請朝廷裁酌，擬辦何人，密旨諭知，再本密旨之意與之切商，商定再辦，或有定局之日。如此電商妥否，請三公速酌示。覺。

劉制台來電 光緒二十六年十一月初四日亥刻到

覺電悉。致邸、相電稿，與之切商四字，改為與各使切商五字。請挈賤名電發。坤。支未。

致上海盛京堂轉慶親王、李中堂 光緒二十六年十一月初四日午刻發

樞廷東電想已閱悉。上意並無成見，事機急迫，請鈞處遵旨據實直陳爲禱。支。

致西安行在軍機處 光緒二十六年十一月初四日午刻發

東電謹悉。數月以來，屢電各國我駐使達外部，並與英、美、德各使、各提督、滬漢各國領事力商，勿强我以萬不能行之事。近日因聞各國條苛限迫，恐准駁兩難，必誤大局。又經洞分電各駐使與外部切商，勿用挾的美敦，使我措手不及。昨接伍使、楊使、羅使覆電，均謂不作挾的美敦。此事美國之力居多，俄、日次之。謹奉聞。茲已電慶邸、李相，請其遵旨據實直陳矣。支。

致上海盛京堂轉李中堂 光緒二十六年十一月初四日未刻發

疊據探報，直境交河、吴橋等縣民教尋仇，教挾洋兵，或句潰勇，民聚衆成團，以相抵禦，紳士懼禍議償，教士任意勒索，恐激巨衅。聞東鹿近有教民引洋兵戕斃無辜商民甚多之事。似此非但礙目前和局，以後亦豈能相安。現已開議，請尊處照會各使，並飭各屬，所有教案歸議和後會査確勘，妥議賠償。若有土匪潰勇滋事，即由直、東兩省會剿。洋兵撤回天津，以免生靈塗炭。祈藎裁，速賜酌辦，示覆。感禱。支。

致上海盛京堂、江甯劉制台、濟南袁撫台 光緒二十六年十一月初五日丑刻發

江、鄂會致邸、相覺電，請杏翁速發。密問英使改爲密問各使，與之切商改爲與各使切商。豪亥。

致上海盛京堂轉慶親王、李中堂，江甯劉制台、濟南袁撫台、安慶王撫台發後照録致行在軍機處　光緒二十六年十一月初六日申刻發

昨見各使面交議和條欵，内第五欵運進中國之軍火暨専爲製造軍火之各種材料，仍不准運入中國等語。前一日英參贊所交譯漢底本，作専爲製造軍火各種器料。器自是指造軍火機器，用意更深，器字或是翻譯錯誤。昨據駐俄楊使電，外部稱，軍火暫禁入口。駐美伍使電，外部允軍火暫停採購。此條擬請照俄、美外部之説，與各使商。軍火祇可暫禁，限定幾年，至製造軍火之機器物料，請勿禁止，婉商將此句删去。第六欵須籌定各國所能允從之理財辦法，以爲擔保賠補及借欵等語。擬將各項籌欵大略辦法，如加關税，通郵政，行印花税，加鑛税等事，凡中國籌餉而與洋人有交涉者，請趁此時向各國略露端倪，於此次條約内將各事添入數語，豫爲他日開辦張本，以免臨時阻撓。第十一欵修改通商行船章程，各國以爲有益者自可商改，但不得與中國有損，應由我與各國商定，稽察收税，妥善章程，不致有礙中國商民生計、税課欵項。此等語應於此次條約内添入，以伏日後妥議細約之根。此三條謹抒管見。第五欵尤關緊要，請與各使切商，至禱，并盼示覆。語午。

致上海盛京堂轉慶親王、李中堂，江甯劉制台、濟南袁撫台、西安岑撫台、安慶王撫台發後照録致行在軍機處

光緒二十六年十一月初六日申刻發

此次巨衅，由民教相仇而起，管見宜籌永遠相安之道，似宜乘此與各國切商，以後應如何酌定教士、教堂限制，使教士不能干預地方公事，教民必受地方官管束，恪守子民之分，詞訟由官公斷，教士不至袒護莠民，因案入教藉作護符者，教士不能濫收。應請鈞處趁此機會，與各國公同商一良法。俄、日素無教堂，美於教民尚不甚袒護，似可託俄、日、美代爲畫策，庶可免礙中外之睦誼，永弭無窮之衅端。是爲至幸。語申。

盛京堂來電并致劉制台　光緒二十六年十一月初五日到

邸、相電奏：臣奕劻本日前往日館與十一國使臣〔一〕會晤，由該使等面交華文、法文、英文、德文條欵各一分。謹將全文電呈御覽：本年五、六、七、八等月，即光緒二十六年四、五、六、七等月間，在中國北方省分釀成重大禍亂，致罹窮兇極惡之罪，實爲史册所未見之事，殊悖萬國公法，並與仁義教化之道均相牴牾。兹將其情節尤重者開列於左。一、西歷六月二十日，即中歷五月二十四日，大德國欽差駐紮中華便宜行事大臣、内大臣男爵克，因公前赴總署之時，被奉令官兵戕害。二、同日，京師各使

〔一〕指英、德、美、法、日、俄、意、奥及西班牙、比利時、荷蘭等十一國駐華公使。

館被官兵與義和團匪句通，遵奉内廷諭旨者，圍困攻擊，直至西歷八月十四日，即中歷七月二十日聯軍救至方止，而彼時中國國家乃令使臣向各國政府宣傳擔承保全使館之旨。三、西歷六月十一日，即中歷五月十五日，大日本國使館書記生杉山彬，奉差公出，被官兵在城門戕殺。又客居都中及各省之諸國人民，均被拳匪、官兵慘加戕害、陵虐或被圍攻，僅賴極力抵禦，方獲保全，而其各項房舍無不毒遭焚劫。四、各國墳塋之被汙瀆，在京為最甚，至墳墓被掘，骸骨暴殘。因以上各節，遂至各國為保衛各本國使臣以及人民之性命，並戡定變亂起見，遣派軍隊前來。乃當此各國聯軍赴京之遇中國軍隊抵敵，祇得奮勇擊敗，而中國既自表明悔過認責，並願挽回因此事變所生情勢，於是諸大國公定，允如所請。但由各國酌擬懲前毖後所必須定而不移之要欵施行。今將各條欵臚列於左。第一欵，原任德國克大臣被害一事，欽派親王專使前赴德京，代表中國皇帝、國家慚悔之意，遇害處所樹立銘誌之碑，與克大臣品位相配，用拉丁、德、漢各文列叙中國皇帝惋惜此等凶事之旨。第二欵，西歷九月二十五日，即中歷閏八月初二日上諭内及日後各國駐京大臣指出之人等，皆須照應得之罪，分別輕重，盡法嚴懲，以蔽其辜。諸國人民被戕害陵虐之各城鎮，五年内概不得舉行文武各等考試。第三欵，因日本國使館書記生杉山彬被害，中國國家必須用優榮之典，以謝日本國政府。第四欵，中國國家須在各國人民墳塋曾遭汙瀆發掘之處，建立碣碑，以昭滌垢雪侮之意。第五欵，運進中國之軍火暨專為製造軍火之各種器料，照諸國後定之則，仍不准運入中國。第六欵，凡有各國各會各人等以及為他國人執事之中國人民，因近來各事身家財産所受公私各虧，中國均認公平賠補。中國國家須籌定各國所能允從之理財辦法，以為擔保如何賠補以上所開虧損，以及如何措還國家借欵之地。第七欵，各國應分自主常駐兵隊，護衛使館，並各將使館所在境界自行防守，中國人民概不准在界内居住。第八欵，京師至海邊須留出來往暢行通道，故與其有礙之大沽等礮臺，皆須一律削平。第九欵，為京師至海邊暢道，不使有斷絶之虞，由諸國應分自主酌定數處留兵駐守。第十欵，中國國家務須在各府廳州縣，將載明下開兩端之諭旨張貼兩年，俾衆周知：永禁軍民人等入仇視諸國各會，違者問死。至開列各犯所定罪名及殺害陵虐各國人之城鎮，停止各項考試，亦在此列。中國皇帝務須諭旨一道，通行布告，以各省督撫文武大吏及有司官，於所屬境内，皆有保持平安之責，如復肇傷害他國人民之亂，再有違約之行，必須立時彈壓懲辦，否則該管官員即行革職，永不叙用，亦不得借端開脱，别給奬叙。第十一欵，凡通商行船各約，以及關乎通商各他事宜，各國以修改為有益者，中國認與商議更改。第十二欵，總理各國事務衙門必須革故更新，及諸國欽差大臣覲見中國皇帝禮節，亦應一體更改。其如何變通之處，由各國酌定，中國照允施行。以上各欵若非中國國家允從，足適各國之意，各本大臣難許有撤退京畿一帶駐紮兵隊之望云云。臣等查條欵末段所稱若非將各欵允從，足適各國之意，難許有撤退京畿一帶駐紮兵隊之望，詞意決絶，不容辯論。宗社陵寢，均在他人掌握，稍一置詞，即將決裂，存亡之機，間不容髮。惟有籲懇皇太后、皇上上念宗社，下念臣民，迅速乾斷，電示遵行，不勝迫切待命之至。請代奏。劻、鴻云。宣轉。支。

劉制台來電并致袁撫台、盛京堂 光緒二十六年十一月初五日申刻到

滬支電悉。條欵細目，千端萬緒，商訂需時。目前以辦禍首為要。應先催邸、相速擬盡頭辦法電奏，外間再行助力。再，條欵内未提俄事一字，可疑。坤。微。

袁撫台來電并致劉制台、盛京堂 光緒二十六年十一月初七日子刻到

探電内懲禍首，仍執懿親不加刑之例，令向磋磨。賠欵須視中國力之所能及，令磋磨。使館駐兵宜少，毋礙回鑾，令磋磨。停考須拳匪滋事州縣停小試，令磋磨。餘皆有辦駁，無大出入。凱。魚。

致上海盛京堂并致江、閩、川、粤四督帥，閩善將軍，皖、浙、東、陝四撫帥〔一〕 光緒二十六年十一月初六日發

各欵中，惟禁製造軍火之器料一條最狠，已電邸、相力商禁軍火請限幾年，至造軍火之機器、物料請勿禁。此商細目，非駁大綱。諸帥如有良謀，祈示。

致上海盛京堂 光緒二十六年十一月初七日寅刻發

蘇龕言，聞李維格私議，鐵廠、萍鑛、湘路費多虧鉅，以後無策，或租與柯克里廠包辦等語，萬萬不可。軍火器料禁矣，鐵廠尚可與人乎。此次賠欵約需數百兆，必借洋欵，似可即於此次借欵時附借三四百萬，不過畸零尾數耳。多開數爐，速造湘潭之路。此時鐵廠乃當行出色之文。閣下乃中外推重之人，債勿憂難還，奏勿慮難允也。至如何籌還，如何措詞，或能請國家酌認若干尤妙，台端自有智珠矣。麻亥。

致東京李欽差〔二〕 光緒二十六年十一月初八日到

昨見議和條欵内第五欵運中國之軍火暨專爲製造軍火之各種材料仍不准運入中國等語。前一日英參贊所交譯漢底本作爲專爲製造軍火之器料，器自是製造軍火機器，用意更深，萬分焦灼。若全行照允，中國永無御侮之具，如何立國，所有各省製造槍礮局廠均須停閉，不特永無自强之日，即會匪潰勇，官兵亦不能鎮懾，以致内亂四起，并不能保護洋商、教堂。查伍使、洋使皆只言暫禁，聞日本禁運軍火，未禁材料，日本外部、參謀均於此條甚關切，務請切懇日廷婉商各國，將暨專爲製造軍火之材料一句删去，并商定軍火只暫禁運，限定幾年，以維大局。切禱。祈速覆。

致上海盛京堂轉慶親王、李中堂，江甯劉制台、濟南袁撫台 光緒二十六年十一月初九日辰刻發

榮中堂來電，云月兩電已面陳，上意甚以爲然，並諭令轉電，

〔一〕録自盛宣懷《愚齋存稿》卷四十八，第十頁，武進盛氏思補樓一九三九年刊本。

〔二〕録自苑書義等主編《張之洞全集》第十册，第八四七〇頁，河北人民出版社一九九八年版。

趁此開議之際，但有所見，即電商慶、李酌議，至關涉税務欵項，並可與盛宣懷電商。貴督與江督本係奉有會商條議之旨，此電並祈轉電江督爲要。榮等。庚。等語。謹遵旨轉電。查月兩電即語午、語申兩電，語午言軍火器料宜商懇勿禁，即軍火亦只可暫禁。及第六欵籌欵有關交涉者，趁此略露端倪。第十一欵修改商船約，擬商加無礙商民生計、中國利權字樣。語申言託俄、美、日三國代畫民教相安之策，已達鈞處。最要者，係勿禁造軍火之器料一事，蓋籌想已慮及。祈速示。佳辰。

致江甯劉制台、安慶王撫台、濟南袁撫台、上海盛京堂光緒二十六年十一月初十日丑刻發

江、皖、濟、滬各電悉。鄙意注重只在軍火材料、京津駐兵兩事，必須竭力補救。若朝廷在人掌握，則以後條欵日增，主權全失，軍火材料斷絶，則天下束手待斃，并小朝廷亦不能久矣。此兩條不能稍改，餘皆不足論也。賠欵傅相、杏翁必能妥籌善法。教案必須俄、日、美助力畫策，我自擬之法彼必不聽。劾董不宜急，待罪首辦後，端諸漸清，照濟稿會各省奏。昨傅相庚電，開議并不允停戰，是補救亦不容磋磨。諸公有策，尤須速陳。佳戌。

致江甯劉制台、安慶王撫台、福州善將軍、上海盛京堂光緒二十六年十一月初十日丑刻發

滬江、濟各電悉。賠欵不認利最善，不借欵尤善，所省至少二百兆。空名擔保，恐亦難允，加税必須免釐。第十一欵簡易辦法者，即免釐之謂也。即使總計有加，仍洋債須留作自强諸政之用。竊謂零星籌餉無濟於事，若廢庶政、弛武備以奉，乃是自尋絶路，萬萬不可。此次賠欵，總宜於舊洋債內政用欵之外，另籌辦法，不如徑派天下商民捐之。假如賠欵四百兆，派之天下，分五年繳，每年連息約一百兆，爲數雖鉅，受累日淺。除極貧老弱婦女不入等外，以八千萬人計，貧富約分九等，上上五百，下下五錢，即是此數。但須官吏不作弊，朝紳不攬擾，明定賞罰，足以取信於民。今朝廷忍辱求和，正爲保此中國，民間共認賠欵，亦是正理。假如東南同時開衅，中華今已糜爛如直隸、遼東矣，商民尚有財産身家乎。昔法賠德欵，限内提前還清，是以法國復振。如此辦法，足見朝廷尚有壯志，華民尚有生氣，欲行新政，求自强，此其一端。若零星羅掘，展轉騰挪，爲期雖緩，爲數轉多。追本窮源，仍是取之於民，五十年内朝野官民皆在洋債束縛之中，鼠入牛角，漸就澌滅矣，安望其行新政乎。國家愛民，自以保其生命，保其財源，保其種類爲主。一時受累，萬世諒之。惟必須朝廷下詔罪己，引咎不諱，痛哭流涕，布告萬方，如陸宣公奉天詔書。從此力行節儉，聽受直言，屏除邪佞，方能感動民心，盡化畛域，實圖自强，民自無怨。尤必須盡掃沽名誤國之私見，偷安苟活之心思，竹頭木屑之算計，索詐賣放之積弊，偏徇鄉紳之劣習，則此舉可成矣。至此外應辦要政，如學校、遊歷、練兵、製械、鐵路、工商等事，仍須實力舉行，鋭意振作，不可爲此次賠欵所牽累。總之，國勢雖蹙，斷無坐以待亡之理。此次巨禍固由棄和挑戰，此後惟有行新政，修武備，以保和局，三義並用，乃可圖存。若僅思苟延殘喘，則不能延矣。僅知隱忍求活，

則不能活矣。如此籌欵之策，恐時人罕以爲然。因諸公議及賠欵，痛心發憤，姑陳妄（論）[論]而已。佳亥。

盛京堂來電并致劉制台、袁撫台 光緒二十六年十一月初八日辰刻到

赫德前擬四五十年內，每年須籌三千萬，係指分期四五十年本利一併在內。如能不借銀行之欵，即與各國商定擔保之法，分年歸還，免出利息，數目不必商減，便宜實多。至各會各人則給現欵，未知何如。宣。陽。

致江甯劉制台、濟南袁撫台、安慶王撫台 光緒二十六年十一月初十日寅刻發

李中堂來電，云直屬洋兵四出擄掠，教民土匪乘機焚劫，蹂躪不堪，較佳電尤甚。因未允停戰，函牘屢商，皆置不答。頃得支電，已飭梅提督、章鎮分投彈壓查辦，當可解散，否則須和議成後，次第商辦。鴻。庚。等語。特奉達。蒸。

致西安鹿尚書 光緒二十六年十一月十一日亥刻發

鄙人佳電籌回鑾事，旨云不爲無見，不知諭旨之意在商令減兵留臺乎，抑願在長江上游作行都乎。聞慈聖甚願回京，確否。上於此事有議論否，榮、王兩相及諸貴人意若何，亦覺此數條危險否。總冒第一條內，有官兵奉令語，若駐兵章程不議妥，榮相恐有礙。祈速示覆。真酉。

致西安鹿尚書 光緒二十六年十一月十一日亥刻發

鄂每次電奏，皆電慶、李、劉，因合肥從不來商，但電奏後轉知。昨見合肥電，有定約畫押之語，萬分焦急，故請電旨飭下全權，並請樞廷電告之也。兩江會各省銜，請明春鄉試改秋間，與正科併行，此摺想已到，硃批准否。鄂省摺差帶去函，想入覽。均祈示。真戌。

致東京李欽差、錢念劬 光緒二十六年十一月十三日丑刻發

現值開議，鄙人有與聞議欵之責。大綱固不能改，細目必當切商，能補救一分，庶少一分之患。錢守速即回鄂，文武學生請木齋星使督飭約束照料，且課程有校長、隊長管教，小事有徐令料理。存欵務交星使代收備用，有應用處，向星使處請領。事關緊急，錢守無拘何事，均可暫擱，萬勿稍延。何日行，速覆。錫。

致東京李欽差 光緒二十六年十一月十三日寅刻發

條欵京津駐兵，大沽撤臺，又逼回鑾，各國議和皆無此辦法，十分危險。永受挾制，聖駕如何敢回。假如中國肯力行新政，設顧問官，此條肯通融否。至通融之法，擬暫行移蹕駐長江上游，如荊州一帶，暫作行都。行都城須距江百里，或數十里，使館即設江邊沙市，總署亦設沙市，遇有覲見，半日可到。原有護商兵輪，使館亦甚安穩，但議明不令陸兵登岸，長江礮臺照舊，俟兩年後蘆漢鐵路修成，再行回鑾，以免直豫灾區供億煩擾。新政果行，自然中外相安相信，洋兵亦可少留，沽臺亦可緩撤矣。此乃

暫時行都，終必回京，京城仍望各國交還。望婉商外部並伊藤侯，託其密商英、美兩國，如英、美肯，再託其商俄、德、法。蓋移蹕武昌、荆襄之議，乃英提督、領事所發。駕駐東南，英人必願，日本亦便，免受俄制。此節關繫中國以後萬年大局，若朝廷已入各國掌握之中，自主之權全失，從此漸就澌滅，斷難自立矣。尊示欲鄙人堅持，務使中國仍爲完全自主之國，故籌擬此策，祈速籌電覆。吻。

致江甯劉制台、濟南袁撫台、上海盛京堂 光緒二十六年十一月十三日寅刻發

濟泰、江卦電悉。近年有人發此怪論，即以五不可之説遍告親知，力懇將此説塗銷。今秋聞合肥在滬語人又有此説，駭極，即於八月廿日電滬七百餘言，增爲六不可，託杏翁轉達合肥，有電可查。鄙人衰朽昏鈍，病勢日增，大局若定，即須自請罷斥，外官且不能作，何況京官。叩求峴帥、慰帥萬勿好事，爲鄙人添病。侵。

袁撫台來電 并致劉制台、盛京堂 光緒二十六年

十一月初九日亥刻到

甯佳電悉。付欵必須借債，可緩者應商分期，關税、鹽釐均可擔保，惟地丁一項似須慎重。愚見須香帥入樞府，杏公入農部，始有辦法。凱。泰。

致江甯劉制台、濟南袁撫台、上海盛京堂 光緒二十六年十一月十三日寅刻發

濟真電悉。前敝處電所云陜論、湘論〔一〕可歎者，正是慮此輩也。若第二欵〔二〕日後各使續查請辦之單早出，則反舌無聲矣。目前上意或不爲所摇，但妨以後辦事耳。新政以遊歷爲第一端，非此則羣迷不醒。吻。

致上海盛京堂 光緒二十六年十一月十三日寅刻發

徐牧賡陛函稱，直隸司局掃地無餘，傅相廉俸公費一無可支，而電費日用皆百倍十倍，故不特公用艱窘，即私用亦支絀。幕中僅餘該牧、楊道士驤、于員外式枚三人，寄身蕭寺等語。李相當此重任，難題困乏如此，恐閣下未知，特奉聞。應如何籌欵匯寄，俾免公私交迫，想尊處必有辦法。祈覆。文。

致上海盛京堂轉慶親王、李中堂，江甯劉制台、安慶王撫台、濟南袁撫台 光緒二十六年十一月十三日寅刻發

遵樞電，與盛京堂商議賠欵事，盛擬不借欵，而以他事他物擔保，既省息，又免扣，可省數萬萬，極爲善策。究以何欵擔保

〔一〕參見本年十月三十日艷酉電。
〔二〕指各國所開和議條欵第二欵，有「日後各國駐京大臣指出之人」，皆須「盡法嚴懲」等語。

爲妥，僅作保而非代收。無論何欵似均無礙，不知各國能允否。祈藎籌示覆。錫亥。

致福州善將軍光緒二十六年十一月十三日卯刻發

近日鄂電均望送伯潛閱，問其有何見解，示覆。侵。

致江甯劉制台、安慶王撫台、濟南袁撫台、上海盛京堂光緒二十六年十一月十三日卯刻發

不借欵，免息免扣，最好。尊意究以何欵擔保，速示。若僅作保而不代收鹽課、丁漕，有何不可。若彼不允，或以新疆、西藏作押何如。各欵似均無礙，此事須速電邸、相。二赤〔一〕必願借欵，若被彼聳慂，倉卒間已向各國說出以借欵立付現銀，則難挽回矣。至要至緊。問。

盛京堂來電光緒二十六年十一月十四日寅刻到

錫電已轉京。問電所慮極是。各銀行均躍躍欲試，借欵亦非擔保不可。芻論不難在擔保，難在免利免扣。前已函商傅相，並電邸相，回電云，償欵係後來事，俟再商云。宣。元。

致上海盛京堂轉慶親王、李中堂，江甯劉制台、濟南袁撫台光緒二十六年十一月十三日未刻發

所以苦求各國勿來挨的美敦書者，正爲今日議約計也。大綱必不能改，細目必當妥商，望鈞處萬勿遽行畫押。阮。

致上海盛京堂、江甯劉制台、成都奎制台、廣州德制台，福州許制台、善將軍，安慶王撫台、蘇州聶護撫台、杭州惲撫台〔二〕、濟南袁撫台、開封于撫台光緒二十六年十一月十四日戌刻發

籌賠欵之法，擬自借國債，不借洋欵。假如共賠四百兆，與外國議定，分五年交或十年交，每年連息交一百兆或五十兆，借之民間，各省派定借數。照英國國債辦法，年年付息三釐，與國同休，永不還本。每年止新籌一千五百萬，不在原有各欵之內。如洋稅可加，除抵釐外，仍可留爲自强要政之用。此票准其轉售，出錢者仍可收回大半，如鹽捐辦法。另設一國債局，藩司及一實缺道共主之。局不宜設在衙署局中，管事須用洋人，方能取信。查赫德所議每年須籌三千萬，共五十年總計須一千五百兆，合銀十五萬萬兩。照鄂說，按五十年計數，可減半，利不外溢，五十年外至億萬年，則國家無疆之福，與民共之有，何吝哉。借國債以保和局，衛民生，情理似無不協，且有西法成式，舉辦亦易。鄂人於會計素拙，只能說其大意。總之，以自借國債爲宗旨，或照此斟酌變通，或另籌辦法，杏翁必有精思妙術。諸帥如有善策，

〔一〕指總稅務司英人赫德。

〔二〕指浙江巡撫惲祖翼。

均請籌示改正。此事如公議相同，擬會銜奏，如未能畫一，擬單銜奏。若照赫議，此一千五百兆非從天降，非從地出，無論如何籌法，仍是取之於民，實不忍以豫扣重息，歲增鉅累，填銀行之谿壑也。盼覆。緝。

善將軍來電 光緒二十六年十一月十九日丑刻到

緝電仰見苦心孤詣。伯潛言，赫議誠宜救正，惟中西貧富迥殊，且民信未孚，民智未啟，昭信六釐尚須勒派，況三釐又不還本，派借之難，不減派捐，猝行恐少實濟。可否於定約時，豫參活筆，有欵即先還免利，如鐵路之約，和成後次第整頓，不患無可籌也。再，人捐不如契捐，薄取不虐，顯著易遍。數目即照科契向章，而去其中飽之弊，寬其匿漏之咎。無論已稅未稅，分別稅捐，必得一巨欵，但亦非尋常官吏所能辦耳云。聯竊以為，伯潛咸電謂視乎用人行政，憲台佳電謂三義並用，乃可圖之，籌欵本原不外乎此。自借國債辦法，但使樞紐無隔膜，病習能革除，自必有裨至計。如會奏，求率聯銜。聯叩。巧。同莘按：此事各省陸續覆電，大指謂民窮官蠹，國債之議恐不可行，與此電意義略同，茲不備錄。

致西安易實甫 光緒二十六年十一月十五日午刻發

雲門大文宗旨如何，此時必已知梗概，速示。襄陽距漢口太遠，陸七百，水九百，若移行都於此，各國仍必駐兵護館，沿途屯兵，爲數較津沽更多，實不相宜。西人有爲此說者，僕已駁之。西人最願武昌，然江面三里，兵艦可至城下，小礮可擊入城中，省城四面皆湖，止一綫陸路通咸甯、武昌等縣，萬難作行都，早已駁之。西人又言荊州。荊州府城低窪，以隄爲命，常年危險，惟有於荊郡城近百里内外，或距荊百二十里之當陽縣，或距荊百八十里之荊門州，皆高燥平坦。惟行都城内亦須設使館，但護兵可少。此仍是暫局，常駐彼斷不允，須言明兩年後鐵路修成，必仍回京。但多此一行宮，以後多一退步耳。荊州之説，英最願，俄恐不願。襄陽之議望勿上。刪。

致上海盛京堂轉李中堂 光緒二十六年十一月十五日亥刻發

聞湖廣道御史江蘇宋承庠，兵部主事安徽王鐵珊、刑部郎中浙江汪以莊，均於洋兵入京後從容就義，大節懔然。請鈞處查明，專摺奏請優恤。此外如有殉節之漢員，并請速查併奏，以彰士氣。八旗殉節者，早已入奏，而漢員除王祭酒外，尚未有聞，實是闕典。此舉關繫甚大，當蒙鑒察。祈示覆。翰。

致江甯劉制台、安慶王撫台、濟南袁撫台、上海盛大臣〔一〕 光緒二十六年十一月十六日未刻發

皖鹽電悉。第十一欵已有簡易二字，欲不免釐而必免，不必求加稅而自加矣。洋貨出境入境一榷，不知彼允否。商包辦法未能甚解。竊思補救免釐之法，惟有行印花稅，產地捐次之。惟產

〔一〕本月十五日，派盛宣懷為會辦商務大臣，隨同李鴻章辦理各國稅則條約。

地捐與洋貨無涉，且産地加捐，商本過鉅，恐難甚重，請諸公豫籌見示。諫。

致上海盛大臣[一] 光緒二十六年十一月十六日發

既建商節，又免北行，賀賀。

致江甯劉制台、上海盛大臣 光緒二十六年十一月十七日丑刻發

鹿尚書十五日來電：此次議約十二條，大綱不得不允，細目甚費磋磨。昨已電飭與劉、張電商妥議，惟遠道電商，終多隔閡。上意若能設法商明各國移至滬議，則公與新甯均可親往，盛亦參贊其間，不識能否造到，茲特遵旨密電奉商。美、日既勸止哀美書，尚敦睦誼，或仍聯絡該兩國向各國説項，約至滬議，以期周妥。此次保護東南商務，諸君大有造於各洋，與之商辯，更爲有詞，且通商改約及償費，須籌的欵，均非在滬妥議不爲功。望即細籌辦法，如何向各使各外部電商之處，是否可行。一面妥酌，先行迅賜電覆。望。等語。特奉達。查大綱十二條，必須數日内照覆，斷不能待至臘月。不過此次照覆内，必須將必應引申補救諸條，於每條下各附數語，以爲議詳約之根。即使肯移滬，所議詳約乃即我所引申補救之事耳。若劉、張兩人均到滬詳約并籌欵，甚需時日。近日敝處屢接康黨徑與鄙人書，悖悍已極，匪謀汹汹，長江乘虚，萬萬不妥。且江、鄂兩省要公必多，曠誤窒礙。擬與各國商或移至金陵，詳議細約，距滬極近，距鄂亦不甚遠，峴帥可坐鎮不勞，鄙人到甯後會議數次，大概略有眉目，即可先回鄂，隨時函電，尚不爲遲，俟將定約時再赴甯一行，於鄂事或不致有礙。其實諸事皆請李相、峴帥主持，杏翁籌畫，鄙人於改約籌欵，均屬淺陋粗疏，到亦無益，鄙意所重者止一兩事耳。觀近日敝處電，可見鄙意。此舉必宜商英、美，日僅能贊成耳。應如何與各外部、公使電商之處，請兩公籌酌。至措詞似可即以函電周折遲緩，事理難盡，恐誤機宜爲詞。均望速示。切盼。葉申。

致西安鹿尚書 光緒二十六年十一月十七日辰刻發

望電敬悉。此時總綱十二條，各國催覆，其勢不能久延。此時若商移滬，各國難允，且於全權有礙，似仍令全權妥議爲宜。近日屢接康黨、票匪徑與鄙人書，專與湖北爲難。黨衆勢悍，若江鄂兩督同時到滬議詳約，久離省城，大屬可慮。詳約非旬日可定，爲期較寬，函電相商尚來得及。至如何補救之法，日内正與英、德領事商，容續陳。此電并呈榮相、王相閲。洽。

致江甯劉制台、上海盛京堂 光緒二十六年十一月十七日辰刻發

頃已電覆鹿滋翁，言大綱須速允，不能緩。劉、張不能同離省城駐滬，且移滬與全權有礙，仍令全權妥議爲宜。詳約不甚迫促，函電可商等語。昨電因有遵旨字，内及峴帥、杏翁，故奉聞耳。洽辰。

劉制台來電并致盛大臣 光緒二十六年十一月十八日酉刻到

鄂葉申、洽辰電悉。此次議欵，各國何肯就我，移滬移甯，均

[一] 録自抄本《張之洞電稿·致上海電》。

做不到。生此波瀾，徒費筆舌，延時日，更慮別滋枝節，一若朝廷不能見信於全權，更棘手矣。近日各國領事來甯，及漢口各領謁香帥，似尚受商，然彼此均是從旁參贊，為修好而來，樂得為我轉電，聽否自有主持者。若令我兩人處慶、李地，必有大為難處，各國未必果厚於我兩人也。康黨亦有逆書到甯，消息正緊，斷不可同時離省。香帥電覆定與各語，簡括精當，極佩。仍電催邸、相速商速定，總以大綱内留細目補救地步為要。請杏翁轉電京。坤。嘯。

致江甯劉制台、濟南袁撫台、上海盛大臣 光緒二十六年十一月十七日巳刻發

第二款日後二字斷不能刪，磋磨無益，榮相或有自危之意。欲安榮相，惟有勸其奏請懿旨。痛斥頑固，速行新政，當可解矣。能加罪己語尤善，再能加入化畛域語更善，但此層不易説耳。新政不能猝辦，只能先舉大綱。峴帥、慰帥能以此意婉達榮相否，請酌。洽巳。

致上海盛京堂〔一〕 光緒二十六年十一月十七日發

武、漢江綫不通，遠繞九江，事急風多，往往誤事，務望速將江綫接好。聞費約萬金，擬鄂省、商局各出一半。祈速示覆。

致江甯劉制台、濟南袁撫台、上海盛大臣 光緒二十六年十一月二十一日子刻發

合肥謂鄙人爲書生習氣，誠然，但書生習氣似較勝於中堂習氣耳。鄙人函致英、德領事託轉電兩使，與電奏及轉全權諸公之電一字不改。前數日兩領事來見，照録兩使覆電，詞甚和平，皆言大綱速允以後，鄙人所擬各條極願詳加酌議語，毫無愠意，德使並有道謝之語。不謂外國人易説話，而中國人反難説話也。合肥諫電不與劉、張相商一語，感甚。箇酉。

劉制台來電 光緒二十六年十一月二十三日酉刻到

數月來苦心孤詣，以冀補救於萬一，所謂知不可為，無不下藥理，全權謂然與否，固不敢計也。公忠如香帥，並世能有幾人。時局艱危至此，兩宫憂勞至此，何忍以細故介懷。惟有知無不言，言無不盡，臣子義固應爾，矧香帥廓然大度乎。坤。漾。

致江甯劉制台、濟南袁撫台、上海盛大臣 光緒二十六年十一月二十一日亥刻發

禁器料必可商改，他事皆不足論。鄙人所最慮者，朝廷危險耳。不籌善策，挾制無窮。請緩回鑾，告以俟蘆漢鐵路成後再回京，正是抵制之策。彼催回京，則必減兵，不減兵則不能催回京。前日據希利爾行都濱江之説，英提督西摩面言之，領事無論也。英參贊面言，回鑾不在條欵之内，可由我自主等語。俄如不願，必代我商各國減兵。君國利害所繫，爲臣子者豈忍知而不言。聞北京及行在諸貴人皆願回京了事，合肥又復堅持成見。大勢已定，豈一人之力所能挽。鄙人言已盡矣，但願言之不驗耳。箇申。

〔一〕録自苑書義等主編《張之洞全集》第十册，第八四八六頁，河北人民出版社一九九八年版。

致江甯劉制台、濟南袁撫台、上海盛大臣

光緒二十六年十一月二十一日亥刻發

杏翁緝電，云果如今年保護東南之局，何事不可成二語。古今中外，萬事萬理，俱盡於此，真懸諸日月而不刊者也。佩服諷誦，五體投地。箇戌。

致江甯劉制台、濟南袁撫台、上海盛大臣

光緒二十六年十一月二十一日亥刻發

箇電旨想已恭閱。商約船章斷不能不許各國修改，十二條內，此條獨有中國認與商改字樣，況已畫押，焉能免改。至補救大意，敝處語午電已向英、德言之，其事甚細密，至速須議三箇月，須杏翁籌之，此事非鄙人所長。箇亥。

致江甯劉制台、濟南袁撫台、上海盛大臣

光緒二十六年十一月二十一日亥刻發

賠欵求減，彼必不理。賠欵核實，彼不能駁。但不知借洋欵乎，否乎。此條杏翁已知梗概否，如不借有何策，國債究有妥法能辦否，請杏翁速示。但恐全權已告外人付現銀耳。養。

致江甯劉制台、上海盛大臣、濟南袁撫台

光緒二十六年十一月二十三日申刻發

滬箇、江、養電悉。商約船章，關繫久遠，並不急迫，必當求取益防損之事以相抵。果有情理，無奢望，斷不能全駁，十得四五亦好。集思廣益，似不可少。鄙意擬請旨電飭各省督撫各抒所見，以備參酌，限若干日覆奏。至飭屬具說帖，只令各關及杏翁所屬擬議，較爲有益，本省局外屬員有見解條陳，儘可酌采，但不必通飭耳。如兩公以爲然，請杏翁擬電奏稿，峴帥酌核，鄙人當附名。箇旨似宜先轉京。梗申。

致上海盛大臣

光緒二十六年十一月二十三日申刻發

昨見連文沖放贛守，是政府見聞太隘。京城要事雜事，尊處似可隨時電達函達夔相，免令外人笑我夢夢也。津蘆、蘆正鐵路，他國人及法人能不留兵保護否。鄙人覆定興電，望轉京。梗未。

盛大臣來電

光緒二十六年十一月二十四日亥刻到

頃奉邸、相漾電，草約十二條即遵旨畫押。此約不另請批准，亦不互換，與尋常議約事體小異。和局可成，此後續議詳細章程，磋磨定後，當另有約欵。祈轉江、鄂及各督、各處云。除另轉外。宣。敬。

致江甯劉制台、濟南袁撫台、上海盛大臣

光緒二十六年十一月二十四日午刻發

濟漾覆電悉。慰帥致書當道，請樞疆合力補救，扼要得法，此入手一定步驟。如杏翁電樞，置身題外，尤可暢所欲言。如蒙諭旨，飭各抒所見，杏翁自必在列。鄙意此時不必言新政，但言須化新舊之見而已。昨周玉山方伯過鄂，述奎帥言今日補救必須變法，囑鄙人與諸公合力上陳，奎願列名等語。大要首在學校、科舉，過甯當謁峴帥面陳，今日東下。衆情如此，或有振作之機。

總之，不化新舊之見，頑固如故，虛憍如故，老團未出之説如故，和局斷不能保。貪昏如故，廢弛如故，蒙蔽如故，康黨斷不能絶。官派如故，兵派如故，秀才派如故，書吏派如故，窮益加窮，弱益加弱。餉竭營裁，則兵愈少。債重徵苛，則民愈怨。游勇、叛民、會匪、康黨合而爲一，中國斷不能支矣。樞紐只在化新舊之見五字，請三公酌之。是否，均祈見教。敬申。

袁撫台來電并致劉制台、盛大臣 光緒二十六年十一月二十三日亥刻到

前數日曾致書行在，謂和議將成，賠款甚鉅，此後愈貧愈弱，勢難自立。如蹈常習故，直無辦法。宜請旨飭内外臣工，各陳富强之策，以備採施等語。惟承乏疆寄，未便暢言。擬請杏兄酌電樞相，謂和未定，弱可憂，和既定，貧可憂，運籌在樞臣，奉行在疆臣，樞疆合謀，始可補救。應請旨飭下諸疆臣各陳所見，毋拘成見，毋存顧忌，毋涉空談云云。儻得此詔，便可進言。仍請三公酌裁。凱。漾。

致江甯劉制台、濟南袁撫台、上海盛大臣 光緒二十六年十一月二十四日午刻發

濟漾前電，甯漾電悉。赫多左袒，誠然，斷不能撇開，亦斷不可專任，惟杏翁思力足以敵之。各國與中國交涉，多不按各國通例，即如内河行輪、任便通商是也。此時惟有豫備抵制防損之法，以待開議，相機因應。如能變法，則可漸望外人以通例待我矣。昨箇旨似應由電覆奏，請峴帥、杏翁酌擬電稿見示。敬午。

致江甯劉制台、上海盛大臣、濟南袁撫台 光緒二十六年十一月二十七日卯刻發

江、鄂疊次奉旨會商，此次又奉特旨籌議，未便僅具説帖送慶、李參酌，恐上意不以爲然，責其推諉，杏翁自不能不如此説耳。此數語如杏翁不願，或分析言之，言劉、張如何，盛如何，祈酌覆。分咨一節，或會銜，或單銜，并示。此次應否即請飭下各省督撫各抒所見，并請裁酌。宥亥。

致江甯劉制台、上海盛大臣、濟南袁撫台 光緒二十六年十一月二十七日卯刻發

甯、滬兩奏稿均甚好。謹薈萃兩稿擬一奏，請峴帥、杏翁酌改示覆，商定後宜由甯發。保護東南，自應辯折，似語不宜過多，致著痕跡。江、鄂似非外人，故酌易之。杏翁添入宣示整頓内政，極切實中肯。欲商約不大受害，非此不可。即或政府不聽，此語不可不説。我自命尊大，自處醉夢，先不以通例待人，人如何能以通例待我。宥戌。

致江甯劉制台、濟南袁撫台、上海盛大臣 光緒二十六年十二月初一日丑刻發

除弊自强，最妙。是合肥於開議詳約種種棘手時首倡此議，各省助之，此爲自然機會。本題文章即或不盡采納，亦可不至觸忤。合肥既動，再諷略園。但恐合肥老而厭事，不願删改舊稿耳。即如乘輿豈能隨便遊幸一語，可見此有天意。姑存此説，只可俟

賠欵不支，遼瀋失權，各事朝廷皆已周知，彼時再看情形。豔亥。

致江甯劉制台、濟南袁撫台、上海盛大臣光緒二十六年十二月初一日丑刻發

滬轉沁電悉。褫董尚不甚難，所難者，德瓦〔一〕待覲見後方行最不好。統帥係戰人，公使係和人，明係要挾回鑾，且損國體。此題難作。豔戌。

致上海盛大臣、江甯劉制台、濟南袁撫台〔二〕光緒二十六年十二月初一日發

濟江、豔均悉。建言者夏、曾、洪之外，尚有編修馬吉樟，主事張星源。夏諂文，洪報夔相，曾怙非自救，各有私心，不僅謬也。有何法可令群迷稍醒，請籌示。

致長沙俞撫台光緒二十六年十二月初七日巳刻發

上海英領事照稱，衢案英使擬劉撫、榮臬革職，永不敘用並遣戍，查抄財産賠卹，鎮、道、府、營及指名之兩紳均擬正法，衢郡紳士均斥革，以財産賠恤。並謂英政府擬定照此辦理，李相亦無如之何。奉旨派會辦浙江教案之盛京堂，欲與滬領商辦，滬領不與見面，可駭之至。衡案近日法領事語氣甚不好，屢言已申報公使辦理。務須將衡案設法在外速了，斷不能照尋常推宕敷衍，一歸公使定擬，便不容我商，無可挽回矣。指名索拏之要人，必須懸重賞拏到，斷不能以已辦六人了事。長沙買地事並非甚難，務須速允。英領事見尊處敬電，頗有煩言，鄙人屢次苦口所言已盡，實恐累及閣下耳。若再不蒙采，聽將來累閣下，累各官，累紳，鄙人實無術補救矣。虞。

俞撫台來電光緒二十六年十二月十八日戌刻到

衡州福音堂賠欵一萬六千金，已照解，由江漢關道交收。要犯懸重賞嚴拏，務獲即辦，並出申述前懲復經賠償告示，以期民教永安。管顯榮案，亦照蔡道與英領事面訂條約辦理。湘春街屋地方繁雜，必開導明白，方能相安，舌敝唇焦，始就安貼，已為印契，交彭蘭生手收。凡此調護苦心，必使民教永遠和睦，諒能見諒。以上三端，似均了結，務求飭關道照會英總領事，將議結各情申報英政府、公使為感。並望電覆。廉。諫。

致江甯劉制台、上海盛大臣、杭州惲撫台光緒二十六年十二月初八日子刻發

甯冬、滬東、浙冬電，前夜始到。衢案英使所擬太重，萬辦不到。彼知中國性情好磨，故索高價以待還價耳。此事似不宜徑商外部，薩使必推，霍領必怒，更難疏解。此時入手第一層，先須勸霍與杏翁晤面，見面方有轉機。第二層，與霍辯論似只宜言官庸劣無能，自己救死不暇，不能彈壓亂民，絕無主使之據，不宜諉爲江山土匪，蓋土匪在外縣不在衢城。此戕官殺教之亂民，

〔一〕 指聯軍統帥德將瓦德西。
〔二〕 録自盛宣懷《愚齋存稿》卷四十九，第三十三頁，武進盛氏思補樓一九三九年刊本。

即守郡城拒外匪之團練也。我語稍有不實，彼將全然不理。第三層，似只宜言不可戮及無辜。外國重法律，重真犯，不必以紳民太多爲辭。若云衆怒，彼將自派兵往矣。然空言辯論，彼斷不聽，惟有勸霍領派員赴浙觀審，按律科以應得之罪，能允此即有辦法矣。但恐無論如何，總須加重，不辦真正主使之紳，必不能行。姑不論教案，即專論戕縣官署内三十一人，其主使之紳，豈可不誅，戕官之人，即殺教之人也。望峴帥設法勸霍領與杏翁晤商，鄙人亦當設法勸之。至霍領不見，必有情節，杏翁必知此案樞紐全在霍一人。承詢，聊抒管見，請三公酌奪示覆。虞亥。

致輪墩羅欽差 光緒二十六年十二月十一日戌刻發

駐漢英總領事法磊斯，明白公平，與鄙人相處甚洽。數月來彼此推誠相待，遇事和衷商辦，故能地方安謐，中外均益。前數月曾電請轉懇外部暫留，茲又聞將調他往，本任領事霍必瀾將回漢。祈再切懇外部，多留法磊斯在漢口數月，俟和局大定，再行遷調。至霍必瀾或暫在他處緊要相當地方安置數月，似無不可。鄙人實爲彼此有益起見，非敢干預也。務望台端玉成，至感。祈電覆。真。

致西安易道台順鼎 光緒二十六年十二月十六日午刻發

初十明諭，何人陳請，何人贊成，祈速示。諫。

易道來電 光緒二十六年十二月二十二日酉刻到

琴明諭，聞出聖意，榮相贊成。鼎稟。箇。

致安慶王撫台 光緒二十六年十二月二十四日午刻發

二十三電悉。變法不重西，所變何事。上意即有扞格，啟沃全在樞廷。日來僕甚病，稍愈有管見再電商。總之，覆奏萬不可急，東南數大省，必須大致商妥。令弟過鄂，略談片刻，歉甚。行在情形，祈詳詢示知。敬。

王撫台來電 光緒二十六年十二月二十四日巳刻到

頃行在軍機章京密報，各國近日會議，欲誅禍首數人，添出樞啟[秀]、徐承煜。兵不遽撤，致畿疆内外民不聊生。奏覆變法毋偏重西云，想見兩宮宗旨，奈何。然就復我古法立論，或不干怒。春叩。

致江甯劉制台、濟南袁撫台 光緒二十六年十二月二十四日申刻發

江致樞箇電，濟致榮養電，均借俄立論，可謂得法得體，真可佩服。迥。

盛大臣來電并致劉制台、袁撫台 光緒二十六年十二月二十日酉刻到

頃接樞廷效電，屬轉鈞處如下：各使在京所議各欵，懲辦禍首一節，前已言明分別輕重，現忽改議，一律從重。是否因東省交還，條約多不妥協，故意作難觀望，抑係別有意見，希貴大臣悉心訪察，密速電知，并望設法從旁解救轉圜為要云。京奏十七所議，似不出大綱第二欵，全權前與各使計議，本屬含渾，今逐條分晰，乃始全行揭破，效電旨恐做不到。兩帥有何妙策免致決裂，乞速示。宣。皓。

劉制台來電并致袁撫台、盛大臣 光緒二十六年

十二月二十二日子刻到

滬皓電悉。茲覆樞電，文曰：盛宗丞轉效電敬悉。駐滬駐甯各領先後來見，初因洪、夏兩主事條奏，得旨分發存記，頗疑朝廷陰納其説，意在依違，各以微詞探問。當經喻以寬待言官，自是中國政體，並無礙於和局，該領等釋然。嗣日領又因增與俄人私約〔一〕，謂各國聞而動心，諄囑密電各全權，堅持勿允，免啟瓜分之漸。並請懲辦禍首一欵，奏到即行，以堅各國之信，否則藉此恐有反覆，情詞極為迫切。當將俄約一層密電各全權力拒，此外無可訪察，亦別無意見。現密商駐甯各領，轉達公使，懲辦務從輕減，未審能否有濟。謹據實覆陳，祈鑒察。坤。箇。

袁撫台來電并致劉制台、盛大臣 光緒二十六年

十二月二十二日亥刻到

頃致榮相電，文曰：聞俄乘和議未定，他國不能助我，意欲據東三省兵權利權，儻各國效尤，大局不堪設想。現宜急催慶、李速定和局，方可專力籌辦俄事，亦可約日、美、英相助理論，以免事久生變。至籌辦首禍，如情節較輕，勢所難減，只可當作殉難，優其後裔，萬毋再累國家。又電：或謂諸謬究係愚忠，嚴懲恐失人心云。然為臣者，不權利害，不顧君父，但憑意氣，致危宗社，萬古無此忠臣。譬如為子者不計室家，不顧父母，但逞一忿，忘身及親，天下無此孝子。且諸謬誤國殃民，不但為洋人痛憤，中國士民亦均切齒，懲之所以維持人心，整飭紀綱，並以彰明聖德。請相機圖之云。請三公酌量加勁。凱。養。

致江甯劉制台、濟南袁撫台光緒二十六年十

二月二十七日午刻發

樞宥電想已閲，此難題如何能作。前三日已有函致英、德領事，託轉公使商減，兩領事深爲詫異。昨英使已覆，絲毫不減。德使未復，必更橫绝。尊意有何辦法，祈示。鄙意若啟、徐允其賜死，索回自辦，事當可行。總之，欲稍存國體則可，欲救啟、徐之命，斷不能行。英亦難救，趙或可減，英一人所以代端、瀾二人也。半年以來，我兩人屢電環球，大聲疾呼，苦口剖辯，無非爲兩宫辨耳。言誤國殃民，絶交開衅，皆由諸罪臣之挾制擅專，罪在此輩，勿歸怨我兩宫。大指反覆，自夏迄秋，不過如此。今忽欲爲無數之罪人辨，然則罪歸何人乎。兩公必有良策，祈速示。鄙人頭痛經旬，苦極，今得此樞電，痛更加數倍，奈何。感。

致江甯劉制台、濟南袁撫台光緒二十六年十

二月二十八日申刻發

軍機處來電：此次肇禍諸人，昨已降旨，照全權所請，莊賜自盡，端、瀾新疆監禁，毓正法，董緩辦，惟英、趙加恩定斬監候，啟、徐先革職，查明實據再重懲矣。論英、趙情節本輕，乃欲一律論死，實太不情。英僅隨同出違約告示，已有莊當重罪，此外並無縱拳攻使重情。趙查辦拳匪，僅去兩日，頗有解散，回奏亦稱拳爲邪術，不可恃，更屬冤抑。啟、徐平空添出，自行拘禁，大失國

〔一〕本年十月二十九日，諭令盛京將軍增祺與俄員商辦東三省交收事宜。

體。前已擅殺廷雍，豈可再蹈故轍。全權於此等處均未能婉切剖辯，致使朝廷萬分爲難。貴督等保護東南，爲英、德所信服，此事皆英、德主持，務希迅速詳晰分電各國外部及公使，婉商力辯。現已欽奉諭旨，勿再異議。啟、徐務請交回自辦，以期持平而全政體，且使他欵可次第議行，勿致宕延和局爲要。樞宥。慶、李致樞電：頃薩使派其參贊傑彌遜來告，接政府回電，趙舒翹不允減死。問其究因何故，據稱，趙一味附和剛毅，稱拳匪爲義民，去冬曾有不禁辦團習拳之明發諭旨，係趙所擬，是主持義和團之實據。又拳匪進京時，趙曾出迎，其家眷出京，係拳匪護送，都人皆能言之，且無論有無證據，各國必欲治死。傑謂據其政府之意，端、瀾改免死罪，因係懿親，已屬從寬，其餘諸臣朝廷若再護庇，禍將及身等語。詞意決絕，無可磋磨。請代奏。奕、李宥。又，英領事來函：二十四日早接貴部堂密函，當即將大概電稟駐京大臣去後。二十五日晚，接奉電覆，內開中國全權大臣知會，毓賢正法，莊王勒令自盡等因。查端王、載瀾，因係皇親免死，其餘英年、趙舒翹、徐承煜、啟秀等四人，自無可原之處，萬難減罪。董福祥亦須革職，以便將來嚴辦，仰該總領事聲明辦理。此事如先未愜各國政府之意，實不能再敦邦交等語。儉。

致上海盛大臣轉英、德、法、美、俄、日京羅、呂、裕、伍、楊、李欽使，并轉京全權大臣、江甯劉制台、濟南袁撫台光緒二十六年十二月三十日寅刻發

懲辦首禍一案，朝廷極欲愜各國之意，俱已從嚴。惟趙舒翹一員似乎所擬罪浮於情，此等重案，關係國家全局，必須核實，方能有所勸戒，衆情自覺允服。蓋誤國殃民之罪魁，中國臣民皆所痛恨。聞朝廷已擬定斬監候罪名，似足蔽辜。政府決非袒護，望閣下飛速轉達外部，電飭各使與全權大臣切商爲禱。即候示覆。坤一、之洞同啟。豔。

致西安行在軍機處發後照轉全權大臣、劉制台、袁撫台　光緒二十六年十二月三十日寅刻發

兩奉鈞電，囑爲啟、徐、英、趙四人解圍，坤當即託駐甯英、德、美領事轉達，該使無覆。洞致函駐漢英、德領事轉電各該使。前四日英使覆電云，查端王、載瀾，係皇親免死，其餘英年、趙舒翹、徐承煜、啟秀等四人，自無可原之處，萬難減罪。董福祥亦須革職，以便將來嚴辦。仰該領事聲明辦理此事，如先未愜各國之意，實不能再敦邦交等語。昨日德使覆電云，各國擬請懲辦罪魁之法，核之該罪魁應辦罪名，甚屬輕減，不能改移。若中國政府再有耽延，照允大綱第二欵，則所開和議，必得一概停止，實在於中國大有妨害等語。又，日本使自京來電云，現爲中國計，又爲日本計，必須早定和局，以免別國更生異心。惟各國議定幫匪之王大臣未經懲辦之先，不議其餘條欵，執意甚堅等語。并聞英參贊向全權言，朝廷若再袒護，必至禍及己身等語。詞意橫悍決絕，恐難挽回。今勉遵鈞指，電各國星使轉懇外部解勸，專爲趙一人求減，不知能有濟否。除已電全權外，謹奉覆。坤一、之洞同肅。豔。

致開封于撫台光緒二十六年十二月三十日巳刻發

清江轉運移設漢口，起運米十七萬石，分囤樊城、老河口十餘萬石，餘在途。自河口至龍駒寨，水淺灘多，載輕船少，米到陝不及萬石。水漲挽運亦險，專恃一路不濟。現委岑道春蓂接辦，亟籌開辦樊潼陸運，一由南陽府，一由賒旗店，均歷汝州、河南府、陝州，至潼關，分設五局，派李令祖蔭駐河南府提調陸運，仍往來催督。惟招雇大車、騾、駝，地方官呼應方靈，祈台端飛飭各屬，隨時照料，以利運務，大造災黎，感紉公誼。除夕。

致西安行在軍機處發後知照劉制台〔一〕 光緒二十六年十二月三十日亥刻發

豔電旨恭悉。坤一、之洞遵照樞電，疊次函電各公使暨各外部設法解救情形，已於昨夜豔電詳達軍機處，并知照全權矣。初擬救四，繼擬救一，外部尚無覆電，事恐無益。聯軍不日南行，和局將潰，彼挾兵威，不講刑律。伏候聖裁。坤。

劉制台來電并致盛大臣 光緒二十六年十二月三十日戌刻到

滬五豔電悉。救趙、英、啟、徐，敝處曾婉商駐甯各領，允達公使，迄無回信。嗣又電全權救趙。迭閱全權奏，英使欲辦之意亦復決絶，非特難救，且亦不便再延。今杏兄既商德領允電穆，並有公允語，自當再盡人事。但樞紐在各使，電外部非特無益，且慮各使轉存意見。甯、漢各領處，敝處與香帥均屢商，不允不覆，亦難再託，惟有由杏兄託滬各領代達一法，並望香帥加電。坤。卅。

光緒二十七年

致西安薛尚書、陸侍郎、屠前侍御光緒二十七年正月初五日巳刻發

豪、支兩公電悉。趙司寇事，前奉樞電，續奉電旨，先於廿六日設法電致英、德兩使解救，覆電決絶不允。又於廿九日電各國駐使速商外部，解釋初係救四，繼專救一〔二〕，猶恐外部不理，又託滬各領事轉告公使，美外部覆電許可，但不言勸英、德，仍是空言。日本覆電，前日全權已知照各使，首禍已奉旨照辦，此電自勿庸議，但云可憫而已。他國均無覆。此事前數日已有電旨與全權大臣，全權已與各國商妥。初三日又已見明發上諭，此時實再無挽救之法。祈諒，并望轉致諸公。微。

西安來電并致劉制台 光緒二十七年正月初四日戌刻到

趙尚書實非禍首，朝野稱冤，求設法解救，幸蒙允辦，乞即日先電奏請緩刑。萬急。薛允升、陸潤庠、屠仁守、馬吉樟、劉廷琛、王廷栻、周爰諏、方霆、鮑心增、王步瀛、李占科、許汝棻、戈炳琦、曾光岷、郭景象、何錫禔、劉瞻漢、劉嘉斌、劉璞、胡孚宸、許玨、嚴作霖、江浙皖陝士民公叩。豪。

〔一〕以下二電録自許同莘輯刊本《張文襄公電稿》卷四十四。
〔二〕指救啟秀、徐承煜、英年、趙舒翹四人及救趙一人。

西安來電并致劉制台 光緒二十七年正月初五日子刻到

首禍已死，趙司寇情有可原，請設法力救。陸潤庠、屠仁守、易順鼎、夏震武、賴清鍵、劉璞、洪嘉與、謝化南、金文同、馬吉樟、王廷栻、高崧生、傅運生、葉泰椿等公叩。支。

致上海日本總領事小田切光緒二十七年正月初八日午刻發

疊次述貴外部大臣來電均悉。俄約事，貴政府籌慮深遠，爲東爲中，均爲緊要關鍵，銘感曷極。已密電西安，力請朝廷勿允此約，俟各國公議。惟目前時勢，中國獨力斷難拒俄，尤望貴政府切約英、德、美各國，以公論向俄力阻，實紉睦誼。聞俄格使言，謂此乃中俄兩國之事，他國議論可置之不理。假如彼真不理，或竟罷交還之約，有何辦法，切望速示，遲則無及。鄙人因感風頭痛，兼旬未愈，致稽電覆，歉甚。齊。

致東京李欽差、柏林呂欽差、輪墩羅欽差、華盛頓伍欽差光緒二十七年正月初九日辰刻發

俄約十二條，侵我土地、政權、兵權、利權，并有干礙各國之處，中國固不願允許，然中國獨力斷不能拒俄，各國所知，何以各國僅勸中國勿許，而不勸俄勿要挾，豈欲俄得志而各國效尤耶。若中國不允俄約，俄竟不交還佔地，或別生枝節，則將若之何。各國試代我設想，有何辦法，肯代我駁阻俄國否。俄格使勸全權慶、李云：此中俄兩國之事，與他國無涉，且各國無以此語告我政府者，獨以不干己事，與中國爲難，必當置之不理等語。豈各國真不敢向俄啟齒耶。務祈切商外部，力勸其徑電俄廷，方能有益。并祈詢明，儻中國拒俄而干俄怒，究竟各國肯代我力爭否，格使與全權均甚急。各國有助我之策，須速籌，遲則無及。速電示，至盼。佳。

致西安鹿尚書光緒二十七年正月初九日午刻發

聞有小樞致他省督撫電云，初十諭旨，令條議變法整頓一件，切囑各省覆奏萬勿多言西法云云，殊堪駭異。竊思采用西法，見諸上諭明文。鄙意此後一綫生機，或思自強，或圖相安，非多改舊章，多仿西法不可，若不言西法，仍是舊日整頓，故套空文，有何益處，不惟貧弱，各國看我中國乃別是一種頑固自大之人，將不以平等與國待我，日日受制受辱，不成爲國矣。究竟此事慈意若何，略園能透澈否。各省能否切實覆奏，那幾種事可望更張。鄙意第一條欲力掃六部吏例痼習痼弊，樞廷諸公肯否。此覆。電如文繁，請用泰密本翻好，交李蘭皋發，簡則不必。請酌。佳。

致西安行在軍機處光緒二十七年正月十一日亥刻發

駐日本李使來電云，佳電頃商外部，稱此事日難獨任，須中國政府分電英、德、美、日等國，託商俄廷，將東三省併入公約辦理，或有挽回，無別法。餘所言與前電同。鐸。蒸亥。等語。謹奉達。真。

致西安行在軍機處光緒二十七年正月十四日子刻發

德領事禄理瑋云，昨接德國政府覆電，云中國不應另與無論何國何公司立讓土地利權之約，必須先守各國公約，先將此約切實辦到等語。各國既均勸中國勿另立約，則中國儘可以各國勸阻爲詞，拒絕俄國，或者由中國將俄約布告各國，請其約齊向俄理論。總之，照此約，東三省連蒙古一帶，實已歸俄，允之則招各國效尤，不允則俄或畏公論，尚冀和平了結云云。以上皆領事語，謹電聞，容續陳。元。

致西安行在軍機處發後轉劉制台 光緒二十七年正月十八日申刻發

篠電謹悉。昨英領事轉外部瀾侯來電：俄約關繫甚大，並非滿洲境内一處暫約，實已將滿洲全境及蒙古、新疆、伊犂等處一併歸俄保護。惟英國並未接到此約明文，望中國將此約明告，一俟接到明文，當商各國。惟中國此時萬不可應允，須候所請調停各國覆電，方可再有舉動等語。是英但催俄約明文，並未云不肯調停，與全權電英國並未允向俄排解一語，似有參差。又美署使柔克義來電，囑敝處力勸朝廷勿允俄約，並述美政府云中國私立讓土地利權之約，於中國權利極爲危險，萬不得已，亦須先與現在議約諸大國商明允肯方可等語。查八月羅使儉電：英、德於本月廿三日互換保護中國商務土地四欵，内有云英、德不乘機而取中國土地，英、德將此約告明奥、法、義、日本、俄、美六國，請其照辦等語。又日本總領事來電：俄主飭外部告各國文，摘要翻譯，另附日文，即日郵呈。此刊本係日本外部密書，甚確，其略曰：日本外部刊本譯出一千九百年八月廿五日俄國官報俄皇命外部轉告各駐使云，此次因中國北方滋事，應聲明本國舉動諸事，與各國公同一致，維持辦理，各國所爲開分割中國之端，一切排除。以上各國同意成立定此綱領，俄政府自己亦遵守，將來亦遵守等語。頃駐日本李使電，頃外部言，英廷因東三省事有詰責俄廷之説，如何措詞，尚無所聞等語。揆度日來情形，是英國似已發端，各國亦當繼起，雖不能力折其鋒，總可漸殺其勢，想不至全行食言。俄皇告各國文既有刊本，但能堅忍數日，必有轉機，能挽救一分，即有一分之益。伏望朝廷切飭全權大臣，總以婉言商懇俄使，力言中國今日極弱，固斷不肯負俄國，然又豈能拒英、德等六七國。除敝處現又切商各領事電催各外部速出排解外，謹先奉聞。嘯。

致西安行在軍機處光緒二十七年正月十九日丑刻發

頃英領事來告，頃接英薩使轉外部來電，云英、德、日現正在歐洲協助中國等語，務請敝處速再電達朝廷，中國既已請各國調停，必須候各國覆信，若不候覆信遽與俄定議，便是中國失信於各國，萬萬不可。薩使另有要語，囑見敝處面達，擬明早十一點鐘來見等語。謹先電聞，餘明日晤後續陳。嘯亥。

致西安行在軍機處發後轉劉制台 光緒二十七年正月二十日卯刻發

今日英總領事來見，稱奉其外部瀾侯來電云，中國既已請各國相助排解，現各國正在歐洲極力設法，惟中國應速飭全權必須將俄約各條明告各國，將約稿分送駐京各使各一分，并照會各使，將中國以爲有礙自主之權各條指出，請各使公議。若無約稿，所謂請各國排解者何事，各國何從向俄辯論。各國不據明文，俄可含糊推宕不認等語。當答以朝廷惟恐干俄之怒，未敢宣布，若貴國能照會中國，告以見約之後必代調停，雖干俄怒，英國亦可會同各國向俄排解，不至決裂，則中國便可放心宣布。領事允即照電外部及公使。謹奉聞。效亥。

致上海日本總領事小田切 光緒二十七年正月二十日卯刻發

請速轉外部大臣。東三省事，俄約險惡，催逼全權限日畫押。敝處承貴國與各國商阻，極感各國。此時不知已告知俄政府否。敝處已四次電奏朝廷，深知此次俄約之害，極不願允。此約惟中國力弱，獨力不能相拒，故前有旨令我各駐使商請各國外部，協助勸阻。閣下有何良策維持中東，實所感仰。務望從速，方能有益，不然全權恐不能堅拒，各國欲助亦無及，亞東大局壞矣。盼示覆。效。

致西安行在軍機處、户部 光緒二十七年正月二十二日辰刻發

哿電謹悉。轉運局米，前已督飭岑道於原辦水運外，添籌樊、潼陸運，今當嚴催水陸分投趕運。至鄂辦雜糧萬石，係飭襄陽道朱其煊經理，專由陸運，不用水運，直達潼關，限二月中旬全數運陝。猶恐遲滯，近又另添雜糧陸運一路，專派河南候補知府桑寶就賒旗、南陽一帶酌量添購雜糧，自行雇車雇駝，徑運潼關。車駝長短聽其酌辦，以免與襄陽朱道所運相妨。茲復分電嚴催朱道、桑守分路趕運矣。馬。

致西安岑撫台、廣州陶制台[一] 光緒二十七年正月二十二日辰刻發

屢電悉。敝處諫阻俄約則有之，若雖亡國不讓東三省，則實無此語。國既亡矣，何有於遼東乎。凡動輒言甘心亡國而不恤者，乃徐桐諸人之言，鄙人不忍作此語也。增祺草約有奉天設官，與聞要公一條，今約無，想即來電所謂監督也。朝旨現令全權商改磋磨，未專取決於合肥。鄙人電奏甚多，不能備述，大指言各國皆極力勸阻我勿允俄約，惟有力懇各國排解。峴帥亦屢奏尊處傳聞不盡實，立言尚望審慎。禡。

致江甯劉制台[二] 光緒二十七年正月二十二日巳刻發

去年十一月，有湘紳江南候補道劉思訓等十人過鄂遞公禀，請在湖南推廣籌賑彩票，以濟湘賑，擬在湘省設分局，並云台端已經允准等語。並未與鄙人見面，匆匆半日，留禀擲付敝處，即行回湘。據禀云，每年繳賑欵，照上海、江南賑票減半。查江南係每年繳捐七萬元，今減半，止每年捐三萬五千元，共約二萬五千兩，聞議定每月繳二千兩。查原禀内稱台端在江集捐萬餘金，

〔一〕指兩廣總督陶模。

〔二〕録自抄本《張之洞電稿·致各省電》。

杯水車薪，無濟於事。萬金爲杯水，豈每月二千，便爲長江大河之水乎。聞寶慶雖灾，尚非極重，四月以後，當可漸紓。此皆上海奸商聳恿，巧立名目，藉端漁利，敗壞地方。開此風氣，既害湘省，兼害長江，鄙人竊以爲萬萬不可。其所云已稟准台端，並未接到大咨，斷不可信。除已電俞中丞禁阻外，特奉達，祈飭禁，勿令影射妄爲，至禱。如該紳等敢在湘省設分局，敝處只可指名據實奏參。謹奉商。尊意以爲何如，祈示遵。禡。

致俄京楊欽差 光緒二十七年正月二十四日卯刻發

東三省因增祺擅立草約，致啟貪求，賴公辯論維持，深佩忠藎。惟現議各條，其害仍鉅，各國譁然，極力勸阻，并謂我若許俄，則各國必將效尤，仍歸瓜分云云。查俄與各國在北省聯軍，俄廷曾布告各國，俄與各國公同一致，維持辦理，將分割中國之端一切排除，見諸俄國官報。俄皇仁義已著，不應食言。又與各國已公同訂立大綱十二欵，是俄亦當與各國事事一律，不應別有要求。近日奉旨，飭令各駐使請各國向俄排解，各國外部云，須將俄約稿録送，若不見俄約，則所請排解者何事。乃合肥李相謂兩國之約，不能與各國看，若宣布，恐招俄怒云云，竊所未解。其實此約斷不能始終秘密，俄怒不過不還東三省，各國皆怒，則争相效尤，一舉而亡十八省矣。尊意以爲何如，祈速裁示。擬請公可否向俄外户部言明，各國索觀約稿，中國不能不將此約宣布，以探其意，似亦無妨，探詢後祈速示。中國極弱，俄大國固不能抗，英、德、日等六七强國又豈能拒，動以情理，是否有益。再，鄙人及劉峴帥此時有何策可爲公助力之處，祈速密示。總之，鄙意此時萬不宜草草議定，中華全局，存亡所關，務望詳慎。敬卯。

楊欽差來電 光緒二十七年正月二十九日酉刻到

敬悉。約稿照我送駁欵，删改頗多，已由峴帥轉達。西例兩自主國立約畫押前，向不外宣。外部稱，此約定後，即登官報，無欵不可告人。俄以兵力得滿洲，誰能援例云。前户部密談之欵電京後，為洋訪事探知登報，户部甚怒，幾與儒絶交，故約稿未便早宣。至排解一節，終恐難恃。英、俄約南北各不干預。德首相昨在議院宣稱，英、德約不指滿洲。美使言中外未睦，助力大難。日本小不敵大。改欵視初稿迥殊，效尤不易，必待排解，俄未必再讓，恐轉多一酬勞之藉口耳。從違利害，策無萬全，仍乞有以教之。並轉峴帥。儒。感。

致廣州陶制台 光緒二十七年正月二十六日丑刻發

效電悉。並無將出洋學生全調回之説。學生助亂者甚多，皆予以自新。逆蹟尤著者三人，祇不送入學校，不代出學費，聲明此三人將來善惡成敗，不與湖北相涉耳，可謂極寬矣。有。

陶制台來電 光緒二十七年正月二十一日子刻到

聞吾師將調回出洋學生。少年尚氣，不可遏抑。彼未必盡信康梁，恐召回無以自活，轉鋌而走險。乞酌。模。效。

致西安岑撫台 光緒二十七年正月二十六日丑刻發

敬電悉。到晉後，被害教士教民查恤，拳匪及縱匪官吏嚴辦，辦法極合。令弟言尊意欲與洋兵約定彼此不相犯，最爲要著。惟須速電全權大臣，請其照會各使及聯軍統帥，隨後再補咨全權轉達，方來得及。前膛槍鄂省亦缺，省外防營、團練需用請領尚不敷，無以應命。徑。

致西安行在軍機處光緒二十七年正月二十九日辰刻發

今日英領事來見，出示薩使自京來電，言俄約所改各條及限期，十四日皆已盡知，係在京聞某大員説者。他條皆符，惟第八條云已全行删去，並不知尚留有不允各國路鑛工商利益一段。其文武大吏，僅改爲調離云云，亦尚不知，第十一條俄路賠欵知之不悉。何以獨於關涉各國要語，未聽人説，殊不可解。敝處當即切告英領言，貴薩使所聞未盡詳悉，其中尚多礙難之處，中國不肯遽允，限期太迫。假如我政府託轉懇薩使邀各國向俄商展限，可否。英領答云，可行，務請速發電旨，先託各國代商展限，此有益無損之事。敝處又問，各國雖允助，尚未肯出頭明幫，假如中國肯將東三省全行開放，所有路鑛工商任便雜居等事，准各國同享此各項利益，各國肯實力助中國阻俄約否。英領欣然答云，如此必肯助力。當即作爲洞一人之私意，託其電詢外部，薩使允即發電。至日本亦作爲洞意電商矣。謹密陳。勘。

致江甯劉制台、上海盛大臣、濟南袁撫台、廣州陶制台、安慶王撫台光緒二十七年正月二十九日午刻發

頃電奏云，沁旨敬悉云云，請代奏。之洞肅。儉亥。等語。是否有合，請裁酌賜示，商定後再電全權爲妥。豔寅。

致江甯劉制台、上海盛大臣、濟南袁撫台光緒二十七年正月二十九日午刻發

滬沁亥、勘巳、勘午，江勘申、儉兩酉六電均悉，滬轉京奏、楊使敬電亦閲。鄙意已詳頃轉去儉電奏中，刻想達覽。管見救急三策：一請各國代懇展限。二東三省遍地開放，即所謂開門通商，藉各國商力以拒俄。三藉北境用英、日人練水陸軍之説，以阻俄入長城鐵路。以此兩抵，路或可罷，與杏翁勘午電意似相同。峴帥諄命鄙人酌定彙核，拙見或蒙采納。如以爲然，請峴帥撮叙簡要數十語，會三銜電奏，或加兩語，云其詳已具洞儉單銜電奏中，或不加亦可，由峴帥處發電爲禱。總之，中國不能自立，與其窮口磋磨，不如强鄰藉助。然僅有益於我無益於人，誰肯助之。藉各國之公論以展限，藉各國之商利以阻俄吞遼土，藉各國之練兵以抵俄路入關，無聊之策，只能如此。東三省係我自行開放，與吴淞、秦王島無異，内地十八省不能援例效尤。兩公如有良策，請即添入。至於限我兵數，禁華洋軍火，禁各國人充巡捕，大吏不合俄即撤調，皆大損自主之權，無復再振之望。然彼豈容多駁，我豈敢多争。先議展限，徐籌長策。此電及拙電奏，可否與鄭蘇龕、張季直商酌，並密與小田切閲之。前奉佳電旨，命江、鄂勸各國幫助辯阻，向俄説項，此係遵旨辦理，祈速酌辦。惟三全權處，似不宜遽行電告。楊敬電有乞聖裁決許字樣，恐必打破此局。應否稍緩，俟得英、日覆電，再行轉告，并請妥酌速示。豔辰。

劉制台來電并致袁撫台、盛京堂光緒二十七年二月初二日寅刻到

鄂兩豔電悉。三策實為救急良法，莫妙於此，議論透澈，語

語皆有關係，萬分欽佩。現已查照香帥來電，撮要會香、杏二公銜電奏，由甯遝發。文曰：行在軍機處鑒。沁電旨恭悉。國能自主，以其國是皆不必聽命於人，而國是之重，莫過於權、利兩項。今細繹俄約，雖略加删改，凡關兵權、利權，均須商之於俄，滿洲全境無異為俄所有。此約大體已非，縱再商改，總不能一無所損。各國必須效尤，均早明告中國，一俄尚不能拒，豈有能拒各國之理。是滿洲失一分權利，即舉國之權利皆失，不僅現在聯軍未撤，細約未定，京畿一帶在各國掌握之中已也。為今之計，惟有請迅發電旨，令駐英、日、美、德各使切商各外部，告以俄改約仍多關礙中國及各國之處，期迫難允，請各國代為懇俄展限，俾得詳籌。此即照英灡侯語不得各國回信不畫押之意，藉為騰挪遷延之計。一面即與各國相商，如能力助中國拒俄，願將東三省全地均准各國通商，公享利益，各國當必欣然。與其為俄獨佔其利，受無窮之害，不如借各國通商，以為牽制之策，不獨目前可以拒俄，亦從此可免俄國侵吞滿洲之患。俄欲築路駐兵，直入長城，蓄意最很。如難商阻，即令楊使告以在奉天一帶聽英、日將弁練水陸各師，以為抵制。俄能因此停止固善，否則亦可藉伐狡謀。是今日欲求自保權利，以為救急之謀，舍此實無別法。坤等往返籌商，意見相同，其詳已具洞儉電。現俄催畫押甚急，顯慮各國阻撓，欲迫中國自允，為箝制各國之計。全局所關，伏乞朝廷力為主持，不勝迫切之至。請代奏。劉、張、盛。東云。全權處自宜緩告，如合內意，必有電旨。坤。東。

致西安端撫台光緒二十七年正月二十九日酉刻發

宥電敬悉。湖北轉運事，轉運局江、鄂七省之米，鄂省獨辦之糧，係屬兩事。現晝夜督催，分爲四路並運。局米分水陸兩路，水運由荆紫關抵龍駒寨爲一路，陸運由樊抵潼爲一路。楚、豫邊界雜糧亦分兩陸路，由襄陽道朱其煊運西安，交湖北糧道譚啟宇爲一路，由河南知府桑寶自購自運抵潼關爲一路。朱一路較多，桑一路略少，大約二月内雜糧可到陝萬石。局米容查清[一]，再奏達。豔。

致西安鹿尚書光緒二十七年二月初一日酉刻發

今晨東電奏想達。英薩使來電，謂俄約已全改好。據來電云，乃在京聞周馥所說。其藏過第八條不允各國路鑛工商，明係姑用好言慰英，免其阻撓，以便催逼畫押。鄙奏如不速行，必有人洩之於俄矣。鄙人前四日感一電奏，即請託各國展限，不報。茲儉、東兩電奏，不知上意稍動否。榮相、王相係何宗旨，有何議論，望速示。屋。

致西安樊雲門[二]光緒二十七年二月初一日酉刻發

非存滿洲不能存中國，非酌改俄約不能存滿洲，非展限不能議改約，非英國向俄説項不能商展限，非以東三省徧地開放工商雜居一切利益與各國，不能令英國爲我出力，非將第八條禁阻各

[一] 底本作「查請」，似為「查清」之誤。
[二] 即樊增祥。

國工商删去，不能免各國責我以私約干衆怒。留中國之兵護滿洲，不如招各國之商護滿洲。減俄屯遼之兵，不如截俄入京之路。以入京之路爲酬報，不如以他事爲酬報。況合肥電奏、薩使來電，俱言中俄並無此成約，何必酬報。不允限我之兵，不如趁此照楊使所删，即議定用英、日練我北路水陸之兵。與其遷於滿洲，不如通融於新疆。日來鄙人三電奏，大指具此，此中西講求時局之公言，非區區一人之偏見。然竟未聞詔旨切託英國展限，許以酬報，惶悚焦急，莫測高深。撮要奉達，可否向三樞堂痛切言之。昨日本外部來電，將第八條全文照録，其餘各條亦分條指陳利害，是俄約改本日已全見，英必傳鈔。我若託英，並非自我宣布，此乃全權過慮，合肥褊心。至東三省開門通商，乃我自開口岸，内地無慮效尤。即使各省通商，中國尚可永存，看以後時勢，中國豈能以兵存，仍是以商存耳。足下既抱魯陽、精衛之誠，又具國僑、子貢之智，所望力贊當道，挽救國脈，其功不朽。各路電奏想已得閲，叩懇盼覆。沃。

致上海盛大臣、江甯劉制台〔一〕 光緒二十七年二月初一日發

俄約貽害太鉅，耿耿寸衷，仍望挽回。若實不能挽，聽天而已，萬萬不敢勸朝廷照允。敝處未便代轉，請兩公裁酌。敝處儉亥電奏及艷寅電，想具達，兩公以爲如何，祈示。萬望勿告全權，告則遼東必不能救矣。張季直、鄭蘇龕閲後以爲如何，并示。萬叩。

致江甯劉制台 光緒二十七年二月初二日午刻發

擬會銜致上海英璧總領事。電曰：瀾侯囑我須候四國回信，至今回信未到。俄皇與格使訓條，俄外部告楊使，語甚決絶，逾限不畫押，則東三省不交還，不講鄰好，中歷二月初七日限滿。俄約本不便宣布，因日本外部來電，云第八條中國未與俄先行商明不許他國一切工商利益等語，是改訂之約，日本已全見，英亦必見。查此條於中外各國均有礙，最爲緊要，敢懇速商英外部，速邀各國代我商懇俄國〔二〕展限，先將第八條删除，則江、鄂必會同奏請朝廷，將東三省全境許各國共享路鑛工商雜居一切利益。此條於中西大局有關，感謝無極。究竟貴國能代中國商懇俄國展限否，能指明將第八條全行删除否，祈明晰速示。劉某、張某同電。等語。祈裁酌。不言工商酬報不能動人，但言我等奏請尚覺虚活，昨會電奏已言之。此次江、鄂奉旨，令託各國幫助説項，前又奉有便宜行事之旨，似尚無妨。如可用，即酌量增改，速發電，不必再商，并請照此電略改字面，會電羅星使。沃午。

致江甯劉制台 光緒二十七年二月初二日未刻發

東會電奏暨豔申、東兩電均悉。頃見東旨飭羅使告外部，若能於限内代我設法轉圜，或勸俄展限，則大妙等因。語意似稍輕淡，未言俄約難從者何事，亦不言酬報，不知有濟否。畫押之先

〔一〕録自盛宣懷《愚齋存稿》卷五十二，第二十四頁，武進盛氏思補樓一九三九年刊本。

〔二〕底本誤為「各國」，據許同莘輯刊本《張文襄公電稿》卷四十五改。

發登報，俄必不肯。沃午。

劉制台來電并致袁撫台、盛大臣　光緒二十七年

二月初一日戌刻到

兩國定約，他人不得干預，此無事時常例，勢當危急，不可不斟酌變通。現在聯軍未散，京畿在各國掌握之中，俄於各國尚有遜詞，我所處何地何時，豈可徇一俄以干衆怒。專約公示各國，正以表我被俄逼迫之實情，此事之不得不然者。或又謂專約大體已非，其流弊於東三省不知何所終極。特東三省變故出於和局既定之後，患在一方，出於目前，則全局皆震，是專約必不可畫於聯軍未撤之前。逐條籤駁，不過藉以騰挪地步，為遷延時日之謀，仍當視各國意向為斷，非争駁數條。彼略通融，即可畫押，即可無事。此説亦是各國原議，本謂公約未定之前，中國不應與一國另立私約，中俄在先已誤，詎可再誤。專約中政權、兵權尤為喫緊，各國所注目在此。就令俄可和商，鄙意總須各國無異議，而後可免他患。滬勘電請俄宣示各國一層，最為切要。乞香帥裁酌。坤。東。

致江甯劉制台光緒二十七年二月初二日申刻發

擬會銜致日本總領小田切。電曰：豔電悉，剖析改訂俄約之害，極爲透切，具徵友誼。改約未善，弟等深知，特以俄恃强勒限畫押，中國力不能拒，故鄂省豔電懇貴外部商英美，代我懇俄國展限。前三日俄皇又頒電旨與格使，言逾限不畫押，則東三省從此不議交還，不講鄰好，並將從前不占地之旨收回。此乃俄逼中國，貴外部謂中國欲速定約，似誤會矣。俄約本未便宣布，尊電既有第八條中國未與俄先行商明不許他國一切工商利益等語，是新約貴外部已見。查此條於中外各國均有礙，最爲緊要，敢懇貴外部速商英、美、德各國，代我商懇俄國展限，先將此第八條删除，則江、鄂必會同奏請朝廷，將東三省全境許各國共享路鑛工商雜居一切利益。此條於中東大局有關，感謝無極。究竟貴國能代中國商俄展限否，能指明將第八條全行删除否，祈速明晰速示。英外部敝處已有電商懇矣。劉某、張某同電。冬。等語。祈裁酌，如可用，即酌量增改，速發電，不必再商，并請照此電略改字面，會電李木齋星使。沃未。

致江甯劉制台光緒二十七年二月初三日巳刻發

頃見冬電旨，已飭李、羅、伍、吕四使商日、英、美、德外部，代我懇俄展限，許以東三省開門通商，均霑路鑛工商一切利益。昨擬會電英日兩總領、羅李兩使，共四件，請速發勿遲。覺巳。

盛大臣來電并致劉制台　光緒二十七年二月初五日

未刻到

奉旨：俄約酌改，其中尚多窒礙，不獨中國之害，亦大非各國之利。惟限期甚迫，俄告中國詞意決絶，勢難獨力轉圜，非得各國力助商緩，不能從容籌議。前英瀾侯有英、日、德、美向俄詰問，尚未回信，中國勿遽畫押之語。昨全權電奏，薩使亦允轉電政府，請俄展限。著李盛鐸、羅豐禄、伍廷芳速商各外部，請迅即電達俄廷，代請展限，總期稍寬時日，方可妥為籌計，必各國真肯出力助我，方能有益。該大臣等務須體察情形，或密告以

各國果能代請展限，中國得以籌辦妥協，則俄交還東三省後，中國甚願與各國會議東三省開門通商章程，大興鑛路工商一切事宜，俾各國利益均霑，亦仍賴各國合力向俄商辦云。有此利益，各國或可實力相助。惟此層務必秘密，作為該大臣等之意，不可使俄知之，以致激怒貽患為要著。即悉心妥籌向商，以固全局。仍將商辦情形迅速電聞。欽此。冬。滬轉。江。

劉制台來電光緒二十七年二月初三日亥刻到

覺已電悉。三策邀允，大局或有轉機。會致英、日領，吕、羅、李電已發。坤。有。

致江甯劉制台、上海盛大臣、濟南袁撫台光緒二十七年二月初四日未刻發

冬電悉。改約十一欵由江、鄂交出，究有未便，恐爲俄人及全權藉口。日已鈔，英必見，但請斷，無須交也。讀致樞沃電，已極悚切。冬旨已託各國展限，并許酬報，此致樞會電可不發。謹將致各國會電酌易字句，請峴帥改定，或增或減，由甯速發，不必再商。其文曰：駐英、日、美、德羅、李、伍、吕欽差即刻譯送，并配華文。各國政府鑒。俄約雖略改，仍多窒礙，十一條全文日本已經鈔得，各大國亦必盡悉，無待贅録。俄雖勒限畫押，中國實不願損失自主權利。我朝廷已有電旨，飭各駐使託各大國外部電達俄廷，代商展限，尚未接覆音。查拳匪之亂，中國辦理不善，各大國不咎既往，留我將來振作之基，中國臣民同聲感奮。方謀和約定後，即日將諸政大加興革，以副各國期望。適因俄約不妥，聞各國現將京約停議。竊思東三省爲我國家發祥之地，若主權旁落，何以自立於環球之上，且無以仰副各大國去年殷殷保全中國自主之權之盛心，尤慮權勢偏重，東方大局或因此猜嫌牽掣，不獲永享和平，於中外各國大局實多妨害。既承各大國指陳利害，諄勸不可遽行畫押，實深感激。本大臣、本部堂已疊次奏請朝廷，不宜允准畫押，奉求各政府將中俄相持不下之約十一條秉公評斷，與京約同時畫押，總以無傷主權爲度，則各國之賜，實東方之福。東南各省總聽各國之公斷爲憑，不以俄國勒逼之條款爲據。至北京公約大綱，早已畫押，尤望仍即接續會議，早日定局，萬勿爲俄約所牽掣，免致拖延不了，别生枝節，至爲盼禱，并望即日電覆。劉某、張某。初四日。等語。支午。

劉制台來電光緒二十七年二月初五日亥刻到

英、日兩領電，日領處係逕發，英領處寄滬道密交。頃袁道電：已面交璧領，據稱，北京各使意見不一，德、法似與俄通而不甚關切，日關切不能明言，英外部前日來電，祇阻不畫押，不肯出面。勳詳陳得失利害，璧慊之，即轉電北京，回電或由英使逕覆，或由勳轉電云。又小田電，奉外部電開，貴督所言各國公享利益一節，似乎礙難商辦等因。敝政府意，蓋謂東三省事，各國只可仗義而言，不可以利相爭，江電已轉政府云。會致四使電，已照支電譯發。坤。歌。

致江甯劉制台、上海盛大臣光緒二十七年二月初五日寅刻發

既託各國助力，俄約改本十一條必須令各國全見。日本早見全文，各國必已傳鈔，望密告小田切照鈔數分，送英、美、德及

各領事。支。

致西安行在軍機處、江甯劉制台、上海盛大臣光緒二十七年二月初五日寅刻發

盛宗丞電，云鈞處詢俄約不畫而强占，各國可退還順、直，他處亦無平空强占之理，有無把握等語。查滬上各領僉言如畫押，必瓜分，且各國力阻我畫押，若畫押則恐效尤。我既聽從拒俄，則各國斷無反行占踞順、直等處之事。日外部、總領事屢電言之，英領亦言之，他領事姑再詢。先奉達。支亥。

致西安鹿尚書光緒二十七年二月初五日辰刻發

去臘變法諭旨，海内歡欣鼓舞，咸謂中國從此有不亡之望矣。人心所以鼓舞者，以諭旨中有采西法補中法及渾化中外之見二語也，並非因整頓除弊，居上寬、臨下簡，必信必果等語也。嗣聞人言，内意不願多言西法，尊電亦言勿襲西法皮毛，免貽口實等語，不覺廢然長歎。若果如此，變法二字尚未對題，仍是無用，中國終歸澌滅矣。蓋變法二字，爲環球各國所願助，天下志士所願聞者，皆指變中國舊法從西法也，非泛泛改章整頓之謂也。若僅整頓常談，安能數年即有成效，安能即望自强，且於外國何涉。大約各國謂中國人昏陋懶弱，詐滑無用，而又頑固虚憍，狂妄自大，華己夷人，嫉視各國，如醉如夢，其無用既可欺，其驕妄更可惡，故視中華爲另一種討人嫌之異物，不以同類相待，必欲作踐之，制縛之，剥削之，使不得自立爲一國而後已。現議之約，即此辦法，步步加緊，莫測所終。中國地日蹙，兵日弱，財日匱，羣强環而壓之，將與越南、印度同，求爲高麗而不可得矣。大抵今日環球各國大勢，孤則亡，同則存，故欲救中國殘局，惟有變西法一策。精華談何容易，正當先從皮毛學起，一切迂談陳話，全行掃除。蓋必變西法，然後可令中國無仇視西人之心，必變西法，然後可令各國無仇視華人之心，必變西法，然後可令各國無仇視朝廷之心。且必政事改用西法，教案乃能消弭，商約乃不受虧，使命條約乃能平恕，内地洋人乃不致逞强生事。必改用西法，中國吏治財政積弊乃能掃除，學校乃有人才，練兵乃有實際，孔孟之教乃能久存，三皇五帝、神明之胄乃能久延，且康黨國會之逆黨亂民，始能絶其煽惑之説，化其思亂之心。至於此等大計，聖上主之，疆臣議之，政府定之，迂謬之説不理可也，豈能以國家存亡徇夏、洪諸妄人之謬論哉。伏望詳思明斷，與略園、仁和兩相密商之。若不趁早大變西法，恐回鑾後事變離奇，或有不及料者。鄙人略知端倪，夙夜憂焦，不敢不密陳，不忍不盡言。祈鑒察裁示。質。

致上海盛大臣、江甯劉制台、濟南袁撫台光緒二十七年二月初五日午刻發

頃見全權豪電，已憑東電旨電楊使畫押矣，諸公尚有何策乎。頃接岑撫電，俄約廷意初七決不畫，然已無及。順、直恐援遼東例。德未必占山東，恐在山東鐵路上作文章。法圖滇，日圖厦，意圖三門，皆意中事，英則不可知。歌。

劉制台來電并致袁撫台、盛大臣光緒二十七年二月初六日寅刻到

鄂歌電悉。前見東旨，早慮全權憑此畫押，今果如此，危亡

之禍即在目前，可勝痛哭。邸、相係公約全權，楊則此案專使，咎無可辭。請香帥迅速擬稿，布告各國。朝廷已有旨，未商妥之前不得畫押。全權違旨定議，各（省）[國] 不能以此為憑，仍須另議。首先穩住各國，以免遽起分佔，一面切實電奏，請即日降旨撤楊使，電告俄外部，此約作廢，另派新使會議，拚與俄人決裂，或可解救萬一。事機萬緊，請擬定速發，不必再商。坤。微戌。

致江甯劉制台光緒二十七年二月初六日午刻發

盛轉楊使支電，想達。楊以無明旨，不敢畫押，雖接合肥電，想仍未畫，況現有歌旨阻楊畫押，當可中止。麻。

盛大臣來電光緒二十七年二月初六日寅刻到

楊使支電：國書冬電敬悉。外部屢詣不見，國書公文一概不收，絕我已甚，悚憤萬分。畫押與否，後患輕重，視俄及各國辦法如何。儒未奉畫押之旨，不敢擅專。西例定約須互較畫押憑據，未奉明旨，俄決不允。現在回國，代請展限，尚無消息，日夜焦惶，百思無計，不勝迫切待罪之至。乞代奏。儒。支。並轉慶、李、劉、張云。宣轉。歌。

致江甯劉制台、廣州陶制台、濟南袁撫台、安慶王撫台、上海盛大臣光緒二十七年二月初六日申刻發

頃會銜電奏，曰俄約緊迫云云。語午。等語。尊指想同。時刻緊，不及商甯。微戌電頃始到。撤楊怒俄太甚，洋例最忌，且畫否未可知，不能即撤。有此奏，則江、鄂會電各國稿似可稍候。杏翁如願列名，請電西安電局添入可也。麻未。

致上海盛大臣[一]光緒二十七年二月初六日發

頃聞英、日實已備戰，係小田處友人密告。不知因我允俄約而與中國戰耶，抑待俄與中國決裂，而助我與俄戰耶，速示。

致西安行在軍機處光緒二十七年二月初七日辰刻發

日本總領事致江、鄂電云：頃奉外部大臣電開，日本政府日前電飭駐俄大臣轉達俄政府，聞俄國將東三省約移交中國欽差，並請限內畫押，不許稍有删改。查該約內有與中國東三省主權干涉者，又有與各國權利不符者，俄國所求與俄國應享應保之權利不相埒，中國已懇日本並別國從中斡旋，勸俄國不必過求。日本政府爲勸平東方權力，並保全日、俄睦誼起見，務請俄國爲事與各國所享權利一路無歧，並請東三省事交駐燕各國欽差，從公定議，似合情理。此事全爲敦厚友誼起見，深望俄政府樂從等因。奉此即請查照。仍希轉電行在，俄如何要求，萬勿輕允，以保大局爲盼。麻。等語。此與李使歌電述日本致俄電即是一電，惟字句稍異，仍轉達，備查考。坤一、之洞同肅。陽。

[一] 録自盛宣懷《愚齋存稿》卷五十三，第十八頁，武進盛氏思補樓一九三九年刊本。

致江甯劉制台、廣州陶制台、福州許制台、安慶王撫台、濟南袁撫台、上海盛大臣光緒二十七年二月初八日寅刻發

楊使微未電，俄自願展限兩日。陽電旨飭楊懇將五條删除，或先議公約，再議專約，飭慶、李請各國公議，設法斡旋。事有轉機，日、英之力也。惟瀾侯第一條切言公約未定，不准立專約，無論如何删除，總與瀾侯之言不合，與德、日外部之言均不合，此是難事。總之，合肥在京不願與英、日、德、美各使詢商，實不可解。甯陽電佩甚，既不爲名存實亡之京畿十八省，自不能顧名存實亡之東三省，世事豈能兩全，況合肥辦法，直是兩不全耳。齊寅。

致江甯劉制台、濟南袁撫台、安慶王撫台光緒二十七年二月初九日申刻發

庚奏齊電，語語警醒。移京商辦，恐全權毅然畫之，所慮極是。楊或是託病辭難，推此重擔於北京耶。公有何策，請速籌速奏，并示覆。霽。

致上海日本總領事小田切、東京李欽差光緒二十七年二月十一日戌刻發

灰電已轉達行在。東三省之事，承貴國日本鼎力相助，向俄詰問。俄國答復，語氣和平，足見俄人尚畏公論，事有轉機，中國實深感荷。然中俄勢力既不相敵，中國仍不無過慮，誠恐俄人因羞成怒，或致決裂，故亟欲慰以好言，令有退步，易於轉圜。但楊使呈遞國書，俄外部堅不肯收，雖欲動以情理，莫由轉達。展轉籌思，惟有仍懇貴國日本再邀英、美、德三國，會同將中國不欲決裂苦衷，代達俄皇，勸其將此約歸北京公議。最要者，無論如何總須和平商辦，萬勿決裂，致礙太平之局。昨朝廷深慮俄國決裂，飭令敝處電詢各外部辦法，即祈將鄙意轉達貴國日本外部，并詢其此外另有何妥善辦法，迅速示覆爲禱。真。

李欽差來電光緒二十七年二月十四日寅刻到

真電遵達外部，答稱：好言慰俄，恐俄將計就計，致又墮術中，不可不慎。囑邀各國告俄中國不欲決裂，似近求俄，視俄太高，長彼驕志，恐各國不肯。約歸京議，前已勸過。現代籌惟兩辦法。一、速將約底交各國閱看公斷。一、無論俄如何要挾，總答以此約關繫太重，兼各國勸阻，萬不能畫，請原諒，以和平之語，陳決絶之詞為要。不宜多説别話，免俄糾纏，俟彼有舉動，再商應付之法等語。乞鈞奪。鐸。元。

致倫墩羅欽差光緒二十七年二月十一日戌刻發

東三省之事，屢承英國勸我勿允，并承瀾侯許以始終全力相助，中國實深感荷。現中國已聽英言，逾期未畫俄約。然中國勢力不敵，恐俄人騎虎難下，竟不還東三省，甚至立時決裂，與中國爲難，亟須慰以好言，令有退步，易於轉圜。惟楊使呈遞國書，俄外部堅不肯收，雖欲動以情理，無由轉達。展轉籌思，鄙意擬請英國將中國國書代爲設法轉達俄皇一閲，不知英國肯代轉否。此係事急權宜之計，不知於公法可行否，姑以奉商。如蒙允許，

即當奏明，將國書電寄英國，轉電俄京。再，日本已請俄國將三省之事歸北京公議，俄雖未允，而答覆日本之電語氣尚近和平。若再得英、美、德三國婉商，俄國必聽從，不知瀾侯以爲便否。無論如何，總懇須英國邀同美、日、德三國先發電力勸俄國，務必和平商辦，萬勿決裂，致礙太平之局。昨朝廷深慮俄國決裂，飭令敝處詢商各外部辦法。以上三節，一請英代轉國書，一請英會三國商俄歸公議，三請英會各國勸俄和平商辦，勿與中國決裂。祈即切商瀾侯，并詢此外有何妥善辦法，迅速示覆，至禱。真。

羅欽差來電 光緒二十七年二月十五日未刻到

真電遵致瀾侯，據云，鄂帥宜勸朝廷持以鎮靜，始終毋允俄約，並以原稿請駐京各使公議，所謂衡害取輕也。至轉、會等三事，細思現如照辦，無甚益處。等語。豐。寒。

致柏林呂欽差 光緒二十七年二月十一日戌刻發

前承德國勸我公約未定以前，不得另立專約。又德相宣言，不願中國國産任意棄置，德國斷不坐視。德國辦事在保全太平，如各存意見，亦必極力排解等語。中國實深感荷。現中國已聽德言，逾期未畫俄約，然中俄勢力不敵，恐俄立時決裂，致礙太平之局，有負德相厚望。仍須仗德國大力，向俄婉商三省之事，請俄始終與中國和平商辦，無論如何，萬勿決裂。昨朝廷深慮俄國決裂，飭令敝處電詢各外部辦法。祈即轉商德相，務請其極力排解，力勸俄人和平商辦。迅速示覆，至禱。真。

致上海盛大臣〔一〕 光緒二十七年二月十一日發

頃接杭州一電，云俄謀華，急請聯各督撫籌民欵，約英、日、美公戰，浙士民公電等語，奇極謬極。且無名公電，虛實難知，流弊甚大。請飭該電局查詢此電係何人所發，示知敝處，并祈飭滬杭電局，以後無名公電萬勿代發爲禱。

致江甯劉制台發後轉成都奎制台、廣州陶制台、福州許制台、雲南丁署制台、濟南袁撫台、安慶王撫台、武昌李撫台、蘇州聶撫台、杭州余撫台、長沙俞撫台、貴陽鄧撫台、清江張漕台、上海盛大臣 光緒二十七年二月十二日辰刻發

正月豔電悉。變法覆奏，必宜督撫聯銜，方可有益，人多尤善。請公主稿，鄙人當附名。惟鄙意以仿西法爲主，抱定旨中采西法補中法、渾化中西之見二語作主意。大抵各國謂中國人懶滑無用，而又頑固自大，其無用可欺，其自大尤可惡。於是視中國爲一種討人嫌之異物，不以同類相待，必欲蹂躪之，制縛之，使不能自立而後已。此時非變西法不能化中國仇視各國之見，非變西法不能化各國仇視中國之見，非變西法不能化各國仇視朝廷之見。必變西法，人才乃能出，武備乃能修，教案乃能止息，商約乃能公平，鑛務乃能開闢，内地洋人乃不横行，亂黨乃能消散，聖教乃能久存。應變者多，宜有次第，管見宜先辦者有九事：一

〔一〕録自盛宣懷《愚齋存稿》卷五十三，第二十七頁，武進盛氏思補樓一九三九年刊本。

親貴遊歷，二遊學各國，三科舉改章，四多設學校，五西法練兵，六專官久任，七仿設巡捕，八推廣郵政，九專用銀元。此九條最要而不甚難，已足令天下人精神一振，陋習一變，各國稍加青眼。其餘若多設行都，設鑛務總公司，行印花税，酌改律例，設課農專官，各省推廣製造局，鼓勵工匠各條，相機量力從容舉辦。其專論整頓中法者，如另制官禄，盡革部吏，更定選法，停止題本，省減浮文，掃除漕弊等事，須另擬數條，另爲一摺。若西法摺不能允，則希冀舊法之稍加變通耳。竊謂當此危如累卵之國勢，千載一時之事機，似宜先以第一義陳之上前。如不采納，再及第二義，聊盡臣子之心而已。總之，今日國土日蹙，國權日奪，羣强日逼，同則存，孤則亡，決定不移，更無他説。若僅整頓中法，以屢敗之國威，積弱之人才，豈能除二千餘年養成之積弊。以此而望自强久存，必無之事也。賤恙新愈，尚未擬稿，尊稿若成，望即見示。張、沈、湯三君羣賢輻輳，謀議必極精詳。金陵定稿後，擬即奉請三君一同來鄂，請教一切。此間有鄭蘇龕、勞玉初、梁節庵、黄仲韜四君，亦可參酌。鄙論稍覺駭俗，不審諸君云何。痛心發憤，不能不一傾吐。統望蓋裁熟籌，有無可采，祈示。錫。

劉制台來電光緒二十七年二月十四日子刻到

錫電悉。中國積習太深，欲求變通，必須從容易處下手，循序漸進，堅定不摇，乃有實濟，不至中輟。尊擬各條極為精當，曷勝欽佩。第一義果能内外同心，結實做去，尚可辦到。多聯數省，較易動聽。張、沈、湯稿成後當勸駕來鄂，與鄭、勞、梁、黄四君共相商酌，仍祈薈萃採擇，主稿挈奏。公經濟文章一時無兩，幸勿多讓，無任感禱。坤。元。

致江甯劉制台、廣州陶制台、濟南袁撫台、安慶王撫台、上海盛大臣光緒二十七年二月十二日辰刻發

真旨甯、滬想已奉到。内意慎重，恐宣約致決裂。昨見俄覆日本電，遜詞謝日本，而決詞拒公議，拒宣布。杏翁真電所聞俄暗餌日本之説，亦不可不防。俄狡計百出，又有偏執成見之人，必致設法恫喝。内意既恐決裂失東省，事求兩全，直無辦法。鄙意此時宣布，只可暫緩，不争此兩三日。須俟羅、李兩使接樞佳電後，詢商外部有無辦法再定。昨敝處軫電奏録呈，意欲待俄覆各國允不決裂，再爲宣布。若摘有礙各國權利數條密交領事，不算公事，仍無益。真旨令轉電李使再向日本熟商，想杏翁已轉。此事務望稍緩，候各國回信，英、日回信尤要。盼即酌覆。洞。錫辰。并呈陶、袁、王三帥一閲。

行在軍機處來電并致劉制台、盛大臣 光緒二十七年二月十一日亥刻到

貴督等連日來電，均各進呈，大都以宣布俄約，請各國公評為詞。朝廷以此事關繫甚重，決不可我先開衅。璧利南曾有兩國專約不應布告，亦有衅不可自我開，致難調處等語，是俄約宣布，我先開衅，不能不倍加慎重。惟有請貴督等會同確商酌度，或將俄約漢文擇要密交英、日、美領事，密電各外部，請其公議。並轉電李使，再向日外部熟商辦法，彼果肯實力相助，不難以探知俄約立論也。統希酌辦。樞。真。

劉制台來電光緒二十七年二月十四日子刻到

文、錫電悉。不允畫押，不激俄怒，惟有公斷一法。俄迫於

公議，盛氣潛消，方有歸宿。既欲各國公斷，必須將約轉交，庶各國持以為據，密交與宣布有間。此事以英、日為機軸，而日尤切近。昨因盛未允代交，已由敝處將約託日領密達政府。尊意議將國書由英轉交，原為俄轉圜地步。第國書内有叙述俄約窒礙各條，若託英代交，似無異由朝廷宣布，轉不若由江、鄂密交，尚為朝廷留一退步，請公再酌。羅、李兩使已有覆信，此時舍交約力請公斷，别無辦法。蓋全權既有成見，斷不可由我自與俄商，能歸公斷，則成見不化而化。袁、盛歸總署等二策，均有流弊，乞公細察。盛電慮俄餌日，逆料日未必貪小利而忘大害。昨恐樞意因此躊躇，已電李使探示。坤。元。

致華盛頓伍欽差光緒二十七年二月十二日亥刻發

東三省俄約，中國已聽各國勸阻之意，逾期未畫押。惟中俄勢力不敵，恐俄立時決裂，致礙太平之局。美國素以保全中國疆土，勿侵中國自主之權爲宗旨，中國實深感荷。此次仍須仗美國大力，連合英、日等國，向俄婉商三省之事，請俄始終與中國和平商辦，萬勿決裂。朝廷深慮俄國決裂，昨飭敝處電詢各外部辦法，祈即轉商美政府，務懇其極力排解，切勸俄人和平商辦，以保全局。望速示覆，至禱。文。

盛大臣來電光緒二十七年二月二十日丑刻到

伍使巧電：東約遵商美廷設法，頃外部云，俄使來覆，奉伊國諭，俄與中國訂約，原為退還東三省起見，仍守保全中國疆土之説，並無他意。今既有謡言，允不再强中國，俟日後再商等語。外部又稱，俄使已交節略為據。竊謂俄約既不相强東三省，似應開關通商，以杜覬覦。請代奏，並轉慶邸、傅相，峴、香兩帥。廷。巧。宣分轉。效。

致江甯劉制台光緒二十七年二月十四日午刻發

元電悉。俄事只有公斷，俄約只有密交，江、鄂密交爲朝廷留退步，極是。滬電由上海道轉交之説，萬萬不妥，務望勿聽。敝處擬託英代轉國書者，因合肥、格使不肯轉述，故託英，但恐英不允耳。日力遜於英，前盛電言，滬璧領擬託孫領鈔交，孫領似是。金陵英領可否由尊處令人密鈔交孫領，即云江、鄂公商所交，切囑勿言所自，并望尊處勿告滬爲要。蓋電旨屢言不可宣布，但令密交，必應遵辦，以免袒俄者聳動外人，藉口生波。楊使病頗湊巧。逾限已七日，俄借此稍可自解。以後接替新使，只作尋常駐使，可略探俄人動静，便已將從前駐俄全權大臣輕輕化去，專歸北京各國公斷。惟移京公斷者，乃各國公議，議定交我照辦。此約固不宜再與合肥全權，亦不能交總署。今日各國已不認總署爲交涉衙門，無論何人，即勝於那桐者，各國亦斷不與議事。且公斷必不容我議，我亦不應與議，我插口即多窒礙矣。尊示託日領密達政府後，如有覆電，祈速示。恭讀近日電旨，惟佳旨最明爽堅定，文旨既請公商，又飭删除原約，似未畫一，元旨但催定公約。竊思公約豈兩三月内能定者，俄約尚無辦法，公約如何能議。樞廷意似覺稍有隔閡，此深可慮耳。願。

致江甯劉制台光緒二十七年二月十六日辰刻發

願電悉。美自應交。吕電德言宜公商，自亦應交。擬詢漢口德領，如亦願交，即由鄂密交。英、日尊處係何日交去。祈示。

致江甯劉制台 光緒二十七年二月十六日辰刻發

軍機處來電，奉旨：鹽電悉。前兩次致俄國書，均置不理。此次再致，尚須細籌。現已電諭奕劻、李鴻章照此意電覆維德、吴王〔一〕以期轉圜。若致英、日、美國書，設彼因此索宣俄約，許拒兩難，轉多窒礙。仍應由該督會商劉坤一，將俄約漢文擇要密交英、日、美領事，密電各外部，請其公議，力踐以公論相助之前言，較爲妥協。欽此。翰。等語。請擬致英、日、美公電速示，似以懇其踐言爲主。葉辰。

致江甯劉制台 光緒二十七年二月十六日巳刻發

致英、日、美電，宜將維德初七致合肥電，俄從此與中國絶交，永踞東三省等語叙入。又邸、相咸電云，駐俄參贊胡惟德電，初七日晚，户部告俄主諭各部，於十三日會議，將滿洲改作俄國省分云云，似亦可叙，以見絶交、永踞、改省已出諸口，懇公論相助，此其時也。惟初七晚既有此諭，參贊真電、珍田又來勸，是俄專看各國消息。葉巳。

致西安行在軍機處 光緒二十七年二月十六日午刻發

鹽同莘謹按：鹽日未奉旨，鹽字當是翰字之訛旨敬悉，已商劉速妥辦。英、日兩處，江、鄂已密交領事，美可補交，德應交否，正在商酌。諫。

致江甯劉制台，廣州陶制台、德撫台，濟南袁撫台、安慶王撫台、蘇州聶撫台、杭州余撫台〔二〕、上海盛大臣 光緒二十七年二月十六日午刻發

江翰電悉。此奏鄂斷不敢主稿。鄙人主意多鹵莽，思慮多疏漏，文筆亦艱澀，仍請峴帥主持。鄙人有見必吐，有疑必争，有善必從，有誤必改，附於參贊之列可也。濟稿祈先郵示。其實變法有一緊要事實，爲諸法之根，言之駭人耳。西法最善者，上下議院互相維持之法也。中國民智未開，外國大局茫然，中國全局、本省政事亦茫然，下議院此時斷不可設，若上議院則可仿行。考宋磨勘轉官之法，必有薦主十人，明廷推之法，則大臣皆與，似可略仿之。督撫由司道府縣公舉，司道由府縣公舉，府由州縣舉，州縣由通省紳民公舉。但不能指定一缺，舉員多者用之。京官除樞垣不敢輕議外，部院堂官由小九卿、翰詹、科道、部屬公舉，科道由翰詹、部屬公舉，司員掌印補缺，由本部候補者公舉。每一缺舉二三員，候欽定，豈不勝於政府數人之心思耳目乎。推之各局，總辦亦可由局員工匠公舉。惟武將不在内，蓋今日營、哨官並不知兵，不能舉也。流弊亦不能無，總是利多害少，賄賂情面，庸劣尸位之弊必可絶矣。姑妄言之，請諸公略本此意而思一可行之法，則幸甚。銑。

〔一〕指俄國財政大臣維德、親王吴克托穆。
〔二〕指署理浙江巡撫余聯沅。

致江甯劉制台光緒二十七年二月十七日亥刻發

慶電奏云：陽二電計邀聖鑒。昨俄使往晤李鴻章，該大臣據該使之言，並未向臣商酌，即行具奏，發電後始將電稿送閱，不勝焦急。查俄約關係全局，不畫押致干俄怒，然畫押必干衆怒，利害輕重，非臣下所可擅斷，密求朝廷統籌全局，慎重施行，臣不勝迫切待命之至。祈代奏。奕劻。庚午。又慶、李電奏云：頃璞科第持示俄户部維德初七電稱，楊使送閱電旨，竟信英、日讒言，而不信俄廷忠告，若與俄有仇者。不知英、日不敢公然向俄辯論，即有言亦斷不聽。俄好意待中國，反視爲惡意，從此應絶交，任俄所爲，并諭格使〔一〕以後再議公約，祇可加勁，勿再作梗，如現議續辦外省禍首，各國要殺多人，俄初未允，各國要索巨款，俄亦未允，今當反是，變本加厲矣，以俄與中國爲難，較各國爲難何如。務將此電速告知李某。等語。鴻深知俄主改約，維德之力居多，今不畫押，俄君臣必大怒，怒則以後事更難爲。正發電間，接吴王克託初七密電稱，自回俄以來，於交還滿洲交涉各條，概不與聞。公知我與辦事諸公意向不同，惟現有確實消息，我國家見貴國不願將交還之約簽字，擬即永踞滿洲，但我意兩國終須修好，故敢勸閣下盡其權力排解，以保危局云。今有一綫生機，趕發急電，令楊使畫押，或可挽回大局，切勿再有顧慮。維、吴兩電，暫不便覆。請代奏。奕劻、李鴻章。佳。等語。兩電係設法密訪而得，非盛轉。前云慶佳電係誤記。洽戌。

致江甯劉制台、上海盛大臣光緒二十七年二月十八日午刻發

頃接滬信，新黨因俄約事在張園集議，初次尚無謬處，二次集議數百人，滿口皆流血、自主、自由、仇俄等説。張園懸有各國旗幟，當場將俄旗撕毁，並欲立仇俄會等語。查此等議論舉動，不過借俄約爲名，陰實是自立會黨，藉端煽衆，以顯國會權力能把持國家政事，蓄謀甚深甚險。現各國公約，請禁立仇視洋人之會，已頒嚴旨，該黨若立此會，違旨挑衅，予俄人以口實，俄事愈難轉圜，爲害不細。日外部詞宜決絶，語却和平二語，峴帥意甚許可，深以爲然。張園之舉，正與相背。請峴帥密飭滬道設法阻止，以銷亂萌，并請杏翁籌酌設法阻止爲妙。盼示覆。嘯。

致漢陽趙守、黄州魁守、德安廖守、荆州舒守，安陸高守、徐令，襄陽高守、鄧守，荆門李牧、宜昌徐令之棨、沙市包倅光緒二十七年二月二十日寅刻發

司局呈報札發各屬新製官錢票，准各州縣於錢票反面蓋用印信，以資辨認等語。查此票乃外洋製造，紙質堅厚，花紋精工，紙内藏有暗字，最易照認，正面蓋有藩印及善後局關防，印色鮮明，足昭憑信。且正面背面均編有號數，各州縣所發之票，自某字第幾號起，至某字第幾號止，該縣所領係某號之票，皆可按號稽查，無虞混淆。官票原期全省流通，若於反面由各州縣再鈐印信，一出該縣即不能用，畛域自分，實多窒礙，萬不可行。該守該牧即飛飭各該州縣，於奉到此票後，不得於紙背蓋印，若將官票蓋印，定行罰賠。此事萬分緊要，迅即電覆。效。

〔一〕指俄國駐華公使格爾思。

致侯馬岑撫台〔一〕光緒二十七年二月二十日寅刻發

篠、銑、嘯三電均悉。教案賠欵，須商全權。俄約利害，日本關繫最重，故助我亦最力。英僅允以公論相助，然甚出力。美但言約不可允，不肯出頭調停。德雖勸我歸公議勿立私約，然親俄不肯拂俄意。法則袒俄殊甚，坐是日本勢孤。變法現方籌議，峴帥意擬東南各省聯奏，三江、兩湖、閩、浙、川、廣、雲、貴各省皆已覆允，鄙人推兩江主稿。事體重大，須各省商酌妥善，乃能出奏，入告當在一月後矣。卓見何如，願聞其略。效。

致西安行在軍機處、江甯劉制台光緒二十七年二月二十二日辰刻發

日本總領事小田切馬來電〔二〕：頃奉外部大臣電開，駐日俄欽使於西歷四月八日，將俄政府來電面交本大臣，内開俄國與中國議訂專約，原爲漸行撤兵，交還侵地起見，乃聞中國甚有難色。俄國此定意不向中國索訂此約，惟有照前次宣布之言，信實辦事，以俟事有轉機等語。日本駐俄欽使電俄國官報之言，亦與此意同。飭即轉達鄂省，電達行在等因。俄爲此言，爲大局賀，唯恐將來再有隱謀，仍希貴制軍加意防範，隨時電示敝處，此爲至盼等語。謹奉達。養卯。

致東京李欽差光緒二十七年二月二十六日寅刻發

現議賠欵，想有端倪。每國若干，各國總數若干，有無利息，分幾年還，以何作保。外部必知，祈速詢示。并望轉達外部，懇其轉商各國，量從輕減，不致令中國十分爲難。作保勿礙中國財政，尚可整頓應辦各事，以報高鄰之惠。若財力太竭，不能自立，有負日本期望矣。軍火一節，日本意只禁兩年，可感。鄙意擬託日本礮廠造槍，不知能只禁一年否。至造軍火之機器物料，即使購機安設，造成亦須一兩年，且亦非必專造軍火。有關商務，萬望轉商各國勿禁。兩事均深感禱，盼電覆。賠欵望先覆。徑。同

華按：此電同日并致駐英羅欽差、駐美伍欽差、駐德呂欽差。中間刪尚可整頓至只禁一年一段，餘略同。

李欽差來電〔三〕光緒二十七年三月初一日到

東報載輪墩電：駐華美使電告政府，各國擬索賠欵，俄一千八百萬鎊，德一千四百萬鎊，法八百萬鎊，美五百萬鎊，日本六百萬鎊，英四百八十萬鎊，比一百十五萬八千鎊，義、西、奥三國共六百萬鎊云。鐸。艷。

致江甯劉制台光緒二十七年二月二十六日申刻發

十一日樞電：慶邸曰，庚午電已進呈，朝廷不允畫押，恐激衆怒。俄如決裂，不知究竟作何舉動，亦可探悉否。各國既早言明公約未定之前，不得與一國定專約，當日派全權議俄約，已誤於前，此時相持不下，自應速定公約，而合肥意涉偏重，恐仍不以爲然。朝廷意，惟仰賴大力維持其間，婉商各國，早定公約，

〔一〕指山西巡撫岑春煊。
〔二〕指馬日即二十一日來電。
〔三〕録自苑書義等主編《張之洞全集》第十册，第八五四九頁，河北人民出版社一九九八年版。

並勸合肥勉從現在辦法，以圖補救。如俄怒而抽出不與公約，只須各國肯定議，後再緩商俄事，是公約實屬目前急務。祈密籌酌辦。樞。真。十四日，慶單銜電樞曰：真電祗悉。現催商訂公約，各使言不因俄事致將公約延擱，合肥意雖偏，然仰賴朝廷主持，渠亦未敢決然遽定，仍可婉商力阻。至俄約勢成騎虎，可否由朝廷諭請他國出爲調停，以冀轉圜。探悉俄使尚與議公約，或不至遽形決裂，特此密陳。慶。鹽申。十七日，慶、李會銜電奏曰：翰電旨敬悉。維德電令璞科第來述各語，甚怪中朝反復，未便置覆。至吴王克托，已於十二［日］電覆，請其密勸俄皇寬宏大度，仍守不占中國土地原議，俟公約定時再行畫押，尚無回電。前英、美、日、德、奥、義均以勿與俄訂專約來告，法獨無言，畢使謂他們瞎鬧，與法何干。知其與俄交厚，屬電政府並電裕使赴外部諄託，未知果見聽否。請代奏。奕劻、李鴻章。篠。二十日，慶單銜電樞曰：頃倭使來言，東三省事，俄迫公議，謂所訂條欵本係暫時章程，並聞得歐洲各公使接到政府來電，俄有東三省同時撤兵之説等因。特電達。慶。號。各等語。此四電恐尊處未見，特奉聞。查兩全權佳奏，明言維德、吴王不便答覆，何以篠奏言十二日已覆吴王。翰旨只言宜在北京公議，將來中俄必須專約，何以合肥覆吴王電於十二日徑允以俟公約定時再行畫押。總之，既交公議，原約自廢，若云畫押，仍是原約，即有酌改，亦必無多，顯係合肥因各國勢衆，朝廷意堅，遂倒填月日，謂十二日已覆吴王允其畫押，並不言聽候公議，硬算未奉翰旨之先所發，不然何以十二覆俄，十七始奏。查俄事罷議，各使争告，各省上聞，合肥獨不肯奏，以致慶邸單銜，是合肥胸有成算，知袒俄之局終必可成。此公老横偏執，怙過遂非，可怪可歎。此時各省各國但知俄約罷議，共相慶幸，宸廑亦覺稍紓，而不知合肥已暗中許其畫押，將來公約定後，俄人來責畫押，各國不依然效尤乎。德於廿二日電，向山東索鑛界，地方太廣。德俄交密，或已略知消息，趁此安根。此事焦憤萬狀，謹以密聞，望公速籌補救之法。鄙意必欲據實電奏，急圖挽回，公意如何。或江、鄂會銜，或單銜，統請裁酌，迅示覆。翰旨請查出一閲。此四電尊處曾見否，并示。寢辰。

行在軍機處致全權大臣翰電盛大臣轉

光緒二十七年二月十六日辰刻到

奉旨：奕劻、李鴻章佳電因綫阻本日始到。俄約不畫，外部及格使之言雖甚決絶，現俄户部與吴王均有來電，雖語氣不就，而已露轉圜之機。奕劻、李鴻章亟宜趁此機會，速將中國深感俄廷允還東三省之情，及此次未能如期畫押，並非聽信讒言，有負忠告，實因各國均執定公約未定之先，不得與一國另立專約之語相責，且謂宜在北京公議，先定公約。中國勢處積弱，固深賴俄廷維持，亦豈敢激怒諸鄰，致誤大局。至交還三省，將來中俄必須專約，此時務懇俄廷見諒。即告格使，與各國先將公約平允議結，免使朝廷為難等情，迅即電覆維德、吴王克託，並託吴王從中曲為調停。此事關係甚大，奕劻、李鴻章務當趕緊設法因應，但使機有可乘，勿以未便電覆置之。仍一面照會各國京使，迅速先議公約為要。欽此。翰。

劉制台來電光緒二十七年二月二十七日酉刻到

寢辰電悉。四電均未見。俄約雖作罷論，因俄後日有以俟事有轉機告德，以後不必用此策。又因合肥袒俄，牢不可破，深慮公約定後被其暗算，是以仍作私意密商日本，擬將東三省全開通商，如日謂然，當商尊處會奏。不意合肥已預為埋根，實可駭怪。有英、日相助，俄決不敢用强，所慮者暗算難防。為今計，惟有據實電奏，將俄以後必有陰謀，合肥必仍偏袒，俄約已告各國作罷論，斷不可再言以後再商等語，使彼得以乘隙而入。有英、日可恃，決無妨礙。俄既云照前次宣布之言信實辦事，聯軍撤後，東三省俄亦不能不還，痛切陳明，以堅内意。並請照李使號電，以後俄事務電江鄂與英、日商妥再答，以免墮其狡謀，暨由樞密電慶邸，一體留意，遇俄事請英日各使密商各外部，以期共保危局。迭次諭旨並未飭令畫押，何以李擅言於公約定後再行畫押。並懇嚴旨責李，以杜將來藉口。請公主稿挈銜上陳，稿定即發，不必再商。以後事，盛不轉電，敝處無從探訪，唯望公一力主持，至禱。坤。沁午。

致來鳳峽路經費局馬令[一] 光緒二十七年二月二十九日寅刻發

據稟，撫州幫過局土藥，請從寬抽捐，以廣招徠。姑准暫由該令體察情形，酌量妥辦，以後能否有益，再爲酌核。不得令各幫援減，亦不得任別幫假托撫幫減抽，致滋流弊，與大局有礙。即將妥籌辦法稟覆。儉。

致上海盛大臣 光緒二十七年二月三十日發

據鐵路漢局比公司總管地亞孟德面告鄭道：聞有英人奥德利承辦開封至南京鐵路，已經定議之説。此路果定，則將來蘆漢幹路借欵之利息必至無着，須歸國家墊給，即比公司按照合同應得之餘利，亦歸無着，關係甚大，求爲查明等語。查中國鐵路以蘆漢爲幹，尚幹路未成，先造枝路，則幹爲枝弱，全局受損，開封、南京之路，似未宜即行議辦。所傳是否屬實，望即電覆。

致太原岑撫台、錫撫台 光緒二十七年三月初一日卯刻發

全權屢奏法德兵於廿九、初一等日進攻山西，以劉光才等軍不退入晉境之故。聞廿八日已奉旨撤退。查方友升一軍亦紮東天門，務望遵旨速撤，免致開巨衅，礙大局。切禱，盼覆。卅。

致西安行在軍機處、江甯劉制台、上海盛大臣轉全權大臣 光緒二十七年三月初一日卯刻發

廿五日，敝處電英、德、美、日各駐使商外部輕減賠欵，分年攤還，免借銀行，作保勿礙中國財政，及勿禁造軍火機器物料兩事。羅使豔覆電云，徑電譯致瀾侯，瀾云免禁造軍火機器物料，即遵諭電，令薩使照辦。至賠欵確數，均未查出，英不多索，定數必較少。聞各國總數約在六十兆鎊，其餘各節俟確數定時方能議及等語。伍使勘覆電云，賠欵外部謂宜訂一總數，由各國自派，如不妥，請萬國公會評斷。各國約索美洋三百兆，美廿五兆。已電柔轉商各使輕減，各國允減，美必遞減，如何攤還須後酌。勿

[一] 以下二電録自苑書義等主編《張之洞全集》第十册，第八五四九至八五五〇頁，河北人民出版社一九九八年版。

禁造軍火器料，美可從，惟須各國商允等語。查軍火器料，英美既允，他國或可照允。至賠欵總數，羅云約六十兆鎊，伍云美洋三百兆，李使電云東報共六千三百萬鎊，大致相仿，約需五萬萬兩。商減恐不易，惟盼分年免利，作保不苛，則中國尚有生機，將來恐須請公會評斷。德相宣言既有不令公司牟利之言，總以免借銀行爲要義。東寅。

全權大臣來電 光緒二十七年三月初三日亥刻到

東電悉。所傳各使電早有所聞。償欵免利，此間萬做不到，公或可設法。慶、李。江。

致上海盛大臣 光緒二十七年三月初三日午刻發

致鄭道電悉。大冶造水泥，此乃地方官創興地利，便民考工之事，鄙人創議多年，屢與各洋商議有合同，已有成説，應歸鄂省主辦，不能另設公司，至要至禱。尊處如有華股，儘可附，惟另設公司則萬萬不可。江。

致濟南袁撫台 光緒二十七年三月初七日子刻發

微電悉。陝電以各抒所見爲然，各省自不便聯銜，尊處請即單銜具奏。大稿已讀，極好，與鄙見多同，惟科舉舊額每科減一成，減至五成爲止，似多牽罣。科減一成已覺太久，留此五成，頑固不絶於天壤矣。科舉雖改章，並非盡廢。中學惟教士取士之法，必以中學爲本則可，仍照舊式考八股則不可，請詳酌。竊謂他處可聽其參差歧異，惟江、鄂、濟三處，要緊數條似須大致相同，方能有益。麻。

袁撫台來電并致劉制台 光緒二十七年三月初五日酉刻到

初三明發想已見。頃接陝友電，變法久未奏覆，上意已想到各疆臣必會奏，請仍各舉所知，勿聯銜上。某老囑達，請酌云。香帥稿已成否，儻尚須時日，敝處擬即照原稿酌改，首欵單奏。且兩帥現列參政，又與他省分際不同。是否可行，迅示。凱。微。

致江甯劉制台 光緒二十七年三月初七日子刻發

魚電悉。覆奏摺聞内意欲各抒所見，況現奉旨添派江、鄂，自不便與各省會奏。承示江、鄂聯銜，請公擬稿見示，敝處亦當遵命擬一稿奉商，如所見有異同，無妨更改，總期切實有益。容續陳。山東已覆，請其自奏。麻。

劉制台來電 光緒二十七年三月初六日酉刻到

濟微電想達覽。諭旨外省僅派兩人，自未便再聯各省。袁擬單奏亦可，然江、鄂必須聯銜。坤。魚。

致開封于撫台 光緒二十七年三月初九日寅刻發

陽電悉。京已與各國議定，晋兵撤入晋境，洋兵即不前進。齊。

致西安行在軍機處 光緒二十七年三月初九日午刻發

初八日覆英領事法磊斯函，云昨承轉來貴國薩欽使來電，告以賠欵現銀息借本利各數目，并云願聞本部堂意見，具見薩欽使關懷中國美意，曷勝感荷。查賠欵有關中國民問生計，即有關各國商務。中國所以屢請各國勿强中國所難，因思此次各國皆非圖利而來，賠欵中苟有可減，將來各國當可量加減讓，無待本部堂贅瀆。惟索現銀一層，似須再請各國詳酌。查大綱第六欵内云，中國須籌定各國所能允從理財辦法以爲擔保云云，明係指賠欵分年攤還，故中國須籌定諸國適意之理財辦法以爲擔保，若已將現銀還清，中國所籌理財辦法又何必各國允從。況索取現銀，於各國國家並無增益，徒使四百餘兆倍而爲九百兆，重累中國數萬萬貧苦百姓，以益數家富商巨賈。且銀行所得與各國等，尤於情理不平，竊爲各國不取也。務祈再商各國，萬勿索取現銀，懇請分年攤還，即略給利息亦可。如此辦法，於各國無所損，而中國受惠實多矣。至籌欵之策，本部堂私意，零星羅掘整頓，見效必遲，集欵難巨，無補賠欵。中國農民最苦，地丁不便加徵，不如竟將關税、鹽課、釐金中國舊日此數項入欵，均加倍徵收，無論洋貨土貨，洋税常税，洋藥土藥，一律加倍，最爲簡捷公平，明白易行。此三項向來中國歲入四千數百萬兩，加倍徵收可省局用開支，便可實添至四千數百萬，或能添至五千萬兩。此即確實賠欵擔保，各國當可允從，不必定索現銀。假如賠欵肯減爲四萬萬兩，分十年還，略加利息二釐，亦不過每年還四千八百萬兩，新增之欵當可足還，即或略有不敷，爲數無多，臨時中國再酌向民間捐借，或再向銀行借欵補足，亦無不可。未審各國以爲何如，統祈速電達薩欽使切商各國大臣示覆。但此乃本部堂自己私見，如薩欽使以爲然，當商兩江劉制台，奏請朝廷核奪。切盼速覆等語。除已商江督外，竊思似此辦法，所省實多，加徵重而不偏，商民累而不擾，弊端既少，定議亦速，既省文牘之繁，亦無開支之費，且免與舊日用欵洋債牽涉絓礙之煩。十年以後，洋債既清，所加各欵量予輕減，中國民力尚可稍蘇，但不知各國允否。此係作洞一人私意與商，如鈞處以爲可采，請電示大指，當遵照與英使切商。是否可即將此意電告全權妥商之處，謹候鈞裁。盼賜覆。佳。

致西安行在軍機處 光緒二十七年三月初九日午刻發

再，洋藥、土藥税併加之説，係與英領事及税務司商，皆以爲可行。謹密以奉聞，請暫勿提出領事、税司之言爲禱。青。

致江甯劉制台[一] 光緒二十七年三月十一日巳刻發

歌電垂詢鄉試事，鄙意大局未定，回鑾尚難定期，京師貢院已經全毁，今年順天首善，斷不能開科。長江一帶，匪徒未靖，驟聚一兩萬人，隱憂尤大。加以秦晋奇荒，近畿兵燹，流亡都未復業，似仍以奏請再展一年爲妥。尊意如以爲然，祈即電商樞垣，商妥再電奏。請酌示。真。

致西安行在軍機處、江甯劉制台 光緒二十七年三月十三日丑刻發

昨接吕使佳電，當即電覆云：佳電悉。承示德外部密云聞償欵難籌，如鄂督有實在辦法，當格外遷就相助，顧全中國，勸各國照允等語，具見德廷篤念兩國舊交，曷勝感佩。現聞賠欵各國共索現銀四百五十兆，中國借票止能售七折，須向銀行借六百兆，

[一] 録自抄本《張之洞電稿·致江蘇電》。

方得此數。現銀分三十年還，每年須還本利三十兆，共需九百兆，聞之不勝焦灼。中國民困債重，德所深知，日前德首相在議院宣言，不肯盡中國財力，并不願令公司藉此牟利，高情正義，四海共聞。若照九百兆之數，則銀行所得與各國國家相等，殊非情理之平。查大綱第六欵云，中國須籌定各國所能允從理財辦法以爲擔保，明係指賠欵分年攤還，若還現銀，何用擔保，中國財政何必各國允從。擬懇德勸各國先將賠欵酌減。此次德執牛耳，德若減讓，各國從風，并懇分爲十年攤還，勿索現銀。至籌欵之策，鄙人私意零星羅掘整頓，見效必遲，集欵難巨，無補賠欵。中國農民最苦，地丁漕糧不便加徵，不如竟將關税、釐金、鹽課舊有此數項入欵，均加倍徵收，無論洋貨土貨、洋税常税、洋藥土藥，一律加倍。惟洋貨加税，自應免釐，最爲簡捷公平，明白易行。假如賠欵能減至四萬萬兩以内，分十年還清，則以上三項倍徵之數，必可敷還欵之用。此即確實擔保，各國當可允從。除已徑電商穆使并電商英、美、日外，望轉商外部，切懇減數、分年，勿索現銀，至感。以上辦法乃鄂省私意，外部意如何，請速探詢電覆，以便與政府及南洋商酌等語。此電大意與覆英使意略同，而語較渾活，未及利息，故并録呈備考。查吕電尾并云務祈秘密。今早德領事來見，述外部來電與吕電同，當以覆吕電意答之。據副領事云，各國商人賠欵正在查核，似尚未定數，亦未聞必索現銀等語，殊爲可疑，或京城已定數，領事不知耶。或四百五十兆現銀之説，僅係赫德與英使商擬辦法，德國並未定議耶。且力囑秘密，亦未解其意。總之，看此情形，其總數當可商減，現銀亦可商改。蓋議約各欵，各使要求洩憤，最難理喻。外部尚顧政體，較易和商。務望告全權力商減數分年之法，尤須勿令各國干預我財政，至要至禱。再，德外部既囑秘密，則吕使致鄂之電，望勿告全權，切禱。錫。

吕欽差來電光緒二十七年三月初十日未刻到

頃據外部密稱，鄂督所願聯軍速退一節，德甚謂然，亦肯竭力贊成，惟各國看法有不盡與德同者。但德視撤兵關鍵專在償欵，若有頭緒，亦願力勸各國退兵。聞償欵難籌，如鄂督有實在辦法，即請密電駐德華使轉達本部，儻事在可行，自當格外遷就，並設法轉勸各國照允。此為顧全中國起見，鄂督志在保國，故本部格外相助等語。務請秘密。海。佳。

行在軍機處來電并致劉制台 光緒二十七年三月十四日酉刻到

迭次來電所論賠欵等事，甚屬周詳，議請加税，尤為切要，昨已分别電達全權詳細商辦矣。需索現銀一説，似尚未確。至東三省通商，俄未交還，恐難宣布，致激怒貽禍。日本所言太易。商請英美相助，覆電如何。再，洋税初定鎊價僅三兩，今漲至七兩零，如按時值核實鎊價，則洋税可加倍有餘，更為順而易，並酌之。樞。願。

致江甯劉制台、濟南袁撫台光緒二十七年三月十三日寅刻發

濟真電悉。土貨倍釐，貨滯商虧，自是至理。鄙人平日上疏持論，專以減輕出口土貨税爲要義，此時豈遂忘之。惟事處萬難，開源無計，惟有此等進欵可爲確實憑據，可免外國藉口干預財政之害。兩害取輕，不得已也。且此乃外國所謂轉灣税，較之徑直

税爲易辦，俟從容籌有理財善法，再將出口税、土貨釐輕減，外國甚願我土貨税輕，必不阻撓。慰帥電所謂宜集天下人之全力以應之，似是指抽人丁捐而言。嘗謂華民衆多，人捐百錢便成鉅欵，自是妙策。惟此事言之甚易，行之頗難。其難有四：中國户口從未清查，黄册門牌有名無實，四百兆之説乃洋人臆揣，數未必確。竊揣實能查出而又可抽捐者，不過一半。欲抽丁捐，須先查丁數，差保視爲利藪，鄉民目爲苛政，官紳抗阻，婦女逞刁，賣放需索，皆所不免，不均不實，訟謗繁興。過寬則徵少，認真則生事，一難也。貧富懸絶，必多分等差，衆情乃服，年歲亦須合格，必有區別，極貧不捐，不及歲不捐，下户每丁百文，上户每丁或錢百千，或數十千，等差區别，殊難一一允當，二難也。欲選賢員，用正紳，立良法，曉諭開導，不抗不偏，非寬時日不能集欵，此項收數多少難定，恐各國不以爲確實可據，三難也。且祖制併丁於糧，臣下難於創議，四難也。假如此事可行，多少牽算，以每丁錢二百爲率，每年可得銀三四千萬兩，可抵出口加税、土貨加釐之數。鹽課雖加，亦不必一倍，累則不累，但患其擾耳。必欲行之，只可以國債立説，十年後緩期輕息歸還，但零星捐集，無從分還，散抽整還，殊不易辦，只有准其轉賣，用認票不認人之例，由富户收集彙總，領取還欵或抵捐銜、封翎枝坊扁、贖罪，亦如近年鹽務捐減成轉售之法。惟票本亦須耗數百萬。此事難在奏，難在抽，若既捐之後，其數甚微，民間斷不望還也。兩公如有善策，請速籌示，至幸。錫西。

致清江張漕台〔一〕 光緒二十七年三月十三日寅刻發

霰電悉。籌慮精詳，甚佩。一、遊歷宜多派正途京外官。此費不宜惜，歲費數十萬，得明白官百餘人，其益多矣。親貴出洋，儀文自宜省約，然貴人不能多。鄙意謂多派王公大臣之子弟，非必王公也。能自備資斧予以奬。二、遊學費尤不宜惜。宜派理明志定者，如明旨許以出路，在外國書院得有優等憑據者，可照等作爲秀才、舉人、進士，自備資斧者必多。科舉擬照前年鄙人所奏奉旨允准辦法，斷無廢經書之理。四、親貴須入學校方准任事，好極。六、總署專缺使員久任，極是。七、繁區設巡捕，自可緩奏。八、郵政暢行，必可有效，然開辦必須用洋人，但宜各省自雇洋員，不宜統歸赫德。九、專用銀元，謂官欵出入，專用中國自鑄龍元，可增局多鑄。各國銀幣定例，只用本國之幣。至沿海商民，只可聽之。至於删例案、除吏弊，急宜乘機更改。凡欵目，銀自一釐以下改爲釐，米自一合以下改爲合。六部用候補司員辦稿，督撫司道府用候補佐雜，州縣用秀才謄寫，隨時雇人，盡革經承清書名目。緑營可汰疲留壯，改爲巡捕，屬州縣管轄調度。旗營斷不便請裁減，擬請選留强健者爲兵，其餘分别令入普通學校、工藝學堂，但減兵額，勿減餉數，其願至外省爲工商依親友者聽，則餉不糜，人不廢。又如京外官俸廉宜明加。翰林御史試差考小楷宜改，進學必須通曉算學畫圖。京倉積弊宜除。報銷之虚文宜改。選補章程太拘板處，處分則例太苛瑣處，宜變通。能停捐最好，如必不能停，非秀才不准報捐。監獄刑責宜寬恤。皆中法必應整頓者。管見不過舉隅，不及詳思，統請卓裁。吻。

〔一〕指漕運總督張人駿。此電似就來電各欵目舉隅發議，故缺三、五兩欵。

致上海盛大臣、江甯劉制台、濟南袁撫台[一] 光緒二十七年三月十三日寅刻發

滬陽電悉。鄂省斷不敢主稿，久已屢次聲明。分奏而大意相同，方見公論。九欵內有數條只是一類，不足以盡大綱。合其次數條，中法數條益處稍多耳。湯蟄仙稿請速索寄。濟歌電云變法宜先行數事，不必候回鑾。字字精切緊醒，真見忠君愛國之忱。請峴帥具奏時附片切請。錫亥。

劉制台來電光緒二十七年三月十五日丑刻到

錫亥電悉。張、沈擬稿已寄呈。湯代袁道擬稟，十一鈔寄，已到否。鄙見張、湯稿宏深博大，意在一勞永逸。惟積習太深，一時恐難辦到。沈稿斟酌損益，補偏救弊，較為切要，其中只科舉、學堂分途考試，不廢八股，尚須酌改耳，似可用沈稿為底本，再得我公斧正潤色，必卓然可觀。公前擬九條，皆救時良策，有沈稿所未及者，仍擬添入。江、鄂聯銜入奏，最為得體，由鄂由甯繕發，均無不可。此稿必須偏勞大筆，先將此數條具奏，得能邀准，實力舉辦，耳目為之一新。公次數條，相機續奏，總期能言能行。扶危定傾，皆公之力也。盼電覆。坤。寒。

致西安行在軍機處光緒二十七年三月十四日巳刻發

英、法不願錫撫來鄂，其意甚堅，恐難終拒。惟以後鄂撫似須詳酌，免致又煩脣舌。竊思護陝撫端方，去年消弭教案，定亂安民，保全關中大局，各國極爲稱頌。近數月各國私議，皆盼端爲鄂撫，如令來鄂，各國必甚欣愜。此事本不敢妄擬，因端已奉旨護撫，本係朝廷重任之人，其人既係可用之才，又深知詳情，如此，陝撫、鄂撫似無甚區別，不敢不以密聞，冀免屢次挑剔。敢請鈞處籌度，應如何奏陳之處，謹候鈞裁。近數日聞洋人言，各國將保薦數人，請朝廷任用，姓名未言。竊揣端方必居前列，如待外人明文舉薦而後升擢，殊於國權有礙，務望早爲籌之。再，此時鄂撫萬不宜用湘人，蓋票匪頭目，湘中文人及宦家子弟最多，若湘人撫鄂，則湘中游士游勇來者益衆，實難防察。昨日接江督劉電，云英領事函稱，近日確聞票匪、鹽匪、游勇以及各會，在長江一帶合夥定期下月間起事，囑豫防嚴拏等語。鄂省接各路函電，票匪渠魁多人，於二月內麕聚上海，或由日本來，或由他省來，多改洋裝，勾煽匪徒，決意欲擾湖北，敝處知其姓名者六人，武、漢現正嚴防密拏，鄂事緊要，實關大局，不敢不言。伏惟鑒察。願。

致上海日本總領事小田切光緒二十七年三月十七日丑刻發

支、元兩電均悉。東三省開門通商，乃鄙人獨自創議，以爲此乃保亞東大局上策，自願極力辦成。惟此時公斷未布，侵地未還，中國似難驟發此議，將來必須辦到方好。或俟公斷時由美國言之，而中國力主之，較爲自然。不知貴外部以爲何如，或別有良策，務祈籌示。再，俄約中以禁英、日兩國人教練水陸軍爲最不好，此條雖删除，然原約內有云照從前議允成案云云，此時新

[一] 本年九月二十七日，直隸總督兼北洋大臣李鴻章卒。同日，諭袁世凱接署。底本此電作「天津袁制台」，應為「濟南袁撫台」之誤。

約雖不提，彼援舊約禁阻，中國亦難駁之矣。似宜於公斷時聲明，無論聘用何國人教練水陸軍，皆聽中國自便。或并於此次公斷之約内末一條，聲明諸事以此約爲憑，從前所有舊約無論已允未允，俱應置勿庸議，不知可行否。前數日將此節告久米大尉轉達近衛公，託其密告貴政府。此電所言通商、練兵兩事，均望密速轉達貴外部是禱。諫。

日本總領事來電 光緒二十七年三月二十五日亥刻到

頃奉外務部大臣電開：英政府謂開通滿洲，然大利照現行條約辦理足矣。日本政府以為開通為現下之善策，英國所言照現行條約辦理，於事無濟。至於美國開通全國之策，似乎事難實行，想此事現在不必再與兩國商議。若中國以三國意見不符之故，難自決定，則從緩辦理，一面細查時局以待事機亦可。因俄有屢次宣布退兵還地之言儼然在前，中國地方安靖，彼必不能為也。飭即達劉宫保、張制軍查照。等因。奉此。請煩貴制軍查照，切叩。有。

致江甯劉制台、濟南袁撫台 光緒二十七年三月十八日申刻發

樞洽電想已閲。竟以鹽、漕、常税全數備抵，焦急萬狀。樞意但促目前撤兵，不顧以後國用，事定以後，誰肯籌欵。百事俱廢，兵械全無，京餉、協餉照舊催索，大亂四起，中國亡矣，遑論變法自强乎。鄙意總宜趁此時另籌新欵，以作抵押還債之需，而留出舊欵以供舊日國用，另以加税、印税等事爲開辦自强各事之用，中國或尚有生機。擬與各國商，即照樞電每年二千萬之數，最好分爲三十年，共止六百兆，但恐各國必不允。其次則分爲二十五年，共爲七百兆，尚省二百兆。或分爲四十年，共爲八百兆，尚省一百兆。至籌欵之法，萬不得已，惟有照慰帥寒電丁税之法，約計人丁四百兆，仍照漢魏舊法，除去老弱、未嫁女子及不能自食其力者免捐外，即或稍有隱匿，總可查出人丁二百餘兆。每人每年抽錢一百二十文，不分貴賤貧富，較爲簡易，免致每年清查貧富等差，致多擾累，每年必可抽銀二千萬兩以外。如慮丁税之名不便，則稱丁捐。每縣合計總數若干，准其本縣歸併請奬，彼可自行減成售賣，如鹽捐法。四川自咸豐十年以來至於今日，每年按糧派辦捐輸，約六七十萬，至今日猶然，已成定例。其請奬之法，大率類此。其實丁捐收數甚微，不給奬亦可。以此項二千萬新欵抵還新債，舊日財政全無牽動，仍可力圖自强之策。但此事必須聲明因洋債而籌，且須將丁税作抵，寫入條約内，非此斷難舉辦。若和局大定，内外官紳苟且之習復萌，迂謬之論復作，必多沮格矣。如恐各國不願以此欵作抵，或有一策。查此欵一經開辦，每年上半年即可抽足，解存上海，交日本銀行代爲存儲，彼藉此周轉，霑利必多。前年劉慶使東，聞小田切所擬中東聯好要事三條，其一爲中東合開銀行，惜事未辦成，可見彼從前垂涎已久。今助争俄約，其功不細，大可以此酬之，彼必大喜過望。或即作中國與之合開，以爲中國銀行之發軔。我即託其向各國力商減數寬期，贊成此舉。總之，必趁此時另籌新欵，以應新債，庶免掃盡府庫，束手待亂，坐視滅亡也。尊意若何，請速籌示，以便電商樞廷。嘯。

行在軍機處來電 并致全權大臣暨劉制台 光緒二十七年三月十七日酉刻到

昨因賠欵亟須指實，以便定議撤兵，轉輾咨商，恐多延誤，

是以咸電擬將洋税作抵。兹查據户部覆稱，各海關洋税歷經借抵各項洋欵無餘，不得已只好將鹽課、鹽釐、漕折、漕項及各關常税，全數備抵，實可得銀二千萬兩。若四百五十兆三十年之説，數巨期迫，力實不支，必須減數展期，極多至二千萬為止，方可勉力做到，即稍有不敷，則俟加税議成，彌補足數。此次中國受此大虧，舍加税别無法，想當亦各國所共諒。總期竭力磋磨，指欵賠定，早日撤兵，至盼至要。仍希密籌速覆。樞。洽。

袁撫台來電并致劉制台 光緒二十七年三月二十日辰刻到

鄂嘯電悉。藎籌精當，字字切要，滿腔焦愁為之頓釋，請即速商樞廷。丁捐零星湊集，以作抵押，各國、二赤亦無法干預。惟丁口婦孺居大半，只可按一百五十兆計數。官紳不妨加重，亦不須清查，但定以應享利益，譬如納紳衿捐者，遇有訟案，准其遣抱，告僕丁、佃户觸犯，准其送究，州縣接見，准其列坐。納民捐者，雖職紳亦不得享此利。只虛予體面，即可踴躍輸納。至給獎一層，似可不必，將來行新政，捐官宜停，恐又失信於民。統祈裁酌。凱。效。

劉制台來電 光緒二十七年三月二十日辰刻到

嘯電悉。擬辦丁捐保舊日財政，並載入約内，俾免事後阻撓，通盤籌畫，深佩苦心。但我籌辦需時，恐各國不肯以空欵作抵。鄙見應由全權於議欵時先照尊意與商，能允最妙，否則仍以實欵相抵，隨後再籌國用，以免逾期，益增兵費。惟鹽課斷不可抵，已詳昨電。坤。效。

致西安行在軍機處、江甯劉制台 光緒二十七年三月十九日寅刻發

咸兩旨、咸洽兩示均悉。管見此時總宜另籌新欵，以應新債。一面籌欵，一面令全權與各國切商減數展期之法。若遽允以鹽課、鹽釐、漕折、常税作抵，此皆大宗進欵，向來皆有額支，今全還洋債，府庫空虛，百事束手，和局既定，人情鬆懈，更難另籌新款矣，京餉、協餉舊案，撥補洋債之欵，本省養兵之欵，將何從出。近年各省益形困絀，皆係牽補度日，應辦之事多未能辦，更何能節省巨欵。財用枯竭，兵譁盜起，中國將自亂矣。前英薩使來電所言四百五十兆之數，聲明係截至中歷五月十六日爲止，爲期尚寬，斷不宜汲汲遽允，早撤兵一兩旬，僅省一兩千萬，而抵欵不慎，則貽患不可勝言。且正須商減數商展期，各國斷不能概然多讓，遽行就範，必須力與磋磨，詳加籌計，並分向各國設法調處，若過急迫，必受鉅虧。且吕使蒸電，德外部言有從中漁利之人，明係二赤。此人圖占鹽務已久，數月來英人皆言鹽務宜照印度辦法，税司考核鹽務甚細，更不宜深信輕允，致難挽回。憂焦迫切，不敢不言，敬候鈞裁。嘯一。

行在軍機處來電并致劉制台 光緒二十七年三月十六日寅刻到

奉旨：據奕劻、李鴻章電奏，各國索賠欵四百五十兆兩，此時若不預籌的欵，俟四月底會議時往返籌商，多延時日，恐又增數千萬鉅欵等語。此電據聲明業已電知劉坤一、張之洞矣。除仍電飭切商寬期減數外，必須籌定有著欵項，免致遷延時日，賠欵遞增，更難措手。劉坤一、張之洞本有會商之責，迭次來電，籌

慮亦頗周詳。此項究應如何籌出的欵，俾敷抵償，著即悉心擘畫，彼此電商，妥籌定議，迅速具奏。至加税鎊價，一時恐難就緒，不可因此躭延也。欽此。咸。

致西安行在軍機處光緒二十七年三月十九日寅刻發

數日來，洋報言京城使館界内，各國將分修礮臺，英已撥欵一萬六千鎊爲修臺費等語。查修礮臺之説，去冬上海各報早言之，惟該報旋又云已經罷議不修。昨見二月十五日自京來之人，詢以礮臺究已停修否，答云不知。此事關繫萬分緊要，務請鈞處電詢全權大臣，或修或不修，令其切實聲覆，至要至禱。嘯二。

致西安行在軍機處光緒二十七年三月二十一日寅刻發

嘯電祗悉。貨滯商虧，自是至理。倍徵本非所願，因赫德欲盡將現欵抵押，又恐各國干預財政，故擬此華洋税課一律倍徵之策，以期簡速定議，且免國用無出，不過兩害取輕而已。乃英使欲盡免出口税方加洋税，明係刁難，是華洋倍徵，礙難辦理。聞英使言，中國意欲將此項賠欵令商務最盛之國代出云云，其不願以加税作抵，意在要挾干預，且不免如德外部所言，有人從中漁利也。按鎊價加洋税，數多而理足，最善。但英國此時必不遽允，將來必可議加，須託德、美、日三國勸之。謹當竭力設法，自當趁此時與各國議定辦法，但恐不能指爲目前抵欵耳。洋貨税六百萬，按目前鎊價七兩三錢加徵，可多八百四十萬，除去洋貨免釐之數約三成外，止多六百數十萬，斷斷不敷每年還欵。鹽、漕、常税不可作抵，鹽務作抵流弊尤大，昨嘯一電已詳陳管見。總宜另籌新欵，以應新債，零星雜凑，斷不濟事，徒延時日。且國用若不趁此急籌，内政必然全廢，國勢必更危蹙。竊又擬有籌欵一法，容續陳。哿一。

行在軍機處來電光緒二十七年三月二十日酉刻到

前接佳、泰各電，擬將洋關、洋藥、土藥、常税、貨釐、鹽課釐一概加倍徵收，以抵償欵，籌畫周詳，甚佩。第思洋關名加税實免釐，增欵恐不能多，而土貨釐必且因之短絀，且釐税概行倍徵，土貨愈貴則愈滯，既病民，復病商，而洋貨愈以賤價暢銷，甚非中國之利，惟土藥、菸酒尚可加重。若鹽法與各海關、常關一併切實整頓，必可增多，再將鹽課釐並加，當可得巨欵。至加税一事，莫妙於核實鎊價，當原定約章時，值百抽五，鎊價只三兩，今則七兩零。若照時值加足，即可增多一倍有餘。又洋貨本價及彼國出口完税，原以金鎊計算，若入口洋貨徑以金鎊完我關税，即以抵還洋債，則可免買鎊折耗，鎊價漲落不致受虧，在洋商仍無所損。請尊處設法與英政府力商，敝處亦電全權諭赫德併力加税統議，儻能辦成，於賠欵大有裨益，即為將來金銀併用之漸。事關大計，不厭反覆互商，共圖補救。仍乞通籌電覆為要。樞。嘯。

致西安行在軍機處、江甯劉制台光緒二十七年三月二十六日丑刻發

頃聞全權意，竟擬照覆各國以鹽課、鹽釐、常税并釐金二百萬共千五百萬，分三十年還本，仍是四百五十兆之數。又云俟第二次來文，必提加息，再與相機確商等情，不勝駭異。美使尚願

調停，何以初次照覆並不請減，實難索解。既已許以三十年分還四百五十兆，不提利息，是賠數全不減矣。儻第二次來文仍索重息，必是仍將釐金、漕折全抵與人，不過分兩次説耳。現欵已盡，加税無多，中國如何能支，如何能存。查外人圖攬鹽務，衆口藉藉，端倪已見，江督巧電已力言其流弊，且近日票匪與鹽梟勾結，將擾長江，亦經江督電陳。本日復接江督電，探有匪人包辦長江各衙門營局放炸藥之事。頃在漢口查知，鹽梟鹽船因聞鹽務抵還洋債之事，恐必爲洋人攬辦，鹽梟鹽船皆失其生業，異常驚惶擾動，是則鹽務抵債，目前先有鉅患，全權所請，萬望勿遽允。許洋貨加税，此正是好機會，即欲免釐抵除，合計亦甚有益。去年總署屢經考核議奏，乃全權止擬酌加三分之一，爲數幾微，有何益處。聞各使已允加洋税爲值百抽十，除去免釐，所得尚多，況尚須與商按鎊加徵之法。儻竟照此照覆，洋人喜得我鹽務，必不能更改挽回，本既不減，亦不能另籌他項作抵矣。全權似有成見，所擬實爲非計。務請鈞處詳慎裁酌，切囑全權萬不可率行照覆，至禱。徑西。

行在軍機處來電并致劉制台　光緒二十七年三月二十七日戌刻到

徑西電已進呈。所論全權擬償抵欵辦法未盡妥協，本處昨已電全權駁商，與尊意大致相同。鹽課釐抵償，流弊滋多，前已據來電轉告全權，本日復電商酌辦矣。丁捐事，俟酌定再覆。樞。沁。

致西安行在軍機處、江甯劉制台、濟南袁撫台光緒二十七年三月二十六日寅刻發

昨因吕使佳電外部詢實在辦法，當即覆之。其略云：擬每年至多認還二千萬，財力止能如此。俟各國減讓定數後，分年攤還，以還清爲度，懇其減數寬期，并詢外部意可展爲若干年見覆，以便商酌，決不願以現有之鹽課、漕、常税作抵。此時中國必須變法，方能中外永遠相安，且變法則事事開通，各國商務必然日加暢旺。然變法則應辦之事甚多，應用之欵甚鉅，若現欵全空，國用無出，勢必零星搜括，百事不能興辦，民生必更困窮，内地將亂，商務亦損。敝處私意，擬另籌丁捐一欵，以供抵還此次新債之用。中國人丁最多，除應免捐者不計外，可捐之人數約二百兆，每丁一年捐錢二百，每年可得銀二千萬兩以外。并詢德國意，如以丁捐作抵可否等語。查近日各使與徐、那、周三人晤商賠欵節略，英薩使曾問及人丁税可辦否，彼既欲我辦丁捐，則以丁捐作抵，可望允許。按二千萬之數，如肯展爲二十年，共止四百兆，展爲二十五年，共止五百兆。考丁口納税，乃漢魏唐宋舊制，漢之收數雖少，其時錢值貴於今日十倍。隋唐以來每丁税數甚鉅，載在史册。本朝雍正初年，併丁於地，天下涵濡德澤，至深且久，今爲國家多難，防外國之干我内政，剥我民膏，萬不得已而按丁酌捐，爲數甚微，不及前代十分之一，正所以保衛民生，斷不能議其苛歛。此係集腋籌捐，朝廷仍給以獎勵，更與前代納税不同。其給獎之法，每縣合計錢若干，准本縣紳富收買捐票，彙總核計請獎，小户仍可減成轉售，尤於貧民無傷。惟獎叙只准銜封翎枝及建坊請匾、贖罪等事，免於仕途有礙。此事法簡數輕，應免者

無妨從寬，州縣但係中材，即可不致擾累。近年籌欵者多持此說，東撫袁亦有此議。昨袁撫電奏，謂籌欵須合天下士民之力以應之，即指丁捐而言。各國若允丁捐作抵，可免干預別項財政，保全實多。竊思此次賠欵，無論本如何減，利如何輕，用何抵押，每年本息總須還二千萬以外。然仍須力圖自强，事事振作開通，以挽危局。若不另籌巨欵，惟是悉索舊欵盡付外人，必致省其所不當省。百事俱廢，工商不擴，學校不增，京餉、協餉、本省軍餉皆無所出，兵械全無，大亂四起，中國斷不能自存矣。至鹽務抵債之害，徑酉電已詳。此萬不得已之策，妥擬備采。徑亥。

吕欽差來電光緒二十七年四月初四日申刻到

丁捐作抵，外部謂此中國創辦之事，苛取於民，必致生變。德不願召民怨咨，且虛懸無著，成否難料。既以償欵為重，何不以稅釐、鹽漕作抵，而以空欵塞責，語甚決斷。海。豔。

致江甯劉制台光緒二十七年三月二十六日寅刻發

徑酉、徑亥兩致樞電想達。合肥成見太深，辦法太謬，本息如何能支。至鹽務抵債之害無論，其他鹽梟盡化爲票匪，長江危矣。此非江鄂合力不能挽救，但須商定一籌欵辦法，如兩徑電於尊意相合，此後以聯銜會奏爲善。祈速覆。有。

劉制台來電光緒二十七年三月二十七日亥刻到

舊欵祇有此數，無論如何裁節，非另籌理財新法，賠欵斷難應付。尊意擬辦丁捐，原係萬不得已之舉，惟籌辦不易，恐各國以並無現欵，不允作抵。坤。感。

致江甯劉制台光緒二十七年三月二十六日寅刻發

慶、李致樞電云，昨各使照會，賠欵共索銀四百五十兆兩上下，並引總綱第六欵所載擔保如何賠補之語，請聲明承認此數，並指明如何擬籌理財辦法，清還欠欵等因。查賠欵以速定爲妙，聞各使已擬定息銀照加一倍，共須九萬萬兩，爲數甚大，另籌理財新法，斷難濟急。擬以鹽課釐每年銀一千萬，常稅三百萬，釐金二百萬，共一千五百萬兩，分三十年還清，不提加息，並以中國財政入不敷出。前三項皆我度支要需，勉强騰挪，虧空更鉅，請允將洋商貨稅酌加三分之一，稍資抵補。所加有限，彼或不爭免釐，較有實益。似此辦法，與前奉洽電尚屬相符，尊處如以爲然，擬即照覆商辦。明知彼難依允，且俟第二次來文必提加息，再與相機確商。至減數一節，亦擬竭力商酌，肯允與否，實無把握。祈速覆勿誤。慶、李。養。等語。特奉聞。有二。

致廣州陶制台光緒二十七年三月二十八日未刻發

昨見滬報，載有邱煒萲即邱菽園上台端一禀，意雖堅執，措詞尚屬和婉，似有悔悟之意，此皆閣下示諭有以感之。查邱煒萲在彼爲華商領袖，康即住邱恒春公司中，如邱不助康以貲財，各商自必解體，康失所助，逆黨自散，康之起滅視乎邱之從違。此事關繫甚大，祈閣下乘機開導，或於原禀批發，或發電勸諭，俾不再爲所惑，則沿江沿海匪患自可潛消。祈酌辦示覆。勘。

陶制台來電光緒二十七年四月初一日辰刻到

邱與康詩酒應酬，偶助資財，似非同謀。邱志大難酬，擬暫置不理。南方會黨宗旨不一，亦有欲解散流血之謀者。湘楚少年託名保皇會，出洋詐索巨欵，聞徐勤等不耐騷擾，暫多遠離。今少年不盡信康，而信革命黨之説。我不變法，若輩日多，非殺戮所能止。請吾師勿再捉拏，湖北書院事亦勿深求，恐為叢驅爵。模。豔。

致襄陽朱道台、德安廖守光緒二十七年四月初二日未刻發

探聞隨、棗一帶，近出一種頑童專習拳勇，並用符咒互相傳授，愚民多炫爲神奇等語。如果屬實，殊堪駭異。拳匪去年作孽如此，今日尚敢來鄂生事耶。該道、府速通飭各屬一體認真訪查，如果屬實，即將爲首傳習之人拏案嚴審稟辦，其餘頑童責成各家長管束，取具切結，以示懲警。速將辦理情形電覆。沃。

致江甯劉制台、安慶王撫台光緒二十七年四月初二日亥刻發

法、德兵西進，因津報訛傳董軍東來，撥餉一兆。法兵入晋境後，已全撤回，德探騎十餘至大同、代州亦回，另有德騎十餘至邊外豐鎮廳，亂民數百與互擊，民傷百餘，德兵無傷，聲言調大隊報復，全權力阻。德瓦言，邊外教民若不安，仍須派隊往，意指歸綏。現仍有四子部落仇教之謠，以後難料。此據岑電，并無他國兵。津報謠言，大約因岑自帶十營撥餉百萬而起，恐從此多生枝節。近日上海各報似此憑空造謠甚多，將來貽禍不可勝言，峴帥有何善策，似宜籌及。沃。

致江甯劉制台、上海盛大臣、蘇州聶撫台、南昌李撫台〔一〕、安慶王撫台、福州許制台、杭州余撫台，廣州陶制台、德撫台，桂林黄撫台〔二〕、雲南魏制台〔三〕、丁撫台，貴陽鄧撫台、成都奎制台、濟南袁撫台、太原岑撫台、蘭州崧制台〔四〕、迪化饒撫台〔五〕、西安升撫台〔六〕、開封松撫台〔七〕、長沙俞撫台光緒二十七年四月初三日亥刻發

去年十一月奉箇電旨：此次和議，擬改通商行船約章，著劉坤一、張之洞、盛宣懷悉心籌議，隨時電奏。等因。欽此。查變通補救之方，惟有視彼要索何欵，相機抵制，設法保全，總以勿礙我商民生計，勿侵我自主權利爲要義。請台端轉飭關道、商局，如無關道地方，請飭司道，各就地方體察情形，何事爲彼所必争，何事爲我所必拒，何事可以相抵，何事應行變通，分條籌議，由台端采擇核定，飛咨敝處，以備會商全權大臣、兩江劉峴帥，於

〔一〕指江西巡撫李興鋭。
〔二〕指廣西巡撫黄槐森。
〔三〕指雲貴總督魏光燾。
〔四〕指陝甘總督崧蕃。
〔五〕指新疆巡撫饒應祺。
〔六〕指陝西巡撫升允。
〔七〕指河南巡撫松壽。

議改商約時相機辯論。此事峴帥已咨行有案，各關、局必已議覆，并請將覆兩江之件照鈔一分，交郵局速寄敝處。如無郵局，即用五百里排遞，至感。除咨達外，特電達，請即示覆。盼禱。講。

致西安行在軍機處 光緒二十七年四月初八日寅刻發

三月杪，英來兵船一，次日德、法各來兵船一。英艦聲言奉其水師提督命來見，有要事。探知英欲派小火輪入襄河探水，故德、法聞知亦派船來。英船兵官見面無他語，英領告委員云，去年十月，英提督西摩欲派小輪入襄河，敝處告以此時不便，須俟明年春夏間，故此時來。當覆以去年面告西提督，乃言俟明年三四月間和局大定，始可派輪入漢。此時兩宫尚在陝，小輪西上，民間必驚疑造謠，鄂省票匪正在謀亂，消息甚緊，若民疑謠多，匪亂更速，務望阻止勿往。英領允以此意告西提督，大約可止。德、法知英船已阻，遂亦不提。各國來船，無非爲要挾賠欵起見，去年十月即係英、法、德三國船同來，乃其故智，其實雖不要挾，中國亦願定賠撤兵。現各船仍未去，既不入漢，聽之可也。謹聞。曷。

致西安行在軍機處、江甯劉制台、上海盛大臣轉全權大臣 光緒二十七年四月初八日未刻發

初七日英領事霍必瀾來云：奉薩使電，停考一節，直隸、山西全省皆生事，此兩省鄉試全省俱停。京城係鬧事地方，並應停會試及廷試，以表明京城曾出此最不好之事。已告全權，恐全權未奏，囑敝處轉請朝廷照允等語。實堪駭異。當經力駁此説太不公允，與大綱條約第十條不符。直、晋並未處處仇教，且會試、廷試係各省舉人進士，非僅直、晋，何以亦停，萬無此理。參贊傑彌遜在坐云，渠之私見，直、晋兩省不鬧事州縣，當可准小考進學，鄉試必須全停，會試只可改在他省，或在南京等語。問廷試乃係御試，又將改在何處，傑默然。當告以此太無情理，全權如何能奏，鄂省甚不以爲然，更不能奏，各使可自向全權議之。駁辯許久，霍、傑云，即不肯勸朝廷照允，亦必須將此節轉達。當答以姑將以上所言轉告政府。謹據情奉聞。此事愈出愈奇，各使究係因何創添苛條，全權現與辯論如何情形，應否電詢全權之處，請裁酌。庚。

致京美國欽使柔大臣 光緒二十七年四月初九日丑刻發

昨接貴大臣來電，言便益商務各條已悉。查商務爲富國之本，所指各條皆爲暢通商務起見，如能妥訂章程，謹防流弊，於中國權利無損，於商民無礙，皆爲本部堂所願商也。其開設鑛務局，訂立妥善章程一條，開中國之利源，免章程之紛歧，最爲目下急務，尤爲本部堂所願議定奏請舉辦者。貴大臣如有妥善章程，務望從速明白見示，以便商酌。查貴大臣前電云，貴國以得商務利益勝於目下巨欵，而現在各國索賠四百五十兆，利息四釐，分三十年還，每年須還二千六百萬，以中國百姓之貧，而每年多向民間取此巨欵，商民必更困窮，洋貨必更滯銷，殊於貴國暢興商務之旨大相違背。萬望切商各國，將賠數減輕，并望將利息略減一

釐半釐。前英國薩大臣曾言利息三釐三。如能酌減，庶中國民力稍舒，商務日形起色，中外均屬有益，感荷盛意更無既極矣。切盼迅賜電覆。初八。

致江甯劉制台、福州許制台、廣州陶制台、蘇州聶撫台、安慶王撫台、南昌李撫台、杭州余撫台、長沙俞撫台、濟南袁撫台光緒二十七年四月初九日午刻發

德國瑞記洋行在漢口丹水池地方建築火油池，前因火油性烈，恐洗船之水流毒入江，爲害民生，屢次攔阻修築。嗣疊據英、德領事照稱，瑞記承認永遠不在長江内洗船，必待船行入海洗刷，又不裝他項出口貨物。上海、厦門等處均已興辦，並無妨礙，請准照辦。當飭據江漢關道與英、德領事及税務司妥議章程十四條，並商令報效錢文，以作地方公用，每加倫繳錢七分半，期於地方有益而無害，始准試辦。惟查該公司合同内有嗣後中國如准别人油池免繳此捐，該公司亦即援免等語。茲聞英、德各國有在沿江一帶南京、蕪湖、鎮江等處建造油池之説，若一處章程稍異，則漢口已成之捐必爲牽動。除備文咨明外，先此電懇轉飭各關，如有議建油池者，務照漢口成案一律辦理。至禱。青。

致西安行在軍機處、江甯劉制台光緒二十七年四月初十日卯刻發

青電祗悉。四百五十兆，四釐息，三十年攤還，每年應攤二千六百萬零二萬三千五百兩，係先按利隨本減辦法算出，後再分

三十年匀攤，合得此數。西人有算定各等利息之表，息幾釐，分幾年還，每年攤幾何，印有成書，敝處查閲無誤，因款鉅，故零數未開。若分四十年，查表每年應攤二千二百七十三萬四千兩，總數合九百零九兆有奇。分五十年，查表每年應攤二千零九十四萬七千五百兩，總數合一千零四十七兆有奇。英參贊本言按五十年攤還，每年還二千零九十四萬有奇，鄙意嫌總數太多。後數日，薩使電改爲三十年攤還，每年二千六百萬，查表相符，故據此上聞。此皆出自薩使之意，敝處但答以當商政府及兩江，並未置可否。遇電所謂英使有活動語氣者，專指減息而言。若二千六百萬之數，只可商減，不至再增，息減則每年不須二千六百萬矣。若肯減息，則多攤年限方爲有益，故今日惟以商懇減息爲要義。至各國分寫債票，薩使已言之，合併聲明。再，各國宜總議不宜分議，若分議，將來於俄約有礙，至要。佳。

致西安行在軍機處光緒二十七年四月初十日酉刻發

光緒二十二年，總署曾電各駐使譯鈔各國印花税章程，英、法、德、俄、日本各欽使皆已鈔送總署甚確，洞亦函託各使鈔寄，鄂故亦有之。總署現已交還，文卷毫無遺失損壞，惟房屋略損。請鈞處電京城總署檢出飛寄西安較速，不必候外洋譯寄也。中俄密約亦可囑照鈔飛寄鈞處，目前尤爲急需。英印花税章程最詳明，上海有印本，鄂省亦有，當即先飛寄奉覽。至印税一事，中國籌餉自可舉辦，敝處覆奏即有此條。惟印税門類甚多，其商務一類與釐税有干涉，行印税即所以代釐金及常關税。印税若行，即須酌免釐金。常税除抵釐税外，所赢不能甚多，但省留難，且中飽

或略少耳。至各國印税大宗巨欵，全在産業契據、票券、執照，英印税歲入十四兆鎊有奇，而遺産税八兆餘，此一項中國難辦，不能甚多。契約税二兆餘，此一項與向來田房税契有干涉。此外數皆不鉅。若股票、匯票、期票、借票之類，華商錢少，抽税即不能多。蓋印花税一事，西人解其義曰，此銀錢税耳。外國商富民饒，産業值價貴，銀錢來往多，故抽税鉅。中國商貧民苦，則抽税微矣。此事頗繁密，初辦亦甚煩擾，隱匿膠葛，一二年内斷不能多，十年以後當可較旺。此等事仍須從畫城鎮鄉村細圖，查户口，設警察起，若細圖成，户口清，警察設，則印税可行，丁捐更可行矣。卦。

致西安鹿尚書光緒二十七年四月初十日酉刻發

賠欵四百五十兆，係算至西歷七月初一日，即中歷五月十六日前。全權電，每一日兵費合一百萬，一月即三千萬。今總數及四釐息已奉旨照准，如合肥能稍待數日，與英美商略減息固好，如合肥已宣旨，則距五月十六尚早一月有餘，似可與各國商催其迅速撤兵。自撤兵之日起，將賠欵總數按日扣回，能省一兩千萬固好，即省數百萬亦佳。此節務望與榮、王兩相商酌，速電全權，竭力商辦，但望勿言鄂省之意，切禱。京城是否修礮臺，已查覆否，直、晋全停鄉試及停會試、廷試之説，務請電詢全權，速復。此事甚有關繫。藥。

致江甯劉制台光緒二十七年四月初十日酉刻發

賠欵宜總議不可分議，如分議將來與俄約有礙。如尊意謂然，請挈銜速電奏。蒸。

致西安行在軍機處、江甯劉制台光緒二十七年四月十一日寅刻發

傑彌遜述薩使言，賠欵不可令各國公保，恐干預中國財政，故特遣該參贊來商，不索現銀，各國分寫債票之法。此係要語，特補達。再，若分五十年，每年還二千零九十四萬餘兩，本利共一千零四十七兆有奇，即是四釐息。傑彌遜面言，查表符合，前佳電已詳。傑并面言，此係每年以一千八百萬兩作爲付四釐之息，其餘係以半釐有零還本等語。西人算法精密，彼自以爲四釐，我不可以爲二釐半也。若誤認重息爲輕息，此語一出，外人藉此將錯就錯，仍按四釐索足矣，萬分緊要。傑現在金陵見江督，一切必已面談，請鈞處電詢之。卦亥。

劉制台來電并致行在軍機處、北京全權大臣、濟南袁撫台　光緒二十七年四月十二日子刻到

鄂、滬、濟各電悉。傑參贊至甯，昨今兩日議論賠欵，當詢以現在實需若干。據云，每年還二千六百萬零，分三十年還訖，連本利共還七百八十兆零，係照四釐息算。告以中國財力僅有此數，為各國深知，若賠欵過鉅，辦事無資，地方難以整理，商務何能興旺，中英均屬受虧。與之一再商酌，或再減利息，或不論本利，即就現索之每年二千六百萬零再減若干，仍照三十年還訖，俾免竭中國財力。傑允電薩使酌覆。與商加税，傑云，將來按鎊估價，值百抽十，事屬可行，但不能此時即作抵項，且加税必須免抽出口土貨之釐。告以洋商在内地辦土貨，本祇完半税，即使

議免，亦祇能將洋商請單赴內地所辦實在運出外洋之貨，方能商免，如就口岸向華商購辦之件，無釐可免，即不在應免之列。傑亦謂然。又言及抵欵，意在由稅司代辦常關。雖經告以窒礙，察其語意頗堅，仍俟得薩覆再電。坤。真申。

致江甯劉制台、濟南袁撫台光緒二十七年四月十一日寅刻發

盛電樞，擬本息共給一千兆，分五十年，每年還二千萬，其利息係二釐四毫五，請旨允准云云。大誤。每年還二千零九十四萬餘兩，五十年還清，即是四釐息，英參贊面言如此，西人本息表已算明，敝處致江甯佳電已詳。如照英參贊後一說，每年二千六百萬，分三十年，本息共七百八十兆，則總數較少，而歲籌較多，鉅累可以早清。如照英參贊前一說，每年二千零九十四萬餘兩，分五十年，本息共一千零四十七兆有奇，則總數甚多，而歲籌較易辦事，或可有欵。二策以何爲長，請藎籌速示。軫子。

劉制台來電并致袁撫台光緒二十七年四月十一日亥刻到

鄂軫電悉。期長較可紓力，但總數太鉅，又耗二萬餘萬，殊可惜。苟能拚湊，仍以後一說為是。坤。真。

袁撫台來電并致劉制台光緒二十七年四月十一日亥刻到

鄂軫電悉。立國者宜為久遠計，尤當通盤籌畫，每年多籌數百萬，分在各省尚不甚為難，而債期可早清二十年，總數可省減二百餘兆，便宜甚大，愚見英員後一說為長。總之，如能認真整頓，歲增數百萬無甚關繫。儻苟安目前，蹈常襲故，即不償一文，亦斷難久存。仍請兩帥酌裁。凱。真。

致江甯劉制台光緒二十七年四月十一日戌刻發

四釐息已奉旨准，未言分幾年。軫戌。

致雲南丁制台光緒二十七年四月十一日亥刻發

昨英總領事面云，英廷聞中國已准法國由越南邊界造路至雲南省城，并允其派兵入境護路，准否，請查明速覆等語。查此事於大局甚有關繫，派兵尤恐效尤。究竟原議若何，已奏明奉准否，係何年議定。此當是崧錫帥任內事，祈將詳細章程摘要速詳示爲禱。真。

丁制台來電光緒二十七年四月十七日申刻到

真電奉悉。滇越議修鐵路一案，係戊戌三月廿日法呂使照會三端，內有准法公司自越邊造路至滇省城一欵，原議中國之應備者，惟該路所經之地與路旁地段，經總署覆允照辦。前年法領方蘇雅率路員來，當委員分段會勘，嗣值北變，法員暫回，詳細章程致未定議。昨方領復來，尚未議及此事。此滇越造路始末事。至派兵入境護路，不但無是事，亦無是議，請詳告英領轉電英廷，勿聽訛傳為禱。鐸叩。諫。

致西安鹿尚書光緒二十七年四月十一日亥刻發

英薩使已許分三十年，每年二千六百萬，共七百八十兆，即算四釐息。此電已由盛轉全權，盛全見之，而盛今日電樞，反請

每年還三千萬，共還九百兆，是何道理。查表四百五十兆，分三十年，每年三千萬，係五釐息。前係向銀行借，七五折，故每年三千萬，今無折扣，故二千六百萬。真酉。

致西安鹿尚書光緒二十七年四月十二日子刻發

頃盛電，四釐息，分四十八年，本息共還一千一百七十三兆，仍是算錯。其意蓋力勸每年還三千萬，以符合肥原議。所以然者，去年九月十六日，合肥諫電致各省督撫，云赫德言每年須籌三千萬，共四五十年等語。蓋赫德本欲藉此照顧銀行，從中多分行用巨欵，故以三十年九百兆之説要挾，並欲攬辦鹽務。德人知而忌之，故德外部向吕使言，有人從中漁利，德遂不索現銀，各國從之，故中國免受銀行扣折盤剥，今日總數遂得較少。盛袒合肥，必欲成其每年三千萬之謬説。望秘之。隊。

致江甯劉制台光緒二十七年四月十三日未刻發

文電悉。今年江、鄂鄉試萬難舉辦，尊意擬先將科舉變法一節，奏請明諭，暫緩今年鄉試，俾各士子磨厲以須，洵爲定士心之善策。惟變法改科舉章程，鄙意此次覆奏，只能仿戊戌年敝處所奏，已奉旨允准，辦法頭場試中國政治史事，二場試西國政治地理，三場試四書、五經、經義、論説。此事已經禮部行文，請尊處查案可悉。但須聲明，二場但試各國政治學、地理、史事、武備、算學及繪圖學、格致學、工商學大義等事，其專門藝學，如聲光化電之類，倉卒不能通曉。且試卷只能空言其理，非場内所能考驗，自可緩試。蓋照前奏者，取其係已經奉旨成案，將藝學等删去者，原奏本意係令考生説其大義，爲引人入勝之資，並非携器試驗。今略加删改，以冀易准。若原奏照辦，今日時局必難准也。并須聲明，數月來衆論皆謂必須改章，此爲學堂未設，只能暫且如此取士。將來學堂廣設，實學成就者多，再請將憑文考試之，中額漸次酌減，詳細辦法當於覆奏内詳陳云云。或將陶、袁兩奏大意酌采叙入，以見科舉舊法必應變通。惟科舉究應如何更改，敝處前三年原奏應否量加更定，統請尊處裁酌，擬稿電示敝處，當即商酌妥協，仍請尊處挈銜電奏。盼幸。元午。

劉制台來電光緒二十七年四月十五日戌刻到

變科舉法，即照台指挈銜電奏，簡捷為妙，無煩再商。坤。合。

致江甯劉制台光緒二十七年四月十六日亥刻發

擬電奏云云。請公酌核，删改增添均可，酌定即由甯發，不必再商。並請尊處電樞，五月初一萬不宜放雲貴主考，陝距雲貴近，緩旬日亦可，至要。覆奏稿三日内必寄上。諫。

劉制台來電光緒二十七年四月十八日子刻到

諫電悉，大稿極佩。則士心自定兩語，易為多士知所嚮往，益可安心肄業十二字。現已電發，並會電樞。科舉必須改章，擬請旨先行，揭明宗旨，俾多士有所憑依，已另電具奏。惟五月朔即須簡放雲貴考官，陝距雲貴較近，現在章程未定，似可稍緩旬日，再行請簡。抑應如何辦理之處，請酌云。坤。洽。

致上海盛大臣、江甯劉制台、濟南袁撫台光緒二十七年四月十八日戌刻發

滬霰電悉，可怪已極。漕米向係招商局運，貼補華商，何以議定交赫德歸洋商包運，是否今年暫局，抑係永遠定章，何以杳翁不爭，不惟瘠華肥洋，且從此仰乳哺於他人矣，此非干預內政而何。漕折既議作抵，何以仍運本色。兩節均不可解，望速示。嘯。

盛大臣來電并致劉制台、袁撫台　光緒二十七年四月二十日辰刻到

鄂電萬分感佩。漕運改章，邸、相鹽電樞云，津沽洋兵未撤，鐵路暫難交還，漕米江浙委員無法運京，昨託赫德代覓洋商包運，由滬收遝運到倉交，每石需銀陸錢之譜，輪船火車均在內，封河前運完。聞與向年辦運需費較省，照此試辦有利無弊云。樞電照准，此間不及商議，無可挽回。現存商局漕米陸拾萬石，即當交出，將來權利必盡落他人之手，洋商覬覦本已久矣。宣。效。

致京英國欽差薩大臣、德國欽差穆大臣[一]光緒二十七年四月十九日子刻發

聞現議直隸、山西兩省鄉試，全省俱行停辦。查鄉試爲通省之事，直、晉兩省滋事地方雖多，而未滋事之處亦屬不少，即如敝縣南皮一縣並未滋鬧，若鄉試全停，豈不波及無辜，太欠平允，士心定必不服，於將來民教相處，大有妨礙，況與大綱內滋事城鎮停考一語亦不相符。何不照原議，查明何處滋事，即停何處之考。果係滋事地方，即多停一二十處亦無不可，但不應全省停考，波及無辜耳。若謂北京、太原兩處滋鬧太重，斷不能開考，則有借闈考試之法，直隸可借山東之闈，山西可借河南之闈，但將滋事地方剔出不准赴考，方爲平允。前數月本部堂曾承貴大臣電云，本部堂意見將來必當詳加商酌，今此事鄙見以爲太欠公允，務祈貴大臣與各國大臣再爲詳酌，務須分別良莠，勿令一概受累，至禱。直、晉兩省無辜良民，自去年以來已受害不淺矣。即盼電覆。十九。

致江甯劉制台光緒二十七年四月二十日丑刻發

各國議停直、晉兩省全省鄉試，太不公允。查直、晉滋事之處雖多，而安靜地方亦復不少，若鄉試全停，波及無辜，士心定必不服，於將來民教相處，大有妨礙，且與大綱內滋事城鎮停考一語亦不相符。自應仍照原議，查明何處滋事，即停何處之考，即多停一二十處亦無不可，但不應全省停考耳。前聞傑彌遜云，北京、太原兩處滋鬧最重，斷不能開科。茲擬有借闈考試之法，直隸可借山東之闈，山西可借河南之闈，但將滋事各處剔出不准赴考，方爲平允。今日與英領事談及，渠云恐滋事應停地方混往應試，不知學院咨送、監臨、收考暨取中出榜，皆須填明籍貫，且生員係何年取進貢監，係何年捐納，均有冊照可查，斷非滋事各州縣所能假冒，亦非臨時所能更改。頃將此意託英、德兩領事轉電薩、穆兩使，與各國再爲詳酌，務須分別良莠，勿令一概受累，未知允否。務請尊處即照此意切商駐甯滬英、德各領事或傑

[一] 即英國駐華公使薩道義、德國駐華公使穆默。

參贊，轉電各使，以期有濟。其意重在北京、太原不准開科，故借闈一法必須詳告。如荷鼎言，必可轉圜，曷勝感禱。再，此事皆英使主持，并聞。祈電覆。皓。

致長沙俞撫台 光緒二十七年四月二十一日子刻發

頃據英國霍總領事函，據倫敦會教士楊格非禀，接衡州華傳教彭蘭生函，衡郡紳民又聚衆滋事，阻攔天主教起造教堂，更與各教會人民爲難尋鬧，雖尚未攔阻本會起造福音堂，誠恐涇渭莫分，不無波及等情，請電詢迅速查覆。大局初定，不再釀事端爲妥。設真有其事，請即趕將倫敦教堂教會人民預先保護防範等語。查目下和局將定，正議撤兵，衡州無論何教，若再滋事端，各國必藉詞不肯撤兵，不惟貽誤大局，於尊處暨衡州各官亦大有不便。務望飛速查明，嚴飭防護，勿任愚民妄爲，貽累大局，要緊。盼速覆。號。

致西安鹿尚書 光緒二十七年四月二十二日亥刻發

直、晉全省停考事，電託英、德兩使。頃接薩使覆電，已允直、晉不滋事地方，可借山東、河南闈鄉試。劉峴帥亦電兩使，俟得覆再會奏，先奉聞。會試不停，已見全權電矣。養。

致江甯劉制台 光緒二十七年四月二十三日丑刻發

全權致樞箓電云，英薩使所擬每年付銀二千六百萬兩，三十年賠欵本利全清，雖總計付息較少，但財力實難周轉。查俄法、英德各債，須光緒六十九年始能還清，若添新債過多，無法騰挪。今早與專辦賠欵之德、英、法、日本四使會議，告以每年一千五百萬兩，五十年，前三十年付本，後二十年還利。各使謂欠利太久，斷不能行。旋以四十年清欵，每年付銀二千零四十餘萬，辦法與商。取表一紙示之，照表分年攤算，前十年雖付利較少，後三十年本少利減，而所付銀數仍同，以後補前，各國亦不喫虧。各使謂前十年少付之利，應再行加利。告以利上加利，斷不可行。各使言伊等有一辦法，四十五年清欵，明早送一表來。許以送到再酌，賠欵但不欠息，彼即無詞。惟前數年若只付息，則本銀毫絲不減，而利銀已付數千萬兩，大不合算。總有付息抽本，年分略寬，財力得抒，而總計息銀數目，仍不過鉅。容與竭力磋磨，爭一分是一分，隨時電商辦理等語。特奉聞。禡一。

致江甯劉制台 光緒二十七年四月二十三日丑刻發

禡一電想達。合肥意總願歲籌少而總數多，不肯照江、鄂原議耳。籌現欵誠難，然六百萬固難，籌二千萬又在何處，且自今年還本起，舊債又增。竊謂此時總宜另籌巨欵，方能濟急，若止省六百萬，恐日長累深，而每年仍不免爲難耳。巨欵不外畝捐、丁捐兩法，若必挑駁，皆加賦也。聞陶擬畝捐，每畝按糧加四成，除緩欠外，可歲得一千萬兩。丁捐鄙説係每人捐錢二百，若按漢唐舊法，除老弱及未嫁之女、極貧游民免捐外，可歲得錢四千萬串，合銀三千萬兩。若併婦人除之，約減其半，可歲得銀一千五百萬兩。畝捐累而不擾，丁捐擾而不累。丁捐若照鄙説，一縣合併給獎，准其售賣，仍是勸捐，並非加賦，陶之畝捐亦可照此併獎。陶擬房捐，若只捐鋪户，各省合計亦只三四百萬。印花税英國章程想已查閲，中國商貧民苦，産業價值賤，銀錢來往少，故契約、股票、借券、匯票等項皆少。遺産無給親友者，且章程太繁密，必十年八年後方能暢行得巨欵，目前難救急，此外皆零星矣。如慮每年多六百萬難籌，或將此六百萬向華民自借國債，以湊足之，何如。請速籌示。禡二。

劉制台來電光緒二十七年四月二十四日子刻到

禡一、二電悉。目下欲籌現欵，舍畝捐、丁捐而外，餘皆零星。畝捐累而不擾，丁捐擾而不累，名論極佩。鄙意際此時局，民氣囂然不靖，兩害從輕，似畝捐較有憑藉。坤前擬糧券黏貼印花，隱寓畝捐於印税，若能照行，取多取少再行酌辦，祇須州縣得人，似尚不致紛擾。外國印税，中國但能略師其意，仍須體察情形，逐漸推廣，未可過拂民情，誠如來電，未能救急。自借千百萬，僅行一二年或可做到，恐難持久。管見當否，乞卓裁。各使四十五年清欵一説，想即是傑彌遜新舊併計之法。如有續電，仍祈電示。坤。漾。

致江甯劉制台光緒二十七年四月二十八日寅刻發

函件均悉。長岡來鄂，帶來近衛函及東三省開門通商辦法一本，與呈尊處之件同。查俄人圖佔遼東，非借各國通商，斷無保全之策。細閲近衛所擬各條，皆有利無害之事。進欵三千萬，雖係懸擬，然五六百萬確有把握。至免營口關税，僅抽内地課税，乃英國辦法，便通商而不損國用，確無窒礙。若内地任便通商，藉以收回審斷外人之權，日本籌謀十數載，始能辦到，東三省果能照辦，豈非幸事。即暫用洋員判斷，猶是中國之官，行中國之律，究勝領事西律審辦也。竊思遼東已經俄踞，强立新約，此時若争回，直是儻來之物，落得照此破格試辦。且中國果欲變法自强，挽回利權，必須多所更張方可。然内地十八省駭言及此，必然駭聽梗阻，莫妙於藉俄人佔踞滿洲，趁此商諸各國，先行試辦，果有成效，再行酌取數條，推行内地。此事終恐全權偏執成見，樞府拘泥游移。然事關我朝根本之地，中國自强之機，總宜竭力争之。擬請將近衛此議由尊處飛速會奏，將各條有利無害剖析陳明，切勸朝廷照辦，以杜狡謀，而保疆土。再，公法戰後立約，約内（永）［未］聲明者，悉照戰後情形。今議公約而全權絶不提及東三省，將來恐俄人以約未聲明，暫踞便成永踞，又不可不切請飭令全權趁此議及也。尊意如何，祈速覆。沁。

劉制台來電光緒二十七年四月二十九日辰刻到

沁電悉。全權議欵不提東三省，咄咄怪事。若俟回鑾後，合肥與俄重申前議，面請諭旨畫押，中外挽救不及，各國怒而效尤，便成分裂之禍機，局甚危，不可不豫為防杜。開門通商，公前已奏，雖舍此亦無保東三省之策。近衛所擬各節，於東三省官制、政令、賦税全行更改，内間之意，過新之事不行，必以為駭人聽聞，置之不理，於事仍屬無濟。蓋全權方允俄將交還三省，内間決不肯視為儻來而破格試辦也。鄙意宜將俄人堅忍狡詐，待時而動，詳切會奏，請嚴飭全權於賠欵議定後，照會領袖公使，請俄照議交還，不另立約，並於公約内載明東三省在内，賠欵而外，一切自主權利，仍歸中國，與俄無涉。儻再有疏忽，即惟李某是問。公議所在，諒俄亦無能為厲。且看合肥如何覆旨，再行酌奏，總以回鑾前議有東三省實在辦法，方免後患。一面將開門通商一事，密電駐英、日兩使，慫恿兩國相助舉行。該處政治宜如何變通盡利，由兩使諮詢，採擇電奏，擇其可行者行之，似較近衛擬章從容不迫，易於動聽。目前不妨密為商籌，俟俄兵撤退，即行宣諭，次第舉辦。大意如是，尊意若謂然，即會奏，祈速示。坤。勘。

致江甯劉制台光緒二十七年四月二十九日寅刻發

有人自京來電，賠欵分四十年，每年攤本利二千二百七十三萬兩等語。京電雖未必盡確，但全權向不願人參議，偏執成見。前曾説過總數九百兆，今總數適九百零九兆，此説恐非無因。以二千六百萬較之，每年只多籌三百二十餘萬，三十年只合七百八十兆，今攤爲四十年，便多一百二十兆，相較實不合算。每年既可籌二千二百七十萬，何難多籌三百餘萬乎。尊處銑電傑彌遜言，現擬連舊債并計牽算，將新債歲減六七百萬算定，請本國核覆再告等語，未審已算定否。每年應還若干，總數共須若干，祈催其速覆。前者薩使允商減息，而全權必不肯候，急先照允四釐，使薩無從爲力，今又恐其將總數九百零九兆汲汲許定矣。無論英有牽算之説，或較便宜，即或不然，而三十年總數止七百八十兆之説，似亦較勝。尊意何如，敝處擬電樞力争，請尊處一面電催傑彌遜覆電，一面電樞助力。祈即電覆。勘。

劉制台來電光緒二十七年四月二十九日戌刻到

勘電悉。四十年總數九百九兆，較傑擬辦法受虧百二十兆。然恐政府利其數少限寬，仍以四十年為便。傑所言連舊債併計牽算，大約即是薩使等向全權所保有一辦法，四十五年還清，其許送之表未知何如，全權於此事有無續奏，盛處亦久無信。敝處現託英領電傑索覆，得覆再與公商酌。目下全權與各使若何擬請前奏四十年辦法，每年只二千零四十餘萬，京電何以云二千二百七十三萬，似宜再行電詢確實，暫緩電樞。祈酌。坤。豔。

致西安行在軍機處光緒二十七年五月初三日亥刻發

吕使冬電：外部稱頃接津電，華兵擬由保定乘火車赴京，德、法統領因未預商，故不准行，相持恐生枝節，現力勸華兵暫停勿進，并嚴飭華兵官勿作違理之事，速向德、法統領商允再進，否必滋事。請速電鄂督云等語。謹奉達，請裁酌。江。

致上海盛大臣〔一〕光緒二十七年五月初三日發

前聞袁帥奉諱，即已電樞，東旨奪情，上意素定也。

致江甯劉制台光緒二十七年五月初七日寅刻發

軍機處來電云：歌電悉。昨全權電奏賠欵，亦知吃虧甚鉅，惟因撤兵期限甚迫，恐或延誤，當奉電旨再與婉商，如實不能磨減，只好照准。來電所云各節，具見藎籌周密，頃已電致全權，將抵欵一層先與商酌，電奏請旨。其原擬分還年限數目，暫緩定議。惟各國議覆尚未到齊，恐意見尚難一律，總以不至因此延宕撤兵爲要。應請尊處將所籌如何輕減之法，迅商江督，速爲覈擬電覆，以便請旨轉電全權定議。樞。魚。等語。謹奉達。陽。

〔一〕録自抄本《張之洞電稿·致上海電》。

致江甯劉制台光緒二十七年五月初八日辰刻發

擬電奏云云，祈酌核。如尊見相同，祈即由甯發。如不以爲然，或別有良策，亦祈電示。庚。

劉制台來電光緒二十七年五月初九日申刻到

庚電悉。電奏稿深佩苦心，已由甯照發。坤。青。

致西安行在軍機處光緒二十七年五月初十日丑刻發

昨江、鄂會奏賠欵酌中辦法，恐全權以每年多還數兆，即須多指抵欵，不肯商議。竊思此次賠欵，假令各國並不索利，止照原數分年攤還，自應照每年攤還之數，指足抵欵作保。今既取息四釐，是中國若照全數四百五十兆，每年還利息十八兆，便不虧負各國。其還本若干，乃隨我之便，量力辦理，觀德外部之言可證。然則斷不能少還者十八兆，是抵欵亦止應指足十八兆而已。此外，每年還本乃我格外努力，豈有反因此多勒抵欵之理。全權似可據與各使辯論，免其多指抵欵，藉詞干預。查吕使漾電，德外部云，至少須四釐，每年出利十八兆，中國不致爲難等語。其意似亦謂中國能保十八兆之利便可。再，此次議定年還若干，應聲明將來中國儻能多籌，除議定應還之數外，隨時任便提前歸還，利隨本減等語。如此時豫先議明，將來設或能隨時多還，則以後利息所省不少。昨電未詳，謹續達，祈酌裁，望勿言出江鄂意，尤感。坤一、之洞同叩。佳

全權大臣致行在軍機處電光緒二十七年五月十六日午刻到

鹽電悉。江、鄂電謂十八兆以外，乃量力還本辦法，無勒我抵欵之理，此按尋常借債言也。借債本為圖利，但能利息不欠，歸本多少，便可不拘。此次賠欵與借債不同，各使每言所用之銀，已由各本國設法借墊，中國每年能付若干，彼即作為歲入之欵，以備支用，如屆時拖欠，恐致誤彼要需。是以一經議明付給若干，不論是利是本，皆須指明抵欵。英、德等使每以中國多付恐無的欵可抵為言，尚非無理。即前借英、德商債，每年歸銀五百萬，亦尚以鹽貨釐七卡抵足，可知洋人之本利並重矣。至將來中國若能多籌，除議定應還之數外，隨時任便提前歸還，利隨本減，自可預先議訂，以為後圖。慶、李。咸。

致江甯劉制台光緒二十七年五月初十日丑刻發

頃會台銜電樞云，昨江、鄂會奏云云，祈酌裁。某某同叩，佳等語。此爲申明前奏之意，想尊意必願。事急不及先商。佳。

致江甯劉制台光緒二十七年五月十四日申刻發

擬會銜電奏云云。請即改定，速由甯發。其通商行船條約，緩議爲宜，我不必催。教務章程事，元電續悉，擬俟日內各使有覆到者，再采取外部語氣電奏。祈酌示。願。

劉制台來電光緒二十七年五月十六日申刻到

願電悉。電奏已發，刪去或令內務府專製華貴之車數輛十三字，即派此項車馬，改為即用此項馬匹，又刪去兩事均關緊要六字，餘照原稿。頃徐進齋來電，黃轎經全權力駁。昨據美柔使稱，可不用乾清宮階前下轎，各使改請在乾清門外。全權仍堅持商辯，未知能挽回否云。坤。刪。

致江甯劉制台 光緒二十七年五月十四日申刻發

全權文電想已閲。四百萬抵欵一節，查前奉上諭飭各省於鹽務籌欵，尚未覆奏。竊思若南北各省一律每斤加價八文，合計可籌銀八百萬，川淮統加，銷數仍然如故。惟私梟必熾，應於此中劃留銀若干萬爲添營緝私之餉。除賠欵四百萬外，應奏請留爲彌補舊案洋債撥補無著之需，并作爲遵旨變通政治，開辦學校、兵農工商各項要政之用。沿江鹽釐本歸赫德稽查，以此作抵，可謂順理成章，自必無詞。惟賠欵須各省匀派，不可專派江、鄂，宜先向户部言明。尊見如何，或此外别有良策，均請速裁示。寒。

全權大臣致行在軍機處電 光緒二十七年五月十三日未刻到

蒸電悉。江、鄂所擬三十六年清還賠欵辦法，總算省息良多，惟最難在抵欵。德使等所擬之表，好在除一千八百萬外，以後遞加銀數，即用海關每年歸還，舊債所餘儘數付給，無庸另行指欵作抵，於我甚便。如江、鄂所擬前十四年每年多還四百萬，第十五年至三十五年每年多還四百五十四萬二千五百兩，此項照德表多還之數，不知應指何項抵欵。雖稱每年祇多四兆，有策可籌，即使我真能籌，彼未必肯信。且各國均謂抵欵必須有洋人經手，方能放心，故鹽課釐、常税皆請交税務司稽查。即就一千八百萬詳籌，已頗難於設法，是以俄、德、美、日本使有願將海關税由我收足，值百抽五，不算加税及煙酒免税等貨，可允徵税之議，冀連鹽欵、常税湊足十八兆。至貨釐、漕折、土藥税，各使不允作抵，難與再商。果能上下官民内外一心，如法人之還德欵，夫復何言。惟中國局勢太散，民生太苦。劉、張皆獨當一面，洞悉時艱，試問能如法人所為否。今不論日後籌欵之難易，且先計目前抵欵之有無。乞電詢江、鄂，將所擬二十四年中每年多還四兆，擬指何項的欵作抵，速行電覆，以便商議。再，各國訓條聞已到齊，皆稱德表可用。並聞。慶、李。文。

劉制台來電 光緒二十七年五月十六日未刻到

寒電悉。以新籌鹽欵作抵，冀可允許，自是不得已之策。惟鹽欵究能籌出若干，尚未辦定，外人視之仍是空欵，恐未必允。且原有鹽課釐及常税作抵後，各省驟短鉅欵，亦惟賴新籌鹽欵彌補，若再抵去，應用各欵從何羅掘，似不得不稍留餘也，轉不若仍以漕折商抵，分之各省較為省力也。全權電樞末數語，稱各國均以德表可用，蓋已胸有成見，故作此語以詰難江、鄂耳。此事恐終無濟，若樞無電來，似可聽之。坤。咸。

致江甯劉制台 光緒二十七年五月十七日未刻發

變法摺稿已擬就，共二十七條。文太長，分爲三摺。第一摺學堂科舉四條，第二摺整頓中法十二條，第三摺采用西法十一條。可分三日遞。今日專弁乘輪寄呈，祈詳酌改定。本月初已脱稿，此間因洋人應酬及散勇、隄工事，四月以來晝夜無暇，近始校定繕録，故致稽遲。餘續布。遇。

致江甯劉制台 光緒二十七年五月十七日申刻發

咸電悉。各省惟賴新籌鹽欵彌補，不可不留餘地，是極，佩極。惟全權辦法，中國多出二百餘兆，實屬受虧太鉅，江、鄂不覆，便爲被其難倒不能置詞。全權之意，不過因渠原議九萬萬，經德國挑破，江、鄂力阻，故必欲議給十萬有奇，以伸前説。不如仍指漕折，會電樞垣，令其商抵，聊盡我心。頃全權致樞咸電云，將來中國若能多籌，除議定應還之數外，隨時任便歸還，利隨本減，自可預先議訂，以爲後圖等語。果能預先如此議定，自屬差强人意，然既議定每年應還若干，中國斷斷不肯多籌，終是具文而已。故鄙意仍欲再電樞一争，儻全權仍執成見，只可聽之。尊意如何，祈速覆。全權咸電另電轉達。霰。

劉制台來電光緒二十七年五月十八日未刻到

霰電悉。尊意再電樞一争，盡此心力，甚是。惟樞府迄未電詢江、鄂，或因撤兵之期已屆，不願再行翻議。樞既不詢，我即不覆，尚不得謂之被其難住，仍祈裁酌辦理。至任便歸還，利隨本減一節，雖是先期，卻不可不留此活筆。請公擬電致樞電，令全權妥商載入約内為禱。坤。巧。

致江甯劉制台光緒二十七年五月二十一日子刻發

全權致樞電云：東三省俄隊，設專約早畫押，易商撤減。江、鄂督爲日本所愚，力阻畫押，今忽爲商撤俄隊之説，甚非情理。自停畫後，俄使除公會外，絶無往來，何從與商，即商必置不理。不料力阻畫押者，爲此謬論也。至索喀什噶爾之信，未知從何得來，此間毫無影響。慶、李。哿。等語。種種可怪，除另電外，特奉聞。號。

劉制台來電光緒二十七年五月二十二日巳刻到

號電悉。全權哿電實屬詫異。敝處日前電樞，請飭全權照會領袖公使商詢俄使，何時撤退東三省兵隊，係照日本外部前擬辦法。又以小田切電詢俄有無索喀什噶爾事，電詢樞垣，是否確實。不料全權竟有此電。夫東三省畫約，關繫全局安危，以約内奪我主權，是以各國譁然。歷次奏明有案，何得謂為日本所愚。此次賠還俄欵甚鉅，言明鐵路等項在内，既與公約内索賠，則東三省兵自應與京城聯軍一同撤退，方合情理。且係請照會領袖公使，並非專商俄使，堂堂正正，有何不可，何得謂之謬論。商而不允，再作計議，何得先不肯商。然則東三省地方將聽俄佔據，不復過問乎。鄙意將以此電樞，公願會銜否，祈速示。盼甚。坤。馬。

致江甯劉制台光緒二十七年五月二十一日亥刻發

拙擬變法摺片稿，計已到，想公已閲大概，如有與尊意不合者，望速電示，以便籌商。頃又繕稿一分，今日專差送呈，以備咨政務處之用。再，此摺未到行在之前，望飭文案各員慎勿傳播，内有關涉洋務事，傳播時字句須略加酌改，尚不甚多，止數字耳。至要至禱。箇。

致南昌李撫台、長沙俞撫台、江甯劉制台、上海盛大臣光緒二十七年五月二十二日亥刻發

盛大臣效電，萍鄉游勇用僞印，出僞示，欲焚毁鐵路機器馬頭。各處散勇紛紛赴萍，謡言與洋人爲難等語。查北方拳匪滋事，上累君國，下害黎庶，幾致不可收拾。今幸和議甫定，而萍鄉游勇竟敢效尤煽亂，實堪痛恨。此事前數日，英領事已來函詢問，今日德水師提督又面詢，若不及早將此股亂匪翦除，游民爲所煽

惑，內患立起，各國必藉端保護，外侮立至。務望勉帥、廣帥查照峴帥號電，迅派得力營勇馳赴該處，會同營縣，不分畛域，嚴拏首要，務獲懲辦，以免蔓延，至要至禱。禡。

致江甯劉制台光緒二十七年五月二十三日辰刻發

馬電悉。駁合肥語極當。樞箇電想已接到，江、鄂自應答覆，請即挈銜電樞，不必再商。漾。

劉制台來電光緒二十七年五月二十四日未刻到

頃電樞云：箇電悉。查改約中第四條，滿洲兵數及駐兵地方，仍須與俄商定。第五條，將軍辦事不合邦交，經俄聲訴，即須調離。第八條，東三省路鑛等項利益，非先與俄商明，不允讓與他國人。則是事事聽命於俄，自主之權盡失矣。至第十二條，俄幹路或枝路造一路至直隸、滿洲交界處之長城為止，其計甚毒，其事尤危。此約若行，則東三省地還猶未還，俄隊退猶不退。各國聞有此約，莫不譁然，競思效尤，一經畫押，即啟瓜分之漸，不僅失東三省也。江、鄂所以堅持，各疆吏、各駐使皆以為然者，誠不忍坐視祖宗發祥之地淪為異域，全國權利為各國分佔，非故與全權為難也。日本深慮脣亡齒寒，不得不與我合，而中俄强弱不敵，亦不能不引日本為援。全權始終為俄所愚，而謂江、鄂為日本所愚乎。此事以俄約是否有礙主權，不至效尤為斷。若有此二害，則力阻畫約，未為失計。全權於江、鄂似有意見，時艱至此，雖戮力效忠，猶慮不能補救，何可自相水火，置國事於不顧。此次賠欵，惟俄獨多，聲明東三省鐵路等費在內，既在公約內同索賠欵，自應與聯軍一同撤兵，且係請照會領袖公使，並非專商俄使，本係正辦，未為謬論。商而不允，再作計議。先不肯商，其謂之何。擬請仍電全權照會領袖，勿再偏執，至禱云。謹聞。坤。養。

致江甯劉制台光緒二十七年五月二十三日亥刻發

箇、漾兩電悉。官收洋藥一條，如慮價貴難銷，可改爲加價二成，試辦一年後再加，并改爲先與英國議定，包收兩年，假使半年後洋藥銷滯，儘可酌減，照現在價值出售，事甚活，便斷無賠折之理，更無慮洋欵難還矣。此條似必須有，不然恐人議我無籌欵之策也，祈酌裁。再，咨政務處摺稿，須點句，至要。漾。

劉制台來電光緒二十七年五月二十三日亥刻到

第三摺官收洋藥一條，誠籌集巨欵之策，但慮加價三成，洋藥過貴，民間改食土藥，則洋藥不能暢銷。官既借洋欵收買，又與英國商定歲收六萬石，設竟不能出售，洋欵到期難還，而英國歲售之六萬石接續而來，且有所窮，不可不慮。更恐土藥銷暢，多種罌粟，有礙農務。應如何酌量變通，抑暫從緩議，伏祈鴻裁速示，以便趕繕。坤。漾。

致江甯劉制台光緒二十七年五月二十四日丑刻發

頃政務處詢銀元或應鑄一兩重，或七錢二分。此事第三摺內已詳言之，自以七錢二分爲妥。鄙人前亦主重一兩之說，嗣詳察商情，知其難行。尊處如何電覆，祈示。梗。

劉制台來電光緒二十七年五月三十日午刻到

盛勘電似別有所見。政務處只詢輕重，自以先覆為是。頃會電政務處云：漾電悉。改鑄一兩重銀元，意在整齊適用，未嘗無見。第銀元之制，仿自外洋，重七錢二分，商民行用已久。兑换紋銀、制錢向有市價，不能照銀元分兩計值。即改鑄一兩重，亦難强商民作一兩紋銀使用，且轉移之權，視乎財力。中國財窘商弱，不能自為風氣，以後尤甚，若銀元輕重與洋元同，尚可依傍而行，儻改鑄一兩，商埠必不能行，内地亦因之阻滯，不能抵制，轉使洋元暢銷，獨擅其利。通盤籌畫，仍以七錢二分為便。坤一、之洞。豔云。坤。豔。

致巴黎裕欽差轉慶京卿[一] 光緒二十七年五月二十四日發

中國民教尋仇，皆由莠民假入教以欺人，匪徒造謡而滋事，遂致民教之安分者均受其害。若不消民教之畛域，泯夙昔之仇怨，彼此斷難相安，禍亂仍無了日。前數日特就愚慮所及，擬議章程十一條，電請各星使轉達各國，聊備采擇。藹翁在外多年，熟諳洋情，當有良策，務祈詳商教會中人訂立章程，以期民教永遠相安，中國幸甚，民教之良善安分者亦幸甚。敝處致裕星使真電，請朗翁録送台覽，祈裁酌速商，并探教會意見示覆。至禱。

致江甯劉制台 光緒二十七年五月二十六日丑刻發

養二電悉。去書吏條，鄙意生員充寫生之辦法，必宜説出改用士人之意方醒。書吏之多裁少裁，早裁遲裁，生員之多用少用，均可聽各省自行酌辦。至發給飯食津貼，擬改爲兩年，因吏係世業，有缺底，給三年進項，彼已不願，若再不給兩年進項，未免太苦。我等創議宜從其厚，若慮爲數太鉅，外省儘可酌量變通，將此兩年進項匀分數年發給。假如一年萬金，可分四五年給之。照匀給之法，則給三年進項，可匀分十年亦尚不難，似更妥善，請酌。至查委員辦稿，乃古人州郡有六曹掾屬。至一舉數善一段，務請勿删，蓋州郡用曹掾，謄録用生員，乃一古制，一今例，現成式樣，説出方有依據。又候補練公事、寒士開生計兩議，亦是實在，大有益處。且既改科舉，寒士必多鬱鬱，此條亦可稍爲安置，故此段不宜删也，請酌。鄙意大要，是生員充寫生，必須提明，資遣必宜厚，依據必應引出，候補寒士生計必應説到。至措詞應如何方周妥，辦法應如何方盡善，數目年限應如何詳酌，統請尊裁，總以本意透露而辦法靈活爲主。酌定即繕，不必再商。有。

致江甯劉制台 光緒二十七年五月二十六日未刻發

去書吏，去差役，乃政務處得意之筆。昨政務處咨鈔條議云，就天下所最疾者，先去一二事，即指此。第一摺由驛六百里，第二、第三摺雙差賫遞，均請酌辦，能於初一二日拜發尤佳。

致西安政務處 光緒二十七年五月三十日未刻發

漾電飭議銀元宜重若干，或一兩，或七錢二分。此事與江、粤電商，所見大同小異，容即詳晰電陳。此事關繫財政，尤要在

[一] 録自苑書義等主編《張之洞全集》第十册，第八六一〇頁，河北人民出版社一九九八年版。

抵制外國洋元，務望朝廷暫緩定議，俟江、鄂覆到並詳加諮訪，再請鈞核。有人謂外省願鑄七錢二分者，乃圖小元之利，以作外銷，實堪駭怪。若准外省鑄，即鑄一兩，亦須有五錢、二錢、一錢之小元，乃可有餘利。若不准外省鑄，即仍鑄七錢二分，亦無餘利。且盈餘仍是作公欵要需，絲毫不能入己，此與輕重分兩何涉。持此議者别有成見，當在鈞處朗鑒之中。總之，洞乃創造銀元之人，去年樞垣户部飭議，洞電覆又有鑄一兩最善之語，然今日不敢堅執重一兩者，自係體察華洋商民情形，深慨目前國勢艱難，故不得不慎重從事，以免政令阻礙，利歸外人。光緒十五年，洞在廣東奏開辦銀元摺内，即力言請户部購機鑄銀元，有案可查。現在覆奏變法，摺内亦請户部通行銀元。假如天下通用銀元，豈江、鄂、粤三局能供乎。洞專爲國家計，不惟無私見，並且無成見，敢請從長籌議，遲早不爭數日。切禱。卅。

致京李中堂 光緒二十七年六月初四日申刻發

勘電悉。催撥大差一欵，兩月來屢與司道籌商。鄂餉萬分支絀，關税不旺，近日又增代還直省洋欵及克薩息銀，羅掘無計。竊思回鑾要需，凡爲臣子者分應竭力籌措。謹率同湖北全省文職實缺司、道、府、廳、州、縣及候補有差各員，共捐銀十萬兩，以供回鑾道路要需，稍伸報效之忱，勿庸由直餉扣還。即日先匯銀三萬，其餘七萬仍分八月、十月兩期解清。支。

致西安樊雲門 光緒二十七年六月初七日巳刻發

江、鄂摺二十日内外可到齊。如蒙政府采擇，有決計願辦之事宜，在西安早爲舉行，不必待回京後，庶早慰海内海外望治之忱，且免到京後事多掣肘。尊意以爲如何，祈示。遇。

樊臬司來電 光緒二十七年六月初八日寅刻到

鈞疏魚到。四條擬即特旨頒行，決計興辦此事，獨恃函丈頻進嘉謨，但於慈意無迕，必當决行。銀元悉如鈞議矣。受業祥稟。遇。

致襄陽朱道台、襄陽營劉游擊水金 光緒二十七年六月二十二日未刻發

聞河南唐縣愚民，因查辦教案，輒起連莊會抗官。棗陽之石佛寺地方，近與接壤，民情强悍，近有毆逐縣差情事。若聞風效尤，必至别釀巨案。該道即飭襄防營劉游擊水金，親自帶勇一營，刻日開拔，馳赴棗陽屬之雙河鎮，擇地駐紮，勿稍延緩。有事聽地方官紳知會，立往彈壓，無事則約束訓練，勿令勇丁滋擾生事，至要。該道并迅飭棗陽縣知照。即電覆。養。

致長沙俞撫台 光緒二十七年六月二十二日未刻發

湘省勁字五營，現由山西撤隊回湘，未知行抵何處。聞將道出信陽。查信陽現正趕修鐵路，役夫雲集，沿途監工洋員、洋匠數十人，兵勇經過，易生事端。已發電託河南松中丞專馬探投該軍，飭令取道襄陽，由水路下駛，萬不可走信陽，免生枝節，并已飭襄陽縣預雇民船聽用。請閣下加電迅飭該軍遵辦，此時萬不可再與洋人生事。湘省勇營，鄂省地段更宜加慎，想蒙鑒及，切禱。養。

致西安鹿尚書光緒二十七年六月二十三日巳刻發

江、鄂覆奏變法三摺、一片計均到。有可采者否，諸公意若何，祈示。去書吏，簡文法，爲除弊求治之源，且事甚不難，刑部即皆司官辦稿。聞京城吏部仍袒蠹吏，不願去，近日吏、兵各部來文，已見端倪，惟望大力主持。再，兩江傳言，公謂上海各報詆誣盛德爲峴帥所使，此必無之事。各報蹤跡，鄙人深知，望公勿聽訛傳，仍聯舊好，共維大局。盼禱。漾。

劉制台來電光緒二十七年七月初一日戌刻到

敬電感悉。同莘按：敬電無稿。但得定興釋然，則告者過，聽者亦過矣。我輩以公義相取，如果因公起見，正不妨有異同，即使登之彈章，亦是愛人以德，不可以私意相傾，以私意相測也。敝處向不看報，一因語多不經，一因事煩無暇，己之毀譽聽之，人之毀譽亦聽之，鵲噪梟鳴，無足介懷。諺云，見怪不怪，其怪自敗。若以傳言為輕重，則彼恃為得計，筆歌墨舞矣，公謂然否。謹謝。坤。東。

致西安行在户部光緒二十七年六月二十六日丑刻發

篠電悉。與司局籌議，鄂省勇營向皆發銀，不發米，由各勇自購。若緑營兵米，則例放折色，每石銀七錢，蘇漕價重，勢難賤售，是鄂省無從搭放。若欲變價，只可令江蘇委員自行變賣。竊有管見，敢一陳之。查荆紫關已入豫境，老河口亦近豫邊，南米運至此兩處有三萬石之多，種種勞費，實非容易，半途中止，未免可惜。且天熱儲久，變價折耗太多。查豫省亦患災歉，不日聖駕經行豫省，扈從官員兵勇人役甚多，需食必亟，米價必貴，或仍令江蘇委員運至開封及洛陽兩處，費較省，到較速，即在汴洛兩處減價平糶，即米色稍遜亦能售出，既有益於蹕路，亦有濟於民生，雖不免於虧折，尚有取義。是否可行，姑備採擇。有。

致江甯劉制台光緒二十七年六月二十六日酉刻發

聞有旨調自强軍紮山東，歸袁訓練，調張春發軍紮江陰。此係何故，是否袁奏，祈示。宥。

致西安鹿尚書光緒二十七年七月初一日亥刻發

湖北鐵廠自光緒十六年二月開辦起，至二十二年四月改歸商辦止，全案報銷册分兩批咨部，均經接准部覆，無甚挑剔。惟查部文内開：該商局既一律接收，情願繳還官本，即令該商及承管之員開具接收各項清單，併取具按年照數歸還官本甘結，一併送部，再行核銷等因。當於上年七月將該商甘結，咨送户部，其時北氛正緊，未知曾否遞到。又於本年三月初十日另將甘結一分，咨送行在户部，計程必早遞到。竊念鐵廠交商，瞬越六年，報册到部已久，部中因無可挑駁，故以取該商甘結了案。今該商甘結兩次咨部有案，務望貴部於未經回鑾以前，迅速核覆，爲鄂省清此一累。至爲感禱。東。

致江甯劉制台光緒二十七年七月初三日午刻發

全權電奏云：頃俄派員來，稱昨晚接其外部覆電，先商三端：一、現奉旨有議論東三省之權。一、議定畫押之先，不得使他國人預知此事。一、兩國定約，均係甘心自願，所商量所答應之事，不聽他國指使。以上三條請辦一機密照會，然後開議等語。臣鴻章面告以此須請旨遵行，惟原約今昔情形稍異，如第八條賠兵費，九、十條鐵路賠欵，均應在各國公約賠欵數目之内。第四條禁軍火入滿洲，應照各國公約訂限兩年，均須酌量删改。東三省盜匪蔓延，應准添設兵隊，必須另議，該國不得以訂約在先，不准商改。彼允先覆格使知照。至前奉願電照會各國公議，謂可互相牽制。向例兩國議約，無轉商别國者，故冬春屢奉電諭，未敢照行，卒致英日勸阻，遂作罷論，俄人至今引爲恥辱。今日再議及此，必致永遠決裂。又咨電所陳公約大意，各使均以挑濬吴淞口、天津海河淤沙，爲和議大綱十一欵通商行船事宜最要之件，不得謂其不在原約之内。惟所擬挑濬吴淞章程，權歸衆商，實難照辦。若剔出另議，公約必不能成。傑彌遜前議開沙即可加税，薩使謂本無此意，傑言斷不可信。請代奏。奕劻、李鴻章。勘。等語。特飛布。合肥必不肯遵旨歸公議。日本外部又云，機會未到，令人急悶。竊謂此時宜先將此三端阻住，再圖挽救。即不能遽令退兵，總必不可令合肥與之開議。尊意如以爲然，請速發會銜電奏，須將日本内田所言決不令中國失機會，俄屢宣言回鑾後中國有力量彈壓地方，即可歸還三省等語叙入，並將近衛公信言東三省廣大富饒，開門通商雜居，歲入可數千萬各節，一併叙入。抑有何良策，均祈速示。講。

劉制台來電光緒二十七年七月初八日丑刻到

講電悉。合肥屢云俄事無可再商，何忽又有此舉。俄於停約後時歷數月，忽再提及，足見中有所忌，不能永踞東三省。且俄人曾言，以後不用此策，則此次舉動必有狡謀可知。此事曾與各國共商，若如三條不令他國人知之，他國何能默然，英、日尤甚，必致另生枝節。從來國勢不敵，不能不稍事遷就。然以外國制外國，乃我之利，何苦墮俄術中，干犯衆怒，自蹈危機。合肥意見極深，惟有奏請朝廷主持，另圖補救。祈公主稿，挈銜電發。再，甘心自願一條，直令中國認甘心讓地，將來若被他國詢及效尤，我直無辭以對，此層尤關緊要，必須道破。統惟裁酌。坤。支。

致江甯劉制台光緒二十七年七月初四日丑刻發

樞致全權電云：奉旨，勘電悉。據稱俄使須辦一機密照會三條，然後開議，細思實有難行。所謂兩國定約，均係甘心自願，所商量，所答應之事，不聽他國指使一節，是未經開議，先須立一甘心自願憑據，萬一有斷不能允之事，何以處之。即畫押之先，不得使他國人預知，我國自不以此事告知他國，然安能禁他國人不知。各國方揚言俄謂中國自願與之定約，如此是更予各國以口實矣。俄國方向各國宣言不佔中國土地，若惠顧舊好，能將前約改訂，我所甚感，惟必使不奪我兵權及地方自主之權，方爲妥協，自然甘心。至前約於東三省鐵路鑛産商務利益，有不得再允他國之語，此層尤爲棘手，各國所出而争論者，必即在此。若經應允俄國，則各國必將效尤，禍患之至，不可言矣。中國固不足以當俄，又豈能當各國。此中關繫緊要，該王大臣深爲朝廷倚賴，務須與俄使婉切商辦，妥定約章，使各國不致有詞，則俄國之保全中國者實大，不僅來電所指數條須有商改也。至挑濬海河淤沙，先時原未議，及今既謂在通商行船欵内，應即歸入商約，緩議辦理，仍早定公約爲要。欽此。樞。冬。等語。謹奉達。江。

致江甯劉制台、廣州陶制台光緒二十七年七月初九日子刻發

粤陽電悉。方帥謂政府既言廣額科舉，即無意更張一切，法皆難變等語。鄙見廣額尚無礙，但使朝廷肯照江楚會奏，撥科舉額爲學堂額，分科遞減，准將學堂所取之士作爲舉人、生員，則中額學額既多，分撥之額亦必多，是所廣之額，乃舊科舉與新學堂共之者也，十年以後，原額廣額全歸學堂矣。若朝廷不肯將學堂所取作舉人、生員，則與原額多少均無涉矣。此時廣額未見明文，無從争阻，或者政府有意開學堂，撥中額，而又慮舊日八股秀才、童生出路較隘，故以廣額調停之，亦未可定。總須俟准開學堂，分撥舊額之旨既下，方可相機陳奏。如學堂人才實多，屆時未嘗不可奏請多撥數名。凡事入門最難，入門以後再圖進步較易。此時似不宜操之過急，致頑固者憂懼護持。如兩公與政府通信通電時，能力勸設學堂，撥舊額，即大有裨益也。兩公卓見以爲何如，峴帥有何善策，并祈示。齊。

致西安行在軍機處發後轉劉制台　光緒二十七年七月十一日未刻發

吕使電：德主坐見，醇邸行三鞠躬禮，遞國書，致頌，參贊入見者，均叩首等語。萬望速電全權及我國駐使，切託英、美、日三國代爲調停，告以中國於懲罪賠欵，久已誠心謝過，兹特派親王出洋，本欲重修舊好。今德國於各項禮節不以通例相待，使中國臣民聞之均懷不平，恐於中外交誼有礙等語。各國若肯一言，或有益，即或德不聽，亦必無損，在我總不能不力言之耳。坤一、之洞。真。

致西安行在軍機處發後轉劉制台　光緒二十七年七月十三日發

德主接見醇邸等禮節，請旨電飭我駐英、美、日之羅使、伍使、李使，託其外部調停，由渠外部電知該三國駐德公使，或由該三國外部電知德外部婉商，須仗三國面子方能有益。且有電旨令商託三國，該三國外部庶肯出力。若僅吕使與争，恐難見聽。坤一、之洞叩。吻。

盛大臣來電光緒二十七年七月二十二日申刻到

吕使智電：跪拜禮屢與磋磨，迄未就範。聞德皇西九月六號出巡，過期即不接見，不勝焦急。今早又見外部司員克勒梅剴妥商，已奉德皇諭，跪拜禮允免，遞書時只帶廕昌一人，俱行鞠躬禮，餘均不見，仍請住皇宫。已電請醇邸，今夜啟節，明日兩點到柏林。先電聞。除電羅、伍、李三使外。宣懷轉。箇。

致江甯劉制台光緒二十七年七月十四日午刻發

元電悉。賠欵轉瞬即到，驟派籌措不及，必須趕籌新欵，極是焦急之甚，正擬奉商。鄙意政務處咨來條議，專指節省，以供賠欵，主意已經大誤。此時若請政府將指出集欵事宜先行飭辦，恐斟酌顧慮，遽難定議。擬即會銜電致政、樞，但極言欵鉅期緊，不足半年，必先趕籌，零星節省，萬萬無濟。擬請樞垣、户部，將此項新賠欵之數，除有專欵可指外，酌定每省分派若干，迅速電知各省，以便各籌切實辦法，迅即舉辦。俟有派數後，即趕將

籌欵之法電奏，辦法及説法方好斟酌。至籌欵濟急之法，反覆思之，丁捐既經全權駁阻，惟畝捐、房捐、鹽釐加價三項最有實際，而可得鉅欵。四川按糧捐輸已四十餘年，有案可援，非同加賦。畝捐擬按丁糧銀加捐五成，只完捐欵正項，其官吏盈餘，除火耗解費實用外，不准加收，每年可得銀一千萬，並聲明將來籌有新增的欵，即行停止。漕糧應否照捐，請酌。房捐理本應抽，田房同是産業，歲有租息，豈有田納租，房不納租之理。惟此項不能甚多，各省合計不過二三百萬。各省鹽釐一律加價四文，大約亦不過二三百萬。此外皆不能救急。至印花税，此電内斷不宜提，若提及此，部中將指此爲有著鉅欵，責令即日開辦，則畝捐、房捐等事皆將沾名不辦，是外省自窘之道也。只可先趕籌目前必得之欵，再催定議速辦印税。再若樞、部派出數目後，外省似宜寬籌若干，以備抵補撥補無著之數。俟覆奏籌欵大略時，一併聲明，此節亦甚要緊。略布管見，不能周詳，即請裁酌速示。俟大致商妥，即由尊處挈銜電致政、樞爲禱。其辦法應如何酌改及措詞詳略，統聽卓裁。頤。

劉制台來電光緒二十七年七月十七日子刻到

頤電悉，薹畫周詳，敬仰無似。惟茲事體大，允宜慎之又慎，謹體虛懷，再貢芻見。政務處注重節流，宗旨已誤。中國歲入八千萬，除還洋欵，所餘幾何，無論如何裁節，斷難湊足賠欵，況從前出入統計，本有不敷，尚待彌補耶。此意必須先為揭破，方可議籌新欵。酌派各省若干，自是正辦，但亦有難處。東南號稱財賦，今則有名無實，部中向不體諒，若遽行派數，勢必於東南各省為最多。即以江蘇論，奉部撥補各欵，大都積欠未解，自上年軍興後，辦防增兵，轉輸直陝，並為各省籌墊洋欵，各庫羅掘一空。此次以鹽欵抵償，兩淮為多，本省用欵無著，尚須籌補。若再奉派鉅欵，從何措集，勢必坐困貽誤。鄂省情形當亦略同。釐金抵債以來，辛苦艱難，唯江、鄂自喻耳。至籌欵之法，畝捐無異加賦，旋議及此，内間似不謂然。五成太重，亦恐民力難堪，轉礙農務。且創辦伊始，最宜慎重。本年水灾太廣，民困方深，若再驟增鉅捐，恐多窒礙，是非減輕不可。且既辦畝捐，不能再辦印税，似以畝捐併入印税為便，糧串之上加印税二成，錢漕一律，約可得四百萬。定價發貼，則官吏諸弊不禁自除。餘如田房税契，凡可作憑之件，概行印税，稍重無妨，約略計之，亦可得數百萬。此後漸推漸廣，較之畝捐，尚覺活潑坦易。川省成案，各省難以仿照，科則有異，時勢不同也。房捐、膏捐均可辦，兩項約有二三百萬，加以新增洋税，去千八百萬之數已不甚遠。如仍不足，益以京部裁節之項，計可敷用。八旗錢糧即不肯全裁，獨不可酌減乎。此是何時，而能效鼎盛之時辦法耶。其外省新籌鹽欵及裁省各項，只能留為外用。舉行新政，彌補舊虧，無一非欵不辦，此時遽難和盤托出，必須稍留餘地。卓見如以為然，祈電示，再行擬稿奉商。坤。咸。

致江甯劉制台光緒二十七年七月十六日午刻發

吴淞濬淤事，讀尊處致樞各電，佩甚。各國以此事爲大綱商務一條應有之義，則於公約載明淤塞必須我爲挑濬一語，便可畫押，不必多載章程，侵我主權。河爲中國之河，工費華欵居多，自應由我主持設局，由關道照會領事知照，斷不可並稟領事。局爲各國公共之局，則口岸便爲各國公共之口岸矣。去年天津滋事，其意殆欲將天津海口作爲公地，津淤歸各國設局挑濬，猶有可説。若南洋則保護安堵如常，並未滋事，今允其挑濬淞淤以便商務，彼應知感，何得再借公約，奪我主權。若照所擬辦法，以後事事援案干預矣。查蘇彝士河，係法商所挑，過往船隻亨其利益，即應輸費，何嘗干預法商之事。各國大橋多係商人公司集股建造，過往車馬行人輸費，豈人人得而干預公司事權，查其帳目乎。商人公司尚不能干其事權，國家自主之權，豈能藉端侵奪。若謂洋商略輸船鈔等費，領事便應過問，則我甯出全費，不失自主之權，俟河口挑通後，再行議及進出船隻以及行棧之受益者，應各輸費若干較妥。昨樞致全權鹽電云，奉旨，公約業已定議，即行畫押。欽此。尊處似宜速電全權，請其將中國認挑濬淞淤一語載入公約，以免各國藉口，躭延畫押，但萬勿將公共設局並稟領事各條載入，致失自主之權，至要。李相欲急了事，不耐磋磨，凡一切詳細章程，能不由李相定議方好。南洋挑淤章程必須抽出，由尊處在外另議，方能妥協，但不知趕得及否。敢獻管見，裁酌，祈示覆。諫。

劉制台來電光緒二十七年七月十八日午刻到

諫電悉。承指示，甚感。此事自英、德等領來言，即堅持權不能失，分別辦法，託為達意，並迭電全權。嗣德、日、美三使先後來電，愓以議和不成。再三勸允，皆婉辭剖覆，慮其援濬津淤辦法，並與分辯，上年保護安堵，此時不能礙我職分之事。嗣據滬道電，經法領告知，局管之地，南至製造局各支河，遠至二英里。法領事權亦為所侵，憤甚，已電政府、駐使。又經電告全權，請但允開淤，不便自棄主權。一面電羅、李、伍商外部，一面令滬道商法領，再電其政府相助，均尚無覆。茲又切電全權，一口如此，將來各口或藉端援效，勢必各口主權全失，請力為主持，祇允開濬淞淤，細章另議，萬不可照所送之章辦理。承注，奉覆。坤。洽。

致江甯劉制台、廣州陶制台光緒二十七年七月十八日亥刻發

行銀元明諭，報已見。若止粵、鄂兩省，所鑄有限，豈能暢行。鄙意擬奏請由江、粵、鄂三省分鑄，章程容再詳商，總須三省畫一。惟搭成一節，最爲大誤，如此則永不能通行矣。鑄本無出，亦是難事，祈酌覆。嘯戌。

劉制台來電光緒二十七年七月十九日酉刻到

嘯戌電悉。感極。甯局似尚有成效，欲奏請，仍舊多所窒礙。公肯仗義一言，為甯局吐氣，感佩曷可言喻。坤。皓。

致江甯劉制台光緒二十七年七月十八日亥刻發

咸電悉。從前用欵本須彌補，必先揭破方可議籌新欵，而新籌必須留爲行新政，補舊虧，自是一定辦法。至各省應攤賠欵，若不請部派，便須自認能籌若干，如粵認百萬，川認六七十萬，山東認五十萬之類。尊意江南擬認若干，祈示。鄂省民力已竭，籌餉之法已窮，撥補不敷，並新增用欵約百餘萬，此時實不敢認籌若干，並不能想到如何籌法。擬俟各省有奏明籌欵之法，當擇鄂省可仿照者仿行之耳。若不自認，仍須由部派矣。尊電宗旨尚

未能領會，請速擬電見示，方能獻其芻蕘。嘯西。

劉制台來電光緒二十七年七月二十日申刻到

嘯西電悉。各省艱窘相同，實不敢遽行認數。鄙意正慮部中驟派鉅款，無可羅掘，故請通行另籌新款。印税等事，非各省一律不可，故擬會奏，請飭通行照辦。前電所云畝捐併入印税，係令糧户領串後在串上加貼印花票，視所完銀數十分之二，如糧銀一兩，加費二錢之印花税，不必另派畝捐，而畝自在其内。尊意究竟如何，仍祈速示。大意未定，無從擬奏也。坤。效未。

致江甯劉制台光緒二十七年七月二十三日寅刻發

效、箇兩電悉。籌款事，各省不能一律。即如畝捐，廣東糧輕，既已奏明加倍捐，斷不必代爲請減。江蘇賦重，斷難多加，且原額本多二成，即是鉅款。湖北丁漕本少，十餘年來只收七成，若僅加二成，止得二十四五萬耳，徒蹴虚名而無益。鹽斤加價行銷湖北者，自應川、淮一律加抽，歸湖北用，特此豫爲聲明。江南所籌鹽款，若係加之於課，自與他省無涉，若加鹽釐，則鄂岸當歸鄂用，想尊指必以爲然也。鄙意湖北籌款惟有俟各省有奏准辦法，擇其與鄂省情形無窒礙者酌辦。此次催籌新款，電奏仍應速發，或泛舉各省電奏、摺奏籌款各辦法，請政府核定數條可行者，請旨電飭各省體察本省情形速辦，較爲圓活。望即擬稿速示，切禱。再，昨接陝信，據云政務處謂江、鄂會奏印税、郵局兩事，雖可籌款，緩不濟急，仍須籌速得鉅款等語。并聞。養。

劉制台來電光緒二十七年八月初七日子刻到

養電因病未克即答。籌款事，印税内間既以緩不濟急，此外可辦者亦惟房捐、膏捐，現飭籌議，尚未酌定辦法。至加鹽課、鹽釐，無論歸於何省，均屬以公濟公，本無彼此之分。惟一經議分，其中不無窒礙為難之處。蓋兩淮引地分隸四省，若鄂岸加釐歸鄂，則其餘三省亦必援照辦理。鄙意欲將新加課釐，奏請悉作還債之用，原有之款請勿再撥，俾免紛更，以致要需無著，必如此辦理，較為公普。雖不議分，實於各省均有裨益。擬即先行電奏。坤。語。

致西安行在軍機處、户部光緒二十七年七月三十日午刻發

奉三月咸旨，令江、鄂及各省籌定賠款等因。查今日鉅款難籌，各省皆同，湖北尤甚。自鹽釐抵債，撥補無著者約四十萬。近年新增加撥，無款應付者又約四十萬。數年來極力就地籌款彌補，所得有限，不敷尚鉅。至本省去年辦防增添之款，以後必應舉辦自强要政之款，尚不在内。數月來屢次電致各省詢商，多未籌定，間有已籌定者，情形與湖北亦多不同。疊令僚屬籌議，率皆窘於羅掘，迄無定論，亦無良策，雖力求裁節，爲數無多，無濟於事。竊思此項賠款數鉅期緊，聞明年正月初即須還款，自惟有各省竭力分認。應請鈞處酌核，將每年賠款總數除去指定已有之款抵還若干萬外，擬攤派各省籌還者共若干萬，何省擬派籌若干萬，將此數迅賜電知。但求分派之數各省一視同仁，各量其力，不至鄂省獨形偏枯，必當與鄂撫司道公同計畫，竭力趕籌，免致延誤。至明年正月何日還起，每年何月分幾批歸還，并祈電示。至各省籌款之法，鈞處如有已經核定准行者，尤望摘示數條，俾

得就鄂省情形斟酌仿辦，尤爲感幸，務懇迅賜電示。卅。

行在户部來電光緒二十七年八月初八日午刻到

卅電悉。新定賠欵本息，前據全權電，由西歷明年正月初一即華冬月二十二日起照付。現又需歸還本息，係一年為期，息須半年一次付給，非按月攤還。另有自本年五月起，六箇月利銀九兆，分三年勻攤付給，届時仍須照四釐，息上加息，分六箇月一付等因。各省籌欵之法，有房捐、畝捐、加收土貨土藥税釐、菸酒税、田房税契、鹽斤加價，裁提驛站公用、緑營兵弁防營支欵各項經費，希就鄂省情形斟酌妥辦。前三年還欵每年約二千二百萬，本部指定之欵若干，各省分攤之數若干，俟具奏後電知。行在户。虞。

致長沙俞撫台光緒二十七年七月三十日亥刻發

黄忠浩威字旗勇，自上年七月湘省停餉後，由鄂發餉，瞬已逾年。因湘楚一家，無分畛域，故飭該營大隊屯紮岳州，以固兩省門户，所費甚鉅。現奉旨裁營節餉，查該營彈壓緝捕甚爲得力，鄙意擬將該勇酌量裁減，留七百五十人，分爲三底營，每一底營二百五十名，此係鄂省通行營制。鄂省留一底營，鄂發餉，其餘兩底營如湘省能留，即由湘省發餉。三底營均仍紮岳州，兩省均有裨益，如湘省不願留用，亦聽尊裁。特奉商，祈電示，以便札行。卅。

致江甯劉制台光緒二十七年八月初二日丑刻發

公約已畫，英人不交還天津，明係因俄約效尤。合肥堅執不肯宣告各國開門通商，又不請各國公斷，恐永踞之勢已成，效尤之事踵至矣。擬即日具摺瀝奏，力言除開門通商，萬無存遼之法。將日本近衛公寄來書函條議所論東三省開門通商辦法，一併照録進呈，以備朝廷采擇。摺内聲明儘可節取其意，而不必盡襲其名。擬會台銜具奏，尊意如何，祈速電示。董。

致江甯劉制台光緒二十七年八月初三日巳刻發

據京函言，英人於六月杪照會全權，言長江通商口岸，至四川重慶止，均由彼駐兵防衛。又照會問東三省俄約是否另議，或仍前説，作何歸束，所得利益各國是否均霑，約期索覆等語。此事顯係效尤，可駭已極，想尊處已早有聞。近曾接外部徐進齋侍郎信否，曾叙及此事否。鄙意擬會尊銜，據所聞電奏，請飭全權據實電覆。祈速裁酌電示。再，進呈近衛公函議奏稿，昨已交郵政寄呈，明日可入覽，公或會銜或否，請閲奏稿後速電示。摺已繕就，俟尊電即發。江。

劉制台來電光緒二十七年八月初七日子刻到

東三省事，前得董電，當復請挈銜會奏。頃奉函摺，感佩至不可言。如尚未發遞，即請速發。坤。魚。

致西安梁星海太史〔一〕光緒二十七年八月初四日辰刻發

初二恩旨恭悉，大喜，欣賀。外官辦事有實際，勝於詞曹，

〔一〕即梁鼎芬。

遷轉亦速，此朝廷任用意。來鄂相助，尤愜所願。召對有要義，祈示。性理九通，全是假門面，四書朱注，豈不能包括性理九通。卒業須十年，能設法勸阻方妙。支。

致江甯劉制台、成都奎制台光緒二十七年八月初六日亥刻發

准欒帥咨，以奉旨飭籌鹽務加釐加課一節，必須各省鹽斤一律加價，方免彼輕此重等因，自是一定辦法。鄂省有鹽釐無鹽課，現擬凡行鄂岸之鹽，川、淮統加捐四文。江省、川省如何辦法，請兩帥裁酌電示。至盼。語。

致江甯劉制台、廣州陶制台光緒二十七年八月初七日申刻發

軍機處來電云，歌電已進呈。銀元一事，江、鄂、粵三局並造辦法極是。即照所擬與江粵詳細籌商會奏，請旨遵辦。樞。陽。等語。特轉達。陽。

致成都奎制台光緒二十七年八月初八日巳刻發

峴帥語電，擬將現擬川、淮鹽加釐四文，及南北各省加釐，統歸大賠欵用，不令湖北留用。此事萬難照辦，特此奉達，預先聲明。此項加抽，係紳民公呈捐作本省練兵興學之用，名捐不名釐。至賠欵，俟户部派出後，鄂省應攤若干，必當設法另籌。各省情形不同，只以籌出部派之數爲度。至如何籌法，恐難一律。鹽務各欵已經洋人指定作抵，若加釐，又指定全歸賠欵，則各省鹽務皆入洋人網羅矣。鄙人不無過慮，并以附陳，祈察酌。庚。

致江甯劉制台光緒二十七年八月初八日巳刻發

語、遇兩電悉。鹽釐與鹽課有別，鹽課者産鹽省分自有之利權，鹽釐者銷鹽省分自有之利權。鹽釐即釐金之一端，加釐者即係派本省民人普捐。數十年來鹽釐皆歸銷鹽省分充餉，向不歸産鹽省分用，淮、川、粵、蘆、東、潞、蒙、浙皆同。故諭旨課、釐兩項並提，各省並問。如各省鹽斤加釐統歸賠欵，不得自用，則各省無籌餉大宗矣。即云奏明原有之欵請勿再提，户部之事，殊難逆料。查淮鹽分銷江甯、皖、西、鄂、湘五省，甯屬淮鹽，蘇屬浙鹽，其鹽釐本歸江省自用。此外加釐雖歸各省用，其課捐雜項仍歸江省自用。計淮鹽一引，應繳課捐雜項及釐金共約七兩。鄂岸約銷十二三萬引，每斤加釐二文，止得十萬金有零，每引止得錢一串餘，合銀約八錢。若四文則加倍。加釐雖歸鄂用，爲數無多，並未侵及兩淮課捐雜項各欵也。其加釐取於淮者十之四，取於川者十之六。江南課捐等項及江省銷鹽地方，如能籌增，較鄂省所得可多數倍，自全是江省自用之欵矣。蓋課、釐本非一事，如湖北、湖南、河南、陝西、廣西、貴州等省，並不産鹽，勢不能不指鹽釐爲籌欵之道。且湖北各種土産俱少，向來專恃貨釐、鹽釐濟餉，其抽法、用法只可就本省體察消息，總令川、淮一律加抽，即是至公至平辦法。尊意欲令加釐統歸大賠欵，固是統籌全局，欲集巨數之盛意，且代各省籌欵之要策。但各省辦事之法不同，湖北所擬加抽鹽釐係專供練兵、興學兩大事之用，並非爲賠欵而設。緣此兩大事斷不可緩，而所費又甚鉅，部中斷斷不管，

惟有此欵平允易行，故擬奏定專作練兵興學之用。至賠欵則專候户部派出鄂省應籌數目後，再就本省情形設法議籌，總以不誤爲度。蓋就習見易籌者，先奏定作本省要需，而以創辦難籌者供部派賠欵，或可望官民共諒，勉力措辦，不然，凡此類各項有著之錢全歸大賠欵包掃提去，則本省要政無一能辦，撥補無著之欵無從彌補，便成死症矣。此乃因鄂省地陋財艱，不得已之苦衷也。江南地大物博，蓋謀閎遠，籌欵固不至無策。然當此國勢微弱，既爲將來辦事自强計，似亦不能不稍留餘地。蓋户部性情，報明候撥則甚易，請其免提則甚難，其先難允，其後必變。若零星湊集之欵先供賠欵之用，再籌本省辦要事、抵撥補之欵恐難允矣。竊謂各省籌欵情形不同，萬不宜懸一格以繩各省，即如四川，去冬一言而辦按糧捐輸一百三十萬，他省能乎。廣東畝捐按糧倍收，他省能乎。山東一奏而提州縣盈餘五十萬，他省能乎。至印花税，大局未議定，票捐恐未肯遽行，況粵、川已辦畝捐、糧捐，必不能再辦票捐。他省丁漕少止加二成亦無大益，房捐、膏捐除江、粵外，他省亦微。此皆各省不能一律之故也。若爲各省代謀，必多窒礙，各省亦必不願。且原有鹽務各欵已經洋人指定作抵，若加釐又指定專供賠欵，是鹽欵無論鉅細，皆歸洋人網羅矣。即如前年湖北加抽川、淮二文以作練兵新餉，係專設一局，另派委員抽收，名曰抽捐練兵新餉局。名捐不名釐，不歸宜昌川鹽局道員管，即是防外人竭澤而漁。今擬加抽四文，係據紳民公呈，聲明闔省所捐以供本省興學、練兵、造人才、衛地方之用，不與賠欵相涉。此係實情，且杜外人干預也。鹽斤加釐統歸賠欵一節，務請熟思，萬勿電奏，至感。若已奏，祈將原電速録示。虞。

致西安戴少懷侍郎[一] 光緒二十七年八月初九日亥刻發

星海意頗鬱鬱，不欲來鄂，已疊電勸之，到後必有重任相待。一切世俗儀節皆可變通，斷不敢屈抑高賢，望公力勸。總以朝命爲重，勿爲讒人藉口，至禱。盼示覆。佳。

致江甯劉制台 光緒二十七年八月十三日亥刻發

虞電計早達。鹽斤加釐，尊意擬奏請悉作還債之用，不必議分一節，是否已經電奏，祈速示。如已奏，望將原稿電示。元電承存注，感謝。賤恙大致已愈，步履尚喫力。尊體想不日即可康復矣，念甚。元。

劉制台來電 光緒二十七年八月十五日子刻到

虞電悉，當商運司。昨據電覆，以新加課釐均淮商認加，非取於行鹽各省之百姓，似非銷鹽省分自有之利權。兩淮原有課釐，全抵外債，專恃新欵湊撥急餉。若鄂釐歸鄂，湘、西、皖援請，兩淮餉無所出，想蒙鑒及。練兵、興學，鄂誠需欵，祇可請鄂另開利源。查所電自係實情，萬懇我公鑒念兩淮同一枯窘。釐係商認，與行鹽省分無涉，免歸鄂用，無任感禱。前接公電，尚未電奏。坤。願。

致江甯劉制台 光緒二十七年八月十七日戌刻發

屢電悉。昨晤督銷沈道詳談，公似未喻鄙意也。敝處所擬加

[一] 即刑部侍郎戴鴻慈。

價四文，乃湖北自奏自辦，如從前江防練餉成案，與兩淮運司所收課釐無涉。淮商加釐，乃兩淮鹽院主政，湖北豈敢與聞。鄂加四文，川、淮一律，歸鄂自用。至江省加釐如何辦法，應聽尊裁。如鄂加而江亦加，不過鄂民食貴鹽耳，故前電云即如派民間普捐也。公豈不願恤商，鄙人豈不願恤民，時勢所迫，浩歎而已。昨已略告沈道。另有要語，係爲江楚大局，公同籌計，亦告沈轉達矣。祈裁示。洽。

致江甯劉制台 光緒二十七年八月二十日丑刻發

前聞公請繆筱珊太史編纂小學堂教科書，鄙人亦面託此事，極好。待用甚急，望敦促之，囑其兩三箇月編成爲要，編成後尚須覆訂詳酌。此席作爲江楚公請，脩金各半，分送脩數若干，祈酌定。效亥。

致荆州濟將軍 光緒二十七年八月二十日丑刻發

電悉。弟等請赴汴迎鑾，均奉旨毋庸前來。擬差弁至汴請安，賀慈聖萬壽。洞、方同覆。效。

致西安樊臬台 光緒二十七年八月二十二日巳刻發

足下力主裁吏裁役兩事，誠爲今日第一善政。乃聞京城仍被書吏把持，外省仍多觀望，無識京、外官多有謬論阻撓，令人憤歎。足下久官州縣，僕爲疆吏十數年，所到各省，實不知書吏差役有何難裁之故，豈有督撫、州縣皆曰可裁而不能裁者乎。至部吏徒爲巨蠹，並無一長，此等尋常中國吏治事尚不能辦，安望變

法自强乎。望足下一律堅持，力言於政府，趁日内再請一嚴旨，責成京、外，期於必裁，限期覆奏，自然奉行。此足下挽回世運之真經濟，造福蒼生之大功德也。啟鑾期近，足下隨扈至潼關否。速示覆。養。

致上海盛大臣[一] 光緒二十七年八月二十三日發

效旨、號電均讀。長才熟手，定能裨益大局。愚意如有一得，當奉陳備采。

致上海盛大臣 光緒二十七年八月二十七日未刻發

比國人在漢口日本租界下購地一片，屢請作爲租界。惟查閲送來地圖，有鐵路綫一道，横穿其地。查漢口各國租界毗連，均視得近鐵路爲格外利益，今鐵路直穿比人地段，各國定必譁然。況英領事曾云，爲中國計，鐵路所經及兩旁之地，亦必須全歸中國自主，則有事時鐵路之權方能全操自我等語，所言亦甚有理。務望查明鐵路將來經過何處，詳晰示覆，以便斟酌。如實係經過比人所購之地，能改道否。如必不能改，則比人之地斷不能作爲租界也。沁。

致成都奎制台 光緒二十七年八月二十七日未刻發

昨據英領事照會，奉駐京大臣札，英商立德因擬在川河行駛

[一] 録自盛宣懷《愚齋存稿》卷五十六，第十七頁，武進盛氏思補樓一九三九年刊本。

輪船，屬該行買辦於沿江應備煤之處購買地基。現已在四川涪州荔枝園、萬縣高廟子、夔州西坪、巫山縣西門外正街、湖北歸州洩灘名柳樹灣、巴東廖家碼頭、歸州青灘岩坎，共計七處囤煤之地，經買辦出面購妥，請地方官駐册，並將買辦所購之契蓋印等情。查條約，非通商口岸，無准洋商置買地基産業之條。今該商雖以買辦出面，實與洋商自購無異，一經允准，流弊滋多。況輪船既可上煤，即可搭客載貨，日久漸成口岸。以一商人爲開七處口岸，此端萬不可開，當以有違條約照覆，並嚴飭各屬萬勿稅契。儻英領事照會尊處，務祈堅拒，並嚴飭各屬一體勿爲稅契，爲禱。再，敝處照覆後，英領事即來見，面爲辯論，意甚堅執，敝處當以恐各國效尤拒之。然彼似尚未滿意，恐必再瀆，須籌一轉圜之法方妥。鄙意擬在沿江七處，由官開設囤煤之廠，或招商承辦，言明任便各國輪船一體購用，洋輪止准上煤，不得上下搭客，起卸貨物。未審尊意以爲何如，抑另有妥善之策，祈速電覆。感。

奎制台來電光緒二十七年九月初二日酉刻到

感電悉。英商欲在川河購地囤煤，備輪船之用，即係上年十月間德商瑞記請於宜渝十一處停輪搭客，上下貨物故智，當以非約章所有，電商尊處。旋因輪船沉没，事遂寢。前次英商立德樂行輪川江時，原無此請，想亦礙於條約，今乃別立名目，掩其狡謀。尊電謂流弊滋多，卓見甚佩。已飛飭夔、涪各屬密加查察，不為稅契，俟有照會，按約堅拒，務乞尊處併力維持。俊。豔。

致江甯劉制台光緒二十七年九月二十一日巳刻發

廷旨令今年務裁綠營二三成。江楚原奏擬分二十年裁汰，今擬欽遵，酌中辦理，以應朝命。岳、漢兩鎮長江水師，擬自明年正月起裁減一成，發給恩餉一年。其造船經費亦減一成，官弁不減。湖北、湖南兩省綠營，除鎮筸、綏靖兩鎮不減外，無論練軍及原營兵，亦自明年正月起均再裁減一成，官弁不減，但飭藩司將綠營、練營應發餉銀、餉錢、餉米、馬乾，鹽道將水師應發餉銀、船廠經費，均扣減一成不發。其應減兵丁何人，聽各該營自行酌辦。此係今年辦法。其長江水師與綠營稍有不同，應俟明年再行體察奏商。至綠營、練軍、原營兵，必須漸次裁汰，或仍作二十年，或改爲十五年，俟明春再詳酌。卓見如何，祈示覆。箇。

劉制台來電光緒二十七年九月二十三日丑刻到

箇電悉。長江水師再裁一成，恐運掉不靈，多所窒礙。應請再與程軍門商之。綠營裁一成似尚無礙，然亦祇能再裁一次。若兵全裁，而官仍舊，官並不轄一兵，殊不成事。此間練軍改為巡警，擬不裁減，其餘各標兵分行飭議覆到再酌定奏聞。坤。養。

致清江張漕台光緒二十七年九月二十六日戌刻發

現辦折漕，部章係如何辦法，係由何處收買，如何運京，每年實可省銀若干萬，祈速示覆。感禱。宥。

致洛陽行在軍機處光緒二十七年九月二十七日戌刻發

昨德公使穆默自京來鄂密談，詢回鑾事在中途有無更改。洞答云必回鑾。穆云，聞將令各國減留在直隸之兵方肯回京，此說各國必不允。如回京後中國有好兵，其兵力能彈壓地方，拳匪不再作，中外和洽，以彼私意揣度，將來當可漸減。洞問能減若干。穆云，留直兵一萬二千人，當可減半。穆又云，李相病頗重，知否。洞答云已知。穆語甚多，其大意無非言我有精兵，自可減兵，願袁撫到直隸而已。洞按今年以來，所見各國提督、領事大意，皆盼袁撫爲北洋大臣，衆口一詞，不僅穆一人也。穆又云，假如袁調直隸，山東事有妥人接手否。洞答云，不能臆揣，但山東海面向歸北洋，山東事朝廷亦可令袁遥爲兼顧照料。穆欣然首肯。洞又云，我等今日只係閒談。總之各國留兵多少，撤兵遲速，專看我之兵力。事關大局，洞既有所聞，不敢不以密聞。再，頃得京電，李相病篤，此席必須速爲籌備。以上各節，鈞處應否奏聞之處，謹請酌裁。感。

致荆州濮道台 光緒二十七年九月二十九日午刻發

外務部來電：荆州工關徵税一事，札據總税務司覆稱，前奉全權大臣札，口岸各土税本應專指海關監督兼管之常税，因以償欵爲重，即各該口岸别衙門應徵之税，亦可允歸税務司徵收等語。荆州工關專收木税，與他處口岸土税無異，若未與各國商定，將此關剔出，似仍應交税務司經理。已飭該關税務司就近查明呈報等因。希飭遵。勘。等語。特電知。儉。

致清江新授東撫張撫台〔一〕 光緒二十七年九月二十九日午刻發

勘電悉。米折百萬，此外尚應運米若干萬，所省運費等銀百餘萬兩，是否全數解部。竊謂江浙采買，似不如徑由京城招商購運之簡便，即在京倉收買，可省招商局及挖河、放閘、盤壩、剥船、倉場之種種糜費，米亦必乾潔，所省可至二百餘萬。妄言備采，卓見以爲如何。祈示。豔。

張漕台來電 光緒二十七年十月初一日丑刻到

省銀百餘萬，係約計折放百萬而言，此外仍應遵旨折銀，並不運米。惟請酌留節省之銀，秋冬間陸續購米五十萬石，附商局輪船運倉，不全解部，俟倉存至二百萬，則本折兼收，騰出漕價，按年購運，便將節省銀全作他用。敝處原奏如此，容鈔咨奉覽。駿。卅。

致上海羅叔芸〔二〕 光緒二十七年九月三十日辰刻發

閲閣下致荃台信，知欲辭農席，此萬萬不可。但農非旦夕事，今尤有重要者仗大力。連日與仲弢、念劬談編教科書，此教育根基，關係極重，著手極難，非親往日本以目擊爲考定不可，似非專恃購來圖書所能模仿。鄙人極注重于此，欲請閣下主持，率四五人如陳士可等，即日東渡，竭數月之力，見實事，問通人，創立稿本，回鄂後，鄙人再以全力速編成書，則期速而書適用。聞江南亦奉邀商酌此事，亟盼電覆。卅。

〔一〕指山東巡撫張人駿。
〔二〕即羅振玉，曾在上海主辦《農學報》，後應張之洞之請，任湖北農務學堂監督。

致江甯劉制台光緒二十七年九月三十日午刻發

擬會銜電軍機處、政務處云云。如尊意以爲然，請酌量改定，即由甯發。如尊見不同，亦請速覆，當由鄂奏。卅。

劉制台來電光緒二十七年十月初一日酉刻到

卅電會奏學校事，極佩。頃已電發，未易一字。坤。東。

致江甯劉制台光緒二十七年十月初二日丑刻發

接汴電，聞將派仁和與慶邸先回京察看情形，俟覆奏再定回鑾日期等語。尊處當亦有所聞，望確考詳示。先。

致江甯劉制台、濟南新授直隸督院袁制台，廣州陶制台、德撫台，福州許制台、成都奎制台，雲南魏制台、李撫台，安慶王撫台、南昌李撫台、蘇州聶撫台、清江新授山東撫院張漕台、太原岑撫台、桂林丁撫台、貴陽鄧撫台、長沙俞撫台、上海盛大臣、杭州任撫台[一]光緒二十七年十月初二日酉刻發

謹擬會各省銜電奏。曰：各省分派賠欵，爲數過鉅，籌措萬難。方今民生困窮，商業彫敝，經去年之變，各省商民元氣大傷，種種籌欵之法，歷年皆經辦過，久已竭澤而漁，若再痛加搜括，民力既不能堪，賠欵仍必貽誤。且沿江沿海五省鹽釐、貨釐久已抵還舊案洋債，撥補大半無著，近年加撥各欵多係有名無實，無法籌解。而自去年以來，南北各省鬧教賠欵，多者二三百萬，少者數十萬。即不鬧教省分，攤派直隸教案賠欵，亦二三十萬至十數萬，此又出於各項餉需之外。民怨已深，正苦無從設法。自新案大賠欵經全權定議後，數月以來，屢與司道各局籌商，無不焦思束手，雖勉强蒐羅，斷難如數。且即所擬議奏明籌捐加收之數，將來亦恐難收足，實無把握。間有議加貨釐者，乃是無聊之極思，竊恐驅魚驅爵，徒歸洋旗，子口收數，轉不能多。若按糧捐輸，少則無益，多則必然扞格。房捐爲數有限。此外各種籌欵之法，無一易辦者。總之，無論如何籌加籌捐，無非取之於民。當此時勢，民心爲國家第一根本，以民窮財盡之時，儻再儘力搜括追呼，以供外國賠欵，必然内怨朝政，外憤洋人，爲患不堪設想。否則商挂洋旗，民入教堂，國勢何由固結。某等渥受厚恩，分膺疆寄，若因籌賠欵之故以致稍生事端，罪戾滋重。若百事俱廢，專湊賠欵，將興學、練兵、農工商務一切養民、治民、衛民之自强要政，概行閣置不辦，則民心日涣，士心日離，國勢日微，外侮日甚，内亂將作，大局亦必難支。惟賠欵豈能失信，竊擬一稍紓民力之法。蓋各省賠欵數鉅，籌足固難，而尤以明年上半年一期爲更難籌欵，甫經試辦，尚無端緒，期限已迫，必然貽誤。查十月初一起，現辦洋税加足值百抽五一條，據上年二月赫德條議，每年可增加三百萬。向來免税洋貨亦按抽五納税一條，據上年二月盛宣懷條議，每年可增加一百萬。常關歸税司代收一條，據德國穆使

[一] 指浙江巡撫任道鎔。

自天津來與之洞面言，津海一關每年可多收三十萬。準此類推，除粤海關外，各海關監督兼管之常關，税司代收，每年必可多收一百五六十萬，有盈無絀。現在飭辦折漕一事，電詢漕督張，覆稱每年可省百餘萬。四項合計，已有六百六十萬。又查張春發、陳澤霖兩軍，去秋裁汰八營外，每年可節省銀二十八萬，董軍餘衆無多，已歸他人接統，每年可節省銀四十餘萬。六項增收欵及裁省欵併計，共得銀七百三十萬。就每年賠欵一千八百萬之數核計，正得四成之數，尚多十萬。伏思洋貨加足抽五，免税之貨完税，常關税歸司兼辦，全漕改折四欵，乃各國公使所指定者，本議明專爲賠欵而設。擬籲懇聖恩，俯念民生困苦，鉅欵難籌，准將各省賠欵減免四成，即將上項所指加增裁省之欵湊足，各省上半年止解一成，下半年解五成，以紓民力，而免貽誤。止減剩六成，自必如期籌解，不敢延欠。惟所指抵湊四成之欵，必須明年十一月方能收齊，而明年上半年五月還期，萬不能緩。擬請敕下户部、盛宣懷及上海道，向外國銀行如匯豐、德華之類，商借七百二十萬，約定明年五月半交銀，一年歸還，酌給利息，能止借八箇月尤善。國家止借此數，並不爲難，年限既少，即利息稍重亦屬有限。俟明年十二月間，核計所指增收裁省各欵實得若干，如足敷四成及息銀，即請於光緒二十九年起，令各省以後即照此六成之數籌解。如洋、常兩税於抵足四成外，能再多收一成一百八十萬，各省即再減一成，能再多收半成，即再減半成。如尚不敷四成及息銀，則請由各省照數分攤，解部補還，限後年二月解足。蓋減少四成，薄海商民固感朝廷寬卹之恩，且展至下半年始解鉅欵，亦可從容妥籌，免致操切生事。此外，西北各省尤爲瘠苦，情形亦必相同。某等爲仰體皇仁，紓民力、固邦基起見，不得已勉籌此策。仰懇聖裁施行，不勝惶迫待命之至。請代奏。某某某等同叩。等語。鄂省端中丞意見相同，願列銜。請峴帥裁酌改定，會各省銜由甯發。各省各帥有願列銜者，請速分電江、鄂兩處，務於三日内電覆。各帥當有卓見，杏翁必更有良策，亦望電示。沃。

劉制台來電并致各省 光緒二十七年十月初五日午刻到

香帥沃電悉。賠欵數鉅期迫，各省皆力不能勝，香帥全局統籌，苦心經畫，而尤以紓民力，固國本為主，欽佩曷可言喻。惟事關會奏，考核不厭精詳。查洋税加足值百抽五，上年仲帥、杏翁在京議加税時，赫德即稱照值抽税，每年可增三百萬以内。此次總税司所呈賠欵節略又云，新税撥二三百萬，凡約計之欵，總宜從少，庶免臨時不足，此次似只能作二百萬核算。户部派欵，原奏本聲明加税專為賠欵，各省攤數尚可酌減等語。在户部因加税未見確數，不敢遽作的欵，然既有歷年税數可稽，各省現難籌足派欵，即不能不預計加税之項，俾各稍紓喘息，似亦應酌量叙明。又，免税之貨抽税，按賀璧理節略，照廿四年進口洋商自用免税各物，共值六百五十萬兩，值百抽五，僅有三十二萬五千兩，似無百萬之多。又常關歸税司代收，穆使謂津關可得三十萬。津關情形不同他關，斷難比擬。且各常關本有酌提盈餘為公用之項，如學堂經費等類，皆係要政，將來仍須照案提出，不能作為增收税欵。且距商埠五十里外子口，仍歸監督，則洋員代收者較少，每年究能增收若干，實無把握。總税司節略初謂常關撥四五百萬，乃是歆動當局為攬權之計，繼又謂所指四五百萬，必俟試辦後方知，若有不敷，另籌他欵補足，其前説之不足信，亦可見矣。又折漕歲省百餘萬，是否指節省運費，若全指運費，南漕雖經改折，京倉仍須用米，如以南省購米，原價解京，另購北方米，價較貴，恐不敷用，必以節省之費貼補購米之價，則所省不及百餘萬矣。以上四項似須考究確數，方可核計請減幾成。至張、陳兩軍節餉，現因撥補之欵解不足數，擬請自行留用，萬望勿列入奏内。又董軍節餉是否確有四十餘萬，香帥必有所據。統借洋欵須有抵項，擬以何件作抵，亦應預為計及。竊以此事即幸遽允准，減去派欵幾成，所餘幾成仍須出自民間，如房捐等事，斷難不辦，似須參用輕筆較為靈活。統祈香帥卓裁，并請各帥指示。坤。豪。

致成都奎制台光緒二十七年十月初三日寅刻發

漾電悉。湖北水陸各關局，土税、土釐只加二成，已具奏。税增本重，則商稀課減，自是正理，鄂人斷不欲重困川商。今日籌餉萬難，實非得已，故較三成減去一成。至川省爲産土之區，非銷土之區，若爲恤農民、暢土貨計，則加抽與否及加抽若干，均在台端權衡斟酌耳。蕭。

致荊州濮道台、宜昌土税局劉道台光緒二十七年十月初三日寅刻發

部文土税加三成，今湖北關局土税、土釐均只加二成，較部文爲輕，已經奏准，何以延不遵辦。若總税司一兩月不覆，便總不辦耶。此係加土藥税，並非加洋藥税，何以部文奏案俱不算，必待總税司耶。若慮有妨税項一節，所見殊誤。所患有妨宜關土税者，只在本省宜昌、野三關及北路等處土局，若關加而局不加，則恐多歸陸路。今局税釐已照加矣，由輪運滬者，舍宜關將安往耶。且昨接湘撫咨來奏稿，已照部文，土税加三成，較鄂加更重。本省南北路局税，湖南税釐，均已加重，焉能繞越至江西贛州耶，是於宜關決無所損。至税司謂各省須一律照加一節，固是常理，但爲宜關計，則不盡然。鄰省只患繞越湖南，今湖南已加矣。若四川亦加，則土商成本更重，宜關税恐必減矣。總之，在楚言楚，四川及各省加否，只可聽之。宜昌關及劉道所轄之宜、野等局及北路老河口補税等局，土税、土釐一體遵照奏案，加抽二成，不准延緩，致誤餉需。即覆。蕭。

致荊州濮道台、舒守光緒二十七年十月初五日午刻發

江電悉。查七月十六日全權札總税司文云，有同一口岸而貨税、船料分歸數處衙門徵收者，試以天津一口作爲比樣。天津向有户、工、海三關，户關歸津海關監督，管理徵收各項貨税，工關歸通永道管理，專收木税及船料，與户關所收船料各不相妨，海關歸大關管理，專收航海民船米糧及數種雜貨。工、海兩關亦自有解部正項與應發要欵。税司所收常税，應專指監督向來所徵之税，其歸别衙門所徵者，應仍循舊歸别衙門經理。又云，須按常關税則榷應税之貨，在常關應管地段收應徵之税，循常關向來舊例，不侵礙其餘各關局之税項等語。是同一口岸之關，有應歸税司，有不應歸税司者。其不應歸税司者，税司不特不能兼管，且徵收税項聲明不得侵礙其餘各關局也。又九月初八日札文内有云，通商口岸各常關應徵之税，與各省各處土税無涉。又云釐金

與常税不同，釐金與常税不能併而爲一各等語，蓋恐税司攬辦釐金與各關局之税也。其云其口岸各土税，本應專指海關監督兼管之常税，因以償欵爲重，即各該口之别衙門應徵之税，亦可允歸税司徵收者，蓋謂本專指監督之常關。然若有本口他衙門同類之關，亦可從權併歸税司，以重償欵，非謂所有本口他衙門所收之税均須歸税司也。今荆州府關所徵係落地税，歸錢糧項下，係藩司所管，與海關監督之常關絶不相同。且所收正餘税銀，須撥解滿營搭放兵食，斷不能歸税司經收。至藥土、籌餉等局，均係省城所設分局所徵收之欵，關繫全省，係釐捐之類，與常關常税及關道監督毫不相涉，該税司亦欲兼管，尤爲駭異，務即嚴駁，以杜覬覦。文。

致荆州濮道台 光緒二十七年十月初五日午刻發

常關改歸新關管理，全權議定常關分局在口岸五十里以内者，歸税司兼管，其距口岸太遠者，不便歸税司經理。總税務司復全權文稱，如無事故，亦必不到五十里之限等語。今荆州各關交税司試辦，查該處各關有遠在五十里外者，何關歸税司，何關仍舊，未據禀報，豈併歸税司耶。望即查明，將五十里外各關卡，即速收回。電覆，至要。微。

致開封行在軍機處 光緒二十七年十月初六日寅刻發

德穆使來電云，本大臣現已自長江回滬。查現在有張中丞人駿補授山東巡撫，渠之爲人若何，性情若何，應請貴部堂略爲示知。蓋山東省於德國關繫綦重，故本國政府甚望該省撫台治理認真，有決斷之志，並須遇事可靠，暨與西人和睦，是所切盼等語。洞以張撫向來辦事妥洽，必能與西人和睦，以後諸事必能請教袁督。袁現係北洋大臣，山東要事必能實心關注覆之。查山東與德交涉最多，鐵路鑛務深爲棘手，深恐以後藉端常生枝節。袁在東威望信義爲西人所佩服。查雍正年間曾設河東總督，駐紮河南省，山東爲所兼轄。今日因時制宜，可否酌仿成案，以山東暫歸直隸總督兼轄，改爲直東總督，實於交涉大局有益。不揣妄陳管見，敢請鈞酌。歌。

致開封行在户部 光緒二十七年十月初六日卯刻發

行銷鄂境之淮鹽，已出示自十月初一日起加四文。鄂省加四文，歸鄂自用，江省加四文，歸江自用，商民尚無議論。至川鹽，鄂省亦已出示一律加四文，商人遵完，川督并未阻止。此時鄂省籌欵萬難，惟此事尚覺簡易。若再議減他欵，更難，只可先行照此試辦，設有窒礙，再減不難，此時斷不宜減也。賠欵各省自有責成，江省如何加法，鄂不敢與聞也。祈核示。歌。

致江甯劉制台 光緒二十七年十月初六日卯刻發

先電悉。淮鹽加價四文一事，局已出示，十月初一日開辦，外間尚無議論，似不必再爲議減。鄙意似可先行試辦，如有窒礙，再行斟酌，豈不活便，蓋鄂省非此無籌欵之法也。再，前五日見湘撫俞中丞咨來奏稿，亦請加鹽價四文。俞前有電詢鄂省籌欵法，因諸事未定，不便覆，屬藩司以渾淪空語答之。今不約而同，可見各省窘急相似，其别無妙策亦相似。此時似不如照原議試辦爲妥。請裁酌。歌。

致開封鹿尚書光緒二十七年十月初六日巳刻發

江、鄂會電奏學堂畢業請作爲進士、舉貢、生員出身，及分場發榜，免去謄録各節，盼早降明旨，俾資鼓舞，而省籌欵。學堂出身尤急。麻。

致清江張漕台光緒二十七年十月初七日申刻發

卅電悉。折放一節，擬每石折銀若干，已奏准否。昨接聶仲帥電，倉場令辦米一百萬石，尊處已接倉場文否。假如辦米百萬，能省若干，恐所省無幾矣。若照尊議止辦五十萬石，可省若干，所省之銀解京作何用，祈示。其實每年五十萬足可備用，倉場總願多辦米耳，能止請辦五十萬石否。最好在京招商收買，所省最鉅，但恐不願者多。此義尊奏曾言及否，并示。遇。

致上海盛大臣〔一〕光緒二十七年十月初七日發

前沃電擬借洋債墊明年上半年賠欵，或七百餘萬，或五百餘萬，一年還，銀行是否肯應。如奉旨允借，須何項抵押爲妥。台端藎慮精詳，必有妥策，祈籌示。

致上海盛大臣〔二〕光緒二十七年十月初十日發

鄭道出示台電，囑代奏懇辭路鑛一節。鄙人前既奏留，未便代請，且奉旨留辦，倚任甚重，不宜固辭。

致開封鹿尚書光緒二十七年十月十二日亥刻發

張安圃漕帥來電，南漕起運每年約百五十萬石，所放俸餉約九十餘萬石，運費每石約一兩三四錢，若以折收二兩之價折放，官兵無不樂從。運費已省百餘萬，其餘五十餘萬石之折價運費，購米儲倉，以備緩急，計無不敷。江、浙新米上市，極貴不過兩元有零。倉中積米三百萬石後，逐年推陳易新，四年之後所省在二百萬外矣。乃倉場電，言京師米價陡漲，須運南漕百萬，采買多費。浙撫電杭、嘉、湖仍本折兼收，蘇省有似此者，仍收本色。折兩省湊足百萬石，由海運京等語。查京師官俸兵米皆不能食，折售於米鋪，每石僅抵銀一兩數錢。今照二兩折價支放，俾自購米，實屬公私兩益。米價漲則商販争趨，米聚自然價平，斷無缺乏。即使爲廣儲備豫之計，則每年只運京五十萬石儲倉，儘足以備緩急。北畿貧户本不食米，價稍貴無妨民食。竊謂折漕之説，利於國不利於蠹，漕帥議實可行，倉場及浙撫所見，徒爲蠹所愚耳。鄙人前署兩江，深知江南北有漕州縣，江北全折，江南每縣所收折色十之九，收本色十之一，只大紳數家耳，從無本折兼收之事，皆係臨海運時各州縣在上海買米交兑，人人皆知。聞漕帥覆奏，仍交部議，務望公極力主持，使漕弊從此廓清，則真不朽之業也。總之，若折收折解一百萬石，江浙每年只運五十萬石，則歲省一百四十萬兩。賠欵至鉅，種種羅掘，無非小民脂膏，多省一錢則

〔一〕録自苑書義等主編《張之洞全集》第十册，第八六五二頁，河北人民出版社一九九八年版。

〔二〕録自盛宣懷《愚齋存稿》卷五十九，第四頁，武進盛氏思補樓一九三九年刊本。

民受一分之賜。似此公私兩利，天然節省之鉅欵，豈可再爲倉蠹貪吏計乎，藎慮必早鑒及。此事關重大，恐摇撼者多用，敢密獻芻蕘，以堅公意，尚祈示覆。文。

致長沙俞撫台光緒二十七年十月十三日酉刻發

聖駕啟鑾回京，爲期已近，鄂省擬即派赴汴之襄陽道朱道其煊先馳赴京迎鑾，並呈遞安摺、賀摺，賀摺書跪賀皇太后回鑾天喜、皇上回鑾天喜字様。此係與兩江商妥，特奉達。覃。

開封吴道來電光緒二十七年十月十六日午刻到

慶邸力請回鑾，慈意亦定，但恐到京有他虞，樞臣力言無妨，始釋然。即諭十三降旨，廿三啟鑾，在保多住，臘初二入京。忽感冒，樞不敢瀆請，遂暫置。萬壽辰卧竟日，次日未進早膳，對樞臣言時流涕。近尚請脈進藥，或月杪啟蹕未可知，再遲則河冰結，恐難行。聞紳民欲公請駐蹕度歲，不知確否。儲事未辦，無敢言者。此二事皆可慮，各省迎鑾人員未奉諭均不敢行。汴供支繁，力不支。餘容詳陳。職密禀。删。

致開封鹿尚書光緒二十七年十月十四日巳刻發

九月内，德穆使自京來鄂晤談，擇密室屏人密語。問曰，大阿哥之本生父端王經各國加以重罪，不知大阿哥將來究竟如何。言語甚多，大率深不悦而已。此事甚難對，當即答曰，此大事臣下不敢知，但聞皇太后近來因大阿哥不好學，深不喜大阿哥而已。本擬即行密陳，因近日道路傳聞朝廷於此事將有舉動，則爲外臣者於此等事自不宜妄言。且上意已定，更不必再言，但恐朝廷或詢問樞廷諸公，疆臣中有所聞否。若不將德穆使此語奉達朝廷，萬一責疆臣以有聞不告，則更不能當此咎，故謹以密陳。如朝廷問及，則請以此語轉奏，如不問則不必矣。敢請密告略相，懇其妥酌，至禱。鹽。

致太原岑撫台光緒二十七年十月十四日巳刻發

元電悉，具見虚衷，佩甚。倉卒未及深思，大約以學堂出身須速頒明旨，許以進士、舉貢、生員爲第一要義，如此則不籌官欵，而學堂自多，人才自衆矣，不然，官斷無許多之欵也。再，更有上上最要之義，如能化滿漢畛域，則天下大局立見轉機，賠欵易籌，亂黨亦不作矣。但此事不易言。公天眷優渥，不知能相機婉陳否，請妥酌。此外容再細思，當續電。鹽。

致江甯劉制台、成都奎制台，廣州陶制台、德撫台，福州許制台，雲南魏制台、李撫台，安慶王撫台、南昌李撫台、蘇州聶撫台、杭州任撫台、太原岑撫台、桂林丁撫台、貴陽鄧撫台、長沙俞撫台、上海盛大臣光緒二十七年十月十五日卯刻發

甯豪覆電暨各帥覆電均悉。擬於中一段必然貽誤下，改曰查十月初一日起，洋貨加足值百抽五一條，據上年二月總署咨赫德條議，每年可增加三百萬以内，即按九成核計，亦可歲增二百七

十萬。向來免稅洋貨，亦按抽五納稅一條，據稅司賀璧理現開節略，照二十四年免稅各物計，每年可收三十二萬，據盛京卿宣懷條議，爲數更多。常關歸稅司代收一條，據德國穆使自天津來與之洞面言，津海一關，稅司代收每年可多收三十萬。準此類推，除粤海關不歸稅司外，赫德初次指定之十四關，及外務部咨赫德二次添指之十關局，合之天津關，共二十五關局，每年必可多收一百五十萬，有盈無絀。折漕一事，現經漕督張奏請，以二兩折放九十餘萬石，令江浙購米五十萬石備用，折解折放者每石省運費一兩三四錢，每年可省一百三十餘萬。即照倉場文，令江浙運米一百萬石，每年亦可省約七十萬，合之山東折漕省出運費約二十萬，省挑挖運河等費約十萬，南北各省折漕合計總可省一百萬以上。四項統計，或增收，或裁省，共得五百五十萬。就每年各省賠欵一千八百萬之數核計，正得三成有奇。伏思洋貨加足抽五，免稅之貨完稅，常關稅司兼辦，全漕改折四欵，乃各國公使及全權所指定者，本議明專爲賠欵而設。户部咨亦有關稅增數專爲賠欵，各省攤數尚可酌減之語，具徵體卹。竊擬籲懇聖恩云云以下減免四成、抵湊四成及一切所有四成字樣，俱改爲三成。上半年止解一成改爲止解二成。商借七百二十萬改爲五百四十萬。如足敷四成改爲足敷三成。照此六成改爲照此七成。此外如有四成、六成字樣，俱改三成、七成。西北各省改爲北方各省，房捐爲數有限，改爲房捐雖有辦者，亦不能多。内怨朝政改爲内怨苛政。其餘俱照兩次電增定原稿。竊思峴帥豪電所慮各節，極爲周密。武衛先鋒張、陳兩軍餉，江省既擬留用，現已删去。董軍餉據岑雲帥電每年六十萬，尚不止四十萬，擬奏留作晋省用，亦即删去。至峴帥擬提常關盈餘作公用經費一節，無論户部准否，此奏可不必計算，將來請峴帥另案酌辦。常關兼局廿五處，增收必不止一百五十萬。總之，此時但請先減三成，年終結算，尤注重在紓明年上半年之民力，各項可增可省之數，不妨稍爲從寬。好在後幅有如尚不敷三成及息銀，請由各省攤還之語，賠欵總係有著，大局必然無誤。各省既認攤足，並非永遠推卸，此奏數目似不必絲絲入扣，蓋中等省分下半年多解十餘萬不甚難，上半年多解四五萬亦不易也。且户部事體必有駁減，故請減斷不宜少於三成之數。至洋欵抵押，不過暫時藉爲憑信，況借欵無多，隨杏翁臨時斟酌，必能妥協。鄙意此奏重在緩期，終必補足，即使户部不准，亦欲使朝廷知天下民力之艱難。必須速發，似不宜再爲遲疑，請峴帥酌核。如以請減三成之數爲可行，或更查出有可增可省之欵，添入尤善。即請將字句斟酌斧削，會各帥及盛杏翁銜速發。袁慰帥、張安帥不願列銜，應請删去。杏翁復電願列銜，深可感佩，務望添入。如峴帥不以爲然，或不願減三成，擬即由鄂會各帥銜發。均請速示。切盼。願。

致江甯劉制台 光緒二十七年十月十五日午刻發

願電想達覽。公豪電所指常關盈餘酌提爲學堂經費等欵之用一節，此次會奏千萬不可叙入。無論户部、總稅司必不允，且各省籌欵之法，各各不同，以學堂經費名目籌欵，民間較易樂從，此時既須籌鉅欵，所有地方公事正可藉此籌辦，似不必專恃常關盈餘。若此時叙入，請減成奏内則不敷三成之數，牽動此奏全局矣。部中見常關增收盈餘，外省又思酌提，列抵請減之數既少，并三成亦不允減，則於此奏舒緩民力之本意大有窒礙。如江省學堂經費，尊意擬專提常關盈餘備用，請公隨後另自電奏，此奏籠統渾言各常關增收，於將來江省辦法並不相妨。務望俯允，至爲感禱，仍祈裁覆。再，頃接廣東陶方帥覆電，據粵海監督覆稱，潮、瓊、北三關，江門、甘竹兩口歸稅司，共應除額徵銀五萬餘兩等語。此五處鄙人所知，稅司代收豈止多五萬哉。至東海、浙海兩關，私欵均多於報部額三倍，鄙人皆所深知。準此類推，再加稅司整頓，每年斷不只增一百五十萬也。咸。

劉制台來電 光緒二十七年十月十六日亥刻到

願、咸電悉。各省艱窘相同。近為賠欵事焦頭爛額，迄無成數。公苦心孤詣，為天下計，為兆民計，弟方深感佩，詎有不願奏之理。事體重大，間有一二處與案未符，亦何敢不以奉達。茲承虛懷採納，酌量刪改，具仰淵衷。漕運節費及常關增收兩項，雖數尚未確，正如尊論，此奏暫勿須絲絲入扣，即或不准，亦使内間知民力艱難。俟各帥電到即行照發。坤。諫。

致江甯劉制台〔一〕 光緒二十七年十月十六日辰刻發

願電酌改公電奏稿，想達覽，公如允領銜，請列川督奎、粵督陶、閩督許、滇督魏、蘇撫聶、皖撫王、西撫李、浙撫任、粵撫德、晋撫岑、鄂撫端、湘撫俞、桂撫丁、滇撫李、黔撫鄧、會辦商務大臣盛及鄙人十七銜同發，望勿漏。銑辰。

劉制台來電 并致各省 光緒二十七年十月十七日巳刻到

香帥願電刪改稿極佩。現已會各帥暨杏翁共十八銜，由甯電發，謹聞。坤。諫。

行在軍機處來電 并致劉制台 光緒二十七年十月十八日寅刻到

諫電已進呈。所籌將户部分派各省賠欵減免三成辦法，及明年五月還期如不足數，商借洋欵各節，奉旨均可准行。仍希貴督電知各督撫暨盛京卿、上海道，合力通籌，來年務足七成之數，分別隨時具奏辦理。樞。篠。

致開封鹿尚書 光緒二十七年十月十八日未刻發

頃接樞篠電，請減賠欵三成，已蒙俞允，感頌皇仁，頃刻遍四海矣。樞府、農部贊助之功，豈可忘哉。竊更有管見妄陳。查張漕帥奏請折放九十餘萬石，僅令江浙購運米五十萬石備用，已屬寬籌周密。論理此十萬〔二〕石已嫌其多，乃倉場曲徇積弊，竟以米價陡漲，硬派江浙辦一百萬石。江浙即乘機蒙混，竟以本折兼放爲詞，擬運米一百萬石，專爲倉官吏役及優缺州縣作發財計，而置國家大計於不顧，折漕之旨，化爲空文，可恨極矣。其實京城需米者旗兵耳，官兵俸米、餉米既已折放，則米價貴賤與旗兵何涉。鄙人住京十餘年，京官旗兵民何嘗人人食大米，即京官食米，除四品以上外，皆食北稻，米價之漲與兵民何涉。即京官食米稍貴，每石貴銀一兩，每斤僅貴銀六七釐。每日僅多費銀一二錢，何必爲此輩打此小算，而誤國家理財大政耶。況通倉已爲洋兵燬盡，京倉亦有殘毀，又將開銷巨欵，以修倉矣。至江浙兩省，

〔一〕録自抄本《張之洞電稿·致各省電》。
〔二〕據上文意，「十萬」似為「五十萬」之誤。

亂後何嘗有倉，鄙人所深知，張漕帥來電亦深知之。如此欺罔，可謂膽大。竊謂台端必宜堅持恪遵全漕改折之旨，并將張漕帥所奏擬令江南購運之五十萬石米價、運費一律折解，限期解京，即在京出示，陸續招商購買，無論南稻、北稻、小米皆可。欵到若干，購米若干，以買足五十萬石爲度，足以備平糶，安人心矣。惟御用之米，查明向係何處所産，酌量購運萬餘石。此外王公百官一概折放，如此則南漕可省一百四五十萬兩，合之東漕及運河費可共省一百八十萬兩。抑更有一策：倉場所以鼓動愚衆，要挾朝廷者，不過曰旗兵食貴米耳。似可於漕督原奏每石折放二兩之數之外，再加增二錢，作爲每石折銀二兩二錢，則旗兵京官必感户部，而倉場脅制之謬説不能行矣。屢奉明旨變法除弊，今全漕改折，諭旨煌煌，真是極好事，極易行之事。而京外各蠹，此倡彼和，公然欺罔，保護私囊，把持積弊，棄明旨若弁髦，化鉅欵爲烏有，此事若不能辦動，更有何法可變，何弊可除。極而言之，甚至折放之價甯可再加，在京儲備之米甯可招商多買，即國家一錢不省，亦必須將收本色之謊言，運本色之詭計，决定打破，不准在江南官運一粒，實實作到全漕改折四字，并將倉場及江浙各官請旨嚴飭，則朝廷真有除弊之明，天下真有自强之望矣。此事公能主持，務望圖之，所關係不止折漕一事也。鄙人佩我公之忠直，憤羣蠹之營私，越俎妄言，統聽裁酌。再，照此辦法，南北即折放加增二錢，折漕一項，亦可省一百五六十萬，更較之各省電奏歳省七十萬之數，可多省八十萬。更有武衛中軍，餉數雖不深知，每年約需八十萬以外，今此軍已星散矣。董軍餉每年約需六十萬以外，今此軍所存無幾矣。兩軍餉數每軍似可節省二十萬，共得銀四十萬。甘餉似可節省二成，可得銀九十六萬。西域二萬里，如爲與俄人戰，即多二十餘營有何用處，與其糜餉飽無數之貪將，何如稍省以蘇内地之疲氓。計全漕改折及三餉節省，共可省銀二百餘萬，似可由户部奏請將各省賠欵之數，再減一成銀一百八十萬，明降諭旨，連昨樞電准減三成之數，合計共減四成，則天下感戴聖恩，益爲鼓舞，此尤宣上德，感民心之要著也。此舉是否能行，不敢臆斷，但爲國家計，爲我公計，實是善策，惟切望勿告人謂鄙人創爲此説，至爲叩禱。文電想達。

致開封鹿尚書 光緒二十七年十月二十一日子刻發

聞已有旨廢儲，欽頌，此母子一心之實據也。惟此時只可暫虚此位，萬不宜又生枝節。切要。哿。

致江甯劉制台 光緒二十七年十月二十一日子刻發

號電悉。減解甫准，萬萬不宜翻動。尊意擬令蘇、浙仍歸一律改折，或少運若干石，以米價運費留撥賠欵，以湊成七十萬爲斷，至明至决，欽佩萬分。其實江、浙州縣久已無倉收漕，何嘗有收本色之事，真是憑空造誑。京城有銀，豈患無米，且京城官、商、兵、民，食麪食雜糧小米者多，何嘗人人食米，即食米亦皆食北稻，即在京購買需欵，儘可隨時陸續酌購。且查兵米既已折放現銀，此次倉場所運之百萬石，斷無再發給各兵之理，不過備平糶用耳。平糶何用許多，亦斷無賣盡百萬石之理。且小米、北稻均可平糶，何必耗國家極鉅之欵，運江南無算之米，堆積倉中，以飽倉蠹哉。前江、鄂會奏摺，曾力言全漕宜改折，幸已奉旨照准。今又關繫賠欵成數，務望公力持，總以打破數百年倉弊漕弊爲主，則真變法自强之第一實政也。最好是抱定諭旨，全數改折，將米價運費全數折銀解京，以米價備京城平糶，以運費湊賠欵，兩面俱到，最爲簡浄直捷。但尊處電奏内須痛斥倉弊，當此籌欵艱難之際，必能動聽，機不可失，公請勿疑。如有電奏，望一併電知敝處，俾知現籌辦法。盼禱。咢。

劉制台來電光緒二十七年十月二十三日戌刻到

咢電悉，尊論極佩。頃接樞電，此次運米百萬，係因京師需米，暫時辦法。折漕早經奉旨通行，嗣後仍遵照改折等因。現與蘇浙商定，連白糧共運足百萬餘，仍改折留抵償欵，約可得銀五六十萬，合之江北二十萬兩，共湊七十萬，有盈無絀。自明年起，仍遵前旨及此次樞電，全數改折，以除倉弊而補賠欵。坤。漾。

致江甯劉制台光緒二十七年十月二十五日戌刻發

漾電悉。精籌定力，顧全減成大局，敬佩敬佩。有。

致長沙俞撫台光緒二十七年十月二十八日午刻發

有人自湘省來，云尊處籌欵加鹽釐六文。又有自江省來者，則云聞湘省於此次新加六文外，另抽四文，作爲加税，峴帥甚不謂然，即將奏阻等語。竊思湘省斷不至驟加十文之多，即驟加六文，亦未免太重，或係傳訛。查江省本係加抽四文，鄂亦加抽四文，峴帥屢電囑鄂不可加，但共加四文，江、鄂分用各二文。經敝處反復辨論，并屢經電户部電奏，始允鄂加四文，故湘省亦有一例照加。嗣峴帥以所加過重，自願將江省所加四文減爲二文，甚屬難得。湘鄂一體，尊處若止加抽四文，峴帥當無異説，如果驟加十文，江省必難應允，勢必牽動全局，將允加之四文，亦奏請減成二文，於湘鄂兩省必有大礙，務請減抽爲要。如并未另抽，亦祈速覆，以便代爲表明。即候電示。至禱。感。

致長沙俞撫台光緒二十七年十月二十九日亥刻發

儉電悉。鹽斤加價十文，究嫌太多。然尊意既定，不敢屢瀆，但懇出奏時萬勿列敝處後銜。查此次湘省籌賠欵，敝處並未與議，而奏稿列有後銜。以後除例稿請照常列銜外，其有關籌欵之事及其他要事，未經商明者，均請不列敝銜，至感至禱。祈電覆。豔。

致江甯劉制台光緒二十七年十月二十九日亥刻發

廿四日致樞電，云前數日英使薩託自京來見云云。請代奏。敬。等語。聞已將此電轉電全權，特奉達。豔。

劉制台來電光緒二十七年十一月初二日辰刻到

鄂豔電悉。英薩使前來甯密談，亦以俄約為慮，而無如在鄂所言之詳。查俄人新改之約，礙我政權利權，迭次電内業已詳陳。英、日各國均已明言，中國若許，各國必向中國索償，此約萬不可不慎。薩使所言，雖是借箸代籌，第明定暫時年限一節，必須如日本代擬第四欵，改為吉林、黑龍江俄兵限定約後一年内陸續撤退。第五欵添改俄兵撤定之日，此欵即行刪除，方無流弊。若年限稍遠，將來藉端翻約，仍與永踞無異。且各國照此亦可定立暫約，關繫甚鉅。鄂電總以請五國公斷為妥，實為良策。俄人怵於公議，不敢肆其狡謀。各國既已與聞，更可免其藉口。面面俱到，計無善於此者。務請照此商辦為要。坤。東。

致開封行在軍機處、外務部，京城外務部 光緒二十七年十一月初二日未刻發

據江漢關道禀，該關署税務司盧力飛擬於湖北之孝感縣，河南之信陽州、遂平縣、許州等處添設郵政局，已派洋員及供事前往，請爲出示曉諭等情，實堪駭異。查各國視郵政之權甚重，必設大臣專管其事。前數年中國於通商各口先行試辦，暫歸赫德兼管，係由總署奏明奉旨允准，方能通行辦理。然若不及早設法收回郵政，將與海關永爲外人佔踞。是以鄂省會同江督覆奏變法摺内，有推廣郵政一條，正擬於内地各處將驛站改爲郵局，俟内地辦有頭緒，即將通商各口一併收回，以免利權盡爲外人所奪，官民交困。乃税司並未先行禀明鈞處允准，亦不妥商外省，遽派洋員前往内地，不計官權民情有無妨礙，便欲設局，大屬不合。赫德近日借賠欵爲詞，攬辦常關，並欲佔奪各處關局，復飭税司推廣郵政，逕入内地，竟欲將中國利權一網打盡，用心亦良險矣。若不及早限制防範，中國將盡是洋官管事，華人官只如地保，華民奴隸而已。務懇切飭赫德，海關只可在通商各口設郵政局，至内地各處，洋員既往來不便，且事關地方官權利，民間信局生計，必須詳酌，即須推廣，亦須由地方官自行興辦，以免覬覦。除飭江漢關道駁覆税司，並飭地方官不得率行出示外，謹此電達，務祈切飭總税司，并即電覆爲禱。冬。

京外務部來電 光緒二十七年十一月初六日申刻到

冬電悉。查二十一年冬間，貴督在南洋任内奏請設立郵政，飭赫德妥議章程開辦，並推行沿江沿海各省及内地水陸各路等因，經本署議覆，奉旨允准，即飭總税務司先從通商各口辦起，次第推廣。現税司派員往内地添設郵局，係遵照奏案辦理，並無不合。希飭屬出示曉諭，並加保護為要。外務部。歌。

致開封行在軍機處、外務部、户部，京外務部 光緒二十七年十一月初二日申刻發

各口常關歸税司兼管，本專指監督所管常關而言。嗣以償欵爲重，即別衙門所管之關，亦間有撥歸税司者，然亦本口之別衙門之關而已。若既非監督之關，又非通商口岸之衙門所管，自不應歸税司管理。乃昨據江漢關道禀，該關署税司盧力飛奉總税司赫德札，請將武昌船關歸其兼管，謂係各國公使之意等語。查武昌船關係武昌府管，不歸江漢關監督。漢口與武昌不惟隔江，而且隔府，更非同一口岸，與税司何涉。各國公使只求償欵有著，何嘗爲税司攬權。近日税司擬推廣郵政，派洋員入内地各處，直至河南，若不及早限制，中國政權利權盡歸赫德矣。況鄂省民船日形貧苦，正擬將武昌關章程妥爲籌酌，以示體卹。若歸海關洋員辦理，必多窒礙。除飭關道駁覆外，務請鼎力主持，飭令赫德轉飭漢口税司，不得攬辦口外他衙門之關，至禱。并祈電覆。沃。

京外務部來電 光緒二十七年十一月初九日子刻到

沃電悉。各關常税經全權議定，凡在通商口岸五十里之内，無論何衙門經徵，均歸税務司代徵。所收税銀，仍交中國官員經理，承辦委員仍用原派之人，税務司不過稽覈收數。此事於償欵有益，於税課無損。即如直隸省之楊柳青，原歸通永道經管，因在津關四十里内，亦歸税司代收，可為比例。武昌關自應一律照辦，希即飭遵。外務部。庚。

致江甯劉制台光緒二十七年十一月初三日子刻發

昨致行在軍機處、外務部、北京外務部電云，據江漢關道稟，該關署稅務司盧力飛，擬於湖北之孝感縣，河南之信陽州、遂平縣、許州等處，添設郵政局云云，即電覆爲禱等語，謹聞。二赤蓄謀甚深，此舉難保非見江楚會奏摺内推廣郵政一條，亟思預占先著，萬不可聽其把持吞併。江省稅司現亦謀侵占内地郵局否。如有此舉，望公堅持力拒。尊意如以爲然，似宜通電有稅司各省，一體力阻，以保各省政權利權。祈卓裁示覆。講未。此電並分致江浙、閩、廣、四川、河南各督撫院。

致江甯劉制台光緒二十七年十一月初三日申刻發

昨致行在軍機處、外務部、户部、北京外務部沃電云，各口常關歸稅司兼管云云，不得攬辦口外他衙門之稅關，至禱，並祈電覆等語。謹聞。此事赫德志在盡奪外省利權，猶糠及米，何所底止。江省常關不知有似此情形者否，務望合力堅持。公如加電樞譯，尤爲得力，祈酌覆。講午。此電并分致江、浙、閩、廣、四川、河南各督撫院。

致江甯劉制台、上海盛大臣光緒二十七年十一月初三日申刻發

滬宥電、甯卅電均悉。英使議免釐加稅一事，鄙意大綱有十八條。一曰免釐不可礙我商民生計。二曰免釐不可侵我財政之權，致妨我日後籌欵。三曰加稅之數必足與免釐相抵。四曰釐金外銷之數必須算入。五曰各省籌欵有實係内銷報部，而不名爲釐金者，必須算入。六曰產地之釐不能免。七曰土貨内地往來，無關出口銷外洋者，不能免。八曰國家度支所抽可免，地方所用、州縣紳董所抽不能免。九曰將來中國行印花稅、物業稅不能阻。十曰洋貨進口稅只可加至值百抽十五而止，即少加亦可。十一曰土貨出口稅萬不可加。十二曰絲茶出口稅必須減。十三曰出口鑛產之稅必須加至抽十，出廠鑛稅另抽五。十四曰洋人在内地製造土貨只可照向章離廠正稅，出口半稅，共抽七五，不可加。十五曰運行土貨，坐賈華商挂洋旗之弊，宜禁絶。十六曰我内地釐金自行設法輕減裁併。十七曰若產地捐不免，内地來往土貨釐不免，地方稅不免，印花稅、物業稅不阻，則進口洋貨抽十五，出口土貨不加，已足相敵而有餘。十八曰總稅司雖允將增收關稅撥還各省釐金内外銷，然與其多受關稅之撥補，不如少留自抽之釐捐。第一條注曰，稅司賀璧理面告鄙人言，内地往來土貨，如秦運晋，東運豫，川運楚，粤運湘，江運皖，閩運浙，本省此府運彼府之類，其釐皆免，最爲無理。其説以商販土貨，或夾有洋貨，恐仍多留難爲詞。其意蓋欲洋商在内地運銷土貨。從前英國約内雖有内地通商之條，因阻礙甚多，迄不能行。今照此辦法，洋商長袖善舞，鐵路日通，盡奪華商之利，暗中作成一遍地開放通商之局。此説一行，華人只能充小販，充零星坐賈，充洋夥，再無專行厚利，中國商務永無生機矣。第二條注曰，時勢無定，關稅亦無準，若各釐各捐皆免，載入條約，是中華全國利權專在海關稅司之手，此外不許自籌一錢，設有緩急，竟成束手。第三條注曰，應免之釐，内外銷約二千一二百萬，可加之關稅，進出口亦可約二千一二百萬。第四條注曰，報部釐金一千六百萬，外銷必有六七百萬。第五條注曰，各省於釐金之外，多有實係内銷報部充正用，而不

在報部釐金數内者，或名曰捐，或名曰經費，有事係試辦，名已報而數未報者，有數係約舉未報確數者，有試辦之初數少近日數多者，此非釐金局所管，户部遂不歸入釐金數内計算。此類各省大約亦共有七八百萬。第六條注曰，産地之貨，或銷内地，或銷外洋，無從區别，此項釐金洋人不當與聞，斷不可免，況産地可隨便加捐，無礙税則。去年二月總署咨内已聲明，但恐洋人不允，或設法分别此貨是否出洋，以定免否。第七條注曰，土貨内地往來，與各國商務無涉，去年二月總署咨内已聲明。第八條注曰，外國税章，分國家税、地方税兩種。充俸餉、船械、國學、鑄幣、大工、獎農、勸工、助商、賞卹兵民、外交、開埠等事用者，爲國家税。充本縣學校、巡警、修街道、修隄防、備荒、善舉等事用者，爲地方税，此本州縣所用，紳董所抽者也。若此項地方税不減，辦事尚不至束手，惟條欵内必須載明。第九條注曰，印花税種類甚多，有取之契券、憑約、貨單者，與田房契税，補缺領憑有部費，五貢領單有費，官代書領戳有費相類，除税契外國不能干預外，其餘中國難辦。有取之工商物業執照者，與牙帖、當帖、鋪户門市捐、廣東膏店領牌捐相類。此種亦名物業税，日本名營業税，此與釐金迥然不同，且皆各國所有，不應阻我有。此項物業税不阻止，亦尚有籌欵之法，惟賀璧理已微露其意，將阻我收此種税，必須極力辯駁，於條欵内詳晰載明。第十條注曰，洋税至多只可抽十五，萬不宜多加，多加則彼不准我留種種捐欵矣。第十一條注曰，土貨出口免税，爲富民第一義，商務第一義，勸工第一義，交涉第一義，自强第一義，外國通行之善政，今日即不能免，萬不可加，即抽十亦不可。變法學西法，似須從此事變起學起。第十二條注曰，絲茶爲出口土貨大宗，通商實在有益者莫如此兩項，釐税重極困極。今印度之茶，意大利、日本之絲日盛，中國絲茶日衰，必須大減，以保固有之民業。若興辦地方税、物業税，必可相抵，不患欵少。第十三條注曰，鑛産與他項土貨不同，華商學問、資本斷不能開，非外國鉅商不可。中國所得者，窮民苦工開采，口食之利耳，故宜加至抽十五，其勢必行。第十四條注曰，洋人製造土貨，於中國有益，工必取之於華則利工，造廠製貨其料必取之於華則利工而并利農。華工在廠日久，學其技藝，華商察彼銷路，仿其成法，將來中國可自開無數工廠，則利工而并利商。且此項税萬不宜重，釐税章程華廠只能援洋廠爲例，若洋廠重，則華廠不得輕矣，豈非爲法自困，故不可加。第十五條注曰，洋旗既非洋商，又多土貨，本非條約所有，乃買辦及流氓漁利弊混耳，必宜詳議查禁之法，載入條約。第十六條注曰，内地釐金苛擾之弊不除，則此次釐金全不能保，即不明免，亦必盡歸洋旗，雖不免而無税可抽。第十七條注曰，今日洋税抽十已開辦，免税洋貨已抽税，兩項至少可得二百七八十萬，連原有正税計，可收洋税九百萬，内除抵向有報部子口半税六七十萬外，此兩項已增二百萬。若抽十五，應加兩倍，共得一千八百萬，連上兩項可共增二千萬，已足抵報部釐金及總署咨外銷之數矣。若内地土貨釐不免，産地捐仍可抽，地方税可抽，物業税可抽，則所免之釐不過一千數百萬，加税雖略少，已足相抵，而所留之四項豈止一千五百萬哉。故洋貨進口税不宜過加，免其藉口禁阻我各種釐捐也。第十八條注曰，全國巨欵抽收之權，若全操之於洋關，則全省用欵撥補之權又全操之於户部。赫德雖有甘言，户部斷不遵辦，五省鹽釐撥補是其前鑒。赫德擬撥還百萬，户部不過准六七十萬，撥剩之欵全令解部，且所撥者既有定數，必將竭澤求魚，膠柱鼓瑟。先提京欵，不顧外欵，治亂不問，緩急不問，户部徑札關道提取，誰能阻之，至無欵辦事。請於户部，不過答以求節省，杜中飽，責虚糜等語。今日裁營，明日裁局，後日催報銷，大局不可爲矣。故今日與其多加洋税，適爲自縛之繭，不如少加洋税，留我自籌之地，而減於抽十五亦未嘗不可。果使洋人不奪我籌欵之權，即加税不敷免釐之數，似亦無難。峴帥身膺重任，應辦之事，應用之欵最多。杏翁指日封疆，亦不可不慮及也。此約本爲有益各國而來，只望其不大損我利權幸矣。若欲賠欵全取給於加税，恐辦不到。此事應由杏翁主持，峴帥定斷，鄙論不過芻蕘備采而已。特通籌遠慮，十分危險，不敢不爲兩公盡言。英馬使到鄂，鄙人總只作虚活語，要上等價斷不敢率然輕許，令杏翁難於争改也。至行輪章程，總是取便洋商，吞併華商，不知出何花樣，請峴帥、杏翁籌酌，擇要電示。覺。

盛大臣來電并致劉制台 光緒二十七年十月二十七日戌刻到

英派商税專使馬凱到滬，因賤恙尚難接晤，廿九先赴江、鄂謁見，約旬日返滬開議。美專使亦到，英似欲先與英議。大約通商行船各欵和約載明，各國視為有益者，中國允為更改，在彼必求益彼者。商改但期補救，而未必能制勝。所關係國計民生最鉅者，惟税釐併徵一事，台端請減各省派欵三成，便須洋税抵借洋債，總不外乎一杯水。如能辦到實在加税，照上年與英竇使所議，則賠欵不難盡取償於此。昨遣人探馬凱意，首在撤釐。然撤釐非加足值百抽十五或二十，斷不可允。外人頗知釐金報部總數較諸值百抽十已比較有餘。敝處告以報部之數少，本省留支外銷之數多，彼亦甚信。此説馬凱等必面探鈞意所在，務請力言釐金外省留支多於報部之數，恐加税不足抵用，須説得極難，以後方有步驟。是否，乞鈞裁密示。宣。宥。

劉制台來電 光緒二十七年十月三十日亥刻到

昨馬使接晤後，即言及釐捐如何免，洋税如何加。當答以去年在京與赫德籌議，洋貨税釐併征，必須税至值百抽二五方能免洋貨之釐，蓋中國財用祇此，既有所免，不能不有所增。今困窮益甚，又須歲還各國鉅欵，於進項更不能稍有短絀。若欲將釐金全免，非將洋貨進口税值百抽二五，土貨出口税值百抽十不可。彼於洋貨加二五不置可否，但謂土貨出口税方欲請免，何可再加。復告以既免全釐，不能不將進出貨税分别酌加，蓋全國所收釐捐，未經報部歸作外銷者，實較報部之數為多，非照此辦，萬不足抵補。彼又謂，若免出口税，多加進口税何如。答以祇要能抵足數，未嘗不可。第洋貨若税重滯銷，未免彼此受虧，彼亦無詞。用特奉聞。坤。卅。

致成都奎制台 光緒二十七年十一月初五日丑刻發

頃英領事函云，聞四川現准法人專鑛利。此種專利一爲他國所知，必向中國取償。請轉告川省，果有其事，徒自累耳。我英人只求公道，且志在必得。況四川專利，東三省及他省亦可援引爲例等語，聞之不勝懸繫。中國鑛利，各國環伺，一處開端，處處效尤，大利即爲大害。務祈詳酌，并速示覆，至禱。文。

致江甯劉制台、廣州陶制台光緒二十七年十一月初五日酉刻發

粤咨函均悉，卓論佩甚。行銀元之善，在齊銀幣，便商民，除吏弊，乃無形之利，意本不在盈餘。其要須多鑄大元，若小元只取便零用，無關銀幣大政。然若不稍籌盈餘，户部必不願通行，幣制終不能改善。故非速通行，不能早除弊。非京城暢行，不限成數，天下不暢。非各省廣鑄，多多解部，京銀元不多。非收發一律，俱作庫紋，毫無貼補，商民不能遵用。果能京、外出納，公私交易俱當庫紋行用，則所鑄之數必極多，而後足供用。大元之餘［利］雖少，積微成鉅，五年之内可得盈餘巨欵。以後鑄漸少，餘漸微，然銀幣大勢已改，全趨銀元，民便商從，不憂全國不畫一矣。今日粤省小元之利已不能持久，他省小元銷滯利微，故今專籌行大元之策，其小元僅作餘波焉。竊擬辦法十四條。一曰收發一律，作庫紋用。二曰無論京、外，收發正欵、雜欵、閒欵、捐欵一律改用龍元，全用最好，少則隨意搭用皆可，不宜限定成數。三曰民交州縣之平餘火耗解費，各照本縣舊章，折合龍元或紋銀、制錢若干，隨正項交州縣。交藩鹽糧庫之平餘火耗雜費，各照本省藩鹽糧庫舊章，折合龍元若干元，隨正項解外省。解户部之平耗部費，查照各省解部舊章，酌中折合龍元若干元，隨正項解交，定爲各省一律。此三事皆須奏明，明定章程。四曰錢糧多係零星，釐税不無尾數，多有不滿一元者，凡商民賦税及各項官欵，其尾數以制錢補足，不准用小角。五曰州縣解司道局各庫，統用大元，尾數不足一元者，補足一元，不准用小角。外省解京亦同，尾數不足一元者，亦補足一元，不准用小角。爲數甚微，由解欵各衙門捐出。六曰州縣解上司，外省解京部，不限成數。有鑄銀元局之省，全解銀元。無鑄局之省，附鑄無多，暫時以紋銀凑解，俟銀元多鑄流通後，仍須全解銀元。七曰凡京部及各省應發俸廉、兵餉、勇餉、工料、薪水、雜費，一律改發龍元，不限成數，俱按十成庫紋計算。該處暫時龍元不敷用者，補以紋銀、制錢，俟龍元鑄多，即全數用龍元，不准搭放紋銀、現錢。八曰解外省協餉，俱用龍元，照庫紋計算。九曰舊日所鑄龍元甚多，散布民間，只能聽其照市價行用。此種舊龍元官庫未經扣有盈餘，官欵不便收，亦不便發，惟有自明年起，龍元上添鑄一新字，并鑄辛丑二字，以示區別。有此新字及辛丑字，便是新鑄，其盈餘已扣收在庫，便不受虧。其舊龍元仍聽市價。十曰自明年某月起，凡還舊日欠債，贖舊日典當、田房、衣物，均准以新龍元作庫紋用，不准勒加補水。十一曰洋貨進口完税估值時，假如估其原值金十鎊，合現在銀元價一百元，即抽其税龍元五元。如議定加税，即抽十元或十五元，不收現銀。洋税交龍元，則大元銷路廣，惟還洋欵不在内。十二曰如本省收欵、解欵、發欵全用龍元，鄂局每年可鑄一千萬元，江局本可鑄一千餘萬元，粤局將錢機改作，亦可鑄一千五百萬元。若照庫紋計算，開辦第一二年，每元至少可盈餘三分六釐。部欵以盈餘三分之一解部協餉，以盈餘三分之一解受協之省，江、粤、鄂均可餘二十餘萬兩，奏明專凑賠欵之用。一兩年後流布日多，歸入京城者三分之一，浸灌内地藏之民間者三分之一，繳回官項者三分之一。鑄數漸減，銀條漸貴，然合計五年内所得，亦可暫救眉急。此外，川、東、直隸三省願多鑄者，儘可聽其照辦。十三曰各省京餉既准全數解龍元，其無局者應派令分赴此數省附鑄，桂、閩應附粤局，西、

皖應附江局，湘應附鄂局，擬并請浙附鄂局，以昭平允。惟浙去江近，西、皖去鄂近，可否以西、皖易浙，其鑄數亦略相等，請峴帥酌。至袁慰帥到北洋，直必設局，晉、豫必附直。雲、貴、陝、甘雖經奎帥奏附川，陝之願否不可知，欵亦不多，應聽陝撫自酌。此皆爲大元而言，其附鑄小元，聽商之便，代他省鑄，不求大益，但爲力助廣行龍元而已。他省附鑄大元者，其盈餘擬主客各半，代鑄之省以助增修機廠之費，附鑄之省以湊賠欵，或主一客二亦可。十四日小元一種只爲便民零用，聽之市價。商民完賦稅，州縣解省，各省解京，京城發欵，外省發欵，皆萬萬不可搭用，以免淆亂銀幣大政，致與西法相悖。若商人請附鑄小元行用，願附何局，聽商之便。各省小元能銷何路，如何銷法，隨各省酌辦，盈餘報部充本省公用。如户部欲令外省鑄小元解京，聽部指欵，定數撥鑄，外省總不自解。凡此皆籌行大龍元之辦法也。粵電所慮，有鑄局之省但收匯票，現銀日少，尚不足慮。彼省既有來票，此省必有應出之銀，似無所傷。正欲廢現銀用龍元，銀少何害，惟外洋銀條必日貴，盈餘必日減耳。銅仙一節，現與制錢並行，恐難相敵，應從緩議。至龍元元字，去年京局行文寫作圓，似須仍請改作元字。考朱子周易本義，元，大也，故龍元文曰元寶，取乾元龍德之義。且圓繁元簡，案牘不便，如奏摺清單内倉穀皆書倉谷，題本報部册内槍礮皆書槍砲，場竈皆書場灶是也。誠能將幣制從此改定，亦是變法利民一大端，況數年内可得鉅欵濟急，未始非計。其中可行與否，請兩帥詳籌裁示，議有大致後再商川、東、直三省。祈速覆。尾。

致江甯劉制台、廣州陶制台光緒二十七年十一月初六日午刻發

尾電想達。江、粵、鄂三局就機力銀欵計，每年至多只能鑄大龍元一千萬元，盈餘至多只能二十餘萬兩。昨電核算錯誤，請將原電改正，以便照此籌計。麻。

致江甯劉制台光緒二十七年十一月初六日未刻發

讀微電，知覺電已達。更有一要語，此次洋税必不肯加甚多，然亦不必加甚多，不僅傷内地財政也。若户部見洋税增至二千數百萬，必然多多提存部庫。當此地蹙民窮之國勢，而户部反有粟紅貫朽之積儲，侈心一萌，不可救矣。王安石括天下之財歸於三司，而宋以亡，正爲此也。公老成謀國，必見及此，特爲公密陳之。魚。

劉制台來電光緒二十七年十一月初十日申刻到

魚電深佩卓識。覺電本擬俟杏翁見覆再商，今略抒管見。此次議約，聞外注意在免釐加税，並鑛路製造各利，到處行輪，議設商律，内地雜居等事。而釐捐尤為深惡，必欲概裁而後加税。照商會所議，祇肯加至值百抽十，若欲仍抽内地之釐，非但洋税難於望加，且必如公言，不明免亦必盡歸洋旗，勢必多方箝制，隱為阻撓，雖有如無，轉受大虧。蓋洋商領單辦運土貨，照約本祇完半税，不完釐金，然沿途過卡呈單候驗，即不免延時索費，是以情願多加洋税，冀圖裁釐，便於運貨。釐不全裁，留難仍不能免，彼何樂為此。若領單之貨過卡不驗，則隱射夾帶，弊將百出。與其不全免隱受牽制，不如加税免釐，彼此交涉可省無數葛

藤。明知加二十必不能允，第不能不預進一步，留為磋磨之地。然釐金全免，税即加至十五，仍得不償失，不能不將土貨出口之税酌加。照現約正半共抽七五，加至抽十，僅增二五。若出洋大宗之絲茶，不但不加，且必須計值核減，統盤籌計，當無所損。西國於貧寒日用所需之物，概免抽税，富商巨室所用，必重征之，用意至為深遠。中國年來百物昂貴，貧民食用維艱，多為釐金重累，釐若全免，物價必平，不獨食力之民易於温飽，工料之價亦必減廉。出口之税雖加無多，然非此不能補免釐之缺。全釐盡免，民生物産獲益甚大，出口之貨必可暢旺，此即公十一條註所云各義。至免釐後地方所需，仍可酌量收捐。西人所謂鄉約巡捕等捐，外人當不能阻，惟須酌定限制。印花税本屬西法，賀阻甚謬，自宜議約時先行聲明。至洋商内地辦貨，必須假手華人，斷無一塵不染之理，資本雖鉅，費用必繁，斷不能如華商自行辦貨之核實省費，似不致因免釐，華商運貨之利盡為所奪。釐不免，華人託洋商出名領單包庇之弊萬不能免，不特礙事權，漏釐金，生枝節，且洋商轉得坐收費用之利。惟製造之事，華商萬不敵洋商考核之精，資本之厚，現正仿行西法，内地華廠必日漸增設。洋商所不能與華商爭者，内地製造之利，即如滬上製造，華廠不敵洋廠，内地通州、錫、金之廠，即勝於洋廠，假使通州等處亦准洋商設廠，則大生等華廠必受傾軋之虞。杏翁前將山西退還軋花榨椎機器，擬與滬上各洋廠合股在海門設廠，謂係照馬關約，通廠深慮受累，經敝處辯明馬關約並無准内地製造之利，事為國計民生所繫，竭力商阻杏翁，遂改與通廠合辦，已由季直派人與商。此廠明證是内地製造萬不可允，廠税亦不可輕減，慮其洋貨在華製造。暗減進口之税。若以日本文憑載明，華洋一律，儘可查照譯署前議，按其歲輸量予津貼，此為國家護持商務，西國通例。所論農部、赫德各節，皆確有見地。惟事關各國會商，不能由我擇便而行，但得大致無礙本國可自主之事，惟有另籌補救。此事關繫重大，正宜各就所見，互相討論，幸公再賜指示為禱。坤。青。

致江甯劉制台、上海盛大臣光緒二十七年十一月初八日戌刻發

昨英馬使來晤，談免釐事，除進口洋貨、出口土貨免釐外，内地土貨來往之釐及産地釐，皆須全免，意甚堅很。當告以各省釐金内外銷約二千數百萬，報部内銷不名釐金而外國視爲釐金者約七百萬，加以賠欵太鉅，須籌抵補。彼云，可加進口税。詢以可加若干，一味游詞，語氣不能甚多。又詢鑛務可許外國來辦否，答以章程公平，即可與外國議辦，但不能將一省之鑛專歸一國人。又詢外國人入内地任便居住可否，答以外國人不受中國管束，雜居難保護，不能相安。此外辨論甚多，其意明明欲作成一遍地開放通商之局，包藏深遠，不惟籠我利權，直是梗我内政。彼云，運動之貨，各省俱不能抽釐，何以常關歸税司兼管即可抽税，其意顯然。昨夜即東下。此事關係全局生機，應請峴帥熟籌遠慮，杏翁力持妥商。惟探其語意，惟營業税、印花税可抽。并以密聞。齊。

致江甯劉制台光緒二十七年十一月初九日子刻發

前聞慶邸到汴，言俄人必欲今年畫約，若今年不畫，俄即永踞，上意頗爲焦急。昨慰帥自京電汴云，俄約利在延宕，決無戰

事等語。此十字極得力，敢以密聞。慰帥雖非全權，然身任畿疆，其言尤足信重，望公電託其堅持，我勿私與俄定此約，必請五大國公斷。慰帥若肯助力，俄約必有轉機。敝處亦擬電懇。佳。

劉制台來電 光緒二十七年十一月初十日午刻到

佳電敬悉。俄事能如公議，五國公斷，最善，否則惟有俟津兵撤，商日、英詰俄。慰能助力，當不至為俄所惑。前已切實函囑，頃又專電密託。坤。青。

劉制台來電 光緒二十七年十一月十一日酉刻到

頃慰帥覆電：前在京諄告全權，必須不損我自主權，不妨各國利益，始可畫押，全權韙之。邸意先與英、日密商妥，再與俄開議。公斷一策，尚在慎重。凱初一出京，近事未詳，但聞已商英、日，尚未妥洽，遵當隨時維持大局云。坤。真。

致江甯劉制台 光緒二十七年十一月十五日寅刻發

頃樞元電想接到，所云匀作十二次，本年臘月廿二日應付第一期云云，當係照減去三成籌解。前樞電覆准上半年解二成，下半年解五成之説，想已作爲勿庸議矣。即照此匀解辦法，明年五月不敷之三成，仍須暫借洋欵。盛宗丞處，是否尚須切實商妥。至解欵既係按月，此欵應存上海銀行，按月計息，爲數不少，似應將數目約略算定，以湊賠欵。再，各省常關既歸税司代收，除盈餘湊抵減免三成外，其常關正額，每年尚有一二百萬。此項應於何時計算，何省之關，其正額是否可抵該省解欵，想尊處已籌及。以上四條，均祈速示覆。寒。

致上海盛大臣 光緒二十七年十一月十七日子刻發

德商攬辦漢口德律風，敝處即飭關道函阻，應歸電報局兼辦，已咨達冰案。頃准大咨，知已派日員來漢開辦，與電報合爲一局，辦法極是，深合鄙意。惟所用日員是否係尊處募用，月給薪水。蓋我雇日工程師承辦則可，若歸日商攬辦，則日猶德也。想藎慮早已籌及。祈速示。諫。

盛大臣來電 光緒二十七年十一月十九日午刻到

德律風所募日員，訂有合同，給以薪水，與電報初創時所雇丹國工師同一辦法，非由日商攬辦，合同即鈔咨。宣叩。嘯。

致江甯劉制台 光緒二十七年十一月十七日亥刻發

咸午電、銑電均悉。暫借洋欵一節，目前舍此更無別法。賤軀日內小有不適，動筆恐致遲延，即請峴帥主稿，電商杏翁，從速籌借，至感。洽。

劉制台來電 光緒二十七年十一月十七日酉刻到

元電旨已轉行滬道欽遵。賠欵既須按月付給，為期已迫，除各省七成應行按月分匀照解外，奉減三成，欵尚無著，祇有照原奏暫借洋欵之一策。如尊意為然，即請主稿，會電盛大臣，趕緊籌借。又，部中裁減之三百萬，亦應電部照攤，解滬湊付。祈速電覆。坤。盛午。

致成都奎制台 光緒二十七年十一月十八日亥刻發

真電悉。郵政、常關兩事，昨准外務部覆電，仍歸赫德。現内地郵局暫許添設試辦，仍俟體察民情，再行酌定。武昌關與漢口隔江隔府，税司攬辦，實無情理，擬仍堅持不許，另籌辦法。貴省應如何措置，請蓋裁自酌。嘯。

致黄岡寶令光緒二十七年十一月十九日亥刻發

洽電悉。賠欵緊急，籌議數十次，各種辦法皆不可行。本月十三日又奉到電旨，極爲嚴切，有試問能當此重咎否之諭。惟有於丁漕項下，按糧勸捐，并於通省各州縣開辦房捐，凡租房與人開店鋪者，及鋪户係自己房屋者，皆須按月認捐，或按上户、中户辦理門牌捐，數日内即定議通行。若該縣籤捐彩票能全數銷售，即將各項丁漕捐、房捐、門牌捐及已辦之鋪捐，全行停免不辦。該縣紳商所以銷票不能甚踴躍者，意以爲丁漕捐與無田之紳士商賈無干也，不知房捐、鋪捐、門牌捐，豈獨農民出錢乎。該令速傳諭各紳董，剴切勸導，領銷各票，既集部欵，亦免累民，勿貽後悔。電到即速遵辦，并電覆。效。

致内邱袁制台、江甯劉制台光緒二十七年十一月十九日亥刻發

巧電悉。劾董極當，萬不可緩，洞願列名，請速發。效戌。

袁制台來電并致劉制台　光緒二十七年十一月十九日申刻到

連日召見，刻抵内邱。聖躬安泰，一心振作天下，慶幸。前在京探詢各使意，必須辦董，始可相安。駕到京後，彼必藉為口實，徒生枝節。頃間反復面奏，聖意已動，但稍有難處。退與某老商酌，仍須先由我三人舉發。現照前議，聯疏劾董，酌改原稿如下：奏為武臣誤國殃民，實係首禍，不宜稽誅，擬請降旨明正典刑，以彰天討而紓公憤，恭摺據實縷陳，仰祈聖鑒事。竊查已革甘肅提督董福祥，本以盜魁投誠，薦擢專閫，迭荷殊恩，為從來武臣所未有，宜如何憂心國是，共體時艱。乃自統兵以來，訓練漫不經心，紀律毫不講究，恣意驕愎，徒託大言，謬謂提其步卒可滅洋人，用其刀矛可勝槍礮。廷臣以其貌似勇鷙，語近忠憤，多推重之。董福祥益肆横無忌，專挑敵衅，不顧大局。始而在保定滋擾教堂，繼而在蘆溝橋閧鬧鐵路。賴大學士臣榮禄嚴加訓飭，隨時約束。董福祥怙非不悛，陽奉陰違，但欲擅主戰之美名，竟罔恤國家之利害。上年夏間，拳匪方熾，潢池盜弄，撲滅甚易，乃董福祥附和煽惑，助為聲勢，諸王大臣為所愚惑，恃作奥援，遂堅信拳匪，輕敵列國。在諸王大臣，少長京師，未諳軍旅，民之情偽，兵之凶危，或難洞悉。董福祥身膺閫寄，久歷戎行，詎不知亂不可長，敵不可玩，何竟肆意欺罔，導令迷誤至此。是衅端之開，實由董福祥釀之，諸王大臣之陷於罪戾，亦董福祥有以致之。嗣諸王大臣均經嚴譴，而董福祥仍稽顯戮，未免同罪異罰，將何以厭獲譴諸王大臣之心。且戕害日員，發難既始於董福祥，圍攻使館，搆兵又成於董福祥。迨戰事方殷，並未督隊迎敵。京師危陷，又不扼要死守，不知平日所謂能滅洋人者何在，所謂制勝槍礮者又何在。猶復逞其昔日為匪目故智，首先縱兵乘亂搶掠，魚肉居民，荼毒搢紳，遂至紀律盪盡，各營效尤，不可收拾。大學士臣榮禄再四申禁，反覆誥誡，董福祥始終跋扈，不遵節制，逞其凶忿，任意諉卸。洋兵甫過通州，董福祥即督隊出城大掠而西，凡官紳之車輛，商賈之駝騾，無論在家在途，悉被甘軍搜擄，

或載所劫貨物，或載所掠滿漢婦女，幾於一兵一車，一卒一駝，招摇數百里，衆所共見，人盡切齒。當時在京各官，多因無車坐困，不能及時奔赴行在，靡不痛心於甘軍。該軍擄掠之暴，焚殺之慘，甚於洋兵，過於盜賊。由京師至保定，由保定至正定，數百里内幾無人煙。又聞董福祥曾奉旨隨扈，乃竟恝置不顧，滿載先行。迨榮禄追及涿州，苦口勉諭，始肯越山迎駕。按其行為，儼若不復知有君國，但欲搆衅煽亂，以遂其搶掠之計者。董福祥身肇巨變，意圖苟免，辜恩負義，喪心昧良，實足令人髮指。昔漢王恢請擊匈奴，勞師無功，漢武誅之，以謝天下。宋韓侂胄搆衅金人，喪師辱國，宋人斬之，以首畀金。今董福祥任性妄為，挑釁釀禍，至使九廟震動，兩宫播遷，百官流離，萬民塗炭，敗壞大局，流毒甚烈，其罪狀有甚於王恢，其情節有類於韓侂胄。如任其逋誅逃刑，逍遥法外，實不足以服天下，不足以示各國，不足以對列祖列宗在天之靈。説者謂時方多事，宿將彫零，宜稍愛護戎臣，以備異日緩急之用，似也。不知董福祥素昧大義，並無韜略，一味蠻野，色厲内荏，敢於為國僨事，而不敢赴險以當大敵，敢於縱兵肆掠，而不敢執法以馭三軍，留之豈復足寄兵權，誅之正可以伸國法。説者又謂，統兵之臣，殺敵致果，每為敵國所忌，必欲得而甘心，亦似也。不知上年用兵之際，如宋慶、馬玉崑等，曾與洋人角逐月餘，先後殲斃洋兵不下數千人，其戰甚力，其守甚苦，各國何以不指名請懲。足見洋人所恨，固不在敢戰之將也。然則董福祥誤國殃民，罪大惡極，不但為中外人心所共憤，亦應為社稷神靈所不容，死有餘辜，法無可貸。合無仰懇宸衷獨斷，密飭陝甘督臣崧蕃，迅將董福祥設法拏辦，俾禍首罪魁不得僥倖漏網，庶四方萬國益欽服我聖朝之至公至明矣。臣為彰天討而紓公憤起見，謹恭摺據實縷晰瀝陳，伏乞皇太后、皇上聖鑒訓示。謹奏云。凱。巧子。

劉制台來電 光緒二十七年十一月二十日酉刻到

慰帥電計達。董罪惡滔天，朝廷詎不知之，遲疑不決者，慮有變耳。董在甘能否號召回部，弟未深知。果不足慮，即可會奏，並擬將設法拏辦辦字改為獲字，下添立即正法四字。既辦即須從速，毓賢臨刑幾被回劫，董與回親，更宜慎密。奏稿應照省綱，請慰帥領銜。坤。號。

致趙州袁制台、江甯劉制台 光緒二十七年十一月二十日亥刻發

慰帥馬電、峴帥號電悉。董斷不能號召回部，現在有名回將如馬安良、張紹良，皆深惡董，久與之離，斷不從亂。惟事關大局，必須辦理妥實，方能有益。董抗拒固不能，即作亂亦不足患，惟慮其聞信逃竄，則邊地荒遠，事無了局，外人必不深信，疑我有意縱放。故今日不難於辦，而難於拏，必須有兵力才略，足以擒捕之，防截之者，方可令國法能伸。查甘肅臬司潘效蘇，關外湘軍宿將，甚有材力，現統有兵，似可請密敕崧蕃〔一〕派潘效蘇酌帶勇營，馳赴甯夏，將董宣旨擒拏，勿令逃逸。如拏獲以後，自須速辦。此次摺内自應直言請立即正法，惟朝廷此舉本意在令各國解疑釋憾，明發既有不便，密寄外人不知，或於寄諭發後照録一分，由慰帥密示各使，並囑勿洩。各使極惡董，必不肯洩，

〔一〕崧蕃，陝甘總督。

而其心已悦服矣。至朝廷如慮西路潰勇雜匪託名董黨，小有波瀾，似可令鄧增速率所部馳回，以安秦隴，並明諭董部諸將罪止一人，與衆無涉，勉以安心報國，馬安良、張紹良諸回將亦并加獎勉，自無後患。請慰帥與樞府酌之。胥。

致江甯劉制台 光緒二十七年十一月二十五日午刻發

慰帥電云：昨與鹿、榮詳商，一氣辦結。恐其作亂先戕在甘各教士，擬分兩截辦。今早奏，上有密旨，飭甘督誘至甘省，先拏禁。原摺留中，請酌量密告南省洋員知。凱。漾。等語。洞轉。有。

致江甯劉制台 光緒二十七年十一月二十五日午刻發

尊處與樞、外、户、東辦論賠欵事九電俱接到，深感藎籌至公至厚。忽奉漾旨，仍解十成，惶駭無措。目前斷難請減，而全年十成，各省必不能支。竊擬一辦法，可否請公再聯十一銜會奏，請明年上半年五月以前暫解十成，俟四五月之交，各省上半年洋關增稅，常關盈餘，必可算有確數。至折漕一項，本有定數。合計四項如敷三成，即留抵下半年之三成，各省下半年即只解七成。如只敷兩成，各省即解八成，俟十一月内再行核計。如四項足敷幾成，即留抵後年上半年幾成。似此先有增收盈餘之欵，再減各省攤解之數，外務、户部均可放心，而各省只解上半年之十成，其力亦可稍紓。惟折漕一項，乃係奉旨改章，所省並非外省自籌，似應各省均霑其利。其常關盈餘，亦係改章，所增亦不應作爲一省私欵，尊電極爲正大。此次諭旨既有年終彙計常關漕折確數之語，似已劃分明晰，可否聲明將蘇、浙、東三省折漕所省，及常關盈餘，解滬另存，仍許公霑，以昭平允。蓋洋關增收，惟沿海多收進口洋貨稅者，可得鉅欵，長江内各洋關，專恃出口土貨稅，每年進口洋稅多則數萬，少則數千，安得增加許多哉。敢請迅賜酌核，電商各省會奏，或一面電奏，一面電知各省，必皆樂從，較爲迅速。至按月解滬，利息不少，尊電前已計及，似亦應請外務部切實核算。公東南領袖，物望所歸，務望於無可設法之中，量爲補救，減一分解欵，即蘇一分民力。同深感禱，祈速示覆。有。

行在軍機處來電 光緒二十七年十一月二十三日酉刻

自正定發，二十四日午刻到

奉旨：前據劉坤一等聯銜會奏，此次賠欵數鉅，籌畫甚艱。惟約計洋稅加足值百抽五，並洋煙、酒食一律收稅，加以各處常關歸洋關徵收，約共增銀四百五十萬。再加本年漕折百萬，統共銀五百五十萬。核計按照户部奏派賠欵之數，約有三成，請減三成籌解等語，當經照准。原以年半籌還，可資騰挪。茲據奕劻等電奏，賠欵仍應按照公約，每期籌撥足數，自不能核減三成。著各該將軍、督撫等，仍即照部撥定十成原數，按月彙解滬道，轉交銀行存儲備還，不得諉延，至滋口實。統俟年終彙計洋常各關收數、全漕折銀兩均有的確數目，能否加足三成，或竟均有贏餘，再行核減，以免貽誤。欽此。樞。漾。

致上海盛大臣〔一〕 光緒二十七年十一月二十五日發

聞尊處現與英德兩國議訂津鎮鐵路合同，并擬展綫至甯屬之

〔一〕録自盛宣懷《愚齋存稿》卷五十九，第十四頁，武進盛氏思補樓一九三九年刊本。

浦口爲發端處，未知確否，所議條欵可得聞否。祈示覆。

致保定鹿尚書光緒二十七年十一月二十七日午刻發

賠欵前已奉旨減三成，昨又奉旨仍解十成，年終結算關漕四項盈餘再核減。各省籌欵難極，實在無策可施。擬會各省銜，請上半年遵解十成，俟明年四月底將四項盈餘核算，能敷幾成，即減下半年幾成，先收盈餘，後減各省解欵，似甚穩妥，不致誤事。是否可行，祈速示。再，折漕一項，蘇、浙、東共湊一百萬兩，前奏作爲抵減三成之一項。此乃奉旨折漕改章所得之欵，自應天下同霑其利，並非一省自籌之欵。今山東堅執將折漕二十萬、閘河十萬仍算東省私欵，號稱籌解十成，太不平允，以致江南援例，亦將蘇省折漕之五十萬作爲江省私欵，然錯在發端之山東，不在援例之江南也。似此以天下公欵歸入一省用，情理實欠允協。山東進項本饒，派賠欵本少，江南殷富勝於他省數倍，此兩省較他省籌欵爲易，衆口一詞。乃又扣折漕鉅欵，爲一省之用，此兩省甘中加甘，他省苦中加苦。户部總天下人民財賦，似宜一視同仁，出以均平。且漾旨既有年終核算四項盈餘之語，是折漕必應另欵解滬存儲。若山東、蘇、浙將折漕湊本省奉派賠欵之數，年終何從有盈餘乎。即使户部必責令各省明年仍須全年解足十成，此折漕一項亦須提出另存，各省方能心服。特此奉商，祈速示覆。感午。

致保定鹿尚書光緒二十七年十一月二十七日午刻發

英薩使覆電云，皇太后萬安，一切不致有違敝處之意等語。臣民同深欣慰。謹密聞。感卯。

致保定鹿尚書光緒二十七年十一月二十七日午刻發

前數日英薩使自京來電，令領事面見，密語云：各國甚不悦榮相，不願其在政府。直督袁曾爲榮相解説，但袁與榮素來親密，所言不足爲據，特電詢劉、張之意若何。答曰，從前事皆係董罪，固不待言。近日聖駕到汴後，俄人催定俄約，事甚緊急，賴公與榮相力阻，始未允畫，此事甚確等語。鄙人先與辯析多語，英領皆不聽，直至説到在汴阻俄約一節，英領頓覺意解。又云，薩使已查知俄人有函重託榮相，令該領詳告。鄙人答云，此事未聞，即或有函，在俄何足爲怪。榮相顧中國大局，必不偏聽。英領當即照以上各語電覆薩使。昨薩使復覆云，劉亦爲榮解説，既有劉、張、袁三總督代懇，此時即不深論，但日後尚須留心察看榮相辦事若何。若榮相偏袒俄人，仍要説話等語。特此飛布，并望轉達略園。鄙人衰朽多病，近因小孫事甚覺灰心，志在乞退，重大事體不敢多發議論。此事鄙意本不願告略園知，特因其樞紐全在俄約，以後事體尚多，事關國家大計，勢不能不以奉聞。望斟酌轉達爲幸。感辰。

致保定鹿尚書光緒二十七年十一月二十七日午刻發

前聞節菴云，尊意到京後擬乞病，萬萬不可。政府持正秉公，力阻俄約，惟公一人，豈可引去，務望勉力爲之。上海報謂，公薦貽穀，想不確。各國恨貽穀甚，其人亦謬。如公偶有此語，以後務望更正。昨英領來詢，已代力辯矣。再，英薩使面言，因阻俄約事，甚佩公之忠正，願與公相好，到京後擬奉拜，不過納交之意，望善爲欵接，萬勿拒絶。至要。沁。

京孫道等來電并致各省

光緒二十七年十一月二十八日戌刻到

十一月二十八日，聖駕自保定府御輪車回京，午刻抵馬家堡。乘輿入永定門、正陽門，未刻進宮。天氣晴明，兩宮萬安，中外觀瞻，歡欣鼓舞。職道等隨扈入京，所管行在官電局，即於本日撤局。寶琦、國楨謹稟。

致外務部、上海盛大臣、江甯劉制台

光緒二十七年十二月初六日辰刻發

滬冬電廿四目録具悉。謹抒管見，先覆大略。一曰牌號保護，可行，宜以禁止假洋行、冒洋旗抵之。二曰洋鹽進口，不可行，宜以鹽務已抵賠欵，洋鹽來則損課釐，礙賠欵駁之。三曰五穀出洋，衆情不願，難行。然彼口運此口，准行已久。所謂方便係何事，宜防之。四曰開新口岸，指何處，恐不能全駁，俟指明地方再議。五曰鑛路改章，危險已極，明係欲據我鑛利，奪我路權，須問其如何整頓。六曰洋人内地雜居，須中國改律條，洋人受管束以後，方可行。七曰長江上游整頓，想是開川江三峽之灘。開灘是好事，但有漲灘，有涸灘，鑿之不盡。假使鑿盡，一瀉無餘，夏漲暴至，一日驟高三丈，荆州各縣人民皆爲魚矣。珠江開通鐵椿，可行，但需費耳。八曰郵電整頓，未解，俟詳目再覆。九曰絲茶減税，極是，必當速行。十曰内地往來貨物免税，是否指土貨，是否指常關税，抑係包括釐金。土貨免釐未嘗不可，但須議明，許我抽他項税捐，若營業税、印花税、進項税之類以抵之。土藥税已加，甚有限，多加則走私，不能代。十一曰銀兩平色一律，甚好，必是用銀元，但須問明中國所鑄龍元，若我户部藩庫收欵、發欵俱作庫紋用，洋商與華商交易，亦能作庫紋用否，是否宜重七錢二分，抑或宜重一兩，洋商意以何者爲便。十二曰商律衙門，甚好。十三曰華人股票付足，可行其意，是否指川鑛，抑指漢路。十四曰鎮江章程太繁密，本宜改，此有益土貨事。十五曰關棧推廣便商，可行，但須有稽察法。十六曰會審衙門整頓，未詳，或是欲仿法界公堂攬權耶，請酌辦。十七曰小輪改章，恐不能不允，但須令華商同受其益。十八曰子口單，按約可行。十九曰口岸指定免釐之處，界限不宜太寬。二十曰存票整頓，便洋商，可行。廿一曰口岸常關歸新關兼管，已舉行，何以又議，或有新花樣，望詢明詳酌。廿二曰輪船、民船同税，於華洋商均有益，於釐有損，似不必駁。廿三曰燈塔、燈浮整頓，是好事，但此欵須輪船加捐，船鈔恐不敷。廿四曰兩埠同一河，免税，與第十條内地土貨免税同意，須有抵欵方可許。總之，各目中最無理者洋鹽進口，最危險者整頓鑛路章程，此關係全國政權，萬年利源，千萬詳慎爲要。至五穀出洋，人人皆能痛駁，然假使洋人必欲要求，若爲民生計，尚是利害參半之事。若止准價貴之米、麥、芝蔴出口，不准粗雜糧出口，且重徵其税，並設法限制米行，其售與洋人者，每石定價若干，減價者有罰，荒歉之年仍行禁止，則工商食貴米，而農民獲厚利，亦是勸農務本之法。若爲兵事計，則不無妨礙。蓋此口運彼口之例，閩、粤、津、遼皆包其中，港、澳無從究詰，開端已錯，影射難免。今欲求方便，其意何居，恐須籌一防維善策。最巧黠者，暗免釐而不加税。蓋此目既言子口單，又言鎮江章程，又言口岸指界，免釐土貨，水陸均只言免稅，是明明不責我免釐矣。然照此辦法，全歸洋旗。聯單及口岸免釐界内，則釐已去什之七八矣。或因釐金内外銷之數過多，不願以加稅相抵耶，抑逼我自説出免釐，稅可少加耶。其於中國稍有益者，若因此改定律例，以便交涉，通行銀幣以利商民，減輕出口稅，改過路釐爲他項捐，以暢土貨。此四事雖因改議商約外人創議，然實華洋均利者。以上各節皆鄙人臆測之詞，一孔之論。杏翁細鍼密縷，峴帥老謀深算，必能相機准駁，鄙説不過聊備兩公萬一想不到之處，不足爲據也。歌。

盛大臣來電并致劉制台 光緒二十七年十二月初三日申刻到

英使馬凱交來應議商約條欵目録如下：一、外洋貨物牌號宜註册及保護。一、准外洋鹽納稅進口。一、中國五穀運出外洋，或通商彼口運至此口，宜方便。一、開新通商口岸。一、鑛務鐵路章程宜整頓。一、准洋人内地長遠僑居貿易。一、長江上游及廣東珠江宜整頓。一、中國郵政及電報宜整頓。一、出口貨如絲茶兩種尤要，其稅宜減，以便中國賠償新債。一、由此内地運至彼内地貨物宜免稅，有益於中國商務。土藥宜加稅以代之。一、銀兩平色宜一律，有利於中國。一、宜設海上律例，并設商律衙門。一、中國人買股分未付足應付之股本，宜照章付足。一、土貨出口三聯單，鎮江章程宜修改并推廣。一、關棧宜推廣，并廣加方便之法，以裝包出入口貨及復出口貨。一、上海會審衙門宜整頓。一、内河行駛小輪宜修改。一、子口單宜設法按條約所訂各欵辦理。一、通商口岸指定何處須免釐之處。一、完稅存票常有躭誤，宜整頓。一、常關在通商要口，須歸新關管理。一、輪船與民船所載貨物收納稅項應一律辦理。一、沿海燈塔、河内燈浮宜整頓。一、貨物由彼埠運至此埠，通在一河者，或在該河分支者，進出口貨宜不徵收。共二十四欵。馬使云，各欵均有詳目，隨議隨交。查各欵内有萬不能允者，有可商改而宜設法防弊者，擬即先與逐條面議大概時，函電詳陳，并求將何條應直截駁回，何條可以商酌，迅賜電示，俾有遵循。宣懷。冬。

致成都奎制台 光緒二十七年十二月初六日辰刻發

盛大臣來電云，頃馬使交來第七欵詳目如下：中國政府允願於兩廣内將有礙廣東珠江行船并非天生窒礙者除去，并將廣州界口内推廣整頓，以便灣泊船隻，仍隨時用挖泥船整理善後。又，揚子江上游水勢宜整頓，以便常年穩當通行船隻。中國政府一俟籌項充裕，剩此必須之經費，以辦此工程。現時駛船之窒礙未除，以前應給輪船利便，牽拉過灘，并在岸上所需號塔，水道所需號標，均由中國預備。嗣後英國民人如有可行，條陳整頓利於行船通暢之法，并可辦到者，中國政府應相助一切等語。并據面稱，珠江行船窒礙係指前辦海防時所設之險，長江上游係指宜昌、重慶等處。查天津、吴淞兩處挖河經費已鉅，復欲籌辦粵、鄂江路，恐亦非易。其粵江設險處能否拆除，即望江、鄂、粵大帥籌擬速覆。此條定初七面議，宣懷。微。等語。請速覆滬。洞轉。歌。

奎制台來電并致劉制台、盛大臣 光緒二十七年十二月初十日酉刻到

歌電悉。查廿四年冬，英使曾向總署請於宜昌至重慶水路由

公司測量，備資聘訾造師，設法消除灘險，咨川飭據川東道委員會同各該印官逐段詳勘。自渝至巫山縣延一千三百餘里，名灘一百二十一處，其餘明樑暗石有關隘者，不知凡幾，險阻實甲環球，即使施工，費亦難計，且水石滚激無定，此去一灘，彼增一灘，百日移之不能盡，一旦填之而有餘。川中地勢極高，縱使灘石盡除，而一瀉無餘，上游之涸枯，下游之泛濫，鄂省將為澤國，皆害之大者。若兩岸貧民數十萬衆，一旦奪其生計，相率為匪，亦不可不慮。當將萬難情形據實咨覆，在昔英公使自行籌資，尚不能措手，今更不待言矣。至川江灘現水漲，節節皆是，並派有守灘救生紅船，隨時保護，可無須號塔號標，且亦設不勝設。每灘縴夫極多，商輪到灘，隨雇隨有，地方官殊難承辦。俊。佳。

致外務部、上海盛大臣、江甯劉制台

光緒二十七年十二月初六日巳刻發

敝處歌電總論，想已達。滬三支、微電，甯江、歌、微電均悉。雜居歸中國官管束，此時難行。關棧請酌辦牌號，宜趁此禁假冒洋旗，均已詳歌電。宜昌灘不能開，歌電言之已盡。江路號塔、號標乃利益商民之事，鄙意甚願辦，惟此項經費應由海關籌辦。至牽拉過灘，應聽商輪自顧縴夫，中國官未便代管，華洋商應一體看待，宜昌華商民船盈千累萬，豈能皆仰給於官，但遇有危險時，當派紅船盡力保護可也。此節有關重慶江路，已轉電奎樂帥，請其徑覆滬矣。尾。

盛大臣來電并致外務部、劉制台　光緒二十七年

十二月初五日午刻到

英馬使交來詳目三端。第六欵，英國民人應能在中國無論何處買地租地，買房租房，以便居住、貿易、製造連安設機器，以備一切之用。該英民及其妥派代理，無論華洋之人，均可任便在各處僑居貿易，不得阻撓，并不得與華人區別，收取畸重畸輕之捐。第十五欵，中國政府應加進口貨及復出口土貨改包整飾。在要緊通商口岸，現在關棧雖方便，仍不敷貿易之用，中國政府須允將關棧利益推廣各棧房。惟該棧房須由中國海關有權者，驗明合式妥穩，即可作關棧之用。第一欵，中國政府應在上海、廣州兩口岸設立貨物牌號註册所，將英國貨物牌號妥當註册，歸中國海關經理，自此次通商條約簽字後一年內舉辦，中國政府必須再示保護，以免違犯假冒等弊，有礙妥當註册之牌號等語。初一日會晤，已將第六欵內地僑居事切實駁以最不能行，該使仍請再議。第十五欵關棧事，海關本有章程，其意僅在推廣，當派賀、戴兩税司與彼幫辦德貞妥商再核。第一欵保護外洋貨物牌號事，各省已有給示保護成案，擬添中國貿易牌號，英國政府亦應一律保護，并添牌號註册時，應照各國收註册費，該使允為再議。以上三端，鈞意如何，乞電示。宣懷。支。

劉制台來電并致外務部、盛大臣　光緒二十七年

十二月初五日亥刻到

滬兩支電悉。內地雜居，意在製造，最不可允。如再要求，必須援各國通例，將洋人歸華官統理。推廣關棧，係分商局承充之利，官既不能特建，彼合關棧式者，遵章承充，似尚可允。保護牌號，論事理本不應聽民偽造，杏兄擬將華商牌號應一律保護相抵，甚善，但歷來洋人鮮有冒華商牌號之事，祇有華商開假洋行，洋人出名包庇假用洋旗。照約洋旗雖禁假冒，因洋商得費包

庇，洋官非特不禁，且袒護之，致礙政權、税釐。近自内河准行小輪，大都華商借名洋人者，杏兄能設法商禁，以相抵制，則尤善矣。坤。歌。

致上海盛大臣〔一〕光緒二十七年十二月初七日發

趙令鳳昌，夙荷青垂，現議商約，務祈委派一事，以爲將開復之地，感禱。祈示覆。

致長沙俞撫台光緒二十七年十二月十一日子刻發

盛大臣來電，英使交來第四欵，中國政府允願將以下所列各處開爲通商口岸，照江甯、天津條約已開之通商各處一律辦理。計開：直隸省之北京，湖南省之常德，湖南省之長沙，四川省之成都，四川省之叙州，雲南省之雲南府，安徽省之安慶，江西省之湖口，廣東省之惠州，廣東省之江門。以上所列北京、江門兩處，於六箇月開辦，其餘於一年内開辦云。此欵訂十一日會議，擬即以總理衙門曾經奏請推廣有案，應訂明中國自開口岸。至内地有無窒礙，能否自開口岸，仍須另籌答之。北京關係重大，應如何議駁，乞鈞示。宣懷。佳。等語。常德、長沙兩處祈迅速酌覆，并覆滬。蒸。

俞撫台來電光緒二十七年十二月十五日子刻到

蒸電悉。查長沙風氣初開，劃地通商，設法開導，民情或尚不至驚阻，但商務能否暢旺，殊無把握。惟開議時須與各使訂明，係由中國自開，不得各國佔劃租界，一切開關、設捕、抽租、修路等事，由我自主，略仿日本居留塲辦法，地段勘定，當再布商。

常德水道更淺，商務無多，同時並開，力固難兼，費亦不逮。擬將長沙辦妥，察看情形，再行續辦。乞盡籌核實復酌，轉盛京堂，並求先行電覆，實深感盼。廉。寒。

致外務部、上海盛大臣、江甯劉制台

光緒二十七年十二月十一日卯刻發

覲總目及連日所議，似已無加進口税之意，釐則名不免而實免矣。似宜逕將必須先將加進口之意説出，彼允加税若干，則我於各條有關釐税者，方可酌量寬讓，多加則多讓，少加則少讓。通籌盈絀，既可不虧國用，章程簡易，不紛不歧，亦免淆惑商民。若枝枝節節而議之，必致釐金損盡，而洋税不能加矣。請杏翁、峴帥熟籌酌辦，至禱。蘗。

致外務部、上海盛大臣、江甯劉制台

光緒二十七年十二月十一日卯刻發

滬歌、魚、三佳共五電，甯兩魚、虞、陽共四電，均悉。覆第二欵洋鹽曰，洋鹽事，歌、微電已詳，甯、滬自必力阻，無待贅言。覆第十四欵鎮章曰，鎮章太繁碎曲折，務宜令各省不偏枯，而章程簡易爲善。總之彼不加洋税而暗奪釐金，恐乏善策。覆第四欵口岸曰，北京開商岸自不能准，但外國志甚堅，宜速籌備抵制補救之法。常德、長沙已電詢湘撫。杏翁所議作爲自開口岸，

〔一〕録自苑書義等主編《張之洞全集》第十册，第八六九九頁，河北人民出版社一九九八年版。

極扼要。覆第十一欵平色曰，京外各省收發俱用龍元，不必搭成，方能通用，極是，與鄙意甚合。彼既云華洋貿易均多不便，又云納税付捐均可行用，是洋商賣貨完關税，俱肯用我龍元，此是極好機會。但須議明，如中國官民收發均作庫紋用，則洋商買賣亦均作庫紋用，方能便利。杏翁以他國銀元不應混入，極佩，此乃各國通例，面議後請詳示。覆第八欵郵電曰，彼所云英使爲郵電陳説須儘力辦理等語，渾淪難測，無從置議。電務杏翁自能妥籌，郵政望詢明如何整頓。此事關繫甚大，恐彼斷非爲中國計也。總之，郵電之權宜操之中國，最爲要義。卦。

盛大臣來電并致劉制台　光緒二十七年十二月初六日酉刻到

馬使交來第二欵細目如下：彼此訂定，洋鹽納税可運進中國，所有納税之條如下，自此次商約簽字後，頭五年定税每斤若干，後五年定税每斤若干，十年之後定税每斤若干。中國政府無論何時欲將定税減輕，任聽其便，但減輕之後再不能加漲，除非英國政府允准方可。其屯鹽關棧，可由商人在通商口岸設立，遵中國海關所定章程辦理。中國政府允願將此項洋鹽税頭二十年另行存儲，以便還應償有票據之債，免得與中國向來辦成之利益相干涉云。此條擬切實議駁，仍乞鈞裁。宣。歌。

盛大臣來電并致劉制台　光緒二十七年十二月初七日申刻到

英使交來第十四欵細目如下：中國出口貿易，宜極力講求振興，是為最要。查現在土貨三聯單，由内地運至鎮江口岸者，辦法久已講求，足可振興該處出口之貿易，又不礙税源。中國政府應願將鎮江辦法行於中國通商口岸，均照此推廣辦理。所有三聯單之税及有違三聯單章程之罰欵，應另行交藩庫存儲。其土貨由産地起運，路過一省或數省，運至出口之口岸者，所收之税須按所過之省分勻攤派。此項三聯單不分華英民人，均可請領，亦不分何項土貨，均可用此三聯單運載出口。註，照以上辦理，須定立一律章程云。請峴帥電飭鎮關道，將土貨三聯單由内地運至鎮江口岸章程單式，迅速抄寄，以便核議。乞鈞裁。宣。魚。

盛大臣來電并致劉制台　光緒二十七年十二月初十日巳刻到

英使交來第十一欵：因中國圜法不能一律，以致華洋貿易均多不便。中國允將國家圜法整頓，銀元平色均歸一律。凡納税付捐，合中國均可流通行用等語。圜法固不應兩歧，洋商亦多不便，擬允。此係内政，正當自行整頓，平色均歸一律，亦須彼允平色能歸一律之後，洋商在中國貿易均須通用中國銀圓，他國銀圓不應混入。鈞意然否。宣。佳。

盛大臣來電并致劉制台　光緒二十七年十二月初十日巳刻到

英使交來第八欵：中國設立電報，足見於内外商務大有用處，但宜整頓，更有利便於商民。如大英駐京欽差為有益於電務，隨時陳説者，中國政府允願商酌，儘力辦理。又為中國郵政有陳説者，亦一體商酌，儘力而辦云。宣。佳。

劉制台來電并致盛大臣暨鎮江關長道台　光緒二十七年十二月初七日辰刻到

杏翁電馬使交應議商約條欵目録，内有土貨出口三聯單，鎮江章程宜修改並推廣一條。查洋商入内地辦土貨，完一子口半税，准免沿途釐金，誠以貨係出洋，優待遠人。蓋華商内地運貨，逢關納税，遇卡抽釐，洋商辦貨若不出口，豈非自絶華商生計，各國當無此辦法。是以煙臺條約載明，若非英商自置土貨，該貨若非實在運往海關，不得援照辦理等語。鎮章所以請單之後，必須限内將貨運口，並預繳正税三倍，若逾限不運出口，除應完正半税外，下餘正半罰繳充公，原所以杜中途卸賣，漏免税釐。貨不出口，有礙華商生計，事本照約，最為公允。近來請單辦運流弊，業據滬道條陳彙咨杏翁有案。此時正擬將江海等關商照鎮章辦理，豈可轉將鎮章修改，益滋弊竇。應由鎮關速將章程原案漏夜録送杏翁，以備辯論維持。坤。魚。

劉制台來電并致外務部、盛大臣　光緒二十七年

十二月初八日未刻到

鄂歌、尾、語電悉。洋鹽進口，實關國計民生。以交涉言，則新舊還欵，公家地方用度，多取給於此。以民生言，則數百萬煎丁竈户更無從謀生。是洋鹽姑無論如何加重收税，萬不能抵華鹽現抽課釐及地方一切經費。洋鹽潔白，本輕利重，有洋鹽則華鹽銷必大絀，業此商竈必致無可謀活，因此地方不靖，亦非各國和好通商之意。此條縱使要求，必須堅拒。鑛路難拒，不議，俟開細目，請杏兄詳酌。内地雜居，縱改律例，亦未能遽允歸我管理，考日本可知，此不過為抵拒計。若一准，則内地製造之利即為所奪。關涉税釐各條，誠如杏兄所云，無非著勁相擠，逼我免釐稍加税耳。五穀以米麥關係民食最重，雜糧中如豆石、豆餅，照約除登州、牛莊外，其餘各口已准納税帶運外國。米麥出洋，實關民食，此條如能拒絶，惟有擇雜糧以應之。洋藥土藥税釐，照約應各較值，現土藥税捐亦重，如洋藥不能加，土藥亦不能增，不但不能抵免内地貨税，如欲免内地貨釐，必須將洋貨加税。銀兩平色似指紋銀言。華人附股，滬道條議已陳其弊，且前有大東惠通公司華洋私自合股，洋董擅做别項貿易虧折，硬欲華商添股，涉訟至今未結。華洋合股既多流弊，若准付足股票即准合股，且恐有關惠通前案。惟鑛路已有華洋合股，或但指定鑛路兩事，并如何定以範圍，其餘仍不准行。此外各條，俟見細目再商。坤。陽。

劉制台來電并致外務部、盛大臣　光緒二十七年

十二月十一日申刻到

滬三佳電悉。電報、郵政本屬中國内政，如英國駐京大臣有陳説，祇能作為代籌，聽中國自行斟酌，可行則行，不得相强。銀元平色本屬一律，所難整齊者價值，如仍照市價，則收支價有出入，計數即有多寡，此中弊竇實多。其製九銀一銅，若照分兩概作紋銀，商民必難信從。且作銀易錢，仍須按照銀價核數。似非仿西法用金銀銅酌定三幣，劃一等次，并廢生銀，不能整齊價值，然中國力量此時如何能行。禁用洋元誠為扼要，業已流入之洋元作何辦理，亦須預籌。現因變法，民心已摇摇未定，圜法關全國民生日用，萬一民不能從，必致擾累。洋商但圖出入之便，不顧閉塞之虞，中外皆受其累。統祈香帥、杏兄卓裁。如杏兄推誠詳告，使之能不干預，聽中國漸自量力整理最妥。索開多口，無非撓我釐務，兼為内地居住之謀。往歲廣開口岸之旨，原冀預杜侵佔，第多一口岸，於税釐即增一漏卮，於國帑即多一分費用。

通盤籌計，沿海擇要開口利多害少，沿江內地多開口岸，實屬有害無利。蓋內地與沿江斷不慮有侵佔，而於華洋雜處，釐務製造皆有大損。且內地開口，沿途經由之地皆隱頓口岸，是內地明雖開通一處，實則沿江海而至內地開口之處，均與口岸無異，所損尤大，而於商務未必真有利益，觀蘇杭可知。所索各口，北京、常德、長沙、成都、叙州、雲南府，皆在內地。北京關繫國都。湘中現開岳州，創辦極難，若再深入內地，目前之開辦與夫日後之彈壓保衛，其難更可想見。此時中國應還洋債已如此之鉅，財力已萬分為難，若再多耗國帑，損我釐稅，不獨有礙還欵，且致中國民窮財盡，於英國商務亦有不利。萬事彼此總當從大處著想，應請杏兄切實與之辯論，如其必不得已，亦祇有將所索江海各處量為因應，并作為自開之處。仍乞裁示。坤。蒸。

致外務部、上海盛大臣、江甯劉制台、成都奎制台光緒二十七年十二月十二日亥刻發

第七欵整頓川江行輪一條，關係川楚兩省民命田廬，沿江貧民生計，與彼訂約，措詞必須格外慎重，勿貽後患。且工費浩大，無窮無盡，數百萬亦恐不敷，中國財用支絀，斷斷不能承認，樂帥佳電已詳言矣。頃杏翁真電稅司擬改各語，未言整頓之難，且未聲明一切費用中國不能承認，似有未妥。且稅司所擬，似中國已允將來除去窒礙矣。務望先言此事關係窒礙，再聲明將來查明果有於地方百姓無害之整頓辦法，再行彼此和衷商酌，所有費用必須出自輪船。目下未整頓以前，一切利便拖拉辦法，亦須各輪自出，中國一切不能承認，以免將來爲難。至所謂拖拉利便，不論何項船隻，均可認便聽用，其所云何項船隻，是否指民船言，均須說明。即乞電覆。錫。

盛大臣來電并致劉制台、奎制台 光緒二十七年十二月十二日申刻到

樂帥佳電敬悉。頃與英使照鄂、川來電，力與辯論。經稅務司等會商，擬改如下：中國政府因知揚子江上游，即宜昌至重慶一帶水勢宜整頓，以便常年穩當通行輪船，所以彼此訂定，現時駛船之窒礙未除以前，應准輪船利便辦法，拖拉過灘，並在岸上所需號塔，水道所需號標，隨時隨處均由中國海關預備。所有商輪自備經費，安設拖拉利便之件。不論何項船隻，均可任便聽用，遵照中國海關議定章程辦理。凡有可行條陳整頓水道利於行船通暢之法，而無害於地方百姓者，中國允為和衷商酌云。該使以所改太空，尚未全允，先乞三帥鈞裁，如照此可否定議，候速示。宣。真。

致上海盛大臣光緒二十七年十二月十七日未刻發

敝處與劉峴帥昨奉旨陛見。茲又奉旨，江、鄂均俟商約定後，再行來京陛見。鄙人擬由河南北上，請屬沙多確查自正定至磁州鐵路明年何月必可成。祈示覆。篠。

軍機處來電光緒二十七年十二月十一日亥刻到

奉旨：朕欽奉慈禧端佑康頤昭豫莊誠壽恭欽獻崇熙皇太后懿旨，劉坤一著於明年開河時即行來京陛見，張之洞著俟劉坤一回任後來京陛見。該督等即將應辦事宜早為料理，以便屆期就道。欽此。真。

軍機處來電光緒二十七年十二月十六日子刻到

奉旨：朕欽奉慈禧端佑康頤昭豫莊誠壽恭欽獻崇熙皇太后懿旨，劉坤一、張之洞著俟商約定議後，再行來京陛見。欽此。咸。

委員張華燕自京來電光緒二十七年十二月十六日申刻到

聞上有春間宣召保入覲意，慰勞前事，次兩江，次粤、浙、皖，惟英使謂東南未可離。燕稟。望。

致長沙俞撫台光緒二十七年十二月十八日亥刻發

寒、諫兩電均悉。內地通商，彼利我損，夫豈待言。況湘爲敝處轄境，尤不願多此一事，自添煩惱。盛大臣如能照兩江電意力拒，作爲罷論，豈不甚善，正恐未必能盡如我願耳。如不獲已，則寒電所籌極爲妥協，但未知紳士願否。祈與諸紳熟商速示。至此次口岸，無論何處，俱作爲自開，盛大臣已言明。嘯。

致外務部、上海盛大臣、江甯劉制台

光緒二十七年十二月十九日子刻發

第十三欵惠通案，敝處不知其詳，請峴帥酌核。鄙意華洋合股在中國貿易，應遵華律，即洋人不肯照華律，華人亦應照華律辦理。儻謂中國商律尚有未備，目前即須訂定商律，此條即包在內，似不必另立條欵。且竊有過慮者，華人附洋股，若不設法維持，則華商力薄志渙，苟圖附洋速效，不肯合力糾股，必致中國遍地皆洋公司，斷無一華公司矣。似宜使自集華股之商較之附入洋股之商，利便較多，將來華商尚有自集公司之望。卓見以爲何如。嘯。

盛大臣來電并致劉制台 光緒二十七年十二月十八日丑刻到

十三條末，我欲加從前舊案經中國衙門曾已判結註銷者，於上列各節無相關涉數語，即係暗指惠通等案。英使云，貴大臣擬加數語，我雖應允，現接政府電令，另送一函，內稱前傳之末段定議中英股東應如何附股辦理各事，英國政府仍可有權，但不指定此約章辦理，向中國政府照交涉例商辦惠通一案或別案與惠通之案相仿者等語。告以此函豈非將所加數語註銷乎。彼云，聲明不指定此約章辦理，並不註銷，但英政府不允將此案不再計論，意甚堅持，乞鈞裁速示。鎮江三聯單案尚未到，彼甚催急。宣。霰。

致外務部、上海盛大臣、江甯劉制台

光緒二十七年十二月十九日子刻發

第七欵珠江撤去窒礙，杏翁删電所議甚妥。川江行輪，則請照敝處錫電及川電與議爲禱。嘯。

盛大臣來電并致劉制台、陶制台、德撫台 光緒二十七年十二月十六日亥刻到

第七欵上半節，現改定中政府允於兩年內將有礙廣東珠江行船並非天生窒礙者拆除，又允准將廣州口岸泊船處整頓。其如何設法整頓，由中國海關經理，其經費准於華英商人所卸裝之貨物收捐充用。至應抽若干，仍俟海關與華洋商人議定云。前准粤魚電，水面鐵木柵議拆可允，推廣泊船，税司已勘議核准。外務部

元電命酌核推廣界限若干，挖泥船經費從何籌畫。現刪去推廣及挖泥船字樣，聲明貨物抽捐，海關經理，以杜援引吴淞之弊。請即核准電示。宣懷。刪。

致外務部、上海盛大臣、江甯劉制台

光緒二十七年十二月十九日丑刻發

第十、十四、十七、十八、十九、廿四六欵，已將中國各省釐金全行免盡，即各國不要還此次賠欵，中國亦難自支。馬使既欲免釐，損減國家進欵，復指加重土藥稅爲抵補，以冀銷彼洋藥，而杜絶華民所種土藥，太不合理。鄙意不如及早明白告之，中國非不知釐金之不便，無如國用入不敷出，又須籌極鉅之賠欵，此時若無的確抵補之欵，則各項釐金勢不能免，以上各條概不能議，必須先知彼允加稅若干，然後我方能斟酌減去某項某處釐稅以抵之，若彼肯極力多加，我亦必極力多減。度支既易核計，開議亦可簡速，不然以上各條一與開議，定必有損無償。即如第十九欵口岸免釐界限一條，儻將來加稅免釐，自可無須定界，若不加稅，則只可以租界及通商場之界限爲界，若稍事通融，則繁盛商埠若上海、鎮江、廣州、漢口、蘇、杭、重慶等處，釐金無可收矣。蓋各處洋界之旁即是釐金最旺之地，斷不可受其愚也。嘯二。

盛大臣來電并致劉制台、袁制台

光緒二十七年十二月二十三日丑刻到

峴帥號電，加稅免釐，祗能合商，總須徵免抵補有餘，方能照辦。香帥嘯電，必須先知彼允加稅若干，若彼肯極力多加，我亦必極力多減，度支既易核計，開議亦可簡速，皆屬扼要之論。英使第十欵到後，又與辯論再四。竊思免釐洋商固所願，加重稅未必所願，因所免之釐，洋貨少，土貨多也，進出口子口聯單之貨少，內地自銷之貨多也。儻能將土貨所免之釐概取諸進出口貨，則土貨自必暢銷，中國自必饒富。馬凱謂每年洋債四千數百萬，為中國計，自應輕土貨成本，暢行出口，換回金鎊，以抵出欵，否則現銀愈逼愈乾，何以支持，似有至理。然欲抽二十，勢恐決裂。管見洋貨擬抽十五，每年有三千萬，抵過關稅八百萬，釐金一千七百萬外，連估價可增一千萬。土貨分別為外國侵銷者，仍抽七兩五，為中國獨産者，抽十兩，抵還關稅陸百萬，約可加二百萬。以後進出口貨愈多，則愈增，再加內地自銷土貨常關稅及新增鋪户進項稅、印花稅，辦得好時，由數百萬以至千萬，實屬不難。據各稅務司云，加稅免釐之後，洋商必多辦土貨，足國足民，莫善於此，論國計歲盈一二千萬之的欵，論民生利益尤無涯涘。此議稅之大綱，亦即新政之大端也，但不知英國能否允抽十五，能否刪除第十節、第十一節。美領事已明言不願併徵，各國能否允從，各省能否盡撤各項釐局，能否仿行鋪户捐、印花稅，務乞通籌密示，以備操縱。宣懷。箇。

致外務部、上海盛大臣、江甯劉制台

光緒二十七年十二月十九日亥刻發

杏翁函及問答各摺均悉。前魚電馬使交來第十四欵細目，推廣鎮江章程於各口，文言之則曰推廣鎮章也，質言之即是盡免中國出口土貨釐金也。照此辦法，則各省無釐可收，故云將三聯單稅交藩庫攤還所過省分應抽之釐貨。在本省不能抽釐而仰給零星之攤還，國家不出明示免釐，而令華商受洋商之覆庇，無論如何限制，皆屬無益。彼催鎮章甚急，其意可知。總之，若彼肯加進口税，則鎮章尚嫌繁曲，可另定簡易章程。若彼不允加税，此條萬勿與議，免爲所愚。千萬，至禱。效。

劉制台來電并致外務部、盛大臣 光緒二十七年十二月二十一日午刻到

鄂效電悉。土貨領單辦貨，誠大礙釐金。第領單辦貨，本為舊約所許，嗣因僅准洋商領單，華商向隅，未免偏枯，是以譯署續章亦准華商照領，以免洋商出名代領，坐收領單之費。然沿途遇華商單貨，仍不能如洋商之便利，故雖有華商准領之章，迄鮮華商領單之事。舊約祇有領單辦貨之條，并無繳單拘口限期轉運出口之章，是以各口領單多不呈繳，向追亦置不理，貨藉單護，得免沿途税釐，中途卸賣，并不至口。惟鎮章較為嚴密，迭經譯署飭令仿辦，如蕪、九等關極少領單者。商經領事照允，如上海等處請單最繁，屢商屢拒，迄未允行。今彼所以願照鎮章者，緣各處請單多有辯阻，或某貨准運，或某貨不准請單，如茶葉等貨，向不發單者，冀圖凡屬土貨皆准辦單。我但許照鎮章推廣仿辦，仍須限以種數貨數，似有益無礙。若慮一照鎮章，各省即無釐可收，然不照鎮章，彼在各口照約請單，各關仍不能拒絶，繳單出口仍無定期，轉致漫無限制。漢口等關向不發單，以後請領能否堅拒。又杏兄與議，能否限以種數貨數，若勢難堅拒不發，不如定有章程為妥，若難限數，自以不允為宜。統祈香帥、杏兄再為詳酌。坤。哿。

致長沙俞撫台光緒二十七年十二月二十一日辰刻發

效電並密函均悉。長沙、常德如能次第自開口岸，甚善。惟此事不允則不行，開兩岸則事更多，鄙意實非所願。務請台端面約諸大紳詢問確實，速覆。如諸紳皆願兩口並開，鄙人當斟酌磋商，擬告以准先開長沙，其常德擬俟兩三年後，長沙情形如果妥帖，再議。總之，此事得緩則緩耳。馬。

致京鹿尚書光緒二十七年十二月二十四日丑刻發

近日上海盛會江、鄂議商約，極關緊要，往來電皆電外務部，不知樞廷及户部皆得見否。此事關繫國用全局，户部必須與議，非外部所能定斷。如未見，務望向外務部索閲，或請飭盛及江、鄂一併電户部，請酌。尊函悉，公事事持正，海内清望所歸，萬勿萌退志，切禱。漾。

致外務部、江甯劉制台、上海盛大臣、成都奎制台光緒二十七年十二月二十四日午刻發

杏翁養電所擬川江行輪一條，均屬周妥，惟遵照海關議定章程辦理下，似宜添但所設之件，不得稍有阻礙河道民船暢行一句。是否，祈裁酌。敬。

盛大臣來電并致劉制台 光緒二十七年十二月二十三日申刻到

川江一條，照香帥錫電、樂帥元電，擬云：中國政府悉知宜昌至重慶一帶水勢宜整頓，以便通行輪船，又深知整頓工費浩大，

且關係川、楚兩省地方百姓，所以彼此訂定，目下未能整頓以前，應准輪船自備之費，安設拖拉過灘利便之件，不論輪船、民船均可任便聽用，遵照海關議定章程辦理。如岸上需用號塔，水道需用號標，均由海關預備，將來如有可行條陳整頓水道利於行船之法，果能無害於地方百姓，再行彼此和衷商酌。所有費用必須出自輪船等語。此條争論數次，彼所擬句終屬不妥，若由我動筆即難再改，故就尊意先擬呈覽。如妥候示，再與彼文，約定廿五會議。宣。養。

奎制台來電并致劉制台、盛大臣 光緒二十七年十二月二十七日戌刻到

杏翁養電所擬一條，與香帥所增兩句，均臻妥協，惟號塔、號標仍難照允。緣川、鄂情形不同，川自巫山至重慶道遠灘多，設不勝設，且水漲則輪船可漫灘而過，水落則大小灘石畢現，不難辨認，可無須多此一設。屬鄂省者，路近灘少，而川省險灘又止鄂屬青、曳兩處為最著，是以鄂允設而川宜免也。應請於條約内畫清界限為禱。俊。宥。

致軍機處、外務部 光緒二十七年十二月二十四日亥刻發

英薩使電：俄約鑛務工商一條，業已删去。另與華俄銀行立合同一件，云三省内所有工藝以及一切等事，須由該銀行借欵，儻中國或中國公司不能自辦此等事，須先詢該銀行願辦否。又於約内添一欵云，此合同係中俄商務小事，與各口岸無涉，並於各國工商利益毫無損礙云云。英國國家視此合同爲彌縫背約之法，而約内所添一欵殊屬無用。中國若畫此合同，英國定索償利益等語。英領事云，此合同明准俄國一國專三省鑛務工商等利，既奪中國主權，復損各國商人任便交易權利，畫此合同，即瓜分中國之漸也等語。查東三省事，各國既有照會在先，不得與一國立約，礙各國應享條約權利，則我與俄立約，必須各國均無異言，方無後患。今薩使明言英將索償，若不妥酌，雖不至瓜分，而中國鑛工商利，亦必各自藉口，專利一方矣。似宜與英、日、美三國熟商辦法爲妥。至要至禱。敬。

致江甯劉制台 光緒二十七年十二月二十五日未刻發

前接王芍帥函，言裁兵事擬將緑營汰弱留强，改爲巡警軍，即以所節之餉，加諸所留之兵，蘇、皖、贛三省一律將於明正會奏等語。辦法誠爲簡易，然緑營積習與州縣差役同，無論老壯，皆是好逸惡勞，索規舞弊，雖警察亦萬不可用，故江、楚會奏變法摺已詳陳及此。至警察官弁勇丁所需之餉，將來擬出之於地方税，即州縣税也。外國逼我免盡釐金，故擬移若干作此用。此係地方要政，各國所同，當無詞以阻我。至裁緑營所省之餉，擬以供外府縣緝捕巡防之軍。尊處裁兵辦法，未敢越俎妄言，此但言鄂省辦法耳。再，皖函所言，似與前會奏摺意兩歧，并陳。祈示覆。有。

致外務部、上海盛大臣、江甯劉制台、保定袁制台 光緒二十七年十二月二十七日未刻發

滬兩箇、漾三電，甯號、哿、馬、養、漾、敬、宥七電，均

悉。各國徵税均有自主之權，隨時斟酌損益，惟中國與各國立約，關稅訂有限制，不能自便。今議免釐，將國家各省州縣、鄉約局所有按貨收捐之權，一併奪去，地方利民要政不能興辦，遇有緩急不能設法，且彼可隨時註銷，我則永遠禁阻，亦欠公允，不惟損我財用，直是限我主權，爲害無窮，永遠無從補救，斷難允許。蓋中國地方政治明備，商民安樂，百事興旺，各國商務方有起色。若地方教養、保衛、利民生、便商旅諸事俱不能辦，則蕭索廢弛，貧瘠日甚，頑固如前，實於商務無益，且亦與諸大國開通文明之意不合，實違萬國公理，似可以各國通例詰之。若能留産地税及地方各税，則以上各事皆可承辦，不憂用費不足也。滬電云，抽十五可得三千萬。未詳核計，似只有二千萬，除抵原有進口税釐金一千五百萬外，只多五百餘萬，望再確核詳示。即只增五百萬以抵外省不名爲釐金之欵，想所差亦不遠。以後進口貨必日多，税必日旺，但盼中國勿再有變亂，斯爲最要耳。至彼所云國債票主應有之權利不相關涉二語，包孕渾涵，不得其解。其意或欲借口賠欵，在中國自行抽各項税耶，務望詢問明晰。鄙意過境釐金可允其全免，以利華商、暢土貨，此外中國理財之權，總不可受其束縛，續電詳陳。至第十一節，語意不甚明晰，所謂同一河道不再徵出進口税，明係欲免復進口税，萬不可行，祈詢明示復。各省釐金内外銷實數若干，請杏翁速分電各省詢覆。此外各省報部不名釐金而實與釐金同者，或名捐欵，或名經費，合計亦必有數百萬，亦應分電詢覆。竊謂若抱定去年總署咨内外銷共二千萬之數，較有根據，再加此項似釐非釐之欵，合計令其加税足以相抵足矣。彼肯允許即甚善，不必求多，即使彼不肯，將似釐非釐之欵并計籌抵，但能留産地税、地方税，爲籌欵計轉較多，爲政權計尤有益。赫總税司函意極好，大可從容詳酌，免致急遽受虧。赫節略、兩税司條陳，請速録寄，望將大略擇要先電示。洞。寢。

此電并請外務部録送樞廷、户部。

盛大臣來電并致劉制台 光緒二十七年十二月二十一日未刻到

英派專使議商税，係英外部照會羅大臣，又駐使照會全權而來。嗣奉鈞電，和、義均派滬總領事，美派消爾德沙，稱專辦税務，洋報云另派駐使康格、總領事古納等辦商約。德總領事克納貝來文專派改辦商約税則，日本聞有派參贊、總領事之説，均未來議。據馬凱云，所交廿四欵係英國主見，未與各國預商。詢其商約有兩種，一則英約期滿，應先修改，本可專與英議，二則因和約第十一欵允定各國商改，似當與各國共議。馬云，係因和約所允，但商務英居六七，應先與英議，況英無他志，深望中國興起，若與英先商定，各國雖情形不同者，稍或增改，究有底本，不致十分為難。如願各國一起共議，恐用壓力，勢必至公同照會，難以商量等語。馬使固願英執牛耳，力争體面，然日本議商約，亦先議一國，赫德總税司上年亦謂各國同議更難。馬凱初到中國，尚未到京，將來若使與各駐使會議，恐其氣燄更甚。儻能在滬先議大概，到京核定，或稍簡便，但恐税釐一事殊難如願耳。宣懷。號。

盛大臣來電并致劉制台 光緒二十七年十二月二十三日酉刻到

英使交來第十欵、第二十三欵。第一節：兹因中國國家認悉中國貿易若將華洋貨物内地一切釐金裁去，實受裨益，是以甚願裁撤，惟恐户部與各省藩庫因此所短少之餉項，須用別法籌補。第二節：查天津和約第二十八欵，英商洋貨進售内地，綜算貨價，每百征銀二兩五錢，海口完納給票，為他子口毫不另徵之據。茲欲推廣此項利權，并將英商進售内地貨物現在所有阻滯全行除去，是以彼此允願如左。第三節：除按下列章程辦理外，中國國家允願通中國各處華洋貨物及土産，其内地徵收各項，無論如何名目，又無論其歸國家，或歸本省，或歸州縣，或鄉約局所徵收各項，又無論該貨是進口，或出口，或國内行銷者，中國並承允將所有各局、卡係為徵收貨物而設者，永遠裁撤。除洋關及邊界所設之洋關不在此例。第四節：大英國除按此條所載章程辦理外，允願英國商人此後運貨入中國者，照現在所納之進口税每百抽五之外，又按現在商約所許加納折徵之税，每百抽二釐半之外，允願在入口之埠再完一補給折徵之税，按計每值百抽若干釐之數完繳。第五節：除一千九百一年以前免税之貨不在此例，凡此項從前免税之貨，須按一千九百一年九月七號和議總約所定税項每值百抽五之數，仍舊照納。以上所載各節，於外洋鴉片煙全無關涉，須仍照和約現在所有各節辦理，毫無更改。茲並允願於此項補繳折徵之税所得之數項下，由洋關每月分交各省督撫，按各省釐金於一千八百九十七年、一千八百九十八年、一千八百九十九年此三年所報部之數扯計若干，給回各省地方之用。第六節：又彼此允願以上章程於鹽政無涉，但徵收内地鹽餉所設之局卡其辦理之法，不得稍有阻礙別項貨物自便快捷暢運之處。第七節：至中國土藥，彼此允願中國國家在出産之處任便徵收税項，或於各省彼此往來通運亦可徵税，但所設税局其辦理之法，概不得有干礙別項貨物及土産。第八節：又彼此允願英國國家有權將此條現在所定之辦法，隨時註銷，並將從前各條約所定之税項原數復回其舊。儻一經查得上載裁撤内地各項貨物徵税，及不阻滯貨物在内地暢運各辦法或有不依足辦理，不論字面字義，但有不依足之處，可以撤回註銷，復舊法辦理。如遇此等事，英商手内所存之貨物，其已經完交補繳折徵之税者，須如數交回。中國現在允辦此條各節，前此所云按章程辦理者，是則凡各國其與中國所立之條約有載優待均沾之條者，須一律與中國立約議准，照英國現在所定完納補繳折徵之税一律辦理方可。第九節：英國現在允辦此條各節，前此所云按章程辦理者，其章程開列於後。一、凡各國與中國現在或以後所立之條約，其有載優待均沾之條者，須一律照樣允立此約。二、各國凡允願此條者，除此條現載各節之外，不得另有加增別樣章程。三、各國其允願此條者，不得有明牽制或暗牽制要求中國給與別項政治或貿易利權。上列各章程辦理妥協後之商定一日期起納補繳折徵之税，并將内地各税之廠卡即行停辦，而永遠裁撤之日，即由是日一箇月之後舉行。第十節：除上欵所載之章程徵收補繳折徵之税，按值百抽若干完納外，英國允願此外再加納一税，計每值百抽若干，以十年為期，由補繳折徵初收之日起計，過此十年之後，每年遞減半釐，直至若干年遞至減完為止。第十一節：除國債票主現在所應有之權利不相關涉外，現彼此訂允上欵所載裁去内地貨物徵税，及照納補繳折徵之税各辦法起行之日，中國願同時令各貨物由一河道之通商口岸，運至該河道往内河道相通之通商口岸，任便往來，不徵出進口税及沿海之税云。宣懷。箇。

劉制台來電并致外務部、袁制台、盛大臣

光緒二十七年十二月二十四日申刻到

滬兩箇電悉。免釐加税，上海西商局會董、倫敦董事之在香港分局者，皆以為然。且以積想數十年，欲照此商辦，冀免沿途釐卡留難需索，貨運内地繳單以後濫行收捐。是彼早有成見在胸，其故無非冀得少加洋税。洋税抽十，本亦商會議論，在我與其釐捐處處為彼侵削牽制，暗受大虧，似亦不如免釐加税，以輕土貨價值，得以暢銷路、舒民困之為愈也。第徵免總須抵補有餘，方是勝著。進口抽二十誠做不到，惟抽十五亦不能再減，出口抽十亦屬要著。照貿易册，出口正税歲約收銀八百數十萬，抽十歲可增四百萬，除抵原有半税外，約可年增三百餘萬。惟為外國侵銷者，仍抽七五，是否僅絲茶兩項，抑尚有别貨。照外人所查，絲每擔約共收税捐五十兩左右，較日本絲税幾逾兩倍。茶值二十餘兩者，收税五兩，約計值百抽二十有奇，地方捐項尚不在内。若減收七五，此兩項捐固無著，税必驟絀。如尚有别貨亦須減七五，則出口税必更絀。絲茶既關商民生計最鉅，不能不減，餘貨即須詳酌，且議減必須籌補。出口抽十，雖歲可增三百餘萬，惟絲茶減七五，短收亦必多。該兩項出口税雖洋關有數可稽，而内地雜捐實散漫，無可查考。此等雜捐或濟餉需，或充地方善舉等用，皆不可少，均須撥補。統盤約計，是雖增收當亦無多。然照此辦法，似尚不致受虧，以後税增捐免，内地製造漸興，出口貨雖可望增，進口税恐將減少，是非進出口統加，將來盈絀庶有抵補。杏兄與彼辯論，語皆扼要，惟和約雖允議改，第載明係屬修改有益，非謂損中，是必須兩有裨益方能商改。且馬使既云關顧中國，無論如何商辦，總須不使中國有所虧損，方符關顧之意。第三節鄉約捐，似不應列入免抽。西例地方用款本可抽捐，上海通商局疋頭絨貨董亦議及此，但云須限定數目，不使地方官任意濫收。應請杏兄與之商明，提出另訂，向行鋪抽收，限制不在中途設局。收取洋關之外，既尚有常關，自應一體載明。第八節不照所定辦法，約可隨時廢棄，係仿洋藥併徵約載辦法。國家既經立約，斷不准再行妄捐，惟内地未諳條約，容或間有誤會。彼此煞費心力，商定妥法，若因偶誤即行廢去，彼此皆有不值，能與商作有誤抽如不立時更正，即可廢約。第十節萬不能行。此時商定所增，即係抵補所免，十年後遞減，則所減者又從何處籌補。十一節包括太廣，流弊滋多。既可免釐，進出口均祇徵收一税，已徵本不再徵，未徵本須徵收，何必再立此條，致啟漏免之弊。此兩條均應商删。各國能否照允，雖不可必，然通盤籌計，無逾於此，不能不照此與商。苟能與英先行議定，然後再與各國力商，並可浼英相助。併徵若定各省原有釐收照數撥補，各項釐捐自不能不照約一律裁撤。印花税本屬應辦之事。釐即盡裁，地方用項無出，亦非辦鋪户捐不可。第東西洋鋪捐如何辦法，乞杏兄考詢詳示。坤。漾。

劉制台來電并致盛大臣

光緒二十七年十二月二十五日巳刻到

漾電想達覽。滬箇電第十一節包括固廣，意義亦有未明。若指土貨，顯係欲免復進口半税，并可任意行走。殊不知釐雖免，尚有常關。洋商自内地辦貨運洋，祇完正、半兩税，所以特輕於華商者，誠以貨係出洋無礙。華商貿易復進口半税，原所以杜在

口銷售，是以進口入內地即當照華商例完納內地稅釐。此後縱加稅免釐，此項復進口半稅似不應免。若指洋貨言，則其命意何在，亦請杏兄指示。坤。敬。

致外務部、上海盛大臣、江甯劉制台、保定袁制台光緒二十七年十二月二十七日未刻發

寢電計達覽。滬兩箇、漾三電，甯號、哿、馬、養、漾、敬、宥七電，均悉。茲就連日交來諸欵，酌擬免釐加稅，取益防損諸條如左。一曰此次議改商約，既與各國有益，亦須於中國無損，止能將抽釐納稅辦法改歸簡易，固應籌抵我國用入欵，尤不得侵我損益財政之權。二曰赫德稅司函所謂我之所求，大約指多加洋稅而言。鄙意洋貨稅只加至十五而止，即彼肯加亦不必再議加，蓋洋稅多加一分，則我內地財政之權，彼必削去數分以爲相抵。三曰土貨爲外國侵銷者，自宜免釐而不加稅，除絲茶外，請詳查。無論外國侵銷與否，總以出口者不加爲是，且多加外國亦必不允。四曰洋貨抽十五，擬分爲兩起完納，在海口抽十，到內地銷售之口岸抽五，共合爲抽十五。土貨假如必須抽十，亦擬分爲兩起完納，在產地起運時抽五，到銷售之市鎮或出口之口岸抽五，共合爲抽十。如此既免沿途留難多徵，亦令各省有大口岸大市鎮者，均有稅收。凡係產貨之鄉，銷貨之地，即有可收之稅，不至偏重進口第一關，亦不至偏重出口第一關，庶各省均有徵收理財之權，較爲平允無礙。如土貨不加抽，則產地售地各抽二五。總之，分半輸稅。平日無事時撥還之數較少，可省膠葛，設或一方有變亂時，亦不致牽動全局。此乃臆說，不審可行否。五曰各處中國民船，華洋大小輪船，照各國通行章程抽收船鈔牌費。以後中國小輪日多，所有中國小輪應分別情形，或有歸行駛各處自行抽收者，不宜全歸海關抽收。民船自應由地方官抽收，以免奪我地方治民之權。六曰各處紳商自行會議，稟明地方官，甘願抽收爲本處地方修理隄岸、閘工、街道、河道、溝渠、塘堰、馬頭、馬路、警察、學堂、醫院、濟貧、養廢、育嬰等各項善舉之用，照外國例由紳董自行公議，經理出入收支者，外國名爲地方稅，即馬使所謂鄉約局稅，應聽該地方紳董酌辦，不在免稅免釐之內。七曰凡外國所有各捐，如房稅、地稅、營業稅、進項稅、印花稅等項，中國自有主權斟酌，仿照興辦，外國不得干預。八曰除食鹽、洋藥、土藥稅釐，本與此約無涉外，其餘若竹、木、磚、瓦、灰、石、木柴、木炭、五穀、煙、酒、膏、丹、丸、散諸藥，此皆中國自産自運自用之物，與洋商無涉，又易於辨認，斷不至有礙他項土貨、洋貨。且煙酒及製成藥料，外國稅皆甚重，不在免釐免稅之例，但酌定簡易章程，不令苛征繁擾。九曰洋人居住租界内者，各國領事向皆自定租界内章程，令華洋商輸納各捐，名曰馬頭捐，亦名曰工部局捐。各國租界章程各各不同，中國既不過問，洋人居中國尚可抽捐，然則洋人在租界外居住者須照華人章程，一律捐輸，不得寬免，以昭公平。十曰洋人自用各物現已開辦抽稅，應一律加爲值百抽十五，以後此項稅日多，箇一電所云馬使僅肯抽五，似未平允，宜與熟商。十一曰復進口稅斷不能免。十二曰內地常關，其稅章應由我自定，隨時斟酌。十三曰口岸華洋商所設製造廠稅項，只能一律，若欲振興華廠，國家惟有另行設法資助體恤，日本即有此章程，似宜采用。十四曰出口土貨，舊日稅則未載，如雞卵、雞鴨毛、鷺鷥毛、猪毛等類，不可殫述，

皆供外國製造之用，銷流日多，應酌徵税。此外有供外國製造之用者，均應查明添入，無關製造，化賤爲貴者，可從寬。十五曰赫總税司既勸以我所求易彼所索，則在中國之洋商專行中國銀元、銀元票，不用外國銀元，以及租界内可拏匪犯，租界外之洋人可略受中國官管束，會審華官可有權，即是於我有益之大端，望斟酌與商。十六曰例禁貨物，如火藥、硝磺、軍械等件，内地仍須隨處設法稽查，以免走漏，接濟匪徒。不得借口有礙貨物轉運，不遵搜查。以上十六條姑就一時愚慮所及者言之，有無可采，請杏翁、峴帥詳籌酌議。洞。宥。此電請外務部録送樞廷、户部。

盛大臣來電并致劉制台 光緒二十七年十二月二十七日巳刻到

英馬使交來第九欵詳目如下：中國認悉出口貿易所有一切阻礙推廣之處，宜革除浄盡，是為亟要之事。是以允願按咸豐八年所立之中英商約内載在上海所定出口税則，將來修改，儻某貨之税有過於每百抽五者，該税應減至值百抽五之項，若按貨之價值所納之税僅足值百抽五或不及值百抽五者，即仍照舊税則完納。又仿此按照一千九百一年九月七號所定和約所載入口貨物，按新樣税則輸納，照每值百抽足五釐之數徵納。又按照一千八百五十八年十月六號在上海所定之通商章程第一條所載，凡貨物不載在出口税則，而載在入口税則者，於出口時照入口税則所示應徵之税完納。又再允願此項出口貨其應完之税，須仍照舊悉如一千九百一年九月七號以前一樣輸納，除非其貨物按照一千八百五十八年商約税則所載之數目有逾值百抽五之數者，即須減至值百抽五為率。按上欵所定之宗旨，須即在上海商定一新出口税則，由上海西人通商會與洋關商定云。宣懷。宥。

盛大臣來電并致劉制台 光緒二十七年十二月二十七日巳刻到

英馬使交來第十九欵如下：茲因一千八百七十六年所立條約，復於一千八百八十五年在倫敦畫押之續約，訂允煙臺和約各欵所載，其有關於洋貨在通商口岸界内不應徵收釐金，其審辦之法經已允願，彼此留為日後再議等因。茲議定在該界限内免收釐金者，係附近通商口岸之城至通商口岸之埠一帶地方，包連城埠各外廂之地，并連通商口岸與其埠外之地，及城内與廂外之地，并各處彼此往來通聯之地。又允悉［免］釐金之語，包指洋貨於商貨應納進口税外，所加收各徵項是也。無論其貨尚在通口貨主手内，或已售與中國或他國商人，若仍在以上所定免釐地界之内，皆不得徵收云。宣懷。宥。

盛大臣來電并致劉制台 光緒二十七年十二月二十六日亥刻到

英馬使交來第二十四欵如下：茲因英國人民按條約應有之利權，可在通商口岸各處享受者，常有因界限不清，以至争執。中國現在允承，凡英國人民無論在畫定租界之上及泊船之所，或在通商口岸及城市各處闢與通商全界之内，中國官員嗣後不得再行阻擋其享受該項利權云。宣懷。宥。

致上海盛大臣、江甯劉制台光緒二十七年十二月二十七日未刻發

免釐加税各節，包羅牽連太多，事關中國全局命脈，不僅交

涉，全係理財，不僅理財，實關政治，似宜并達知樞廷、户部爲妥。應如何達知，請酌，或電外務部請其轉達樞、户，請杏翁、峴帥詳酌示覆。再，二赤〔一〕只可於税務挽其贊助，不宜奏請會辦。峴帥老謀深慮，極是。感子。

盛大臣來電光緒二十八年正月初五日戌刻到

外務部江電：商約關係重要，自上年開議後，所有尊處及江、鄂兩處往來各電，均隨時録送樞廷，並恭録黄册，逐日進呈御覽。至關繫財政各電，向由本部擇要録送户部，現在並由户部司員隨時在樞垣領録。希轉達劉、張兩宫保察閲云。宣。支。

〔一〕指中國總税務司英人赫德。

光緒二十八年

致上海盛大臣光緒二十八年正月初四日午刻發

粤漢鐵路議定兩年，尚無開辦之期，不解其故，尊處當必知其詳。粤漢路成，乃蘆漢路之利也。能設法促之否，祈示覆。豪。

致江甯劉制台光緒二十八年正月初八日子刻發

微電悉。全權函竟欲將俄約允許，不勝惶駭。此事敝處去年十月東、敬兩電，臘月敬電暨尊處各電，可謂詳切危悚。英國國家來電，明言將與中國爲難，英薩使明言定向中國索償，又云此乃彌縫背約之法，何得謂各國尚無他説，實不可解。至所謂妥定鑛路章程，抵押分利，他國援辦不能出此範圍，尤令人急殺。照華俄銀行之議，鑛除中國自辦外，全交俄辦云云。既禁他國來開，中國斷無此力，俄有所欲，豈能不批准乎。照此約，東三省鑛全歸俄，路全歸俄，兵全歸俄，此即是盡失主權之實據。乃謂他國援辦不出此範圍，是已安排許他國援例照辦矣。謂他國效尤争利，殊誤。不患各國争利，乃患各國争權。主權既無，利於何有。外國租山辦鑛，原無不可，惟每省不專歸一國，則權在主人。若援俄例，則一省種種事權專屬此一國，乃欲藉爲開財源之計，可謂有害無利，何得曰兩害取輕。如能拒俄約，東三省之利各國均霑，豈能再索酬報。今不慮索償，而慮索謝乎。敝處未接全權函，亦無論其有函與否，敢請公挈銜痛切電奏，阻此禍約，保此危局，切禱。遇。

劉制台來電 光緒二十八年正月初六日亥刻到

頃接全權密函，必並寄尊處。惟到鄂尚需數日，先擇要電達。略謂俄約四條，磋磨經年，將有礙主權各節一概删除，各國尚無他説。惟華俄銀行議訂合同，再四商改，以保權利，較之李文忠原議亦多删易，大意謂東三省鑛務中國自辦，如交俄辦，必須由中國批准，尚不失主權。至所稱中俄商務小事，與各口岸無涉，並於各國工商利益毫無損礙等語，我固力持此議，彼尚未有遽從，到此地步，已屬為難。合同不定，俄約虛懸，三省即不交還，根本久為敵踞，彼方建置經營，不遺餘力，若再延宕，局勢已成，返璧無期，轉圜乏術，後患何堪設想。此次英人既與尊處提及，美、日兩使亦曾來晤，但有阻緩之言，並無切實相助辦法。兩國訂約不應有他國干預，中國能自訂為上策，必不得已請各國調停為下策，若如來電請各國評斷，恐俄未必就商，即迫於公議，降心相從，事後要索酬報，亦難遍應。合同訂後，各國援辦索償利益，不可不防。擬妥定鑛路章，將抵押抽税分利各節詳細聲明，無論華洋商承辦，概須遵章辦理。將來華俄銀行攬辦東省鑛務，亦以此為衡，即他國援辦，不能出此範圍。國家得餉，民亦獲工作之利。中國鑛產如能籌資官辦，原杜覬覦，而財源枯竭，勢不能不為此補苴，似於收地後如他國效尤争利，尚可隱寓維持。東三省為俄兵力所得，不稍與利益，彼豈肯交還。兩害取輕，舍此別無辦法云。查薩使電，中國若畫此約，英國索償利益，何得謂尚無他説。銀行合同明係予俄專利，鑛務既謂歸中國自辦，又謂如交俄辦等語，即是許俄開辦之據。强弱異勢，何患中國不批准，所謂保全權利者安在。但云如交俄辦，他國又豈肯甘心。商務小事一欵，薩已指明為彌縫背約之法，萬不可再持此義。能自訂約為上，此指尋常而言，此次既有各國牽制，不使聞知，是即予人口實。英、美雖無切實相助辦法，而日本去秋覆電，語極結實，欲求多援，亦只能到此地步。目下日本方力勸延緩，而我毅然定約，激怒實在意中，各國效尤更不待言。僅恃路鑛章程，國弱至此，何能就我範圍。若以俄以兵得為言，無異召敵。鄙見如此，事大不妥，卓見若何，祈速電示。坤。微。

致外務部、江甯劉制台、上海盛大臣 光緒二十八年正月初八日子刻發

滬兩支電、甯兩魚電均悉。六條均屬要義，兩公所籌均極切要，惟鄙意尚有未盡者數事。教案似尤須切實指明辦法，方可希冀補救兩三分。此係我所擬，送去後恐難添改。我所求者，似可多説數條，可否請暫緩送去，容詳思，明日再奉覆。如以後仍可續增，亦望速示。陽。

盛大臣來電 并致劉制台 光緒二十八年正月初六日酉刻到

歲杪面告英使，中國亦有要求，即擬交送稟議。英使云，和約所載，係英國可與中國商改，並無中國亦可向英國商改之字。答以既有商議兩字，便是互相可以商改。況中國所商，無非互相有益之事。辯論再四，已允送閲。現擬四欵如下：一、耶蘇教暨

天主教均以勸人行善為本，傳教自無不可，其有傳授習學者，皆當一體保護。所以凡入內地傳教者，須赴通商口岸之本國領事府報明姓名會名，以及前往何處等情，以便轉請道台發給護身執照，方可前往，一面由地方官妥為保護，一面由該管領事隨時稽查。至凡欲入教者，毫無查禁，惟入教與未入教者，同係中國子民，均須一併遵循中國律例，守分守法，不得由傳教者干預地方官管理人民之權，而地方官亦不得因教民與平民有所歧視，區別辦理，彼此總以安分度日為要。凡欲在內地置買地產，原為蓋房建堂與興造育嬰、留養、醫病等院，惟各契據內必須註明該地係為本處某某教堂公產字樣，不能專列傳教士及奉教人之名。且堂院以應本地式樣為本，再與鄰近之紳耆商允，以期相安，並准地方官隨時入內察看情形。一、曾定條約雖載明英國民人應按英國律例，由英官定辦，惟英國商民不能援引此條，以為不歸地方官管理，即作無庸遵守中國律例之據。凡華民照例不准行者，英國人民亦應一律遵守，以昭公允。且中國因此亦可願意，凡遇華洋爭訟事出，均於各處一律辦理，故擬由外洋聘請有名律師，幫同熟悉中國律例者，編纂律法，在通商口岸特設公堂，以便俟中國允准後，華英人民所有詞訟案情，均由該公堂按律辦理。如中國尚未有熟悉新定律例之官員派充聽審，或願聘請英國律師在於公堂代為聽審，亦無不可，且准華人聽便，或到地方官處伸訟，或到該公堂請辦。一、天津條約第五十四欵內載，上年立約，所有英國官民理應取益防損各事，今仍存之無失。儻若他國今後別有潤及之處，英國無不同獲其美等因。英國現允中國如有與他國之益，彼此立訂如何施行之專章，嗣後英國既欲援引中國與他國之益，使其人民同沾，亦應允照所定專章一體遵守。一、中國約准英國商民在指定通商口岸以及江河貿易行走之處，中英現在言明，除條約明定界限外，其管轄地方水面之權，仍歸自主，並未讓與他國。故管理通商口岸之洋船，並防護船隻染疫，保衛通商口岸水道各等章程，仍由中國自定頒行遵守，且嗣後如有兩國貿易之事，中國若欲於原定約章之外另與英國商民別開貿易行船利益之路，皆由中國專主自定章程，惟總不得與原約之意相背。以上前三欵皆就赫德總稅司來函之意，後一欵係保全行船自主之權。可否即日送交，乞電示。宣懷。支。

盛大臣來電并致劉制台　光緒二十八年正月初五日戌刻到

四條之外，又擬兩條。一、中國商民自置之各項船隻，不准懸挂英國旗號，如查有可疑之迹，中國該管官即可知會英國領事官，俟其查明實係不應懸挂英旗之船，當將該船及船上所載華商之貨，全行解交華官辦理。儻有英人知情不報，串通舞弊，亦將船內所有該英國人貨物全罰入官，並仍將其人由英官按情懲辦。一、英國現允中國可派領事官駐紮英國及英國屬地各口，並應查照待各他國官員最優之禮以待華官云。連前編成六條。又稅司所擬關章十五條，似宜盡向英使請議，無論允與不允，亦作為曾經討議，立為案據，有益無損。現已譯成英文，候鈞示即可交送。宣懷。支。

劉制台來電并致外務部、盛大臣　光緒二十八年正月初七日丑刻到

滬支電悉。第一條所擬傳教各節，均本條約章程立論。是條以不得由傳教者干預地方官管理民人之權一語，最為包括扼要。

推其用意，蓋恐立意過多，措詞過嚴，彼不能允，故為此含蓄包括之語。惟近來華民每因犯事投教，以逃法網，甚且平民受此教之民欺凌，即投彼教聚衆報復，兩教仇鬧之案，層見迭出。西、皖兩省此風最甚，皆由教士濫收所致。能於條内添入教士收人入教，必先查明其人平日安分，並未犯事，亦未涉訟，然後再收入。租地每有盜賣侵佔等事，致民教結怨者，約本有無礙民居，不關方向，方能照租。能於條内添入必須查明無侵盜糾葛，方可租買。第一條凡華民照例不准行者，英國人民亦應一律遵守，亦屬切要之語。第三條本於同治八年與英議而未行約内有此。第四條亦佳。應請將以上請添各節，酌量叙入與商。坤。魚。

劉制台來電并致外務部、盛大臣 光緒二十八年正月初七日丑刻到

稅司所擬關章十五條，俟寄示再行電覆。所擬第五條禁掛洋旗，此本善後條約附載照會聲明有案，英船任載噸數必滿定額，英人或為資主，或為船主，方給旗號。如擅升英旗，查出知會領事，必能究懲杜絶。煙臺續約亦經載有嚴禁華船冒用英旗。馬使前此在甯，正美商小輪在揚鬧事，經局與之詳言洋商受費出名包庇，華船冒用洋旗，水手恃勢横行，種種流弊，必當申禁，馬允妥籌。此次似可證以前情，與之商議並請添入嚴禁水手恃蠻横行。此等案雖全在領事之能否秉公澈究，然立有專條，遇事商辦，究得稍有依據。第六條舊約祇有一面之詞，但允優待於彼在華之員，並無在彼一律優待我國派往之員之條，今議及此，亦利益均沾之意也。坤。魚。

致江甯劉制台 光緒二十八年正月初八日午刻發

外務部函已到，與尊處函同，請速會電奏。庚。

劉制台來電 光緒二十八年正月初十日巳刻到

遇庚電悉。頃電奏曰：接全權函，欲將俄約允許。此約一成，禍不旋踵，大局存亡所繫，敬為聖主陳之。原函謂俄約有礙主權各節一概删除，各國尚無他説，惟銀行合同再四商改，以保權利等語。查銀行合同明係予俄專利，何得謂無礙主權。英國國家明言將與中國為難，薩使明言定向中國索償，何得謂尚無他説。原函又謂東三省鑛務中國自辦，如交俄辦，須中國批准，尚不失主權。至中俄商務小事，與各口岸無涉，於各國工商利益無礙，我持此義，彼未遽從等語。查鑛務既聲明中國自辦，復云如交俄辦，即是許俄專利之據。既禁他國來開，中國更無此力，俄有所欲，豈能不批准乎，主權已盡失矣。薩使明言此乃彌縫背約之法，是外人業已窺破，何可再持此義。原函又謂英、日、美但有阻緩之言，并無切實相助辦法，兩國訂約不應有他國干預，能自訂為上策，請各國調停為下策等語。查英、日等國忌俄最深，俄得志東三省，日固有脣齒之慮，英商務亦大受損。英已屢勸中國堅持，日本去秋復覆允俟津兵撤後，聯英、美詰俄，語尤結實。近日英、日聯盟專為東三省事。揆之理勢則如彼，證之實事又如此，不能自持定見，乃專以不切實相助責人乎。自行訂約為上，係指尋常而言，此次俄約本與北京公約事屬一案，既有各國牽制，毅然許約，開罪各國，實是下策，激怒之後咸相詰問，何以應之。況日、英聯盟互保權利，我能從彼力持，即與三省有益，若墮俄計，日、英權利受損，必取償於我，利害顯然。原函又謂各國評斷，俄即

相從，事後要索酬報，亦難遍應等語。查東三省利益若許各國均霑，豈能再索酬報，今不慮索償，而慮索謝，殊不可解。原函又謂擬妥定鑛路章程。俄辦鑛務以此為衡，他國援辦不能出此範圍等語。查自定章程，在强國為有用，今國勢至此，豈一紙鑛路章所能限制各國。且約内已明言如交俄辦云云，將來各國援請，英於長江，德於山東、江北、河南，法於滇桂，日於閩、浙、江西，皆在意中。外人租山辦鑛，原無不可，惟每省不專歸一國，則權在主人。若援俄例，則一省利權專屬一國，地産全失，兵權在人，道路阻隔，政令不行，與瓜分何異。原函又謂東三省為俄兵力所得。以此為言，無異召敵，各國併起，而中國危矣。坤一等反覆思維，此約萬不可許，仍以請各國公斷為妥，否則仍暫作宕局，轉瞬冰泮，先商各國撤兵還津，再聯英、日、美詰俄，此一定之步驟。伏祈宸斷施行。請代奏。坤一、之洞。青云。坤。佳。

全權大臣來電并致劉制台　光緒二十八年正月十二日亥刻到

青電已進呈。英、日聯盟，發信後始有所聞。俄約本在堅持，華俄銀行已作罷論，並未定議。本爵等膺此艱鉅，其中利害與尊處所見略同，斷不貿然從事，請勿過慮。慶、韶。文。

致外務部、上海盛大臣、江甯劉制台、保定袁制台光緒二十八年正月初八日未刻發

鄂省上年五月陽電致駐英、德、美、日各星使，請轉商各國約束教士教民十條，曰：一、洋教士與地方官往來拜晤，函牘酬答，地方官應以客禮相待，以示優異而通中外之情。但洋教士既非職官，不得用公文照會，面談不得及公事，詞訟不得私函請託。如面談公事，干預詞訟，即可面斥。如私函請託干預，可將原函送交領事酌辦，輕則申飭，重則遣之出境。二、教民必須照例呈訴地方官，到案聽審，不得逕訴教士，請領事照會上司，儻有教民未照例稟訴地方官，有案而逕稟教士，請領事照會者，照越控例辦理。原告教民匿不到案者，案作了結，不能翻案。三、凡教堂收人入教，必須先行查明其人平日實係安分，并未犯案爲非，亦未與人涉訟，然後可收。若地方官查知此人實非安分之良民，當即告教士，將此人屏逐出堂。四、凡教民如有因其從教而受平民欺凌者，或爲地方官冤抑者，教士止可訴之領事，由領事照會，請派員（激）[澈]查審辦，但須教民真係因從教受屈，教士方能稟訴領事干預。五、教民與平民止可一體看待，不得歧異，如地方官並未歧視，不得謂之冤抑。六、教民仍係中國子民，除酬神賽會不派錢外，如地方捐派一切有關國家課税、有益地方公事善舉之錢，教民不得獨免，須與平民一律。七、華教士既非紳士，更非職官，仍係民人，不得拜會官長，擅投函牘。其見官禮節，必須照平民一律。八、教士藏匿犯人抗不交官者，照會領事撤退遣令出境。九、教堂不得藏匿犯事之人，如逃匿在内，差役可隨時入堂拘拏。十、洋式教堂應報明地方官核實估價存案，教民講會之所並非洋式者，亦應豫先報官核實估價。如平日未經報官者，遇有傷損，只按中國民房辦理。陽。等語。此電當時曾轉達峴帥。茲當議及教案善後辦法之際，特照録奉達，請杏翁、峴帥斟酌與商，其不備處，望補益之，但宜添入敷衍教堂一兩條，以平其心。教案爲此次禍亂之根源，即以後政權完缺之樞紐，彼視之亦甚重，宜提出另作專條，籌思周妥，與之力商，似不必列此六條内。法、

英皆袒教，惟美於教案較爲公平，德國政府自畢士馬後皆不以教士干政權爲然，故德使及德領事均不願縱教士橫行。將來此事須從德、美著想，設法請其助力，方能有益。霽一。

致外務部、江甯劉制台、上海盛大臣、保定袁制台光緒二十八年正月初九日丑刻發

滬兩支、甯兩魚電六條，大指皆防損抵制要著，英國若允，大有裨益。茲陳管見數條如左。第一條，約束教士、教民，已另詳霽電專條，計已達覽。查中國詆毀洋人洋教揭帖，中國已嚴禁嚴辦，不遺餘力。而各國洋人時有謗議聖教，不敬孔聖廟者，以及滬上挂洋牌之報館，任意詆毀中國，竟有誣詆朝廷，勸人叛逆，大干公法，有礙邦交者，禍亂不息，大害商務，此乃各國報律所不許，似可添一條，請其實力嚴禁，以示報施，而昭公允。第二條，聘律師纂律法，華、英一律審辦，最爲救時要策。以後僑居洋人，滋蔓日多，若不於此處早籌良策，以後必致政權皆爲外人所撓，入洋籍挂洋旗之事益多，無從杜絕。更有一義，須豫先聲明，如中國將來仿行印花税時，所有在中國之英人與華商交易，於一切單據合同等件，應遵用中國印花，方能呈遞公堂作據。第三條，英欲均霑，須守專章云云，極好，惟語氣似尚渾淪。可否明晰言之，某國以某項利益予中國抵換中國某項利益，英如欲均霑，必須予中國以相當利益，方能援照。第四條，中國江河水道管轄水面之權，仍歸中國自主，英船須守中國各等章程，極爲扼要，關繫甚大。查此後各國大小輪船，以及挂洋旗民船之入內河者必多，若地方官不能管束，兵差不能拏犯，必多棘手，似須與彼訂明約束水手及拏犯章程。第五條，冒挂洋旗，陸路商賈行店亦多，不僅船隻，請添入中國商民所開店鋪，不准懸挂英國旗云云。將來過境釐金若免，拏犯有章，華洋船隻商賈一律看待，則冒旗自少。此時諸事尚未辦定，先立此條，自屬有益無損。第六條，英屬可設華領事，一律優待云云。兩國立約，自應公平一體，不應有厚薄輕重之殊。竊謂不特領事官爲然也，凡我華商華民凡在英地者，亦應一體優待，尤爲正大緊要之公理。國家所當力向外國懇求，爲民請命，此乃立國自强之本。近年美國禁華工入境，法於越南重税華人，皆應設法挽救。今與英議，似可先行訂優待華人一條，以爲底本。以上管見，統請裁酌。再，甯滬支魚各電及敝處霽兩電，似皆宜向外國索取抵補者，但有商務以外之事，恐非馬使所能專斷，望杏翁設法籌示。霽二。

致江甯劉制台、保定袁制台光緒二十八年正月十一日卯刻發

甯陽、青，保蒸電均悉。英、日聯盟，爲俄事固有益，惟第一條云清、韓內地騷擾，日、英可因時因地設法處理云云，不勝焦慮，豈非欲在中國隨時用兵，如代平朝鮮東學黨故事耶。此語不知其意何指。如何即算騷擾，假如前年拳匪之變，無故開衅，則外國或一國動兵，或合各國動兵，自不能禁。若土匪變亂，彼亦隨地設法處理，其患不可思議矣。至賴人保全，清、韓并列，令人痛心，國勢微弱至此，更無可説矣。望峴帥密詢蔡星使，慰帥密詢駐京日使，此語究作何解，速示覆。英、日此盟於俄約甚有關繫，斷不甘讓俄獨踞，此節似宜揭破，電告政府、外務部，

免致率畫俄約。昨江、鄂會電奏阻俄約，雖已言英、日聯盟，但言之尚略。其英、日聯盟六條全文，雖由日使告譯署，恐未必送政府看也。此盟宜令政府詳知爲要。卦。

劉制台來電并致外務部、袁制台　光緒二十八年正月十五日子刻到

蔡使電，清、韓内地騷擾，係指俄在東省及在韓佔據，如去年拳匪事亦包括在内。又三省事商外部，有云仍去秋宗旨云。合電聞。坤。願。

致上海盛大臣光緒二十八年正月二十二日子刻發

閲中外日報所載慶邸摺内，有英使照請由山西鑛山造至浦口鐵路，業經電致尊處妥商辦法等語。前英領事接薩使電，謂敝處慮此路有礙蘆漢，從中阻止，屢來辯論，情詞甚急，敝處皆婉詞謝之。近薩使來電云，英國國家甚著意此路，若敝處嫌歸外人攬辦，則彼情願遷就，會同中國管理，以爲轉圜，并寄來辦法兩條。其一，此路作爲中國官路，照粵漢章程，中國發借票，福公司籌欵，年息五分，華洋總辦各一員，總工師一員，工師由公司選派，由中國督辦核准，借欵以鐵路及車輛等作押，每年除還息五分外，餘利二成半歸公司，七成半歸中國。中國可贖還借票，惟每年不得逾原數百分之五。承辦此路以六十年爲限，限滿借欵還清，路歸中國，如未還清，仍照合同辦理。其二，福公司自備資本造路，不須中國借票，每年除息六分并提公積十分外，餘利二成半歸中國，七成半歸公司，亦以六十年爲限等語。查此路若尊處能設法令其緩辦，或另有妥善辦法固佳，但英國國家既注重此路，英使力爭，恐終難阻止。若必須興辦，則其第一辦法路仍爲中國官路，似於路權兵權尚無大礙。若漫無限制，則又成山東德路，廣西法路矣。不知尊處刻下與議情形若何，特將其轉圜辦法詳達，以免輕許他項利益。務祈即賜電覆。馬。

盛大臣來電光緒二十八年正月二十四日丑刻到

馬電敬悉。福公司所商路事，敝處堅持未允，一為蘆漢生意有礙，一為怡和合同有礙。前年英使代怡和議造浦口至河南鐵路，敝處持定信陽為止，與蘆漢相接，是有益於蘆漢。此次福公司來商此路，據説係專為運鑛起見，論正理，何難與蘆漢訂一合同，由懷慶代為另至漢口。同莘按：此句疑有脱誤。若專為福公司運鑛而使我國家又負數千萬洋債，實無此理。況怡和誠不肯舍浦信已成之議而不造。至中國應造之路尚多，應造者不及造，不應造者重疊請造，毫無自主之權，作室道謀，遺害甚大。尚乞我公統籌示覆。如蒙將此意電達外務部，尤幸。宣叩。漾。

致上海盛大臣光緒二十八年正月二十二日亥刻發

初五電悉。粵漢鐵路誠宜催辦，萬不可任其再宕。來電美商怡和攬辦滬甯鐵路云云，查怡和係英商，美字是否英字之誤。改送新約條欵如何，浦口鐵路英使已允照粵漢章程，甯滬似亦可照辦，萬望勿許他項利權爲要。禡。

盛大臣來電光緒二十八年正月初六日未刻到

伍使電：美公司已先集股美金三百萬元，無術辦來華，約二月内到。始聞美商轉售比國，慮為法攘。正擬商請台端執定十七欵毀議，近據伍電，美公司止將股分售與比商三分之二，仍係美

人出名，並未將合同售比，較之盧漢比公司攬法股稍好。又因美商怡和攬辦滬甯鐵路，改送新約，使我主權全失，可見外人覬覦權利愈出愈奇。粤漢美約底本尚不離譜，若另换更喫虧，似不如仍舊催辦為妥，鈞意當以為然。宣。

致京張冶秋尚書〔一〕 光緒二十八年正月三十日丑刻發

去臘接支、删兩電，具仰虛懷。湖北前設各學堂、書院，雖略仿西法，因風氣未開，不能無所遷就，各堂未能畫一，課本亦未成書，是以凝難奉覆，擬俟赴東考察之員回鄂，詳酌一妥章，再行奉達請教。正月以來，賤體多病，未能即時應命，深爲悚歉。頃讀諭旨，并報章所刊大疏，切實周詳，較山東章程尤爲精審，欽佩之至。派員考察一層，最爲扼要，先設預備科，具徵實事求是。竊擬管見數條。一曰派員考察。此層大疏已言之。日本學制尤爲切用，諭旨中有詳細章程通行各省之諭，此時似可從容審酌，如須具奏通行，似宜稍參活筆，俟考察回華再定，或俯詢各省統惟卓裁。二曰速習普通。各國教育，以小學堂爲第一層根基，此時急不能待，則普通學爲第二層根基。普通學即尋常中學也。外國文武官，下至農工商，無不習普通學者，但普通有深淺耳。普通門目除倫理必應切講力行外，歷史、地理、物理、化學、算學、衛生、體操皆要。近年言西學者多只注重方言、算學兩門，似非外國教育宗旨。三曰算學不必求深，深者歸專門。四曰師範生宜赴東學習。師範生者，不惟能曉普通學，必能曉爲師範之法，訓課方有進益，非派人赴日本考究觀看學習不可。現與日本文部商酌辦法，若派人往學，速成者八箇月可畢，回華後令其教師範生，四箇月可畢。每一人可教六人，若派五十人赴東，回華後四箇月可教成三百人，再四箇月可教成一千八百人。學淺者赴東學尋常師範，以充小學教習。學深者學高等師範，以充中學教習。若慮出洋費重，不能多派，可一面聘東西洋高等師範生來京教之。五曰管學之員宜赴東學習。教授固要，管學亦要。屋舍規式、各種章程、飲食起居，皆有定法，此有關於學業甘苦遲速，亦非派員赴東考究不可，三箇月即能明習。六曰課本書必不可少，五經、四書，小學堂必應全備。初等、高等小學，除四書人人必讀外，只能習專經，通大義，以免貪多欲速，食古不化之弊。入中學後，再兼習五經，入專門學後，再博考羣經傳注，諸家解説。現與兩江劉峴帥公同設局，訪求日本教科書，擬酌采其意編纂之。此事甚不易，纂成後當咨送請教。七曰中國文章不可不講，自高等小學至大學皆宜專設一門。韓昌黎云文以載道。此語極精，今日尤切。中國之道，具於經史，經史文辭古雅，淺學不解，自然不觀。若不講文章，經史不廢而自廢。略獻淺説數條，餘容續陳。豔。

致京袁制台、江甯劉制台 光緒二十八年正月三十日丑刻發

保三元電悉。自强無望，勢難立國，言之痛心。慰帥意欲擇新政最要者，三人聯銜入告每月兩三次，節節設法，最善。如此辦法，補益必多，洞願列名。請慰帥即將目前應速奏速辦者何事，電示其目。兩公主稿，皆願附驥。慰帥既胸有成竹，且近在京輦，

〔一〕即張百熙，上年十二月一日被派為京師大學堂管學大臣。

事機明切。此次即請慰帥主稿具奏，尤爲迅速，感禱。祈示覆。豔。

致京袁制台、江甯劉制台光緒二十八年正月三十日丑刻發

保元電討論政治，借材異國，誠爲扼要之論。惟我國國勢微弱至此，若政務處於六國各選顧問官，必有干預，將來揮之不去矣。特今日人材風氣闇多明少，惰多勇少，私多公少，若變新法不訪西人，不惟精意全失，恐皮毛亦不能似矣。竊謂莫若京城設一仕學院，多藏圖書、儀器，陳列各國機器、車船、礮械、錢幣小樣，選四品以下京堂、翰林、科道、部屬及在京外官，入其中觀覽講習，政務處司員、軍機、外部章京尤要延聘英、德、美、日本數國通儒及已仕而閒居者數人爲談友，外國名爲談話會，每一門學問，請一外國人，共十餘人。法律、財政、兵事、農工各項尤要者，每門可請兩人，日日到院與我各官講論，不立師生之名，種種議論，自然轉達於政務處諸大臣之耳。諸大臣欲詢訪時，即令各員赴仕學院，以己意問之可也。如此則有顧問之益，而無顧問之弊。且延請各國人及願請幾人，皆可隨我隨時斟酌，無須每國用一人矣。此策似較活便，請裁示。豔。

致京慶親王、王中堂、軍機處發後轉劉制台　光緒二十八年二月初三日午刻發

英領事云，接薩使電，聞中國全權已擬約稿送俄使，其大意，俄於十二箇月內退還東三省，中國可於東三省隨處駐兵多少，惟未將俄索鐵路賠欵駁去，亦未將中國三十六年後可將東鐵路購還及八十年後不出價路歸中國一層聲明。若按照此次俄送約稿第二欵，則中國無此權，若不聲明，恐路無還中國之期，又俄保護鐵路巡兵並無限制。遼河造橋之禁，原爲抑秦皇島以利俄口達尼而設，此條亦未駁去。請爲全權指明等語。查英使所言各條，均係爲我籌計。其限制保路巡兵一條，尤宜注意，若無限制，俄可到處多駐馬步礮各兵，則雖無限我兵權之條，彼可處處兵力加厚於我，不惟三省仍在其掌握之中，尤恐隨時隨處滋生事端，後患無窮，但不知我送約稿一層確否。果由我送，似宜格外周妥，不可稍有疏漏，蓋恐送去之後，難於添改。可否請於未送之先，密向英、日、美各使商妥，再行送去。事關根本安危，有聞不敢不告。謹此轉達，仍祈鈞裁示覆。坤一、之洞同肅。覺。

全權大臣來電并致劉制台　光緒二十八年二月初九日子刻到

覺電悉。東省鐵路已聲明仍照從前各案辦理，年限自在其內。保路巡兵條欵，雖無定數，却有三千人之說。所索賠欵，俄國聲明並未在大賠欵內再定應否賠償。遼河造橋，應彼此商議，已與英、美、日使晤談，均無異言。本處所籌辦法，正與藎慮相同。特電覆。慶、韶。庚。

致荊州濮道台光緒二十八年二月初九日子刻發

鄂省奏辦膏捐總局，並於漢口、宜昌、沙市、新隄、沙洋、樊城、老河口、武穴等處設膏税分局，招商承辦。官膏店熬膏發售，每膏一兩，無

論洋藥土藥，一律徵膏税錢一百文。嗣因漢口各土商以禁售生土，概熬熟膏，諸多窒礙，禀懇就土完納，豫繳膏税於藥入境時，仍准土、膏并售，生意活便。現與司道籌議，俯順商情，擬令於宜昌土税局完正税後，即於宜昌另設一膏税局，豫完膏税，寬以限期，於三箇月在漢口繳銀，衆商均各樂從。惟膏税較重，恐土商由重慶運宜昌改完子口，冀免膏税。茲擬無論洋藥土藥之到宜昌、沙市、江漢各關者，如完税後，上岸落地售賣均須入官棧，即於出棧時豫徵膏税。此係出之買主，以作鄂省賠欵之用，與洋關無涉，並非加徵土税。其運往他省者，免徵膏税。希即與宜昌、沙市兩關税司切實商明，代爲力杜奸商子口巧避膏税之弊，免誤賠欵爲要。迅速電覆。庚。

致江甯劉制台 光緒二十八年二月十一日亥刻發

青電悉，極爲透澈。全權庚電，實所不解。鐵路年限、巡兵數目，自應均載明約内，方免將來争辯，弱國受虧。俄另索賠欵固難設籌，但全權若不肯多駁，此條或尚可遷就。至遼河造橋，此次既載明彼此商議，俄必力阻，此橋必造不成，秦皇島、山海關一帶，商務必不旺，徒然損華口而利俄口耳。英、美、日使無異言云云，太含糊，彼在京雖不明阻，特有礙俄人之故，英使既來電力阻，何得謂無異言，此自欺自愚耳，將來彼必有責言於我。昨接京探報云，東約開議有成云云。亟宜及早挽救，務請公速詳酌，或由尊處挈敝銜會電奏，或會電權、樞，照合鄂覺電、甯青電意指，婉切陳明，以盡此心。真。

劉制台來電 光緒二十八年二月初九日戌刻到

全權庚電計達。鐵路年限乃是要著，何得含糊其詞。保路巡兵不於條欵定數，而云有三千人之説，無憑無據，俄若陸續添兵，何以禁之。賠欵俄數最多，原因東省之事在内，豈能再給，匪特無可設籌，亦慮各國藉口。遼河造橋彼此商議，實礙主權。薩使已有電致尊處，不得謂無異言。卓見若何，祈示。坤。青。

劉制台來電 光緒二十八年二月十四日寅刻到

真電悉。已會電權、樞，其文曰：全權庚電悉。鐵路年限，巡兵數目，均為緊要關鍵，必須載明約内，若稍涉含混，日後争辯必致受虧。陸續添兵，無憑究詰。賠欵俄數最多，原因有東三省事在内，再議另給，不特無可籌措，且恐各國藉口。遼河橋如載明彼此商議，將來俄必力主不造，勢難與争，即礙主權，秦皇島、山海關一帶商務必不能旺，徒損華口，獨利俄口。薩使電英領，商請指明各節，具詳覺電，是已確有異言，惟礙俄不肯在京明阻耳。以上各條關係甚巨，務請深思詳察，再與英、日、美各使密商妥辦，幸勿遷就。敬候鈞裁，仍祈示覆。坤、洞同肅。元。云。謹奉達。坤。覃。

致江甯劉制台、保定袁制台 光緒二十八年二月十三日丑刻發

保歌，甯魚、文均悉。寄諭已奉到。不改律例，交涉直無辦法。内地雜居通商，此次商約雖然力駁，將來必難終阻。且此時散住内地之教士，遊歷寄居之洋人，已甚不少，藩籬已潰，不改律例，處處撓吾法矣。三省公舉通律人員，較爲得力，當遵示會

奏。伍係西律專家，沈爲秋曹老手，總辦極好。令伍使聘一二美國人同來華，尤不可少。鄙意更有欲舉者一人，外務部章京、刑部郎中沈曾植，學問博雅，於漢隋唐明諸律，用功極深，當代無匹，鄙人曾與詳談。今日纂律改律，若欲貫通古今，參會中外，變不失正，此人斷不可少，似可舉此人爲參議、提調之類。至此外有曾赴外國學習西例，得有優等憑照者，似可酌舉所知，以備纂修、協修之職，其委派裁定，仍在總裁、總辦。鄙人知有一人，兩公意中有人否，或於此摺内附舉，或隨後另摺保送，以何爲妥，統請裁示。此奏請兩公商酌主稿，洞均願附名。祈示覆。軫。

致保定袁制台、江甯劉制台光緒二十八年二月十四日午刻發

保歌、甯魚電悉。京師設仕學院一節，請張冶秋尚書兼管，甚妥。請慰帥主稿，會江、鄂銜速具奏。鄙人春來多病，委頓不堪，不能爲長篇文字，必致遲延，即作成亦説不好，不能動聽。請慰帥處具奏，數日内即可上達。至外國談話會，此奏内自應聲明緣起，以便仿照，惟中國辦此，則其名似可改爲講論會較雅。再，慰帥正月元電第三條，外部須多用親歷各國人員，其久在外務部者，派赴各國使館當差，此一定不易辦法。今日之外務章京，中國海口且未到過，洋人亦未見過，使之辦外務，豈非怪事。久在部者司文牘，久在外者司交際，中外出入，互資閱歷，最善。甯電參、隨未必人人可用，誠然，各半斷不必拘，蓋多用曾經游歷人員，自然漸知外情，不必參、隨也，此一條似可酌改列入。再，去年江、鄂覆奏變法摺有一條云，翰林不出洋者，不得開坊，科道不出洋者，不得升京堂，部屬不出洋者，不得放府道，外官不出洋者，不得作府道，州縣出洋者可儘先補缺，此數層似於造就已經出仕之人才，較爲簡速，此奏似可增入此一條，共爲三條。如峴帥以爲然，請慰帥檢查江、鄂原奏刊本，酌叙速發。至外省保送政務處司員，此時暫不必説，恐政府不悦，必致累及他條亦不行矣。祈速示覆。寒。

致京張冶秋尚書光緒二十八年二月十四日亥刻發

豔電想已達覽。發電後始從上海報得讀大疏全文，知編纂課本書一節已經上達。此事自應由尊處主持裁定，惟開辦之始，其途不妨稍寬。查日本國教科書，皆係外間通儒良師編纂，呈候文部省核定批准行用，並非一本，惟宗旨必同，緊要科目必同，其解説勸導之法，則不必盡同，各按本省情形立説，亦不能盡同，亦非必由文部頒發，且體察士風民情國勢，隨時常有增改，亦非一成不易。蓋初辦必不能盡善，且民智日開，國勢日進，故須隨時修改。尊處具奏時，似可於尊處纂發之外，並准外省編書，呈候核定行用，並聲明可隨時增補修改，則尤廣益而盡利矣。管見備采。寒。

致江甯劉制台、保定袁制台光緒二十八年二月十四日亥刻發

昨軫電想達。日本法律學最講究，其法學共分六門，民法一門極爲西人稱贊佩服，於東方風土民情尤爲相宜可行，並不專泥歐洲法家言。其法學博士，皆曾讀大清律例，謂中國法律甚有精

意，但多係有名無實，且今昔情形不同耳。今改定律例，必須由外務部告蔡星使，在日本訪求精通法律學之博士一兩人，來華助我考訂編纂，尤爲有益，此奏内務望添入。再，沈、伍兩君似宜稱總纂，請酌。鹽。

致江甯劉制台、保定袁制台光緒二十八年二月十六日辰刻發

鹽電想達。若選用日本法學博士，必須兩人，一專精民法，一專精刑法，其餘四門兼習可也。請於奏内添入爲要。銑。

致江甯劉制台光緒二十八年二月十六日辰刻發

聞公奏請開缺，深爲馳繫。金陵來人言，尊恙已漸愈，何遽有此舉。朝廷固斷不允，在公似亦不宜。請公此時惟有鞠躬盡瘁，方合正道。幸采納。諫。

致保定袁制台光緒二十八年二月十八日子刻發

奉旨催辦各省更定營制餉章。貴省緑營現存弁兵如何分年裁汰，已挑練軍者是否一併議裁，此數年中漸裁之時及全裁以後實缺官弁作何安置，藎籌必有定見，祈詳示，感荷。洽。

致安陸彭守光緒二十八年二月十八日丑刻發

疊接豫撫院電，河南桐柏、泌陽、唐縣等處，匪徒鬧教，焚斃殺斃男女教民十四名，泌陽城被圍危險，南陽教堂亦危，匪勢猖獗等語。漢口法領事來函亦同。已電派劉（永）［水］金親帶步隊百名，李福田親帶馬隊百名，馳赴南陽，協同防護教堂。姜成立親帶馬隊百名，馳赴唐縣堵截匪蹤，並飭楊龍章選派提標練軍一百名，馳往豫境桐柏、唐縣等處，分投彈壓解散，勿任外匪竄入。鄂境鄧軍門計將行抵安陸，彭守接電立即譯出，飛送下游一帶，催令鄧軍門陸行兼程，趕回襄陽，速再酌派練軍一二百名，親身督率出境，馳赴豫省地界唐縣一帶相機防截，幸勿刻延。鄧軍門、彭守均即電覆。洽。

致保定袁制台、江甯劉制台光緒二十八年二月二十日午刻發

保霰電悉。奏、片稿均甚好，極佩，請照繕發。摺内似於實非淺鮮下，宜添臣等爲譯修法律，先擇總纂，以期握綱領而免紛歧起見。此外如有熟悉中西律例之員，容臣等隨時訪求，果係確有所長，當再續行保送，以供差委等語，較爲活便，既不致倉卒誤舉，亦仍可隨時薦達，請裁酌。粵人何啟，人素謬劣，西學亦不深，久住香港，粵人皆知。前三年曾作駁勸學篇一卷，句句皆駁，刊送各省，鄙人曾親見之，宗旨專助康梁。其尤力駁者，教忠、明綱、正權、宗經數篇，謂鄙人教忠篇稱述本朝十五仁政，條條皆非，痛詆國家，改爲十五不仁，一也。謂君臣父子三綱之説爲非古，二也。謂只當有民權不當有君權，三也。謂中國經書不當信從，四也。此人此書可謂喪心病狂無忌憚，兩公想未之見耶，萬不可舉。號。

致荊州濮道台光緒二十八年二月二十一日午刻發

就土預徵膏税一事，係俯順商情所請，漢口總領事、税司已允照辦，宜沙税司想無異辭。有何杜絶奸商藉子口繞避之法，速電覆。號。

致江甯劉制台光緒二十八年二月二十四日午刻發

養電暨滬箇電均悉。洋人允用中國銀元，不用墨元，甚好。鄙意擬請改鑄一兩重者，名曰大清銀幣，以與舊日七錢二之銀元有別，官民俱作庫紋行用，舊鑄七錢二者仍照市價自無妨礙，如此自是好事。惟圜法仍國家内政，不應入約，尊論極當。且全國所需甚多，倉卒豈能遍鑄，足供行使一語，顯然可疑，明係欲攬盡鑄造之利，其將來侵權罔利，種種横行辦法，不可究詰。其語雖公，其意則私，既出於私，必有所害。倉卒亦難籌有辯駁之法，此時總宜以緩字訣爲上。馬使條欵雖有此一條，並非急務，與洋商無大利害。事關全國財政，何以徑與馬使議定，尤爲可駭。竊思惟有一面覆滬，一面速電外務部暨樞廷、户部，力言事關天下賦税俸餉經久定制，切請其勿遽草率定議。圜法内政，不應入約，將來只可另立專條，商定照會。户部向來拘泥，當不敢遽允，或可暫止，以待從容詳籌，如此較妥。現已奉旨鑄銅仙，似不如趁此將鑄銀銅兩幣子母相權大略辦法迅速商定，先行覆奏，以杜其變幻老辣之技。公如以改鑄一兩銀幣爲然，請尊處單銜一面電滬，一面與鄙人會銜電京，語須簡渾活動。如不願改一兩重，則江、鄂單銜，各自電樞廷、户部、外部三處，辦法措詞雖不盡同，而請緩定議則同，當可暫阻。祈速酌示。敬。

吕大臣〔一〕、盛大臣來電并致劉制台　光緒二十八年二月二十二日午刻到

商約第十一欵整頓圜法，英使允以中英通用。賀、戴兩税司〔二〕言，中國向用銀兩，自應鑄一兩重銀元，官商皆便，並可別於墨西哥等各銀元，且行使法令權操國家。如下令通行，無論税餉均衹收此項銀元，則各色銀元無用，再收回銷燬重鑄，不禁自絶。惟必須足供行使，如隨便搭幾成，淆亂無益，此論誠是。當與馬使議定如下：中國允願設法立定國家一律通用之銀式，應以此為合例之銀式，將來中英兩國人民在中國各處即用以完納各項税餉云。告以仍候外務部暨尊處裁酌，乞速核示。海、宣。箇。

劉制台來電光緒二十八年二月二十三日午刻到

滬箇電想達覽。彼於此事蓄志已久，去歲驟設陰謀，今又藉約使其故智。圜法本自有之權，不應入約，且既因銀兩平色參差，所以改用銀元，然必先廢生銀，概用銀元，方能一律。規僅三局，萬難應全國之需，縱滬存機具運京添設，亦無濟於事。若待鑄積鉅數然後通行，實無此財力。若隨鑄隨用，既不能遍應，則現用之紋銀、洋元即不能不仍准兼用，是仍不能齊一。況龍元其製與洋元相同，價值尚不能到處一律，則改鑄一兩銀元，必須酌定劃一價值，與洋元計重核價，定有盈絀，商賈利析毫芒，必致阻格不行。事已入約，彼時欲行不得，欲罷不能，勢必大受虧累。鄙

〔一〕指吕海寰。本年正月十六日，清廷派其會同盛宣懷籌議商約事宜。

〔二〕指英人賀璧理、戴樂爾。上年八月十九日，清廷曾派其隨同盛宣懷籌議商約事宜。

見此事祇能由中國自度財力，設法酌辦，既不便入約，亦不能遽定辦法。如尊意相同，請即電示，以便轉覆。坤。養。

致外務部，上海吕大臣、盛大臣，江甯劉制台 光緒二十八年二月二十四日午刻發

滬禡電悉。長沙已與湘撫商妥，可作爲自開口岸，議定一年後開辦，以便布置一切。常德俟長沙開後，體察情形，如妥善亦可開，但一切須照岳州自開章程，敬辰。

吕大臣、盛大臣來電 光緒二十八年二月二十三日午刻到

前兩次電商長沙、常德兩處，如允自開口岸，有無窒礙，未奉覆電。今馬使催議甚亟，乞速電示。海、宣。禡。

致保定袁制台、江甯劉制台 光緒二十八年二月二十四日亥刻發

保巧電奏稿讀悉。摺内不指明何國洋員，極是，但奏准後必須面告冶秋尚書，請其妥酌爲要。該洋員爲教習之事四語極透澈，惟既慮録傳，則四語亦不宜，恐洋人謂我取巧也。只可將此數語附一密片言之爲妥，分遴精通各項學術之人云云，至指示磋磨此數語，自是指中國人員。惟此舉以外國人講論爲主，此段似宜移在不慮滋生流弊下，擬改爲並於中國官員、儒士中詳加遴訪，如有通曉各項學術者，不拘官階，亦派入仕學院作爲講友，以備諮詢切磋。此項人員本已涉獵西學，則其聽外人之講論，領會較易，並可將外人之語意詳悉轉告各員，以通兩家之驛騎，亦有裨益等語。甯虞電亦悉。堂官亦可前往講論，自易獲益，請酌添。尤有最要一義，聘用外國講友只可囑星使訪求，私與商妥，訂立合同，萬不可令外國政府經手，若經政府，以後便難辭退，至要至要。請慰帥裁定，速繕發，總宜於謁陵以前奏到爲佳。敬酉。同莘按：此言仕學院講論會事，原稿大意謂，擬在京師設仕學院，請飭下管學大臣張百熙妥訂章程，先行開辦，令軍機處、政務處、外務部各司員及四品以下京堂、翰詹、科道、部曹，與在京外官，均得身入其中，附立講論會，訪求外國通儒作為講友，分門講論。各署遇有改革政令，或須采用西法者，均可遣派司員以己意赴院討論。該洋員為教習之事，初不必任教習之職，受顧問之實，並不必居顧問之名云云。此與擬保修律人員，請變通外部及出使章程二摺，均由北洋屬稿，電商江、鄂會奏。原摺文繁，茲不録。

袁制台來電并致劉制台 光緒二十八年三月初四日酉刻到

仕學院奏，奉旨留中。會保例員事尚稱旨。凱。江。

致外務部、江甯劉制台，上海吕大臣、盛大臣 光緒二十八年二月二十四日亥刻發

禡電悉。存票發還免遲延一節，乃是小事，發還現銀與否，亦是小事。此時宜先議大事，不宜與議小事。留此各種零星窒礙，湊集數條亦可，爲議大事時抵還之具。迥戌。

致江甯劉制台 光緒二十八年二月二十四日亥刻發

敬電想達。洋人何以必欲將銀元完税入約，其意恐係彼於洋貨交易時，還洋債時，仍將我一兩銀元照市價作九成算，於完關税時則作十成關平紋銀算，暗中取巧，減我税數。請察酌添入會

電。迴亥。

致軍機處、外務部、户部，上海吕大臣、盛大臣，江甯劉制台、保定袁制台、廣州陶制台光緒二十八年二月二十五日辰刻發

滬禡電悉。洋人肯用中國銀元，不用墨元，極是好事。惟銀幣乃我内政，此事似不宜添入約内。且銀幣關係全國財用，牽涉甚多，恐一時思慮未周，將來致有窒礙，便難更改。至鄂省前議鑄七錢二分者，恐變式樣則洋商不用也，如改鑄一兩重，而洋人願行，未嘗不可辦，但須即將此一兩之銀元作庫紋用，官民收發一律。洋商完關税既將此一兩之銀幣作庫紋用，則洋商售洋貨之價及還洋債，亦俱作庫紋用，不再補水，方爲平允。若慮舊鑄七錢二分者何以顯分軒輊，則此一兩重者改鑄大清銀幣字様，旁加光緒某年某省局造，重庫平一兩，賦税、俸餉均准作庫紋用，收發一律等字様，則名目式様分兩，與舊鑄銀元迥然不同。其七錢二分之龍元，仍照市價行用，官民收發照舊補水，如此則與舊龍元並無妨礙。此項銀幣初鑄不多，官欵收發皆先儘銀幣用，不必限定成數，不足者再照舊章，以或銀或錢補足之，數年之後，舊龍元及生銀自然全改，鑄新式銀幣不患參差矣。其解部庫、司道庫之平餘解費，照舊另解，絶不扣減銀幣。若定并鑄銅幣，子母相權以輔之。惟銀幣大政只能由户部及各省局分鑄，華洋商人不得代鑄。至開鑄前數年，國家略有盈餘，數年後銀幣充牣，官民通用，便無盈餘之可言。蓋此舉爲便商利民、收權塞漏起見，國家但收無形之利，不能計有形之利。宗旨所在，謹先聲明，請鏡翁、杏翁與洋人詳商，售洋貨價及還洋債兩節，能照辦否，由樞廷、外務部、户部核定，方可定議。如售洋貨、還洋債俱允作庫紋用，則可列入約内。務望詳慎。有。

致外務部，上海吕大臣、盛大臣，江甯劉制台光緒二十八年二月二十六日亥刻發

頃據江漢關道呈閲滬效電，查詢推廣鎮江章程及口岸免釐界限兩事，不勝焦急。此兩事此時萬不可與議，去臘鄂省歌、嘯、效三電已痛切言之，請鏡翁、杏翁覆檢一閲。鎮章通行，則土貨皆歸聯單免釐定界，則蘇、滬、粤、漢、津、浙等處，凡各省最大之釐局，皆附近租界者均不能抽，中國釐金不言免而自免矣。巧計顯然，萬不可受其愚，以致悔不可追。此時總以先議加税爲主，彼税多加則釐多免，税少加則少免，務以足敷相抵爲度。萬勿與議零星釐章，若零星允許，將中國抽釐之權全行奪去，彼尚肯加税乎。向來出租界一步即可抽釐，有何里數之可言。若議定彼加税我免釐，則須另議辦法，甚爲簡易，所謂界限、鎮章皆用不著，何必費此無數筆舌耶。現聞漢口洋商已聯禀馬使，請將漢口、漢陽、武昌三處統歸入漢口口岸，作爲免釐界限，他口洋商情事亦必相同。務望鏡翁、杏翁明燭彼人情狀，勿墮計中，至要至禱。寑。

致江甯劉制台光緒二十八年二月二十六日亥刻發

徑電悉。先向馬使索允數欵，再議彼索之欵。加税免釐商定，

則捐釐之欵不駁自止數語，極透切，佩甚。鎮章、釐界萬不可先議，去臘敝處三電已極詳盡悚切，今滬電必欲提出先議此兩事，實所不解。宥。

致保定袁制台、江甯劉制台光緒二十八年二月二十七日丑刻發

保敬電摺、片稿，佩甚。仿刊藍皮書尤善。惟管見所及，前電尚略，茲再詳陳。各使館參、隨中，人才必有，實不能多。即各星使中忠誠而兼有學識者，亦不易覯，專恃各使保薦，恐不足以補益時局。至久在譯署司員，實未見有通知外事者，但知有喫虧之成案、搪塞之拙計耳。近日明詔變法，風氣漸開，新出人才必勝於舊。由外保送者不必拘定參、隨，但須曾經出洋，或遊歷，或學生，確有考究者。由京派赴外國充參、隨者，不必拘定外部司員，但須品端學優，能通洋文者。其由外部司員派充參、隨者，即不必責以通洋文矣，外部司員，似可兼准沿江沿海督撫保舉，額缺之外，可作爲候補。使館參、隨似可兼准翰林、部屬、府州縣通洋文願出洋者呈請，由外部考察選派，額缺之外，亦可作爲候補。如此則其途較寬，宗旨仍是出入中外，互資閱歷二語耳。此爲初辦數年言之。三年後人才日多，外無濫竽之參、隨，内無隔膜之司官，則專以使館、外部人員互調而已足矣。至專司文牘、專司交際分設額缺三語，似尚須酌。達外情者既須令其籌畫因應之法，即須令其辦文牘，蓋因應機宜必須於文牘見之。交際二字，恐閱者誤會爲專管接待外人禮節耳。且中外互用，行之數年，外部司官皆知外情。若文牘、交際分設額缺，轉有窒礙。慰帥意或係分設在部久者數缺，出洋久者數缺耶。以上各節，請兩帥詳思，如以爲然，即請慰帥酌量添改叙入。再，奏稿内出使人員兩見，似須添爲出使參、隨人員，方免與星使相混。統請兩帥裁定，即繕發。宥戌。同莘按：敬電摺片，因北洋未便繕遞，由甯照此電改定，會銜具奏，奉旨留中。

致德安王守、姜參將成立、隨州趙牧光緒二十八年二月二十七日未刻發

近屢接豫撫電，豫匪鬧教，南陽鎮派兵拏辦，已疊獲首要數名，餘匪已散，事漸平息。聞隨州人心仍復驚惶，即飭姜參將將留防之馬隊五十名，迅速調赴隨州一帶，梭巡彈壓，實力稽查，務使外匪無從闌入。所派馬隊總須往來馳驟，方有聲勢，斷不可屯紮一處。何日派往，即覆。趙牧并須曉諭地方，勿訛傳驚擾，切切。均電覆。沁。

致襄陽鄧提台、朱道台、鄧守光緒二十八年二月二十九日亥刻發

鄧軍門宥電，朱道、鄧守暨棗陽陳令兩沁電均悉。豫境粗定，楚境自可無事。惟棗陽與豫接界處，匪徒素多，人心不免驚惶，且防土匪藉端煽動。即請鄧軍門督率所帶練軍馳赴棗陽、隨州界外豫省境内，親巡一次，戢匪蹤而安民心，能與豫省文武官員兵隊會哨，面商合力堵緝之法，尤善。至吴家集地方應否專派一軍暫駐鎮懾之處，請鄧軍門及朱道體察情形酌辦，一面電知唐縣及靳岡教堂，如已平靖無事，朱道即將劉參將（永）［水］金步隊、

李游擊福田馬隊、姜參將成立馬隊，於此三軍中酌調兩營，隨同鄧軍門前赴棗陽、隨州界外巡哨，并飛飭棗陽陳令、隨州趙牧知。均即電覆。督。撫。豔。

致京袁制台、江甯劉制台光緒二十八年三月初三日子刻發

上年來江、鄂商辦熬膏之法人，聞其赴京託法使代謀，擬請包辦中國十八省煙膏，大略將天下洋藥、土藥均由該洋人熬膏發賣，禁止民間私自熬膏，洋商出貲，獲利與中國均分，謂一年可得兩千餘萬。以代籌賠欵爲詞，實則攬我全國利權，並報效鉅欵以爲餌。頃德商蘭格踵法人之後，亦擬赴京攬辦熬膏，一面託公使，一面覓人游説，願報效園工一百萬兩，志在必成。查此事豈可令洋人出貲包辦，且土藥牽涉民事尤多。昨日鄙人與之晤談，力駁不聽，即夜東下，由滬赴京。據云法人已將有成説，故德商甚急。錢可通神，萬一墮其術中，無論德、法，是於二赤外又添一國把持我財政大權，如何立國，且必於十八省腹地遍有洋員查禁私膏私土，騷擾滋事，爲害何窮。茲特密告。京城、金陵有所聞否，請兩公籌酌應如何設法極力阻止之處，祈速密示。冬。

袁制台來電并致劉制台光緒二十八年三月初五日巳刻到

熬膏一議最不可行，京城尚無所聞，擬預向樞廷告知防範，儻將來有此議，必可阻止。凱。支。

致江甯劉制台光緒二十八年三月初四日亥刻發

得探電，俄約四條，大指尚不支離，未言鑛務及遼河阻造橋事，但鐵路另給賠欵耳。已密與英、日使閱定等語，皆係傳聞，未知確否。外務部函不久可到。鄙意惟慮鑛務另行立約，許俄人則各省有效尤之患。尊處函到較速，函到即望電示，籌諫阻之法。紙。

全權大臣來電并致劉制台光緒二十八年三月初三日未刻到

俄約四條初一日遵旨畫押，即鈔寄。慶、韶。蕭。同莘按：俄約四條詳見官書，茲不録。

致外務部，上海呂大臣、盛大臣，江甯劉制台光緒二十八年三月初五日午刻發

滬議存票江電悉，請酌辦。歌。

呂大臣、盛大臣來電并致外務部、劉制台光緒二十八年三月初五日子刻到

鄂迥、佳謂存票小事，此時宜先議大事，留此零星數條為議大事時抵還之具，誠屬扼要之論。無如馬使每議一次，必將未允各條逐條辯議，其有礙釐金者，必力阻加稅再議，其無礙釐金者若再不與議，馬使斷不答應。訂每禮拜議兩次，馬使尚以為少，咄咄逼人，直令難堪。宣前擬要求二十一欵，意即以為抵制，非先議小事而不議大事，亦非敢有求必應。每條總駁至十餘次，駁無可駁，始酌定條欵請示，並與説明仍須候外務部核覆，然後作准。至存票已面詢滬道商滬關稅司，只求限兩禮拜，海等亦恐逾限，故加為三禮拜。馬使仍欲定逾限之罰，或計息票歸稅司給發，以有礙滬道局面事權，皆力拒而止。昨照赫議，將期限列入關章，

馬使以不入約更無憑據，未肯允。袁道已與江海關商定，三禮拜不致逾限。此條已磋磨三月，似祇可照此定議，條欵如下：向來存票延擱，推原其故，係因此等存票由監督衙門經理，而監督衙門又與海關相隔遥遠。現改定，以後所有存票，由海關發給。自商人禀請之日起，以三禮拜為限。此等存票可用作海關通行税票，以抵出入口貨税，惟不得用以抵納子口半税。至洋貨入口後三年之内再運出外洋，其存票可由該貨入口納税之處，向海關銀號領取現銀，不得扣减。儻請發存票之人欲圖混騙，一經海關委員查出，須罰銀，照其所圖騙之數，不得逾五倍，或將其貨入官云。海寰、宣懷。江。

致江甯劉制台、京袁制台光緒二十八年三月初五日午刻發

江、支電悉。仕學院乃造就已經服官之人才，於時局甚有益。而名爲講友，不預公事，且只令四五品以下官往聽談論，似無妨礙。且出洋參隨、遊學人員，不日日與洋人相接耶。甯電謂洋員宜慎重，極是。峴帥意有何慎選防維之法，望詳籌酌妥數條，再電榮相，庶免内意疑惑，因噎廢食。或章程内聲明勿聘教士，或先少用數洋人，看其妥否再行擴充。先聘農務、工藝、財政、兵事數項專門東、西人，作爲譯書洋員，訂明兼與華官講論。如察有流弊，即令各官勿與多往來，似亦活便。如慮中有亂黨混入，則入院之京外官，必有人切實保送，大臣選派有沾染惡習者，查出隨時屏逐出院，更爲謹嚴矣。是否，祈裁示。尾。

致京袁制台光緒二十八年三月初六日亥刻發

有電悉。設軍政司爲總匯，分裁緑兵、位置將弁各節，藎籌明斷，欽佩。緑兵擬分幾年，已挑練者、未挑練者各如何辦法，祈酌示。軍政司中兵備一門專司何事，是否管糧餉軍火，抑係他事，均祈示覆。勇營事尤精密，另電詳陳。月酉。

致京袁制台光緒二十八年三月初九日子刻發

奉旨籌議營制，實爲自强之基，難逢之會。然僅講求操練，尚非營制也。除緑營應漸次裁汰外，專論勇營。今日勇皆召募，其源甚雜，籍貫不一，情誼不親，即使教練有法，一旦遠征臨敵，潰逃必多，無從查拏，一也。教練既精，其學藝稍勝者，輒思告假，投入他營，散勇圖當教習，哨弁圖當營官，以致心志不定，二也。即使固結不去，年歲漸長，兵氣不新，三也。額餉止有此數，不能多教，有大事豈能敷用，四也。外國以當兵爲國民職分，中國以當兵爲貧民生業，若照外洋例三年更换，另教新兵，其得力者裁汰可惜，失業可憫，其不肖者流而爲匪，爲虎傅翼，五也。妥擬參用東西洋徵兵召募之法：此省之勇，止募本省之民，不必每縣皆有，總須每府皆有責成，州縣申送，族鄰保結，專取良民。略仿外國年年添新换舊之法，三年一换，每年添新兵三分之一，遣退舊兵三分之一。退换者分别頭、二、三等兵，發給憑照，頭等除本營升拔外，或咨送外省擢用。二、三等均發歸本籍作爲豫備兵，供彈壓緝匪之用。每年調省一操，其餉視常備兵之半，亦每年新舊遞换三分之一，滿三年者資遣歸農。如省城練成退還本

府之兵不足預備額三分之一，則豫備兵應遣退歸農者，少遣若干名，俟次年再遣，總以適如定額爲度。遇有軍務召募時，非有憑照者不得應募。無論頭、二、三等兵，平日無事時，呈明願改農、工、商等業者，聽。如此辦法，假如天下共養常備兵二十萬人，預備兵二十萬人，實只費三十萬人之餉，十年以後便練成可調可募之兵六十餘萬矣。惟退换之兵，處置約有數難。中國精兵素少，前十年內練成之頭等兵，期滿退出，各省營伍必競相招致，否則略通書算、測繪、工程、製造者，亦可改業工商，斷不慮餬口無資，惟二三等兵由豫備兵遣退者，尚無善策安頓，此一難也。曾領憑照之兵，應如何設法優異之，令與齊民有別。直隸有差徭可免，他省無鼓勵之方，思之未得其法，此二難也。至預備兵之餉以二十萬人計，每年亦需八百萬，如何籌法，且半餉亦嫌略少，此三難也。士兵既多且精，非有得力客軍不能控制，且此時外省已練之營，豈能盡裁，似可每省酌練客兵數營，軍額不得過士兵十分之三，惟客兵三年期滿，自亦應退還原籍之省，其原籍本省豈肯出餉以充預備兵，此四難也。再，區區愚慮，更有隱憂。無强兵其國必亡，不先遍設小學堂，而徒强其兵，其國必亂。民窮財盡，征斂愈繁，教民横行，外人欺侮，民怨且憤，而草澤人皆知兵，必至藉團練爲名，抗官叛國。是必各省設無萬數之小學堂，培其根柢，令人人知有忠君愛國之心，然後民皆國家之民，兵皆國家之兵矣。天下遍設小學，竭力勸辦，亦必須十年，然則將待十年後始練兵乎，此五難也。此外，如統帶營哨官弁應否設立額缺，武備學堂及出洋學生畢業者如何選用，常備軍每兵一名應定支餉若干，皆是要義。兵制必須全國一律，最爲美善，否則各省聽其因地制宜，數年之後察其利病短長，再求畫一。究以如何爲妥，能商此事獨有明公，必皆早已計及。敢請熟籌詳示，至感至幸。齊。

袁制台來電 光緒二十八年四月初四日酉刻到

各國兵制，無客軍土軍之分，其諸小國不及我之一省，尤無從分別。中國各省萬不可自分客土，總以各用土著為便。不必慮其作亂，蓋用兵全在將弁，制勝全在槍礮，亂民無將無械，又何能為。縱有槍礮，子彈無準，勢難持久。小學堂自須多設，而練兵亦不可緩，如因防亂而止，是因噎廢食也。況士卒曾在營伍，深知器械精利，何敢輕萌亂志。如能詳訂條規，並籌辦巡警，斷無他慮。練營官弁必須改為實缺，緑營額缺可裁移，學生畢業及出洋者，亦須分別等次，予以科名，入伍者授以實職，各省均可通用，不必限以土著。凱。江。

致荊州濮道台 光緒二十八年三月十一日巳刻發

齊電悉。長江行輪，上下搭客有一定處所。新隄、荊河口係在定處數內，他處不能添設。務望切實駁覆，以免開端，至要。真。

致軍機處 光緒二十八年三月十三日子刻發

泰西電所云同莘按：泰電無稿有人開擬節略，每年三千萬，共分三十年，以常税、鹽、漕全還洋債云云。此節略係赫德在京所開，很毒已極。問。

致外務部、江甯劉制台，上海吕大臣、盛大臣光緒二十八年三月十四日亥刻發

滬真電悉。甯文電明透切盡，敝處亦已屢電瀝陳。馬使不言加税，而以損釐諸條零碎嘗試，委曲誘脅，但將聯單極力擴充，租界免釐界限極力推廣，術亦巧矣。然中國用度日繁，賠欵無著，所有進項不特難減，尚須加增，無論如何，惟有取之於民，此環球各國所共諒，斷不能相强者也。下次會議，似可明白詢問，究竟允否加税。若決不肯加，則所有損釐諸條固不敢議，且尚須達知政府，急籌彌補之方。關税爲約所限，不能加增，釐金我尚有操縱之權。中國雖甚願卹民卹商，然無可如何，亦惟有加重釐金一法，庶彼情願加有限之税，不願我加無限之釐。或有轉圜之望。兩公辯論折衝，彼强我弱，種種爲難，時深馳念。願。

吕大臣、盛大臣來電并致外務部、劉制台

光緒二十八年三月十二日酉刻到

商約第十四欵，請推廣鎮關三聯單辦法章程，惟聲明凡中國人民或英國人民，均可請領，不限張數，不限何項土貨，均可憑單運米出口。當與反復辯論，多方抵制，祇允推廣，不允修改。而馬使謂，三聯單係久載入約，鎮章又係議准通行，不過各關皆未限制貨數單數，為土貨暢銷計，自應如此，實於中國有益，詞正言順，殊費辯難。即經電飭各關查覆，除岳州關、荆州關、東海關、杭關向未領過聯單外，其閩海、九江、津海、重慶、漢陽、山海等關，均照約章辦理，而並無限定貨數單數，各關行之有年，恐亦難以强限。且各關出口土貨，名目多少又復不一，悉心籌畫，惟有貨數仍照鎮章，定以三十一種，單數每起不得過二十張，必須前起繳銷一張，方准後起請領一張，並改為發單日起，限六箇月，換運照再限六箇月，到本口，或即由本口運往外國，或運往別口再出外國，均再限六箇月，不再展限。如逾限不出口，即照鎮章罰欵辦理，較鎮章原定轉運別口，自到別口日起，限以一年運出外國，計減少六箇月。磋磨至再，今日馬使祇允單數限期，仍不肯限以貨數。現雖堅持，未知能否就範也。至華商領單一層，峴帥謂本已一律准領，應無庸再議，惟香帥謂須先議加税，不允，勿議此條。無如馬使每次會議必逐條辯論，不肯容我不議。昨已電其駐使，轉告外務部，催令速商。誠如部電，不得不相機因應。此欵是否照此定議，務乞速覆。已允其下次會議再定，不便久宕。海寰、宣懷。真。

劉制台來電并致外務部、吕大臣、盛大臣

光緒二十八年三月十三日未刻到

滬真電悉。鄂、甯屢電，請勿再議損釐各欵，誠以財匱力殫，原有利源萬萬不可再受侵損。各關報單多無定限，今得照鎮章議立限制，看似有益，要知彼似此咄咄相逼，蓋必有利於彼，利彼必損我，事理顯然。今就所議較之，鎮章亦未盡合。蓋鎮章一商祇准設兩行，一行同地同貨祇准請十單，惟金針菜、花生單數稍寬。別關所發之單，運貨過鎮，祇准由民船逕運給單之關，不准在鎮關完税轉運，所以處處設法限制，原慮單多損釐。馬使為我設法暢銷土貨，誠屬善策，惟中國現受鉅債相逼，喘息一刻難紓，若但損釐而無抵補，恐未收土貨暢銷之利，先受債項愆期之累。兩公終日辯論受逼，處地誠屬為難，敝處亦同深焦灼。惟查核所索各欵，既欲廣開口岸多免租界之釐，又欲推廣口岸免釐之界，

以冀界内外皆使我無釐可收，復欲推廣鎮章，修改内河輪章，并欲將内地由此運彼之貨免税，及彼埠至此埠之貨，在一河或分支者進出均不收税，是又將内地税釐盡欲侵損。諸如此類，若勉允一款，彼必又易一款相逼，加税既無可望，受虧無從抵補，勢必不支。為今之計，祇可直告以中國負債過鉅，財力已竭，凡偏損於我財源者，無論如何相逼，亦不能允。馬使果肯推誠關顧，惟有相商加税，庶幾兩益。堅忍相持，婉詞相答，以冀源源有濟，務祈兩公竭力圖之，大局幸甚。坤。文。

吕大臣、盛大臣來電并致劉制台 光緒二十八年四月初二日未刻到

廿八馬凱約議加税免釐事，我所擬進口十二五，出口七五，并留辦内地銷場税，彼意已允，惟屬我議詳細章程，即可商彼政府。廿九復議，馬忽出示英廷來電，以中國釐金太巨，既非加税所能補，可毋庸議，只要將天津舊約廿八欵切實辦足，使出進口貨不受釐金之害即可等語。并與我細辯中國釐金絶無三千萬之數，至多不過一千數百萬，連外銷不逾二千萬，何以加税之外復留徵銷場，未免愚弄。我仍堅三千萬為實在數目，加税及銷場亦僅足相抵。中國本不願裁釐，今貴國既不議加税，恐各省勢須增收釐金，而於損釐各欵，政府決不容再議。裴式楷在坐，勸馬另籌别法。馬謂，英國已將加税之欵註銷，如中國願議，應請會商江、鄂實在定見，并請貴政府給允准訓條，照會該使寄商英廷，作為中國所索，勸彼政府依辦。但英廷意見何如，不能預料。又言，加税不議，仍須接議内地僑居、鑛路章程、享受口岸利益三條等情。彼先應允後忽變亂，恐有悔意。愚見不議裁釐，大可省事，惟後慮方長，機會可惜，擬立定主意，仍向彼堅索進口十二五，出口七五，并留徵内地銷場税。彼有一不允，我即不能照辦，并不能議有礙釐金各條。以此為定盤針，未審兩公鈞意如何，用先電商。如尊見謂然，俟示即與復議詳細章程，再會同電商外務部、政府代奏請旨，核給訓條，以便照會該使帶交英廷商辦。馬使擬於廿四號回國，如與商辦，尚可稍緩數日。乞賜速覆。海、宣。東。

致襄陽鄧守、鄖陽許守、宜昌齊守、施南額守、荆州舒守、宜都縣歐陽令、宜昌土税局宋道台，老河口土税局楊令、汪倅 光緒二十八年三月十五日巳刻發

近年襄鄖宜施屬境及荆屬宜都縣多種土藥，價賤銷多，既妨民食，亦礙川陝土税膏捐。現與司局籌議，惟有以徵爲禁。該守速分飭地方官，親履周勘，一面出示曉諭，自今年爲始，按畝征土税錢一千文，以七百解省，三百留爲本地積穀之欵，並由南北各路土藥局卡一體查明，就近知會地方官征税，一面稟報查考。其已完畝税之本省土藥，由局卡粘貼印花，免再徵税釐膏捐，斷不准差保、汛兵、地痞包庇匿税，亦不准虚捏妄報，藉端滋擾。現值煙苗長發，轉瞬收割，若稍延宕，今年即無可收。除札行外，特電飭速辦。接電後即迅速查辦稟覆，毋延。督、撫。鹽。

致武昌梁守、漢陽余守、黄州魁守、德安王守、荆州舒守、宜昌齊守、安陸彭守、襄陽鄧守、鄖陽許守、施南額守、荆門陳署直牧光緒二十八年三月十五日巳刻發

鄂省奏辦籤捐，籌湊賠欵，原非得已。然籤捐之意，在使商富代鄉農出資，並使外省官商過客代本省民人出資，免致下户山農亦遭派累，用意不可謂不厚，較丁漕、門牌等捐實爲活便。乃各州縣中能深體時艱切實舉辦者，固不乏人，而畏難不力者殊多，動謂除攤派丁漕畝捐，別無辦法，其疲玩者甚至置若罔聞，隻字不覆，實堪詫異。不知此次賠欵，奉旨各省通攤，部限嚴急，大局攸關，萬難延誤。各州縣身任地方，責無旁貸，即使籤捐不能善爲勸導，行銷爲難，亦必確有不擾不累足以籌抵之辦法，禀候察核。即使中小縣分不能如數籌足，亦應自擬認籌若干，及早禀覆，本部堂、部院未嘗不可酌加寬卹。何以江陵、天門、潛江、通城、通山、羅田、麻城、雲夢、應山、公安、松滋、監利、利川、襄陽、南漳、均州、穀城、當陽等屬奉文後辦理如何，絶無一字禀報。似此任意玩延，置要需於不顧，實出情理之外。合行電飭該守，即日飛札各該州縣，嚴加申飭，勒令將承辦籤捐情形，實在能銷若干，抑只能另籌他欵，究竟能另籌的欵若干，確切聲明，刻日由六百里禀覆，以憑通盤籌畫。總期於事有濟，於民無擾。本部堂、部院既可准其變通籌捐，亦可察其實在情形酌量寬減。如再延宕不理，既不辦亦不覆，立予撤任停委，勿貽後悔。各該守仍將奉電遵辦情形，先行電覆。督、撫。鹽。

致宜昌土税局宋道台光緒二十八年三月十七日未刻發

膏捐就土預征，每百斤除乾耗二斤，每土一兩收捐錢七十文，武漢及各分局均限三月十八日一律開辦，宜昌先由土税局代征。至各棧店現存土膏，須派妥員清查，從寬照六成完納，即按七十文收四十二文，以示體恤。膏捐告示章程，印花捐票牌，照運單等件，已發交錢道帶宜。未到以前即由土税局於印花税票上加蓋膏捐已完圖記，以憑稽查。該道務即如期開辦，毋延。督、撫。篠。

致清江陳漕台[一]光緒二十八年三月十八日午刻發

陽電悉。裁屯衛事，已行司道議詳，疊催尚未據覆。此事若任衛官始終經理，徒致藉端延宕，再待半年亦辦不成，何日始能覆奏。弟等公同商酌，擬飭北省武昌等六衛，南省岳州等五衛，一律先行交卸，其地畝錢糧即日移交坐落之地方官清查籌辦禀報，庶免延捱滋弊。尊見如以爲然，即當分別飭行，統候示覆。之洞、端方、廉三。嘯。

致上海盛大臣、吕大臣光緒二十八年三月十九日酉刻發

假如我鑄一兩重之銀幣，洋人納税准作十足庫紋，我還洋債

[一] 指署漕運總督陳夔龍。

換鎊，洋人亦作十足庫紋否。此銀幣與十足之紋銀，其買鎊之價同乎，異乎，祈即詢問明確示覆。至禱。效。

吕大臣、盛大臣來電光緒二十八年三月二十五日子刻到

效電謹悉。准用一兩重之銀幣納税，將來必按照各貨之鎊價估算，則納税之鎊價與還債之鎊價，自當彼此一律。竊謂圜法既定，雖紙幣亦可通行，斷無高下抬跌之患。驗之各國，無不皆然。若圜法未定，民間尚能以足紋壓此項銀幣，則外人必不甘於喫虧。詢問再三，彼允中國將來辦理圜法，銀式一律，中英兩國人民在中國各處即用以完納各項税餉，及各項之用。海、宣。敬。

致江甯劉制台光緒二十八年三月二十七日午刻發

小田切奉其政府命，來鄂談六事：一曰告阻止俄約情形，並謂駐京日使代我外務部密畫策，道勝鑛務之約已暗廢。答曰感謝。二曰勸中國收買洋藥，官熬膏賣，可籌巨餉，土藥不辦亦可。日本商在臺灣有熬膏秘法，一可攙藥料，用土少，出膏多，既可獲利，亦可減癮。如募用日工師，當相助，但此事必與英商妥，如中國願辦，可趁此議商約之際，與之議添此一條，以爲酬報，日本當助中國與英議之。此乃代我籌餉，勸中國官辦，非日商攬辦，既不攬權，亦不借欵。如有成效，優給日工師薪水花紅而已。答曰，此事我以爲甚好，當與政府及尊處商。三曰勸江、鄂會奏，改東三省官制章程，照十八省一律，滿、漢兼用。答曰，此事恐不便，請與江南商。四曰欲與中國商人合開銀行，係商開，非國家開。答曰，匯豐、德華、道勝遍布江海，日商華商合開銀行，有何不可，此聽日本自辦。五曰欲與招商局合辦，推廣江海輪船之利，免爲西商所奪。答曰，此事盛大臣必不願，如另設中東輪船公司或可行，請與盛商。六曰蔡使密函有否。答曰，我未接到，但派學生須慎選是正理。小田曰然。特奉聞，祈密之。小田昨夜東下赴金陵。感卯。

致上海吕大臣、盛大臣，江甯劉制台

光緒二十八年三月二十七日午刻發

小田切來鄂，談商約三條：一曰美使不願加税，日本意與美同。釐金不深論，但言就貨抽釐是最不好事，勸中國抽釐須改章。營業税、印花税可抽。二曰長沙、常德開口岸。告以長沙已允自開，俟長沙開後，如彼此相安，彼此有益，常德亦可開。渠云，須在湘潭設小輪馬頭、棧房。答曰，内河行輪，外務部有章程。小田曰舊章多窒礙，日本可照日本約辦。答曰此關通例，請與吕、盛大臣商。三曰米穀可出洋否，日本每年以上好米運售美洲，得價一千數百萬元，本國買次等米食之，此乃有益農田之事。米貴則農富，米貴則田貴，田貴則錢糧加而農不傷，中國何不仿行。[答]曰，此事我一人意見以爲無妨，但中國官商人人皆不以爲然，恐難行。按日本之意，不加税而推廣内河小輪，自於釐金暗損，但其所欲免之釐，不似英使之門門俱杜塞盡絶耳。至湘潭設棧，各國效尤，則是不開之開，更多一事，不如准其開湘潭而删去長沙，免於省防有礙。特布聞，祈酌示。感辰。

致京鹿尚書光緒二十八年四月初五日亥刻發

頃接盛電開送馬使免釐新章，竟有一切税釐、捐欵概不徵收之語，萬分可駭，從此中國無財政之權，不成爲國矣。鄙人已電奏，務懇切商略相，痛切上陳，力阻盛萬不可據與英馬使定議。此國家存亡所關，急盼電覆。尾。

致江甯劉制台光緒二十八年四月初五日亥刻發

呂、盛咨會奏減輕茶税摺稿，想已接到。查中國茶務日壞，必須設法振興，以紓商困。敝處去臘歌電亦深以減茶税爲是，但必須籌有抵補，方可酌減。今既不與各國議定加税抵補，又不與江、楚、西、皖、閩、浙各省妥商，即台端爲通商大臣亦不會商，而率行奏請即減，殊爲可怪。頃據江漢關道稟，税司已奉總税司電，飭令知照茶商，此後出口茶税，不得過實本百分之五。而敝處既未奉旨，亦未接外務部、户部咨電知照，即尊處尚無電報咨文，即徑由總税司徑行各税司減税，向來亦無此辦法，尤不可解。就江漢一關而論，税收約二百萬，茶税居其半，以後頓減七十萬，所有京餉、洋欵何從籌措，即將來加税亦斷難抵足，必須另籌撥補，焦急萬分。閩、浙、廣東、江海各關，雖不若江漢關茶税之多，然茶葉出口想亦不少。公統籌全局，有何挽救良策，務祈賜教爲禱。或請由尊處領銜，會同各省電奏，抑或有何辦法，務祈速示覆。微。

劉制台來電光緒二十八年四月初八日巳刻到

微電悉。盛屢商擬減茶税，敝處迭覆，總須先籌抵補，而後議減。不意呂、盛並不先籌抵補，遽爾奏減茶税，此實由於不能深知各省籌欵之難。彼正議約，若各省遽爾會同奏駁，於彼處地又覺難堪。鄙見或由公臚叙短絀之多，無法籌補各情，電外部請商户部，如能撥補最妥，否則或將減案展緩舉辦。未識當否，請酌。坤。陽。

致外務部[一]光緒二十八年四月初七日發

津江電論銷場税事具悉。臚覆如下：一曰查第八節只應報明常關，以便徵收銷場税一語，係仿挂洋旗民船裝載到通商口岸，只報洋關不報常關，不知照銷場税局去年商約原議，并非令常關代收銷場税也。本欵第十條即云：由各省督撫自行在海關人員中選定一人或數人，商明總税務司監察銷場税云云。明是銷場税係由各省督撫自辦，其所選之海關人員不過監察而已。監察兩字係洞與馬凱面加推敲許久而後定，專爲別於管理徵收字樣也。且監察洋員須選定，其非專用本關税務司可知。蓋進口洋貨、出口土貨與各國有關，故須立約，彼此允肯。其中國内地銷售貨物，與各國無涉，國家徵收此項貨税，只須與進口洋貨、出口土貨無礙，即與地丁、錢糧一律，他國不能干涉。故敝處力争留此自主之權，將來自行另設税局，乃一定辦法，斷不可歸常關由税司代收。此條乃馬凱在鄂洞與之面談力争定議者，故知之甚悉。二曰敝處效電原文係不拘輪船、民船、鐵路、陸路運來登岸云云，正與第八節無論帆船、輪船、民船云云同義，并非不准，想係電碼錯誤。

[一] 録自苑書義等主編《張之洞全集》第十一册，第八七八〇至八七八二頁，河北人民出版社一九九八年版。

三日約内云不得在租界内徵收。此次效電本意係言無論將來是否在租界内外銷售，於到岸報常關之時，即可徵收銷場税，漏未詳叙，兹再聲明。查馬使所以不願在租界内徵收者，係因恐我派丁役入界内查搜騷擾。然若全免界内銷場税，以後租界日擴，所失太巨。故敝處此次效電所擬辦法，欲凡土貨到通商口岸於未入租界之先，無論租界内外銷售，令其報明税局，徵收銷場税，借保利權。但將來刊布章程，只可渾言凡屬土貨到通商口岸，必須先行報明税局，方能登岸，不宜提明租界内外字樣。若一語説破，彼必不願。四曰效電大幫銷售貨物，必須運到大鎮大市等語。必須者，猶言必係如此也，語係發明小村小鄉不必開税局之意。小村小鄉不能銷大幫貨，商人若欲銷售，自必須運到大鎮大市有局之處，故下文無慮偷漏，而小村小鄉可不設局矣，非欲强令商人必運至某處也。尊處殆誤解必須語氣。五曰洋貨給單一層，敝處因白糖明係土貨，然由汕頭運來，近日華商請洋商出頭，領事、税司皆助洋商指爲洋貨，湖北現深受其累，此外土貨將來恐亦難免，故不無阻慮，特聲明必須真正洋貨方能給單，以免影射。假如本係土貨，若洋商、華商串通指爲洋貨，即令其照真正洋貨納足十二五方能給單耳。六曰銷場税，則敝處效電本云不宜過重，平常百貨值百先抽二三，貧民日用所需值百止抽一二云云，猶言或值百抽二，或值百抽三也，未言值百抽十三之多。十字係二字之誤，豈有土貨已完過初次常關二五，出口税五，復進口二五之後，復徵其銷場税十三者乎，豈非值百抽二十五乎。總之，銷場税開辦宜先從輕，以后盡可酌加。既免土貨偏枯、洋貨擅利，且免洋人饒舌耳。

致江甯劉制台、保定袁制台[一]　光緒二十八年四月初八日辰刻發

樞魚電想已到滬。支電四條，危險已極。税雖加，彼有能廢之權，釐一免，我無再復之望，一也。産地税、州縣地方税、紳董鄉約局税、營業税、印花税均未言明准抽，皆可以改换名目四字阻我，二也。裴式楷所算增數，萬萬不確，三也。即使税釐相抵，亦僅抵舊日之釐，斷不能補近日新籌及將來救急可籌之欵，四也。除洋人所管洋關、常關外，不能抽收，全國財政聽命洋人，不成爲國，五也。干預財政，即是干預民政，不惟失理財之權，直是失治民之權，六也。此佛經所謂刀上之蜜，甘有限而苦無窮也。自得滬電後，焦急萬狀。敝處麻電想已達覽，惟望兩公詳審利害，籌示大指，萬勿遽覆樞廷允定，大局幸甚。切盼示覆。洞。齊。

軍機處來電并致劉制台、吕大臣、盛大臣　光緒二十八年四月初七日子刻到

支電並擬加税免釐四條，想已得悉。此事關繫出入至鉅，如全免内地釐金，究竟加税至十五，每年果足相抵否，希即通籌熟酌，妥議電覆。樞。魚。

致外務部[三]　光緒二十八年四月初八日發

滬江、支電，津江電，均悉。此時俄未交還東省，我尚無權

[一] 以下二電録自許同莘輯刊本《張文襄公電稿》卷五十一。
[三] 録自苑書義等主編《張之洞全集》第十一册，第八七八二頁，河北人民出版社一九九八年版。

添開口岸，固不可遽然明許他國。然俄人要我東省，不許添口岸，是東三省利益永爲俄獨占，各國必不甘心。美、日已有明言，英國必更不肯旁觀，是俄人所請尤斷不可允，慰帥電謂宜堅拒，極是。蓋俄人不肯退兵，尚冀各國助我理論。倘遽徇俄請，各國定然紛紛詰責，效尤要挾，各擇便利，必致俄人袖手，我獨受害，不可不慎也。俄人情形，外人不知其詳，慰帥既有俄請不許添開口岸之説，當必確有所聞，務祈慎重熟慮爲禱。聞英領事言俄尚未照約交還朱莊，日領事言俄移扎鐵路鳳凰城一帶之兵甚多，竊謂此時宜趁美、日索開東三省之便，即懇美、日、英三國代我勸俄照約按期退兵還地。東三省既遠，口岸如何開法，自易酌辦。

致外務部、江甯劉制台、上海盛大臣、呂大臣光緒二十八年四月初八日發

滬支兩電均悉。查美康使在滬曾言不願加税至十五，免釐與否，聽中國自便。又聞美康密告人云，加税免釐，係英國國家欲總攬中國財政之權，以便他年展布耳等語。細繹康使之言，參以體察各國情形，實爲至論。鄂省去臘宥電云，不得侵我損益財政之權。寑電云，限我主權，爲害無窮，須留産地税、地方税，均已痛切言之，正與美使所言符合。頃來電開送馬使免釐新章，竟云一切税釐、捐欵概不征收，包括太廣，是所有産地税、地方税、營業税、印花税皆不能辦，惶駭萬分。既渾言將局卡全撤，銷場税如何征收，且改换名目亦不准抽，尤爲很辣。裴税司所言加增之數，殊未可據。外省似釐非釐之各項捐項經費，爲數甚鉅，所計亦不能確。此舉關繫中國億萬年主權財政，若無權無政，安能立國。全國爲洋關束縛，禍不勝言。務懇兩公詳慎審酌，萬不可遽與定議，千萬叩禱。總之，産地税萬不可盡免，地方税、營業税、印花税必須趁此時豫先聲明，若此時不議定，將來外人必不准抽。今新章所謂一切捐欵概不徵收，又不准改换名目，是各路俱已杜絶浄盡，將來户部各省無法籌欵，勢必歸咎此次新約，兩公爲主議之人，何以堪此責備。爲中國計，不如過境釐金免，進口税不必多加，而堅留産地税及地方税、營業税、印花税，利害方足相抵，於卹商保權庶可兼顧。務懇兩公速與馬使聲明，堅持力争，大局幸甚。語。

致武昌梁守、漢陽余守、黄州魁守、德安王守、宜昌齊守、安陸彭守、襄陽鄧守、鄖陽許守、施南額守、荆門陳直牧光緒二十八年四月初十日亥刻發

已派籤捐，各州、縣多據稟請另籌的欵抵補，應將通省概行免辦籤捐，以免參差。四月票已不發，惟其中有籌欵已有數目者，有籌欵尚無確數者，有尚無辦法及未稟覆者，均經本部堂、部院督同司局酌核定數，飭籌的欵，分別批發。其未派籤捐十八州、縣，亦經酌量從輕定數，飭就地方情形籌辦，均已飭司局行知電知。此項專爲新案賠欵，數月來皆係省城挪欵墊解，此後實無從籌墊，專待州、縣解欵。所定之數均係量該州、縣力之所能，務各照數速籌速解，不准短少延誤干咎。特此電飭該府、州，嚴切飛札所屬州縣，一體遵辦電覆。督、撫。蒸。

致軍機處、外務部、户部，上海吕大臣、盛大臣，江甯劉制台、保定袁制台 光緒二十八年四月十一日申刻發

樞魚、户青，滬兩支、陽、佳，甯篠、箇、魚、陽、齊、庚，保齊論免釐事各電，均謹悉。加税必與免釐相抵要旨，詳讀峴帥六電，語語透達，字字密實，此事已無剩義，佩服之至，與鄙意同者十之九。裴式楷擬酌加十二五，自是審度英國意指。鏡使、杏使能逼出此實情，實已不易。慰帥謂加十五斷辦不到，洞亦云然。英得美、日之助，故樂得少加。馬使必欲去坐釐，曾經面談，故鄂電只擬留産地釐。今擬變通産地釐以資補救，辦法詳覆。若既加税而又辦統捐，洋人斷斷不允。據馬使、小田皆言，營業、印花等税即是離開貨字，若議久不決，必生變幻，誠如户部所云，不可不慮也。惟鄙意稍有與峴帥不同者及各電所未備者，條列於後。一曰進口税能加至十二五，似已可允。管見進口税不必過争，彼加一分，必求損我十分矣。二曰進口税二十年遞減至盡一條，必須删去。三曰出口土貨税萬不可加，即使議加，至多加二五，亦甚有限。如釐免税輕，銷路必旺，正税必增。出口税八百餘萬，一年多一成，三年即二百四十萬，已足抵此次擬加之數，十年後成鉅欵矣。此實環球萬國理財要義，斷不可與之背馳也。四曰坐釐洋人斷不准抽，惟有將仿照西國理財各法，與之一一聲明，如國家所抽之營業税、印花税，州縣所抽之地方税，紳董所抽之鄉約局税、馬頭捐等税，及專條煙酒等十四項，議定准抽，則亦足相抵。五曰土貨産地税，彼既不允留，必須别籌一法，以抵收數，擬於出産土貨之地，限定必歸行户發賣，徵其行帖税，此與營業税、印花税相類，外人當不能阻。此義甯篠電已及之。六曰有數種土貨宜立專條，以資補救。中國煙，中國酒，中國糖，中國承充官商所辦之硝，磺，中國製成銅器、細緻木器、珠寶、玉器、繡貨花邊、闌干、金綫等，皆屬於繡貨類、香貨如麝香等類皆屬焉、廣扣，錫箔，鞭爆，此十四種皆中國自産自用之物，與洋人無涉，亦非民生所必需，應准仍舊抽收，除過境不抽外，無論産地、銷場，俱可設局抽税，外人不得干預。硝磺兩項，尤應藉收税稽查。此十四項能認真抽收，每年可得五六百萬。又米穀一項與外人無涉，亦不致影射洋貨，應聽各省體察豐歉情形抽税，外人不得干預，亦不歸洋關經收。查西國煙、酒、熟藥料，凡非民生必需者，皆係重税。日本每年酒税抽至四千萬元，醬油税抽至一千萬元，係小田切所言。七曰外國洋貨有嗎啡一項，係鴉片煙之精，最爲害人，西人亦甚惡之，近年日來日多，此物應增抽極重之税。八曰出口土貨有向來無税者，應查明酌增。九曰洋土各貨估價，須議一確實估計可信之法。十曰内地大小常關甚多，洋人尚未詳知，其關税應由我自定，外人不能得步進步，脅我裁免。十一曰須聲明彼若廢加洋税之約，則我復抽釐金之章。十二曰滬電盈餘巨欵，固不敢期，甯電增免相抵，自是正辦，然亦復不易。洋人核算最精，斷不令我於此次商約反增巨欵。鄙意謂能養利源，不憂民貧，能保利權，不憂國貧，出口之貨不可加，此利源也，内政所籌之欵不能阻，此利權也，抱定此兩議即可立國。但能將地方税、鄉約局税、營業税、印花税、馬頭捐等項切實議定，必須開辦，外人不能干預，載入此約，即可設法彌補支持。若僅商會私議允抽，尚未可據，必須詳晰入約。十三曰湖北煙、酒、糖税，米、穀釐，均係奏明有案，然不歸釐金局計算，必不在部中所計釐金數内。

他省似此者甚多，亦如江蘇之茶釐、木釐歸餉册不歸釐金也。十四曰進口税無論加至若干，擬定爲首尾分半交納，其税數由海口第一關查明填票，其税銀於進口之關交一半，於起卸銷售之關交一半，以昭平允，而防後患。就舊章正半税共七五之數核計，海口皆是繁區，進口之後必然就地銷售許多，況加至十二五，即使分半，海口各關所入亦必較前增多，如此辦法洋商亦必願從。緣釐金盡裁，天下大宗税欵全在海口，偏重太甚，腹省全無理財之權，萬一海疆有事，咽喉被扼，或内地不靖，餉道梗阻，必致腹省餉源頓竭，將有束手待亂之禍，誠如直督袁齊電所云，勢將坐困，必至瓦解，最爲卓識遠慮。務望樞廷，外、户兩大部通籌全局，以免自縛之害。總論曰，戰後之約，必是彼益我損，彼利我害，不待煩言，惟有兩害取輕及害中求利兩策，以爲自救之計。零星要挾攬擾，推廣聯單，擴充租界，遍行小輪，釐名不去而釐權盡失，有百害而無一利，則不如明免釐而索加税矣，此所謂兩害取輕也。掃除釐弊，民困可蘇，理財新政可行，是爲内治之利。進口税重，出口税輕，此時斷不稍加，日後仍可遞減，土貨暢銷，漏卮漸少，鎊價漸平，富民强國無逾於此，是爲外交之利，此所謂害中求利也。目前增免實數，合内外銷統計，恐必不能相抵，然利權不失，則目前暫救燃眉，尚有籌抵之方。數年後財政既善，土貨復多，必有盈餘之望。故此時斷以割愛忍貧，規圖國家久遠之利爲上策。樞、外、户三府胸羅全局，智周萬事，但求於外省籌欵事宜，條陳則多蒙采聽，舉辦則堅予主持，即各省合計短少數百萬金，亦尚不至無策。滬支電所謂加税如稍不足，亦應掃除釐弊，方能行理財新政，誠不易之論也。鄙意所最注重者，國家所抽營業、印花等税，可以供餉需、製造各項官事之用。州縣所抽地方税，可以供辦隄岸、道路、警察、監獄、官設學堂等事之用。紳董所抽鄉約局税、馬頭捐，可以供民設小學堂、育嬰、養廢、社倉、善舉等事之用。若將此數項切實聲明，皆抽之於鋪店、牙行、民户、田地、山場、江湖、舟車、文據，不抽於貨物，且均係外國所有之辦法，各國勿加挑剔，則諸事決不至束手。若彼仍多苛求，此則不可不始終堅持，力争細磨者矣。統請鈞裁熟慮，博訪通籌，幸甚。雜居、鑛路事另覆。軫午。

吕大臣、盛大臣來電并致外務部、劉制台、袁制台

光緒二十八年四月初八日亥刻到

昨會議面交四條説明，尚未接外部、江鄂覆電，因届限期，先就私意擬商。馬凱不肯接受，聲言照此不能再議，亦不必電政府，一月後即欲回國。詢其有何意見，馬云，第一條加税十五，第三條坐釐不除，萬辦不到，此事請作罷論。現英國商民專意將天津條約第二十八欵清查子口課税一節，實力推廣辦理等語。竊見英國及各國洋商，皆主專求進出口各貨免釐，不願加税。日本擬欵八條，已見報，其第一欵則請將釐金及内地各税一律革除。鄂電小田切已言就貨抽釐是最不好事，勸中國改章，營業税、印花税可抽等語。西人多譏馬凱太弱，使馬果回國更易他人，勢必求勝於馬。加税既罷，礙釐之欵儻難悉拒，則進欵更慮有減無增。現擬羈縻馬凱，另籌辦法。鄂語電所慮甚是，海寰等早已見到，曾與馬凱議定，加税後營産、鋪户、印花、煙、酒各税，及别項理財之法，聽中國自辦。彼但求離開貨字而已，惟産地税、落地税仍係就貨上抽釐。彼謂既欲加税，則不能抽釐，意甚决絶也。海寰、宣懷。陽。

劉制台來電并致外務部、户部、袁制台、吕大臣、盛大臣　光緒二十八年四月初七日戌刻到

滬兩支電所云進口增一千八百萬，係估抽照原收七百萬增三百萬，共千萬，加倍半合二千五百萬，除原收，始多前數。然約計各關報收所增，至多二成有奇，不滿二百萬。照裴計估，增差百餘萬，加倍半，共短二百萬有奇。出口增七百四十五萬，係估抽照原收八百萬增二百卅萬，共一千卅萬，加半倍，合一千五百四十五萬，除原收，始多前數。前歲議加洋税，由杏翁向赫德考較，據云，出口土貨係屬銀本，估價所增無幾。進口貨係金鎊，照歲收六百六十餘萬，可倍加三百萬云云，與裴計不符，必須切考，因出入過鉅也。又復進口半税，即徵諸轉口（上）［土］貨，雖有出洋之貨在内，實係轉售各口，仍分運内地者為多。所以由輪轉口者，固求近便，亦為圖免沿途重疊報捐之計。此後釐金裁撤，商人惟利是圖，轉口之貨若非急待出售，必多改裝民船，是復進口半税所云可多二百九十萬之説，非特毫無把握，且轉恐較前為絀，蓋税釐若先後增免互異，則商人之趨嚮亦復隨之變易，不可不預為計慮，虚增尤不可作實抵。又出口税歲約八百萬，論理半税應得四百萬，但考歷年所收運出半税，至多不過十三五萬。議者有謂不完半税，必係完釐，但商人無不避重就輕，此項出口之貨雖間有洋商不便走内地零星購集，或在口購販出洋，亦實由華洋商互相隱戤，借報單免沿途之釐，將次抵口，又復多方弊混，漏應納子口之税，觀各口領單不繳即可知矣。現釐既議免，則出口貨應納正子，亦必須照洋貨改為報運時一同併繳，不可如舊分徵，轉致半税絲毫無著，條内應加併徵字樣為要。且出抽十，較原約多二五則謂之加，否則正、子本照約應納之税，不過改為同時併徵，即不得視為加税。二十年後遞年減除之説，尤萬不可入約，致失操縱之權，而貽後日之累。統祈裁酌。坤。魚。

劉制台來電并致外務部、户部、袁制台、吕大臣、盛大臣　光緒二十八年四月初九日未刻到

滬陽電悉。數月來博訪周諮，復證於滬、港等處商會所議，意實全注裁釐加税，若釐不全裁，加税必非所願。鄂議甯可少加關税，願留産税者，誠慮利權全為人操。惟加税不成，必仍謀損我釐。當此上下交迫之際，既不便再行重取於民，則被損將何取償。況目下財用出入懸殊，謀補未遑，豈可再使受損。利害相形，緩急相權，則不得不舍彼就此，以期保全國用。且免釐加税以後，仍酌辦營業、鋪户、印花等税，則内地財政之權仍屬己操。惟通盤籌計，現既出入不敷甚鉅，已詳箇電，則以後創辦營業、鋪户、印花等税，祇能留補原來不敷之用，而此次商議加税免釐，必須增免足敷抵補，方為妥善。若將營業等税牽計湊補此次增免所闕，則原虧之項從何設籌，是釐擬全免，則進出税應如何加增，必須考究實在，不使稍有短缺。此為命脈所關，無論外人如何刁難，我亦不能遷就。至巡捕、鄉約等捐，商會所議，謂係照西例，地方所用，與落地捐不同，西商不能干預禁阻，從前與今各董均無異詞，惟須立一定數，宣示各省，如有過取者查究云云。縱免全釐，則此項鄉約、巡捕等捐，必當援西例並商會之議，與之商明抽收，此亦要著。坤。齊。

劉制台來電并致外務部、户部、袁制台、吕大臣、盛大臣　光緒二十八年四月十四日未刻到

鄂軫電悉。事變無常，智慮有限，隱伏難見之事，即不能無

罣漏之虞。故於應加之税不能不望稍增，以補思慮所不及。且舊虧過鉅，還欵鎊貴，歲復驟增鉅耗，亦不能不籌彌補。即如出口税一項，名雖歲徵八百萬，而實在出洋者歲收不過三百數十萬，其餘皆仍行銷本國。因釐重，裝輪轉口，報完洋税，雖同名出口，實非出洋。釐免税增，凡行銷本國者，必改裝民船，以避洋關之税，加税不過實在出洋之貨，餘則不獨所加成虚，且恐原有出口之税，為其避免復進口半税，亦必隨之而絀。欲杜趨避，必如鄂電須留大小常關，更須酌加常税。至常關歸税司經徵者，馬使本已允留，即不歸税司代徵各關，馬亦許可通融商辦。且前次馬使與杏翁議廿二欵輪船、民船運貨，堅請收税一律，今我加常税，正如彼所請。州縣向抽税項，亦與常税相同，自當一併商留。洋、土貨估價若不受暗虧，則加數更獲實益，即如從前名為值百抽五，按照貨物實值不過三釐有奇，故此次必當按實值估計。以上兩節皆扼要之著，務請鏡翁、杏翁切實商辦。出口税原不宜重，惟進口税既不能多增，不得不酌增於出口之税，否則以後縱能銷暢税增，而目前急切待用之項無以為計。現復詳加酌籌，如營業、印花、鋪户、煙、酒等税，馬已允均聽中國自辦，祇須於立約時聲叙明白。又土藥税，馬使前交欵内已聲明允中國在産處順便徵税，或於各省往來通運亦可徵税，是彼於貨釐雖須全免，而煙、酒、土三項仍聽收捐，以其非民生所必需。鄂電擬留之十四種，大都類此，自宜援西例與之商辦，以補部計釐數之外諸欵及外銷各項之釐。將來酌辦營業、印花、鋪户等税，以補原來不敷之用，留鄉約、巡捕等捐，以為新政整理地方諸用。如此辦理，則現擬加税但能補足所免正釐及逼出半税，即可照辦。米穀最為民生要需，常、洋兩税外不宜另收，惟沿海各關無則例，向不收税，此後須一律徵抽，以杜裝民船漏避。向來洋關定章，進口完税之後，如轉運别口，或請給聯單，或領存票至所轉之口完納，本聽商便，以後自應照舊聽商自便。若一税分作先後兩次完納，必多隱射漏免，暗受其大虧，此實萬萬不可，並非現處海疆，中有偏私，實緣稍有隱漏，補救為難。且洋貨由外來，税由海關分收，土貨由内出，税由内地各關分收，同為國用，彼此牽計，亦無偏枯。用就管見所及，請再詳酌。坤。元。

致外務部，上海吕大臣、盛大臣，江甯劉制台 光緒二十八年四月十四日辰刻發

滬歌電、甯語電論内地雜居事，滬佳電、甯卦電論鑛路不宜入約事，均悉。内地雜居，若不改律例，西人不歸管轄，爲患無窮。鑛路不應入商約，開鑛新章渾言洋人可開鑛必應改，滬、甯所言均極切當。元。

吕大臣、盛大臣來電 并致外務部、劉制台、袁制台 光緒二十八年四月初六日亥刻到

第六欵請准英人應能無論何處買地、租地、買房、租房，以便居住、貿易、製造連安設機器，以備一切之用，開送時即痛切辯駁，摒與不議。近來馬使每次會議仍嘵嘵不休。初執日本馬關約，謂英國須照此推廣。答以日約第三欵係准以暫時租棧存貨，並非許其長遠僑居、貿易及買地、買房、設機製造。馬使又謂英人挾巨貲至内地貿易，實於中國有益，如恐滋事，可由領事查明，正經商人取其銀兩押作擔保。答以目前只能照日本約辦，俟中國律例改後，各國商民能悉照中國律例辦理，再行推廣。從前大西

洋及葡萄牙條約，均不准入内地買地，設立行棧，即傳教人買地亦係用教堂之名，不能自買。此時若准英國之請，恐他國亦須效尤。且領事均係見好商人，請給憑據，必無不准，於中國關礙實多，各省斷不能准。馬使又云，現在福公司鑛師可在内地開鑛，即與在内地僑居無異，請問是否歸中國官與中國律例管理。答以與福公司訂立合同，有管理各鑛師之權。馬使又云，中國新訂鑛務章程，無論洋人華人俱可入内地開鑛，此即與准其在内地買地、租地、僑居、貿易無異。答以開鑛新章不過論其大意，其有洋人承辦者，將來訂詳細合同時必另有章程，叙明鑛務洋人歸中國官管轄，斷不能聽其自往買地開辦。馬使遂將買地及安設機器等字抹去，仍再四糾纏，或限制人數，總請籌一善法。當將去臘部願電、江鄂歌電、保定諫電議駁此欵節録出示，馬使仍屬商請部示。竊思此欵祇能准照馬關之約，暫行租棧存貨。馬使以日約本可一體均霑，不得謂之利益，必欲較日約有加。近又見都中頒行開鑛新章，無論洋人華人均可開辦，執以要求。在鑛路大臣訂立此章，意在開闢利源，以廣招徠，原不料英使即持以為准其入内地買地、貿易、居住之證。海寰等現雖設詞力辦，究不知將來承辦洋人到部遞稟時，能否將該商買地仍歸中國官買，或租給若干年，或以地作股，及鑛師、鑛匠歸地方官或華總辦管轄一節，補行聲明，方不致有礙此欵。並聞各國尚以抽稅太重，擬請更改，可否乘機並將窒礙之處，詳慎修補，以杜各國藉端援引，別生枝節。此事關繫天下安危，萬難稍為遷就，務望籌示方略，大局幸甚。海寰、宣懷。歌。

吕大臣、盛大臣來電并致外務部、劉制台、袁制台

光緒二十八年四月初十日戌刻到

今日馬凱面交英廷來電，新改第五欵如下：一、中國意欲與辦鑛務、鐵路，以便開闢利源，並知悉如能招集華洋資本，則可冀望大為推廣，故允願派專員在北京商訂章程。英國所應派之員數必須公平，按所定之章程，得以利便探查鑛産及煤油，並開挖與辦鑛峒油井，及築造鐵路云。路鑛關係最重，若無極好辦法，總以不入約章為是。應如何駁拒，乞速電示。海寰、宣懷。佳。

致外務部，上海吕大臣、盛大臣，江甯劉制台、保定袁制台

光緒二十八年四月十六日未刻發

軫電想均達覽。甯元電悉。進口税只加十二五，部計之釐及報部而不名爲釐之欵斷斷不能相抵。兼以新減茶税一百五十餘萬，所差尤多，約短一千萬外，外銷更不待言。茲再擬管見四條。一、土貨並未徵足抽五，似可另估抽足。一、馬使有常關可留之語，又有輪船、民船一律徵收之語。查中國舊制，各省所設常關不多，往往數千里並無一關，各國多未深悉，即如湖北境内，長江自巴東入境，至武穴出境，首尾二千餘里，並無常關。湖北之荆、宜、施道所管之常關，只收船鈔，不收貨税。江漢關只抽輪船貨税，不抽民船貨税。襄河自漢口至老河口一千五百餘里，並無常關。今年三月英國曾遣淺水小兵輪探水，半途而返。河曲沙多，小輪斷難暢行，以後仍是民船爲多。此外内河長湖甚多，皆無常關。湖南通省亦無徵貨税之常關，沅、湘兩大水綿亘一千數百里，止

有辰州府木關一處，其常德、寶慶府税兩處，數甚微末。今行釐既然全免，湖南、北兩省若不添設常關，則兩湖境内數千里民船商貨，不納絲毫之税，情理太不平允，且必至各省水路運貨多歸民船，於洋關正税及復進口税，均有妨，短絀更多。可否與之商明，向來荆州關只收船鈔者，兼收貨税，江漢關添設常關，兼收民船貨税。他省仿此。儻更能商明於水陸繁盛衝要，尚有府税而不名爲常關之處，改名爲關，妥定簡易章程，可免趨避減税尤善。如能添設常關，或可略資抵補。一、鐵路日多，如何徵税，亦須議明。一、專與馬使議，恐恃强要挾，不易轉圜。聞前日美康使到滬，有内地抽釐聽我辦理之説。日本雖云抽釐不好，語氣尚虚活。似派人往美、日領事處密探口氣，如兩國語意尚鬆，或肯多留内地税數種，似可先與商議。美、日若肯與我商議，英恐他人占先著，或較易轉圜。以上四條，祈酌核，彙入前軫電商辦，示覆。諫。

劉制台來電并致外務部、吕大臣、盛大臣、袁制台　光緒二十八年四月十八日亥刻到

鄂諫電悉。敝處元電所云加税，本僅指抵報部之釐及進出各半税而言，且正税亦指進出統加，若僅加進口税，正釐且不能抵，更何能兼抵外銷諸釐。現估貨值百抽五，本須洋土統估，惟土貨係銀本，照實值估抽，縱能加數，必不多，連茶併計，盈絀恐尚難相抵。外人欲民船與輪船收税一律，蓋即預杜釐免貨裝民船，欲保輪船之利不為民船所奪。土貨過洋關收出口税後，抵彼口收一復進口半税，無論經過多關，總是收一正半税而止。常税過一關，徵一次，姑無論内地添關，與杜避無涉。若有洋關之處向無常關者亦必添設，是常關亦必如洋關之櫛比，勢必凡貨皆裝輪船，似我轉奪民船之利予輪船矣。且此等添設常關若歸税司兼辦，其利權外操（外）［於］人。若由中國自派官員，近來常關需索之弊甚於捐卡。免釐為民去弊，添關復為民增弊。管見常關似宜就原有整頓，但使貨物不至多趨民船，以保洋關出口之税，不添常關，為民船仍留生計。縱慮將來闢口日多，内地之貨盡裝民船繞漏，必不得已，亦祇可擇要添設一處，總不可隨洋關增設。西國於貧民日用所需之物，多不收税，所以輕民累，紓民力，並非僅輕出口税專為暢銷計。此次議税即不欲多加出口税，則原有七五之數必須併計徵收，斷不可舍此切實可靠之欵，轉意行銷内地設法另收。此係全國之事，不得不就大勢統籌也。謹貢其愚，請再詳酌。坤。篠。

致外務部、户部，江甯劉制台光緒二十八年四月十九日丑刻發

減茶税雖是好事，但未籌抵補，先減進欵，尚非長策。況茶市早開，遽來此信，各國商人未及周知，今年辦茶仍不能踴躍，徒損税項，無濟於事。昨漢口税務司言，漢口洋商私議，亦謂徒使衆情疑沮，無益今年生意。又云，此事雖已奉總税司電，飭轉知茶商，核實抽税，而如何核估價值辦法，尚未奉飭知。昨茶商來詢，該税司轉電請示。赫德覆電，囑候札文。聞滬上洋商自電詢赫德，亦覆云辦法尚未定議等語。以上皆税司所言。此事既尚未定辦法，則開辦亦尚無定期，似可展緩至明年再行開辦，以便遐邇周知，中國亦可徐圖抵補。萬懇俯賜詢商赫德，有何妥善補

救辦法。速賜電覆，盼禱。嘯。

外務部來電光緒二十八年四月二十一日午刻到

嘯電悉。茶葉減稅已奉旨允准，未便展緩，致失大信。現由敝部核定，按照時價值百抽五辦理。本部已札總稅司轉飭各稅司遵辦，希尊處轉飭江漢關道照辦。外務部。號。

致外務部，呂、盛、伍三使[一]光緒二十八年四月二十日發

滬錫電云，美約大致就緒，容將漢洋核對等語。查美約十六欵有大關係處多，昨于彰德所發軫電詳陳，乃滬、津近日來電均未提及，滬錫電亦未論及銷場稅，殊爲疑問。既云核對華洋文，似彼意已作爲定議。竊謂萬萬不宜急遽，請兩星使詳閱敝處軫電有無可采，詳晰示覆，再請外務部裁酌定議，至禱。內地常關，英約所許，萬不宜裁。然全歸稅司兼管，權限有礙，亦不可允。若美慮留難，似可允其由各省督撫自行選用洋員管理，不與赫總稅司相涉，亦不拘何國人，便無大弊。將來一省常關不歸海關者，少則一兩處，至多不過三四處，即一關用一洋人，所費亦不甚多。如能以此條而索其必允加十二五之稅，自屬有益。

致外務部光緒二十八年四月二十三日亥刻發

寒、號兩電均悉。比人在漢口鐵路總站附近、夾鐵路兩旁購地一大片，請劃爲租界。當告以鐵路爲中國之路，總站處不能爲他國所佔，路綫亦斷不能穿他國租界，即鐵路與一國租界毗連，亦多不便，中國失管路之權，固不能准，即他國官商往來搭客運貨，亦必不願，萬萬不能照辦。彼再三懇求設法，然後囑其沿江一帶，後至距鐵路三十丈左，至距鐵路總站六十丈止，作爲租界，其餘路綫以後，沿路之三十丈、六十丈各地段，必須全數讓還中國，此係格外通融辦法。比使來鄂時，亦已當面切實辯論，此係天下公例，比使亦無理可說。迨飭關道照以上之意備文照會比領事，比領事含胡照覆，將給與租界照收，而未提及其餘應還中國地段，至今日久，亦未定界。今趁法人要求展界至鐵路，比使又朦瀆鈞處，其比、法合謀欲攬我路權之情，更已顯露。此事比即法也，若稍寬讓，路權盡失。此地乃蘆漢鐵路發端，幹路樞紐，關繫全局，各國亦必不甘，今法國已先效尤矣。此事萬萬無可通融，務望據理駁斥，囑其早日照鄂定界址定界，將餘地歸還，若再延宕，即已准之界亦不能作爲租界。事關鐵路權利，萬國皆有公理，與尋常撥劃租界不同，比使斷不能强求。此事自前年秋間議起，婉詞求給租界，再三力懇，始允之。去年復疊懇照渠所買地爲界，敝處皆堅執不允，彼理屈亦無詞可措。既經前年北方大亂之時，去年和局未定之際，尚能力加駁拒，此時更無遷就之理。此地關繫幹路全局最重大，而比使理最不直，務請堅持駁之，總以令其就範爲度。法請展界事另電詳陳。均祈速覆。梗。

外務部來電光緒二十八年四月十五日巳刻到

比使稱漢口租界早經購妥地畝，並將鐵路讓出，如再延不定議，即將買定地段圈築圍墻等語。查此事前因與鐵路地段有礙，

[一] 録自苑書義等主編《張之洞全集》第十一冊，第八七九七至八七九八頁，河北人民出版社一九九八年版。

日久未定，兹據比使所稱，即望查明定議，并電覆外務部。寒。

致外務部 光緒二十八年四月二十三日亥刻發

昨接鱸電暨大咨，敬悉。查自去年四月法國領事屢請展拓租界，並將界後堡垣拆卸，當經准其拆卸堡垣，將界展至城墻。而法領事仍以租界狹隘爲詞，堅請加增。復許其展至距鐵路六十丈爲止，計共允添撥一萬二百餘方，較原有法界幾增一倍。法界前臨大江，左連德界，右接俄界，後有鐵路，我已於無可設法中，極力通融，格外將就。而彼猶以爲不足，嘵嘵争辯，必欲展至鐵路而後已，且又暗與鐵路洋工師商定，將鐵路分站安設法界之後，蓋其意不僅在寬展租界，實欲攬我路權也。路爲中國之路，所經之地必須全係華界，方能權自我操，均待各國，若與一國租界毗連，則平日官民商旅搭車運貨，固多不便，一旦有事，轉運兵械、糧餉，尤爲外人所挾持。是法領事所請，無論如何要挾，斷斷不能照允，致貽後悔。況一國獨攬利權路權，他國亦必不甘，將必紛求相抵利益。英薩使已有明言，其詞甚悍，又將何以應付。英使函所謂有人偷辦租界，即指法人此事也。前數日法領事又來争論，敝處執定六十丈之界，不允其越界一步，且囑其早日定界，不定界之前，不得在新增界内界外興工築路。彼甚不滿意，恐將嗾其公使煩瀆鈞處。查比國承辦蘆漢鐵路，暗將股分轉售法人，其工程師多係法人，各國早已側目。今又與法人合謀，在漢口分(估)[佔]鐵路總站、分站地段，欲盡奪中國管路之權，將中國南北幹路作爲法國之路，以後事事受法國掣肘。即中國聽之，他國亦必羣起而争。務望鼎力主持，大局幸甚。除將漢口租界鐵路細圖暨來往文牘咨呈外，請閲圖自悉。謹電達，祈示覆。漾一。

致外務部 光緒二十八年四月二十三日亥刻發

漾一電想達。法人此舉最爲英人所惡，全力相阻，疊次苦口勸中國保此路權，所陳利害，實是正論。英既相助，法自不能横行，若曲從法，則英必怒，而別生枝節矣。謹再密陳。漾二。

致外務部、户部，江甯劉制台 光緒二十八年

四月二十四日辰刻發

外務部號電謹悉。減茶税已遵照行知，惟江漢關一年税收全恃目前數月之茶税，今驟短六七十萬，立即束手。京餉及新舊洋款，目前待解甚鉅甚急，必致貽誤，雖將關道參處，無益於事。且盛單銜奏減税，督撫並不與聞，而參劾關道，情理亦似未允協。敝處已電詢盛大臣如何籌補，至今不覆。據江漢關道詳請改撥前來，應請兩大部切飭盛大臣速籌切實抵補之款，或由户部指撥何款抵補，鵠候示覆。迥。

致上海吕大臣、盛大臣，江甯劉制台、保定袁制台 光緒二十八年五月初二日丑刻發

滬徑電、甯覆滬寢電均悉。滬電反復尋繹，有未能領解者，有似將敝處軫電誤解者，兹分條臚覆於後。一曰土貨在本省抽五，運赴他省抽七五，似乎太重，不知辦得到否。一曰滬電既云抽五、抽七五，又云由各業認捐，未解其義。夫曰税、曰抽者，設關設局，按貨以抽之也。若由各業認捐，則是即營業税矣，豈不自占

營業税地步乎。如此辦法，似有妨礙。且既令各業認捐，然則過路之常關，出口之洋關，尚應抽税否，望明示。一曰敝處軫電所謂提出十四種者，擬將竹木删去。因此十數種乃洋人所不用，中國貧民所斷不用，而中户亦不必用者，故議明另定税章，從重抽税，由我隨時酌加，即多至值百抽二十、抽五十亦無不可。鄙意不僅謂此税可不裁，並擬議明從重徵收爲要，此乃地球萬國通例，如各國煙、酒税皆極重，法之火柴，日本之醬油税亦重，彼斷無詞阻我。如有相類者，亦可推廣。此十數種乃不離開貨字徵税，但不徵之過境耳。此與出洋之貨絲毫無涉，故鄙電擬從重徵税。滬電謂要在不使出洋貨重徵，或有辦法，殆於鄙意尚未察及耶。一曰十數種之外，統名爲百貨。鄙意擬另定税則，合産地、銷場只徵正、半七五之税，税則與洋關相同，行遍各省，統計不得過七五。有税票者即不重徵。總之，中國土貨或銷各省，或運出洋銷外國，其税皆只七五，如此則我内地往來自産自用之土貨，彼當不禁我抽税矣，此乃保我内地理財之權，不僅爲税也。此節前與洋人談及，似以爲可行，望與一商。一曰滬電謂出口税加至七五云云。查土貨已免釐，則出口抽七五者，乃向來正、半税之數，非加也，外國自不能不允。一曰將來行印花税，外國在我境内者，論理自應照納，無論允否，自應與商。一曰嗎啡税似宜加重抽收，洋人公論皆以爲然，必可議增。治病之洋藥水，以後來華日多，亦宜抽税，似可與商。至洋煙、洋酒，甫經完税，能設法豫伏將來加税之根否。以上各條能商與否，均即望明晰見示。鄙意不過爲抵補不敷太多。管見不敢自以爲是，但兩星使與議，不知是否與鄙意相合，務望先行電示，萬望勿先會奏。董。

呂大臣、盛大臣來電并致劉制台 光緒二十八年四月二十六日酉刻到

鄂軫、元、諫電均敬悉。馬凱主議加税，受洋商詆，而我欲堅留坐釐，彼已電英廷罷議。朱道之榛面商土貨行釐撤後，若留産地，難以包括，若能扼重銷場税，訂定内地税，則本省抽五，運赴他省抽七五，由各業認捐，收數不致過少。照鄂軫電提出十四種，並可推廣若干種類，要在不使出洋貨重徵，或有辦法。至營業、印花等税不抽之於貨物者，照馬凱等平日所談，皆可聽我自為。現擬進口税加至十二五，出口税加至七五，自銷土貨提出若干種，專收銷場税，擔保出洋土貨不再重徵，試與商議，如能應允，可否會同電奏，以免久延變卦。乞示。海、宣。徑。

致外務部，上海呂大臣、盛大臣，江甯劉制台、保定袁制台 光緒二十八年五月初二日丑刻發

滬徑、勘兩電，甯宥、豔兩電均悉。鎊貴受害，無有底止，目前即萬難應付。以金完税，不如以銀還債，在我亦尚有詞，惟有懇求各大國並與赫德税司籌商。東。

呂大臣、盛大臣來電并致劉制台 光緒二十八年四月二十六日申刻到

現與各國議改切實值百抽五税則，以金漲銀落，照銀本定税，仍無實惠。昨與外務部及總税司電商，擬商金圓收税為償欵抵制地步。各國税使均以和約所載估價未有金圓字樣，無權與我商議，中國如欲更改，應由外務部與各駐使熟商。除電外務部外，如尊

意以為然，乞加電外務部。明知賠欵還金不敷鎊價較鉅，即使税則允改，金圓所得仍不償所失。衹以賠欵還金，和約確已載明，恐難久持，不如趁此以税則改金，預為抵制，或可挽回一二。此籌畫苦衷，尚祈垂察。海、宣。徑。

致軍機處、外務部、户部，上海吕大臣、盛大臣，江甯劉制台、保定袁制台、成都奎制台、廣州陶制台、福州許制台 光緒二十八年五月初四日辰刻發

滬徑、勘、豔三電，甯宥、豔、冬三電，保江電論鎊價事，均悉。以金收税，不如以銀還債，益處較大較速，事理亦較直捷。查中國十七、八年以來，凡借欵則借鎊還鎊，賠欵則議銀還銀，歷有成案。此次和約第六欵甲字下，既有兩項辦法，且以或字分別之，明是一用金，一用銀。若皆是以銀折金，何必分爲兩項。且上文既已算定以銀易金之市價，何以下文又有按還期易金之市價，文義實爲難解，試問精於洋文者，能將兩條解成一樣辦法乎。能統解爲以銀折金乎。既有兩解，我只可量力照約以銀還銀。揣當日立約之意，殆因年限過久，金銀之漲落難料，故兩條一用銀還，一用金還，兩存其説。假如金賤則責我以四百五十兆之銀，數不能短少，金貴則責我以還期之金價，必須取盈。今還銀已極艱難，豈堪再加金價。此或出於當時銀行圖利之巧思，斷非各國政府維持和局之本意。若鎊價日昂一日，則苛斂年甚一年，必然民窮亂起，何論商務，度非諸大國之所願。此事除理喻情求，更無他策，只可盡力爲之，看其語氣，再作計畫。應請外務部迅即先與京師各國駐使切商，一面電我星使，與彼外部言之，一面請峴帥領銜，擬一公電各星使稿備用，如尚不行，再請頒發國書。統請裁奪。覺。

劉制台來電并致外務部、吕大臣、盛大臣 光緒二十八年四月二十七日申刻到

滬徑電悉。請外部商各使，或洋税收納金圓，或賠欵仍照約載以海關銀兩交還，二者必求一允，此實為目前至要之事。然權衡二者，貨税估價，約載雖有增至切實值百抽五，而下文又載應以一千八百九十七、八、九三年貨值牽算，縱允定金，亦不能照目前金價，且歷來完税用銀，約内更無金圓字樣，與商理既難以圓足，能成亦獲益無多。賠欵雖云還金，而金價業已載明約内，保票與條約又均聲明照約載諸國金錢之價算還，因金錢約内已有定價，照價核銀，有數可稽。是以約表均載應還銀數，并載明銀兩平色，不復再載金數，其理至明。照約票所載，金價算付事本照約辦理，不僅較照市易金出入相去懸殊已也。此時外部與商，當以償欵還銀為主，而以金圓完税作為陪襯，惟償欵照約應行還銀，必須婉為辯明。又西報英員在議院宣言，中國因派賠欵激成變亂，户部大臣有深願與各國設法令各銀行妥籌善策，使中國不致過於局促，則亂自救等語。現在各省因攤賠欵多有鬧事，若照市易金付還，中國財力斷斷不及，地方必更多事，與商亦必須將此層切實激動。此皆題中要義，萬不可少。請一面商各使，一面詳晰分電各駐使，令其切懇商各國外部，務請始終顧全。統乞外部鈞裁，迅賜施行。大局幸甚。坤。宥。

盛大臣來電并致軍機處、外務部、户部、劉制台、袁制台、奎制台、陶制台、許制台

光緒二十八年五月初二日子刻到

和約第六欵内稱：甲、此四百五十兆係照海關銀兩市價易為金欵，此市價按諸國各金錢之價易金如左等語。各國今日欲定為金欵者在此。然附件十三所列之表，均係銀數，中國不能不争為銀欵者在此。且核算攤還新債年限之時，中外大臣細心核算，至多衹能每年籌還四十二兆，遂於四十兆内除去每年應還舊債之數，餘即為攤還新債之數，故表中三十九年除末尾七年外，餘均為四十二兆餘兩。今若改金，每年付欵即不止四十二兆，其不敷者從何按期歸還，豈非與立約定表之初意大相剌謬。試以英金核之，新債本利九百八十二兆餘兩，照三先令計算，為英金一百四十七兆餘鎊，照現在市價每百鎊七百九十八兩，則一百四十七兆餘鎊為一千一百七十五兆餘兩，中國已應虧銀一百九十三兆餘兩。況將來百鎊英金不止值銀七百九十八兩乎。假使百鎊值銀千兩，應虧四百九十一兆兩，是賠欵之外又一賠欵，中國財力如何能支，此中國必以定表初意相争者也。查英美兩國，在刊刻之會議條約來往文書内，已明認此四百五十兆兩以外若多索賠，則中國財力斷不能足，早在各國洞鑒中。今不得已請以金圓定税，則藉為補救，各國有應從者四端。一、税則出於貨價，諸大國既允照切實值百抽五，若不按前三年貨價定為金税，只有值百抽四矣。二、附件十三賠欵表，當定表時核明中國每年可還者衹有此數，若税則不定金圓，則每年還欵必出此數之外，與定表初意不符。三、和約第六欵戊所定承擔保票之財源第一節，即為新關各進欵，若謂其所承擔者是金債，即其各進欵均可收金欵，方合承擔之責，否則於承擔之責任必將不足。四、各國如謂附件十三賠欵表不能作為銀欵，因第六欵正文已定易金之價明載約章之故，則第六欵甲字所載各語，可以直貫至第六欵之末戊字所載第一節進口貨税增至切實值百抽五。向例進口免税各貨均應列入其内。及末段所載當急速改為按件抽税幾何，凡同在第六欵内者，豈不能照上文所載甲字金價定數乎。故咨行商約大臣與各國修改税則大臣，商定此辦法，以昭平允。乃各國大臣答以與和約言語不符，無權商議，又不肯電商各國政府，是使中國既虧於出，復虧於入。只得將中國為難實在情形請各國駐京大臣商定，中國償欵仍以四百五十兆兩為本，自本年起至第三十九年為止，悉照該約附件十三所載之數，以關平銀一千八百八十二萬九千五百兩，分年交還，以免中國因財力不足，漸至不能支持云云。除已刊入新聞報外，擬請貴部酌備照會各使。又查庚子十二月十八電奏，因籌畫賠欵，減數寬限，另籌妥法攤償，免使多借息欵，請發國書，當蒙俞允照發，卒能辦到減數寬限，免借銀行之欵。總之，各使識見有限，咬文嚼字，莫不欲見好於本國，若專仗會商各使，恐仍無益。庚辛之事得力處，一在朝廷徑用國書，直達各國政府，一在督撫協力辦事，言為各國所重。此次償欵改金改銀，統計得失參計百兆之鉅，事機已迫，必宜全力與争，喻之以理，還當動之以情。吾國貧弱實礙地球全局，聞英、美、德、日頗有活動之意，擬請朝廷一面發國書，備述前年承諸大國一意保全，及議償欵不欲於四百五十兆兩之外稍有多求，實係量我財力，只能如此。今本國度支於還新舊債外，所剩無幾，已一事不可為，其勢不能[不]向小民多所悉索。諸大國若改初衷，為德不卒，諒非所願。一面由

江、鄂領銜，會同直、川、粤、閩各督，公電各出使大臣，縷叙内地民貧，若再加苛斂，恐滋亂萌，廣西等處皆可指引。大約各國甚不欲我民貧内亂，惟有就其所不欲者動之，事或有濟。宣懷焦思澈夜，用敢竭慮以陳，未知當否，乞樞部代奏。宣懷謹肅。豔。

致外務部、户部，上海吕大臣、盛大臣，江甯劉制台、保定袁制台 光緒二十八年五月初四日巳刻發

滬徑、東兩電悉。挽留馬使，堅索加進口税，免致翻悔。加税而專圖損釐，蓋籌堅定，佩甚。管見五條，臚書如左。一曰鄂軫電十數種，宜提出從重徵税，不應歸行業捐。所謂堅索留徵内地銷場税，讀之尚未甚明晰，不知所謂内地銷場是否指百貨而言，抑係專指敝處軫電（可）[所]提出煙酒等十四種而言。如指軫電十四種，内除竹、木原有常關，並未議裁，且係中户所需，應删去，不必另議外，此外十二種既非貧民所需，亦非洋人所用。照各國通例，非民生急需者，皆專抽極重之税，如煙酒之外，法國火柴、日本醬油，税皆極重。鄂軫電十二種，鄙意宜與議明，此數項不能離開貨字抽税，且須加抽極重之税，並可隨時酌量增加，即加至值百抽二三十、抽四五十皆可，外人不必過問，須由我斟酌。但於産地銷場設局徵税，仍不在過路設卡抽收。恐馬使必嫌種數過多，即請酌減數種，有應補者請籌思補入，環球公例，外人當不能阻我。此應設局抽税，不必令各業繳捐，若徵之各行業，則是自占營業税地步，似不合算。且既不設局抽税，亦不必與馬使商允矣。此十二種甯可再減數種，必應提出另議抽税者也。二曰如滬電内地銷場係統指百貨而言，則是仍有落地釐，恐外國必不肯允，且滬電擬共抽十二五，亦嫌過重，外國尤不肯允。似可議明，除十二種外，所有尋常土貨另定税則，産地二五，銷場五分，合産地銷場只徵正半七五之税，税則與洋關相同，行遍各省，統計不得過七五。産銷兩税之外，斷不重徵，亦斷不於沿途設卡抽收，以妨商務。總之，中國尋常土貨，或銷各省，或運出洋銷外國，或陸運，或水運，或輪船，或民船，其税皆止於七五，以示均平，而歸簡易。敝處諫電所謂或添常關，定簡易章程，此即所謂簡易章程也，此正爲恤商便民起見。甯篠電謂添關恐擾，所慮極是，但尚未深喻鄙意耳。竊謂如此辦法，可免各省常關或有或無，或疏或密，如甯元電所慮商賈趨避之弊，且可保我内地理財之權。此節曾與洋人談及，似以爲可行。敢請兩星使姑與裴、賀、戴三税司一商。如三税司以爲可行，即試與馬使一商。三曰土貨宜另估，徵足抽五。查江漢關出口土貨，據税司估計，除茶税外，多少牽算，現章大約值百抽三。若征足抽五，土貨税約加四成，就光緒二十七年計，江漢關約可增收三十萬，各省各關貨色貨價不同，若一律徵足抽五，出口土貨總數八百萬，至少亦可增二百萬。敝處諫電言土貨宜估足抽五，此不與出口之正半税七五相涉，乃因不敷過鉅，不得已而議及。此正爲加增欵項計，並非舍此原有之七五而另議估足抽五，甯篠電乃誤會敝處電意也。四曰甯寢電云，將來行印花税，外國人在我境内者亦與商完税。此事論公理公法，自應照納，以後爲數日鉅，無論允否，總應與商。五曰商留各税，彼既不信釐金之數，我只可以新增賠欵無措

爲詞。以上各節，敝處致江、滬董電已大略言之，兹承滬電詢江、鄂意，不敢不各抒所見，再爲詳陳。有無可采，應請兩大部詢商兩星使裁酌。講。

致軍機處、外務部、户部，江甯劉制台、保定袁制台、成都奎制台、廣州陶制台、福州許制台，上海吕大臣、盛大臣 光緒二十八年五月初六日巳刻發

外務部既已電我各星使，則各省公電似宜速發，要義甯屢電已詳盡。此事萬無還金之理，有確據三事：一、約内載明，上諭允賠銀四百五十兆兩，不言賠金若干。二、表内三十九年每年皆載明或幾十幾兆幾千幾百幾十幾萬幾千幾百兩，或幾兆至幾百兩，年年皆有銀數，可見此乃一成不易之數。假如照還期市價易金，立此每年細數表何用。三、前有算定各國索賠金欵合成銀數，後又有或字，還期市價易金一條，英文、法文語意皆作爲兩項辦法，前後兩歧，前爲正意，後爲附筆，自應從前一條。所以有或字一條者，銀行之意，假使金價貴於三先零，則姑以後一條易金之語爲嘗試，假使金價賤於三先零，則執定前一條立約日算定金價付給，斷不肯令中國銀數少於四百五十兆兩也。總之，中國不求減少於四百五十兆，即可以對各國，可以符條約，更無可疑。其措詞應如何理直而詞婉，峴帥必能裁酌周妥。至金圜完税，既無實在益處，亦斷不能行，萬不必涉及，致生旁枝。請峴帥即速挈銜發電，不必再商。麻辰。

劉制台來電并致外務部、户部、軍機處、袁制台、許制台、奎制台、陶制台、吕大臣、盛大臣 光緒二十八年五月初六日未刻到

查各國賠欵，因約載有易為金欵，並用金付給字樣，銀行遂執還金須照市價付給為言，在我必當將還金二字解釋明白。今就管見再為申辯，并表明各國立約本意。閩、粤、川、直、鄂如願會電出使大臣，轉商各國，并擬即作公電發寄，請速覆電。曰：各國賠欵，約載係分兩樣辦法，一係照約内已定金價算付，一係照還日市價算付。蓋中國用銀，本無金錢可還，所謂還金者無論照已定之金價，或按還日之市價，均屬照價用銀算付，亦即係還金辦法，此本不待煩言而解。惟歷來洋債借鎊還鎊，是以票據皆載鎊數，還亦照鎊數算付。賠欵向係由金合銀，約内均載銀數，還亦照約載銀數付。此次約載賠欵第一還法係正辦，即照約載金價算還，照定價核算，即約表所載銀數，是以仍照歷付賠欵辦法。第六欵即首載應還之四百五十兆銀數，還欵表即照約載銀兩平色，連息併計分攤，亦列明每年應還銀數。約表既已按照定價核成銀數，按照所載銀數依期歸還，即屬照約辦理。甲字下所云此四百五十兆係照海關銀兩市價易為金欵，此市價即按諸國各金錢之價易金如左兩語，即係解釋照定價算還之法。所謂如左之市價，即指下載各國金錢之價值而言。所謂海關銀兩市價易金，即指應照約載之金價核算，即係約載之關平銀數，亦即為易金之辦法而言，故保票直捷載明按以上所述諸國各金錢之價易金。所謂以上所述金價，即係約票内所載各國金錢之價值，照約載金價核算應還之本銀，即係四百五十兆之關平銀數，保票亦即保此四百五十兆之

關平銀數。是以約内所載各國金價之下，復聲明此四百五十兆按年息四釐，分三十九年按後附之表清還。今照約表銀數如期付給，即係照約載金價核算，實與用金付給無異。再下所云或按應還日期之市價易金付給，係第二法，事屬變通，故用或字，極言如不還金，則下載之附法作何解釋，約表何以不載金數轉載銀數，更何必并載平色，又何必兼載金價，此亦不待辯而自明。況前定賠欵，承諸大國曲諒中國財力有限，將應賠之欵尚復一再減讓，并細加核算，至多每年衹能籌還四十二兆，特定新舊各欵有逾前數，以免財力為難，即約内分定兩樣辦法，亦為以後金價如較約定為廉，俾可照還日市價算付，不欲以約内預定金價使中國於賠欵之外，復受金價之累，亦係格外體諒厚意。今中國按照約表所載銀數付還，各省尚苦難於解足，因另籌新欵，多有滋生事端，地方為之不靖。蓋統全國歲入之欵，不過八千萬，舊債須照市價還，金鎊貴已歲增銀數百萬，深為受累。前三年又須帶還賠欵首六箇月息欵，現在新舊併計，歲須還銀將及五千萬，可供全國用度者僅三千萬，各大國代為思之，當亦知其為難矣。若再如銀行照約載附法還日市價算付，不獨於理不合，且又須歲增四百萬，財力萬萬不能及此。緣中國民多窮苦，迥非泰西殷富可比，若再向民間苛歛，民不聊生，必致激成變亂，亦甚非各大國立約定表維持中國之本意。不能不商各國，務懇始終關顧，仍照約表正辦，按所載定價銀數算還，萬勿任銀行迫令照第二變通之法，按還日市價算付，俾中國財力得以勉支，還欵得以如期照付。環球幸甚。坤。微。

劉制台來電并致外務部、户部、軍機處、袁制台、許制台、奎制台、陶制台、吕大臣、盛大臣

光緒二十八年五月初八日未刻到

外部致各星使電已發數日，各省公電萬難再遲，現已會銜分電各星使，電文即照微電，不敢從簡，以備各星使據以辯論也。坤。魚。

致上海吕大臣、盛大臣，江甯劉制台

光緒二十八年五月初十日午刻發

庚電悉。鹽、土兩卡，馬使前已允留，玆忽欲全撤，殊與原議不符。查鹽船向係整批裝運，從不攙雜別貨，貨船偶帶私鹽，爲數有限。湖北鹽卡不查貨船，似尚可行，此節應聽兩江鹽院裁定。惟土藥則物輕價貴，從無整船裝運者，或與百貨並運，或於貨船夾私，若土藥行卡不查貨船，則土藥稅項全歸無著。現正加重土、膏兩稅以爲籌湊賠欵之計，若僅征之産地、銷場，散漫難稽，斷無杜絶偷漏之法，且使各省土卡盡撤，則川、滇、黔、晋、秦、隴以及各省土藥價值大減，遍地暢行，何人更買洋藥耶。馬使欲撤土藥卡以塞洋藥之銷路，亦不可解。至於陸路土卡遇有土擔貨擔，尚易分別，向來專查土擔，不查貨擔。請與馬使熟商籌一善法，俾土藥卡可不撤，而商貨又免留難，想馬使必有良策。祈示。藥。

吕大臣、盛大臣來電并致劉制台

光緒二十八年五月初九日丑刻到

昨與馬凱專議，進口稅十二五，出口稅七五，土貨自銷，另

收内地税，洋人除租界外亦收印花税，似此可得三千萬，抵釐有餘。乃馬凱必欲併連鹽釐、土藥釐凡屬行卡均須撤去。彼謂，如加税只責沿途不留難，如有鹽、土行卡，進出口貨過卡，亦必藉查私鹽、私土訛索阻滯。彼並不願干預鹽、土，如在産地、銷地併納課釐，轉可增收税餉等語。海等駁以前接第十、第廿三款内言明鹽、土兩卡可留，只要不稍阻礙别貨，何以忽改前言。馬云，因聞鹽、土關卡亦查百貨，故洋商以行卡不全撤，不肯加税。言甚決絶，辯論數時之久，馬一意堅持。明知窒礙必多，唯查印度鹽、土産地總收無偷漏，數甚旺，再加收銷場，似可周匝。未知鹽、土行卡是否可撤，如不能撤，能使該卡不得查驗别貨，以釋馬凱之疑否。懇速切實電覆，以便持示，庶免成議中輟。海、宣。庚。

致上海吕大臣、盛大臣，江甯劉制台

光緒二十八年五月十二日午刻發

藥電想達覽。滬庚電謂進口税十二五，出口税七五，土貨自銷，另收内地税，可得三千萬等語。查洋貨進口税足五并新加共九百萬，今抽十二五，除原有子口半税外，約增一千四百八十萬。土貨出口税抽七五，約增四百萬，除原有子口半税及復進口税外，約增二百萬，兩項共增一千六百八十萬。内除減收茶税一百六十萬，實計增税止一千五百二十萬。至自銷土貨所收内地税，以七五計，實收多少難知確數，除向來轉口税應剔出不計外，大約至多不能過八百萬。印花税不易辦，初辦十年之内必甚微細，不能遽行算入。滬電所謂可得三千萬，鄙人實在算不出，請再細核。鄙人所擬提出之十二種，因非民生必需，故擬向馬使聲明此數項無論産地落地税，皆不能免，且須加抽極重之税，外人不必過問。今籠統請留土貨銷場税，若兩公能與馬使商允，又不占營業捐地步，自是上策，實所欣盼。但恐既加洋貨税則未必允，故馬使以爲愚弄也。假如馬使必不允，則仍以酌提出數種爲易商，雖止五六種，三四種亦無妨，蓋止抽數種尚有西例可援，不致阻我耳。至朱道之榛條陳，若如此次來電所云土貨共只抽七五，自是允協，但所謂産地抽五，銷場二五，不知須向馬使言明否。若不須告外人，由我自辦，則可從容商酌，此時暫勿庸辯論。若須與馬使議明，則是一成不變，似以産地抽二五，銷暢抽五爲妥，蓋産地税重則距銷售時尚遠，商人成本過重，土貨即難暢銷矣。又馬使前云輪船、民船須一律收税，各省無常關之處，民船税歸何人何處抽收，前電已詳言，總未接覆，望速示。事關全局，不敢緘。

吕大臣、盛大臣來電并致劉制台

光緒二十八年五月十四日午刻到

鄂錫電悉。前據裴式楷核算：一、洋貨進口抽十二五，按每年貨值一萬八千萬計，可增税一千三百五十萬。二、土貨出洋抽七五，按每年貨值一萬七千萬計，可增税七百四十五萬。三、土貨由此口運彼口，仍照土貨出洋抽七五，按每年貨值八千四百七十萬計，可增税二百五十五萬二千五百兩。四、土貨由此口運彼口，照舊抽增進口二五，按每年貨值八千四百七十萬計，抽足二五，可增税三十五萬一千五百兩。共增收二千三百八十五萬四千兩。益以擬抽銷場税，據朱道之榛面稱，如果照辦，大約可收七八百萬，是以有三千萬之數。如銷場税辦不到，再照軫電所提一二種與商。此時馬正疑我將來裁釐後必另設法改換名目抽收，故不便過與深論，轉滋其疑。至營業等稅，本我自主，一與商酌，設有不允，我反不能徑辦，是自失其權，非畏難也。常關非有洋關處恐難添設，各省無常關處，將來能辦銷場稅，似可無須再添。朱道初擬産地抽五，銷場抽二五，是欲産地、銷場並留，今不留銷場稅，只能一起征七五矣。乞詳查。海、宣。寒。

致江甯劉制台、上海盛大臣 光緒二十八年五月十四日亥刻發

滬文電，甯文、覃兩電均悉。美允還銀，並勸各國，此事轉圜可望。甯會各省覆伍使電極周妥，覆張使電論中英相關處尤覺情理兼盡，佩甚。敝處亦加電張使，請其再與英外部切實懇商，如得覆電，務祈速示。鹽。

盛大臣來電并致外務部、劉制台、袁制台、奎制台、許制台、陶制台 光緒二十八年五月十三日午刻到

伍使真電：前聞賠欵須照金價算，當向美外部力言不公，彼甚謂然。嗣接康使電，即電囑婉商各使。廷迭接部電魚、佳電，復切懇美廷仗義勸商。此事出入數千萬，所關甚大，廷當盡心設法轉圜。惟西報傳京中大員已允照還金，請速電各督，合詞懇外務部一意堅持，勿遽許諾。數日後再電陳云。宣懷。文。

劉制台來電并致外務部、袁制台、奎制台、許制台、陶制台、盛大臣 光緒二十八年五月十四日巳刻到

滬文電悉。美廷既以西報訛言為疑，自應速由外部電美，告以還金力實不及，決難照允，並切懇轉勸各國照約還銀。現仍由坤會各省銜電伍使。文曰：償欵現蒙貴國力持公道，允照約載還銀，並勸各國，敝國實深心感。中美交誼本最敦篤，前歲議和、議約、議賠欵，又無一事不仰蒙貴國竭力關顧，得以和平速結。今因還欵，復荷貴國力助商勸，實屬感難言喻。中國財力已竭，萬不能照允還金，務望貴國始終幫助，力勸照約還銀，不勝盼禱。祈轉託切懇。世凱、之洞、俊、樸、應騤、坤一。請杏翁代發。坤。覃。

劉制台來電并致袁制台、奎制台、陶制台、許制台 光緒二十八年五月十三日午刻到

駐英張星使電：魚佳電均悉，已遵向外部反復辯論，俟覆到即行電達，囑轉電尊處云。現又電覆，以此事關繫至鉅，姑無論按約本應還銀，且中國財力照約表銀數歸還已萬分艱窘，各省多因籌欵鬧事，為中外共知。中國商務英居六七，賠欵英實無多，强令還金，英得更微，地方滋亂，於英商務受害實大，務懇英關顧力助，照約還銀，至禱云。併聞。坤。文。

致輪墩張欽差[一] 光緒二十八年五月十四日亥刻發

昨由江甯轉示尊電，賠欵還銀事，知已與英外部力言，甚慰。原約具在，照當時所定三先令金價還銀，最爲公允。昨峴帥覆尊處電，鄙意相同，務祈照此意再與英外部切實懇商，彼意云何，盼速示。鹽。

[一] 指中國駐英公使張德彝。

致上海盛大臣光緒二十八年五月十六日亥刻發

粵漢鐵路會奏稿，頃已接到。前美總辦來見，據稱此路興工由鄂、湘、粵三處趕辦。當囑其將武昌至長沙一段先行趕竣，彼已允許。今奏稿云，議由廣州入手，則何年方能到鄂與蘆漢接通，大與本意不合。且由武、漢先接通長沙，六百餘里，此路無高山大河，費省工速，若鄂、湘兩端並造，不過六七箇月即可行車，實於蘆漢路有益，竊以爲必與尊意相合。即使不能三處同時并舉，亦必須鄂、粵兩頭開辦方可。此路辦事權限最關緊要，故於見美總辦時，已遵照來電，切實叮囑此路必須全歸中國、美國兩國之人管理。上海及鄂省總局洋人，中國惟認美國人。彼答云，斷斷不用他國人。今咨送奏稿，未蒙將合同録示，所有權限以及一切細情，無從懸揣，想係遺漏，故未敢遽行書奏。務祈將合同即日寄示，一面切囑美公司務由鄂、粵兩頭同時開工爲善。望速電覆。至禱。諫。

盛大臣來電光緒二十八年五月十八日未刻到

諫電敬悉。粵漢全約，廿六年十二月已咨送尊處，請查閱。鄂、湘、粵三省同時開工，自屬極好。美總辦云，現今美國看中國局勢不振，洋債難還，路欵觀望，本不能開辦。因我處催急，各董先墊美金三百萬元，只能先做廣州至佛山、三水，因此小段生意必好，造至佛山即可售第一起票，得一千萬金方能開辦湘、鄂，此時徒急無益。若必欲同時開工，則必決裂等語。屢接伍使函電，亦以美商照此約借欵甚難，切囑通融免致悔約等語。總之，宣承此重任，恨不速成，以了經手，然局勢無可如何，只能走一步是一步。頃美總辦催奏甚急，謂到華已久，帶來洋匠甚多，虛糜薪水，恐美公司不認等語。請速裁覆。宣。嘯。

致江甯劉制台、上海盛大臣光緒二十八年五月十八日午刻發

滬、甯各電均悉。滬轉伍使緝電，極切實。此事惟有照伍使所指明各節，極力堅持，屆期只有照銀數交與上海銀行，一面電知各國，彼便不能責我以違約之咎，再爲設法挽救。至國書似不可少，或可冀各國君主、政府藉此爲送情轉圜之地。若望北京各使允減，恐必不能。如內意不願遍求各國，則請先行速致美廷國書，懇其婉勸各國。美必見允勸，斷不慮失體也。美廷能於此兩三日內電勸各國，則雖將來必强我還金，目前第一期總不能責我違約，尚可從容設法矣。請峴帥挈敝銜迅速電樞，此外如有須電樞電各國駐使之處，亦請挈銜速發，均不必再商。嘯。

盛大臣來電并致軍機處、外務部、袁制台、劉制台、奎制台、許制台、陶制台光緒二十八年五月十七日酉刻到

頃接伍使緝電：約載賠欵海關銀四百五十兆兩，本息表亦言銀數，原無疑義。惟約內第十二欵云以法文為憑，而第六欵法文謂此四百五十兆作為金債，又謂本息用金付還，或按應還日期市價易金付給。照字面解，用金二字，似是金錢。向來條約字句稍界疑似，必啟外人争論，此實各國藉口之由。部頒約本附件未全，廷連日向美外部及柔使索閱全案卷宗，悉心考覈，幸檢得去年西七月廿七號領銜葛公使照會我兩全權文內，言明四百五十兆海關銀，係按西四月一號市價易金，年息四釐等語，此便是照當日市

價以銀易金之確據。又查英國藍皮書載薩使去年西七月廿六號電英外部，謂四百五十兆海關銀兩，係照西四月一號市價易金算。又據柔使稱，各國索欵初未開列細數，但衆議合索四百五十兆兩，由各國自行均派，中國原不管其易作何項金錢。由此觀之，我國分年照表還銀，正是按照去年西四月一號金價核算，即與用金無異，不能一易再易，累上加累。請堅持此意，指明葛使照會所開辦理，並聲明薩使去年西七月廿六號所致英外部電文，電達張使力向英外部申論。各國政府儻知以上情節證據，自問理虧，諒無異言。廷已力託美外部再電康使，力主此議，並勸各使照辦。查去年金價與現在相去甚遠，若照時價算，則本年已增數兆，日後賠欵仍照此價算，須增一百六十餘兆。儻金價再漲，更不堪言。美廷甚願助我，惟須自持定見，萬勿游移遷就，各國斷不至因此失和。若相持不決，請萬國保和會公議，自有公論。務望堅拒，免吃大虧，大局幸甚。乞轉樞府、外部、劉、張、袁、陶、奎諸帥云。宣。諫。

劉制台來電并致盛大臣　光緒二十八年五月二十日未刻到

鄂嘯、滬嘯電均悉。伍使真令人敬佩。就目前情勢，國書自可稍緩，所慮者内難堅持。現會香帥銜切電樞部曰：伍使復商賠欵各電，想均邀鑒。美亦有應收賠欵，美廷乃亦謂應照約載金價核算還銀，一再電康使力主此議，並勸各國照辦。柔使為原議賠欵公使，更謂衆議合索四百五十兆兩，由各國自行均派。中國原不管其易作何項金錢，是此項賠欵，照約載金價核算，即四百五十兆海關銀數，照約銀數付還，亦即與用金付給無異，皆確鑿可據，無用游移。美既為我如此仗義力助，並與柔使一再勸我堅持必勝，違約在彼，屆期不必急，亦可謂竭誠代謀。此時在我必當堅忍相持，事必有濟，縱各使好勝，屆期以違約恫喝，亦斷斷不可為其摇惑，轉致自誤。萬一各使擾之不已，即請用國書，動以上年保全之義，怵以財力難受此虧，仍請照約還銀，仗義相助。美則謝其主持公道，助我之情。各國君主多顧大局，各國陽雖和好，陰則互相猜忌，苟再得一二國照允，即可迎刃而解。此事財用出入甚大，地方安危所繫，還期已屆，事必喫緊，務求鈞處一力堅持，斷不致因此失和，至叩至禱。又匯豐密向盛大臣云，如允還金鎊，價必貴至二先令，中國必不支矣。是賠欵照約還銀，不獨本欵免受金價大累，此後鎊價漸平，舊債亦得輕減之益。總之，此事命脈全仗鈞處握定不摇，伏祈鑒納，大局幸甚云。坤。皓。

外務部來電并致袁制台、劉制台　光緒二十八年五月二十一日申刻到

伍使緝、銑電均悉。已將葛使上年來照所稱此四百五十兆海關銀兩，按西四月一號市價易金計算，並藍皮書云云，切實照會各使。總之，京外堅持，合力磨磋，以期就範，決不游移。外務部。號。

致輪墩張欽差、柏林蔭欽差[一]、東京蔡欽差[二]　光緒二十八年五月二十日巳刻發

賠欵還銀有三確據：一、約内載明上諭允賠銀四百五十兆兩，

[一] 指中國駐德公使蔭昌。
[二] 指中國駐日本公使蔡鈞。

不言賠金若干。二、表内三十九年，每年皆載明幾十幾兆幾千幾百幾十幾萬幾千幾百兩，或幾兆至幾百兩，年年皆有銀數，可見此乃一成不易之數。假如還期照市價易金，則每年所還皆與每年細數表不符。三、前有算定各國索賠金欵合成銀數，其時金價係三先零，此乃約内算定金價。總之，每年分還表銀數最爲確據，中國不求減少，於四百五十兆即可，以符條約。中國朝野臣民於約文皆作如是解，更無可疑。況中國財力止有此數，早爲各國所深知，各省近因搜括賠欵，已有數處滋事，若再加重追呼，勢必大亂。況賠欵俄、法較多，英國較少，今美國已允還銀，英國若再仗義慨諾，各國自無異詞。務望閣下切商外部，准照原議還銀，兼勸各國同允，免致中國因搜括生亂，實爲保全商務上策，曷勝禱懇。此電轉致後，英意若何，祈速示覆。號。同莘按：致廕使電於勢必大亂句下增入數語，文曰：現德國正欲擴充商務於山東，極力營造鐵路，籌議開鑛，當亦不願中國擾亂也，下接今美國云云。致蔡使電，於勢必大亂句下亦增改一段，文曰：日本現擬擴充亞洲商務，事事與中國商民合資營業，若商窮民亂，諸事何從擴充，似非日廷仗義興亞之本懷，下接務望閣下切商云云。

劉制台來電并致軍機處、外務部、袁制台、奎制台、許制台、陶制台、盛大臣　光緒二十八年五月二十三日申刻到

張使電：咸、嘯電並香帥鹽、號電均悉。晤瀾，請竭力主持。彼云，按約應照金價付欵，然中國既為難，若是本國政府願與各國公同設法，俾中國不至十分竭蹶，惟現距還期太近，萬難商定辦法。西七月初一應付之欵，應仍按金價算付。美廷如何允助中國，本政府並無所聞。旋詢以英肯助美為中出力否，瀾侯云，英善待中國之處，總期與美無異，請分轉云。現會香帥銜覆張使電，曰：哿電悉。中國財力已竭，照約表銀數付還，各省因搜羅多有鬧事，萬萬不能再行稍受虧累。承瀾侯俯鑒為難，允善待中國與美國無異，不勝感激。美允照約表銀數歸還，已一再電康使力主此議，并勸各國照辦。應請瀾侯電駐美英使詢美外部，便知確鑿可靠，并求英國聯同美國倡主公道，地方商務兼受其益，不勝禱切云。坤。禡。

盛大臣來電并致軍機處、外務部、袁制台、劉制台、奎制台、許制台、陶制台　光緒二十八年五月二十四日亥刻到

廕使漾電：外務部江電，各督魚、真電均敬悉。遵即譯送，並迭次向德外部商辦。據稱事有為難，非一國所能專主。嗣得香帥號電，又復往商，仍執前説以對。昨又往晤，堅持婉勸，並謂賠欵還銀，中國係照約辦事。乃銀行不知此理，居奇壟斷，先擡金價，事不敢必。若德國仗義，允照銀數付給，銀行無可如何，中國受惠實多。渠始謂各國已彼此商議，願使中國不受此重累，而各國亦不至喫虧方好，惟刻下尚無妙策云。和外部尚無覆文。祈轉外務部暨袁、劉、張、陶、許、奎、諸帥為禱云。宣懷。敬。

盛大臣來電并致外務部、劉制台　光緒二十八年五月二十四日亥刻到

蔡使梗電：昨疊接江、鄂電。與外部屢次切商，折以理，動以情，舌敝脣焦，無微弗至。嗣謂曾與桂總理密商，礙難輕許，緣日本兵費本不止此數，因交誼極力核減，且彼公債歲自較四釐尤重，迴殊英、美，儻輕諾，議院必與浮議，雖君主無如之何。

若憑約論更難，或以中國萬難情形婉商，或可邀各國體諒。然此次還期已迫，恐不及，只有還後再力商各國。英、日、美商務最重，似易商辦云云。現彼報館、議院正注意此事，非不明理，實勢有難挽云。宣。敬。

致軍機處、外務部，江甯劉制台、上海盛大臣 光緒二十八年五月二十日戌刻發

鄙意專以三十九年賠欵表每年皆列銀數爲還銀的據，若還金，則年年表内銀數皆不相符。我照表即是照約。執事與各使商，彼當無詞可駁。請鑒裁。哿。

致上海盛大臣 光緒二十八年五月二十一日酉刻發

嘯電悉。粤漢鐵路合同已檢閱，惟須切實與之要約，務照第十八條五年之限，全工告竣，不得逾限。第一期票售出後，必從速將自武漢至長沙六百餘里鐵路趕辦爲要。奏稿已書就，請即發。箇。

致江甯劉制台、上海盛大臣 光緒二十八年五月二十六日午刻發

有電悉。湖北餉項向恃土藥税爲大宗，新案賠欵尤大半取給於膏捐，通計在百萬以外，與江蘇情形不同。全省命脈所關，斷難放鬆一步。水陸土卡皆不能撤，而大幫販運尤在水路，貨船夾帶全靠水卡稽征，若僅征銷場，散漫難稽，騷擾不堪，必至走漏什之八九，湖北賠欵、兵餉皆無著矣。但可嚴飭卡員，遇船專查土藥，有則抽捐，無則立刻放行，於百貨不稍留難，舍此別無辦法。至陸路土藥卡，專查土挑，向不查百貨，大可放心。務望剴切與商，湖北釐金可裁，而土藥水陸卡斷不能撤。若馬使、杏翁必不許湖北留土藥水卡，惟有請其免湖北賠欵而已。餘容續電。宥。

致軍機處、外務部，江甯劉制台、上海盛大臣、保定袁制台 光緒二十八年五月二十六日亥刻發

前十日託英總領事轉電英薩使密商，大意以他國賠欵多，英國賠欵少爲言。頃薩使覆電云，英擬向各國商議，自一千九百零二年即光緒二十八年起，至一千九百十年即光緒三十六年止，中國每年照表只還銀一千八百八十二萬九千五百兩，各國收此數銀易作金錢，不必另行補足等語。此必是已接英政府電。英既允，各國當可商。惟此只允八年還銀，然已經轉圜，自可迎機商辦。謹密聞。寢。

致江甯劉制台、鎮江下關吕大臣、盛大臣 光緒二十八年五月二十七日丑刻發

甯有、滬徑電均悉。兩公欲偕馬使來江、鄂面議，具見虚懷。惟鄙意馬使似以先到鄂爲便，如所議不諧，再到江甯，由峴帥轉圜定局，其勢較順。蓋峴帥所不允者，鄙人斷不敢允，故後來鄂無益也。如彼必欲先到甯，則請兩公與峴帥堅留其在甯多住幾日，以便江、鄂電商，如能議妥，即可不來鄂矣。寢亥。

吕大臣、盛大臣來電并致劉制台　光緒二十八年五月二十六日酉刻到

馬凱亟於回國，全約僅允七條，損釐者皆擱起，加税進口十二五，出口七五，仍留內地銷場税。據税司裴式楷等、釐局朱道之榛等皆稱，抵補有盈無絀，祇因鹽、土卡查驗貨船，則洋商不允加税，事垂成而終敗，殊屬可惜，且罷議後勢必仍議損釐各欵。馬到已久，不肯再拖宕，美、日已送條欵，迭催開議，恐久則各國相聯，更難因應。海等焦急無狀，全仗鼎力維持。然電報往返終難決斷，因馬使催急，只得告以兩帥奉旨會商，勸其同赴江、鄂，將懸而未定之事面商定奪。馬凱勉强應允，廿六早上船，先謁峴帥，再赴鄂，合則定議，不合則聽其回國。除電奏外，廿七到甯，海等當先進謁面陳一切。海、宣。徑。

軍機處來電并致劉制台、吕大臣、盛大臣　光緒二十八年五月二十七日亥刻到

奉旨：據盛宣懷電奏，馬凱亟欲回國，所議加税倍半，仍留內地銷場税抵補。已約馬凱同赴江、鄂，與劉坤一、張之洞籌商等語。加税止倍半，僅留銷場税一項，與所免釐捐大宗究竟能否抵補。財政出入，關係太鉅，切勿輕於定議，不得以馬凱回國之言為所摇奪。著該督等會同詳慎妥議具奏。欽此。感。

致江甯劉制台，下關吕大臣、盛大臣

光緒二十八年五月二十七日卯刻發

滬寒、徑兩電，甯有電均悉。進口十二五，出口七五，鄙意已覺盡量，惟留內地銷場税一語，讀之尚未能瞭然。銷場税是否即落地税，所指內地，是否口岸地方除租界外皆係內地，如果租界外皆准抽落地税，則為數亦屬不少，縱不加增，必可抵補報部之欵，其外銷各欵另以營業、印花等税抵之，必可敷矣。目前最爲難者，乃鹽、土撤卡一事，恐係馬使因英商及美、日不願加税，故藉此刁難翻悔耳。鹽船向不查貨，土藥陸卡可擔保不得查驗別貨，裝輪船者有税司稽查，從不累及他貨，惟裝民船者不查而專徵銷場，則騷擾不堪，而走漏無窮矣。且鹽、土若重徵產地，是鹽商土販於產地初買時即須預納數千里税釐，恐無此力。印度辦法恐情形或有不同。即如湖北鹽釐久已全數抵還四國洋欵，不設總卡抽收，還欵豈能有著，他省想必相同。至外國設專員稽查一節，萬萬不宜。萬不得已，或由中國各省自用一洋員稽查，再不然則令就近之税務司稽查，然已與內政稍有妨礙矣。至裴議暫留兩年是否能辦，統望鼎力相機商辦。常關一節，滬電總未明晰。常關亦在抵賠欵之內，原議從無裁常關之説，今何忽然及此。總之，舊有常關斷不能裁，只可於有洋關處添設常關，令税司兼征民船税耳。查民船、輪船一律征税，乃馬使之言，此條當易商。此外甯有電堅持四條，佩甚。以上各條，峴帥尊指若何，祈先密示。宥亥。

致江甯劉制台、上海盛大臣　光緒二十八年五月二十七日巳刻發

滬兩嘯、巧電，謂須請政府放膽，到期付足銀數，如以違約恫喝，則發國書，還津稍緩無礙等語，簡當之至。伍在美看題易，誠然。總之，此事斷不至決裂，然亦不能甚爽快。金貴至二先零，

勢所必至，以後尚不可知，請峴帥速挈銜電樞爲感，敝處亦已加電英、日、德三星使矣。咢。

致江甯劉制台、呂大臣、盛大臣光緒二十八年五月二十九日丑刻發

勘電悉。稽查須告發後，始華、英會查，并派税司云云，想之即指鹽、土兩卡而言。如係指鹽、土，則卡可不撤自可允之，惟暫留兩年，斷難照辦。鹽、土卡如有藉端留難百貨情弊，必將員司丁役懲罰，此可極力擔保者也。至有海關處添常關税，則與海關一律，自是正理定法。惟完過常關税者，銷内地可不再抽，出洋必須酌抽，方不至明添暗減。銷場税抽數多少，由我自定，此最爲要著，務望切實聲明。至口岸地方，除租界外，即可徵銷場税，似亦須相機透出此意，免致日後梗阻。户電切留産地税，直説必不能行，似宜分别變通辦理。如内地製造，則無論華洋均可征營業税，如天生土貨，則可於收買此貨之行多徵牙帖税，亦即營業税也。蓋土貨無論華洋商販，皆係買之行户，斷無挨户零星收買之理，敝處電前已言之。此外種植鑛産有地可憑者，則按畝加徵其地租。留此三端，即是産地税矣。以上各條均望見覆。今日議如何，速示大略。勘戌。

致江甯劉制台、呂大臣、盛大臣光緒二十八年五月二十九日丑刻發

滬兩電日本商約十條，均悉。言甘手辣，誠如甯電峴帥與兩公所駁，鄙見皆同。惟貨幣度量權衡，全國改歸畫一一條，鄙意以爲甚好，只須議定不暗減進口税，則中國官商軍民、華洋商務種種利便。事雖繁重，儘可擇要先辦。此實整齊内政之大端，不必因其發自外人而斥之也。惟峴帥既不以此事爲然，只可從容再議。儉亥。

呂大臣、盛大臣來電并致外務部、劉制台光緒二十八年五月十三日戌刻到

日本商税使日置益、小田切照送新約十欵，訂五月二十一日開議，除抄咨外，先電呈核。第一欵，中國國家允自此約蓋印之日起，六箇月後，凡運進中國之日本各貨物，及日本臣民所運一切貨物，只徵兩國所訂進口税外，所有釐捐、落地税、子口税以及所有内地各税，其餘各征雜派各項，一概豁免。所有免税章程，另行商訂。日本國家允自前項免税中國實辦之日起，運進中國之日本各貨物所完進口税，除煤炭、棉紗暨所有一切棉貨外，加至切實值百抽五算定税額之倍數。惟此項所增税率，别國儻未約允，日本各貨物亦不得照辦。前節所開免税之事，儻中國國家不十分認真照辦，日本國家可無論何時將此欵所定作廢，并將日本各貨物應完進口税仍照原率辦理。第二欵，上欵所載實辦之前，中國允足左開各事：一、中國國家允照明治二十九年七月二十一日、光緒二十二年六月十一日在北京蓋印之日中通商行船條約第十一條及第十二條，一次納税，以免各子口徵收之進出口各貨物，在進口貨至用該貨之人之手為限，在出口貨至該貨運出之口岸城鎮為限，釐捐、落地税、子口税以及所有内地各税、其餘各徵雜派各項，一概豁免，并允禁中國官員求擔保銀或設别項名目，以妨阻各貨之進口、出口、卸運。即各貨物販歸中國人民時，亦一律

辦理。中國官員儻有違背此章者，中國國家嚴加懲處，不稍寬貸。二、中國國家速飭各該官署，將各地方釐捐、落地稅、子口稅及內地各稅率，以及設有釐捐稅賦局所地名，確切公示云。海、宣。文。

吕大臣、盛大臣來電并致外務部、劉制台

光緒二十八年五月十四日巳刻到

日本第三欵：中國國家允為便來往中國內河日本各商船起見，在該商船所開所抵之口岸及各寄泊之港岸，設立應需馬頭、行鋪、起裝貨物處所、貨棧等項。中國國家又允日本輪船公司在長江之宜昌上游施設扯上湍瀾應用處所，如何施設，須邀海關應許。第四欵：中國國家允能走內河之日本行海商船照式辦理後，來往中國內河。中國國家又允來往內河日本商船由此通商口岸，駛入內河，再駛至彼通商口岸。所有辦理章程，另行議定，隨後隨時商改。第五欵：中國國家允自此約蓋印之日起，六箇月內將直隸省北京府，盛京省奉天府、大東溝，湖南省長沙府、常德府，江西省南昌府，湖口，安徽省安慶府，廣東省惠州府，江蘇省蘆溪港，四川省成都府、敘州府，浙江省衢州府，開作通商口岸，或作通商地云。海、宣。元。

吕大臣、盛大臣來電并致外務部、劉制台

光緒二十八年五月十四日巳刻到

日本第六欵：日本臣民在中國已開及日後約開通商各口岸城鎮，無論何處，任便居住，辦理商務、工藝製作及所有一切合例之業，應需一切房屋、地基亦准其租賃或執業。第七欵：中國人民與日本臣民合股辦事，或合辦公司，儻中國人民不交所約股銀，中國設法勒令該中國人民將其分內當為之事，照約辦理。第八欵：中國國家須定一章程，以禁中國人民冒用日本臣民所執掛號商牌，有礙利益，所有章程必須切實照行。日本臣民特為中國人備用起見，以中國語文編成之各書籍、地圖、海圖及其餘一切著作，執有印書之權，即由中國國家設法保護，以免利益受虧。第九欵：中國國家允改現行貨幣制度。在此約蓋印之日後五箇月以內，定將全國貨幣辦理［畫］一，所有新定貨幣，認作唯一公家錢銀，鈔票，無論何等稅課及別項銀錢往來，日中兩國人民一律用此，毫無窒礙。中國國家又允改現行度量權衡制度，在此約蓋印之日後三箇年內，製成全國畫一度量權衡，認作唯一公正度量權衡，無論一切公私交易，日中兩國人民一律用此，毫無窒礙。惟日本臣民在中國應納一切租稅，及其餘應還債欠，不得因中國改定貨幣及度量權衡之制度，即致增多或隱然致有增多。第十欵：因日本國家准米穀出口，中國國家允遇日本年歉，或食物告乏，或因別故需用米穀孔急，一經日本國家經由派駐中國日本公使或領事照請，即暫時解禁運出口云。海、宣。元。

劉制台來電并致外務部、吕大臣、盛大臣

光緒二十八年五月十五日卯刻到

滬文、元電悉。加稅免釐，現與馬使議有大端辦法，與日商，亦斷不能出此範圍。日本進口貨以煤、棉為大宗，今提開不加，即別貨亦衹加抽至十，出口亦不加，而釐金內地稅轉須全免，似非脣齒之邦關顧和平之法。第三欵不言小輪，而曰商船，是將篷槳等船一併包括。照來欵所云，是凡內地水道，日本無論何項船隻皆可行駛，凡內地瀕水之處，皆可設立馬頭行棧。第四欵即第

三欵意，合而言之，無論口岸内河，皆可聽其任便行走，設馬頭行棧，然猶有未足。第五欵又須廣開口岸，中國口岸櫛比，商務僅此，彼豈不知。所以仍欲索開多口，無非便其居處，侵我治權，耗我費用。此次議約，若每一國議開多口，恐各省皆成口岸，轉不如仿日本全國開通，寓華人民悉歸我管，轉可省費用，保治權矣。至川河設施扯如何設施，似須議立限制。第六欵雖即日本商約第四欵之意，惟照原約，城鎮下添無論何處任便居住辦理，又原約現在已定及將來所定句下外國人居住地界之内九字删去，顯係意在朦混，冀凡口岸地方，無論城鎮何處，皆有任便居住辦理，即推廣口岸居住貿易之界，此萬不能允。第七欵華洋合股，流弊滋多，惟鑛路已准合股，惟有執定鑛路外，其餘各事仍不准合夥，以杜内地貿易之端，不僅僅載華人不交股銀辦法，事非公允，不能照辦已也。第八欵，上節禁冒用牌號，須就兩面説，不應專禁華人冒用，不禁日人。且近來日人受中國奸商雇用，出名冒開假洋行甚多，似應乘此一體商禁。下半節保護書籍、輿圖，應請向滬上繙譯東書諸家考究其用意之處，將來縱欲允許，亦祇能保護有切於用而無違背中國禮法者。第九欵，貨幣歸一，前因馬使向索，已迭陳其弊，且與所索更改度量權衡，皆中國内政，而權衡中即暗寓更改税平之意，與第十欵米穀出洋均萬不能允。坤。鹽。

呂大臣、盛大臣來電并致外務部、劉制台

光緒二十八年五月二十四日巳刻到

日約十欵已詳前電。查第一欵只云徵進口税，除去煤炭、綿紗、綿貨均大宗物，其税僅加至值百抽五，算定税額之倍數，是不過零星小貨。按照向收正、子税外，加二五半税，即將釐金税率雜派全行豁免。第二欵禁中國官員求擔保銀，大約不遵鎮江三聯單章程預繳銀兩之意。又要速將釐捐税率及局所地名確定公示，意在查明局卡，擠我釐金，不免自免。第三、四欵不曰小輪，而曰商船，曰行海商船，誠如甯電云，將篷、槳等船一併包括，凡内地水道，日本無論何項船隻，皆可行駛，内地瀕水之處，皆可設立馬頭行棧。第六欵即英約内地僑居貿易工作之意。第十欵穀米出口，由彼照請解禁，與禁米出洋舊章不符。以上各欵窒礙甚多，均擬據理辯駁。第五欵添開口岸，與馬凱屢議未定，今日約索開更多，擬以北京不便通商，其餘俟行查各省，開名由中國斟酌，自行辦理，權詞答覆。第七、八欵合股牌號，曾與馬凱議明，但須互為鈐束，不能單束華人。保護書圖，意在予以專利，亦擬分別辯駁。第九欵貨幣、度量權衡改歸畫一，係我内政，惟圜法兩國人民一律通行，實屬有益。度量權衡三者，皆當畫一，但恐難遽改。用見英約已允者照辦，未允者只能堅拒。惟日本言甘手辣，究應如何抵制，伏候指示，以備操縱。日置、小田初晤，請我速議。答以須外務部訓條，會商江、鄂，方能開議。約定十日回覆，刻已逾期，又來函催，乞逐條速示。海、宣。禡。

致軍機處、外務部，江甯劉制台光緒二十八年六月初一日辰刻發

甯沁、豔兩電悉。英允照表還銀，以八年爲期。我一經認受，則八年之後仍須照市價還金，自應迎機辯論懇求。即請峴帥挈銜會電伍使，懇美廷始終力助。至此事總由英政府作主，俟各國議有端倪，如有須疏通之處，再會電薩使，以爲旁敲側擊之助。東。

劉制台來電 光緒二十八年六月初四日巳刻到

東電悉。現會電伍使，曰：沁電悉。張使電謂英現願照表約銀數收受賠欵，以八年為期云，與尊電至九百十年〔一〕止，微有不符。承美預留地步，可謂關切之至，十年後固萬不能還金。然彼祇允八年照表約還銀，我若照允，縱照美意答以不能損我日後之權，屆時再争，恐於約外多一枝節，挽回益復不易。蓋國有强弱不同，理即為勢所絀，明明照約應行還銀，今尚有此意外，若彼祇允八年，我不再争，恐以中國之力，僅恃不能損我日後之權一語，難以抵制。反覆籌思，不能不再切懇美廷始終關顧，仍照前允全欵還銀，賜再設法商勸各國。倘得仰賴執事脣舌之妙，為國家省數百兆鉅資，功在宗社，當以賢勞上陳，不勝切禱云。坤。江。

致江甯劉制台、吕大臣、盛大臣 光緒二十八年六月初一日酉刻發

儉、勘兩電悉。常關只徵一税，准抵洋税，竊謂此説似無甚害。查敝處五月董電云，擬另定税則，合産地、銷場只徵七五之税，税則與洋關相同，有税票者即不重徵。總之，中國土貨或銷各省，或運出洋，其税皆止七五，如此則我内地往來之土貨，彼不禁我抽税矣，此乃保我内地理財之權等語。蓋因洋人既禁行釐，又禁産地釐，故思此一法。今觀馬使之意，正與敝處董電符合。昨勘戌電，擬出洋者酌加，恐馬使必不允，細思仍是銷華銷洋一律七五爲妥。蓋如此辦法，則舊關可留，新關可添，由樞、户、外省通盤籌畫，擇水陸繁盛扼要之地，酌定設關處所，勿太密，亦勿太疏。或於洋關附添常關，或於船關添設貨關，或以府關改爲常關，斷不可太密，又必舊有關之名者，彼當不阻，蓋我能擔保土貨七五之外，不重徵，則添關亦不至擾商矣。就一二年内計，一徵餘免，似乎所得較少，然既無苛税，又無中飽，商貨往來内地者必加多，常税總數有增無減，一年之後，出洋土貨必多一二成，十年内外，出洋土貨必然加倍，除抵免出口税外，常關税數仍復不少。且貨多商樂，則營業、印花等税亦可漸旺，即絀於此，必贏於彼矣。既爲恤民之德政，又爲富國之長策，實係極上算之事。至甯儉電所慮串購無用之常税票持抵洋税一節，據税司云，此票應由收税之關將此票封寄指運之關，該貨出棧時即將此票塗銷，不慮串購重用。董電論常關一條，滬疊次覆電均未提及，不知以爲然否。甯電既以爲受害最重，亦未敢率定，但請再詳思密籌示覆，至幸。鹽、土卡另覆。東辰。

劉制台來電 光緒二十八年五月二十八日戌刻到

寢、宥電均悉。昨先與吕、盛大臣商酌三事，即鹽、土卡與常關。甫悉馬意，須仿洋關税七五，一關徵收，再經各關一律驗免。内地關可留，有洋關處可酌添。管見常關一徵餘免，添關徒然增累，原有收數必減少。且完常税之貨，再由洋關出口，即可持常税票作抵，免其再納洋税。其意無論常、洋，祇允收税一次。洋關每藉同類貨税移抵，隱射常税，如准抵洋税，此弊必更增多。就三事而論，鹽卡不查貨，受害最輕，次則土卡，而以常關祇准一税，喫虧礙事，受害似乎最重。尊意若何，乞飛示。坤。儉。

〔一〕「九百十年」，恐誤，似應為「一千九百十年」。

劉制台來電光緒二十八年五月二十九日戌刻到

昨馬來議，竟欲將内地各常關及鹽、土卡悉數裁撤，並及掣驗，其持論總以礙商為言，留常關祇徵一税，並准抵洋税，尚未出口，係進一步説法。辯論至數時之久，言急欲即罷議。當答以如真欲不議，亦祇好罷論，蓋中國實不能再受此虧。原約今日午後再議，因日來正發痔疾，昨忍痛强持，為時過久，今日力不能支，祇好稍緩再議。鄙意三者當以留常關照舊各自徵税為最，庶有洋關處添常關，有益無損。萬一辦不到，或再允裁内地水路各常關。未識卓見如何，請速裁示為盼。坤。豔。

致江甯劉制台、吕大臣、盛大臣光緒二十八年六月初一日酉刻發

馬使若必欲裁過路鹽、土各卡，只允徵産地、銷場税。查川鹽、川土之銷售湖北者，向來皆到宜昌完税，後分路行銷，以後不再徵税，此真鄂省之銷場也。擬即以宜昌作爲湖北鹽、土之銷場，在此徵税，以後即不重徵，並派宜昌關税務司會同委員稽查。有由陸路運赴鄂省者，向在野三關完税，距宜昌百餘里，亦派宜關税司會同稽察。惟土藥輕便，山徑紛歧，處處皆可繞越，陸路稽查土藥之卡，斷不能廢。然土藥陸卡向來專查土擔，不查貨擔，如有員役擾累商貨，查出告發，嚴行懲罰，可以擔保。其由陝、甘來鄂之土藥，向在老河口發行分銷。此項北路土藥，即以老河口爲銷場，在老河口徵税，後亦不重徵，如此則斷無擾累百貨之弊。此姑就湖北一省言之，其餘各省土藥皆可舉一以例其餘，惟淮鹽不與此相涉。請商馬使，速見覆。東午。

劉制台來電光緒二十八年六月初二日午刻到

昨宴馬，告以兩淮鹽卡可保不查貨船。彼初不信，嗣經兩星使詰以南洋擔保，豈尚不足取信，彼遂允留，惟須改為兩淮報鹽公所，以避卡名，餘由兩星使電商各省。土卡未允撤，留待尊處裁酌，並告以常關須照舊章，尚未詳論。因敝處日内不能議，已於今日偕星使起行赴尊處商議。坤。東。

致江甯劉制台光緒二十八年六月初三日午刻發

東電悉。常關照舊章逢關納税，雖各關税則不同，然科税皆輕。若令赫德按今時價確估，抽足七五税，其止加四五倍者種數無多，大率皆加十餘倍至三四十倍。酌中通計七五，比舊税至少當逾十倍。舊税一兩者，抽七五必在十兩以外。查光緒二十六年常關收數二百六十萬，税司代收，增出中飽者必有一百四五十萬，合計舊章應收四百萬，加十倍應收四千萬。向來各省土貨自産地至銷地，少者過二三關，至多者過七八關，遠近牽算，作爲每貨經過五關，除去不重徵，應減四關舊數一千六百萬兩，尚餘二千四百萬。從輕按八成估價，亦可收一千九百餘萬。除關用一成外，實收一千七百萬，抵免洋關出口税一千萬，又除原有常關四百萬，尚多收三百萬。若慮增收較少，則按十成估價，又可多四百八十萬。是常關照鄙議辦法，除抵土貨出口税外，較常關舊日收數加多，似乎利民，而兼利國。總之，常關土貨税與洋關抽收一律，馬使方無異議，免致事敗垂成。一徵餘免，斷不受虧。兹擬會台銜電軍機處、外務部、户部，曰：感電旨奉到，户沁電並悉。馬使來江、鄂專議鹽、土卡、常關三事，以決加税之允否。廿八日

在甯會議，堅請盡撤鹽、土卡及內地常關。經坤一力駁婉商，始議定鹽卡不查百貨，改爲兩淮報驗公所〔一〕，以避卡名。允不撤土卡、常關兩事，彼不再議，擬到鄂再商。嗣後呂、盛兩使來電，廿九日自甯行，初四晚可到鄂，初五會議，初六馬使即回，因英議院歇伏在即，遲恐不及電商等語。事機緊迫，此約成敗祇爭頃刻。鹽卡既改名，允留土卡，亦當設法與商，總期税釐不致無著。惟常關關係甚重，必須力争，然不設法變通，亦難與議。原擬有者全留，有洋關無常關處，不收民船貨税者，擬添設常關，歸税司兼管。此外船關、府關如能酌量商留，統改爲常關更善。其中或有可歸併者，應俟定議後由樞垣、外務部、户部飭詢各省通籌酌定，要使各省疏密不大懸絶，外人方肯允，商賈方均平，繞漏亦較少。其税則擬另行核定，與洋關徵收土貨出口税一律，估實貨本抽足七五，或可就範。無論華商洋商，輪船民船，均抽七五一次，不再重徵。詳加核計，較之重關舊章，收數有盈無絀。除抵免不重徵外，較常關舊額必可增多數百萬。此節如能照擬辦到，以後往來內地及出洋之土貨，必日見增多，商困既蘇，則營業、印花等税亦可漸旺。以加税及常關所增，抵報部各項或名釐或不名釐之欵，以營業、印花等税，備各省要公之用，似尚不致束手。至産地税一條，前已迭電呂、盛，與彼力争，其勢斷不能允，惟有另行設法，略資補救。至洋人在內地製造，不能不完營業税銷場税一節，滬電未甚明晰，尚須與馬使面議詳訂。總之，各國皆不以進口加抽十二五爲然，而免釐則同聲要挾，覩日本所送節略幾同不加。聞英商亦多不願，故英外部前有將加税一條註銷之説，馬使殆欲藉鹽、土卡常關三事刁難，以圖悔議。事關大局，出入懸殊，可否之幾，必須力斷，現擬辦法是否妥協，務祈鈞裁，迅賜核覆，千萬盼禱。坤一、之洞同叩。等語。此電尊意如以爲然，即請將字句改妥速發，加萬急字。或常關辦法略須酌改，速電示，商定再發。如不謂然，亦請速電覆，以便單銜電京。若常關毫無變通，必致決裂，加税罷議，鄙人實不敢任此責也。盼禱。覺。

致江甯劉制台 光緒二十八年六月初五日辰刻發

支電悉。前日因盛電馬在鄂止住一日，詞甚緊迫，故擬急電樞，請內早定。今已晤馬，尚可留兩三日，且察其回滬未必即回國。既可詳議，此電即不發矣。至內地製造税一節，因户電詢及，故以空言覆之，本不願遽與議也。再，土藥改去卡字之名，不撤局，不查貨，已議妥。并聞。歌。

致京德國欽差穆大臣 光緒二十八年六月初八日酉刻送德領事代發

此次中國應還各國欵，斷斷不肯違約，惟聞上海銀行欲照時價還金，不勝焦急。查條約明明載我大皇帝應允賠還各國銀四百五十兆兩，未言應允賠還若干鎊，若干馬克、佛郎，則我照約還銀，不爲背約失信。且附表又明明載某年應還關平銀若干兩，直至三十九年，皆載明銀兩細數。若每次須按時價還金，時價無定，此表所載銀數，全然不符，何必載明。現在金價日增不已，中國百姓貧困已極，萬萬不支，即照表還銀，已甚爲難，各處籌派賠欵已有多處鬧事，若再加搜括，必致天下大亂。貴國財力雄富，

〔一〕本月初二日劉制台來電作「兩淮報鹽公所」。

區區還金還銀，損益甚微。貴國現於中國商務年盛一年，與英國不相上下，若各處擾亂，於中西商務均大有妨礙。素仰貴大臣持平仗義，保全中國大局，深悉中國困苦情形，中國君臣同深感荷。今財力已盡，實無法可想，惟有電懇貴大臣俯賜設法，有何良策使中國力能辦到，不致因賠欵再加搜括，更生變亂，且不讓英、美獨專義聲，則中國四萬萬人民受賜實多矣。祈即電覆。初八日。

致江甯劉制台 光緒二十八年六月初九日辰刻發

此次吕、盛兩星使與馬凱所擬約內，有華洋商民在內地製造，應完稅七五。其設廠紡紗織布者，若係外洋買來之棉花，應將棉花稅退還等語。本日即須將洋文開送。華商自宜優恤，方足以抵外耗，而保利權。若洋商內地製造止抽七五，已甚輕，又將其棉花十二五進口稅退還，是官須倒賠五分與洋商矣，似乎不合。鄙人不敢擅定，請尊裁速示。至華商製造，其稅項不便與洋商顯有區別。應如何體卹貼補，并請速籌示。佳辰。

劉制台來電 光緒二十八年六月初十日未刻到

佳辰電悉。馬開廿四條，祇有內地僑居貿易，即暗藏製造，洋商所不能與華商爭者即在此，我保華商生計者亦在此。允內地製造，而僑居即寓其內，亦與全國開通無異。地方有教堂，治權已為所撓，保護已屬為難，然傳教尚無與民爭利之事，其為難已復如是，若再准洋商在內地製造，直無異自戕華民生計，亦恐地方益復多事。是洋商製造祇能照馬關約在口岸，斷不能允其在內地，坤萬不敢允，祈公一律堅拒。惟草約稿內雖未言明准在內地，亦無聲明祇准在於口岸，並請兩星使於約內務須聲明口岸字樣為要。至廠稅無日本文憑，不得比中國臣民所納加多，或有殊異，在我通盤籌計，亦萬不可輕。緣加稅如成，開辦後進口洋貨必以價昂銷滯，進口稅必漸見短絀，中國地方製造必日見增多，土貨雖釐免價輕，而洋貨既多在中國製造，土貨就近多供廠用，出口亦未必再能增旺，此皆一定不易之理。如准在內地製造，且無出口稅可收，不僅廠稅輕減，將來於財源受虧已也。兩星使所擬草約，廠稅定七五，曾與言及過輕，其意加增抽十，並非難事。光緒廿二年譯署函論廠稅，謂赫言英商在華製造獲利誠厚，然祇利於寓華之英商，其本國辦貨運華者無預焉，故英國斷不因此計較云云。廠稅在我既不宜輕，擬增在彼亦尚可允，自應商增，能照進口稅最妥，應請裁酌。華商宜優卹一節，廿二年譯署函曾謂華商果因成本稍重，實有受虧，不難會商戶部，就歲收量予津貼，似可俟定約後，援此密陳酌劑之法。製造用進口貨，須還進口稅一節，論事理貨已改造，本不應退還原稅，即如洋貨原件退回外洋，必須原包原貨，毫不拆動，方准給還原稅。今改造轉可退還原稅，事非平允。苟能執此與爭，亦係暢銷土貨保護華商之策。蓋稅不還，彼用貨製造，成本較重，自必盡用土貨矣。如其萬難堅持，苟廠稅已議加增，原貨改製必有折耗，互相牽算，似尚不致倒貼。惟照草約所開十欵第二節所云，亦照以上所擬章程辦理，係指免完復進口半稅、出口正稅而言。其第四節所云，還進口稅者，專指外洋棉花而言，自應聲明其餘製造所用洋料及一切土貨，均不得援還進出口稅，以示限制。彼族議約每有相類甚多之事，恐用包括語，因受損較大，不允特指一二列約，俟將來再行援照，使之無詞可阻。今彼既僅云花稅，我即就此列明限制之語，以杜後來藉口之端。又有非廠用之花，保無朦報隱射圖還進口之稅，則定章不能不嚴，能於約内先列數語，將來議章稽察，較有根據。總之，馬此來其意實在鹽、土卡，今允其留卡改名，並不查貨，已如願而償，又向索内地製造，顯係得步進步，難逃燭照。無論如何要求，總祈我公堅拒勿允，俾數萬萬華商生計不致為人侵奪。大局幸甚。坤。佳戌。

劉制台來電 光緒二十八年六月初十日亥刻到

佳戌電想達覽。内地製造，吕、盛兩公亦謂萬不能允。今馬復向尊處堅索，為今計，惟有堅詞峻拒。廠税仍由吕、盛兩公商加，並於約内添入在口岸製造字樣，以免事後争執。或云華商但云洋商照馬關約在中國設廠製造云云〔一〕，蓋馬關約祇准在口岸，照馬關約，即暗藏不准在内地也。縱或廠税提開不入，此約有中日文憑，將來中國儘可自定華洋廠税，各國欲均沾馬關約製造之利，即應照我定廠税辦理。總之，中日前議商約，日本要求甚於馬凱，及至約成，仍不得逾越泰西各約範圍，即製造一事，名雖始於日約，實因各口本有洋廠，並非於向辦及各約外别有格外利益。今議加税免釐，在我受虧相讓處業已不少，更何能再准内地製造，使商民生計為之盡奪。想公智珠在握，必能力折其非，保兹黎庶，不勝禱切。坤。蒸。

致江甯劉制台 光緒二十八年六月十二日辰刻發

佳戌、蒸電均悉，所慮極是。機器製造一條，廠税七五，進口花税十二五全還，在滬業已議定，到鄂敝處頓翻前案，與某公及馬使力争。滬稿内并有内地兩字，尊處蒸電謂吕、盛兩公謂内地製造萬不能允，今馬復向敝處堅索，情節實不如此，兩公早已允矣。今加廠税爲抽十，洋花進口税還其十，而留其二五，土花各税全還，以抑洋花，而暢土花，將來設法津貼洋廠，免爲華廠所擠。此事鄙人兩面受敵，洋商、華商皆甚不願，費盡氣力。初十日面議，確係專指口岸而言。至某處委員鈔送條欵先無口岸字樣，正與某公力言，接尊處佳電後，已於電奏稿内添入口岸二字。其致尊處條欵電，因字多時急，未先送鄙人閲，如無口岸字樣，即請尊處添入，至要。此次既無内地雜居貿易之專條，彼當不能援此條爲允其内地製造之據，俟今日會議，當再與聲明，切囑其將口岸二字添入，以杜日後援例之患。其機器所製别項貨物，能否不照此章，酌免進口税，今日當再商之。如彼狡執，當告以尊意不允，不能不改。至此，外洋商在口岸之製造土貨，除紗布外，用洋料之物甚少，洋廠仍是銷土貨，雇華工，其銀錢仍在中國，實足以塞漏卮，且可引導華商華工學習其法，多開華廠，似乎利九害一。惟不宜内地遍設，致難保護耳。鄙見如此，是否，統候裁酌。文辰。

致京鹿尚書 光緒二十八年六月十四日酉刻發

英國商約已議妥，已詳公電。約内經鄙人駁正争回者九條，較吕、盛原議遠勝。此約中國毫不喫虧，實爲意料所不及。不惟抵補必敷，其間維國體、杜流弊者甚多。務懇力勸朝廷速准，以便電英定議，遲則議院散矣。將來議他國之約，恐斷斷不能如此。寒。

〔一〕此句語意欠明晰，底本原文如此。

致江甯劉制台光緒二十八年六月十四日酉刻發

擬會銜覆户部，加萬急。電曰：沁電悉。英商約已會呂、盛電奏。此約經江、鄂覆議，竭力辯論，無可再争，確已足敷抵補，於中國國計民生實無所損。惟望與樞、外兩府請旨定議，免致英國議院一散，必爲他國阻撓中變，不勝迫切待命之至。坤、洞同覆。鹽等語。祈速轉。願。

致江甯劉制台，上海盛大臣、呂大臣

光緒二十八年六月十六日卯刻發

馬使前索四事，擬與加税並案辦理。敝處告以到鄂以來，議定許多條款，中國亦應要索數端，否則不便開議。彼初不允，力争始添兩條：一、中國以後修改法律，務求審斷辦法皆臻妥善，英國人須歸我管轄。一、各省教務擬請各國派員，會同中國官員考查妥籌，務期民教永遠相安。修律作爲第十二款，教務即作第十三款，俟詳擬條文再電商會奏。諫。

致京英國欽差薩大臣送英總領事代發　光緒二十八年六月十六日

此次中國應還各國賠款，斷斷不肯違約。惟聞上海銀行欲照時價還金，不勝焦急。查條約明明載我大皇帝應允賠還各國銀四百五十兆兩，未言應允賠還若干鎊，若干馬克、佛郎，則我照約還銀，不爲背約失信。且附表又明明載某年應還關平銀若干兩，直至三十九年，皆載明銀兩細數，若每次須按時價還金，時價無定，銀數亦必無定，此表所載銀數全然不符，何必載明。此時金價已長四分之一，尚日增不已，中國百姓貧困已極，萬萬不支，即照表還銀已甚不易。今年各處搜括賠款，已有多處鬧事，若再加搜求，必致天下大亂。貴國雄富甲天下，區區還金還銀，損益甚微。中國財力已竭，再强還金，徒滋擾亂，於商務無益。中國商務貴國居其大半，商務受虧，亦必不以爲利也。素仰貴大臣持平仗義，前年北方變亂，深賴保全，且深悉中國財力有限，故去年議約，貴國賠款格外從輕，所定利息還期年限皆按中國力所能逮，事事維持，格外體諒，貴大臣之力居多，中國君民同深感荷。今財力已盡，還期已迫，實無法可想，違約則斷不敢，還金則財力萬萬不及。事處萬難，惟有電懇貴大臣，俯賜設法，有何良策，令中國力能辦到，中國四萬萬人民受賜實多矣。祈即電覆。十六。

致京鹿尚書光緒二十八年六月十七日丑刻發

此次馬使到鄂，鄙人與議，將滬已議定而吃虧者全行更正，將於我有益，而近情理者復添入多條，實爲意想不到。以所加所留抵補所失，必可有盈無絀，鄙人敢保。馬使每議定一條，輒笑曰此事又讓與閣下了。又對人云，非因本國素仰江、鄂聲望，彼亦不敢事事如此相讓，尚不知將來本國有無閒言。即本國照允，恐各國亦斷不能如此和平，實係肺腑之言。彼已讓到極處，鄙人亦不能再與之争。英國議院五六月内即散，明春再行會議，此機一失，各國要挾，後悔無及。除另電奏明外，特將實情奉達，萬望面奏請旨，迅賜核定。大局幸甚。諫。

致京鹿尚書光緒二十八年六月二十日申刻發

馬使索議四條，並非到鄂創議，實久在滬與吕、盛兩大臣索議之事也。其一條係添開四口岸，已於會奏第八欵内奏明。其二爲修改鑛章，已於十四日電達外務部呈報。其三爲口岸權利，其四爲内河小輪，已於十八日擬立約文，會電外部。據吕、盛云，惟第八欵關涉加税免釐，應歸入會奏，餘僅電外部。應請旨飭吕、盛補電奏，抑或飭外部録原電進呈，以期迅速。查口岸權利一條，十七日電奏謂爲推廣者，乃揣度馬使來意如此，我國必須力辯嚴防，至議定立約時，其文内並無推廣字樣，且馬使注意專在城邑二字，以江甯、天津、馬關各條約内，有城邑、城鎮等字樣。多方争論，屢次設法開通，令其不必專争此條。馬使乃不指定城邑，並將原欵全境及城内城外等字删去，自願以請定口岸界址了事，並自願加入就本地情形之語，洞又加入住租界外者，須守中國工部局巡捕局章程，彼亦允許。是此次約文於此節只有就舊日條約所有者，加以限制，並未允其推廣。近年洋人在各處口岸之外，任意冒買地基，愈推愈廣，正宜借此箝制，將各處口岸界址，各就各處情形會同永遠訂定，勿令逾越，此一事也。至内河小輪一條，流弊甚多。彼執二十四年總署已許内港行輪之案，欲行推廣。查核各關通行二十四年章程[一]，洋文内港二字即是内地二字，故此條駁阻極難。此次約文僅止大略，皆係設法酌加限制查察之意，如馬頭行棧不用洋人始限二十五年之欵，至其緊要全在詳細行輪章程。馬使曾邀裴、賀兩税司往議，仍不妥貼。曾見赫德致盛函，言内河行輪要端四條，言言扼要。因與吕、盛商，莫如歸赫議爲妥，此二事也。至新開口岸一條，與之約明，洋人不能設工部局、巡捕局，已載入約，此後並允不設租界，亦照會存案。此雖名爲通商口岸，實與自開口岸無異，此三事也。馬使索議各條，皆係在滬與吕、盛争論者，無在鄂創索開議之事。至在鄂所允者，皆較滬議争回實多，亦無較滬議減讓之事。除另詳奏外，特將實情電達。號。

致外務部、户部，江甯劉制台，上海吕大臣、盛大臣光緒二十八年六月二十八日巳刻發

前在鄂議絲税一條，漢文約稿係蠶繭及蠶種過常關免税，此乃因絲税加至值百不得過抽五，故立此條，以體卹絲商，已極優厚。此洞親與其議，又親見漢文約稿者。昨見税司賀璧理所持洋文約稿，乃云蠶繭及絲過常關均不抽税，然則中國之絲行銷十八省皆不納税耶，太無情理。此條是否洋文錯誤，望鏡使、杏使速查明更正，至要。勘。

致軍機處、外務部、户部，江甯劉制台，上海吕大臣、盛大臣光緒二十八年六月二十八日午刻發

敬旨奉到，滬甯各電均悉。洋人得步進步，乃其常情。推廣内河行輪，流弊甚大，要緊全在章程，故在鄂時洞與吕、盛兩大臣極力堅持，不能以裴、賀兩税司所擬章程爲定，囑其到滬再議。

〔一〕指光緒二十四（一八九八）年閏三月初九日，總理各國事務衙門頒布的内河輪船航行章程。

前鄂省箇電奏已陳明此條，必應力争嚴防，不然陸路雖不雜居，凡有河道之處皆雜居矣。至口岸權利，如峴帥能設法將舊約城邑、城鎮等字辯析改正最好。鄂所議者注重在洋人凡在口岸地方居住者，但在租界之外，即須遵守我工部局、巡捕局之章程數語。工部局章程者，可抽捐也，巡捕局章程者，可提犯也。幸彼已允，無論將來如何定議，此數語總屬有益無損，此即保我治權利權也。所謂會查畫定界址者，因各省洋人於租界之外購地造屋甚多，愈推愈遠，正欲趁此嚴加限制，不容其任意私行侵占。然會查只是渾淪空話，且有各就地方情形之語，彼不能執以爲允以實在利益，更不能以峴帥未經議允之條作爲定論。其應如何防範限制之處，應請峴帥主持，外務部裁定。又米穀一條尤爲貪多無謂，峴帥所駁甚當，其應如何駁阻，洞意見皆同。總之，吕、盛、劉、張四人同議此事，凡未經峴帥議允列銜者，皆不能作爲定論，此理甚明，請吕、盛兩大臣以此告馬，彼當無詞。儉。

致京鹿尚書光緒二十八年六月二十九日申刻發

裁釐事，現僅與一英國定議。而昨得探電，馬使有欲將各國字樣全改爲英國字樣之意，是不待與各國議定加税，即須將各省局卡裁撤。（受）［授］人以柄，萬萬不妥。無論如何磋磨，必須俟與各國定約加税後，方能將各省釐金實行議裁，極力堅持，免受各國要挾。此次鄙人與馬使議約，自問尚未吃甚大虧，前日忽奉嚴旨，實出意外，故有聞必告，乞公暫勿聲言，預防詭計可也。

致軍機處、外務部、户部，江甯劉制台，上海吕大臣、盛大臣光緒二十八年六月三十日丑刻發

滬宥、沁、感、勘電均悉。内港行輪一條，洞與吕、盛大臣皆深知恐妨我治權利權。無如光緒廿四年總署早已頒有内港行輪正續章程，權已有損。此時馬使執定和約大綱内通商行船各條約，諸國視爲應行商改之處，中國允與議商妥善數語，索我與議，謂即無加税免釐之事，中國亦不能不與我議。在滬即如此説，到鄂亦如此説，其意甚堅。兼以議院將散要挾，吕、盛大臣亦無可如何，均謂不能不與議。洞因與吕、盛大臣公同商酌，廿四年已允之利權勢難收回，只可設法加以限制。因恐其藉沿途設立馬頭爲内地雜居地步，特於約内聲明只准其於内地雇用華人一條，且租地又訂定年限，略示限制。洞當面與馬議，原文有華人歸地方官管轄，不得因有此款，稍有減損中國管轄人民之權一條，馬已勉允。旋因吕、盛兩大臣欲將此條歸入詳細章程内，故未列在正約。洞見兩税司所擬章程未妥，又見赫德致盛函四端語甚扼要，因力向吕、盛大臣言赫所見甚老到，須仍令赫酌爲妥，若倉卒定議，必多流弊。故於馬使瀕行之際，公同會晤，特告以裴、賀兩税司所擬章程未盡妥協，不能作定，當從容妥訂章程，取益防損。馬即向吕、盛云，裴、賀係兩星使專派與本大臣商議章程之委員，彼此自滬至今已商議六閲月，始行議定，此時何能不算。洞云，此項章程，吕、盛兩大臣與本部堂皆不甚熟悉。裴、賀兩税司權力不足，必候總税司赫德核定方可。相持片刻，馬遂轉圜允到滬再議。此馬使在鄂商議内河行輪一條，議而未定之實在情形也。

至此事會電，乃盛大臣主稿，交帶來電報委員發遞，敝處並無底稿，現尚未鈔送來鄂，可見並非呂、盛不議而洞一人願議，呂、盛不允而洞一人率允也。馬行後，賀稅司來署辭行，洞復切囑賀稅司回滬務須妥議章程，勿使權利過損。又飭梁道函致馬使，切勸其於商議内港章程，如有於他國有益而於中國有損者，務望其格外和衷商酌等語。此函計早已到滬。兹接滬電，擬一年之後專歸中國内港輪船公司，洋人衹能與華人合股，歸中國註册發牌，挂中國旗，與洋人無異，如能辦到極好。除照呂、盛來電所囑另電切勸馬使和衷商議外，即請鏡翁、杏翁照此與議，儻能如願，藉以收回治權利權，實大局之幸。萬一彼抱定廿四年正續章程成案不肯放鬆，惟有請外務部速飭赫總稅務司擬議章程，呈候外務部核定，電知呂、盛於章程内添入，庶防流弊，而收利權。赫爲原議廿四年正續章程之人，當能於此事了然，設法防範。至口岸會查界址，反覆細思，照鄂議似無侵損治權利權之處，儉電已經陳明。其城邑兩字，鄂議並未允許，如峴帥有良法，可將舊約此二字改正，極所欣願，應請峴帥設法速辦，統候外務部裁示。豔。

呂大臣、盛大臣來電 光緒二十八年六月二十八日午刻到

賀稅司回稱，鈞意深慮別國輪船入内港貽後患。賀代擬致馬函稿，交梁道轉呈，不知曾經鈞裁否。馬因此事甚著急。看來第十欵未必能删，又苦無善策挽回。現思得一法，或將條欵酌改，並就章程改妥補救，酌定年限，暫時照辦，俟年滿後悉歸中國專設内港輪船公司，准洋商附股，參用洋人作董事，使正經洋商沾惠，而流氓洋人不致藉洋旗滋生事端，似亦收回主權之一術。愚者之慮，不知有當尊意否。擬請作為尊意切實電勸馬使，為中國消除隱患，其功不淺。如來電，可交敝處轉送。馬甚佩公，得此電，或有轉機。海、宣。感。

致外務部、江甯劉制台、上海盛大臣祈轉交馬大臣 光緒二十八年六月三十日丑刻發

貴國大臣致梁道各電均已閱悉，知治外法權及教事兩欵，貴國已允，並承致賀，感謝之至。同莘按：是時公奉旨兼充督辦商務大臣，馬使電賀，故覆電云然。前令梁道致尊處洋文信一函，懇貴大臣再行詳酌小輪章程，想已接到。又託賀稅司面商妥酌，一切想亦轉達。昨接外務部電，慮第十欵於中國治權利權有所侵損，責成劉、張等再行籌議。查貴大臣商議此約，事事和衷持平，每以兩國有益爲念，本部堂實深感佩。若此欵内於中國有損，而於正經英商無益，亦斷非貴大臣之本意。查在鄂時，本部堂與呂、盛大臣所議各條，必須政府核准，方能作爲定案。小輪之欵，本部堂之意，以爲章程關繫緊要，兩稅司所擬章程尚未周妥，本部堂未敢率允，故於貴大臣臨行之日面告貴大臣，此章尚須另議，并須令赫總稅司詳酌。貴大臣面允可到滬斟酌，衆所共聞。昨接劉制台電，云貴大臣初到江甯時，曾面談小輪弊病，當承貴大臣面允將來設法防範。現呂、盛大臣與貴大臣詳議此事，尚祈格外和衷，詳酌章程，務於兩國有益，萬勿徒損中國以益他國小商，而於貴國正經大商毫無利益，則同深感荷矣。全約所關甚大，此條不過一端，貴大臣在鄂臨行曾允到滬再議，是已深知此條於中國多有妨礙，不能不詳細妥酌，斷不可因此一事致累全約，徒勞貴大臣

數月之功。爲禱。三十。

致上海吕大臣、盛大臣，江甯劉制台

光緒二十八年六月三十日午刻發

滬勘電照會事悉。馬使如不放心此節，總以措詞簡渾爲得體。照會節目太密，若太密則於自主之國權有礙，但云與户部商定，照數由海關撥還各省藩庫可矣。究應如何商定之處，統聽裁酌。卅。

吕大臣、盛大臣來電 并致劉制台 光緒二十八年六月三十日子刻到

馬使送來照會兩件，附件一件。第一件文如下：為照會事。照得貴大臣等曾與本大臣議請貴國大皇帝降諭，諭及新議條約等八欵。今本大臣將所議定奏請各節鈔送貴大臣等，並請貴大臣允照前議，將此事奏陳貴國大皇帝，請旨准由貴大臣等將所降上諭照會本大臣，以便速將此上諭遞送敝國政府可也。附件如下：吕、盛大臣允許接到馬大臣照會，即奏請中國大皇帝降諭，言明蠲免釐金及内地徵抽之條，若經英國國家允諾，須將所加抽之代釐鹽税留為各省督撫之用。至每督撫應沾之數若干，可由該督撫等與户部商定。又吕、盛大臣允許奏請中國大皇帝降諭，言明蠲免釐金及内地徵抽之條若經英國國家允諾，不得將進口洋貨及出口土貨所加之代釐金税及代内地徵抽之税，歸併洋關應進之欵項下，其税雖經洋關抽收，惟須留為各省督撫之用。至每督撫應沾之數若干，可由該督撫等與户部商定。及所降之上諭，須言明一千八百九十八年以貨釐及鹽釐所抵押之四釐五行息借欵[一]，其本息係由鹽與進出口貨所加之代釐税項下撥欵攤還。又吕、盛大臣所奏請之事，如蒙俞允，應請旨將所降上諭照會馬大臣，所擬免釐加税之欵，若經英國國家允諾，須將該奏摺上諭及往來公文附載於此約之後。第二件文如下：為照會事。照得貴大臣等曾與本大臣議定，將所加之進出口税留為各省督撫之用。現本大臣奉到敝國政府訓條，謂貴大臣等應與本大臣議定，不得用此項進欵抵押新借洋債云云。應請貴大臣等將此事奏陳，並請降旨俞允敝國政府所擬之事，其奏摺、上諭及往來公文，須與條約一併宣布等因。應請兩帥會商核定電覆。如有更改，須與馬商妥，再行會轉外務部代奏。海、宣。勘。

致外務部，上海吕大臣、盛大臣，江甯劉制台 光緒二十八年六月三十日午刻發

滬勘電悉。昨外務部勘電計已接到。尊處已請旨，候旨遵辦可也。卅。

吕大臣、盛大臣來電 并致外務部、劉制台

光緒二十八年六月三十日巳刻到

奉漾電旨：嗣後續議商約，著即赴湖北省會議等因。當即欽遵，知會美、日國議約大臣去後。頃接美國古納西門函稱，接康

[一] 即光緒二十四年二月初九日（一八九八年三月一日）第二次英德借欵。合同載明欵額一千六百萬英鎊，年息四釐五，以蘇州、松滬、九江、浙東四處貨釐及宜昌、鄂岸、皖岸三處鹽釐作為擔保，分四十五年付還全部本息。

大臣[一]回電，以貴國政府已允准以後會議和約，應仍如前以上海為宜。至貴大臣等與鄂督相商之處，當以函電往還等因。緣即訂期開議前來，究應如何辦法，請張制台迅速示定，並乞外務部請旨施行，以便照覆。海寰、宣懷。勘。

外務部來電光緒二十八年六月二十九日酉刻到

據領銜美康使面稱，商約事各國所派議員均在滬，實不願赴武昌會議等語。現經奏明，嗣後呂、盛大臣仍在滬會議，設遇關係緊要，或定議時，再行赴鄂晤商。特電達。外務部。勘。

[一] 即美國駐華公使康格。